Anwalt ohne Recht

Simone Ladwig-Winters

Anwalt ohne Recht

Das Schicksal jüdischer Rechtsanwälte
in Berlin nach 1933

be.bra verlag
berlin.brandenburg

Herausgegeben von der Rechtsanwaltskammer Berlin

Die Deutsche Bibliothek – CIP-Einheitsaufnahme
Ladwig-Winters, Simone :
Anwalt ohne Recht: Das Schicksal jüdischer Rechtsanwälte in Berlin
nach 1933 / Simone Ladwig-Winters, – Berlin: be.bra-verl., 1998
    ISBN 3-930863-41-3

©be.bra verlag GmbH, Berlin-Brandenburg, 1998
Zehdenicker Str. 1, 10119 Berlin
Lektorat: Gabriele Dietz, Berlin
Gesamtgestaltung: Hauke Sturm, Berlin
Schrift: Novarese 10,5/9p
Druck und Bindearbeiten: Universitätsdruckerei H. Stürtz, Würzburg
ISBN 3-930863-41-3

Inhalt

Scham,
Freude und Hoffnung –
Ein Vorwort

Eine Liste sollte es sein, nichts weiter als eine Liste. Das wünschte der Vorstand der Rechtsanwaltskammer Tel Aviv, nachdem er bei seinem Besuch der Rechtsanwaltskammer Berlin im Jahre 1995 den Vortrag von Gerhard Jungfer über die Vertreibung der jüdischen Rechtsanwälte aus der Berliner Anwaltschaft gehört hatte. Eine Liste der ausgeschlossenen Anwälte, mit ihren Namen, vielleicht, wenn bekannt, ihren letzten Anschriften, Hinweisen auf ihr individuelles Schicksal – als ein Zeichen dafür, daß sie und das, was sie erlitten haben, nicht vergessen wird.

Beschämend sei es, so die Reaktion des Vorstands der Rechtsanwaltskammer Berlin, daß fast 60 Jahre nach Vertreibung der letzten jüdischen Anwälte diese Liste noch nicht existierte. Warum hatte kein früherer Vorstand sie erstellt? Warum mußte der Vorstand des Jahres 1995 dazu von der Rechtsanwaltskammer Tel Aviv ermutigt werden?

Der Wunsch der Kammer Tel Aviv sei nicht zu verwirklichen, sagten uns die, die sich mit dem Thema bereits wissenschaftlich beschäftigt hatten. Die Akten der Rechtsanwaltskammer Berlin sind verbrannt, die Liste werde zu große Lücken aufweisen. Man könne nur einzelnen Schicksalen nachgehen, und das sei durch Berliner Rechtsanwälte eindrucksvoll geschehen. Und im November 1988 habe es eine vielbeachtete Gedenkveranstaltung der Rechtsanwaltskammer Berlin zum Gedenken an die Vertreibung der jüdischen Juristen gegeben.

Gegen diese Bedenken setzten sich die Zuversicht durch und der Wunsch, die Scham über das eigene Versagen zu überwinden. Die Zuversicht war berechtigt, weil wir Simone Ladwig-Winters fanden. Sie hat sich mit großem Engagement und hoher Sachkunde unseres Auftrags angenommen. Immer wieder bei uns aufkommende Skepsis über das Gelingen unseres und ihres Projektes hat sie zu unserer großen Freude eindrucksvoll widerlegt. Die Liste der nach 1933 antisemitisch verfolgten Rechtsanwälte ist nahezu vollständig. Das läßt unsere Scham darüber, daß sie so spät erstellt wurde, geringer werden. Und es ist nicht bei der Liste geblieben. Sie wird begleitet von einer umfangreichen Dokumentation darüber, wie es zu der Vertreibung kam. Simone Ladwig-Winters hat die Ausgrenzung der Rechtsanwälte jüdischer Herkunft nach 1933 und viele Einzelschicksale wissenschaftlich nüchtern und dennoch bewegend dargestellt.

Betroffenheit und Trauer über das menschliche Leid, das aus dieser Dokumentation spricht, sind jedoch nicht genug. Auch die Wut auf unsere Kollegen nicht-jüdischer Abstammung, von denen uns kein Wort des Protestes angesichts des Schicksals der jüdischen Kollegen überliefert ist, reicht nicht aus. Wir brauchen die Hoffnung, besser: die Gewißheit, daß deutsche Rechtsanwältinnen und Rechtsanwälte aufmerksam darauf achten werden, daß Menschenrechte überall geachtet werden. Anwälte ohne Recht darf es nie wieder geben.

Bernhard Dombek
Präsident der Rechtsanwaltskammer Berlin
September 1998

Anwalt ohne Recht – Dokumentation einer Ausgrenzung

Unmittelbar nach der sogenannten Machtübernahme – eher einer Machtübergabe an die Nationalsozialisten – entfaltete sich mit ganzer Wucht die antisemitisch aufgeheizte Stimmung gegen jüdische Rechtsanwälte. Sie waren neben Ärzten, Geschäftsinhabern und Warenhausbesitzern als Zielobjekt auserkoren, aus einem gewachsenen Berufsstand ausgegrenzt zu werden. Der 1. April 1933, der sogenannte Boykotttag, stellte dabei eines der einschneidenden Daten dar. Doch anders als von den Initiatoren erwartet, führte die Dividierung in jüdische und nicht-jüdische Rechtsanwälte 1933 noch nicht zum umgehenden, vollständigen Berufsverbot. Diese Maßnahme erfolgte fünf Jahre später, 1938.

Berlin spielte bei diesen Vorgängen eine zentrale Rolle. 1933 war Berlin nicht nur Reichshauptstadt, sondern auch die Stadt Deutschlands mit der größten jüdischen Gemeinde; sie hatte 160.565 Mitglieder. Rund ein Drittel aller deutschen Juden lebte hier.[1] Während ein erheblicher Teil der Berliner Juden, insbesondere der Gruppe der „Ostjuden", als einfache Händler dem Kleinbürgertum angehörte, hatte ein anderer Teil in Bildungsberufen Fuß gefaßt und in den Mittelstand aufsteigen können. Seit Generationen war dabei die anwaltliche Tätigkeit zu einem Hauptarbeitsfeld geworden, war Juden doch über lange Jahre hinweg der Zugang zu Beamtenstellungen in der Verwaltung oder als Richter, aber auch an den Universitäten verwehrt geblieben. De jure waren Juden zwar ab 1869 den übrigen deutschen Staatsbürgern gleichgestellt, was auch durch das Gleichstellungsgesetz von 1871 nach der Reichsgründung bestätigt worden war, de facto wurden sie jedoch bei der Ernennung zu Beamten oder bei Beförderungen zurückgesetzt.[2] Informelle Regelungen führten zu einer subtilen, fortdauernden Ausgrenzung aus dem öffentlichen Dienst. Die zeitlich nicht befristete Assessorenzeit[3] sorgte für eine zusätzliche soziale Selektion der Richteranwärter, denn die Anwartstellung auf ein Richteramt blieb unvergütet.[4] Die freie Advokatur bildete sich 1878/79 heraus, untrennbar mit der Entwicklung der bürgerlichen Gesellschaft verknüpft. Mit ihrem Entstehen bot sich dem Einzelnen die Möglichkeit, die Widrigkeiten im Justizdienst zu umgehen und dennoch als Jurist zu arbeiten, eben als Rechtsanwalt. Vor dem Ende der Kaiserzeit waren viele der Berliner Anwälte Juden. Mit der Übernahme der Kanzleien durch die Söhne (erst ab den zwanziger Jahren auch durch die Töchter) verstärkte sich diese Entwicklung noch. Viele Juden zogen die Unsicherheit des freien Berufs der unsicheren Perspektive eines womöglich nie zu erreichenden Richteramtes vor. Und sie hatten Erfolg; sie konnten sich in diesem bürgerlichen Beruf etablieren, gewannen soziale Anerkennung und einen einträglichen Verdienst. 1933 gab es in Berlin 1.835 Rechtsanwälte jüdischer Herkunft. Der Machtwechsel vom Januar 1933 traf eine völlig unvorbereitete, politisch und religiös in keiner Weise homogene Berufsgruppe. Innerhalb von wenigen Jahren wurde in ihr sektoral begrenzt die antisemitischen Ausgrenzung umgesetzt. Die strukturelle, aber auch invidduelle Tragweite läßt sich an der Berliner Anwaltschaft wie in einem Brennglas für das gesamte Reich untersuchen.[5]

Die erste Ausgrenzungswelle und das endgültige Berufsverbot liegen nun 60 bzw. 65 Jahre zurück. Mit der vorliegenden Dokumentation möchte die Berliner Rechtsanwaltskammer das Schicksal der ausgegrenzten Anwälte in das allgemeine Bewußtsein zurückrufen. Da die Kammer selbst keine Dokumente aus dieser Zeit besitzt[6], war es notwendig, zunächst eine Liste all derjenigen zusammenzutragen, die sich der antisemitisch begründeten Diskriminierung durch die nationalsozialistische Politik ausgesetzt gesehen haben. Um diese Liste zu erstellen, wurden die allgemein zugänglichen zeitgenössischen Zusammenstellungen[7] mit jüngeren, in neuerer Zeit erstellten Dateien abgeglichen. Im wesentlichen betraf das die Gesamtdatei des Berliner Gedenkbuches.[8] Auf diese Weise entstand eine Liste der betroffenen Anwälte, die nicht nur Angaben enthält, die auf die juristische Betätigung bezogen sind, sondern auch Hinweise zum weiteren Schicksal gibt. Wäre die Darstellung auf die Nennung der ermordeten jüdischen Anwälte beschränkt worden, hätte sich ausschließlich der Gipfel des Schrecklichen erfassen lassen. Gleichzeitig wären die Lebensdaten der anderen, nicht durch Gewalt Umgekommenen verlorengegangen. Doch sind auch sie verfolgt worden, wie die jeweiligen Kurzbiographien zeigen. Die knappe Darstellung aller ausfindig gemachten Personen im biographischen Verzeichnis dieses Buches soll die Arbeits- und Lebensbedingungen veranschaulichen, es soll der Einzelne aus seiner Anonymität herausgelöst und identifizierbar gemacht werden. Die Auswertung der gesammelten Angaben vermittelt einen Einblick in die quantitativen Dimensionen der Ausgrenzung.

Die Recherche für diese Dokumentation gestaltete sich schwierig, da vor der sogenannten Machtübernahme selbstverständlich keine Unterscheidung in jüdisch oder nicht-jüdisch vorgenommen wurde, und nicht jeder Goldblum oder Finkelgrün war Jude. Auch war die Definition dessen, wer als jüdisch galt, noch nicht abschließend geklärt. Scharfmacher, wie der zentra-

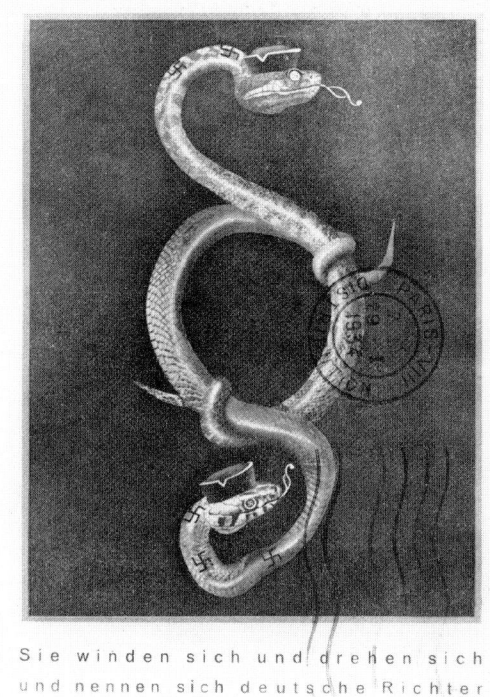

HAKENKREUZOTTERN

Sie winden sich und drehen sich
und nennen sich deutsche Richter

Agitationspostkarte von John Heartfield

le Koordinator des Boykotts vom April 1933, der fränkische Gauleiter Streicher, hatten besonders strikte Vorstellungen. Sie wollten ohne Rücksicht auf die nationalökonomischen Folgen Juden umgehend aus allen gesellschaftlich relevanten Positionen drängen.[9] Andere Anhänger der nationalsozialistischen Ideologie, beispielsweise aus der Wirtschaft wie Hjalmar Schacht, setzten sich für eine langsamere und durchdachtere Umsetzung einer ausgrenzenden Politik ein. Wer sich mit seinen Ansichten durchsetzen würde, war 1933 noch nicht absehbar. Doch Aspekte der Selbstdefinition verloren gänzlich ihre Bedeutung. Anfang April 1933 wurde fixiert, daß die Frage der Religionszugehörigkeit keine entscheidende Rolle spielen sollte.[10] Zahlreiche Anwälte fühlten sich dennoch sicher, weil sie schon in der zweiten Generation eine christliche Erziehung genossen, sich ihre Familien von jeglicher Religion gelöst hatten oder sie mit nicht-jüdischen Ehepartnern verheiratet waren. Angesichts des hohen Anteils der in Berlin tätigen Anwälte jüdischer Herkunft meinten zudem die meisten, daß eine Aussonderung gar nicht möglich sei, käme doch ansonsten die Rechtspflege in der Reichshauptstadt gänzlich zum Erliegen. Spätestens mit dem sogenannten Kerrl'schen Erlaß vom 31.3.1933[11], der im Zuge der Vorbereitungen des reichsweiten Boykotts von jüdischen Geschäften und Warenhäusern, Ärzten und Rechtsanwälten am 1. April erging und der die Oberlandesgerichts-Präsidenten, Generalstaatsanwälte und Präsidenten der Strafvollzugsbehörden anwies, jüdischen Anwälten das Betreten der Gerichte zu verbieten, war klar, daß auf die Konsequenzen für die Rechtspflege von den radikalen NSDAP-Vertretern keine Rücksicht genommen wurde.

Es kann davon ausgegangen werden, daß die realen Zahlen der als jüdisch eingestuften Anwälte, insbesondere für Berlin, noch nicht bekannt waren. Unabhängig von der Religion, unabhängig davon, wie jemand zum deutschen Staatswesen stand, wurde der/die Betreffende nun losgelöst von menschenrechtlichen Grundsätzen mit ethnischer Begründung per Definition aus der Gesellschaft herausgelöst. Die Definition war der erste Schritt der Ausgrenzung, die Folgen, die sich hieraus ergeben sollten, wurden erst später sichtbar.

Bezogen auf die Anwaltschaft definierte das „Gesetz über die Zulassung zur Rechtsanwaltschaft" (RGBl. I, 188 vom 7.4.1933)[12], das wiederum im Zusammenhang mit dem „Gesetz über die Wiedereinführung des Berufsbeamtentums" vom gleichen Tag (RGBl. I, 175) stand, den Status und die rechtliche Stellung. Das Zulassungsgesetz war zurückhaltender als es das Gesetz zum Berufsbeamtentum formulierte. Es sah vor, daß die Zulassung zurückgenommen werden konnte, war also eine „Kann"-Bestimmung. Demgegenüber hieß es in § 3,1 des Gesetzes zur Wiederherstellung des Berufsbeamtentums:

„Beamte, die nicht arischer Abstammung sind, sind in den Ruhestand ... zu versetzen ..."

Hierzu führt die 1.VO zur Durchführung des Gesetzes zur Wiederherstellung des Berufsbeamtentums vom 11.4.1933 aus:

„Als nicht arisch gilt, wer von nicht arischen, insbesondere jüdischen Eltern oder Großeltern abstammt. Es genügt, wenn ein Elternteil oder ein Großelternteil nicht arisch ist. Dies ist inbesondere dann anzunehmen, wenn ein Elternteil oder ein Großelternteil der jüdischen Religion angehört hat."[13]

Faktisch wurde jedoch auch bei den Anwälten kein Spielraum wahrgenommen, sondern grundsätzlich ein Berufsverbot erteilt. Die einzigen Ausnahmen, die zugestanden wurden, betrafen Teilnehmer des Ersten Weltkrieges oder Angehörige von Gefallenen oder bereits vor dem 1.8.1914 Zugelassene. Doch das galt für eine hohe Zahl von Anwälten.

Erst 1938 machten die offiziellen Stellen rückwirkend quantitative Angaben für Berlin bekannt: demnach sollen am 31.12.1932 1.835 „nicht-arische" Rechtsanwälte[14] der Anwaltskammer Berlin angehört haben. Diese Zahl ist als nicht erhärtet anzusehen. Unstrittig sollen im Mai 1933 1.761 Anwälte, die als „nicht-arisch" galten, einen Antrag auf Wiederzulassung gestellt haben.[15] Alle diejenigen, die nach dem 1.4.1933 ihre weitere Zulassung nicht mehr beantragten, weil sie bereits ermordet oder inhaftiert worden waren oder politische Verfolgung fürchten mußten und daher geflüchtet waren, sind von der Zahl folglich nicht erfaßt.[16]

Die Untersuchung konzentriert sich auf die Wirkung der nationalsozialistischen Aussonderungspolitik, wobei die Eingrenzung des Personenkreises schwierig, gleichwohl unabdingbar war. Es wurden nur Personen erfaßt, die am 1.1.1933 als Anwalt tätig waren.[17] Hier kann sich eine gewisse Lücke ergeben, denn zahlreiche in der Rolle eingetragene Anwälte waren innerhalb großer Unternehmen als Syndikus tätig. Da jedoch die Rolle nicht erhalten ist, mußte auf allgemein zugängliche Zusammenstellungen zurückgegriffen werden.

Personen, die später als Anwälte bekannt werden sollten und ihre Ausbildung in Berlin absolviert hatten, sich aber nicht mehr niederlassen durften, wie z.B. Martin Glas, oder die, wie Robert Kempner, vor 1933 in Ministerien, oder, wie Erna Proskauer, an Gerichten tätig waren, tauchen im biographischen Verzeichnis nicht auf. Gleichwohl kann nicht ausgeschlossen werden, daß in einzelnen Zweifelsfällen eine zeitlich abweichende Zuordnung vorgenommen wurde, wenn z.B. in Entschädigungsunterlagen, die also nach 1945 entstanden sind, die Berufsangabe „Rechtsanwalt" vermerkt ist, ohne daß zu ersehen war, ob die/der Betreffende bereits 1933 eine derartige Tätigkeit ausgeübt hat.

Im Folgenden wird von der Zahl 1.835 jüdischer Rechtsanwälte in Berlin ausgegangen. Bei insgesamt 3.400 Rechtsanwälten, die am 31.12. 1932 der Berliner Rechtsanwaltskammer angehörten[18], beträgt der Anteil der Mitglieder jüdischer Herkunft 54 %.

Mit 3.400 Anwälten stellte Berlin mit weitem Abstand die größte Anwaltschaft im ganzen Reich, im Bezirk des Kammergerichts[19], der weit über die Grenzen Berlins hinausging, waren es sogar 3.890 Anwälte.[20] Dieser Umstand war der Tatsache geschuldet, daß hier viele Reichs- und preußische Behörden, die Großbanken sowie nahezu alle wichtigen Verbände ihren Sitz hatten. Dabei waren längst nicht alle Anwälte niedergelassen, viele arbeiteten als Syndikus in großen Unternehmen oder Verbänden.[21] Mit einem so hohen Anteil von Kollegen, die jüdischer Herkunft waren, unterschied sich Berlin deutlich von

anderen Städten.[22] Diese Sonderstellung Berlins zeugte von der besonderen Verschmelzung der Mehrheit mit der Minderheit, die auch in anderen Bereichen, wie z.B. dem Einzelhandel, wirkte. Der hohe Prozentsatz von Juden an der Anwaltschaft war auf jahrhundertelange Diskriminierung zurückzuführen, die sie zum einen von der Produktion materieller Güter ausgeschlossen hatte, damit verbunden auch vom Landbesitz (bis zum Beginn des 19. Jahrhunderts), und ihnen zum anderen keinen Zugang zum Staatsdienst gewährte (bis 1869 grundsätzlich, danach auf informeller Ebene).[23] Die Neigung, sich mit juristischen Fragen auseinanderzusetzen, lag allen an Bildung Interessierten nahe, so hatte z.B. auch Heinrich Heine Rechtswissenschaften studiert. Die Jurisprudenz war von ihren Ordnungsstrukturen und philosophischen Grundlagen her vielen aus traditionellen jüdischen Disputationen vertraut. Zudem fanden Juden in dieser Sphäre ein geeignetes Betätigungsfeld im Hinblick auf die normative Anpassung bzw. Weiterentwicklung des Rechts an gesellschaftliche Veränderungsprozesse. Da jedoch für die weitere Berufsausübung der öffentliche Dienst, sei es innerhalb der Justizverwaltung oder der Richterschaft, sei es an den Universitäten versperrt war, mußte sich jeder, der sich für dieses Fach interessierte und nicht die Taufe in Erwägung zog, zwangsläufig als Anwalt niederlassen. Ursprünglich eine Folge der Diskriminierung, war der Beruf des Anwalts mittlerweile ein begehrter geworden. Unsicherheiten hinsichtlich der Altersversorgung oder des Einkommens standen Chancen in materieller Hinsicht gegenüber, die beispielsweise ein Amtsrichter nicht hatte. Der Amtsrichter wußte, welche Aufstiegsmöglichkeiten er besaß und was er am Ende seines Berufslebens zu erwarten hatte, gleichgültig, ob er ein guter oder nur ein mittelmäßiger Jurist war. Das wußte der Anwalt nicht, doch wenn er Glück hatte und bereit war, sich mit hohem Engagement seiner Fälle anzunehmen, konnte er zu einem komfortablen Lebensstandard gelangen, verbunden mit beträchtlicher gesellschaftlicher Anerkennung. 1933 führten immer noch 185 jüdische Anwälte den Ehrentitel eines Justizrats.

Bei einigen Anwälten sorgte das Vermögen der Frau für Wohlstand. So bei dem Berliner Justizrat Sandberg, der sich, auf die Weise abgesichert, in aller Muße auch unvermögenden Mandanten widmen und manchmal sogar auf das Honorar verzichten konnte.

Parallel zu der wachsenden gesellschaftlichen Anerkennung der Juden in Deutschland hatte sich der Prozeß der Assimilierung[24] weiter beschleunigt, so daß viele Rechtsanwälte für sich persönlich den Wechsel vom jüdischen Glauben zum christlichen, vorwiegend zum Protestantismus, vollzogen oder sich gänzlich von der Religion lösten und Dissidenten wurden. Es kam zu Ehen zwischen jüdischen und christlichen Partnern, kommunales Engagement legte die Zugehörigkeit zu einer Kirchengemeinde nahe, oder es entstand während des Studiums der Wunsch, einer bestimmten, zumeist schlagenden Verbindung anzugehören, was eine Konversion nach sich zog. Je stärker das subjektive Empfinden gesellschaftlicher Akzeptanz wurde, um so dominierender wurde das Gefühl, zum deutschen Gemeinwesen zu gehören. Das Bewußtsein, Jude zu sein, trat weiter in den Hintergrund.

Die vorliegende Studie konnte 1.785 Namen von Anwälten ermitteln, die nach der Machtübergabe im Januar 1933 als Juden definiert wurden. Diese Ermittlungen beruhen auf den angeführten Zusammenstellungen von Vertretungsverboten (auf der Grundlage der Allgemeinen Verfügung -AV- vom 25.4.1933)[25], dem Branchen- bzw. Adressbuch 1932 in Verbindung mit der Liste vom 15.10.1933, die erstmalig für den internen Verwaltungsgebrauch eine Kennzeichnung der „nicht-arischen" Anwälte vornahm. Eine wichtige Quelle war auch die Kartei des Reichsjustizmini-

steriums, die Verweise auf ehemals und noch existierende Personalakten gibt.[26] Auf dieser Basis wurden zahlreiche Personalakten des Reichsjustizministeriums eingesehen, die in der Regel das Verfahren der Wiederzulassung 1933 dokumentieren.[27] Für alle ermittelten Personen wurde ein Abgleich mit der Gesamtdatenbank zum Berliner Gedenkbuch vorgenommen.[28] Kurz vor Fertigstellung der Untersuchung kamen noch einige biographischen Angaben hinzu, die ein Forschungsprojekt zu Reichsfluchtsteuer und Steuersteckbriefen ermittelt hat.[29]

Neben der kombinierten Auswertung von Primär- und Sekundärquellen wurde bei der vorliegenden Dokumentation dem einzelnen Schicksal in der Emigration besondere Beachtung geschenkt. Zu diesem Zweck wurden die im Leo-Baeck-Institute, New York, vorhandenen Memoiren ausgewertet. Der größte Teil dieser Memoiren war im Zusammenhang mit einem Preisausschreiben der Harvard University im Jahre 1940 entstanden, das maßgeblich von Prof. Hartshore initiiert worden war. So aufschlußreich die Darstellungen bis zu diesem Zeitpunkt waren, so endgültig erscheinen sie meist: Sie gaben keine Informationen über den Lebensweg der betreffenden Personen nach 1939. Eine weitere wichtige Quelle stellten die Anträge von Immigranten vor dem American Committee for the Guidance of the Professional Personnel dar, einer Institution, die über die Vergabe von Stipendien für American Law Schools entschied. In den Anträgen mußten die Betreffenden Angaben zu ihrem bisherigen Lebensweg machen. Von den ca. 500 Antragstellern kam ein zahlenmäßig nicht genau einzugrenzender Teil aus Berlin.

Über die Situation derjenigen Anwälte, die in Berlin überlebt haben bzw. die nach 1945 wieder hierher zurückgekehrt sind und ihre Wiederzulassung beantragten, geben die wenigen Personalakten der Rechtsanwaltskammer aus dieser Zeit Auskunft.

Mit dem Anliegen, sich die Geschichte ihres Berufsstandes in allen Facetten vor Augen zu führen, steht die Berliner Rechtsanwaltskammer nicht allein da.[30] Große Firmen wie die Deutsche Bank[31], in neueren Tagen auch die Dresdner Bank, beauftragten unabhängige Wissenschaftler mit der eingehenden Analyse und Darstellung der jeweiligen Firmengeschichten. Die internen Kenner dieser Firmengeschichten mußten erst aus den Unternehmen ausgeschieden sein, damit eine derartige selbstkritische Reflexion überhaupt zugelassen werden konnte. Offenkundig waren die Verstrickungen zahlreicher exponierter Firmenvertreter in die Vorgänge während der NS-Zeit zu weitgehend, als daß sie eine offene Auseinandersetzung geduldet hätten. Aus diesem Grund entfällt die persönliche Überlieferung von Wissen, das nun erst mühsam wieder rekonstruiert werden muß. Ähnliches gilt für den Berufsstand der Rechtsanwälte. Die umfassenden, verdienstvollen Darstellungen einzelner Wissenschaftler, die sich teilweise grundsätzlich[32], teilweise mit regionalem Schwerpunkt[33] und teilweise auf exponierte Einzelpersonen[34] konzentrient, in jedem Fall kritisch mit der NS-Zeit beschäftigen, sind fast ausschließlich ab den siebziger Jahren entstanden. Nur ganz begrenzt konnten die Autoren auf ihren eigenen Erfahrungsschatz zurückgreifen bzw. noch das direkte Zeugnis von Überlebenden in ihre Recherchen miteinbeziehen.

Auch im Ausland findet zunehmend eine intensivere Auseinandersetzung mit diesem Zeitabschnitt statt. Das gilt insbesondere für Frankreich[35], wobei hier der eigene antisemitische Anteil eine wichtige Rolle spielt, während in anderen Ländern das Einwirken der Immigranten auf die jeweilige Rechtsentwicklung im Vordergrund des Interesses steht.[36]

Die Rechtsanwaltskammer Berlin verfügt über keine eigenen Dokumente aus der NS-Zeit. Dabei muß dahingestellt bleiben, ob dies vollständig auf Kriegseinwirkungen oder spätere gezielte Zerstörung zurückzuführen ist. Auch hier werden personelle Kontinuitäten dazu beigetragen haben, daß nach 1945 kein Drang zur näheren Aufklärung der Vorgänge bestand[37]. Es ist nichts überliefert, und so gerät das Album des Anwaltsbeamten des Anwaltszimmers vom Landgericht Willy Naatz, der rund siebzig Fotos von jüdischen Anwälten aufbewahrt hat, zu einem einzigartigen Dokument.[38]

Willy Naatz (* 16.3.1879 Berlin - † 30.12. 1955 Berlin), der als einfacher Angestellter im

Willy Naatz an seinem Arbeitsplatz im Anwaltszimmer des Landgerichts Berlin am 16.3.1955, seinem 76. Geburtstag.

Alter von 14 Jahren seine Tätigkeit für die Rechtsanwaltskammer begann, war eine zentrale Informations- und Kommunikationsbörse.

Naatz sorgte dafür, daß Anwälte, die gleichzeitig an zwei Gerichten Termine hatten, eine entsprechende Vertretung gestellt bekamen, verschaffte ihnen eine Robe, wenn sie ihre eigene vergessen hatten, versorgte die Anwälte mit belegten Brötchen; bewegte schon einmal zwei, die kurz darauf als Prozeßgegner auftreten sollten, zu einem Schachspiel, was von zufällig vorbeikommenden Mandanten mit einem gewissen Befremden aufgenommen wurde.[39] Naatz trat auch in Stücken des Musikvereins, den es im Umfeld des Gerichts gab, mit großem Erfolg auf. In seiner mehr als sechzigjährigen Diensttätigkeit im Anwaltszimmer erwarb er sich Anerkennung, Freundschaft und Vertrauen vieler Anwälte. Während des Nationalsozialismus übernahm es der Anwaltsbeamte, die politische Haltung eines unbekannten Anwalts zu prüfen, dieser „wurde in unauffällige Gespräche verwickelt, in die alsbald Witze eingeflochten wurden. Vermittels solcher Witze, die vorsichtig andeutende, aber auch stark politische Akzente haben konnten, wurde der Neuling vorsichtig abgetastet. Je nach seiner Reaktion erfuhren wir von diesen im echten Wortsinne ,gewitzten' Anwaltsdienern ihr Urteil; was sie an Bewertung vertraulich weitergaben, war anerkannt und maßgebend. Man wußte sogleich, ob es sich bei dem Neuen um einen ,Heißen', ,Lauwarmen' oder ,Kalten' handelte, wie Signale wurden die Warnungen oder Beruhigungen weitergegeben."[40] Naatz bewahrte Haltung, er unterschied nicht zwischen jüdischen und nicht-jüdischen Anwälten. Das zeigen auch die innigen Glückwünsche, die einige Überlebende ihm zu Ehrentagen (30-, 50- und 60jähriges Dienstjubiläum sowie 70., 75. und 76. Geburtstag) schickten. Aus einem Album, in dem Naatz die zahlreichen Glückwunschschreiben aufbewahrt hat, fällt eine abgegriffene Karte heraus, Ort und Datum sind vermerkt: „Theresienstadt, 28.8.44". Es ist die Karte eines Deportierten, Justizrat Dr. Siegmann, zu dem Naatz offensichtlich weiterhin Kontakt aufrechterhalten hat. Siegmann wurde kurze Zeit nach Absenden der Karte von Theresienstadt nach Auschwitz transportiert und dort ermordet. Seine Postkarte an Naatz ist ver-

mutlich sein letztes Lebenszeichen; es ist das einzige Schreiben in dieser Form von 271 umgekommenen Berliner Anwälten, das überliefert ist. Sicher wird es mehr gegeben haben – niemand hat sie aufbewahrt. In einem Berufsstand, der über das formalisierte Verfahren hinaus ein durchaus lebendiges gesellschaftliches Leben seiner Mitglieder und eine, wenn auch noch junge Tradition entwickelt hatte, gab es offensichtlich nur wenig Raum für „Sentimentalitäten", wie sie Naatz gepflegt hat. Die maßgeblichen Funktionen in der Kammer waren mit Nationalsozialisten besetzt. Angesichts der „Aussonderung" der jüdischen Kollegen regte sich kein Widerstand, wehmütige Gefühle an sie und die vergangene Zeit, für die sie standen, konnten diejenigen, die ungehindert weiterarbeiten durften, vermutlich nicht zulassen. Auch nach dem Ende der nationalsozialistischen Ära scheint sich diese Haltung nur langsam verändert zu haben. Und so mußte zumindest ein Generationswechsel vollzogen sein, um sich diesen Fragestellungen überhaupt nähern zu können.

Zeitzeugen, die auf der Grundlage einer „Oral History" einen subjektiven Beitrag zur Untersuchung hätten liefern können, standen nur noch ganz vereinzelt zur Verfügung. Häufig stieß die Autorin bei der Recherche auf den Hinweis: „Da sind Sie leider etwas zu spät gekommen."[41] So wird das Ergebnis manchen, der die Zeit noch aus eigener Erfahrung in Erinnerung hat, von der subjektiven Komponente her nicht vollends zufriedenstellen[42]. Dies wird sich zunächst an einzelnen Begrifflichkeiten festmachen, kann aber auch Kritik an der nicht ausreichenden Tiefe der Kurzbiographien einschließen.[43]

Beispielsweise war der Begriff „Berufsverbot" keine damals übliche Bezeichnung für die Tatsache, daß durch Vertretungsverbote (1933) bzw. Zulassungsentzug (1933, 1938) die Berufsausübung unterbunden wurde. Doch umschreibt der Begriff die Gegebenheiten am treffendsten.

Gleichwohl hätte kaum einer der Betroffenen einen derart drastischen Begriff benutzt. Es lassen sich viele Beispiele dieser Art finden, die Gegenstand für weitere Forschungen werden dürften. Überhaupt ist die Sprache das Feld, auf dem sich die Verletztheiten, Tabuisierungen, aber auch Entwicklungen am deutlichsten ablesen lassen. Wenn im Folgenden immer wieder Begriffe wie z.B. „Mischling" oder „arisch" auftauchen, so handelt es sich nicht um eine bedenkenlose Adaption nazistischer Termini, sondern um die definitorische Zuordnung, die absolute Gültigkeit im Nationalsozialismus beanspruchen konnte und damit Ausdruck der Diskriminierung war.

Wie stark die Sprache von dieser Unterdrückung geprägt worden ist, davon legen die nach 1945 entstandenen Personalakten derjenigen, die sich um ihre Wiederzulassung als Anwälte bemühten, Zeugnis ab. Einzelne, die „untergetaucht" gelebt hatten, schildern das in äußerst reduzierter Form. Teilweise wird der Begriff „illegal überlebt" verwendet – als könnte Überleben illegal sein. Schon 1947 machte Victor Klemperer mit seinem Buch LTI[44], lingua tertii imperii, auf die Folgen der durch Angriffe mutierten Sprache aufmerksam. Diese Folgen wirken immer noch fort. Mittlerweile wird die Kritik an sprachlichen Formulierungen häufig eingesetzt, um einen Autor zu desavouieren, ohne daß in irgendeiner Weise die Absichten, die er verfolgt, mit in das Urteil einfließen.

In diesem Zusammenhang sei an dieser Stelle darauf hingewiesen, daß die hier nicht generell verwendete weibliche Form „Rechtsanwältin" keine Mißachtung des Beitrags von Frauen innerhalb der Anwaltschaft darstellt. Wenn auch in geringer Anzahl (20 von 1.785 Personen), so gab es die Anwältinnen doch. Die grundsätzliche Verwendung der geschlechtsbezogenen Begriffe würde den Text jedoch in einer Weise schwerfällig machen, die geradezu kontraproduktiv erscheint.

Die Dokumentation der Berliner Anwälte jüdischer Herkunft ist nicht allein eine Auseinandersetzung mit der Vergangenheit. Ein Gesprächspartner beharrte darauf, von seiner namentlichen Nennung abzusehen, da er fürchtet, nach der Veröffentlichung als „Judenlümmel" bezeichnet zu werden. Ähnlich muß die Haltung eines Hinterbliebenen mehrerer jüdischer Anwälte interpretiert werden; er zog sich auf die Position zurück, daß alles sei so lange her, und man solle den „alten Kram" nicht schon wieder aufrühren. Ergänzend führte diese Person an, daß sie wüßte, was mit „ihren Leuten" geschehen sei, wolle aber nicht darüber sprechen, „… denn sonst wäre das Leben hier kaum erträglich."[45] Es sind also immer noch Anzeichen eines virulenten Antisemitismus spürbar. Aber auch aus einer anderen Richtung kamen Mahnungen, daß das Bemühen, eine vollständige Liste aller ausgegrenzten Rechtsanwälte zu erstellen, „nicht in eine so bedenkliche Schieflage geraten solle wie das Holocaust-Mahnmal in Berlin."[46]

Daß die Recherche zum Schicksal jüdischer Anwälte kein bloßer Diskussionsprozeß geblieben ist, sondern tatsächlich zu Ergebnissen geführt hat, ist sicherlich auch den zahlreichen positiven Reaktionen von Hinterbliebenen zu verdanken: mit Begeisterung wurden Namen von Freunden und Bekannten zusammengetragen. Nahe Angehörige haben sich die Mühe gemacht, mit eingehenden Schilderungen und persönlichen Materialien ein präziseres Bild ihrer Mutter, ihres Vaters oder Großvaters der Nachwelt zu übermitteln.[47] Die qualitative Darstellung, die in den Gesprächen mit Überlebenden gewonnen wird, ergänzt die schriftlichen Quellen, macht die Vorgänge anschaulicher und ermöglicht eine tiefere Durchdringung des Themas, wobei jedoch der jeweilige Filter der individuellen Geschichtsschreibung, die geprägt ist von Vergessen, Verdrängen und sehr unterschiedlichem Gewichten der Geschehnisse, einbezogen werden muß. Entsprechend waren die zahlreichen (auto-)biographischen Darstellungen zu würdigen, die Zeugnis ablegen von den Ereignissen in Deutschland nach 1933.[48]

Welche Bedeutung kann ein derartiges biographisches Verzeichnis für die Anwaltskammer haben? Die Darstellung historischer Vorgänge ist eine erste Etappe für eine nähere Auseinandersetzung mit der eigenen Geschichte. Es stellt sich jedoch die Frage weiterer Konsequenzen.

In der Psychoanalyse existiert das Prinzip der Triade „Erinnern, Wiederholen, Durcharbeiten", das zumindest in dem Punkt des Erinnerns einen Kernpunkt der jüdischen Überlieferung aufgreift: „Zachor!" – Erinnere dich![49] Beschäftigt man sich mit den einzelnen Schicksalen, so wird der Verlust an intellektueller Größe, sprachlicher Brillanz und menschlicher Vielfalt spürbar, den die gewaltsame Absonderung, Zersplitterung, Vertreibung und Vernichtung der Minderheit bewirkt hat. Bezogen auf die verbliebene Mehrheitsgesellschaft hat Wolf Jobst Siedler in jüngerer Zeit formuliert: „In Auschwitz haben die Eichmanns die Juden physisch gemordet und die Deutschen psychisch."[50] So fragwürdig schon die Selbststilisierung zum Opfer ist, noch problematischer erscheint die plakative Polarisierung in „die Deutschen" und „die Juden": Max Alsberg, Erich Frey, ebenso andere prominente Persönlichkeiten wie z.B. Alfred Kerr oder eben Victor Klemperer hätten sich immer der ersten Gruppe zugehörig gefühlt und dann erst, wenn überhaupt, der zweiten. Zudem beschränkt sich das Bedauern oft auf den Verlust geistiger Größe. Doch auch Verfolgung oder Vertreibung eines einfachen Rechtsanwalts, behaftet mit allen menschlichen Stärken und Schwächen, bedeutet eine grundlegende Menschenrechtsverletzung. Daher versucht die Dokumentation, das Schicksal aller Berliner Anwälte nachzuzeichnen, nicht nur das der Koryphäen. Mit der Ausgrenzung der Rechtsanwälte jüdischer Herkunft wurde der Berufsstand insgesamt strukturell gewandelt. Dabei gingen starke Verfechter einer Rechtskultur verloren, die sich für die Einhaltung von Menschen- und Grundrechten wie die Unverletzlichkeit der persönlichen Sphäre einsetzten, aber auch für andere zentrale Rechtsdogmen wie die Unschuldsvermutung. Sie traten mit Leidenschaft ein für die Rationalität des Rechts. Letztendlich waren sie mit ihrer Arbeit Verfechter demokratischer Prinzipien.

Die Erkenntnis über die enormen Kapazitäten und geistigen Fähigkeiten, die verloren gegangen sind, stellt den „Positivabdruck" dar, wenn man das Bild eines Druckstocks benutzen will. Den „Negativabdruck" bilden die Belastungen der Verfolgung, denen die Betroffenen, gleichgültig, ob prominent oder weniger bekannt, ausgesetzt waren. Dieser „Negativabdruck" ist bislang nicht in ausreichendem Maße gewürdigt worden. In diesem Sinne möchte sich die Rechtsanwaltskammer zu Berlin ihrer ausgesonderten und verfolgten Kollegen erinnern und mit der Darstellung ihrer Lebenswege ihre Namen vor dem Vergessen retten.

Justizpalast in Moabit

Jurisprudenz in der Weimarer Republik

Die Republik hatte ihre Verfassung in Weimar erhalten, doch ihre zentralen Schaltstellen, sei es der Bürokratie, sei es der Unternehmen[51] und Verbände, befanden sich in Berlin – wie auch der Reichstag. Nicht allein als Hauptstadt Preußens, des nach 1945 untergegangenen Staates, sondern als Hauptstadt und Regierungssitz des ganzen Reiches[52] hatte Berlin eine zentrale Position. Die Stadt bot verschiedene Superlative: die größte Bevölkerung, die dunkelsten Mietskasernen[53], die attraktivsten Warenhäuser, den strudelndsten Verkehr, die edelsten Yachten, die heftigsten sozialen Konflikte, die elegantesten Cafés, die bizarrsten Cabarets, die größten Gotteshäuser. Musik, bildende Kunst, Theater, Literatur – wer groß herauskommen wollte, mußte nach Berlin. Dabei war, gerade auf dem Gebiet der Kunst, ein ständiger Wandel zu verzeichnen, doch viele der Werke, die damals entstanden, besitzen auch heute noch Ausstrahlung: Bert Brecht, Käthe Kollwitz, Max Liebermann, Otto Nagel, Lesser Ury, Alfred Döblin schufen ihre Hauptwerke zu Beginn dieses Jahrhunderts in Berlin. Einer, der sich damals bescheidenen Ruhms erfreuen konnte, war Rideamus. Das Libretto zur Operette „Der Vetter aus Dingsda" stammte maßgeblich von ihm, auch viele heitere, mit Karikaturen versehene, in Versen gehaltene Geschichten. Hinter dem Künstlernamen Rideamus („mögen wir lachen") verbarg sich der schelmische, etwas kurzsichtig blinzelnde Rechtsanwalt Fritz Oliven. In die Fremde

Fritz Oliven, 1931

gedrängt, weil er Jude war, ist er heute nur noch wenigen Antiquaren ein Begriff.

Die Jurisprudenz stand angesichts der nervösen Atmosphäre dieser Stadt und der neuen Bedingungen der Republik vor einer besonderen Herausforderung. Zeitgenössische Veröffentlichungen, die sich vorrangig mit Strafprozessen beschäftigt haben, vermitteln den Eindruck, als hätten sich alle wesentlichen Gerichtsverfahren in Berlin abgespielt, obwohl doch das Reichsgericht, das höchste deutsche Gericht[54], seinen Sitz in Leipzig hatte. Begünstigt durch die starke Aufmerksamkeit der Presse, kam es zu regelrechten Sensationsprozessen, an denen die Öffentlichkeit starken Anteil nahm. Vor dem Kriminalgericht Moabit versammelten sich unzählige Schaulustige, angezogen von der Aussicht, ein Stück des Privatlebens anderer Menschen unmittelbar präsentiert zu bekommen.

Zahlreiche politische Prozesse ließen den Eindruck entstehen, daß die Justiz „Milde gegen rechts, Härte gegen links"[55] walten ließ. In der Folge der zahlreichen Anschläge gegen republikanische Politiker, für die teilweise maßgeblich die „Organisation Consul" verantwortlich zeichnete, kam es tatsächlich zum Teil zu sehr halbherzigen bzw. keinen Bestrafungen.[56] Die berüchtigte „Brigade Ehrhardt" hatte beim Kapp-Putsch (13.-16.3.1920) eine maßgebliche Rolle gespielt. Damals floh die Reichsregierung aus Berlin, die Demokratie wurde wesentlich durch den Generalstreik gerettet. Die Mitglieder der Brigade Ehrhardt tauchten anschließend in die „Organisation Consul" ab.[57]

Politische Morde begangen von	Rechts- stehenden	Links- stehenden
ungesühnte Morde	326	4
teilw. gesühnte Morde	27	1
gesühnte Morde	1	17
Gesamtzahl der Morde	354	22

Lediglich wenn das Opfer prominent war, wurde ohne tolerierendes Wohlwollen gegen die Täter vorgegangen. Doch selbst in den Fällen, in denen eine Strafe verkündet worden war, bedeutete das nicht, daß die Täter sie verbüßen mußten. Insgesamt 25 Sammelamnestien und zahlreiche Einzelamnestien sorgten für den Eindruck, daß bei politischen Straftaten nicht wirklich Verantwortung für strafbare Handlungen übernommen werden sollte.[58]

Ein ganz zentrales, Emotionen der „Linken" wie der „Rechten" auslösendes Moment war der Mord an Karl Liebknecht und Rosa Luxemburg am 15.1.1919, gerade zwei Monate nach Ausrufung der Republik. Ihr Tod und die unzureichende Ahndung wirkten bis Anfang der dreißiger Jahre nach. Im Eden-Hotel waren Rosa Luxemburg und Karl Liebknecht von Freikorpsleuten gefangengenommen worden. Rosa Luxemburg wurde erschossen und in den Landwehrkanal geworfen, ihre Leiche wurde erst im Mai an einer Schleuse angeschwemmt. Karl Liebknecht wurde im Tiergarten erschossen. Im Januar 1919 hatte es verschiedene Gruppierungen gegeben, denen ihr Tod als exponierte Vertreter einer radikalsozialistischen Unabhängigen Sozialdemokratie nützte. Unstrittig scheint aus heutiger Sicht, daß damals die Aufklärung der Hintergründe der Ermordung vertuscht wurde. Die 1929 veröffentlichte Kritik an der unsachgemäßen Verfolgung der Täter wurde zum Gegenstand eines Prozesses zwischen Paul Jorns, dem Vertreter der Anklage gegen die ermittelten Täter 1919, und dem Journalisten Josef Bornstein.[59] Tatsächlich waren die mutmaßlichen Mörder ausgesprochen milde bestraft worden: Einer erhielt einige Monate Hausarrest; ein anderer wurde zu zwei Jahren Gefängnis verurteilt, und es gelang ihm dennoch, nach Holland auszureisen. Einige Monate später wurde er amnestiert. Jorns wurde Vertuschung der Straftatbestände vorgeworfen, der Rechtsstreit, den er gegen diesen Vorwurf anstrengte, zog sich bis in die dreißiger Jahre hin. Jorns erfüllte sein Amt als Sachbearbeiter der Reichsanwaltschaft für politische Strafsachen mit Eifer – soviel Eifer, daß er berüchtigt war. Später wurde Jorns Reichsanwalt am Volksgerichtshof. Die prozessuale Klärung der Vorwürfe Bornsteins zog sich über fünf Instanzen hin, wobei die Entscheidungen der verschiedenen Instanzen deutlich voneinander abwichen. Doch gerade hierdurch wurde die Unabhängigkeit der Gerichte demonstriert und nachdrücklich auf die ursprünglichen Vorgänge Bezug genommen.

Als weiteres Beispiel sei das Blausäureattentat auf den SPD-Politiker und damaligen Oberbürgermeister in Kassel, Scheidemann, angeführt. Scheidemann ging Pfingsten, am 4.6.1922, mit seiner Tochter und seiner Enkelin im Wald spazieren, als ihm ein junger Mann dreimal Blausäure, die er in einem Gummiball bei sich getragen hatte, ins Gesicht spritzte. Bevor Scheidemann ohnmächtig wurde, konnte er zwei Schüsse auf den Flüchtenden[60] abgeben. Nur weil es gerade sehr windig war und sich die Säure schnell verflüchtigte, verlief der Anschlag nicht tödlich. Besonders perfide war die spätere Verkehrung des Opfers zum Täter in Pressedarstellungen, weil Scheidemann auf Anraten der Polizei bewaffnet gewesen war und die Waffe auch gegen den Täter eingesetzt hatte.

Nur drei Wochen später, am 24.6.1922, wurde Außenminister Walther Rathenau, als er auf dem Weg ins Ministerium war, in der Königsallee in Berlin-Dahlem in seinem Wagen erschossen. Die Täter waren in beiden Fällen sehr junge Männer, die teilweise im bürgerlichen Milieu groß geworden waren. Sie wurden als Einzeltäter bestraft, wobei es offensichtlich, jedoch nicht beweisbar war, daß die einflußreiche und von finanzkräftigen Personen gestützte „Organisation Consul" im Hintergrund stand und mit Taten wie diesen die Republik bekämpfen wollte. Rathenau stand für eine Politik des Ausgleichs mit den früheren Kriegsgegnern, verächtlich als „Erfüllungspolitik" geschimpft. In den entsprechenden Blättern wurde gegen Rathenau gehetzt, es ging der Spruch um: „Knallt ab den Walther Rathenau, die gottverdammte Judensau!" Damit wurde das Feld für einen Angriff auf sein Leben bereitet. Rathenau war sich der Bedrohung durchaus bewußt, was ihn jedoch nicht davon abhielt, sich für die Interessen Deutschlands einzusetzen. Er unternahm jedoch keine übermäßigen Anstrengungen, sich zu schützen, vermutlich weil der Scheidemann-Anschlag gezeigt hatte, von wievielen Zufällen das Überleben abhing. Aufgrund seiner politischen Haltung hatte sich Rathenau die Feindschaft so einflußreicher Personen wie des deutschnationalen Karl Helfferich zugezogen.

Helfferich, 1872 in einer Pfälzer Industriellenfamilie geboren, entwickelte nach einer Karriere im Auswärtigen Amt (ab 1901) und seiner Ernennung zu einem Direktor der Deutschen Bank (1908) verstärkt Ambitionen für ein wichtiges Amt im nationalökonomischen Bereich. Während des Ersten Weltkrieges wurde er Staatssekretär im Reichsschatzamt. Ab 1918 pflegte er auch eine innige Feindschaft[61] zum Reichsfinanzminister Matthias Erzberger (Zentrum). Helfferich hatte sich um den Posten des Reichsbankpräsidenten beworben, doch scheiterte seine Wahl im Parlament. Erzberger wurde am 26.8.1921 von zwei Mitgliedern der Brigade Ehrhardt durch ein Attentat ums Leben gebracht. Die Täter gelangten mit offizieller Hilfe ins Ausland und entzogen sich damit der Strafverfolgung.

Wie die oben angeführte Zahl von 354 von rechtsgerichteten Tätern begangenen Morden eindrucksvoll belegt, wurden diese Akte, womöglich auch Relikt der Kriegsjahre, als durchaus gängiges Mittel der Politik angesehen. Helfferich förderte als Vorsitzender der DNVP mit polemischen Ausfällen diese Tendenz. Er verunglückte am 3.4.1924 bei Bellinzona.[62]

Die Bewertung der Justiz an das Moment der Sühne zu knüpfen, ist schwierig, siegt das Recht doch oft gerade dann, wenn eine Tat ungesühnt bleibt, beispielsweise weil die Unschuldsvermutung auch dem vermeintlich Schuldigen zugestanden werden muß. Die hier aufgeführten Beispiele werfen jedoch Schlaglichter auf die Entwicklung der Justiz und ihre Haltung in der Weimarer Republik.

Auch in den scheinbar „unpolitischen" Verfahren spiegelte sich der gesellschaftliche Wandel wider. Außergewöhnliche kriminelle Aktionen und exponierte Prozeßbeteiligte rückten in den Mittelpunkt der Beachtung. Besonderer Aufmerksamkeit konnte sich das Vorstandsmitglied des Anwaltsvereins, Erich Frey, erfreuen. Schon durch sein Äußeres – exquisit gekleidet, diabolischer Blick, verstärkt durch ein Monokel – stilisierte er sich zu einer Sehenswürdigkeit. Auch sein Leben war schillernd. Wenn er nach einer turbulenten Nacht am Morgen im Frack direkt ins Gericht jagte, mußte ihm der Anwaltsbeamte Naatz, der Angestellte der Anwaltskammer im Anwaltszimmer des Gerichts, schnell zu einem angemessenen Erscheinungsbild verhelfen.[63] In seinen Erinnerungen[64] schenkt Frey dem sogenannten Schülermord-Prozeß gegen den Oberschüler Krantz besondere Aufmerksamkeit (über 116 Seiten). Dieser Prozeß bot denn auch alles, wonach die Öffentlichkeit gierte: schlüpfrige Details, sanfter Schauder angesichts der ungebändigten Jugendlichen, deren scheinbare Freizügigkeit für zwei von ihnen im Tod endete. Auch „abgebrühte" Prozeßbeobachter wie der bekannte Sling (Paul Schlesinger), der für die „Vossische Zeitung" berichtete, waren fasziniert.[65]

In Steglitz waren 1927 zwei 19jährige junge Männer, Günther und Hans, erschossen in einer Wohnung aufgefunden worden. Der Mitschüler des einen, eben Paul Krantz, 18 Jahre alt, der aus einfachen Verhältnissen stammte, wurde der Tat beschuldigt. Nach den Ermittlungen hatte sich Krantz in der elterlichen Wohnung von Günther aufgehalten, ebenso wie dessen 16jährige Schwester Hilde. Hildes und Günthers Eltern lebten in bescheidenem Wohlstand und befanden sich zur Tatzeit auf Reisen. Offensichtlich hatte Hilde zuvor die Nacht mit dem später getöteten Hans verbracht. Ihrem Bruder Günther wurde homosexuelles Interesse an Hans nachgesagt. Der angeklagte Krantz hatte sich in der betreffenden Nacht mit der Rolle des schwärmerischen, abgewiesenen Liebhabers zufriedengeben müssen, wobei er einen Tag vor dem Drama selbst noch mit Hilde geschlafen hatte. Für ihn kam Eifersucht als Motiv in Betracht. Frey ging mit Verve an die Verteidigung von Paul Krantz: kühl und überlegt, gleichzeitig mit theatralischen Effekten taktierend, indem er zeitweilig die Verteidigung niederlegte, bemühte er sich um einen Freispruch. Zu Krantz baute er in dieser Zeit ein enges väterliches Verhältnis auf. Von daher erfüllte ihn der später verkündete Freispruch in dem wesentlichen Anklagepunkt mit besonderer Erleichterung und Freude[66]. Das Gutachten eines der zahlreichen Sachverständigen besagte, daß höchstwahrscheinlich Günther erst Hans und dann sich selbst mit der Waffe von Krantz erschossen hatte.[67]

Ein anderer großer Prozeß war der gegen den berüchtigten Ringverein „Immertreu" (Hauptverhandlung 4.– 9.2.1928)[68], bei dem es zu der einzigen Zusammenarbeit zwischen Frey und Max Alsberg, einem anderen berühmten Strafverteidiger der damaligen Zeit, gekommen ist. In diesem Prozeß ging es um den Tod eines Zimmermannes nach einer Schlägerei zwischen den

Erich Frey (rechts) 1928 im „Schülermord-Prozeß" mit dem Angeklagten Paul Krantz (mitte)

mit Frack und Zylinder von einer Beerdigung kommenden Mitgliedern des Ringvereins „Immertreu" und einer in einem Zunftlokal versammelten Gruppe von Zimmerleuten. Die miteinander in Verbindung stehenden „Sport- und Geselligkeitsvereine", zu denen „Immertreu" gehörte, boten laut Satzung ihren meist vorbestraften Mitgliedern Unterstützung bei der Arbeitssuche und Gelegenheit zu Sport und zu geselligem Beisammensein. Tatsächlich handelte es sich um Zusammenschlüsse von Mitgliedern der Berliner Unterwelt. In 80 Vereinen, die so anheimelnde Namen wie „Heimatklänge", „Hand in Hand" oder „Deutsche Kraft" trugen, hatten sich rund 1.000 Mitglieder organisiert, wobei es ein offenes Geheimnis war, daß sie sich teilweise durch Schutzgelderpressungen finanzierten.

Gleichzeitig befolgten die Mitglieder einen strengen Ehrenkodex; sie waren die Vorlage für

Fritz Langs berühmten Film „M – eine Stadt jagt einen Mörder". Bert Brecht orientierte sich mit seiner „Dreigroschenoper" ebenfalls an ihrem Erscheinungsbild. In dem realen Prozeß spielte Frey, weit stärker als Alsberg, mit der öffentlichen Meinung, indem er gezielt die Presse informierte und so das Bild des „netten Kriminellen" oder „schweren Jungen" zeichnete, der auf Spitz- oder Kosenamen wie „Muskel-Adolf", „Klamotten-Ede" oder „Mollen-Albert" hörte, im Grunde aber, so Frey, ein natürliches Rechtsgefühl besaß. Als Zuhälter lebte dieser ehrenwerte Verbrecher denn auch von einer ihm treu ergebenen Prostituierten, die wiederum mit einem so liebevollen Namen wie „Aktien-Mieze" tituliert wurde. Das Gericht verurteilte den Hauptangeklagten, Adolf Leib („Muskel-Adolf"), zu 10 Monaten Gefängnis, die übrigen Angeklagten wurden freigesprochen.

Im Schülermord-Prozeß ging es um Sittenverfall, im Immertreu-Prozeß stand dubioses Schiebertum im Mittelpunkt, beide drehten sich um den Wandel oder Verlust gesellschaftlicher Werte, wobei die Presse die Meinungen formte und personalisierte. Frey selbst genoß das öffentliche Ansehen, besser: Aufsehen. Er sonnte sich in Charakterisierungen, wie „charmant"[69], verfolgte aber immer konsequent das eigentliche Ziel – den Prozeßerfolg. Wenn nötig, konnte er eine Stunde frei sprechen und mußte dabei nur einmal zum Zitieren einer Entscheidung des Reichsgerichts auf seinen Notizzettel schauen. „Sonst habe ich Richter und Geschworene nicht aus den Augen gelassen."[70] Frey, der getauft war, verließ im Oktober 1933 Deutschland und ging nach Chile. Er galt als „Nichtarier" und war vor seiner drohenden Verhaftung gewarnt worden, wobei er sich selbst als „politisch unerwünscht" bezeichnete.

Der vom Auftreten her wesentlich zurückhaltendere Alsberg hatte ein ähnliches Schicksal. Auch er war durch seine exponierte Stellung nach dem Januar 1933 sehr bald gefährdet. Alsberg hatte mit seiner „sophisticated" Art den Typus des eleganten, sprachlich brillierenden und rationalen Intellektuellen geprägt.[71] Seine Mandanten bildeten ein breites Spektrum, sie kamen vor allem aus der wirtschaftlichen und politischen Elite. So hatte er das Mandat von Karl Helfferich im Prozeß gegen Matthias Erzberger übernommen, ebenso gehörte der Großindustrielle Hugo Stinnes zu seinen Mandanten. Sein konkurrierender Kollege Frey kam nicht umhin, ihm Beifall zu zollen: „Sein Plädoyer [im „Immertreu"-Prozeß] hätte jeder Akademie zur Ehre gereicht."[72]

Alsberg arbeitete in einer großen Sozietät mit drei (nicht-jüdischen) Kollegen, Dr. Kurt Poschke, Dr. Kurt Gollnick, Dr. Lothar Welt, am Nollendorfplatz Nr 1. Neben seiner anwaltlichen Tätigkeit veröffentlichte er viele Beiträge zu ganz unterschiedlichen juristischen Fragestellungen; er war auch Honorarprofessor an der Handelshochschule in Berlin.[73] Die Sprache benutzte er nicht nur im Prozeß als Instrument, er übertrug seine sprachliche Kompetenz auf die künstlerische Ebene und brachte 1930 das Stück „Die Voruntersuchung" heraus, das im Berliner Renaissance-Theater Premiere hatte. Das 1933 fertiggestellte Drama „Konflikt" ist in Deutschland nicht mehr aufgeführt worden. Noch 1931 war Alsberg, dessen Qualitäten in der Analyse, der Konzeption, aber auch der Rhetorik geradezu hymnisch gelobt wurden, von einem anderen bekannten Strafverteidiger, Alfred Apfel, in der „Weltbühne" dafür kritisiert worden, daß er sich nicht als explizit politischer Anwalt verstand.[74] Tatsächlich zeugte seine Einschätzung im Vorfeld des Weltbühnen-Prozesses von einer gewissen politischen Naivität. In diesem Prozeß war Alsberg neben Rudolph Olden, Kurt Rosenfeld und Alfred Apfel einer der Verteidiger Ossietzkys. Auf der Fahrt zur Hauptverhandlung im Reichsgericht in Leipzig war Alsberg voller Vertrauen in die Überzeugungskraft seiner Argumente. Wie bitter nahm er dann die Stimmung auf, die ihnen als Verteidiger eines „Exponenten der Linken"[76] entgegenschlug. Eine derartige Form von politischer Justiz war Alsberg nicht gewohnt.

Im Weltbühnen-Prozeß wurde Ossietzky im November 1931 vom Reichsgericht nach (bis auf die Urteilsverkündung) nichtöffentlicher Verhandlung für schuldig befunden, als Redakteur der „Weltbühne" verantwortlich für die Publizierung militärischer Geheimnisse gewesen zu sein. Der Artikel von Walter Kreiser (Pseudonym: Heinz Jäger) unter dem Titel: „Windiges aus der deutschen Luftfahrt" nahm Bezug auf eine mysteriöse Abteilung „M" und eine „Erprobungsabteilung Albatros".

„Beide Abteilungen besitzen je etwa dreißig bis vierzig Flugzeuge, manchmal auch mehr. Aber nicht alle Flugzeuge sind immer in Deutschland."[77]

Dieser scheinbar harmlose Schlußsatz deutete auf eine geheime militärische Zusammenarbeit der deutschen Reichswehr und der Sowjetunion hin, die den Versailler Friedensvertrag hintertrieben hätte. Das Gericht befand Ossietzky des Landesverrats schuldig und verurteilte ihn zu einem Jahr und sechs Monaten Gefängnis. Im Mai 1932 begleiteten ihn drei seiner Verteidiger zum Tor der Strafanstalt Tegel. Alsberg war nicht dabei.

Alsberg war vermutlich das Klima der „Linken" fremd geblieben, entsprach es doch so wenig dem seiner bis dahin gewohnten Klientel, die eher reaktionär bis konservativ eingestellt gewesen war. Doch darf nicht übersehen werden, daß Alsberg mit seinem unbedingten Eintreten für eine Rechtsordnung, die von Gleichheit und Freiheit getragen war und die Machtmißbrauch und Willkür ausschloß, bereits politisch Stellung bezog. Er war allerdings kein Sozialist, geschweige denn Kommunist. Alsberg, der als Jude galt, flüchtete im Frühjahr 1933 in die Schweiz, wo er sich im Herbst erschoß.

Es ließe sich eine Vielzahl von wichtigen Prozessen anführen, in denen sich die gesellschaftlichen Konflikte der Weimarer Republik offenbaren. Von besonderer Bedeutung war sicherlich der gegen den Künstler George Grosz und seinen Verleger Wieland Herzfelde, den Bruder von John Heartfield. Beide wurden nach Veröffentlichung einer Graphik wegen „Gotteslästerung" angeklagt. Das inkriminierte Blatt zeigte Jesus Christus am Kreuz, eine Gasmaske tragend, der Untertitel lautete: „Maul halten und weiterdienen". Berichterstatter, d.h. im Amte eines Richters tätig in diesem über mehrere Instanzen gehen-

Geoge Grosz: „Maul halten und weiter dienen"

den Verfahren war in der Großen Strafkammer für Berufungsverfahren in Moabit der erst 26jährige Assessor Adolf Arndt.

Arndt war zuvor als Assessor in der Kanzlei von Alsberg tätig gewesen. Hier war er ausgeschieden, nachdem er, entgegen Alsbergs Vorgabe, die Prozeßstrategie im Revisionsverfahren des sogenannten „Stinnes"-Prozesses geändert hatte.[78] Offensichtlich konnte Alsberg keinen jungen Mitarbeiter tolerieren, der seine Autorität nicht widerspruchslos akzeptierte. Daß die geänderte Taktik zum Erfolg geführt hatte, gereichte Arndt dabei vermutlich besonders zum Nachteil.

In dem „Gotteslästerungs"-Prozeß hatte Alfred Apfel die Verteidigung von Grosz und Herzfelde übernommen. Apfel, ein vierschrötiger Mann, der vitale Energie ausstrahlte, hatte sich auf den Vorsitzenden Siegert „eingeschossen". Im Berufungsverfahren erklärte sich Siegert denn auch selbst für befangen. Am Tag der mündlichen Verhandlung drängelte sich die gesellschaftliche Prominenz: Vertreter beider Kirchen, Reichskunstwart Redslob und der renommierte pazifistische Kunstmäzen Harry Graf Kessler sagten aus.[79] In der entscheidenden Stellungnahme Arndts wurde die Absicht Grosz', mit seinem Bild den Krieg bekämpfen zu wollen, als lauter bewertet. Damit erfüllte er subjektiv nicht den Tatbestand der Gotteslästerung und wurde freigesprochen. In der folgenden Revision mußte auch das Reichsgericht dieses Urteil bestätigen, es verfügte allerdings die Vernichtung der Druckplatten, da sie objektiv den Tatbestand der Gotteslästerung erfüllen würden.[80] In der „Vossischen Zeitung" wurde der Freispruch begeistert aufgenommen und als ein „Zeichen [gewertet], wie inmitten einer gärenden und strudelnden Zeit die bessere Zukunft von ein paar mutigen Menschen vorbereitet worden ist."[81] Arndt schied 1933 als christlicher „Nichtarier" aus dem Richteramt aus; ihm gelang es, noch als Anwalt zugelassen zu werden.

Diese Entwicklung war Anfang der dreißiger Jahre noch nicht vorherzusehen. Die exemplarischen Fälle zeigen, daß sich die gesellschaftlichen Veränderungen auch in den prozessualen Verfahren niederschlugen. In der Weimarer Republik war die Ablösung der alten, im Kaiserreich herrschenden Strukturen im Gange. Diese Entwicklung vollzog sich sukzessive, restaurative Kräfte prallten auf junge, der Republik verpflichtete. Doch der Wunsch insbesondere der alten Eliten nach autoritären Strukturen zur leichteren Steuerung gesellschaftlicher Entwicklungen war nicht aufgegeben. Zahlreiche Anwälte, die jüdischer Herkunft waren und sich einer demokratischen Entwicklung verpflichtet fühlten, arbeiteten dem entgegen.

Die strukturellen Veränderungen spürten auch diejenigen, die sich in der juristischen Ausbildung befanden. Mit dem Ende des Obrigkeitsstaates hatten sich die inhaltlichen Schwerpunkte gewandelt, zugleich gab es in der Lehre immer noch exponierte Vertreter, die die Republik ablehnten und in ihren Lehrkonzepten auf die blinde Anerkennung der Autorität pochten. Unabhängig von den Inhalten orientierte sich die juristische Sozialisation immer noch an der scheinbar objektiven Beachtung des Regelungswerks und ließ dabei wenig Raum zur Entfaltung eigenständiger Persönlichkeiten. Diese Tendenz wurde verstärkt durch strenge Repetitoren, die ebenfalls keine eigenständigen Erkenntnisprozesse förderten, sondern allein die schmale Rezeption rechtlicher Normen „paukten". Von daher legten viele deutsche Anwälte eher eine harte Haltung gegen gesellschaftskritische Personen oder Phänomene an den Tag. Dennoch wäre es zu kurz gegriffen zu behaupten, daß sich die Macht der alten Eliten kontinuierlich fortgesetzt hatte und letztendlich in den Nationalsozialismus mündete.

Die bekannten Anwälte jüdischer Herkunft hatten in der Weimarer Republik ihr Renommee

VÖLKISCHER BEOBA[...]

Das Schuldkonto eines jüdischen Anwalts:

Kurt Rosenfeld verhöhnt die deutsche Justiz

Das Bekenntnis eines sozialdemokratischen Justizministers zum Landesverrat

erworben und manchem Verfahren Glanz gegeben. Sie traten in das Rampenlicht der Öffentlichkeit, offenkundig ohne Sorge vor „Risches" (antisemitischen Reaktionen), wobei die Hetze gegen sozialdemokratische und kommunistische Anwälte, so es zutraf, von den politischen Gegnern massiv mit antisemitischen Elementen versehen wurde (so z.B. gegen Kurt Rosenfeld). Der Antisemitismus war weiterhin lebendig, ja bedrohlicher sogar als im Kaiserreich. Denn während „der Antisemitismus durch die autoritäre Oberschicht vor 1914 zwar zugelassen und als salonfähig erachtet wurde, wurden brutale Auswüchse, wie Mordaufrufe und blutige Exzesse, nicht geduldet.(...) In der Weimarer Republik befand sich das deutsche Judentum zwar auf dem Gipfel seiner Erfolge, war aber gleichzeitig mehr gefährdet als je zuvor."[82] Die breite Schicht der jüdischen Anwälte sah diese Gefahr jedoch nicht. Sie glaubten sich z.B. mit ihrem Einsatz im Ersten Weltkrieg ausreichend als deutsche Patrioten zu erkennen gegeben zu haben. Schon durch berufliche Aufgabe und Stellung stand man dem bürgerlichen Mittelstand am nächsten. Viele Anwälte waren zugleich als Notar zugelassen, so daß sich z.B. auch über die Beurkundung von Eigentum und testamentarischen Verfügungen dauerhafte gesellschaftliche Kontakte ergaben. Die in Berlin zum Problem stilisierten „Ostjuden", die durch ihre Kleidung, Sprache und soziale Stellung deutlich erkennbar waren und meist nicht die deutsche Staatsbürgerschaft besaßen, spielten für die Berliner Anwaltschaft, egal ob jüdisch oder nicht, nicht einmal als Klientel eine Rolle.[83] Sie selbst waren Teil des Mittelstandes geworden und hatten mit der Wahl ihres Berufes sich eindeutig für eine dauerhafte Zukunft in Deutschland entschieden, denn der Anwaltsberuf ist an die Gegebenheiten eines Staatswesens gebunden.

Nachdrücklich muß dabei unterstrichen werden, daß die jüdische Minderheit, trotz der einheitlichen Ausbildung und vergleichbaren gesellschaftlichen Stellung, keine einheitliche politische Meinung vertrat. Das Spektrum reichte vom Linksliberalen, wie Alfred Apfel und Rudolf Olden, bis hin zum Deutschnationalen, wie Max Naumann, Mitbegründer und Vorsitzender des Verbandes nationaldeutscher Juden. Die Mehrheit scheint nach heutigen Erkenntnissen liberal gewesen zu sein. Diejenigen, die sich offen zum Kommunismus bekannten, waren in der Minderheit. Noch weniger spielten zionistische Tendenzen eine Rolle: „Eher wurde ein Sohn, der das Judentum zugunsten des Zionismus verließ, aus der Familie ausgeschlossen, als der, der sich für den Kommunismus entschied."[84]

Der Drang in den Anwaltsberuf hatte sich während der Weimarer Republik verstärkt. Das Vorstandsmitglied der Berliner Anwaltskammer Rudolf Dix, der kein Jude war, äußerte 1927 auf dem Anwaltstag seine Besorgnis zur Entwicklung des Standes[85]: Die Zunahme an Kollegen, verbunden mit einem sich verschärfenden Konkurrenzdruck, ließ seine Vorstellung vom Anwalt als „einem Manne von breiter, behaglicher Lebensführung"[86] ins Wanken geraten. Die Beschränkung des Zugangs mit einem numerus clausus war nach seiner Vorstellung eine sinnvolle Maßnahme gegen „Proletarisierung und Untergang" der Anwaltschaft. Heftige Reaktionen entzündeten sich an dieser Position. Gleichwohl beschloß die Abgeordnetenversammlung des Deutschen Anwaltsvereins (DAV) 1928 Zulassungsbeschränkungen, allerdings ohne nähere Festlegungen. Der Schriftleiter der Juristischen Wochenschrift (JW), der Berliner Justizrat Julius Magnus, fürchtete denn auch klammheimliche Beschränkungen des Zugangs für jüdische Juristen.[87]

Die Gefahr war, angesichts der Erfahrungen der Berufungspraxis zum Richteramt in der Wilhelmischen Ära, durchaus real. Antisemitische Diskriminierung mußte auch gerade wegen der verstärkten Agitation im politischen Bereich gefürchtet werden. Kritiker des NC-Vorschlags, wie Ernst Fraenkel, der mit analytischer Präzision politische Vorgänge sezierte, sahen das Risiko eines an den numerus clausus geknüpften Ausleseprinzips, wobei Fraenkel die Auswahl nicht dem Staat übertragen, aber auch nicht durch die Anwaltschaft selbst ausgeübt wissen wollte.[88]

Bis 1933 blieb die Diskussion um einen numerus clausus aktuell. Die weitere Diskussion wurde durch die politischen Ereignisse hinfällig.

Die Ausgrenzung nach der Machtübergabe

Terroristische Übergriffe gegen jüdische Rechtsanwälte

Mit der Machtübergabe an die Nationalsozialisten wurde umgehend der politische Terror verstärkt. Der Reichstagsbrand am 27.2.1933 wurde zum Anlaß genommen, 4.000 politische Gegner, kommunistische Funktionäre und Reichstagsabgeordnete, aber auch Sozialdemokraten zu verhaften. Der am Tatort festgenommen holländische Kommunist Marinus van der Lubbe wurde später zum Tode verurteilt und hingerichtet. Dafür war am 29.3.1933 – nachträglich – ein eigenes, strafverschärfendes Gesetz erlassen worden, denn Brandstiftung war bis dahin maximal mit Zuchthausstrafe bewehrt. Die weiteren vier Angeklagten, drei bulgarische Kommunisten – unter ihnen der bekannte Georgi Dimitroff – und ein deutscher Kommunist, Ernst Torgler, wurden vor dem Reichsgericht in Leipzig freigesprochen.

In Berlin wurden in der Folge des Reichstagsbrandes die Anwälte Alfred Apfel, Ludwig Barbasch und Hans Litten verhaftet. Apfel kam nach elf Tagen frei, Barbasch nach sechs Monaten. Litten blieb bis zu seinem Suizid 1938 in Haft.[89] Mit der eigens erlassenen Reichstagsbrandverordnung vom 28.2.1933 wurden diverse Grundrechte außer Kraft gesetzt: Freiheit der Person, Meinungs-, Presse-, Vereins-, Versammlungs-, Post- und Fernsprechgeheimnis, Unverletzlichkeit von Eigentum und Wohnung. Von nun an wurde die „Schutzhaft" als willkürliches Terrorinstrument eingesetzt. Apfel, der 1932 noch einmal gemeinsam mit Rudolf Olden Ossietzky in dem sogenannten Soldaten-Prozeß („Alle Soldaten sind Mörder") vertreten hatte, sah sich damit denselben Bedingungen ausgesetzt wie sein früherer Mandat Ossietzky.

Carl von Ossietzky 1932 mit seinen Verteidigern Rudolf Olden (links) und Alfred Apfel (rechts)

Nach seiner Freilassung flüchtete Apfel nach Frankreich. Sein Bild wurde im Juli 1933 mit vielen anderen unter der Überschrift „Volksverräter" auf einem Plakat veröffentlicht. Gleichzeitig wurde ihm die deutsche Staatsangehörigkeit aberkannt. Apfel starb 1940 unter nicht näher bekannten Umständen im Alter von 58 Jahren in Marseille.

Der eher unauffällige Anwalt Fritz Ball schilderte seine Eindrücke:

„Furchtbare Gerüchte über Greuelkeller tauchen auf (...) Immer häufiger hört man von diesen Dingen. Kollegen, die veschwunden sind, werden gesucht, manche lebend, manche tot gefunden. Wer sich politisch gegen die Nazis betätigt hat und wer kann, flieht."[90]

Fritz Ball wurde am 30.3.1933 in seiner gemeinsam mit seinem Bruder betriebenen Kanzlei am Viktoria-Luise-Platz in Schöneberg verhaftet. Um vier Uhr, während der Sprechstunde, kamen die SA-Männer. Als Ball Lärm hörte, trat er aus seinem Sprechzimmer:

„,Herr Doktor ist verhaftet' flüstern meine Bürodamen gleich. Mein Bruder ist Mitglied des Vorstandes der Anwaltskammer; er ist insofern mehr exponiert als ich. Ich betrete den Korridor, auch er ist voll von SA. Ein Sturmführer, erkentlich an seiner Uniform, spricht gerade zu meinem Bruder. ,Ziehen Sie sich an, kommen Sie mit', sagl er zu meinem Bruder. ,Haben Sie einen Haftbefehl?' fragt mein Bruder. ,Mund halten, Mantel anziehen', kommandiert der Braune barsch. Mein Bruder nimmt Mantel, Hut. Da sage ich zu ihm: ,Wir sind hier zwei Rechtsanwälte Ball, Kurt und Fritz Ball. Wen wünschen Sie?' Er stutzt, zieht einen ganz winzigen Zettel aus der Tasche, dann sagt er: ,Fritz' Ich ergreife Mantel und Hut. ,Das bin ich', sage ich. Hinter mir höre ich das

Illustrierter Beobachter, Beilage des Völkischen Beobachter 1933. In der zweiten Reihe die Berliner Anwälte Bernhard Weiß, Johannes Werthauer und Alfred Apfel

Schluchzen meiner Bürodamen. Ein Mandant erscheint gerade, entsetzt sich beim Anblick der SA und der weinenden Damen.

Meine Frau kommt aus der Privatwohnung. Ich küsse sie zum Abschied, wir sprechen kein Wort (...) Noch in der Tür rufe ich meiner Bürovorsteherin zu: ‚Telefonieren Sie sofort Minister Hugenberg, daß ich verhaftet bin.‘ Vor dem Hause wartet ein offener Wagen, wie sie von der SA zum Transport von Gefangenen verwendet werden.“

Ball wird zu einem der Keller in der Kaserne an der General-Pape-Straße gebracht.

„Sofort bin ich von einem Dutzend ganz junger SA-Leute umringt, werde ausgefragt, wie ich heiße, wo ich wohne, welcher politischen Partei ich angehöre, wie ich bei den Wahlen gewählt habe. Von allen Seiten schwirren die Fragen. ‚Was haben Sie dagegen getan, daß nach dem letzten Krieg so viele Ostjuden nach Deutschland gekommen sind?‘ Diese Frage stellt der, der hier in diesem Büro offenbar der Oberste ist. ‚Sind Sie Jude?‘ – ‚Ja.‘ – ‚Ihr Beruf?‘ – ‚Rechtsanwalt am Kammergericht und Notar.‘ – ‚Das seid ihr zum längsten gewesen‘, schreit einer hinter mir aus der Menge. ‚Morgen werdet ihr Judenschweine alle aus den Gerichten gejagt. Ihr habt es nur unserm Führer zu verdanken, daß ihr heute noch lebt.‘ ‚Sagen wir‘, meint einer hinter mir, ‚daß er bis heute noch gelebt hat‘, – mit sehr ernster Stimme. ‚Wir hätten Euch längst umgelegt.‘ Dann geht es weiter Frage über Frage, eine halbe Stunde lang. Wirre, unzusammenhängende, ganz unsinnige Fragen. Ich antworte, so gut es geht.“

Ball wird in einen tieferliegenden Kellerraum gestoßen.

„Eine Holztür klappt hinter mir zu. Es ist schwarze Nacht um mich. Ich taste mich langsam vorwärts, fühle eine Bank. Da kommen von links hinten vier kleine glühende Lichter auf mich zu. Wie Glühwürmchen sehen sie aus. Ich bin plötzlich ganz ruhig, habe nur einen Gedanken: Mögen sie mir gleich die Pistole auf die Brust setzen, und mich nicht lange quälen. Es ist merkwürdig, wie ruhig ich in dieser unheimlichen Lage bin. Da sagt eine Menschenstimme: ‚Erschrecken Sie nicht. Wir sind hier vier Offiziere der Ehrhardt-Garde.[91] Wir sitzen hier drinnen seit 36 Stunden. Ich habe Streichhölzer bei mir, ich zünde Ihnen zunächst eines an, damit Sie sich orientieren können‘ (...) Auf der Bank ist Raum für drei Leute. Man zwingt mich zum Sitzen, reicht mir Wasser. Dann fragen sie mich, erzählen selber. Ich sage ihnen, was ich schon zehnmal im Büro oben gesagt habe, daß ich mich niemals politisch betätigt habe, daß ich Rechtsanwalt und Notar sei und meine Mußestunden mit guter Kunst verbringe. Ich sage ihnen, daß ich keine Ahnung habe, warum ich verhaftet sei und daß ein Irrtum vorliegen müsse ...“

Die verhafteten Ehrhardt-Brigadisten waren bei einem Essen mit Hitler festgenommen worden. Offensichtlich war der ebenfalls faschistische Ehrhardt, der fliehen konnte, mit Hitler in Dissens geraten. Die vier vertrauen Ball später die Adressen ihrer Angehörigen an. Bei einem erneuten Verhör wird Ball nach seinem Auto befragt, da er jedoch kein Auto besaß und sich auch seine Kanzlei nicht, wie angenommen, in der Bendlerstraße befand, wird offenkundig, daß er mit einer anderen Person gleichen Namens verwechselt worden war. Man gibt ihm zu verstehen, daß er am nächsten Tag entlassen werden soll. Er kommt wieder in die dunkle Kellerzelle und versucht, im Sitzen zu schlafen.

„Und es gelingt mir wirklich, ein wenig einzunicken. Ich schrecke empor. Im Korridor wird es lauter. Offenbar sind die [SA-]Offiziere fort, die Mannschaften sich selbst überlassen. Da wird die Tür aufgerissen. SA stürmt in unseren Verschlag. Der Korridor ist plötzlich hell erleuchtet. Sie fallen über mich her, ziehen mich heraus. Krachend schlägt die Tür des Verschlages hinter mir zu. Sie schleppen mich in eine Ecke, ich sehe eine große Nilpferdpeitsche, sie beugen mich über, aber sie schlagen nicht zu, sie heben mich nur hoch und lassen mich auf einen Stuhl fallen. Sie binden mir die Arme hinter dem Rücken zusammen. Sie johlen und heulen wie schwer Betrunkene. Es sind viele intelligente Gesichter unter ihnen. Manche glaube ich sogar zu kennen. Alle sind junge Burschen zwischen achtzehn und fünfunzwanzig

Jahren. Sie rufen auf mich ein, stellen Fragen, reißen Witze, überschreien mich. Dann stellt sich einer vor mich hin und sagt: ‚Um 6 Uhr wirst Du erschossen.' Ich antworte: ‚Ich glaube das nicht. Ich weiß, daß ich morgen früh entlassen werde. Sie werden keinen Unschuldigen erschießen.' ‚Was hat der Junge für einen schönen Anzug.' Sie betasten den Stoff meines Jacketts, meine Hose. Einer versucht, mich unzüchtig zu berühren. ‚Biste auch schwule', fragt er. ‚Nein, ich bin verheiratet, habe Frau und drei Kinder', antworte ich. Und ich denke, aber die meisten von euch Bestien sind es. Plötzlich ein Hallo. Eine Riesenschere wird gebracht. Und nun geht es los. Sie zerren und schneiden an meinen ziemlich langen Haaren. Sie versuchen, ein Hakenkreuz auf meinem Kopf zu schneiden. Sie verletzen mich, ich blute. Sie stoßen und schubsen sich gegenseitig, um besser sehen zu können. Der Lärm, das Gejohle wird immer ärger ... ‚Er muß sich im Spiegel sehen.' Sie halten mir einen Spiegel vor. Ich sehe meine verstümmelten Haare und sage, obwohl ich kaum mehr sprechen kann nach dieser Indianerszene:‚Ich danke Ihnen, meine Herren, daß Sie mir umsonst die Haare geschnitten haben, ich muß sonst beim Friseur wegen meines üppigen Haarwuchses immer doppelte Preise bezahlen.'"

Dann wird wieder von Ball abgelassen. Irgendwann kommt ein SA-Mann, der ihm mit einer Nilpferdpeitsche droht. Ein Mann, blutend, mit ausgeschlagenen Zähnen, wird in die Zelle geschafft. In einer Nebenzelle knallt ein Schuß – und immer wieder Schreie; einmal meint Ball, eine Frauenstimme zu erkennen. Wieder später erzählt ihm ein SA-Posten vom Tod des Rechtsanwalts Joachim. Günther Joachim, Sozialdemokrat, Verteidiger der Roten Hilfe – und Jude –, wurde in einem anderen SA-Gefängnis (in der Jüdenstraße) gefoltert und malträtiert, bis er an den Verletzungen starb.[92] Fritz Ball erinnert sich weiter:

„Da wird plötzlich irgendwo auf dem Gelände Musik gemacht. Sie spielen Choräle auf Schifferklavieren und Ziehharmonikas. Die Musik klingt nur leise in unseren verschlossenen Keller, aber ich kann jeden Ton deutlich hören (...) Eine unheimlich gespannte Stimmung herrscht in unserem Raum. Alle lauschen mit entsetzten Gesichtern. Mein junger Nachbar und ich wissen allein noch nicht, was vor sich geht. Bald werden wir aufgeklärt. ‚Wenn sie oben einen Mann zu Tode prügeln, machen sie dazu Kirchenmusik, um seine Schreie zu übertönen.'"

Ball verliert das Zeitgefühl, erst am Licht merkt er, daß der Morgen naht. „Endlich werde ich gerufen. Einer der beiden Offiziere, die mich nachts im Korridor wegen meines Autos und wegen vieler anderer Fragen vernommen haben, steht vor mir.‚Ich kann Sie also entlassen, Herr Rechtsanwalt', sagt er nicht unfreundlich. ‚Sie müssen aber bis etwa elf Uhr warten, bis der Obersturmführer hier ist. Sie haben uns schön zu schaffen gemacht. Sechs Autos haben Ihretwegen bis spät in der Nacht vor der Tür gewartet. Das Telefon hat nicht stillgestanden. Meine Jungens haben wohl ein bißchen Spaß mit Ihnen gemacht. Das machen Sie hier mit allen so, wenn wir fort sind. Ich freue mich, daß Sie den Humor behalten haben. Die Bemerkung mit dem Friseur hat mir großartig gefallen.'... Endlich, es hat längst elf Uhr geschlagen, werde ich gerufen. Der Obersturmführer steht vor mir. ‚Ich habe mit unzähligen Stellen Ihretwegen telefoniert. Ich habe noch niemals über einen Menschen von allen Seiten so gleichlautende Antworten erhalten. Ich habe von allen Seiten gehört, daß Sie sich niemals politisch betätigt haben und ein anständiger Mensch sind. Es ist hier kein Hotel Adlon, aber Sie werden es hoffentlich nicht allzu schlecht gehabt haben.'"

Tatsächlich wird Ball, nachdem ihm noch drei Goldstücke, die er bei seinen Wertsachen gehabt hatte, abgenommen worden waren, entlassen. Zu Hause mußte er feststellen, daß eine seiner Stenotypistinnen ebenfalls verhaftet worden war. Sie hatte sich sehr über die Verhaftung ihres Chefs aufgeregt, was wiederum das 16jährige Lehrmädchen veranlaßte, sie sofort anzuzeigen. Derselbe SA-Trupp, der Ball festgenommen hatte, kam wenig später noch einmal, um sie abzuholen. Es waren ihre Schreie gewesen, die er in der Nacht gehört hatte.

Ball verlor im April 1933 seine Zulassung als Anwalt und Notar. Um den Lebensunterhalt für seine Familie zu bestreiten, übernahm er eine Seifenvertretung. Kurz vor Kriegsbeginn ist er erst nach Großbritannien und später in die USA gegangen. Sein Bruder gelangte nach Palästina und baute dort, nach Gründung des Staates Israel, unter dem Namen Kurt-Jacob Ball-Kaduri die nationale Gedenkstätte Yad Vashem mit auf.

Dr. Kurt-Jakob Ball-Kaduri, 1931

Wie Ball, Joachim, Apfel, Barbasch und Litten wurde auch der Anwalt Arthur Brandt 1933 verhaftet. Sie alle waren in erster Linie politische Gegner des Nationalsozialismus, daß sie auch Juden waren, wurde vor allem von der Propaganda in den Vordergrund gerückt. Diese Anwälte hatten sich persönliche Feinde gemacht, die nun grausam ihre neu errungene Macht erprobten. Und sie sollten als Akteure einer organisierten Opposition ausgeschaltet werden.

Auch der junge Anwalt Litten wurde Opfer solch „persönlicher Abrechnung". Er hatte 1931 in dem sogenannten „Eden-Tanzpalast"-Prozeß Hitler in den Zeugenstand rufen lassen. In dem Prozeß ging es um die Klärung der Vorgänge um den SA-Überfall auf eine Versammlung des Arbeiter-Wandervereins „Falke", der sich im November 1930 im Tanzpalast Eden eingefunden hatte und von einem SA-Schlägertrupp angegriffen worden war. „Stief und Genossen" wurden wegen versuchten Totschlags in drei Fällen, Landfriedensbruch und Körperverletzung angeklagt. Litten wollte im Prozeß erfahren, ob der „Sturm 33" ein sogenanntes Rollkommando war und sein Einsatz auch die Tötung von Menschen mitein-

schloß. Er stellte Hitler äußerst unbequeme Fragen zum Verhältnis der NSDAP zur Gewalt[93]:

„Litten: *Ist Ihnen bekannt, daß in den Kreisen der SA von einer besonderen ‚Rollkluft' gesprochen wird?*

Hitler: *Von einer Rollkluft habe ich nichts gehört. (…)*

Litten: *Sie sagten, daß von seiten der nationalsozialistischen Partei keine Gewalttaten unternommen werden. Hat nicht Goebbels die Parole ausgegeben: Man müsse den Gegner zu Brei zerstampfen?*

Hitler: *Das ist so aufzufassen, daß man die gegnerischen Organisationen erledigen und vernichten muß. (…)*

Der Vorsitzende Richter verliest eine von Litten formulierte Frage: War Hitler, als er Goebbels zum Reichspropagandaleiter machte, die Stelle aus dessen Buch bekannt, wo Goebbels erklärt, daß vor dem Umsturz nicht zurückgeschreckt werden dürfe, das Parlament gesprengt und die Regierung zum Teufel gejagt werden sollte und wo der Aufruf zur Revolution im Sperrdruck gegeben wurde?

Hitler: *Ich kann heute nicht mehr unter Eid aussagen, ob ich das Goebbelssche Buch damals gekannt habe. Die These … ist gänzlich ohne Parteiwert, denn die Broschüre trägt nicht das Parteiabzeichen und ist auch nicht parteiamtlich sanktioniert. (…)*

Litten: *Muß es an dem Beispiel Goebbels gemessen nicht in der Partei die Auffassung erwecken, daß es mit dem Programm der Legalität nicht weit her ist, wenn Sie einen Mann wie Goebbels nicht rügten oder ausschlossen, sondern gerade zum Reichspropagandaleiter machten?*

Hitler: *Die ganze Partei steht auf legalem Boden und Goebbels … ebenfalls … Er ist in Berlin und kann jederzeit hergerufen werden.*

Litten: *Ist Herrn Goebbels die Weiterverbreitung seiner Schrift untersagt worden?*

Hitler: *Das weiß ich nicht.'"*

Am Nachmittag des Verhandlungstags kam Litten noch einmal auf dieses Thema zurück:

„*Litten:* Es ist richtig, daß die revolutionäre Zeitschrift Goebbels' ‚Das Bekenntnis zur Illegalität' jetzt von dem Parteiverlag übernommen ist und eine Auflage von 120.000 erreicht hat? (...) Ich habe nämlich festgestellt, daß die Broschüre von der Partei sanktioniert ist.

Vorsitzender: Herr Hitler, Sie haben tatsächlich in der Vormittagsverhandlung ausgesagt, daß Goebbels' Schrift nicht parteioffiziös sei.

Hitler: Das ist sie auch nicht. Parteiamtlich ist eine Schrift dadurch, daß sie das Hoheitszeichen der Partei trägt. Im übrigen müßte über diese Dinge der Propagandachef gehört werden und vor allem [Hitler brüllt mit hochrotem Kopf] – Wie kommen Sie dazu, Herr Rechtsanwalt, zu sagen, das ist eine Aufforderung zur Illegalität? Das ist eine durch nichts zu beweisende Erklärung!

Litten: Wie ist es möglich, daß der Parteiverlag die Schrift übernimmt, die im klaren Gegensatz zur Parteirichtung steht?

Vorsitzender: Das hat mit dem Prozeß nichts zu tun.*"

Hitler hatte keine gute Figur abgegeben, und seine Bemühungen, den Aktionen der NS-Partei einen legalen Anstrich zu geben, waren gescheitert. Er war in aller Öffentlichkeit aus der Fassung geraten. Dabei hatte er sich nicht kalkuliert in Rage geredet wie bei späteren öffentlichen Auftritten, bei denen mit ganzem Körpereinsatz und kippender Stimme Leidenschaft und volles Engagement demonstriert wurden, sondern er war von Litten „vorgeführt" worden. Das war bislang nur Rechtsanwalt Kurt Rosenfeld 1932 im „Meineid-Prozeß Abel"[94] gelungen. Rosenfeld, ein prominenter Verteidiger, Sozialdemokrat und Jude, hatte sich mit Hitlers Zeugenvernahme wie Litten den persönlichen Haß Hitlers zugezogen. Hitler reagierte schon auf die Nennung des Namens Litten cholerisch. Litten, Sohn einer christlichen Mutter, wurde als „Halbjude" klassifiziert, somit richtete sich die Wut nicht allein gegen ihn als Anwalt, sondern als „jüdischen Anwalt". Allgemein hatte sich die Propaganda schon vor der Machtübergabe auf diese Fomulierung festgelegt. 1933 wurde die Hetze maßlos und schreckte nicht davor zurück, sich auf primitivste Ebenen zu begeben. So wurde Kurt Rosenfeld unterstellt, daß er die deutsche Justiz verhöhnt hätte, weil Ende März in seinem Empfangszimmer eine Graphik gehangen haben soll, auf der ein Richter abgebildet war, der Justitia vergewaltigt. Rosenfeld entging seiner Verhaftung durch die Flucht nach Prag, später ging er in die USA, wo er 1943 starb.

Richter und Justitia

Einer, der ebenfalls nur knapp seiner Verhaftung entging, war Rudolf Olden. Anders als Litten, der franziskanische Asket, der eher menschenscheu war, liebte Olden die Menschen und suchte Gesellschaft. Für ihn war der Kampf um soziale Gerechtigkeit auch immer verbunden mit dem empathischen Empfinden, in einer Gruppe Gleichdenkender aufgehoben zu sein.

Wo bei Litten der Einsatz für eine Idee immer von schwerem Ernst getragen war, entfaltete sich bei Olden eine spielerische Leichtigkeit, wobei er dennoch das Ziel nicht aus den Augen verlor. Humor und Charme begleiteten Oldens gleichwohl aufrichtigen und stetigen Einsatz in politischer Hinsicht. So war er einer der Organisatoren der Versammlung von 900 Politikern und Intellektuellen unter dem Titel „Das freie Wort", die am

19.2.1933, also nur wenige Tage vor dem Reichstagsbrand, in der Kroll-Oper stattfand und nach drei Stunden von der Polizei aufgelöst wurde. Eben dieses Gebäude sollte schon wenig später als Ersatzbau für den abgebrannten Reichstag fungieren.

Rudolf Olden (rechts) im Gespräch mit Rechtsanwalt Gerhard Wilk, 1931

Olden wurde vor seiner Verhaftung gewarnt und konnte mit Skiern über die tschechoslowakische Grenze flüchten. Nach einem zeitweiligen Aufenthalt in Paris gelangte er nach Großbritannien. 1936 wurde er (auf einer Liste mit Thomas Mann) aus Deutschland ausgebürgert.[95] Nach Kriegsbeginn erklärte ihn die britische Regierung als Staatenlosen zum „feindlichen Ausländer" und ließ ihn internieren. Ohne Einkommen und ohne Nationalität nahm er eher widerstrebend einen Ruf der New School of Social Research (die Adorno, Horkheimer u.a. aufgebaut hatten) in New York an – er wäre lieber in England geblieben. Auf der Überfahrt nach Nordamerika wurde das Schiff 1940 von einem deutschen U-Boot torpediert, Olden und seine Frau Ika kamen dabei mit vielen anderen ums Leben.

1933 wurde mit Einzelaktionen individueller Terror ausgeübt. So brutal die Gewalt im konkreten Fall war, so wenig effektiv war sie doch aus nationalsozialistischer Sicht im Hinblick auf die Ausgrenzung von Juden. Das sollte geändert werden, daher wurden umgehend allgemeine Grundsätze zur „Aussonderung" entwickelt. So hatte bis Mitte März 1933 allein der Reichsinnenminister Frick (NSDAP) 31 Gesetzentwürfe vorgelegt, u.a. einen zur Änderung der Rechtsanwaltsordnung.[96] Doch innerhalb der NSDAP gab es noch Unstimmigkeiten über die Reichweite etwaiger Änderungen. Der noch gebremst tätige Staatssekretär im Justizministerium Franz Schlegelberger[97], der später selbst Justizminister werden sollte, berichtet in der Kabinettssitzung am 4.4.1933, daß er

„...wunschgemäß nur die Regelung neuer Zulassungen in Angriff [hatte] nehmen lassen, die Behandlung der bereits zugelassenen Rechtanwälte dagegen einstweilen zurückgestellt [hatte]."[98]

Indem er sich nur den Neuzulassungen zugewandt hatte, wäre der status quo der vorhandenen Anwaltschaft akzeptiert worden. Damit wurde zwar jungen Bewerbern die Möglichkeit zur Niederlassung genommen, für die bereits etablierten hätte sich jedoch nichts geändert. Der neu eingesetzte Reichskommissar Kerrl[99] vertrat demgegenüber eine wesentlich radikalere Haltung, indem er die Berufsausübung aller jüdischen Anwälte grundsätzlich angriff.

Dem 47jährigen Hanns Kerrl – bis dahin lediglich Justizbeamter (Justizrentmeister) – war sein Amt wegen seiner langjährigen Zugehörigkeit zur NSDAP zugefallen. Sohn eines evangelischen Rektors und Leutnants im Ersten Weltkrieg, war er bereits 1923 in die NSDAP eingetreten. Von 1929 bis 1933 war er Mitglied des Preußischen Landtages gewesen. Als „Reichskommissar" war ihm kommissarisch vom „Reich" das Amt des Preußischen Justizministers übertragen worden, kurze Zeit später, am 20.4.1933, wurde er offiziell dazu ernannt. Ein Justizminister, der nicht Volljurist war – ein Novum. Kerrl bekleidete dieses Amt bis zum Juni 1934, dann avancierte er zum Reichsminister ohne Geschäftsbereich. 1935 wurde er zum Reichs- und Preußischen Minister für kirchliche Angelegenheiten ernannt, wofür er durch sein Elternhaus vermutlich als ausreichend qualifiziert angesehen wurde.[100] Kerrl starb im Dezember 1941 im Alter von 54 Jahren.

In seine Zeit als Verantwortlicher im Justizwesen Preußens fielen wichtige Ereignisse. Der schon 1932 mit dem Präsidialkabinett von Papen in das Amt des Reichsjustizministers gekommene Franz Gürtner (damals DNVP) fügte sich in die politischen Vorstellungen der nationalsozialistischen Mitglieder innerhalb des Kabinetts Hitler. Sein mäßigender Einfluß beschränkte sich eher auf die Form als auf den Inhalt der Maßnahmen. So konnte er bis zu seinem Tod 1941 sein Amt ausfüllen; kurzzeitig trat dann sein vormaliger Staatssekretär Schlegelberger seine Nachfolge an (bis 1942).[101] Dem mit quasi exekutiver Unterstützung durchgeführten Boykott 1933 jüdischer Geschäfte, Warenhäuser, Ärzte und Rechtsanwälte setzte Gürtner nichts Wirkungsvolles entgegen. Es wurde zugelassen, daß in einem rechtsfreien Raum gegen Juden vorgegangen wurde.

Wenig später wurden gesetzliche Regeln verkündet, die jedoch die Diskrimierung der Minderheit rechtlich definierten. Der Boykott wurde von den Betroffenen als vorläufiger Höhepunkt gewertet; langsamer ihre Wirkung entfaltenden Erscheinungen wie das Ermächtigungsgesetz wurden nicht in ihrer vollen Tragweite zur Kenntnis genommen. Auch der gewaltsame Tod von Kollegen wurde noch als Einzelphänomen abgetan. Angst und Verunsicherung aber griffen um sich.

Die jüdischen Anwälte eigneten sich besonders als Angriffsziel, verbesserte doch ihre Ausgrenzung umgehend die materielle Lage der Verbleibenden. Über diese spürbare Einnahmeverbesserung versprach man sich eine zunehmende Anerkennung der Parteipolitik durch die „arischen" Anwälte. Verdienste für die Jurisprudenz oder den deutschen Staat waren belanglos geworden, allein die „rassischen" Zuordnungen relevant.

In Berlin konzentrierten sich die SA-Trupps am Tag vor dem reichweiten Boykott, am 31.3. 1933, besonders auf das Landgericht I und das

1. April 1933: Wie hier vor einem Geschäft wurden auch Plakate an „jüdischen" Anwaltskanzleien angebracht. Allein das Überkleben des Kanzleischildes mit dem Aufdruck „Jude" stellte eine erste Kennzeichnung dar.

Amtsgericht Mitte am Alexanderplatz. Die Gebäude wurden gestürmt, nachdem lautstark gefordert worden war, alle Richter, Anwälte und Beamten, von denen bekannt war, daß sie als jüdisch galten, zu „entfernen".[102] Auch in das Kammergericht wurde eingedrungen, Kammergerichtsrat Nothmann und der kriegsversehrte Rechtsanwalt Fliess wurden in ihren Roben auf die Straße gezerrt. Kammergerichtspräsident Tigges protestierte daraufhin bei Hanns Kerrl[103]. Als keine angemessene Reaktion erfolgte, ließ sich Tigges vorzeitig in den Ruhestand versetzen.[104]

Verschärft wurde die Situation durch den erzwungenen Rücktritt des Kammervorstandes.[105] Wie auch in anderen Branchen, so z.B. im Einzelhandel, wurde gezielt die Spitze des jeweiligen Verbandsorgans angegriffen, um eine Neubesetzung, meist mit Nationalsozialisten oder zumindest Sympatisanten, durchzusetzen. In Berlin trat am 28.3.1933 der gerade wenige Wochen zuvor gewählte 33-köpfige Vorstand der Anwaltskammer zurück. Bei der Wahl (9.–13.1. sowie 11. 2.1933) hatten von 3.400 Kammermitgliedern 1.292 über die 16 freiwerdenden Posten abgestimmt. Die erste Liste, die die Wiederwahl des bisherigen Präsidenten Ernst Wolff empfahl, hatte der Berliner Anwaltsverein zusammengestellt, die zweite bestand aus Landgerichtsanwälten, die sich vor allem für die gleichzeitige Zulassung am Kammergericht einsetzten, die dritte war explizit politisch orientiert und bestand ausschließlich aus nationalsozialistischen Anwälten. Mit den personenbezogenen Ergebnissen wurde der bisherige Vorstand bestätigt[106], er hatte sich um die Standespolitik verdient gemacht. Daß 19 der Vorstandsmitglieder jüdischer Herkunft waren[107], entsprach der demographischen Zusammensetzung der Anwaltschaft. Die einzelnen Personen hatten sich als Standespolitiker bewährt, sie standen nicht für eine eindeutige politische Ansicht. Die Spitzenkandidaten der nationalsozialistischen Liste, Reinhard Neubert (324 Stimmen) und Rechtsanwalt Frost (283), hatten die schlechtesten Ergebnisse erzielt.[108]

Der neue Vorstand reagierte empört auf die Verhaftung der Anwälte Apfel, Barbasch und Litten. Präsident Ernst Wolff schrieb am 3.3.1933 an das Preußische Innenministerium und bat um Mitteilung, wann die Betreffenden wieder freikämen.[109] Anschließend scheinen sich die Ereignisse überstürzt zu haben, denn am 28.3.1933 trat der Vorstand der Berliner Anwaltskammer geschlossen zurück. In welcher Form die Vorstandsmitglieder zu diesem Schritt bewegt worden sind, ist unbekannt, ebenso die Motive. Fest steht nur, daß die Neuwahl 14 Tage später, am 11. April, per Rundverfügung angeordnet wurde. Sie fand am 22. April mit folgendem Ergebnis statt: „24 NSDAP-Mitglieder, 6 Stahlhelmer oder DNVP, 3 die als allgemein rechtsstehend gelten können."[110]

Angesichts der Ende März sich verschärfenden Situation für jüdische Kollegen gab es damit keinen wirklichen Interessenvertreter innerhalb der Kammerführung. Bereits am 31.3.1933, also drei Tage nach dem Rücktritt des regulären Vorstandes, wurde der im Januar so kläglich gescheiterte, dann aber noch lange Jahre im Amt tätige Rechtsanwalt Neubert kommissarisch mit der Wahrnehmung der Aufgaben des Kammervorstands betraut.

Am gleichen Tag erging der bereits erwähnte Kerrl-Erlaß. Damit kam die erste Welle der individuellen Ausgrenzung der jüdischen Anwälte zum Ende. Nun wurde grundsätzlich „ausgesondert".

Gesetzliche
und bürokratische
Maßnahmen

Am besagten 1. April 1933, dem Tag des reichsweiten Boykotts, einem Samstag, damals noch ein gewöhnlicher Arbeitstag, war den wenigsten die Tragweite des Kerrl'schen Erlasses bewußt. Konkret hatte es in der per Polizeifunk übermittelten Weisung geheißen:

„Die Erregung des Volkes über das anmaßende Auftreten amtierender jüdischer Rechtsanwälte und jüdischer Ärzte hat Ausmaße erreicht, die dazu zwingen, mit der Möglichkeit zu rechnen, daß besonders in der Zeit des berechtigten Abwehrkampfes des deutschen Volkes gegen die alljüdische Greuelpropaganda das Volk zur Selbsthilfe schreitet. Das würde eine Gefahr für die Aufrechterhaltung der Autorität der Rechtspflege darstellen. Es muß daher Pflicht aller zuständigen Behörden sein, dafür zu sorgen, daß spätestens mit dem Beginn des von der NSDAP geleiteten Abwehrboykotts die Ursache solcher Selbsthilfeaktionen beseitigt wird. Ich ersuche deshalb umgehend, allen amtierenden jüdischen Richtern nahezulegen, sofort ihr Urlaubsgesuch einzureichen und diesem sofort stattzugeben. Ich ersuche ferner, die Kommissorien jüdischer Assessoren sofort zu widerrufen. In allen Fällen, in denen jüdische Richter sich weigern, ihr Urlaubsgesuch einzureichen, ersuche ich, diesen kraft Hausrechts das Betreten des Gerichtsgebäudes zu untersagen ... Besondere Erregung hat das anmaßende Auftreten jüdischer Anwälte hervorgerufen. Ich ersuche deshalb, mit den Anwaltskammern oder örtlichen Anwaltsvereinen oder sonstigen geeigneten Stellen noch heute zu vereinbaren, daß ab morgen früh nur noch bestimmte jüdische Rechtsanwälte ... auftreten ... Wo eine Verein-

barung ... wegen Obstruktion der jüdischen Anwälte nicht zu erzielen ist, ersuche ich, das Betreten des Gerichtsgebäudes zu verbieten."[111]

Unnachahmlich in der Sprache, inhaltlich deutlich, bedeutete das ein Hausverbot für Juden. Doch wer galt als Jude? Noch war unklar, wer betroffen war und wer nicht und was der Erlaß für die Anwälte für Folgen hatte. Bruno Blau wird sich in den fünfziger Jahren erinnern:

„Von dem genannten Erlaß war den Beteiligten naturgemäß in den wenigen Nachtstunden, die zur Verfügung standen, nichts bekannt geworden; es war technisch gar nicht möglich, die von dem Minister verlangten Maßnahmen in dieser Zeit durchzuführen. Dies war auch gar nicht beabsichtigt; vielmehr wurden am Morgen des 1. April eine große Anzahl von SA-Leuten mit und ohne Uniform nach den Gerichten beordert, welche das ‚Volk' repräsentierten und dessen angebliche Wünsche durchsetzen sollten. Sie wurden auf alle Räume, in denen Verhandlungen stattfanden, verteilt und forderten die anwesenden jüdischen Richter und Rechtsanwälte auf, sofort ihre Tätigkeit zu unterbrechen und das Gerichtsgebäude zu verlassen. In fast allen Fällen beugte man sich der Gewalt. Einzelne Richter, die sich unter Berufung auf ihre Amts- und Dienstpflicht weigerten, der Aufforderung zu folgen, wurden tatsächlich unter Anwendung körperlicher Gewalt von dem Gericht entfernt, so z.B. in Berlin ein Richter, der im 1. Weltkrieg schwer verwundet und dadurch verkrüppelt war.

Auch in dem den Rechtsanwälten zum Aufenthalt angewiesenen Raum erschienen die braunen Gesellen, um von dort die jüdischen Anwälte zu entfernen. Dabei richteten sie in Berlin an den dort anwesenden Dr. Wilhelm Liebknecht, einen Bruder des mit Rosa Luxemburg ermordeten Dr. Karl Liebknecht, die Frage, ob er Jude sei; er erwiderte: ‚Nein, aber in diesem Augenblick bedauere ich, daß ich ein Deutscher bin.' (...)

Im Laufe desselben Vormittags wurde dann bekannt, daß in Berlin nur etwa 30 Anwälte zum Auftreten vor Gericht zugelassen werden sollten und Anträge dafür am Nachmittag in den Geschäftsräumen der Anwaltskammer persönlich eingereicht werden müßten.

Obwohl die Anzahl so sehr begrenzt war, und nur die wenigsten Aussicht hatten, berücksichtigt zu werden, glaubte ein Jeder, nichts versäumen zu dürfen, und begab sich zur Anwaltskammer – die meisten lange vor

Schöneberger Ufer Anfang April 1933. In einer Schlange bewegen sich die wartenden jüdischen Anwälte zur Nr. 36, dem Sitz der Berliner Anwaltskammer, um die weitere Zulassung zu beantragen. Das Gebäude, dessen Anschrift schon ab 1936 Großadmiral-von Köster-Ufer 67 lautete, ist heute nicht mehr erhalten. Die Einfahrt führt zu dem im Blockinnern befindlichen Elisabeth-Krankenhaus. SA-Posten regulieren das Aufrücken.

der festgesetzten Zeit, damit sie ihren Antrag so früh als möglich abgeben konnten. –

Wir mußten stundenlang vor dem Gebäude warten, und zwar im Regen und unter Aufsicht junger SA-Burschen, bis wir einzeln in das Haus eingelassen wurden. Dieser Vorgang war für uns in höchstem Maße entwürdigend und sollte es auch sein, obwohl man wußte, daß sich unter uns eine ganze Anzahl hochbetagter und solcher Herren befanden, die einen anerkannten wissenschaftlichen Ruf besaßen und bis dahin allgemeines Ansehen genossen.

Nachdem dann einige Tage später die für würdig Befundenen ausgesucht worden waren, wurde den anderen die Berufsausübung so gut wie unmöglich gemacht; denn sie mußten für die Gerichtsverhandlung die Vertretung der Parteien anderen Anwälten übertragen, die nicht hinreichend über die Sache informiert waren und auch nicht das Vertrauen der Klienten hatten; oft war es auch gar nicht möglich, einen nur einigermaßen geeigneten Vertreter zu finden, so daß nichts übrig blieb, als die Verhandlung zu vertagen."[112]

De facto bedeutete der Erlaß vom 31.3.1933 ein Zulassungsverbot für alle als jüdisch geltenden Rechtsanwälte. Dafür gab es keine rechtliche Grundlage. Statt dessen gaben der Präsident des Kammergerichts und seine Kollegen von den Landgerichten am 5.4.1933 (veröffentlicht am 6.4.) eine Rundverfügung[113] heraus, daß alle jüdischen Anwälte einen Antrag auf Zulassung zu stellen hätten, verbunden mit einem Bekenntnis zu der Regierung und den von ihr erlassenen Regelungen. Mit diesem Trick standen die jüdischen Anwälte unter Zugzwang. Beriefen sie sich darauf, daß diese Vorgabe illegitim und illegal sei und stellten keinen Antrag, würden sie nicht weiter zugelassen werden. Gaben sie die Erklärung ab, so akzeptierten sie die rechtliche Situation und machten einen Kotau vor der sie diskriminierenden Regierung. Sie hatten keine Wahl. Die Personalakten des Reichsjustizministeriums, so sie überliefert sind, dokumentieren die Erklärungen. In der Regel sahen sie folgendermaßen aus:

Bruno Mendelsohn, Rechtsanwalt am Kammergericht (seit 1919), 45 Jahre alt; am 8.4.1933:

„Auf Grund der dortigen Verfügung vom 6. April 1933 bitte ich um meine neue Zulassung als Rechtsanwalt & Notar (…) Politisch habe ich mich nicht betätigt und habe auch niemals einer marxistischen Partei angehört. Ich erkenne einwandfrei und vorbehaltlos die auf Grund der bekannten Vereinbarung geschaffene, jetzt bestehende Lage für mich als rechtsverbindlich an. Sollte durch Reichsgesetz meine Zulassung geregelt werden, so stütze ich mein vorstehendes Gesuch auch auf die Bestimmungen des Reichsgesetzes."[114]

Mendelsohn wurde nicht zugelassen. Er arbeitete später für die Wirtschaftshilfe innerhalb der Jüdischen Gemeinde. Im Dezember 1942 wurde er in einer Vergeltungsaktion erschossen, nachdem zur Deportation vorgesehene Mitarbeiter der Gemeinde geflohen waren.

Anita Eisner, Rechtsanwältin an den drei Landgerichten (seit 1927), 33 Jahre alt; am 10.4. 1933: *„.... Ich bitte daher, mich als Rechtsanwalt bei den drei Landgerichten zuzulassen. Gleichzeitig erkläre ich gemäß dem Erlaß des Herrn Justizministers vom 5. April 1933 – I 6557 –, daß ich die bestehende Lage als für mich rechtsverbindlich anerkenne."*[115]

In der Anwaltskammer werden Anfang April 1933 die Anträge der jüdischen Rechtsanwälte auf weitere Ausübung des Berufs entgegengenommen.

Die Lage war verwirrend – Kerrl war zu diesem Zeitpunkt noch nicht Preußischer Justizminister, sondern als Reichskommissar in diesem Amt, die Ernennung zum Minister erfolgte erst am 21. April. Gleichwohl werden die Gesuche ihren Adressaten erreicht haben. In Anita Eisners Fall vergebens, sie wurde nicht zugelassen. Die Entscheidung wurde ihr im Mai mitgeteilt; anschließend versuchte sie, mit der Verwaltung von Grundstücken und Vermögen ihren Lebensunterhalt zu finanzieren. Von 1943 bis zum Kriegsende lebte sie „untergetaucht". Dabei erlitt sie (vermutlich u.a. durch Mangelernährung) schwere körperliche Schäden, sie wurde nach 1945 wieder als Anwältin zugelassen, starb jedoch bereits 1950 im Alter von 50 Jahren.

Einer, der bei der Formulierung seiner Erklärung keine devote Haltung gegenüber den rechtswidrigen Maßnahmen einnehmen wollte, war Ernst Fraenkel, Rechtsanwalt am Kammergericht, 35 Jahre alt. In seinem Gesuch vom 8.4.1933 heißt es:

"Ich werde, falls ich zur Anwaltschaft auch in Zukunft zugelassen werden sollte, getreu meinem Anwaltseid meine Pflichten als Rechtsanwalt nach Maßgabe der jeweils gültigen Gesetze gewissenhaft erfüllen. Eine Erklärung dahingehend, daß ich die Vereinbarungen, die meine zeitweise Behinderung als Anwalt begründen, als rechtswirksam anerkenne, lehne ich ab, da ich diese Vereinbarung nicht kenne."[116]

Diese Erklärung wurde denn auch mit Buntstift als „ungenügende Erklg." markiert. Fraenkel galt als „Nichtarier", ungeachtet des Umstands, daß er evangelischer Religion war. Zusätzlich wurde ihm kommunistische Betätigung unterstellt. Das Prüfverfahren zog sich geraume Zeit hin, der hochdekorierte frühere Herrn „Frontkämpfer" mußte nach den geltenden Regelungen weiter zugelassen werden.

Am 7.4.1933 wurde mit dem „Gesetz zur Wiederherstellung des Berufsbeamtentums" (RGBl.I,175) die formale Grundlage für die Ausgrenzung präsentiert. Dieses Gesetz wur-

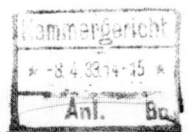

Dr. ERNST FRAENKEL

Rechtsanwalt am Kammergericht

Fernruf: A 7 Dönhoff 55 33

Bank der Arbeiter, Angestellten und Beamten, A.-G., Berlin, Konto Nr. 724
Depositenkasse SW 68, Lindenstraße 3

Postscheckkonto: Dr. Fraenkel und Dr. Neumann, Berlin 17787

BERLIN SW 68, den
Alte Jakobstraße 148-155 III
Am Halleschen Tor

8. April 1933.

Gesuch des
Rechtsanwalts Dr. Ernst Fraenkel
um weitere Zulassung zur
Rechtsanwaltschaft.

Durch den Herrn
Kammergerichts=
präsidenten an den
Herrn praussischen
Justizminister
(Kommissar des Reichs

B e r l i n

Hierdurch bitte ich, weiterhin als Rechtsanwalt bei dem Kammer = gericht in Berlin zugelassen zu werden.

Ich bin seit März 1927 am Kammer= gericht in Berlin zugelassen und habe meine anwaltliche Tätigkeit vor allem auf arbeitsrechtlichem Gebiet ausgeübt. Namentlich habe ich am Reichsarbeits= gericht die Interessen von Arbeitnehmern und Arbeitnehmerorganisationen im er= heblichen Umfange vertreten. Ich habe mich auf arbeitsrechtlichem Gebiet auch schriftstellerisch betätigt.

Ich bin Kriegsteilnehmer, wurde im Jahre 1916 von der Schulbank einge= zogen und als 17 Jähriger Soldat. Im Jahre 1917 kam ich ins Feld, war als Infanterist und Maschinengewehrschütze bezw. Maschinengewehrführer in vorderster Linie, wurde am 1.4.1918 im Nahkampf durch Handgranate verwundet.

Was die von mir in der Verfügung vom 5.4.1933 verlangte Erklärung angeht, erkläre ich folgendes:

Ich werde, falls ich zur Anwalt= schaft auch in Zukunft zugelassen werden sollte, getreu meinem Anwaltseid meine Pflichten als Rechtsanwalt nach Massgabe der jeweils gültigen Gesetze gewissen= haft erfüllen.

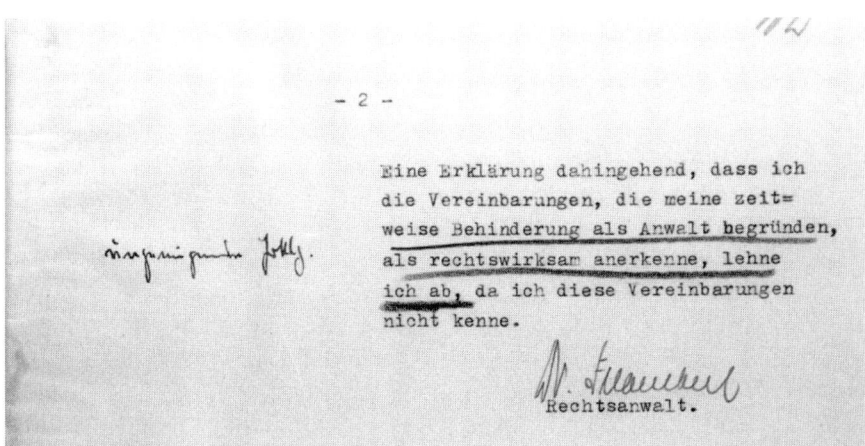

Eine Erklärung dahingehend, dass ich die Vereinbarungen, die meine zeit= weise Behinderung als Anwalt begründen, als rechtswirksam anerkenne, lehne ich ab, da ich diese Vereinbarungen nicht kenne.

Rechtsanwalt.

de für alle gesellschaftlichen Bereiche bis zum Erlaß weitergehender Regelungen (später u.a. die sogenannten „Nürnberger Gesetze" von 1935) als Begründung für die rassistische Ausgrenzung herangezogen – nicht nur im Öffentlichen Dienst, auch in Vereinen und Verbänden, in Unternehmen und zwischen Vertragspartnern. Das Gesetz war sehr schnell erstellt und erlassen worden. Die Legislative spielte nach den Wahlen vom 5.3. 1933 und dem gut zwei Wochen danach, am 23.3., verabschiedeten Ermächtigungsgesetz ohnehin keine wichtige Rolle mehr. Mit gleichem Datum wie das „Gesetz zur Wiederherstellung des Berufsbeamtentums" wurde auch das am 10.4. 1933 bekanntgemachte „Gesetz über die Zulassung zur Rechtsanwaltschaft" (RGBl. I, 188) veröffentlicht.

Noch am Vormittag des 7.4.1933 hatten sich dazu die Landesjustizminister, die als treue Gefolgsgenossen der NSDAP die früheren Minister in ihren Ämtern abgelöst hatten, teilweise noch kommissarisch eingesetzt waren, mit dem Reichsjustizminister Gürtner und seinem Staatssekretär Schlegelberger im Reichsjustizministerium zu einer Besprechung getroffen.[117] Es war ausführlich über die Zulassungsbeschränkung jüdischer Anwälte gesprochen worden. Aus Breslau, Berlin und Bayern wurde berichtet, daß in der

Folge des Kerrl'schen Erlasses (für Bayern war ein ähnlicher Erlaß ergangen) alle jüdischen Anwälte von der „Ausübung der Praxis (...) ferngehalten worden [seien]."[118] In der Sitzung wurden eigenmächtige Aktionen („auf eigene Faust") der SA angedroht, sofern keine deutlichen Betätigungsbeschränkungen für Anwälte ergehen würden.[119] Es wurden eindeutige Zeichen gefordert, die staatliches Handeln demonstrieren sollten. Indem den gesetzlichen Regelungen nun ein scheinbar allgemeiner, legaler Charakter verliehen wurde, ließ sich einerseits etwaiger Widerstand gegen eine ethnische Ausgrenzung argumentativ abwehren, andererseits konnten die radikalisierten Gruppierungen innerhalb der Partei gemäßigt werden. Absicht war, sie damit einzubinden und von unkontrollierten Exzessen abzuhalten.

Während in dieser Besprechung die Stimmung eher in Richtung eines weitgehenden Ausschlusses aller als Juden Geltenden aus der Anwaltschaft tendierte, enthielt das nur drei Tage später erlassene Gesetz (mit Rückdatierung auf den 7.4.) doch Ausnahmeregelungen für sogenannte Frontkämpfer, Angehörige von Gefallenen des Ersten Weltkrieges und diejenigen, die bereits vor 1914 zugelassen worden waren. Für diese Ausnahmeregelungen hatte sich der greise Reichspräsident Hindenburg mobilisieren lassen, bei dem verschiedene Verbände von Soldaten des Ersten Weltkriegs (u.a. Reichsbund jüdischer Frontsoldaten) vorgesprochen hatten.[120]

Offenkundig war die Anzahl derjenigen, die diese Ausnahmeregelung für sich geltend machen konnten, falsch eingeschätzt worden.[121] Die nationalsozialistische Denkungsart war schlicht:

Ein Jude war ein Feigling. Daher nahm man an, daß es nur wenige jüdische Frontkämpfer gegeben habe. Die tatsächliche Zahl sah jedoch völlig anders aus.

In dieser Situation setzte sich die berufsständische Vertretung, die Anwaltskammer, in Person ihres Vorsitzenden Rechtsanwalt Neubert in der Presse dafür ein, daß die angestrebte Zahl jüdischer Anwälte in Berlin bei 35 liegen sollte.[122]

In ihren Anträgen auf Wiederzulassung, nun auf gesetzlicher Grundlage, mußten die Betroffenen detailliert nachweisen, inwiefern sie für sich die Ausnahmeregelungen in Anspruch nehmen konnten. Meist wurde der Einsatz für Deutschland nachgewiesen. Diejenigen, die am Ersten Weltkrieg teilgenommen hatten, legten ihren Militärpaß vor. Doch wurde z.B. der Begriff „Frontsoldat" außerordentlich eng ausgelegt. Wer nur in den Versorgungslinien zum Einsatz gekommen war, wurde nicht anerkannt. Das schockierte die Betroffenen besonders. Schwierig war es für diejenigen, die trotz patriotischer Einstellung damals nicht für tauglich befunden worden waren.

Die Personalakten spiegeln das ganze Drama wider. Es mag überraschen, aber in den Anlagen der über 1.700 Anträge finden sich zahlreiche Schreiben von zufriedenen Mandanten, die sich für die weitere Zulassung „ihrer" Anwälte aussprachen. Unter ihnen waren auch verschiedene NSDAP-Parteimitglieder. Frühere Kameraden aus dem Ersten Weltkrieg loben die patriotische und tapfere Haltung. Mandanten betonen teilweise nachdrücklich die nationalistische Gesinnung der Betreffenden. Sie mochten nicht einsehen, daß Juden, selbst wenn sie ihr Leben für Deutschland riskiert hatten, nun nicht mehr arbeiten durften, ohne daß sie sich etwas hätten zuschulden kommen lassen. Diese Schreiber brachten kein Verständnis dafür auf, daß es um eine grundsätzliche Ausgrenzung von Juden ging und Einzelfällen keine Bedeutung beigemessen

werden sollte. Natürlich wurde vereinzelt die Gelegenheit auch genutzt, es nun endlich dem Anwalt, der eine Angelegenheit hatte negativ ausgehen lassen, heimzuzahlen. Im Ton völlig maßlos, in der Sache teilweise verworren, wurden die bösesten Unterstellungen von ehemaligen Mandanten formuliert.

Rigoros wurde die anwaltliche Tätigkeit bei denen unterbunden, für die die Ausnahmeregelungen nicht galten. Ein großer Teil der Konkurrenz war damit „vom Markt" gedrängt, die verbliebenen Anwälte, vorrangig die nicht-jüdischen, profitierten davon. Ob die nicht-jüdischen Anwälte im Einzelfall die Maßnahmen mißbilligten, ist unbekannt.

Es gibt keine überlieferten Zeugnisse, daß auf Mandanten oder jüdische Kollegen Druck ausgeübt worden wäre, Mandate abzugeben. Allerdings war das auch nur bedingt nötig. Eine Zeitzeugin berichtete, daß ihr Vater, Dr. Georg Cohn-Lempert, bis 1933 eine feste Terminvertretung im Amtsgericht Tempelhof erfüllte, mit einer eigenen Tafel im Anwaltszimmer, der zu entnehmen war, in welchem Raum er sich gerade aufhielt. Nach dem April 1933 saß nun ein jüngerer Anwalt im Anwaltszimmer und hielt sich für Terminvertretungen bereit. Dieser Kollege galt als „arisch". Stillschweigend profitierten die nicht-jüdischen Anwälte insgesamt von der sukzessiven wirtschaftlichen und gesellschaftlichen Diskriminierung ihrer jüdischen Kollegen, selbst als es noch keine gesetzliche Regelung gab. Es wurde kaum Kritik an der Ausgrenzung artikuliert.[123] Krach, ein junger Jurist, der sich im Rahmen seiner Dissertation Anfang der neunziger Jahre mit den Ereignissen intensiv befaßt hat, glaubt weder „Sympathisieren mit den neuen Machthabern noch egoistisches Gewinnstreben" erkennen zu können, sondern deutet mit Oppenhoff, einem Kölner Anwalt, das „Mitmachen"[124] – im Gegensatz zum „Nein-Sagen" – als einen Versuch des verantwortungsbewußten Teils der Kollegenschaft, der noch in den herkömmlichen Denk- und Verhaltensweisen des Berufes und eines gesitteten Staatswesens befangen war, Einfluß zu nehmen. Im falsch verstandenen Sinne positivistisch denkend, Gesetze als Recht aufnehmend, meinten die Anwälte, die im System verblieben, daß sie noch negative Maßnahmen mildern könnten. Dafür wäre jedoch ein organisiertes oder ein äußerst heldenhaftes Vorgehen notwendig gewesen. Auch später, als die Ausgrenzung immer weiter getrieben wurde, wurde nicht im spürbaren Maße Einfluß genommen. Daher regen sich Zweifel an Krachs und Oppenhoffs Einschätzung. Adolf Arndt wird nach 1945 davon sprechen, daß es Leute gab, die sich „anständig" benommen haben.[125] Damit meinte er keine Heldentaten, sondern beispielsweise eine Fortsetzung des persönlichen, respektvollen Umgangs miteinander, das Grüßen, wenn man sich begegnete, die Andeutung von Mitleid, eventuell konkrete Unterstützung bei der Terminwahrnehmung. Solches Verhalten war nicht von Strafe bedroht, erforderte aber in der jeweiligen Situation Rückgrat. Da war es einfacher, auf die bestehenden Regelungen zu verweisen und den materiellen Vorteil als gegeben hinzunehmen. Und genau das war eine der Absichten der Initiatoren der Maßnahmen. Es scheint müßig, darauf hinzuweisen, daß in dieser Phase eine wesentliche Verdienstmöglichkeit, die zugleich eine gewisse Absicherung einer Kanzlei bedeutete, das Notariat, dem überwiegenden Teil der jüdischen Anwälte entzogen wurde. Begründet wurde das mit dem „Gesetz zur Wiederherstellung des Berufsbeamtentums", weil vom Notar ein besonderes Vertrauensverhältnis zum Staat verlangt werden konnte.

1.761 Anwälte stellten bis zum Mai 1933 einen Antrag auf Wiederzulassung, das Prüfverfahren zog sich bis September hin. Am 15.10.1933 wurde eine Liste mit allen zugelassenen Anwälten veröffentlicht. Sie enthielt 1.168 Anwälte, die

als jüdisch galten. Nur 74 Personen hatten im Frühjahr keinen Antrag auf weitere Berufsausübung gestellt; sie waren inhaftiert oder geflüchtet oder tot. Von denen, die weiter ihrem Beruf in Berlin nachgehen wollten, waren fast 600 abgelehnt worden. Damit war ein Drittel schon 1933 dauerhaft mit einem Berufsverbot belegt. Noch aber waren zwei Drittel der ursprünglichen Zahl von 1.835 Anwälten weiter tätig.

In der Folge des Gesetzes vom 7.4.1933 war am 25.4.1933 (JMBl. 1933, S. 127) von der Preußischen Justizverwaltung eine „Allgemeine Verfügung" (AV) erlassen worden, die ein Vertretungsverbot für einzelne Anwälte formulierte. Für die dort aufgeführten Anwälte wurde damit das faktische Berufsverbot noch namentlich bestätigt. Diejenigen, die mit einem Vertretungsverbot belegt wurden, waren meist jung oder Frauen. Zu einem geringen Teil wurden diese Verbote im Oktober wieder aufgehoben. In der Regel jedoch bedeutete das Vertretungsverbot, daß die Zulassung endgültig entzogen worden war.

Einer derjenigen, die nach dem April 1933 ihre Zulassung als Anwalt und Notar verloren hatten, war Dr. Ludwig Bendix.[126] Bendix wurde, nachdem er wegen der Verteidigung eines Mitglieds der Kommunistischen Partei aufgefallen war, am 2.6.1933 verhaftet und im Oktober wieder freigelassen. Dabei war ihm mehrfach deutlich gemacht worden, „daß man ihm eine Lehre hatte erteilen wollen"[127], dennoch dachte er nicht daran, Deutschland zu verlassen, „denn Deutschland war seine Heimat, und er wäre sich wie ein Verräter vorgekommen, wenn er nun das Land verlassen hätte."[128] An seine Mandanten schickte Bendix folgenden Rundbrief, nachdem ihm von der Gestapo zugestanden worden war, sich Rechtsberater zu nennen:

„...An meine Klientel,
meine Tätigkeit als Anwalt und Notar habe ich aufgeben müssen. – Ich fühle mich aber durch eine lebenslange praktische und theoretische Beschäftigung mit dem deut-

schen Recht so eng verbunden, daß ich schon aus diesem inneren, ideellen Grunde meine Tätigkeit in dem Rahmen fortsetzen muß, der mir nach den jetzt geltenden Gesetzen geblieben ist."[129]

Als Rechtsberater versuchte er, mit der Beratung z.B. von Ausreisewilligen sein Auskommen zu finden. Viele Menschen erfuhren durch den Rundbrief von seiner schwierigen Lage. Bei manchen regte sich nicht Mitleid, sondern sie versuchten, die mißliche Lage auszunutzen, indem sie ihn zur Rückzahlung entrichteter Anwaltsgebühren pressen wollten.[130] Bendix bemühte sich dennoch um Haltung:

„Trotz aller Mißerfolge und Verschüchterungen ließ ich mich nicht unterkriegen.(...) Man mag mich töricht nennen, ich stand auf einem anderen Standpunkt. Ich kämpfte um jeden Zoll Bodens und hielt mit allen Fasern meines Wesens an ihm fest. Ich wollte mich nicht entwurzeln lassen (...) Mein unverwüstliches Streben nach Wiedergewinnung meines, mir entzogenen Lebensraumes führte innerlich notwendig dahin, trotz aller Differenzierungen und Diskriminationen eine Gemeinsamkeit mit den Machthabern über Land und Volk zu bejahen und es ihnen in persönlichen Auseinandersetzungen zu überlassen, in den einzelnen Fällen die Schranke zu ziehen. Zur Aufrechterhaltung der Würde meiner Persönlichkeit hielt ich es geradezu für meine Pflicht gegen mich selbst, die durch die geltenden Gesetze gegebenen Möglichkeiten bis zum Letzten in Anspruch zu nehmen. Ich hatte jedenfalls wiederholt den Eindruck gewonnen, daß diese Haltung der bedingungslosen Zusammengehörigkeit ihre starke Wirkung nicht verfehlte (...) So kam es denn, daß ich, bildlich gesprochen, tausend Wege ging, von denen ich wußte, daß sie in die Wüste führen. Aber dieses Wissen konnte mich nicht abhalten, die Wege zu gehen. Ich wollte die Ergebnislosigkeit, vielfach schwarz auf weiß, bei meinen Akten haben."[131]

Nachdem Bendix 1933 zum erstenmal in „Schutzhaft" genommen worden war, kam er 1935 erneut in Haft. Von Juli 1935 bis Mai 1937 war er im KZ Dachau inhaftiert. Diese 22 Monate KZ haben ihn und die Beziehung zu seiner Familie in

Ludwig Bendix 1933 und 1937

ganz starkem Maße verändert.[132] Er kam frei unter der Bedingung, in ein außereuropäisches Land zu gehen. Bendix emigrierte nach Palästina, 1947 folgte er seinem Sohn, der ein angeseher Soziologe werden sollte, in die USA. Ludwig Bendix konnte sein Leben retten, doch man hatte seine Wurzeln gekappt. Er starb 1954 im Alter von 76 Jahren in Oakland, Kalifornien.

Berufsverbot für junge Anwälte

Wer am Ersten Weltkrieg nicht hatte teilnehmen können, weil er zu diesem Zeitpunkt noch ein Kind oder als untauglich gemustert worden war, für den galt keine Ausnahmeregelung als Grund für die Wiederzulassung. Sorgfältige Prüfungen wurden vom Reichsjustizministerium vorgenommen. Mit der strengen Prüfung wurden alle jüngeren Anwälte, d.h. der Jahrgang 1902 und jünger ausgeschlossen. Einer, den das betraf, war Dr. Ludwig Elkeles. Seine Personalakte enthält das Schreiben seiner Mutter, die sich an den Reichspräsidenten Hindenburg wandte und die überzeugte Haltung des Sohnes für Deutschland zum Ausdruck brachte.[133] Sie führte die ökonomische Not der Familie an, denn auch ihr anderer Sohn war arbeitslos geworden, weil er als Jude nicht mehr als Arzt in einem Krankenhaus arbeiten durfte. Schon die Finanzierung des Studiums hatte für die Familie eine große Belastung bedeutet, nun sollte dem zweiten Sohn ebenfalls die Möglichkeit zur Berufsausübung genommen werden. Damit gerieten die Elkeles in eine verzweifelte ökonomische Lage. Wie diese Mutter schilderten viele Betroffene der Justizbehörde ihre existenzielle Not durch fehlende Einkünfte. Etliche hatten das Studium nur unter Entbehrungen durchgehalten, die Kanzleien waren noch nicht etabliert, und dennoch waren häufig mehrere Angehörige von den Einnahmen abhängig. In keinem der Schreiben wird auf die unzureichende rechtliche Grundlage des Berufsverbots hingewiesen, wie man es von Juristen hätte erwarten können, offensichtlich hatten die meisten sehr schnell eingesehen, daß durch Macht das Recht in jede Richtung gestaltet werden konnte; so beschränkten sie sich darauf, für sich eine Ausnahme zu erreichen, standen sie sonst doch abrupt vor dem Nichts.

Darüber hinaus wurde allen jüdischen Juristen, die noch nicht als Anwalt in Berlin eingetragen waren, die Möglichkeit, sich niederzulassen, verschlossen. Der gesamte Nachwuchs setzte sich demzufolge aus nicht-jüdischen Kollegen zusammen. Was das im Einzelfall für diejenigen bedeutete, die zu dieser Zeit Referendar oder Assessor waren, läßt sich nur ungefähr ausmalen. Das Studium war absolviert worden, gegebenenfalls das Referendariat, dann plötzlich das Aus – keine weitere Perspektive. Viele entschieden sich in dieser Situation der beruflichen Aussichtslosigkeit, Deutschland zu verlassen. Sie waren zumeist ungebunden und brachten den nötigen Mut für einen Neuanfang auf. Teilweise wurden sie von ihren Familien ins Ausland geschickt, um die Bedingungen zu klären und den Nachzug der restlichen Familie vorzubereiten.

Einer von zweien, die als Juristen jüdischer Herkunft in dieser Phase noch als Anwälte zugelassen wurden, war der bereits erwähnte Adolf Arndt. Er konnte, nachdem er als Richter ausgeschieden war, noch Anwalt werden. Vermutlich war bei ihm ausschlaggebend, daß er vor 1933 schon einmal als Anwalt tätig gewesen war.

Berufsverbot für Frauen

Anfang 1933 waren 20 Frauen jüdischer Herkunft als Rechtsanwältinnen in Berlin zugelassen, ihr Anteil machte damit gerade 1,1% aus. Dieser Umstand war im wesentlichen der Tatsache geschuldet, daß Frauen überhaupt erst ab 1922 einen Abschluß als Juristinnen machen durften.

Die Älteste von ihnen war Edith Speer, geborene Klausner, Jahrgang 1879.[134] Sie muß bei ihrem Abschluß schon deutlich älter gewesen sein als ihre männlichen Kollegen, wobei sie nicht die erste Frau war, die in Preußen als Anwältin zugelassen wurde. Dieser Titel kam Margarete Berent zu, Jahrgang 1887, auch sie erhielt 1925 im vergleichsweise hohen Alter von 38 Jahren ihre Zulassung als Anwältin. 1928 war es noch eine Meldung in der Frankfurter Zeitung wert, als Ella Auerbach als erste Anwältin überhaupt am Kammergericht zugelassen wurde.

Die jüngste der 1933 vom Berufsverbot Bedrohten war Hilde Kirchheimer, geb. Rosenfeld, spätere Neumann (im biographischen Verzeichnis als Hilde Neumann aufgeführt). Sie war 1933 gerade seit einem Jahr als Anwältin tätig.

Bis auf zwei Ausnahmen waren alle diese Anwältinnen in Großstädten geboren worden. Hier boten sich bessere Möglichkeiten hinsichtlich einer qualifizierten Schulbildung für Mädchen, hier gab es eine größere Offenheit, derartiges sozial zu tolerieren, und entsprechend stärker war der Drang, sich „frauenuntypischen" Berufen zuzuwenden. Einige der betroffenen Anwältinnen, wie eben Hilde Neumann, stammten aus Familien, in denen schon der Vater Rechtsanwalt war. Ihnen war der Arbeitsbereich vertraut, und es bot sich eine spätere Übernahme der Kanzlei an. Andere wiederum hatten Kollegen geheiratet und die Gemeinschaft als Soziien auf die berufliche Ebene ausgedehnt, so z.B. Ella Auerbach, geborene Levi, oder Elsa Ostberg, geborene Köhne. Dennoch waren die absoluten Zahlen von Frauen in den Rechtswissenschaften immer noch verschwindend gering. Die spätere Anwältin Erna Proskauer berichtet, daß Frauen damals regelrechte „Exoten" an der Universität waren: „Ich glaub', ich kenn' da alle, die so mein Jahrgang ungefähr sind."[135]

Mit dem Berufsverbot vom Frühjahr 1933 stand für die Frauen die berufliche Existenz ganz grundsätzlich auf dem Spiel. Sie waren keine „Frontkämpfer", sie konnten ihre Zulassung nicht vor 1914 erworben haben, da sie ab 1922 überhaupt erst den Abschluß machen durften. Die Personalakten spiegeln das Unglück, das das Berufsverbot im jeweiligen Einzelfall bedeutete. Trotz intensivster Bemühungen, individuell eine Ausnahmeregelung zu erlangen, wurde das Berufsverbot gegen jüdische Rechtsanwältinnen grundsätzlich durchgesetzt – bis auf eine Ausnahme. Eine Frau wurde ohne Erfüllung der Ausnahmebedingungen weiter zugelassen: Hanna Katz.

Im Falle Hanna Katz war Rücksichtnahme auf internationales Ansehen das maßgebliche Kriterium für die weitere Zulassung, denn sie besaß als einzige deutsche Vertreterin einen Sitz im Vorstand der International Law Association, hier im Trade Mark Committee. Neben ihrer anwaltlichen Tätigkeit war Hanna Katz Dolmetscherin, was ihr das internationale Engagement erleichterte, wenn nicht gar erst dafür qualifizier-

te. Weil aber ihre Funktion in dem Verband an die Bedingung geknüpft war, daß sie ihren Beruf als Anwältin ausübte, und die britische Delegation bereits Interesse an der Übernahme ihres Mandats angemeldet hatte, behielt sie ihre Zulassung, denn es sollte in jedem Fall verhindert werden, daß ein englischer Vertreter an ihre Stelle rückte. Man traute Hanna Katz augenscheinlich immer noch eine an den deutschen Interessen orientierte Verbandspolitik zu. Diese Einstellung teilten aber nicht alle Dienststellen, so hatte Hanna Katz z.B. große Schwierigkeiten, 1936 an einem Kongreß im Ausland teilzunehmen, weil man ihr nicht die entsprechenden Reisepapiere erteilen wollte. Aus außenpolitischen Gründen wurde sie 1938 als einzige jüdische Frau als „Konsulentin" zugelassen. 1941 konnte Hanna Katz noch in die USA emigrieren, wo sie sich in verschiedenen jüdischen Organisationen betätigte.

Die Hälfte der jüdischen Rechtsanwältinnen, zu denen nähere Angaben vorliegen, war alleinstehend, wie die bereits erwähnte Anita Eisner. Die anderen waren verheiratet, oftmals mit den Ehemännern assoziiert, wie z.B. Ella Auerbach. Sie hatte mit ihrem Mann Richard in der Burgstraße eine Kanzlei. Teilweise konnten die Männer, wie eben Richard Auerbach, weiter tätig sein, weil sie als „Frontkämpfer" anerkannt worden waren. Während jüngere Anwälte, die nicht mehr in Deutschland arbeiten durften, häufig ins Ausland gingen, knüpften viele der Verheirateten unter den mit Berufsverbot belegten Anwältinnen ihr Bleiben in Deutschland in der Regel an die Perspektive des Ehemannes. Es kann als sicher gelten, daß sie meist ohne eigene Zulassung ihren Ehemann bei der Arbeit unterstützten, wobei sie natürlich nicht vor Gericht auftreten durften. Ella und Richard Auerbach emigrierten 1939 in die USA, nachdem Richard Auerbach noch vor 1937 mit einem Ehrengerichtsverfahren überzogen worden war und 1938 endgültig auch die Zulassung als Anwalt verloren hatte.

Durch das Berufsverbot waren nach 1933 nur noch 15 Frauen, bis auf die Ausnahme Hanna Katz nur nicht-jüdische, in Berlin als Rechtsanwältinnen tätig. Von der antisemitischen Prämisse ausgehend, war damit auch ein anderes Ziel der Nationalsozialisten erreicht worden, nämlich Frauen aus einem ursprünglich Männern vorbehaltenen Beruf zu drängen.

Entzug
der ökonomischen Basis

Die Ausgrenzung beschränkte sich im juristischen Bereich nicht allein auf Anwälte[136]; mit ihr einher ging eine gezielte „Aussonderung" und Versetzung von jüdischen Richtern und Staatsanwälten, vorrangig der Straf- und Arbeitsgerichte.[137] Es ist anzunehmen, daß hinter diesem Vorgehen das Kalkül steckte, durch eine entsprechende Besetzung der Kammern zum einen die Kriminalisierung der nationalsozialistischen Gewalttäter zu verhindern, zum anderen die gerichtliche Überprüfung von ausgrenzenden Maßnahmen in einzelnen Betrieben zu behindern. Gleichzeitig wurde im verstärkten Maße auf die Ausbildung junger Juristen im Sinne der NS-Ideologie Einfluß genommen. Renommierte Persönlichkeiten interpretierten ihre eigenen Lehren neu, so der Staatsrechtler Carl Schmitt:

„Das gesamte heutige deutsche Recht ... muß ausschließlich und allein vom Geist des Nationalsozialismus beherrscht sein (...) Jede Auslegung muß eine Auslegung im nationalsozialistischen Sinne sein."[138]

Und ergänzend: *„.... denn wir suchen eine Bindung, die zuverlässiger, lebendiger und tiefer ist als die trügerische Bindung an die verdrehbaren Buchstaben von tausend Paragraphen."*[139]

Neben bekannten Persönlichkeiten, die mit ihrem Namen und ihren Ideen dem Nationalsozialismus Glanz und Anerkennung verschafften, verbreiterte eine gezielte Berufungspraxis von jungen Anhängern die ideologisch geprägte Lehre an den Universitäten. Zu ihnen gehörten, um nur einige der bekanntesten zu nennen, der gerade 30jährige Karl Larenz und der nur ein Jahr ältere Ernst Forsthoff, ein Schüler Carl Schmitts. Larenz' Schwerpunkt lag schon damals im Zivilrecht, während Forsthoff sich mehr dem Verwaltungsrecht widmete. Beide vertraten ihre Lehre überzeugend und arbeiteten die nationalsozialistischen Ideen in ihre Arbeitsfelder ein. Auf diese Weise wurde die bis dahin eher düftige Theorie wissenschaftlich untermauert. So klassifizierte Forsthoff die Juden als „Fremdlinge" im gleichen Staat.[140] Bei einer ansonsten absolut von der Ratio durchdrungenen Persönlichkeit fällt es schwer, in derartigen Äußerungen lediglich eine „jugendlich-idealistische Einstellung", einen „Irrtum" zu entdecken, wie es eine Biographie unterstellt.[141] Forsthoff geriet zwar später in Dissens mit den verantwortlichen Dienststellen, was ihm 1941–43 ein Lehrverbot einbrachte, konnte schließlich aber weiter lehren. Larenz' und Forsthoffs Ansehen in der Bundesrepublik war nur wenig gebrochen. Ihre Verdienste um die Rechtsentwicklung nach 1945 sollen nicht geschmälert werden, gleichwohl fehlt es an einer öffentlichen und wissenschaftlichen Auseinandersetzung mit dem eigenen Beitrag zur Stützung des Nationalsozialismus.[142] In seiner zeitgenössischen Wirkung war der Beitrag von intelligenten Rechtswissenschaftlern nicht zu unterschätzen. Er trug dazu bei, die dumpfen, nur auf Emotionen zielenden Tendenzen des Nationalsozialismus um eine scheinbar sachliche Facette anzureichern.

Die war nötig, um Aktionen wie die des Preußischen Justizministers Kerrl, der kein Jurist war und gemeinsam mit Rechtsreferendaren einen Paragraphen an den Galgen brachte, zu flankieren. Durch die Theoretiker wurde die wissenschaftliche Systematik für die Entrechtung des Rechts geliefert.

Auch innerhalb der Berliner Anwaltschaft wurde das Auseinanderdividieren von jüdischen und nicht-jüdischen Anwälten weiter vorangetrieben. Die Anwaltskammer leistete eifrig ihren Beitrag: Am 23.5.1933[143] erklärte sie, daß Sozietäten von Partnern, die nach den rassistischen Kriterien als „unterschiedlich" angesehen wurden, aufzulösen seien. Im konkreten Fall bedeutete das:

„Ich hatte seit einer Reihe von Jahren mein Office gemeinsam mit einem nichtjüdischen Kollegen, indem wir die allgemeinen Unkosten des Betriebes zu gleichen Teilen trugen. Zwischen uns herrschte die beste Harmonie, und wir hatten beide nicht die Absicht, an dem bestehenden Zustand etwas zu ändern. Der Justizminister ordnete jedoch im Sommer 1933 an, daß alle derartigen Gemeinschaften bis Ende September des Jahres aufzulösen seien. Mein Kollege mietete deshalb ein anderes Office, und da die ganzen Räume für mich zu groß waren, war ich ebenfalls genötigt, andere zu suchen. Und zwar blieb mir, da ich in meiner alten Gegend passende Räume nicht finden konnte, nichts anderes übrig, als nach einer anderen Gegend zu ziehen. Durch den Umzug hatte ich beträchtliche Unkosten und war auch dadurch geschädigt, daß ich meinen ganzen Betrieb umstellen und in einer neuen Gegend zum Teil wieder von vorn anfangen mußte. Im Zusammenhang mit dieser Umstellung war ich auch genötigt, einen Prozeß zu führen, dessen Einzelheiten interessieren. Ich hatte mit einer Privattelefongesellschaft einen Vertrag geschlossen, der eine Telefonanlage betraf, die für mich und meinen Bürosozius gemeinsam bestimmt war; nachdem ich die Gemeinschaft auf behördliche Anordnung hin hatte auflösen müssen, war die Anlage für mich allein gegenstandslos geworden und ich konnte sie in meinem neuen, viel klei-

Der Preußische Justizminister Kerrl in einem Ausbildungslager von Rechtsreferendaren im August 1933 in Jüterbog

neren Office überhaupt nicht verwenden. Ich liess daher die zu der Anlage gehörenden 5 Apparate von der Firma abholen. Diese verlangte von mir trotzdem für die ganze Dauer des Vertrages – es waren dies noch mehrere Jahre – von mir die vollen Gebühren für die Anlage. Ich verweigerte die Zahlung mit der Begründung, dass infolge behördlicher Anordnung, die ich nicht verschuldet hatte, die Grundlage für das Geschäft fortgefallen sei und der Vertrag deshalb nicht mehr erfüllt zu werden brauche. Dieser Standpunkt ist später von den Gerichten auch als zutreffend anerkannt worden. Zu jener Zeit aber lagen noch keine diesbezüglichen Entscheidungen vor: da ich meiner Sache gewiss zu sein glaubte, liess ich es auf einen Prozess ankommen. Hierbei hatte ich das Unglück, daß die Sache vor eine Kammer kam, in der ein jüdischer Richter Beisitzer war; und zwar war dies ein früherer Senatspräsident des Kammergerichts, der infolge des erwähnten ‚Gesetzes zur Wiederherstellung des Berufsbeamtentums' in die viel niedrigere Stelle eines Beisitzers beim Landgericht versetzt worden war. Der Richter war Referent für meinen Fall, und von ihm hing die Entscheidung zum großen Teil ab. Ich mußte nun am eigenen Leibe erfahren, was ich aus meiner früheren Praxis zur Genüge kannte, daß die jüdischen Richter gewissermassen aus einer übertriebenen Objektivität einen Standpunkt einnahmen, der sich gegen die jüdische Partei richtete. Mit anderen Worten: Sie wollten auch nur jeden Schein vermeiden, als ob sie als Juden zu unrecht für eine jüdische Partei entschieden. So verlor ich den Prozess; ich bin überzeugt, dass ich ihn gewonnen hätte, wenn ein nichtjüdischer Richter das massgebende Wort zu sprechen gehabt hätte, falls dieser nicht gerade ein ausgesprochener Nazi war." [144]

In der Phase der Überprüfung der Zulassung konnte ein großer Teil der Anwälte ganz praktisch nicht vor Gericht auftreten, was sich natürlich materiell niederschlug. Der Entzug der Notariate hatte die Kanzleien empfindlich getroffen. Die Verunsicherung der Mandanten, die durch das Vertretungsverbot eingetreten war, dürfte ebenfalls massive Einbußen ergeben haben. Oft folgten bei einer Trennung der Sozietät die Mandanten nicht dem jüdischen Anwalt, sondern seinem nicht-jüdischen Kollegen. Das darf nicht zur voreiligen Unterstellung antisemitischer Ressentiments der Klientel veranlassen. Ein Anwalt wird zur besseren Interessenwahrnehmung eingeschaltet, mit der Wahl des Anwalts möchte man kaum ein politisches Bekenntnis abgeben, sondern strebt eine verläßliche und dauerhafte Vertretung an. Und genau das konnten die jüdischen Anwälte nicht bieten. Entsprechend reduzierten sich die Einnahmen der jüdischen Kanzleien weiter. Hinzu kam, daß jüdische Anwälte nicht mehr die Vertretung in Armenrechtsprozessen übernehmen durften. Siegfried Neumann[145], ein Anwalt, der unweit Berlins seine Kanzlei hatte, vermutete einen Geheimerlaß als Ursache dieser grundsätzlichen Maßnahmen. Obendrein beauftragten die Gerichte für Stellungnahmen oder Gutachten nur noch nicht-jüdische Anwälte.

Als wäre das nicht genug, kündigten auch die großen Wirtschaftsverbände und zahlreiche Unternehmen umgehend die Verträge mit jüdischen Anwälten, die als Berater fungierten. Dies waren ganz „unpolitische" Maßnahmen, die angeblich dazu dienten, Schaden von den jeweiligen Organisationen abzuwenden. Anhand der Biographien der Berliner Anwälte jüdischer Herkunft läßt sich die Wirkung der Eingriffe nicht quantifizieren, doch Fakt war, daß sich die Einnahmen der jüdischen Anwaltschaft fortlaufend reduzierten. Demgegenüber blieben in der Regel die Ausgaben gleich. Zwar konnte auf einzelne Mitarbeiter verzichtet werden, doch die Einschnitte wurden immer stärker spürbar. Bereits erwähnter Siegfried Neumann formulierte sarkastisch:

„Die Rassenfrage hatte sich als Kassenfrage entpuppt." [146]

Verschiedene Lebensberichte legen Zeugnis davon ab, daß es dennoch zahlreiche Mandanten, auch Nationalsozialisten, gab, die ihren Rechtsvertretern treu blieben, obwohl ganz allgemein die weitere Vertretung ungewiß war. Gleichwohl war dies selten ein adäquater Ausgleich für die diversen verlorengegangen, inbesondere großen Mandate. Die ökonomische Verschlechterung war gleichbedeutend mit einer weiteren Welle der Ausgrenzung.

Die Verhältnisse
bis Oktober 1933

Das Ergebnis der ersten „Aussonderungs"-Wellen – der terroristischen und der bürokratischen – wurde am 15.10.1933 offenkundig, als eine Liste der zugelassenen Anwälte publik gemacht wurde, die in drei Versionen erschien. Zum einen wurde eine Gesamtliste vom Vorstand der Anwaltskammer zu Berlin herausgegeben, die alle im Bezirk der Kammer zugelassenen Rechtsanwälte umfaßte. Diese Liste erschien in gleicher Drucktype am gleichen Tag mit dem Vermerk „nur für Behörden" und nahm, ohne daß es in einer Legende vermerkt worden wäre, eine Kennzeichnung aller jüdischen Rechtsanwälte in Form eines kleinen Sterns vor dem Namen vor.[147] Daneben wurde eine weitere Liste veröffentlicht, die vom Bund nationalsozialistischer Deutscher Juristen (BNSDJ) herausgegeben worden war und die nur die „arischen" Anwälte umfaßte. Hätte jemand darauf Wert gelegt zu wissen, ob ein Anwalt als Jude galt oder nicht und wäre nicht im Besitz der Liste mit dem Stern gewesen, so hätte er also jeden einzelnen Namen überprüfen müssen, ob er nicht im Verzeichnis der „arischen"

Anwälte, wohl aber im allgemeinen Verzeichnis aufgeführt wurde. Die Existenz der Stern-Liste, die es in dieser Form nur in Berlin gegeben hat, ist ein interessantes Phänomen, das in der Literatur bislang kaum gewürdigt worden ist. Nachdem in den ersten Monaten eine massive Agitation, Hetze und persönliche Verfolgung eingesetzt hatte, war zum Herbst 1933 oberflächlich eine so starke Beruhigung eingetreten, daß es den zuständigen Stellen nicht opportun erschien, die Diskriminierung öffentlich vorzunehmen. Das deckt sich auch mit dem Vorgehen in anderen Bereichen, z.B. dem Einzelhandel. Nachdem gerade die Warenhäuser anfänglich stark angegriffen worden waren, ließ zur Mitte des Jahres die Propaganda nach, als sich abzeichnete, daß bei Umsetzung der politischen Floskeln spürbare volkswirtschaftliche Folgen eingetreten wären.[148]

Ausgehend von einer Zahl von 1.835 Rechtsanwälten jüdischer Herkunft in Berlin Anfang 1933, übten laut der Stern-Liste im Oktober 1933 noch 1.168 Personen (63,7%), also zwei Drittel, weiterhin den Beruf aus. Offensichtlich mußte dem Aspekt der reibungslosen Ausübung der Rechtspflege durch die politischen Instanzen in weit höherem Maße Rechnung getragen werden als im Frühjahr 1933 absehbar und gewünscht. Gleichwohl bedeutete das für immerhin ein Drittel der als jüdisch definierten Anwälte, daß sie ein dreiviertel Jahr nach der Machtübergabe an die Nationalsozialisten ihren Beruf aus antisemitischen Gründen nicht mehr ausüben durften.

Mittlerweile war versucht worden, eine zweite Ebene der Justiz zu installieren.[149] Neben das formal beibehaltene Gesetzgebungsverfahren war der „Führerwille" getreten[150], Parteiinstitutionen wurden mit obrigkeitsstaatlichen Befugnissen ausgestattet, die Gestapo durfte willkürlich sanktionieren. In den ersten Jahren konnten dennoch die wirtschaftlichen Interessen Vorrang beanspruchen, die grundsätzliche Aussonderungspolitik gegen Juden stand noch nicht auf

Völkischer Beobachter, 29. März 1933

der Tagesordnung. Die Fortführung der Tätigkeit von über 1.000 jüdischen Anwälten in Berlin war aus vielen Gründen noch unverzichtbar:

– Außenpolitische Erwägungen, viele ausländische Firmen unterwarfen sich nicht selbstverständlich dem Gebot, „arische" Anwälte mit ihren Angelegenheiten zu betrauen.

– Die jüdischen Anwälte hatten zum größten Teil nicht-jüdische Angestellte. Mit der Auflösung einer Kanzlei war immer der Verlust der Arbeitsplätze verbunden. Da aber die Arbeitslosigkeit nicht weiter erhöht werden sollte, wurde auf den Erhalt dieser Arbeitsplätze Rücksicht genommen.

– Durch die Agitation gegen Juden wurden viele privatrechtliche Vorgänge in Gang gesetzt, für die zumindest eine Beratung, wenn nicht eine urkundliche Beglaubigung notwendig war, so z.B. bei der Übertragung von Unternehmen, die nun als jüdisch galten, sowie von Grundstücken an nicht-jüdische Erwerber; güterrechtliche Trennungen von Eheleuten, Regelungen von Nachlässen.

– Vermehrte Arbeitsgerichtsverfahren, da auch hier die formale Überprüfung von antisemitisch begründeten Kündigungen nicht eingeschränkt worden war. Ab Ende 1933 kam es verstärkt wieder zu arbeitsrechtlichen Entscheidungen, die nicht mehr grundsätzlich die „Rassezugehörigkeit" als Kündigungsgrund akzeptierten.[151]

– Strafrechtsverfahren gewannen eine völlig neue Dimension, indem politische Denunziationen, aber auch tatsächliche Gegnerschaften gegen das System eine prozessuale Vertretung notwendig machten, auf die in den ersten Jahren des NS-Regimes noch nicht verzichtet werden sollte.

Grundsätzlich hatte die künstliche Aufteilung in „jüdisch" und „nicht-jüdisch" ein eigenes Feld von Streitigkeiten geschaffen, das sich im Laufe der Zeit noch vergrößern sollte. Bis in den privaten Bereich hinein reichte die Neubewertung von Konflikten, die auf einmal unter „Rassekriterien" völlig neu gewürdigt wurden, so z.B. zwischen verfeindeten Hausparteien, Geschäftsleuten und unzufriedenen Kunden oder zerstrittenen Ehepartnern. Auf diese Weise nahm die Zahl der Streitfälle zu. Auch in einem Staatswesen, in dem die Willkür immer bedeutender wurde, suchte man immer noch eine Klärung juristisch herbeizuführen. Durch die von der Propaganda hochgepeitschte Stimmung wurden jüdische Anwälte zunehmend dem Wohlwollen ihrer Mandanten ausgeliefert. Manche Mandanten übten Druck aus, Rechnungen zu reduzieren, wenn der Anwalt keine Anzeige riskieren wollte. Vorwürfe nach verlorenen Prozessen führten zu einer Zunahme von Ehrengerichtsverfahren.[152] Ehrengerichte traten zusammen, wenn einem Anwalt ein Verstoß gegen das Standesrecht vorgeworfen wurde. Das reichte ganz grundsätzlich von der Vernachlässigung der Pflichten bis hin zu strengen Bewertungen hinsichtlich der Auflösung von Kanzleien. Mit den ausgrenzenden antisemitischen Regelungen entstanden unzählige neue Sachverhalte, so z.B. der Irrtum über die eigene („arische") Abstammung oder simple Meinungsäußerungen, die, von einem Juden getätigt, sofort als ahndungswürdig bewertet wurden.[153] Die Ehrengerichtshöfe setzten sich aus Mitgliedern des (nationalsozialistischen) Kammervorstands zusammen, mit der Folge, daß zahlreiche Verfahren mit einem Vertretungsverbot endeten. So im Fall von Arthur Aron Lenk wegen „Bestechlichkeit".[154] Der Sachverhalt:

Frau Mellis (jüdischer Herkunft, „arischer" Ehemann) schimpft während der Radioübertragung einer „Führerrede" vor sich hin: „Christenhunde". Sie wird angezeigt, das Gaupropagandaamt, Abt. Konzentration, fordert sie per 8.11. 1934 zur Stellungnahme auf. Das Ehepaar läßt sich von einem Freund beraten, anschließend beauftragt es Lenk mit der Vertretung. Das Verfahren gegen Frau Mellis wird eingestellt. Lenk nimmt für sich in Anspruch, das erreicht zu haben, und fordert mindestens 400 – 500,- RM. Es ist nicht exakt rekonstruierbar, ob Lenk auf die Einstellung des Verfahrens gegen Frau Mellis eingewirkt hatte. Seine Honorarforderung wird nun auf Betreiben von Frau Mellis hin als Bestechlichkeit interpretiert. Gegen Lenk wird vom Ehrengerichtshof ein Vertretungsverbot nach der Reichsrechtsanwaltsordnung ausgesprochen, die Berufung wird 1936 verworfen.

Auch wenn nicht jedes Verfahren mit einem Vertretungsverbot, das einem Berufsverbot gleichkam, für den beschuldigten Anwalt endete, wurden die Attacken immer heftiger. Meist schaltete sich eine der zahlreichen NS-Dienststellen ein, z.B. die Reichsstelle für Wirtschaftsmoral, wie im Verfahren gegen die Anwälte Richard Auerbach und Wilhelm Goldberg.[155]

In der NS-Publikation „Der Angriff" vom 28. 11.1936 (Spätausgabe) war das Verhalten Goldbergs vor Gericht unter den Überschriften „Frech wie ehedem" und „Unerhörter Ton eines jüdischen Rechtsanwalts" angegriffen worden. Gegen Goldberg wurde wegen seines Auftretens ein Ehrengerichtsverfahren angestrengt, aber nicht nur gegen ihn, sondern auch gegen seinen ebenfalls jüdischen Sozius. Rund ein Jahr später kam es zur Hauptverhandlung vor dem Ehrengerichtshof der Anwaltskammer. Die Anwürfe waren offenkundig so wenig stichhaltig, daß Auerbach freigesprochen werden mußte, während Goldberg einen Verweis erhielt.

Ende 1933 wurde speziell in Berlin eine weitere Maßnahme zur Ausgrenzung genutzt: die Zusammenlegung der drei Landgerichte. Bei der Überprüfung zahlreicher Personalakten des Reichsjustizministeriums finden sich in den Unterlagen einzelner Anwälte, die die Wiederzulassung wegen der Ausnahmeregelungen (Frontkämpfer oder vor 1914 zugelassen) erhalten hatten, Eintragungen, wonach meist zum Januar 1934 den Betreffenden die Zulassung entzogen wurde, weil die Landgerichte zusammengelegt worden waren. So z.B. bei Georg Gerson, Jahrgang 1887, Rechtsanwalt seit 1913, oder Karl Hirschland, Jahrgang 1881, Rechtsanwalt seit 1914, oder Arnold Kuntzig, Jahrgang 1898, Frontkämpfer. Es ist nicht bekannt, ob es eine gesonderte Anweisung für das zusammengeführte Landgericht gegeben hat, bei der Übernahme der eingetragenen Anwälte erneut eine antijüdische „Aussonderung" vorzunehmen. Die Häufung der Fälle läßt jedoch den Schluß zu, daß es sich nicht um einen Zufall gehandelt hat.

Für die verbliebenen jüdischen Rechtsanwälte, die die Klippen der Zulassung umschifft hatten, scheint sich das Gefühl der Ruhe eingestellt zu haben. Sie waren vermutlich durch die Anstrengung, die finanziellen Einbußen durch verstärkte Übernahme von Fällen auszugleichen, so sie sich boten, hinreichend beschäftigt. Doch diese Phase der vermeintlichen Ruhe vermittelte nur eine trügerische Sicherheit.

Daß nicht alle diesem Schein aufsaßen, bringt die Einschätzung des lyrisch ambitionierten Berliner Anwalts Friedrich Solon zum Ausdruck:

1933
Soll ich duldsam und geduldet
Mich bedauern, mich beklagen?
Was das Leben mir verschuldet,
Hat es längst nicht abgetragen.

Schlimmes Schicksal droht dem Schwachen,
Der den Kampf nicht will verstehen,
Was die Zeiten aus ihm machen,
Lässt er über sich ergehen.

Will ich leben, muss ich streiten,
Fordernd, handelnd, niemals leidend.
Und: wie meist're i c h die Zeiten? -
Ist und bleibt allein entscheidend."[156]

Die Verschärfung
der Situation 1935

Auf allen Ebenen vollzog sich der gesellschatliche Wandel: Die Gewerkschaften waren im Mai 1933 verboten worden, ebenso alle Parteien. Neben den staatlichen Verwaltungen wurden Parteidienststellen eingerichtet, die, ohne klare Hierarchie angelegt, ein Kompetenzchaos entstehen ließen, das weiterhin die Hoffnung nährte, daß sich unter diesen Bedingungen keine grundlegende Politik gegen Juden entfalten könnte. Hinzu kam, daß die massiven Machtrangeleien innerhalb der NSDAP und ihrer Gliederungen sich weiter zuspitzten. Auf dem Höhepunkt dieser internen Auseinandersetzung kam es zu der blutigen Klärung Ende Juni, Anfang Juli 1934, in dessen Zuge der SA-Stabschef Ernst Röhm und rund 85 andere Nazis von Gestapo und SS verhaftet und getötet wurden. Auf diese Weise setzten Hitler und seine Führungsspitze ihren Machtanspruch gegenüber der SA, aber auch konservativen Gegnern (z.B. von Schleicher) durch und entzogen ihr die politische Bedeutung.[157] In dieser Zeit verminderte sich der Druck der Parteiinstanzen sowohl auf die Wirtschaft als auf die Justiz.

Doch diese Phase sollte nicht lange anhalten. Spätestens ab dem Jahr 1935 verstärkten sich die Repressionen gegen Juden wieder. Die Gewalttätigkeiten nahmen zu, so sehr, daß sie einer Kanalisierung bedurften. Für den Parteitag im September 1935 in Nürnberg war eine grundlegende Regelung der rechtlichen Situation von Juden angekündigt worden. Am 20. August noch hatten intensive Verhandlungen zwischen Kreisen der Hochfinanz und ranghohen Regierungs- und Parteivertretern stattgefunden.[158] Die unmittelbare Folge dieser Besprechung war ein Erlaß des Preußischen und Reichsinnenministers Frick, in dem er alle Einzelaktionen gegen Juden von Mitgliedern der NSDAP und ihrer Gliederungen

untersagte.[159] Die von Seiten der Wirtschaft u.a. aus Gründen der Planbarkeit angemahnte Regelung der „Judenfrage" blieb weiter in der Schwebe, derweil verschlechterte sich die wirtschaftliche Situation der Betroffenen laufend. Auf diese Weise waren sie verstärkt dem vermeintlich wohlwollenden Zugriff von gut informierten Personen, sei es aus dem Kreis der Banken oder der Wirtschaftsprüfungsgesellschaften oder der Kollegenschaft, ausgesetzt. Die „Ausschaltung der Juden aus dem Wirtschaftsleben" wurde per Einzelfall vollzogen.

Der Parteitag in Nürnberg (10. – 16.9.1935) begann ohne ausformulierten Entwurf von Regelungen gegen Juden. In hektischen Beratungen zwischen Innenminister Frick, den Staatssekretären Stuckart und Pfundtner und den Ministerialräten Medicus, Seel, Sommer und Lösener sowie verschiedenen Vertretern der örtlichen Polizei und Reichsärzteführer Wagner wurden die verschiedenen Entwürfe erstellt.[160] Für die letztendliche Definition des verabschiedeten Entwurfs zeichnete Lösener verantwortlich.[161] Am 15. 9.1935 wurde mit dem „Gesetz zum Schutze des deutschen Blutes und der deutschen Ehre" (RGBl I, 1146) eine begriffliche Regelung vorgelegt, wer von nun an als Jude gelten sollte. Als Oberbegriff wurde der „Nichtarier" gesetzt, mit den Untergruppen „Jude" (mit drei jüdischen Großeltern) und „Mischling", wobei dieser noch einmal in „Mischling 1. Grades" (mit zwei jüdischen Großeltern) und „Mischling 2. Grades" (mit einem jüdischen Großelternteil) unterschieden wurde. Ausschlaggebend für die Abstammung war der religiöse Status der Großeltern. Die sogenannten Nürnberger Gesetze wurden per Akklamation erlassen. Hitler hatte noch das Wort in Umlauf gebracht: „Die Partei befiehlt dem Staat."[162]

Auf juristischem Sektor kam es zu diversen Eingriffen. War schon seit 1933 die Stellung des Anwalts in der Diskussion, so wurde das Prinzip der Gewerbefreiheit nun aufgehoben. An seine

Stelle trat der „Diener am Recht", festgelegt durch das „Gesetz zur Verhütung von Mißbräuchen auf dem Gebiete der Rechtsberatung" (13. 12.1935, RGBl I, S. 1475). Mit diesem Gesetz boten sich weitere Eingriffsmöglichkeiten, nun konnte auch gegen die Rechtsberatung der bereits mit Berufsverbot ausgegrenzten Anwälte vorgegangen werden, aber auch gegen Steuerberater und andere Berufsgruppen, die mit rechtliche Fragen in Berührung kamen.[163]

„Wer jetzt noch Rechtsbeistand sein wollte, brauchte eine Erlaubnis, die wiederum voraussetzte, daß er Mitglied im NS-Rechtswahrerbund war, nicht bereits eine ‚ausreichende' Anzahl von Anwälten am Ort zugelassen war und er neben fachlicher Eignung auch die politische Eignung im Sinne des NS-Staates besaß ..."[164]

Das Gesetz richtete sich nicht gegen die (noch) zugelassenen jüdischen Anwälte, sondern vorrangig gegen die „ehemaligen", die ihrer Zulassung beraubt worden waren. Zugleich wurde der Kreis derjenigen „arischen" Anwälte, die Mandate von Personen annehmen durften, die „weniger als 75% arischen Blutes haben", also „Nichtarier" waren, weiter beschränkt, sofern sie Mitglied des Bundes Nationalsozialistischer Deutscher Juristen (BNSDJ) oder der Deutschen Rechtsfront waren.[165] Ende 1934 gehörten dem BNSDJ 9.147 Rechtsanwälte in Deutschland an, der deutschen Rechtsfront 140.000 Personen.[166] Mit dem Verbot, Mandate von Juden zu übernehmen, sollte sukzessiv die Separierung in jüdische und nicht-jüdische Mandate vorgenommen und letztendlich die rechtliche Stellung von Juden gemindert werden.

In eine ähnliche Richtung ging das Vorgehen der Berliner Anwaltskammer, die 1935 den bereits erwähnten Ludwig Bendix aufgrund seines zitierten Rundschreibens an die Mandanten wegen unlauteren Wettbewerbs anzeige.[167] Die außerprozessuale Beratung und Vertretung von ehemaligen Anwälten wurde von der Standesorganisation als störend und einnahmevermindernd für die

„arischen" Kollegen empfunden. Es liegt die Vermutung nahe, daß hier Handlungseifer an den Tag gelegt werden sollte, die Betroffenen aber auf diesem Feld kaum große Einnahmen zu verzeichnen hatten, somit den „arischen" Anwälten kaum etwas entging. Tatsächlich wurde mit solchen Maßnahmen jüdischen Ratsuchenden der Sachwalter genommen. Bendix wurde in dem sich anschließenden Prozeß (in dem er übrigens von Justizrat Aronsohn, dem Vater der bis vor wenigen Jahren noch tätigen Rechtsanwältin Erna Proskauer, der in Theresienstadt ums Leben gekommen ist, verteidigt wurde) freigesprochen, obwohl der Vorsitzende Richter nur wenig wohlwollend eingestellt war.[168]

Der BNSDJ, als Rechtsabteilung bereits seit 1934 in die NSDAP eingegliedert, wurde 1936 im übrigen in „Nationalsozialistischer Rechtswahrerbund" (NSRB) umbenannt. Als „Rechtswahrer" waren die deutschen Juristen, nun schon namentlich erkennbar, ihrer Verpflichtung gegenüber einer freien Rechtsentfaltung entbunden und auf die Wahrung des NS-Systems eingeschworen.[169]

War dem größten Teil der jüdischen Notare bereits 1933 unter Berufung auf das „Gesetz zur Wiederherstellung des Berufsbeamtentums" die Zulassung als Notar entzogen worden, so wurde nun, 1935, dem noch verbliebenen Rest die Ausübung untersagt.[170] Bruno Blau notiert dazu in seinen Erinnerungen:

„.... [dennach] wurde den jüdischen Notaren am 1. Oktober 1935, ohne vorherige Ankündigung und ohne eine gesetzliche Grundlage die Ausübung ihres Amts von dem Minister untersagt. Wir wurden aufgefordert, unsere Siegel, Register und sonstigen amtlichen Schriftstücke sofort abzuliefern. Ein Notar – Dr. Hans Kaufmann – weigerte sich, der nach seiner Ansicht ungesetzlichen Aufforderung Folge zu leisten: es war dies ein Mann, der im Ersten Weltkrieg schwer verwundet und zum Oberleutnant befördert worden war. Schließlich blieb ihm aber doch nichts übrig, als sich dem Befehl der vorgesetzten

Behörde zu fügen. Später wurde er wegen Devisenvergehens angeklagt und erklärte vor Gericht auf einen Vorhalt des Vorsitzenden, dass er durch seine Handlungsweise den Staat geschädigt habe, er halte es als Jude für seine Pflicht, diesen Staat zu schädigen, wo immer er es könne. Diese Äußerung hatte zur natürlichen Folge, daß er eine beträchtlich höhere Strafe erhielt, nämlich 8 Jahre Zuchthaus; er ist im Zuchthaus in Luckau an einer Krankeit verstorben, wie ich durch einen Augenzeugen erfahren habe."[171]

In allen vorliegenden Fällen ist der Entzug der Zulassung als Notar per 31.12.1935 vermerkt.[172]

Rechtsanwalt Berthold Haase gab nach Erlaß der Gesetze seine Zulassung zurück. Er schrieb dazu in seinen Erinnerungen:

"Damit endet in meinem 62. Lebensjahr meine Laufbahn, in der ich mich mit Ernst und Freude der Pflege des Rechts gewidmet, und in der ich meine besten Kräfte für die Erhaltung und Stärkung des Deutschtums eingesetzt hatte."[173]

Die antisemitische Stimmung dominierte in allen Verbänden, trotz gewisser Rangeleien über den Stellenwert der Advokatur insgesamt, meinten doch einige, daß in einem nationalsozialistischen Staat perspektivisch keine Anwälte mehr notwendig seien. Deshalb wurde das von einzelnen Nazis gewünschte Tragen von Rangzeichen an der Robe abgelehnt, hätte es doch die Stellung des Anwalts insgesamt aufgewertet.[174] Dennoch wurde den jüdischen Anwälten weiterhin nicht grundsätzlich die Berufstätigkeit untersagt. Noch wurden sie gebraucht, um unzählige vertraute Mandanten, die sich angesichts der verschärfenden Lage in Deutschland auf ihre Auswanderung vorbereiteten, bei Eigentumsübertragungen zu beraten, wenn auch die „arischen" Kollegen, die z.B. weiterhin als Notare tätig sein durften, an den Übertragungen verdienten. Faktisch befanden sich die noch tätigen Anwälte in einem Zwiespalt: Sie waren vertrauenswürdig, ihnen glaubten die Ratsuchen, wenn sie zu einem

Verkauf gedrängt werden sollten, daß ihnen keine wirkungsvollen Rechtsmittel der Abwehr zur Verfügung standen. So machten die verbliebenen jüdischen Anwälte in vielen Fällen die reibungslose Abwicklung der Geschäfte, die als „Arisierung" angesehen wurden, möglich und nützten damit dem NS-System.

Das allgemeine Berufsverbot für jüdische Rechtsanwälte 1938

Die materielle Lage der jüdischen Anwälte hatte sich soweit verschlechtert, daß viele der noch Tätigen 1938 ihre Kanzleien in ihre Privatwohnungen verlegt hatten. Einer von ihnen war Kurt Liepmann – sein Büro in zentraler Lage in unmittelbarer Nähe des Alexanderplatzes gab er auf und praktizierte in seiner Wohnung in Wilmersdorf. Immerhin waren die neuen Büroräume ebenfalls verkehrsgünstig gelegen, wenn auch stärker Richtung Westen. Um Kosten zu sparen, war dieser Schritt nötig geworden. 1939 emigrierte Liepmann nach Belgien, schon 1940 wurde Belgien besetzt. Aus seinen letzten Lebenszeichen ist zu schließen, daß Liepmann vor Mai 1942 im Internierungslager Camp de la Plage in Argelès sur Mer (Bezirk Céret) in Frankreich, nahe der spanischen Küste, zu Tode gekommen ist.

Häufig klammerte sich innerhalb der Familien der Mann noch an das traditionelle Rollenverständnis: Er wollte für den Unterhalt der Familie sorgen. Aus verschiedenen Familien gibt es Berichte, die die desolate ökonomische Lage widerspiegeln. So wurden die Enkelkinder des Justizrates Sandmann immer zu einem bestimmten Bäcker geschickt, der ihm aus verschiedenen Gründen dankbar war. Sie mußten sich an der Backstube melden und bekamen kostenlos in einen bestimmten Sack Brot und Backwaren gefüllt.[175] In einer anderen Familie entbrannte ein Streit, weil die Ehefrau ihren wertvollen Pelzmantel weggegeben hatte. Der Ehemann bestand darauf, daß es so schlimm noch nicht um die Familie stünde; die Frau mußte ihren Mantel zurückholen.[176]

Auch ohne verschärftes Verbot waren unzählige Kanzleien aufgegeben worden. Bruno Blau merkt dazu an:

„... wenn auch die von mir befürchtete vollständige Entziehung des Berufs vorerst noch nicht gesetzlich sanktioniert war, so hatte man doch ‚auf kaltem Wege‘ das Ziel beinahe erreicht, wenigstens bei mir und vielen anderen meiner Kollegen. Auch die jüdischen Klienten beschäftigten, so lange es ihnen erlaubt war, nichtjüdische Anwälte, ja sogar solche, die der Nazipartei angehörten und als Judengegner bekannt waren. Später wurde dies zunächst den Parteimitgliedern und dann allen nichtjüdischen Anwälten verboten.“[177]

Ein für die Betroffenen teilweise viel gravierenderes Phänomen war die Tatsache, daß sie sich immer noch als Organ der Rechtspflege verstanden, immer noch auf rechtsstaatliche Prinzipien vertrauten, individuell aber längst zum Opfer geworden waren. Nicht für alle offenkundig, hatten sie als Juden längst den „bürgerlichen Tod" erlitten, wie es 1936 das Reichsgericht in schöner Offenheit formulierte:

„Die frühere (liberale) Vorstellung vom Rechtsinhalte der Persönlichkeit machte keine grundsätzlichen Wertunterschiede nach der Gleichheit oder Verschiedenheit des Blutes (...) Der nationalsozialistischen Weltanschauung dagegen entspricht es, im Deutschen Reiche nur Deutschstämmige (und gesetzlich ihnen Gleichgestellte) als rechtlich vollgültig zu behandeln. Damit werden grundsätzlich Abgrenzungen des früheren Fremdenrechts erneuert und Gedanken wiederaufgenommen, die vormals durch die Unterscheidung zwischen voll Rechtsfähigen und Personen minderen Rechts anerkannt waren. Den Grad völliger Rechtlosigkeit stellte man ehedem, weil die rechtliche Persönlichkeit ganz zerstört sei, dem leiblichen Tode gleich; die Gebilde des ‚bürgerlichen Todes‘ und des ‚Klostertodes‘ empfingen ihre Namen aus dieser Vergleichung."[178]

Zu den Olympischen Spielen 1936 in Berlin suchte man diese Position atmosphärisch noch zu kaschieren; es wurde der Anschein eines offenen, zu internationalen Beziehungen fähigen Gemeinwesens erweckt. In diesem Jahr wurde erstmals wieder der Stand der Industrieproduktion von 1929 erreicht, wobei Rüstungsgerät und -bauten mit einbezogen sind.[179] Die kurzfristige Belebung der Wirtschaft war ganz wesentlich gerade der Kriegsvorbereitung geschuldet. 27,5 Milliarden RM zusätzlicher Mittel waren zur Wirtschaftsförderung bereitgestellt worden, davon waren allein 21 Milliarden in die Aufrüstung gegangen. Die Vierjahresplanbehörde unter Göring, die außerhalb des Ministeriengeflechts eingerichtet wurde, verfolgte dasselbe Ziel: die Wirtschaft kriegsbereit zu machen.[180] Vor diesem Hintergrund wurden weitere Maßnahmen gegen Juden entwickelt. Die Umverteilung von Eigentum und Besitz verbesserte individuell die Lage derjenigen, die nicht als Juden galten. Ab 1937 wurden verstärkt die organisatorischen Rahmenbedingungen für eine vollständige „Entjudung" aller Lebensbereiche geschaffen.

1938, in einer Zeit der beschleunigten Aufrüstung, war die Aussonderung bereits soweit fortgeschritten, daß auf Juden als Wirtschaftssubjekte verzichtet werden konnte. Der mittlerweile zum Präsidenten der Reichsrechtsanwaltskammer avancierte Dr. Neubert mahnte denn auch immer wieder eine „durchgreifende Lösung der Judenfrage" an.[181] Die 5. Verordnung zum Reichsbürgergesetz vom 27.9.1938 (RGBl. I, 1403, 1439) kam dem nach: Alle Juden verloren per 30.11. 1938 ihre Zulassung als Rechtsanwalt.

Damit wurde in Berlin mindestens 671 noch praktizierenden jüdischen Anwälten[182] die Ausübung des Berufs untersagt. Einer, der seine Erfahrungen 1939 niedergeschrieben hat, der bereits zitierte Siegfried Neumann, vermerkt dazu:

„Merkwürdig, daß das aus einer Zeit vor dem Münchener Abkommen [29.9.1938] datierte Gesetz über die endgültige Ausmerzung der jüdischen Anwälte erst nach dem Vertrag von München im Reichsgesetzblatt publiziert wurde."[183]

Tatsächlich scheint diese offen ausgrenzende Maßnahme innerhalb eines ganzen Berufsstandes nicht in das traute Klima auf der international so wichtigen Konferenz von München, auf der die Abtretung des Sudetengebietes an Deutschland beschlossen wurde, gepaßt zu haben. Welche Gründe die Veröffentlichung verzögerten, muß offenbleiben. In jedem Fall gehörte die Verordnung gegen die jüdischen Anwälte zu einem ganzen Kanon von Maßnahmen, mit denen die „Ministerialbürokratie die noch verbliebenen Strukturen jüdischer Geschäftstätigkeit und Selbständigkeit vernichtete."[184] Den vorläufigen Gipfel dieser Entwicklung bildete das inszenierte Pogrom am 9./10. November, nach dem viele noch in Deutschland lebende Juden den Eindruck gewonnen hatten, daß es schlimmer nicht mehr kommen könne:

„91 Ermordete, zahlreiche Verletzte, Mißhandelte und Vergewaltigte, 191 durch Brandstiftung zerstörte Synagogen; rund 7.500 zerstörte (und geplünderte) jüdische Geschäfte; Verwüstung vieler jüdischer Wohnungen und fast aller Friedhöfe. Sachschaden mindestens 25 Mill. RM. 30.000 Juden werden in Haft genommen. Am 12. November wird den deutschen Juden eine Sondersteuer über 1,12 Mrd. RM auferlegt. Außerdem beschlagnahmt der Staat die Versicherungsleistungen für die Schäden."[185]

Diese Bilanz mit der zynischen Folge, den Geschädigten durch eine „Sühneleistung" noch das letzte Geld abzupressen, wurde auf einer Besprechung im Reichsluftfahrtministerium am 12. November 1938 gezogen.[186] Heutige Bewertungen kommen zu dem Ergebnis:

„Mit Recht ist das Judenpogrom vom November 1938 als ein Einschnitt gewertet worden, der aus den juristischen Erniedrigungsritualen ein „öffentliches", die Identität der deutschen Juden zerstörendes Erniedrigungsritual gemacht habe."[187]

Auch die Rechtsanwälte, deren Schilder beschmiert, deren Kanzleien verwüstet oder die verhaftet wurden, wie z.B. Rechtsanwalt Traube oder Dr. Erich Nelson, wurden zur Zahlung der Sühneleistung herangezogen. Nach dem Pogrom wurden zigtausend Männer verhaftet; die in Berlin festgenommen worden waren, kamen in der Regel nach Sachsenhausen. Ein großer Teil von ihnen wurde wieder freigelassen, nachdem sie sich schriftlich zur Emigration verpflichtet hatten; so auch die Genannten.

Es sei an dieser Stelle auf einzelne Anwälte hingewiesen, die in der vorliegenden Untersuchung nicht erfaßt sind, die aber gleichfalls unter Repressionen zu leiden hatten: die mit jüdischen Frauen verheirateten Männer, die nicht die Scheidung von ihrer Frau suchten, obwohl dies 1938 aus „Rassegründen" erleichtert und den Betreffenden oftmals von Institutionen oder radikalisierten Einzelpersonen „nahegelegt" worden war.[188] Einer dieser Anwälte, der weiter mit seiner Frau verbunden blieb, war Alfred Puhlmann.[189] Nachdem seine Frau verhaftet worden war, demonstrierte er (vermutlich 1943) mit einer Gruppe von christlichen Ehemännern so lange vor dem Sammellager in der Levetzowstraße – ähnlich wie 1943 Frauen in der Rosenstraße, die für ihre Männer kämpften[190] –, bis die Frauen wieder freikamen.[191]

Die Tätigkeit der „Konsulenten"

Schikanen gegen die Ehepartner von Juden waren üblich, dennoch durften die Betreffenden meist weiterarbeiten. Noch erforderte die Abwicklung der „Entjudung" des deutschen Wirtschafts- und Gemeinwesens fachkundige Beratung. Die Ausplünderung von Juden sollte geschmeidig vollzogen werden, zu diesem Zweck

wurde ein neuer Beruf eingeführt, der des „Konsulenten". Der „Konsulent" war der jüdische Rechtsvertreter von Juden. Dabei wurde ein bereits früher existierender Begriff benutzt, der in juristischen Kreisen einen pejorativen Anklang hatte, wie etwa der „Kurpfuscher" als Bezeichnung für einen Arzt.[192]

Bei den Recherchen zu dieser Studie fand sich bei 90 Personen die Angabe, daß der Betreffende als „Konsulent" tätig gewesen sein soll. Hierunter war Hanna Katz die einzige Frau, die aber nach kurzer Zeit, 1941, in die USA emigrierte. Als Quellen der Angaben dienten neben den offiziellen Listen auch Angaben z.B. der Transportlisten bei der Deportation.

Mit gerade noch 90 „Konsulenten" war man dem Ziel von 1933, daß nur 35 jüdischen Anwälten in Berlin noch die Berufstätigkeit zugestanden werden sollte, deutlich näher gerückt. Die Betreffenden wurden auf Widerruf vom Reichsjustizministerium zugelassen, nachdem ihr Antrag vom Oberlandesgerichtspräsidenten und der örtlichen Gestapo befürwortet worden war. Es mußten die individuellen Vermögensverhältnisse und die politische Einstellung offenbart werden, Frontkämpfer sollten bevorzugt werden.[193] Grundsätzlich war die Tätigkeit eines „Konsulenten" stark reglementiert. Er mußte seine Schreiben immer mit dem Zusatz versehen: „Zugelassen nur zur rechtlichen Beratung und Vertretung von Juden."[194] Zusätzlich mußte er die einen bestimmten Betrag überschreitenden Einnahmen an die Rechtsanwaltskammer abführen. Und auch äußerlich wurde die mindere Stellung im Vergleich zum Rechtsanwalt deutlich: Ein „Konsulent" durfte keine Robe tragen und das Anwaltszimmer nicht betreten.[195] De facto beschränkte sich die Tätigkeit auf die Regelung der letzten Verfügungen vor der Emigration oder im Zusammenhang mit dem Tod von Mandanten.

Dennoch fühlten sich etliche ehemalige Anwälte, nun „Konsulenten", gegenüber ihren

Mandanten so sehr verpflichtet, daß sie sich selbst auf diese Bedingungen einließen. Obwohl sie ihr Rechtsvertrauen schon gänzlich verloren hatten, sahen sie ihren Lebensmittelpunkt immer noch in Deutschland. Einer derjenigen, die ab 1938 als „Konsulent" arbeiteten, war Dr. Georg Hamburger. Bis 1932 war er noch Vorstandsmitglied der Rechtsanwaltskammer gewesen; er war evangelischen Glaubens. Sein Foto findet sich in dem Album des Anwaltsbeamten Naatz. Hamburger verfolgte mit gewissenhafter Sorgfalt die Angelegenheiten seiner Mandanten, die zum großen Teil bereits emigriert waren.[196] Schon seit August 1938 mußte er seinen Namen mit dem Zusatz „Israel" versehen. Eines der letzten überlieferten Lebenszeichen ist die von ihm unterzeichnete Vermögenserklärung, die er bei seiner Verhaftung am 21.6.1943 unterschreiben mußte. Hamburger kam in das Sammellager Große Hamburger Str. 26. Am 30.6.1943 wurde er mit dem 93. Alterstransport nach Theresienstadt deportiert, dort ist er ein Jahr später umgekommen.[197] Wie Hamburger erging es mehr als einem Drittel aller „Konsulenten": Sie arbeiteten bis zum letzten Moment und wurden dann „abgeholt", kamen erst in ein Sammellager in Berlin, anschließend in ein Konzentrationslager. Manche starben an Entkräftung oder einer Krankheit, die sie der geschwächten Konstitution wegen nicht überstanden, andere kamen ins Gas.

Vier „Konsulenten", u.a. Dr. Moritz Galliner und Walter Grau, begingen angesichts der drohenden Deportation Selbstmord; Galliner brachte sich am 28.12.1942 im Alter von 58 Jahren gemeinsam mit der Ehefrau um. Am Tag danach hatte er sich in einem Sammellager einfinden sollen. Der halbwüchsige Sohn war schon nach England geschickt worden.

Es finden sich Hinweise, daß verschiedene Anwälte, die selbst nicht als „Konsulent" zugelassen worden waren, bei anderen als „Konsulenten-Hilfsarbeiter" beschäftigt wurden. Dieser Abstieg war in vieler Hinsicht vernichtend, sozial und physisch: 1933 Anwalt, zwischen 1933 und 1938 mit Berufsverbot belegt, dann eine Tätigkeit als juristischer Hilfsarbeiter. Als solche sind u.a. zu nennen: Herbert Fuchs, Bruno Marwitz, Felix Rosenthal, Curt Schönberg und Dr. Paul Schidwigowski, außerdem Dr. Elsa Ostberg, geborene Köhne, deren Mann Dr. Ernst Ostberg als „Konsulent" zugelassen war und in dessen Kanzlei sie mitarbeitete.[198] Das Ehepaar wurde deportiert und umgebracht. Ebenso erging es auch den meisten anderen Genannten. Bei allen spielte die Religionszugehörigkeit keine Rolle, so war z.B. Dr. Herbert Fuchs evangelisch.

Von den 90 als „Konsulenten" bezeichneten Personen gibt es für 7 keine Angaben zum weiteren Schicksal, für 83 liegen nähere Angaben vor. Demnach sind 30 (36,1%) ermordet worden, vier (4,8%) entschieden sich angesichts der drohenden Deportation für den Suizid (zum Teil gemeinsam mit ihren Ehefrauen). 2 (2,4%) starben eines natürlichen Todes. 14 (16,9%) haben in Deutschland überlebt, teilweise im Lager, teilweise „untergetaucht", teilweise auch ganz offen. 5 (6,0%) emigrierten und kehrten nach 1945 wieder nach Deutschland zurück; 28 (33,7%) sind in den Ländern geblieben, in die sie emigrieren oder fliehen konnten. Rechnet man die Gruppe, derjenigen, die Suizid verübt haben, zu den Ermordeten, so ergibt sich ein Anteil von mehr als 40 % der „Konsulenten", die aufgrund der Verfolgung den Tod gefunden haben. Eine, die hier nicht unerwähnt bleiben soll, obwohl sie keine Rechtsanwältin war, dennoch mit ihrer Arbeit der Rechtspflege gedient hat, war die „Konsulentenangestellte" Dorothea Schram. Sie entging, weil sie Jüdin war, ebenfalls nicht der Deportation und wurde in Auschwitz umgebracht.

Über die Einnahmesituation einer „Konsulentenpraxis" finden sich nähere Angaben in einzelnen Personalakten der Anwaltskammer von denjenigen, die überlebt haben und sich nach

1945 wieder um ihre Zulassung bemühten. So summierte Dr. Hans Friedeberg[199] seine Einnahmen für die Zeit vor 1933 zwischen 18.000,- und 22.000,- RM p.a. Bis 1939 hatte sich das auf 2.100,- RM p.a. reduziert, dabei spielte auch eine Rolle, daß Friedeberg im Rahmen der „November-Aktion" 1938 verhaftet und nach Sachsenhausen gebracht worden war und schon aus diesem Grund Einnahmeeinbußen erlitten hatte. Nach der Freilassung gelang es ihm jedoch, als „Konsulent" wieder mehr zu erwirtschaften, so daß er für das Jahr 1944 Einnahmen in Höhe von 12.000,- RM angab. Inwieweit diese Selbstauskünfte zutreffend sind, muß offenbleiben, zuverlässig scheint der angegebene dramatische finanzielle Einbruch im Jahr 1939. Wie Friedeberg gelang es insgesamt 14 „Konsulenten", in Deutschland zu überleben. Meist waren sie durch die Ehe mit einer nicht-jüdischen Ehefrau geschützt, andere kehrten aus den Lagern zurück. Einzelne „tauchten unter", versteckten sich an wechselnden Orten. In den Anträgen, die die Überlebenden nach 1945 zur Wiederzulassung bei der Anwaltskammer stellen mußten, finden sich oft nur sehr zurückhaltende Informationen über die tatsächlichen Lebensumstände. Wie die Lagersituation muß man sich die Bedingungen des „Untertauchens" in den schlimmsten Farben ausmalen.

Immerhin einem Drittel, nämlich 28 der noch als „Konsulenten" Zugelassenen, gelang es noch bis 1942, aus Deutschland zu fliehen. Einer der bekanntesten von ihnen war Dr. Julius Fliess. Er konnte im September 1942 durch die geheime Rettungsaktion „Unternehmen Sieben" in die Schweiz geschleust werden.[200] Dieser Fall war eine Ausnahme, in der Regel betätigten sich diejenigen, die noch ins Ausland gelangen konnten, nur kurzzeitig als „Konsulenten" und hatten z.B. als Verhaftete der „November-Aktion" 1938 eine Erklärung unterzeichnet, mit der sie sich zur Auswanderung verpflichteten. So der bereits erwähn-

te Dr. Erich Nelson, der mit dieser Verpflichtungserklärung freikam und anschließend nach Großbritannien ging. Auch die anderen Emigranten hatten meist mit kurzfristiger Perspektive noch den Antrag auf Zulassung als „Konsulent" gestellt, derweil sie nur auf die Einreisegenehmigung in ein Zufluchtland warteten.

Gleichwohl gilt für die „Konsulenten" allgemein, daß sie sich von den jüdischen Anwälten mit ihrer Tätigkeit am weitesten auf das NS-System einließen. Sie waren in der Regel älter, hatten meist am Ersten Weltkrieg teilgenommen, von ihrer inneren Einstellung her waren sie im positiven Sinne preußisch-pflichtbewußt. Ihr Beitrag verdeutlicht die so schwierige Problematik der immer weiter reduzierten Rechtsperson, die durch ihre Tätigkeit einerseits den eigenen Lebensunterhalt zu sichern versuchte, andererseits in ihrer Funktion das System stützte. Den nachfolgenden Generationen kommt es nicht zu, hier eine individuell negative Bewertung vorzunehmen, lag es doch bei anderen Organisationen und Institutionen, die die Bedingungen geschaffen hatten, daß die Betreffenden in eine so schwierige Lage geraten waren. Das muß auch für Dr. Kurt Jacobsohn gelten, von dem Bruno Blau in seinen Erinnerungen schreibt, daß dieser, ebenfalls „Konsulent", sich habe als Spitzel von der Gestapo benutzen lassen.[201] Die Bedrohung des eigenen Lebens, mit der sich Jacobsohn vermutlich – so die Beschuldigung zutreffend ist – zu diesen Diensten hatte pressen lassen, war konkret: Er wurde in Auschwitz umgebracht.

Das Beispiel Alexander Copers

Einer, der das Lager überlebte, war Rechtsanwalt Dr. Alexander Coper, 42 Jahre alt, als die Nationalsozialisten an die Macht kamen. Seine

Frau war evangelisch und galt nach den NS-Rassekriterien als „arisch"; die Ehe wurde als „privilegiert" eingestuft, da ihr zwei Kinder entstammten. In der Kanzlei gingen nach 1933 die Mandate rapide zurück, doch sie sollte nicht aufgegeben werden. 1938, als zur weiteren Stigmatisierung der als Juden definierten Menschen Zwangsnamen dem eigentlichen Namen beigefügt werden mußten, nahm Coper den Namen „Berl" an, der in der Liste des Reichsinnenministeriums vom 18.8.1938 (MinBl. 1345)[202] als „jüdischer" Vorname aufgeführt war.[203] Als ebendieser Dr. Berl Coper wurde er 1938 nach dem allgemeinen Berufsverbot als „Konsulent" zugelassen. Die Einnahmen gingen weiter zurück, „denn die jüdischen Mandanten hatten ja auch nichts."[204] Zudem mußte von den Einnahmen noch ein wesentlicher Teil abgeführt werden.[205] Die Ehefrau war bei einem Verlag kriegsverpflichtet. So gut oder schlecht es ging, versuchte sich die Familie durchzuschlagen. Die Kinder mußten die Schule verlassen und wurden ebenfalls zwangsverpflichtet, allerdings in restriktiverem Maße als die Mutter. Im November 1943 wurde Coper unter der Beschuldigung, Lebensmittelkarten gefälscht zu haben, verhaftet. Der Sohn geht von einer böswilligen Anschuldigung aus: „Wer ihn kannte, weiß, daß das nicht stimmen konnte."[206] Coper blieb von November 1943 bis April 1944 in Haft. Für die Familie völlig unerwartet, kam er am 21.4.1944 wieder frei. Es war die Zeit der heftigen Bombenangriffe auf Berlin; bei einem kam Frau Coper ums Leben. So tragisch die Tatsache an sich schon war, sie hatte Konsequenzen: es entfiel die Schutzwirkung der „privilegierten Ehe". Im Oktober 1944 wurde der verwitwete Coper, der im Ersten Weltkrieg ein Bein verloren hatte, verhaftet und nach Theresienstadt deportiert. Seine Erfahrungen in Theresienstadt hat er versucht, in einem Gedicht der Nachwelt zu übermitteln. Zitiert seien hier nur vier Strophen:

15.-21. III. (vermutlich 1945)
Die Mutter[207] tot, im kühlen Grab.
Und ich nur noch die Kinder hab.
Und grade darum zur Belohnung
wurd' fortgeschafft ich ohne Schonung.

Mein armes, trauriges Berlin,
auch ich muß jetzt von dannen zieh'n.
Du bist zerzaust und ganz zerschunden
und blutest aus viel Tausend Wunden.

Und doch und doch und dennoch doch,
ich lieb dich, seltsam, immer noch.
Sah' ich die letzte Spur von dir,
wie schwer war's um mein Herze mir.

Du hast mir soviel Leid getan,
doch Rache ficht micht jetzt nicht an.
Vom Ganzen zwar ein Teil bist du,
doch vorderhand ich schweig' dazu.

Coper überlebte die Lagerzeit. Auch seine Kinder überstanden sie, 19- und 20jährig, mit Glück. Im Frühsommer 1945 war es Coper gelungen, Berlin zu erreichen. In der Nähe des Rüdesheimer Platzes, wo die Familie gelebt hatte, trafen sich die Familienmitglieder in den Ruinen wieder. Bald darauf brachte Coper ein Schild an einem der Häuser an, mit dem er seine Tätigkeit als Anwalt bekanntmachte. Das war in den ersten Jahren nach dem Krieg nicht besonders lukrativ, doch ab 1952 kamen mehr Beauftragungen. 1958 ging Coper 67jährig in den Ruhestand.[208] Er starb kurze Zeit später.

Die Sonderstellung der „Mischlinge"

Die andere Gruppe von Anwälten jüdischer Herkunft, die nach dem allgemeinen Berufsverbot 1938 weiter arbeiten durfte, waren die sogenannte „Mischlinge". Sie unterlagen nicht denselben Restriktionen wie die „Konsulenten". Zu den als „Mischling" eingestuften Berliner Anwälten gehörten nachweislich 69 Personen, die bereits 1936 als „Nichtarier" mit ihrem besonderen Status erfaßt worden waren.[209] Bei den meisten von ihnen war die „Abstammung" erst im Laufe der Zeit herausgekommen, oder nähere Angaben konnten nicht mehr unterdrückt werden. Das gilt beispielsweise für Edgar von Fragstein und Niemsdorff, in seinem Fall war 1933 unbekannt geblieben, daß zwei seiner Großelternteile als jüdisch galten. Mit der Erfassung durch eine eigene Liste war jedoch auch die Gefährdung der „Mischlinge" dokumentiert. Diese Gefährdung ist den Betreffenden allerdings zum Teil nicht in der vollen Tragweite bewußt geworden, weil sie weiterpraktizieren konnten und nicht im gleichen Maße unter die „Rassegesetze" wie die sogenannten „Volljuden" fielen. Von den 69 „Mischlingen" galten 51 Personen als

Dr. Ferdinand Bang

„Mischlinge 1. Grades", hatten also zwei als jüdisch geltende Großelternteile unter ihren unmittelbaren Vorfahren, 18 „Mischlinge 2. Grades" hatten ein jüdisches Großelternteil. Kein einziger aus der gesamten Gruppe war jüdischer Religion, vier Personen waren Dissidenten, der Rest war zum überwiegenden Teil evangelisch (56), sieben waren katholisch, einer gehörte der französisch-reformierten Kirche an, zu einer Person liegen keine Angaben vor. Aus dieser Gruppe war ein erheblicher Anteil mit nicht-jüdischen Frauen verheiratet.

Insgesamt lebten 1939 18.145 „Mischlinge 1. Grades" und 8.971 „Mischlinge 2. Grades" in Berlin.[210] Bis 1940 waren Männer im wehrfähigen Alter als Soldaten eingesetzt worden, obwohl sie als „Mischlinge" galten. Danach wurden sie entlassen.[211] Insgesamt war diese Personengruppe, so es die Anwälte betraf, bis in den Krieg hinein nicht den massiven Verfolgungsmaßnahmen und Beschränkungen ausgesetzt wie die sogenannten „Volljuden".[212] So durften sie z.B. auch nach 1941 einen Telefonanschluß haben, während Juden diesen im August 1940 abgeben mußten.[213]

Auf der Wannsee-Konferenz am 20.1.1942 wurde auch über „Mischlinge" gesprochen; erörtert wurde die Frage, ob sie in die Deportationen mit einbezogen oder statt dessen sterilisiert werden sollten.[214] Es kam zu keiner abschließenden Präzisierung des weiteren Verfahrens, vermutlich ist die Annahme Hilbergs zutreffend: „Die Mischlinge wurden gerettet, weil sie mehr deutsch als jüdisch waren."[215]

Tatsächlich ist keiner aus der Gruppe der als „Mischling" geltenden Anwälte in einem KZ umgekommen. Wie „deutsch" einzelne waren, belegt der Umstand, daß zwei von ihnen (Bang und Broecker) die Funktion eines „Blockwarts" innehatten.[216] Einer der beiden war zusätzlich Mitglied der NSV (Nationalsozialistischen Volkswohlfahrt e.V.), die über monatliche Sammlungen z.B. ihre Einrichtungen der Gesundheitsfürsorge finanzierte. Welche Gründe die Betreffenden zum Eintritt bewegt hatten, muß offenbleiben. Ein anderer Anwalt war bis zum Verbot Mitglied des Stahlhelms und später Mitglied der NSDAP, die er jedoch wieder verlassen mußte. Im Entnazifizierungsverfahren nach 1945 wurde dieser dann nur als „nomineller Nazi" eingestuft.

Es lassen sich keine spezifische Unterschiede in der Behandlung der „Mischlinge 1." und der „2. Grades" finden. Ganz konkret ist für neun von ihnen bekannt, daß sie von der Gestapo festgenommen und der Organisation Todt zur Verfügung gestellt wurden. Diese Organisation war nach ihrem Initiator Fritz Todt benannt (*4.9.1891- † 8.2.1942), der im Juni 1933 von Hitler zum Verantwortlichen für das deutsche Straßenwesen ernannt wurde. Im Hinblick auf die Kriegsvorbereitung trieb Todt den Bau der Reichsautobahnen maßgeblich voran. Ab 1938 war er unter anderem für die Errichtung des Westwalls zuständig. Um dieses Vorhaben in möglichst kurzer Zeit zu vollenden, bildete er eine straff organisierte Truppe von Arbeitskräften[217], die sich vor allem aus „Fremdarbeitern" (ausländische Zivilarbeiter), KZ-Häftlingen und eben noch nicht inhaftierten „Nichtariern" zusammensetzte. Die Betreffenden wurden in Arbeitslagern außerhalb von Berlin untergebracht. Auch in anderen Projekten mußte Zwangsarbeit für die Organisation Todt verrichtet werden. So wurde z.B. der ehemalige Anwalt Georg Graul auf dem Sonderbaulager Flugplatz Zerbst eingesetzt. Georg Graul, der bei den letzten freien Wahlen deutschnational gewählt hatte, war als Freimaurer aktiv gewesen. Sein einziger Sohn war schon 1939 gefallen. Nach seiner Verhaftung sah sich Graul gezwungen „unterzutauchen".[218] Er überlebte und wurde nach 1945 wieder als Anwalt zugelassen.

Adolf Arndt mußte für die Organisation Todt in Paris bei der Auflösung des Gestapo-Hauptquartiers mitwirken. Der körperliche nicht besonders kräftige Mann stieß bald an seine Grenzen.

„Andere Mitgefangene schoben ihn zur Seite, laß uns das 'mal machen, Adolf! Und dann wurden die 'Gemäldekisten' runtergetragen. Wenn eine zu Boden fiel – dann floß der Cognac auf die Straße."[219]

Adolf Arndt

Bis zur letzten Phase des Krieges wurde auf allen Ebenen zwischen Partei, Justiz und Verwaltung kooperiert, so meldete Mitte 1943 nach Angaben von Rechtsanwalt Hermann Scheer der Präsident des Kammergerichts alle Nichtmitglieder des NS-Rechtswahrerbundes, dem mittlerweile fast alle Anwälte angehörten, allerdings nicht die wenigen „nicht-arischen", dem Arbeitsamt als „nicht kriegswichtig". Scheer scheint es mit der ihm zugewiesenen Stelle als Syndikus der Speditionsfirma Hertling noch gut getroffen zu haben.[220] Ein anderer, Hans Richter, der am Ersten Weltkrieg teilgenommen hatte, war bis kurz vor Kriegsende als Anwalt tätig, dann wurde ihm nach eigenen Angaben „aus rassischen Gründen" die Zulassung entzogen. Für ihn waren seit 1942, „als Hitlers Rückzug begann", wieder mehr Mandate zu verzeichnen gewesen, da augenscheinlich die offene antisemitische Hetze nachgelassen hatte. Welch Widerspruch angesichts der Tatsache, daß gleichzeitig die Deportationen im vollen Gange waren.

Tatsächlich scheint der größte Teil der „Mischlinge" bis 1945 als Anwalt tätig gewesen zu sein, vier waren ab Ende Oktober 1944 überwiegend im Rahmen der „Aktion Mitte" der Organisation Todt zu Enttrümmerungsarbeiten herangezogen worden. Daß sie überhaupt nur aus praktischen Erwägungen nach Kriegsbeginn noch geduldet wurden, war ihnen vermutlich nicht klar. Alle wehrfähigen Männer waren eingezogen worden, das galt nicht für die „Mischlinge", die spätestens 1941 wieder entlassen wurden. Sie waren nicht denselben Restriktionen wie die „Konsulenten" unterworfen, d.h. sie konnten ohne Beschränkungen zur Aufrechterhaltung der Rechtspflege eingesetzt werden. Offensichtlich war es den Nazis nicht gelungen, im ausreichenden Maße für entsprechenden nicht-jüdischen Nachwuchs zu sorgen bzw. wurde der wiederum im Krieg gebraucht. Insgesamt existierte jedoch ein offensichtlicher Widerspruch zwischen dem Anspruch der vollständigen „Entjudung" der Rechtspflege und ihren konkreten Erfordernissen.

Das weitere Schicksal der jüdischen Anwälte

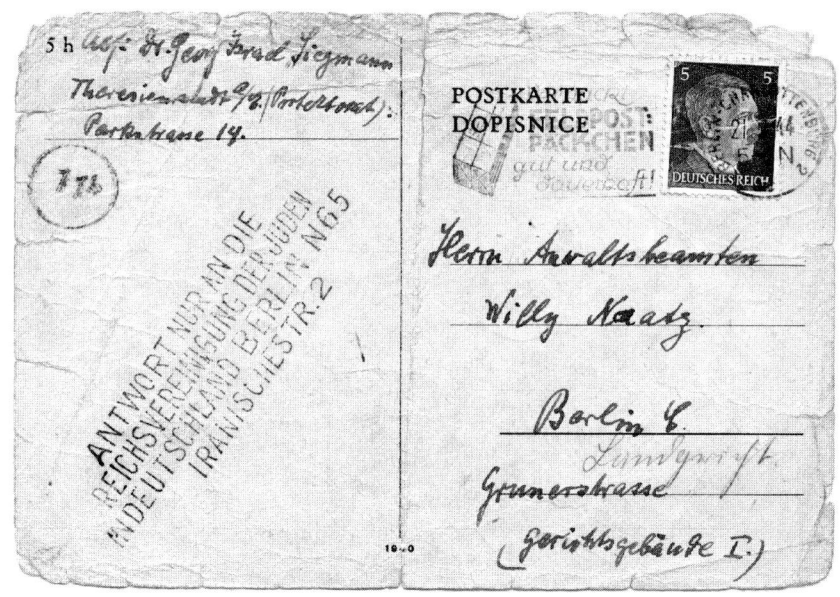

Nach dem generellen Berufsverbot 1938 spitzte sich die Situation für die noch verbliebenen Anwälte zu. Immer noch gab es eine Bandbreite der Einschätzungen, die von „Uns wird man nichts tun" bis „Wann kommen endlich die Papiere für die Auswanderung?" reichte.

Das biographische Verzeichnis dieses Buches listet die Einzelschicksale auf. An dieser Stelle eine zusammenfassende Darstellung der Ergebnisse. Dabei wurde eine Einteilung in vier Gruppen vorgenommen:

– „Ums Leben gekommen" – hierunter werden auch diejenigen gefaßt, die der Bedrohung, umgebracht zu werden, durch Suizid begegnet sind. Vorrangig finden sich in dieser Gruppe die Personen, die nach der Deportation den Tod in einem Konzentrationslager gefunden haben.
– Tod ohne Gewalteinwirkung oder durch allgemeine Kriegseinwirkung
– Überlebende
– Emigration und Flucht – hier wurde eine Unterteilung nach den verschiedenen Fluchtländern vorgenommen.

Insgesamt konnte der Lebensweg von 1.227 Anwälten jüdischer Herkunft nachgezeichnet werden.

„Ums Leben gekommen"

Am 18.10.1941 verließ der erste Eisenbahnzug mit ca. 1.000 Juden den Bahnhof Grunewald in Richtung Litzmannstadt/Lodz. Unter den Transportierten befanden sich auch die Rechtsanwälte Max Goldstücker und Julius Grau. Der 61jährige Goldstücker war sechs Jahre älter als Grau. Niemand weiß, ob sie sich kannten, sich vielleicht im Gericht ab und zu begegnet waren. Noch weniger ist bekannt, ob sie sich am Ziel ihrer Reise begegnet sind. Litzmannstadt oder Lodz war für beide der Ort, an dem sie zu Tode gekommen sind. Das ist das einzige, was näher zu bestimmen ist. Es gibt kein Todesdatum, keine Todesursache. Beide sind verschwunden.

Im biographischen Verzeichnis findet sich häufig die Angabe „verschollen" oder „für tot erklärt". Diese Begriffe orientieren sich an den Angaben im Gedenkbuch des Bundesarchivs Koblenz und basieren auf den entsprechenden rechtlichen Definitionen.[221]

Auch der Terminus „umgekommen" ist eher eine Annäherungsformel als ein wissenschaftlichen Erfordernissen entsprechender Begriff. Bei den im biographischen Verzeichnis aufgeführten, in den KZ zu Tode gekommenen Anwälten ist nur für 78 ein genaues Todesdatum bekannt. In den anderen Fällen sind die letzten Informationen meist das Datum der Deportation. Was danach geschehen ist, ob die Menschen im Konzentrationslager oder durch mobile Einsatzkommandos zu Tode gekommen sind, ob sie vergast oder erschossen wurden, ob sie verhungert oder an Fleckttyphus, durch Drangsalierung von Wachen oder Entkräftung durch Zwangsarbeit („Tod durch Arbeit") gestorben sind, ist unbekannt. Die menschliche Entwürdigung, Demütigung und psychische Zerstörung, die dem vorangegangen ist, bleibt nur zu ahnen. Ohne eine Klassifizierung der Opfer vornehmen zu wollen, gehörten gerade die (Berliner) Rechtsanwälte von ihrem Alter, ihrem Gesundheitszustand, ihrer sozialen Stellung her zu denjenigen, die am stärksten vom Tod bedroht waren: Die noch in Deutschland Verbliebenen waren alt, häufig krank oder kriegsversehrt, gehörten dem bürgerlichen Mittelstand an. Zudem waren sie durch ihre berufliche Tätigkeit kaum an körperliche Arbeiten gewöhnt. Schon aus diesem Grund überlebten nur sehr wenige die Deportation. Von den hier mit näheren Angaben dargestellten 1.227 Anwälten sind 271, rund ein Viertel (22,1%), in Konzentrationslagern oder „im Osten" zu Tode gekommen.

Bei den biographischen Angaben findet sich häufig das Datum der Vermögenserklärung. In der ersten Zeit der Deportationen wurden diese Formulare den Betreffenden einige Tage, bevor sie sich im Sammellager zu melden hatten, zugestellt. Die Aufforderungen bezogen sich auf eine „behördlich angeordnete Abwanderung ins Protektorat".[222] Später wurden die Vermögenserklärungen ausgefüllt, wenn die Betreffenden „abgeholt" wurden, und dabei unterzeichnet. Die Vermögenserklärung erfaßte das gesamte mobile Hab und Gut, bis zum Kragen und zum Schuhlöffel, hier wurden alle noch bekannten Außenstände, sei es beim Zahnarzt oder beim Klempner, aufgeführt. In vielen Fällen ist die Vermögenserklärung das letzte persönliche Lebenszeichen der „abgeholten" Menschen.[223] Die Vermögenserklärungen finden sich in den Unterlagen des Oberfinanzpräsidenten Berlin, die im Landesarchiv Berlin archiviert sind.

Deportation und Tod

Die Deportationen begannen im Oktober 1941, also vor der Wannsee-Konferenz, auf der eben nicht, wie häufig angenommen, die Entscheidung zur „Endlösung" gefallen ist. Bis zum letzten Transport im April 1945 gingen insgesamt 184 Transporte aus Berlin zu den verschiedenen Zielorten.

271 Berliner Anwälte (22,1% bezogen auf die Grundgesamtheit von 1.227), zu denen nähere Angaben vorliegen, sind umgekommen. Der größte Teil (175 oder 64,6% bezogen auf die Umgekommenen) gilt als verschollen; vier (1,5%) wurden für tot erklärt. Von 78 Personen (28,8%) ist der Tag des Todes in einem KZ bekannt, fünf (1,8%) sind durch sonstige Gewalttaten umgekommen und neun (3,3%) in ihrem Emigrationsland in Europa verhaftet worden und anschließend zu Tode gekommen, wobei wiederum die meisten nach Auschwitz deportiert worden sind. Exemplarisch die Angaben zu sieben ermordeten Berliner Anwälten[224]:

Dr. Jacques Abraham. Ein äußerst beliebter Kollege, bis 1933 Schriftleiter der „Zeitschrift für das Beamtenrecht". Ihm wurde im Herbst 1933 die weitere Zulassung als Anwalt bestätigt, vermutlich war er bis zum Berufsverbot 1938 noch in dieser Funktion tätig. Für die Zeit danach ist bekannt, daß er als Hilfsarbeiter gearbeitet hat, vermutlich zwangsweise. Währenddessen bemühte er sich um ein Visum für Südafrika, das er jedoch nicht erhielt. Offensichtlich versuchte er noch zu fliehen, er wurde bei einem Fluchtversuch an der holländischen Grenze festgenommen. Am 14.10.1942 unterschrieb er seine Vermögenserklärung. Fünf Tage später wurde er mit mit dem 21. Transport (19.10.1942) nach Riga deportiert. Danach gibt es kein Lebenszeichen mehr von ihm. Sein Todestag wurde für den 31.12.1942 amtlich festgelegt; Dr. Jacques Abraham war 62 Jahre alt.

Julius Blumenthal. Schon im April 1933 mit Berufsverbot belegt, anschließend betätigte er sich aktiv in der Jüdischen Gemeinde, so ab 1939 als juristischer Mitarbeiter des „Jüdischen Nachrichtenblattes". 1942 sollte die Gemeinde eine Gruppe von Mitarbeitern für die Deportation benennen. Die Mitarbeiter, die dafür vorgesehen waren, konnten fliehen. Als Vergeltung wurde Blumenthal mit sieben anderen als Geisel genommen.[225] Die Auswahl wurde nach dem Bericht einer Zeugin im Repräsentantensaal der Synagoge in der Oranienburger Straße, dem heutigen Centrum Judaicum, getroffen. Alle acht Geiseln wurden nur wenig später, im Dezember 1942, erschossen.

Fritz Hammerschmidt. Als Rechtsanwalt am Kammergericht zugelassen und mit seinem Bruder Walter assoziiert, die Kanzlei befand sich in der Kantstr. 19. Im April 1933 wurde auch gegen Fritz Hammerschmidt ein Vertretungsverbot erlassen. Offensichtlich wurde ihm bis zum Herbst 1933 jedoch wieder die Zulassung erteilt, so daß er mindestens bis 1936 weiter seinen Beruf ausüben konnte. Ungefähr in dieser Zeit, 1935/1936, wurde Fritz Hammerschmidt Vater eines Sohnes. Ob er bis zum Berufsverbot 1938 arbeiten konnte, ist unbekannt. Man weiß nur, daß er noch als Arbeiter tätig war. Der Bruder Walter wurde im Rahmen des November-Pogroms 1938 verhaftet. Er kam ins KZ Sachsenhausen und wurde Ende Dezember „als schwerkranker Mann" entlassen.[226] Prof. Sauerbruch empfahl der Witwe, die Leiche obduzieren zu lassen, die Gestapo gab sie jedoch nicht frei. Der Witwe wurde eine Urne mit der Asche zugeschickt. Sie selbst und ihr zweiter Mann wurden später in Auschwitz umgebracht.

Am 29. 2.1944 unterzeichnete Fritz Hammerschmidt seine Vermögenserklärung. Er kam in das Sammellager in der Schulstr. 78. Am 9.3.1944 wurde er mit dem 50. Transport nach Auschwitz deportiert, mit ihm seine Ehefrau Erna, deren Mutter Martha Frischmann und der inzwischen acht-

Fritz und Erna Hammerschmidt

jährige Sohn Anselm. Der genaue Todestag von Hammerschmidt ist nicht zu bestimmen; er war ungefähr 52 Jahre alt. Als einzige überlebte Erna Hammerschmidt. Sie war ins KZ Ravensbrück überstellt worden, wo sie von britischen Truppen befreit wurde.

Der Anwaltsbeamte im Anwaltszimmer des Landgerichts, Willy Naatz, hat von einigen der Ermordeten ein kleines Paßbild verwahrt. Auf diese Weise ist von einigen wenigen von ihnen noch ein Bild überliefert. Eines der Bilder zeigt Justizrat Siegmann. Er hat am 28.8.1944 noch eine Postkarte an Naatz geschickt:

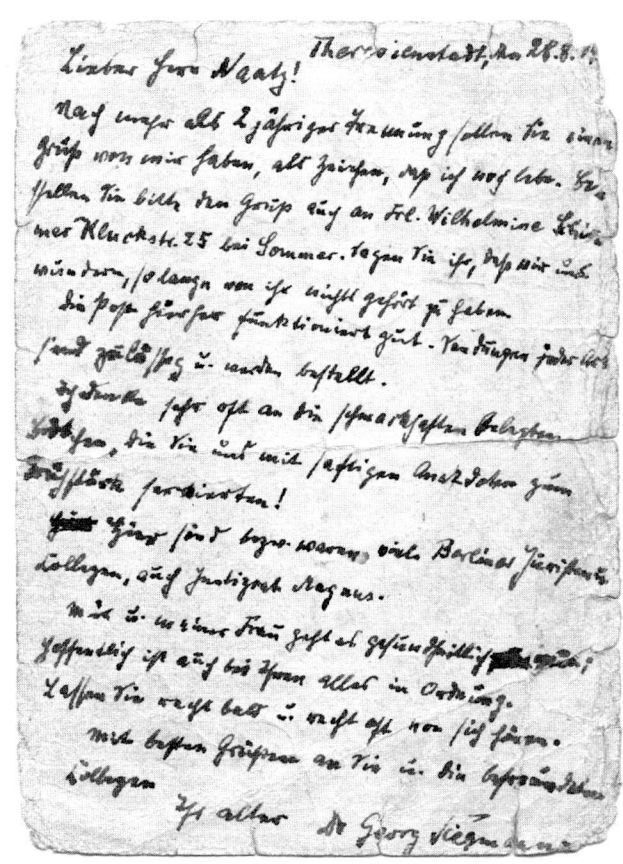

Georg
Siegmann

Theresienstadt, den 28.8.44

Lieber Herr Naatz!

Nach mehr als 2jähriger Trennung sollen Sie einen Gruß von mir haben, als Zeichen, daß ich noch lebe. Bestellen Sie bitte den Gruß auch an Frl. Wilhelmine Schickmer (?), Kluckstr. 25 bei Sommer. Sagen Sie ihr, daß wir uns wundern, so lange von ihr nichts gehört zu haben.

Die Post hierher funktioniert gut. Sendungen jeder Art sind zulässig u. werden bestellt.

Ich denke sehr oft an die schmackhaften belegten Brötchen, die Sie uns mit saftigen Anekdoten zum Frühstück servierten!

Hier sind bzw. waren viele Berliner Juristen u. Kollegen, auch Justizrat Magnus.

Mir u. meiner Frau geht es gesundheitlich gut; hoffentlich ist auch bei Ihnen alles in Ordnung.

Lassen Sie recht bald u. oft von sich hören.

Mit besten Grüßen an Sie u. die befreundeten Kollegen

Ihr alter Dr. Georg Siegmann

Naatz war offenkundig Mittler von Informationen, er sollte sich nach dem Verbleib von Fräulein Wilhelmine Sch. erkundigen und die interessierten Anwälte vom Tod des angesehenen Julius Magnus in Kenntnis setzen, der am 15.5.1944 in Theresienstadt umgekommen war.

Justizrat Dr. Julius Magnus, Jahrgang 1867, war als Anwalt Spezialist für Urheber- und Patentrecht, daneben war er auch Notar. Besondere Anerkennung hat er sich durch sein Amt als Schriftleiter und Herausgeber der „Juristischen Wochenschrift", das er von 1915 bis 1933 innehatte, erworben. Magnus war vermutlich bis zum Berufsverbot 1938 als Anwalt tätig, die Zulassung als Notar war ihm schon 1933 entzogen worden. Er ist am 25.8.1939 in die Niederlande geflohen. Dort holten ihn die deutschen Truppen ein, er wurde verhaftet und in das KZ Westerbork verschleppt. Anfang 1944 ist er über Bergen-Belsen nach Theresienstadt deportiert worden. Dort ist er verhungert.[227]

Justizrat Dr. Georg Siegmann, Jahrgang 1869, hatte seine Kanzlei in der Lindenstraße, ganz in der Nähe des Belle-Alliance-Platzes (heutiger Mehringplatz). Er war vermutlich bis zum allgemeinen Berufsverbot 1938 als Anwalt tätig, das Notariat war ihm bereits 1933 entzogen worden. Siegmann wurde in Berlin „abgeholt", er unterzeichnete seine Vermögenserklärung am 2.7. 1942. Zwei Wochen später wurde er nach Theresienstadt deportiert, von dort ist er nach dem August 1944 nach Auschwitz transportiert worden, wo sich seine Spur verliert. Er war zu diesem Zeitpunkt 75 Jahre alt.

Julius Magnus

Dr. Ernst Wachsner. Er wurde im April 1933 mit einem Berufsverbot als Anwalt und Notar belegt. Wovon er anschließend seinen Lebensunterhalt bestritten hat, ist unbekannt. Später war er als Arbeiter zwangsweise verpflichtet. Am 25.6.1943 wurde er verhaftet, von diesem Tag datiert auch seine Vermögenserklärung. Er wurde in das Sammellager Große Hamburger Str. 26 gebracht, drei Tage später wurde er mit dem 39. Transport nach Auschwitz verschleppt, dort ist er verschollen. Er war 55 Jahre alt.

Dr. Kurt Zarinzansky, Anwalt und Notar. Kanzlei und Wohnung befanden sich in der Ansbacher Str. 10 a im Bayerischen Viertel. Das Notariat durfte er vermutlich bis zum allgemeinen Berufsverbot für jüdische Notare 1935 ausüben, Anwalt war er bis zum allgemeinen Berufsverbot für Anwälte 1938. Zarinzansky war katholischer Religion. Nach dem Berufsverbot betätigte er sich als Testamentsvollstrecker. Im März 1943 füllte er seine Vermögenserklärung aus. Zwei Tage später wurde er nach Auschwitz deportiert. Offensichtlich war der 53jährige kräftig genug, bis 1945 zu überleben. Am 11. März, zwei Jahre nach dem Abtransport aus Berlin, kurz vor Kriegsende, fand er in Mauthausen den Tod.

Suizid

Wie schon in den Ausführungen zu den „Konsulenten" dargestellt, zogen angesichts der sich zuspitzenden Verhältnisse einzelne die Konsequenz aus der aussichtslosen Lage und nahmen sich das Leben (23 Personen, 1,9%). Hierzu gibt es zahlreiche eindringliche Schilderungen, so z.B. von der Witwe Max Liebermanns, Martha Liebermann.[228] Hinsichtlich der Berliner Anwälte liegen nur wenige derartig detaillierte Zeugnisse vor.

Auf das Schicksal des politisch gegen die Nationalsozialisten engagierten Anwalts Hans Litten ist bereits eingegangen worden. Schon 1940 wurden seine letzten Lebensjahre von seiner Mutter in einem Buch unter dem Titel „Eine Mutter kämpft" dargestellt. Im Vorwort schrieb Rudolf Olden „Kann man einen Unbequemen nicht um deswillen beseitigen, was ihn unbequem macht, so sucht man nach Nebensächlichem, womit man ihm eine Falle stellen kann."[229] Littens Leben und Tod ist in mancher Hinsicht markant: Die Mutter war Christin, der Vater konvertierte ebenfalls zum Christentum. Litten wirkte jugendlich und gleichzeitig streng. Er beschränkte sich in seinem Äußeren, aber auch im Umgang mit anderen Menschen auf das Wesentliche. Dabei ließ ihn die Arbeit, weit über das übliche Maß hinaus, zu „einem Kämpfer ums Recht" (Olden) werden. Mit diesem Pathos begegnet Olden der spröden und schnörkellosen Persönlichkeit, die so klar und nüchtern, dabei absolut hingebungsvoll und humorlos die Dinge analysierte. Litten war durchdrungen von der Suche nach der Wahrheit, sei es im Recht, sei es in der Kunst. Mit seinem klassischen, unerbittlichen Wertekanon stellte er für die Nazis, die sich als Hüter von Werten gerierten, eine Provokation dar. Indem sich Litten auf den Inhalt konzentrierte, demaskierte er schon durch sein Auftreten die Propaganda der Nazis. An ihm wurde bittere Vergeltung geübt. Er wurde malträtiert und konnte das Leiden nicht mehr ertragen. Seine Briefe und Vorträge, die er im KZ z.B. zur Kunst gehalten hat, legen jedoch Zeugnis davon ab, daß er, trotz allem, was man ihm angetan hat, nicht gebrochen werden konnte. Hans Litten nahm sich im Februar 1938 im KZ Dachau das Leben.[230]

Zahlreiche Menschen vollzogen angesichts der massiven Welle von Übergriffen schon 1933/1934 den Schritt zum Suizid, so auch der bekannte Verteidiger Prof. Dr. Max Alsberg. Doch die meisten, allein 11 der hier erfaßten 23 Personen, gingen erst in den Freitod, als die Deportation unmittelbar bevorstand – im Jahr 1942. Das

Wort „Freitod" scheint in diesem Zusammenhang unangemessen, gleichwohl gibt es keine adäquate Bezeichnung für die Wahl eines selbstgewählten Zeitpunkts und vielleicht geringerer Leiden im Verhältnis zu der Bedrohung, die eine Deportation darstellte. Es seien hier exemplarisch genannt: Dr. Fritz Dalen, Dr. Hans Michaelis, Dr. Julius Schoenfeld. Justizrat Hermann Kolsen, der evangelischen Glaubens war, nahm sich im August 1942 im Alter von 83 Jahren das Leben. Im Dezember des gleichen Jahres beging Dr. Richard Kann gemeinsam mit seiner Frau Selbstmord.

Im übrigen kann die hier ermittelte Zahl als eher zu geringe Angabe verstanden werden. Viele Familienangehörige wollten als Todesursache nicht „Suizid" vermerkt wissen, zudem konnte bei den Recherchen im Rahmen des Berliner Gedenkbuches, auf die hier teilweise zurückgegriffen wird, nicht in Gänze das Friedhofsregister des Jüdischen Friedhofs in Weißensee ausgewertet werden, weil zum Zeitpunkt der Ermittlung, die Angaben auf Datenträger umgestellt wurden.[231] Damit könnten noch zahlreiche Suizide nicht erfaßt sein.

„Natürlicher" Tod oder Tod durch allgemeine Kriegseinwirkung

Wer 1933 bereits als Anwalt zugelassen war, mußte älter als 26 Jahre sein, ein jahrelanges Studium, bestandene Examina und entsprechende Vorbereitungszeiten waren die Voraussetzung für die Eintragung in die Rolle. Das Durchschnittsalter der zugelassenen Anwälte war relativ hoch. Entsprechend ist auch aus dem Kreis der als jüdisch geltenden Anwälte ein großer Teil nach 1933 eines natürlichen Todes gestorben (189 Personen oder 15,4%). Diese Gruppe kann eventuell kleiner sein, als hier angegeben; zumindest bei dem nicht unerheblichen Teil von jüngeren Menschen bleiben Zweifel, ob es sich bei ihrem Tod in Wahrheit nicht um einen Suizid gehandelt hat. Für den größten Teil kann jedoch davon ausgegangen werden, daß Alter oder eine unheilbare Krankheit die Todesursache war, ihr Tod also nur bedingt im direkten Zusammenhang mit der nationalsozialistischen Verfolgung gestanden hat. So berichtet z.B. Erna Proskauer[232] von einem Bekannten, Justizrat Leopold Silberstein, der zwar sehr darunter litt, daß er seinen Beruf nicht mehr ausüben durfte, weil er 1933 als Jude eingestuft wurde, gleichwohl ohne äußere Einwirkung starb. Ihn verband ein inniges Verhältnis mit seiner Frau: Frau Silberstein war die Tochter seiner Zimmerwirtin, sie hatte während seines Studiums seine Examensarbeit mit der Hand abgeschrieben. Beide heirateten erst, nachdem seine Praxis ausreichende Sicherheit für den gemeinsamen Lebensunterhalt bot, was bedeutete, daß sie 19 Jahre auf ihn wartete. Als sie beide 1934 einige Besorgungen machen wollten, ging Frau Silberstein in ein Geschäft, ihr Mann blieb derweil auf einer Bank in der Nähe sitzen. Als sie zurückkam, war der 64jährige Silberstein tot. Ihm blieb damit vermutlich eine leidvolle Verfolgung erspart. In ähnlicher Weise kommentiert auch der Enkel von Justizrat Gustav Sandberg, Prof. Grenville[233], den Tod seines Großvaters im Jüdischen Krankenhaus in der Iranischen [Persischen] Straße: „Er ist gerade noch rechtzeitig gestorben."

Über den siebzigjährigen Bruno Marwitz dagegen wird gesagt, daß er 1940 „an gebrochenem Herzen" gestorben sei. Er wird nicht der einzige gewesen sein.

Neben diesen „normalen" Toden sind fünf Personen (0,4%) durch unmittelbare Kriegseinwirkungen umgekommen. Angesichts der Vielzahl der Schicksale, können hier nur gewisse Gruppierungen gebildet werden; eine Abstufung der Tragik erscheint fehl am Platz, und dennoch gibt es einzelne, deren Schicksal besondere Aufmerksamkeit erregt, wie das des bereits mehrfach erwähnten Rudolf Olden. Waren es in seinem Fall die alten Verfolger, die ihn töteten, als sein Schiff auf dem Weg in die USA torpediert wurde, kamen die in Berlin Verbliebenen durch Fliegerbomben der Alliierten um.

Die Überlebenden

Die Gruppe der Überlebenden, also derjenigen, die in Berlin oder in einem Lager die Verfolgung überstanden haben, umfaßt 104 Personen (8,5%). Einzelne Überlebende wurden bereits genannt, so Dr. Alexander Coper, der aus Theresienstadt zurückkam. Für diese Gruppe bieten im wesentlichen die Anträge auf Neuzulassung nach 1945 bei der Rechtsanwaltskammer erhellendes Material. Die zu den Anträgen gehörigen Fotos zeigen nicht nur völlig abgemagerte Menschen, deren Gewicht teilweise um sechzig Kilo liegt bei einer Größe zwischen 1,75 und 1,85 m, sondern auch die Schmisse, die die Zugehörigkeit zu einer schlagenden Verbindung vor langer Zeit erkennen lassen.

Ein erheblicher Teil derjenigen, denen es in Berlin gelang zu überleben, war mit nicht-jüdischen Frauen verheiratet. Die Verfolgung war eine harte Prüfung für jede Beziehung, es war nicht selbstverständlich, daß die Ehepartner auch in dieser Zeit zueinander standen. Einer dieser Männer war Julius Tasse, der in der Rosenstraße inhaftiert war. Der hartnäckige Einsatz seiner und anderer Frauen in gleicher Lage war mit dafür

verantwortlich, daß die Inhaftierten wieder freikamen.[234] Die Tatsache einer „Mischehe" bot spätestens ab 1943 keine Sicherheit mehr. Zwar gab es in dem auf Willkür beruhenden System ohnehin keine Sicherheiten mehr, doch für die nach den Rassegesetzen als Juden geltenden Menschen wurde es nun noch bedrohlicher.

In Berlin waren die Chancen, „untertauchen" zu können, größer als in Kleinstädten. Das löste individuell jedoch nicht das Problem, an ausreichend Nahrung zu gelangen, denn auf die erforderlichen Lebensmittelkarten konnte man in der Illegalität nicht zurückgreifen. Zudem war die Versorgung der Bevölkerung ohnehin schon rationiert, so daß selbst bei gutem Willen und Risikobereitschaft kaum Unterstützer gefunden werden konnten. In den Personalakten der Anwaltskammer finden sich in den Anträgen nach 1945 einige Darstellungen von Schicksalen „Untergetauchter", zurückhaltende Hinweise deuten auf die tatsächliche Not in dieser Zeit. Nur ganz vereinzelt werden Namen von nicht-jüdischen Kollegen und Bekannten erwähnt, die den Verfolgten aktiv halfen. In manchen Fällen wurde die Lage noch erschwert, indem ein Kollege gegen einen anderen, jüdischen, ein Ehrengerichtsverfahren anstrengte, wie z.B. bei Dr. Max Lustig. Ihm wurde auf diesem Wege 1935 sowohl die Zulassung als Notar als auch als Anwalt entzogen. Die Anwaltskammer scheint aktiv an der Ausgrenzung beteiligt gewesen zu sein, so wurde von ihrer Seite Dr. Werner Windscheid angezeigt.[235] Er wurde daraufhin wegen „Wehrkraftzersetzung und Feindbegünstigung" angeklagt und verurteilt, konnte jedoch später „untertauchen".

Dr. Georg Cohn-Lempert konnte sich auf die Unterstützung seiner Frau verlassen. Gleich 1933 hatte das Paar Gütertrennung vereinbart, und Frau Cohn-Lempert, die als „arisch" galt, kaufte ein Haus im Riesengebirge, in Krummhübel, wo auch die Autorin der bekannten „Nesthäkchen"-Bände, Else Ury, ein Haus besessen hat, bevor sie

Dr. Georg Cohn-Lempert Anfang der dreißiger Jahre

in Auschwitz umgebracht worden ist. Ob die Cohn-Lemperts Else Ury gekannt haben, ist unbekannt. Frau Cohn-Lempert sorgte dafür, daß das Haus ausgebaut wurde. Nachdem die Berliner Wohnung am 22.11.1943 ausgebombt worden war, zog die Familie mit den beiden erwachsenen Töchtern und einem Enkelkind ganz nach Krummhübel.

1940 hatte sich Cohn-Lempert noch von einem früheren Mitabiturienten, der Pfarrer geworden war, taufen lassen. Das war nicht mehr zulässig, doch Cohn-Lempert hoffte, damit seinen Töchtern helfen zu können. In den Vierzigern, noch in Berlin, wurde er für die Firma Kranol, die Feldflaschen herstellte, dienstverpflichtet. In den Wirren des Krieges gelang es auch Georg Cohn-Lempert, aus Berlin heraus nach Krummhübel zu gelangen. Dort lebte die Familie unbehelligt, Georg Cohn-Lempert wurde nur „der Herr Professor" genannt. Durch die offizielle Bestätigung, daß die Familie ausgebombt war, brauchte sie keine Papiere vorzulegen, sie schien in Vergessenheit geraten zu sein. Ab 1943 hatte Georg Cohn-Lempert eine monatliche Unterstützung von 100,-RM von der Reichsrechtsanwaltskam-

mer erhalten. Die Tochter nimmt an, daß sich maßgeblich die Mutter um dieses Geld bemüht hatte.[236] Erst in den fünfziger Jahren konnte Georg Cohn-Lempert mit seiner Frau wieder nach Berlin zurückkehren. Nach Angaben seiner Tochter bedauerte er immer wieder, daß sich niemand für sein Schicksal oder das der anderen Zurückgekehrten interessiere. So staunte er bei seiner Rückkehr: „Globke? Was, der? Der existiert noch? Der hat uns doch alle rausgeschmissen."[237]

Eine der wenigen Frauen, die „untertauchten", um der Deportation zu entgehen, war Anita Eisner. Bis zu den massiven Verfolgungsmaßnahmen konnte sie durch Vermögens- und Hausverwaltungen noch etwas verdienen. Im Rahmen dieser Tätigkeit stand sie laufend in Kontakt mit den NS-Behörden. Sie schreibt dazu:

„Z.B. erinnere ich mich ..., daß ich in einer einzigen Woche 5 Vorladungen vor die Zollfahndung und Gestapo hatte, Vorladungen, bei denen man damals niemals wußte, ob man frei heraus kommt oder ohne jeden Grund dabehalten wurde. (...) Nicht nur, daß meine sämtlichen Verwandten, darunter meine fast 80jährige Mutter und meine einzige Schwester, ferner meine in Deutschland verbliebenen Freunde evakuiert und restlos von den Nazis umgebracht worden sind, ich habe auch miterleben müssen, wie Dutzende meiner Mandanten und mir die von Freunden und Mandanten anvertrauten Angehörigen den Weg ins Nichts antreten mußten. (...) Von März 1943 bis zur Einnahme von Berlin, also über 2 Jahre lang, habe ich illegal leben müssen,

Anita Eisner

73

keine Lebensmittelkarten bezogen und meist nicht gewußt, wovon ich leben und wo ich die nächste Nacht zubringen sollte." [238]

Frau Eisner war die einzige der engeren Familie, die überlebte. In vielen Fällen blieb das nicht ohne Folgen: nicht zu stillende Gefühle der Trauer und gravierende psychische Probleme, weil der oder die Betreffende keine Erklärung dafür fand, warum er oder sie überlebt hat und die anderen nicht.

Ob auch Rechtsanwalt Dr. Alfred Köhler von derartigen Gefühlen geplagt wurde, ist nicht bekannt. Feststehen nur die dürren Fakten, daß er sich 1942 zur Deportation in einem Sammellager hatte einfinden müssen. Ohne Erklärung kam er wieder frei. Seine Mutter und seine Schwestern wurden in einem Konzentrationslager ermordet.

Konnten einzelne ihr Leben retten, indem sie „untertauchten", also in einer nicht öffentlichen Sphäre lebten, bemühten sich andere, ihr bisheriges Leben fortzusetzen und dabei Teile der Familiengeschichte, die sie der Verfolgung preisgegeben hätten, zu kaschieren oder zu verheimlichen. Diese Camouflage war auf Dauer nur schwer durchzuhalten. Doch wird es mehrere Fälle gegeben haben, in denen das über die gesamte NS-Zeit hinweg gelungen ist.

Häufiger werden jedoch Schicksale wie das von Dr. Walter Schindler gewesen sein, dem es gelang, unter falschem Namen zu überleben. Dr. Ernst Schindler – vermutlich der Bruder – glückte dies ebenfalls. Er befand sich bis zum 22.4.1945 in einem normalen Gefängnis in Haft und kam zum Kriegsende frei.

Ein anderer bemerkenswerter Fall war der von Rechtsanwalt Pollack, der durch den persönlichen Einsatz seiner Frau, einer renommierten Opern- und Operettensängerin, der Verfolgung entkam. Seine Frau mußte das mit einem Auftrittsverbot büßen. Ein anderer Ehemann einer prominenten Schauspielerin war Dr. Hermann Eisner, verheiratet mit der beliebten Camilla

Rechtsanwalt Hermann Eisner mit seiner Frau Camilla Spira 1932 in Bad Gastein

Spira, die besonders durch ihre Rolle der Wirtin im „Weißen Röss'l" bekannt geworden war. Eisner, bis 1934 Vorstandsmitglied des Engelhardt-Konzerns, und seine Familie emigrierten in die Niederlande und wurden dort, wie so viele nach der deutschen Besetzung, von den Verfolgern eingeholt. Eisner kam in das KZ Westerbork und überlebte. Nach der Befreiung kehrte das Paar zurück nach Berlin. Dr. Eisner sollte noch einige Jahre erneut als Anwalt praktizieren. Selbst über das Leben dieser Prominenten ist heute kaum etwas bekannt.

Emigration
und Flucht

Von den Berliner Anwälten jüdischer Herkunft hat der größte Teil Deutschland verlassen, insgesamt 635. Davon sind nur 48 (3,9% von 1.227) wieder nach Deutschland zurückgekehrt, die übrigen 587 Menschen (47,8%) sind mit ihren Angehörigen im Ausland geblieben.

Nach 1933 hatte sich einem Drittel aller Berliner Anwälte jüdischer Herkunft wegen des Berufsverbots keine Perspektive mehr in Deutschland geboten. Gerade die hochmotivierten und gut ausgebildeten jungen Menschen, denen Deutschland die gleichberechtigte Teilhabe am gesellschaftlichen Leben verweigerte, suchten eine bessere Zukunft im Ausland. Ab diesem Zeitpunkt bemühte sich auch die Jüdische Gemeinde, mit verschiedenen Untersuchungen über geeignete Bedingungen zur Emigration, Auswandererberatung und gezielte Schulungsprogramme die Auswanderung zu unterstützen.[239] Als entscheidendes Ziel wurde dabei eine angemessene Berufstätigkeit im Auswanderungsland angesehen. Doch für die meisten stellte sich nicht die Frage, wo sie günstige Bedingungen für eine Niederlassung finden könnten, sondern wo es überhaupt eine Zuflucht gab.

Zahlreiche Emigranten scheiterten, anderen gelang eine glänzende Karriere. Wie sich die Einzelnen in ihr Leben geschickt haben, um diesen altmodischen Begriff zu verwenden, läßt sich anhand der vorliegenden Daten nur rudimentär rekonstruieren. Bis zum Kriegsbeginn 1939 beschleunigte sich der Auszug aus Deutschland. Dabei hatte allein die Aktion vom Oktober 1938, bei der 15.000 – 17.000 in Deutschland lebende Juden, die nicht die deutsche Staatsangehörigkeit besaßen, an die polnische Grenze abgescho-

ben worden waren, die Zahl der „im Reich" verbliebenen Juden verringert.[240] Zu diesem Personenkreis gehörten übrigens auch die Eltern von Herschel Grynszpan, dessen Mordanschlag auf den Legationsrat von Rath in Paris Anfang November als Begründung für das Novemberpogrom benutzt wurde. Doch dieser Personenkreis deckt sich nicht mit der hier untersuchten Gruppe, die Berliner Anwälte besaßen fast ausschließlich die deutsche Staatsangehörigkeit.

Bruno Blau kam später in seinen Memoiren zu der Ansicht, daß diejenigen, die sofort ausgegrenzt worden waren, ohne es zu wissen „das bessere Los gezogen" hatten.[241] Sie waren eher in der Lage, in ein Land ihrer Wahl auszuwandern, so sie die vielerorts restriktiven Zuwanderungsvoraussetzungen erfüllten. Dort konnten sie sich, noch vor Einsetzen der großen Immigrationswellen, auf die jeweiligen Gegebenheiten des Landes einstellen, vor allem die Sprache erlernen und eventuell sogar auf juristischem Gebiet eine neue Berufstätigkeit begründen. In Blaus bitterer Bewertung unterbleibt allerdings die Würdigung des Umstandes, daß diejenigen, die schon früh Deutschland verließen, in der Regel jünger als die später Folgenden waren. Schon allein diese Tatsache ließ sie auf die Option der Auswanderung flexibler reagieren und ermöglichte ihnen einen günstigeren Start. Für viele dieser jüngeren Menschen traf die erzwungene Auswanderung mit einer individuellen Aufbruchsphase zusammen. Sie trauerten nicht in erster Linie um den Verlust des Erreichten und der Heimat, sondern gingen mit einem gewissen kämpferischem Trotz an den Aufbau einer neuen Existenz. Häufig wird die Ablösung von einem prägenden Vater hinzugekommen sein, in dessen Kanzlei man zwar bequem in den beruflichen Alltag einsteigen konnte, dessen Dominanz jedoch immer spürbar gewesen wäre.[242] Mag im Einzelfall die erzwungene Selbständigkeit im Ausland eine Chance gewesen sein, so darf doch nicht vergessen werden, daß Emigration in jedem Fall das Zurücklassen von Verwandten, Freunden und Vertrauten bedeutete.

Die Maßnahmen, die erlassen wurden, um den Ausreisewilligen auch noch die letzten Groschen aus der Tasche zu pressen, können hier nicht dargestellt werden. So sei nur die Reichsfluchtsteuer erwähnt, eine schon vor 1933 erlassene Devisenausfuhrbeschränkung, die sukzessive immer weiter angehoben wurde. Sie war zum Schluß nur eine Abgabe in einem ganzen Bündel von Maßnahmen, mit denen die Ausreisenden gezwungen wurden, ihr Hab und Gut in Deutschland zu lassen. So bekommt die Aussage des bereits mehrfach zitierten Siegfried Neumann eine weitere Bedeutung: *„Es war keine Auswanderung, sondern eine Austreibung.“* [243]

Hatte schon die Konferenz von Evian [244] gezeigt, daß auch angesichts der Not der zahlreichen Fluchtwilligen aus Deutschland auf internationaler Ebene nicht ernsthaft nach einer Lösung gesucht wurde, nimmt es nicht Wunder, daß der größte Teil derjenigen, die noch ins Ausland gelangen konnten, individuell antisemitischen Ressentiments begegneten. Hinzu kam die verschärfte finanzielle Lage der Flüchtlinge: Ein Asyl im Ausland konnten sie nur erlangen, wenn sie über ausreichende Devisen verfügten. Die allerdings konnten sie in den seltensten Fällen vorweisen, da sie vor ihrer Abreise von den verschiedenen Verwaltungen noch zur Zahlung der diversen Abgaben, angefangen von der Reichsfluchtsteuer bis hin zu Einkommensteuervorauszahlungen, herangezogen wurden, bis ihnen teilweise nur noch das Geld für die Schiffspassage blieb. Hinzu kam, daß ihre dramatische Lage z.B. von den Erwerbern ihrer Häuser oder ihres Hausrats erbarmungslos ausgenutzt wurde. Auch Kollegen sprangen nur vereinzelt zur Unterstützung der Bedrängten ein. Ebenso halfen die großen Kirchen, deren Mitglieder ein Teil der Verfolgten über Jahre hinweg gewesen war, in dieser Situation kaum konkret. Zwar mühten sich die Mitarbeiter des Büros Pfarrer Grüber (für „nicht-arische" Protestanten), des St. Raphael Vereins (für „nicht-arische" Katholiken) redlich, doch blieb ihnen letztendlich der Beistand von ihren Zentralkirchen versagt. Neben diesen beiden Institutionen sollen die Quäker nicht unerwähnt bleiben, die sich um die Unterstützung der konfessionslosen „Nichtarier" bemühten.

Dazu ein Gedicht von Friedrich Solon:

S.O.S. (1938)
Der Damm ist gebrochen, entfesselt und wild
Ergiesst sich der Strom, das Wasser schwillt.
Hol' über, Fährmann, hol' über!

Es wächst das Grauen, es wächst die Not.
Das Wasser kommt, es kommt der Tod!
Hol' über, Fährmann, hol' über!

„Da! Nimm die Kleinen in deinen Kahn!„
So ist doch das Erste, das Beste getan!
Hol' über, Fährmann, hol' über!

Ein letzter Kuss – es tost die Flut –
Herrgott, nimm sie in deine Hut!
Hol' über, Fährmann, hol' über!
Nun eile und hole die Alten doch nach
und alles, was elend und siech und schwach!
Hol' über, Fährmann, hol' über!

Und ist der Weg dir auch schwer und weit –
Sie haben nicht mehr lange Zeit!
Hol' über, Fährmann, hol' über!

O Vater und Mutter, er holt euch jetzt.
Lebt wohl, lebt wohl ! Wir – gehen zuletzt!
Hol' über, Fährmann, hol' über!

Es dämmert – und über das schäumende Meer
Gewaltiger braust der Sturm einher!
Hol' über, Fährmann, hol' über!

Die Balken brechen, es stürzt das Haus –
Seid stark und glaubet und haltet aus!
Hol' über, Fährmann, hol' über!

Es wankt die Erde, der Himmel kracht –
Heh, Fährmann ! Komme noch vor der Nacht!
Hol' über, Fährmann, hol' über!
Hol über!
Hol über![245]

Solon erwähnt die Kinder, tatsächlich war es ab 1933 für die Reichsvertretung der deutschen Juden[246] oberste Priorität, die Kinder in Sicherheit zu bringen. Mindestens 18.000 Kinder und Jugendliche verließen ohne Begleitung ihrer Eltern das Land.[247] Der Abschied, der für viele ein Abschied für immer sein sollte, fand häufig auf dem Anhalter Bahnhof statt. Es waren sicherlich auch Kinder von Berliner Rechtsanwälten unter ihnen. Einer, der allein nach England reiste, war der Sohn von Moritz Galliner. Er sollte seine Eltern nie wiedersehen.

Wem es gelang, im Familienverband zu emigrieren, konnte sich glücklich schätzen.

Exil in Europa

Insgesamt ist von 209 Anwälten (35,6 % von 587 Personen) bekannt, also von mehr als einem Drittel aller Flüchtlinge, daß sie innerhalb Europas eine Zuflucht suchten. Aufgrund von sprachlichen Präferenzen und familiären Beziehungen, trotz völlig unterschiedlicher Rechtssysteme, wählte der überwiegende Teil das englischsprachige Ausland für die Auswanderung, d.h. die Emigranten gingen nach Großbritannien. Mindestens 102 Personen, also knapp die Hälfte aller Europa-Emigranten, kamen hierher. Dann, nach Beginn des Krieges, bemühte sich ein erheblicher Teil, in die USA zu gelangen. Die in Großbritanni-

en blieben, wurden, soweit sie nicht die britische Staatsbürgerschaft erlangt hatten, was kaum der Fall war, in Lagern als „feindliche Ausländer" zusammengefaßt. Einzelne Lager befanden sich auf den England vorgelagerten Inseln (Isle of Wight), ein großer Teil der Internierten wurde jedoch nach Australien verschifft.[248] Einer derjenigen, die, gerade der Verfolgung in Deutschland entkommen, nun in ein britisches Lager mußten, war Dr. Heinrich Freund. Er verbrachte mehr als vier Jahre zwangsweise in Australien und war anschließend krank und mittellos. Es gelang ihm noch, in die USA zu kommen, doch starb er dort gerade zwei Monate nach seiner Ankunft.

Ein anderer, von dem ebenfalls bekannt ist, daß er von der britischen Regierung interniert worden ist, war Dr. Theodor Alexander. Er kam 1940 auf Betreiben seiner Frau nach drei Monaten wieder frei. Seine Frau sorgte für den Lebensunterhalt der Familie, indem sie bei den Quäkern arbeitete. 1941 erhielt Alexander ebenfalls eine Arbeitserlaubnis und arbeitete nacheinander als Straßen-, Fabrik- und Stationsarbeiter. Später wurde er Kellner, kurz vor der Beförderung zum Oberkellner wechselte er zur Britischen Eisenbahn und wurde Schalterbeamter. Mit 65 Jahren, 1952, wurde er wegen Erreichen der Altersgrenze aus dem Dienst entlassen. Er erhielt dennoch keine Pension, weil ihm wenige Monate zu einer zehnjährigen Beschäftigungsdauer fehlten, die dafür Voraussetzung gewesen wäre. Anschließend war Alexander noch für das Office der United Restitution Organization (URO) in London als juristischer Berater tätig, ab 1953 dann wieder weitgehend in Berlin. Am 2.3.1955 wurde er hier wieder als Anwalt zugelassen und bearbeitete schwerpunktmäßig Entschädigungsverfahren. Ein halbes Jahr später, im September 1955, starb Dr. Alexander in Berlin.

Einer, der in Deutschland hatte bleiben wollen, obwohl er angesichts der schlechten Einnahmesituation 1935 oder 1936 seine Kanzlei aufgegeben hatte, war Ernst Goldschmidt. Seine Frau hatte eine der wichtigsten Privatschulen für jüdische Schüler am Roseneck in Berlin aufgebaut, und Goldschmidt unterstützte sie, nachdem er seine eigene Tätigkeit aufgegeben hatte. In der Folge der Pogromnacht vom 9./10.11.1938 sollte Goldschmidt verhaftet werden. Doch er war gewarnt worden und konnte entkommen, indem er den Nachtzug nach Dänemark nahm. Von dort reiste er nach Großbritannien, wo er sich vier Monate aufhielt. Derweil hatte sich seine Frau bemüht, eine Garantie zu bekommen, daß er nicht verhaftet werden würde, wenn er wieder nach Deutschland käme. Als ihr das zugesagt wurde, kehrte er im März 1939 nach Berlin zurück. Goldschmidt wurde tatsächlich nicht verhaftet, doch die Schule mußte geschlossen werden. Im Juli 1939 emigrierte das Ehepaar Goldschmidt nach Großbritannien, wo es umgehend eine neue Schule in Folkstone, nahe der Küste gelegen, eröffnete. 1940, als die deutschen Angriffe England bedrohten, mußte die Schule verlagert werden; zuvor war Ernst Goldschmidt für ca. ein Jahr auf der Isle of Man interniert worden. Nach der Entlassung richtete sich Goldschmidt ein kleines Gewerbe als Vertreter ein. 1947 zog das Ehepaar Goldschmidt nach London. Zwei Jahre später, 1949, starb Goldschmidt im Alter von 64 Jahren.

Aus Biographien ist bekannt, daß viele Emigranten möglichst nahe der deutschen Grenze bleiben wollten.[249] In vielen Fällen erschien es den Betreffenden am günstigsten, sich in den Niederlanden anzusiedeln, da hier verhältnismäßig leicht eine Aufenthaltsgenehmigung zu erlangen war. Nicht vorherzusehen war, daß die Flüchtlinge dort von den Verfolgern eingeholt werden sollten. Insofern ist die Angabe „Emigration in die Niederlande" im biographischen Verzeichnis mit einer gewissen Unsicherheit behaftet, da einzelne aus den Niederlanden in Vernichtungslager deportiert worden sein könnten, ohne

daß ihr Schicksal von den verschiedenen Gedenkbüchern erfaßt worden wäre.

Ähnliches gilt für diejenigen, die sich in Frankreich oder in der CSR aufgehalten hatten; verschiedene wurden dort verhaftet[250] und oftmals deportiert. Insgesamt neun ins Ausland gegangene Anwälte sind in der hier vorgenommen Auswertung den „Umgekommenen" zugeordnet worden, weil sie teilweise in den örtlichen

Ernst Goldschmidt

Lagern, teilweise in einem der bekannten Konzentrationslager zu Tode gekommen sind.

In Europa boten, abgesehen von Großbritannien, im wesentlichen die Schweiz und Schweden sicheren Schutz vor der nationalsozialistischen Verfolgung. Doch insbesondere die Schweiz war nur für sehr wenige zu erreichen. Einer von ihnen, der in einer dramatischen Rettungsaktion noch in den vierziger Jahren in die Schweiz gelangte, war der schwer kriegsversehrte Julius Fliess.[251]

Innerhalb Europas am weitesten von Deutschland entfernt lag Portugal. Für die meisten war es nur Transitland auf dem Weg nach Übersee. Doch zumindest ein Berliner Anwalt ließ sich hier dauerhaft nieder: Dr. Albert Arons hatte Portugal gewählt, weil die „klassischen Emigrationsländer" überfüllt waren und er in

Europa bleiben wollte. Zudem hatte Arons' Schwiegermutter ein Jahr zuvor auf der Überfahrt nach Argentinien eine Frau X. kennengelernt, die, ursprünglich aus Deutschland stammend, nun in Portugal lebte.[252] Mit der Visitenkarte von Frau X. machte man sich auf den Weg. Die Weihnachtsferien und den Jahreswechsel 1935/36 verbrachte die vierköpfige Familie in der Schweiz, bei dieser Gelegenheit teilten die Eltern ihren halbwüchsigen Töchtern mit, daß sie nicht mehr nach Berlin zurückkehren würden. Die Schwestern nahmen das mit Freude und Erleichterung auf. Sie waren zu wach und bewußt, um zu ignorieren, daß sie in der Schule bereits diskriminiert worden waren. Frau X. in Portugal nahm die Familie wirklich mit offenen Armen auf und erleichterte ihnen den Neubeginn. Die Schwestern ließen sich auf ihre neue Heimat ein, lernten schnell die Sprache und fanden Freunde. Beim Vater war es anders: Als Anwalt konnte er aufgrund fehlender Sprachkenntnisse nicht arbeiten, seine Abschlüsse wurden nicht anerkannt. Er verkehrte zudem nicht in den entsprechenden sozialen Kreisen. So betätigte er sich zwangsläufig auf kaufmännischem Gebiet, einem Bereich, der ihm bis dahin vom eigenen Selbstverständnis her verpönt gewesen war. Er versuchte sich im Ölsardinen-Export. Seine Frau hatte fotografieren gelernt, da aber allein das Material sehr teuer war, erwiesen sich die Bemühungen, darauf eine Berufstätigkeit zu gründen, bald als unpraktikabel. Albert Arons scheiterte mit seinem Gewerbe und wurde krank. Politisch war der Kriegsfreiwillige des Ersten Weltkriegs immer noch konservativ eingestellt, das führte bald zu Kontroversen mit der einen Tochter hinsichtlich der Einschätzung der politischen Lage in Portugal. 1948, nur drei Wochen vor seinem fünfzigsten Geburtstag, starb Arons während des Kuraufenthalts bei Grenoble an einem Lungenemphysem.[253] Obwohl Albert Arons nicht alt geworden ist, hat er doch den Nationalsozialismus überlebt.

In Portugal ist kein weiterer Anwalt aus Berlin auf Dauer geblieben. Deutlich näher, auch von der vermuteten Lebensweise, lag offensichtlich Italien. Mindestens sechs Berliner Anwälte gingen nach Italien und konnten überleben, da die Ausgrenzung der jüdischen Minderheit dort längst nicht mit der Verve betrieben wurde wie in den von Deutschland besetzten Regionen.

Exil in USA

Von den in die USA geflüchteten Juristen (138 oder 23,5%, damit rund ein Viertel aller Emigranten) wollte nur eine Minderheit noch mit dem Recht zu tun haben.[254] Die wenigen, die sich weiterhin in diesem Bereich betätigen wollten, standen vor dem Problem, daß ihre Abschlüsse in den USA nicht anerkannt wurden. Sie bemühten sich meist um eine entsprechende amerikanische Qualifikation und stellten einen Antrag für ein Stipendium für eine American Law School beim American Committee for the Guidance of Personnel Professionel.[255] Dieses Committee wurde 1938 zur Unterstützung von geflüchteten Journalisten und Rechtsanwälten gegründet. In den Dokumenten des Committee wird deutlich, daß das „Traumland" USA zwar ausreichende Sicherheit vor den Nazis bot, den Emigranten aber zugleich deutlich zu verstehen gab, daß sie als Einwanderer nicht sonderlich erwünscht waren.

Gerade die älteren Rechtsanwälte hatten mit vielfältigen Schwierigkeiten zu kämpfen: Sie mußten für den Lebensunterhalt ihrer Familien sorgen, in der Regel mit fachfremden, gering qualifizierten Arbeiten, konnten auf diese Weise nur begrenzt die Sprache, geschweige die juristische Fachsprache erlernen und sich kaum auf das amerikanische Rechtswesen einstellen. Für ein Stipendium existierte eine formale Altersgrenze von 35 Jahren, die von den meisten Antragstellern überschritten wurde. Auch gab es ungeschriebene Vergabeprinzipien: Der Antragsteller mußte gesund sein (ein großer Teil hatte jedoch am Ersten Weltkrieg teilgenommen und Verluste an Arm oder Bein erlitten, doch selbst für die Unversehrten hatte die Verfolgung häufig Schäden an der psychischen Konstitution hinterlassen), er mußte einen überzeugenden Lebenslauf präsentieren (das war im Rahmen der Altersgrenze kaum einzuhalten), überdurchschnittliche Leistungen nachweisen – und sollte möglichst nicht „jüdisch" aussehen. Allen Beteiligten war klar, daß die Immigranten immer Juden waren, sie sollten jedoch keine äußerlichen Merkmale, die den gängigen Klischees entsprachen, aufweisen.[256] In den Unterlagen findet sich der sehr anrührende Antrag von Werner Meyer, den er wieder zurückzieht, weil er sich nur für einen „durchschnittlichen Anwalt" hält.[257] Der armamputierte Fred Levy, der Schwierigkeiten hatte, seine Familie zu ernähren, erhält einen ablehnenden Bescheid.[258]

Immerhin gelang es auch einigen Berliner Anwälten, eines der insgesamt 29 Stipendien zu erhalten. Darunter war der sicherlich herausragende Ernst Fraenkel, in seinem Fall wurde die Überschreitung der Altersgrenze akzeptiert, seine Biographie war überzeugend. Seinem Antrag legte er ein Manuskript seines Hauptwerkes „Der Doppelstaat"[259] bei. Fraenkel, der wegen seines Status als Frontsoldat bis 1938 als Anwalt hatte arbeiten können, bemühte sich um die amerikanische Staatsbürgerschaft. Er wurde Berater der amerikanischen Regierung in Korea. In den frühen fünfziger Jahren übernahm er an der Hochschule für Politik in Berlin eine Professur. Er war einer der Mitbegründer der Freien Universität Berlin, dort des Otto-Suhr-Instituts. Seine Wurzeln waren tief in der deutschen Kultur verankert. Sinnbildlich wird das auf einem Foto dokumentiert: In seiner New Yorker Unterkunft hängt zwischen ihm und seiner strickenden Frau ein Druck von Dürers Hasen.

Später lebte und arbeitete Fraenkel wieder hauptsächlich in Deutschland. Doch wollte er nicht undankbar gegenüber der amerikanischen Regierung und Nation erscheinen, die ihm eine Zuflucht in der Zeit der Verfolgung geboten hatte. Fraenkel war ein Grenzgänger: Deutscher von Kultur, Christ der Erziehung nach, Jurist von der Ausbildung her, Jude durch Verfolgung, ein Politologe von Profession, Amerikaner aus Überzeugung.

Wie viele andere, die 1933 vom Lebensalter her in die Phase der Elternschaft hätten treten können, haben sich Fraenkel und seine Frau augenscheinlich dagegen entschieden, selbst Kinder zu bekommen. Dieses Phänomen ist nur eines der vielfältigen Ergebnisse der Untersuchung, dem jedoch nicht näher nachgegangen werden konnte. Doch scheint es eher eine Ausnahme gewesen zu sein, wenn in der hier untersuchten Personengruppe nach 1933 Kinder geboren wurden, obwohl die Betreffenden meist in festen Partnerschaften lebten. So sie Kinder hatten, waren sie in der Regel vor 1933 geboren worden. Vermutlich hat die Unsicherheit der Jahre nach 1933, die aus den Fugen geratene Welt die meisten davor zurückschrecken lassen, noch Kinder zu bekommen.

Einer, für den das ebenfalls zutraf, war Wilhelm Dickmann (später William Dickman), 1900 geboren, damit nur zwei Jahre jünger als Fraenkel. Er war ebenfalls evangelisch, auch er hatte eines der begehrten Law School Stipendien erhalten, wurde später amerikanischer Staatsbürger und erarbeitete nach Kriegsende im Stab des amerikanischen Hochkommissars, General Clay, maßgeblich das Gesetz zur Auflösung Preußens.[260] Von ihm wird berichtet, daß er nach dem Krieg, noch in amerikanischer Uniform, frühere Bekannte besuchte und mit Care-Paketen einen persönlichen Beitrag zur Unterstützung von

Ernst Fraenkel mit seiner Frau im amerikanischen Exil 1941

Deutschen leisten wollte, obwohl seine Mutter und seine Schwester umgebracht worden waren. Er versuchte, sich ganz als US-Amerikaner zu fühlen, da seine Leistungen in den USA gewürdigt wurden. Noch in den Vierzigern heiratete er die Tochter eines ehemaligen Prager Rabbiners, das Paar hatte keine Kinder.

Andere, wie z.B. Dr. Adolf Hamburger, wollten nach Beendigung des Krieges wieder nach Berlin kommen. Sie fanden jedoch keine Anknüpfungsmöglichkeiten mehr an die Zeit vor der Emigration. Hamburger kehrte nach kurzer Zeit in Deutschland wieder in die USA zurück.[261]

Palästina

Ein großer Teil der Auswanderer, der zunächst nach Frankreich gegangen war, versuchte nach Ausbruch des Krieges, von dort nach Südamerika oder Palästina zu gelangen. Palästina war nur für wenige „das gelobte Land". Die zionistische Idee hatte gerade unter den mittelständisch orientierten Anwälten keine breite Aner-

kennung gefunden.[262] Zu den territorialen und politischen Problemen kam die dort nach westeuropäischen Standards nur gering entwickelte Zivilisation, dazu ein unwirtliches Klima.

Dennoch ging rund ein Sechstel aller Anwälte (80 oder 13,6% von 587), die emigriert sind, nach Palästina. Trotz der in den ersten Jahren nach 1933 noch sorgfältigen Vorbereitung auf landwirtschaftliche Tätigkeiten durch Institutionen der Jüdischen Gemeinde, stellte sich die Arbeitssituation hier äußerst kompliziert dar. Der Landerwerb, der meist über das Havaara-Abkommen[263] gesichert zu sein schien, bot offensichtlich nicht ausreichende Möglichkeiten zum Lebensunterhalt. Viele Einwanderer mußten sich umorientieren.[264] So wird in Israel noch heute berichtet, daß die Berliner Juristen sich besonders im Eishandel in Haifa engagierten:

„... und dann kam der Herr Justizrat und der Rechtsanwalt Dr. Sowieso, um den Jeckes Eis [zum Kühlen] zu verkaufen."[265]

Andere, wie Dr. Gottfried Samter aus Berlin, schlugen sich als Taxifahrer in Jerusalem durch. Doch sobald sich nach Kriegsende eine Möglichkeit bot, kam Samter wie viele andere nach Deutschland zurück, wovon die meisten Bekannten abgeraten hatten.[266]

Kein Einzelfall soll Dr. Wolff Joachim Meyer gewesen sein, der als Syndikus 1933 entlassen worden war und mit seiner nicht-jüdischen Ehefrau nach Palästina ging. Das Paar hatte auf der Hochzeitsreise das Land besucht und war fasziniert gewesen. Nachdem sich die Situation in Deutschland dramatisch verschlechtert hatte, entschloß es sich 1936, dorthin auszuwandern. Meyer gelang es, verschiedene Unternehmen (Reise-, Versicherungsgesellschaft, Bank) aufzubauen und damit für einen sicheren Lebensunterhalt für sich und seine Familie zu sorgen.

Das Paar lebte in Tel Aviv in einem von einem Bauhaus-Architekten entworfenen Haus, in dem auch die früheren Berliner Rechtsanwälte

Aron Barth und Siegfried Moses wohnten.[267] Zum Freundeskreis der Meyers gehörten verschiedene Paare, die ebenfalls in einer gemischt religiösen Verbindung lebten.

Dr. Wolff Joachim Meyer und seine Frau

Viele der Emigranten waren in wichtiger Funktion am Aufbau des Staates Israel beteiligt.[268] Einige blieben im juristischen Bereich tätig, so z.B. der frühere Berliner Rechtsanwalt Felix Rosenblüth[269], der Israels erster Justizminister werden sollte, oder Prof. Dr. Wolfgang Zeltner, der Präsident des Tel Aviver District Courts wurde. Der Rechtsanwalt Dr. Joseph Münz wurde Justizbeamter im Verkehrsministerium.[270] Nicht mehr als Jurist betätigte sich der zitierte Kurt-Jacob Ball-Kaduri, auf dessen Initiative hin die nationale Gedenkstätte Yad Vashem errichtet wurde.

Dem größten Teil der Emigranten gelang es, sich in Israel zu etablieren. Die übrigen konnten sich nicht dauerhaft auf die Bedingungen des Landes einstellen und betrachteten es nach einer gewissen Zeit nur als ein vorübergehendes Exilland. Von ihnen kehrten die meisten nach Beendigung des Krieges nach Deutschland zurück, verschiedene unternahmen den Versuch, sich in den USA anzusiedeln.

Fluchtpunkte
Südamerika und Shanghai

Wer Deutschland und gar Europa verlassen wollte, hatte spätestens ab 1938 und erst recht nach Kriegsbeginn kaum noch eine Wahl: Er mußte in das Fluchtland gehen, für das er eine Schiffspassage ergattern konnte. Politische Probleme in den Exilländern führten in einzelnen Fällen dazu, daß Schiffen die Landung nicht genehmigt wurde. Schon 1939 wird von zahlreichen Flüchtlingsschiffen berichtet, denen die Landung in den Zielhäfen verweigert wurde, unter ihnen die „St. Louis" mit 937 Passagieren, die in Kuba nicht an Land gehen durften und wieder nach Europa zurücktransportiert wurden. In solchen Fällen konnten sich die Passagiere glücklich schätzen, wenn sie nach wochenlanger Irrfahrt bei ihrer Ankunft beispielsweise von Belgien nach Großbritannien verbracht wurden. Insgesamt 5.000 Flüchtlinge kreuzten mit Schiffen die Meere, ohne ihren Bestimmungsort zu erreichen, und kehrten erzwungenermaßen nach Europa zurück. Häufig wurden sie nach ihrer Ankunft in Vernichtungslager der Nazis deportiert.[271]

Nur wenige der Berliner Anwälte (34 oder 5,9% von 579) gingen nach Südamerika, Südafrika oder Shanghai. Wie in jedem Exilland mußten sich die Flüchtlinge hier unter schwierigsten Bedingungen durchschlagen. Nach Südafrika gingen nachweislich fünf Berliner Anwälte, zu ihnen gehörten Dr. Erwin Spiro und Dr. Willi Bachwitz.

Shanghai war einer der wenige Orte der Welt, den Juden ohne Visum und ohne größere finanzielle Rücklagen erreichen konnten.[272] Shanghai war so fremd, die Lebensumstände so beschwerlich, daß es von vornherein nur als provisorische Lösung des Aufenthalts angesehen wurde. Immerhin für 12 Rechtsanwälte aus Berlin ist als Fluchtort Shanghai angegeben. Zu ihnen gehörten Felix Latte und Dr. Paul Remak. Andere „sichere" Fluchtländer, wie Australien, wurden nur selten direkt erreicht, eher noch auf dem zwangsverordneten Weg über Großbritannien. Dabei war Australien, wie Südafrika, durchaus begehrt, doch gestaltete sich hier die Einreise diffizil, weil Einwanderungssperren eine größere Immigrantenzahl blockierten.

In Südamerika waren zwar die klimatischen und zivilisatorischen Bedingungen gemessen an westeuropäischen Standards belastend, gleichwohl boten sich in den noch nicht fest gefügten Gesellschaften dieses Kontinents Chancen für berufliche Betätigungsfelder[273], selten jedoch im juristischen Bereich. Gleichzeitig mußten sich die Einwanderer mit einem virulenten Antisemitismus auseinandersetzen, der es den Flüchtlingen schwermachte, einen sicheren Aufenthaltsstatus zu erreichen. Von denjenigen, die in Südamerika, insbesondere Chile, Argentinien und Uruguay Asyl gefunden haben, scheinen nur wenige wieder nach Deutschland zurückgekehrt zu sein.

Eine von ihnen war Dorothea Chodziesner. 1904 als Tochter des liberalen Rabbiners Galliner geboren, hatte sie im Alter von 25 Jahren geheiratet und sich wenig später als Anwältin niedergelassen. Sie hatte in einen größeren Familienverband eingeheiratet, in dem ihr Schwiegervater, Ludwig Chodziesner, und alle seine Brüder Anwälte waren. Die Schwester ihres Mannes, ihre Schwägerin Gertrud Kolmar, war Lyrikerin. 1935 bekam Dorothea Chodziesner ein Kind, zu diesem Zeitpunkt war sie bereits mit

Berufsverbot belegt worden. Die Tatsache, daß sie in dieser Zeit unter diesen Bedingungen Mutter wurde, scheint einmalig zu sein, von keiner anderen Anwältin ist gleiches bekannt. Im August 1939, einen Monat vor Kriegsbeginn, floh ihr Mann nach Großbritannien, wurde dort interniert und nach Australien verschifft, wo er 1942 freikam, um zur australischen Armee zu gehen. Mittlerweile war seine Frau Dorothea mit dem Kind nach Großbritannien gelangt, entschied sich aber, nicht dauerhaft dort zu bleiben, und reiste 1939/40 nach Chile weiter. Dort ist sie im November 1943 in Conception im Alter von 39 Jahren an einem Magengeschwür gestorben. Ihr achtjähriges Kind konnte erst zwei Jahre später zu seinem Vater nach Australien übersiedeln. Ludwig Chodziesner, der Schwiegervater bzw. Großvater, war nach Theresienstadt deportiert worden. Er erhielt beim Packen seiner Sachen noch Unterstützung von einer entfernten (angeheirateten) Verwand-

Familie Chodziesner, August 1937. Links Tochter Gertrud (Kolmar), in Auschwitz ermordet, rechts neben ihr Tochter Hilde Wenzel geb. Chodziesner mit ihrer Tochter, dahinter ihr Mann Peter Wenzel; in der Mitte Ludwig Chodziesner, hinter ihm Tochter Margot Chodziesner, gest. 1942 in Australien; rechts vorn Dorothea Ch. geb. Galliner, gest. 1943, mit ihrem Sohn, dahinter der Ehemann Georg Chodziesner

ten, Hilde Benjamin, spätere Justizministerin der DDR. Ludwig Chodziesner starb in Theresienstadt, seine Tochter Gertrud Kolmar in Auschwitz. Von einem großen Familienverband haben nur wenige überlebt.

Willi Althertum, der bis 1933 tätige Geschäftsführer der Berliner Anwaltskammer, der nach Sao Paulo, Brasilien, emigriert war, beendete seine Memoiren am 7.11.1944 mit den Sätzen:

„Wir haben ein Heim, aber keine Heimat in Brasilien gefunden. Unsere Heimat ist die weite licht- und lebensvolle Welt. Ehrfürchtig liebend und dankend umfassen wir sie mit unserem Blick. Wir sind des Glücks teilhaftig geworden, Weltbürger zu sein." [274]

Nicht alle Emigranten werden dem haben zustimmen können.

Die Schicksale in Zahlen

Im Rahmen der Recherche konnten die Namen von 1.785 Personen ermittelt werden. Ausgehend von einer Zahl von 1.835 zugelassenen Berliner Anwälten jüdischer Herkunft, liegen damit für 97,3% aller nach 1933 antisemitisch verfolgten Rechtsanwälte die Namen vor. Bei 568 Personen beschränken sich die Erkenntnisse weitgehend auf den Namen und die Anschrift der Praxis im Jahr 1933. Für 1.227 Personen konnten darüber hinaus Angaben zum weiteren Schicksal in Erfahrung gebracht werden. Die Gruppe, für die nähere Angaben vorliegen (1.227), wird im weiteren als Grundgesamtheit verstanden.Die wesentlichen Erkenntnisse der Untersuchung:

– Insgesamt mindestens 664 Anwälte, also mehr als ein Drittel aller jüdischen, wurden bis zum Oktober 1933 ausgegrenzt, d.h. mit einem Berufsverbot belegt oder haben fliehen müssen. Die Ausgrenzung 1933 betraf vor allem jüngere Anwälte, die Jahrgänge 1902 und jünger, sowie fast ausnahmslos alle Frauen.

– Gleichwohl lag die Zahl der noch zugelassenen jüdischen Anwälte mit 1.168 im Oktober 1933 deutlich über der von den Machthabern politisch angestrebten Zahl von 35.

– Dem überwiegenden Teil der jüdischen Anwälte wurde bis zum September 1933 das Notariat entzogen.

– 1935, in der Folge der „Nürnberger Gesetze", wurde allen als jüdisch geltenden Anwälten das Notariat entzogen.

– 1938 wurde ein grundsätzliches Berufsverbot für alle noch tätigen jüdischen Anwälte (mindestens 671) ausgesprochen. Zu diesem Zeitpunkt war ihr Beitrag zur deutschen Rechtspflege verzichtbar geworden.

– Rund 90 frühere Anwälte wurden befristet bzw. „endgültig" als „Konsulenten" zugelassen.

Das folgende Kreisdiagramm soll das Schicksal der ausgesonderten Berliner Rechtsanwälte veranschaulichen:

1 Natürlicher Tod:	189	15,4%
2 Suizid	23	1,9%
3 Durch Kriegsereig. gest.	5	0,4%
4 „Umgekommen"	271	22,1%
5 Lager, „untergetaucht" oder sonst überlebt	104	8,5%
6 Exil und Rückkehr	48	3,9%
7 Ausgewandert	587	47,8%

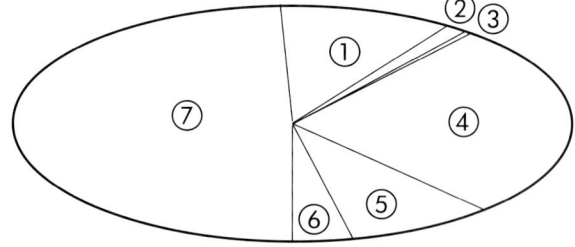

Von den 587 Personen, die emigriert sind, ist der größte Teil (209 Personen oder 35,6%) in Europa geblieben, hiervon wiederum fast die Hälfte in Großbritannien. Eine verfeinerte Auswertung der Exilsituation ist an dieser Stelle nicht möglich, da die Angaben teilweise mit Unsicherheiten behaftet sind oder häufig nur die erste Station nach dem Verlassen Deutschlands bekannt ist und diese nur als Passage- oder Transitland gedient haben kann.

Fazit

Die Dissimilierung der jüdischen Minderheit vollzog sich in Wellen. Während die erste (bis März 1933) als Terror gegen einzelne charakterisiert werden kann, ist die zweite (ab April bis Oktober 1933) durch die „ordentliche", bürokratische Bearbeitung geprägt: Es wurde erfaßt und klassifiziert. Die dritte Welle (parallel einsetzend ab April 1933) entzog den Betroffenen die ökonomischen Grundlagen für eine weitere Tätigkeit. Mit der vierten Welle (zum Ende 1938) wurde allen Rechtsanwälten jüdischer Herkunft das Berufsverbot erteilt. Die verschiedenen Ausnahmen für „Konsulenten" und „Mischlinge" waren jeweils an einen besonderen Status geknüpft und stellten keine Einschränkung der allgemeinen Regel dar.

Der Dissimilierungsprozeß, der in Deutschland vorangetrieben worden war, führte zur Ermordung zahlloser Menschen und zu einer massenhaften „Austreibung". Nur rund ein Achtel (152 Personen, 12,4%) aller Berliner Anwälte jüdischer Herkunft, die 1933 zugelassen waren, fand den Weg zurück nach Deutschland bzw. blieb hier. Dramatische, für jedermann sichtbare Einschnitte waren der 1.4.1933 und der 9./10.11.1938. Gleichzeitig vollzog sich, scheinbar unspektakulär,

„die Steigerung gesetzmäßigen Unrechts ..., die schließlich in eine Phase mündete, in der die Frage nach Recht und Unrecht obsolet geworden war und der offene, Leben auslöschender Terror den schleichenden Terror der Rechtlosstellung des Einzelnen verdrängt hatte."[275]

Mag auch die „schleichende" Entwicklung strittig sein, wurde sie doch individuell meist offen und ganz einschneidend erlebt, so ist in jedem Falle zutreffend, daß sich die Ausgrenzung immer weiter zuspitzte.

Für die Rechtsanwälte als „Organe der Rechtspflege" muß die willkürliche Ausgrenzung eines Teils ihrer Kollegenschaft als bedeutsame Entwicklung gewertet werden, denn die Ausgrenzung war nur bei Übernahme der Aufgaben durch andere Anwälte möglich. Die auf individuelle Eigenständigkeit ausgelegte Tätigkeit ließ zu keinem Zeitpunkt ein solidarisches Vorgehen entstehen. Die Demontage der Selbstverwaltungsgremien, die auf demokratischen Prinzipien beruhten, trug ihren Teil zu diesem „Nichthandeln" bei. Dennoch hätte zumindest ein vehementer Aufschrei in den Fachblättern erfolgen können. Jegliche gemeinschaftliche Aktion scheiterte an dem Verband, der ab April 1933 von Nationalsozialisten dominiert war. So war etwa eine Niederlegung der Arbeit an den Gerichten nicht zu organisieren, gab es doch reichsweit keine Strukturen mehr, über die eine wirkungsvolle Gegenöffentlichkeit hätte hergestellt werden können. An dieser Stelle erhebt sich die Frage nach dem Verhalten der Kammern und Verbände. Die Beurteilung des Verhaltens der einzelnen Vorstandsmitglieder kann nur unter Vorbehalt vorgenommen werden. Es ist zwar bekannt, daß sich in einzelnen Verbänden die Spitzenfunktionäre persönlichem Druck ausgesetzt sahen[276], doch handelte es sich dabei um Wirtschaftsverbände, in denen andere Machtinteressen wirkten als z.B. bei den Anwaltskammern und -vereinen.

Die hier wirkenden Kräfte sind bislang nur unzureichend untersucht worden. Moralisch integre Personen wie Kammergerichtspräsident Tigges wurden aus ihren Ämtern gedrängt, die umgehend mit der NSDAP ergebenen Personen neu besetzt worden sind.

Unabhängig davon stellt sich die Frage, ob in der Anwaltschaft insgesamt überhaupt ein Wille für das Eintreten gegen die antisemitische Ausgrenzung hatte unterdrückt werden müssen. Es gab einige, die nicht mit dem neuen System übereinstimmten, ohne daß sie selbst von den Maßnahmen betroffen gewesen wären. Adolf Arndt verwandte für diese Kollegen, die ihre Meinung weiterhin zum Ausdruck brachten, den Begriff „anständig". Dieser Begriff ist heute etwas aus der Mode gekommen, umreißt jedoch sehr präzise eine gefestigte moralische Haltung. Es gab Menschen, die „anständig" waren und blieben. Andere veränderten ihre Positionen und paßten sich an, die ständig präsente Propaganda verfehlte nicht ihre Wirkung. Außerdem spielte es für die nicht-jüdischen Anwälte sicher eine Rolle, daß die Übernahme zahlreicher Mandate für sie einen pekuniären Vorteil mit sich brachte, der nicht das Engagement für die entrechteten Kollegen förderte – im Gegenteil. Heute kann nicht mehr rekonstruiert werden, wer die meisten Mandate von jüdischen Kollegen übernahm und „schadenfroh" davon profitierte (vielfach haben jüdische Anwälte ihren Mandanten auch vertrauenswürdige Kollegen empfohlen), oder wer sich eine eingeführte Kanzlei hat übertragen lassen. In einer Vielzahl von Fällen wurde aus der Ausgrenzung ein Vorteil gezogen. Die massive staatliche Häufung von Unrecht ist dabei keine Entlastung von individueller Verantwortung. Man war ein „Diener des Rechts" – doch welchen Rechts? Grundsätze des Menschenrechts wurden schlicht ignoriert. Auch über systematische Mängel der Logik wurde hinweggegangen.[277] Indem die absurdesten, antizivilisatorischen Maßnahmen

im April 1933 und in den Folgejahren Gesetzescharakter erlangten, wurde der Widerstand gebremst. Die Maßnahmen wurden von den nicht-jüdischen Kollegen kaum in Zweifel gezogen. Es scheint, als hätte sich niemand dagegen gewehrt. Lediglich in der Anfangsphase setzten sich Mandanten für ihre Anwälte ein, doch bezog sich das immer auf konkrete Einzelpersonen. Die Kollegen hielten sich zurück. Bei den bekannten Anwälten wurde darauf vertraut, daß sie aufgrund ihrer Verdienste genügend Fürsprecher hätten; bei den einfachen Kollegen glaubte man, daß es zu viele seien, als daß sie dauerhaft ausgegrenzt werden könnten. Für sie wollte sich keiner in eine kritische Situationen begeben. Zusätzlich werden in vielen Fällen persönliche Animositäten den Blick verstellt haben.

Der bereits zitierte Siegfried Neumann schreibt in seinen Erinnerungen, daß „selbst der Nachwuchs wenig nazistisch"[278] gewesen sei. Diese Aussage darf nicht darüber hinwegtäuschen, daß die jüngeren Kollegen an den Universitäten in der Folge des als „Schmach" deklarierten Versailler Vertrages einschlägig indoktriniert worden waren. Reaktionäre studentische Verbindungen schufen ein soziales Netz, das auch über die Universitätszeit hinaus prägend wirkte. Dabei wurden weder fachlich noch ethisch kritische Fragestellungen gefördert und als Element des wissenschaftlichen Diskurses angesehen. Auch die Rolle der Repetitoren als den blinden Autoritätsglauben fördernde Schulungsinstanz ist in diesem Zusammenhang noch nicht näher gewürdigt worden.

Insgesamt wurde die Justiz innerhalb des nationalsozialistischen Systems instrumentalisiert. Juristen wurden als Werkzeuge benutzt und nicht als Fachkräfte.[279] Indem sie sich instrumentalisieren ließen, wirkten sie mit am Aufbau dieses Systems: sie waren nicht nur Erfüllungsgehilfen, sondern versuchten, mit ihrem Beitrag aktiv ein auf der Ausgrenzung ganzer Bevölkerungsgruppen beruhendes (Un-)Rechtswesen zu gestalten. Als die Ausgrenzung eingeleitet wurde, wollten die meisten von ihnen nicht wahrhaben, daß ein großer Krieg Länder, Millionen Menschenleben und eine ganze Volkswirtschaft zerstören würde. Die kurzfristigen positiven Veränderungen, die für den/die Einzelne/n spürbar werden sollten, standen im Vordergrund. Menschliche oder juristische Bedenken gegen die Aussonderung wurden nicht laut.

Das nachfolgende biographische Verzeichnis beschreibt die Schicksale derjenigen, die ausgegrenzt worden sind, weil sie als Juden definiert wurden. Die Berliner Anwaltschaft hatte herausragende Persönlichkeiten in ihren Reihen. Der überwiegende Teil der genannten Personen repräsentierte den „durchschnittlichen" Juristen. Allen gleichermaßen wurde Beruf, Heimat, oftmals auch Sprache, Gesundheit und in einer Vielzahl von Fällen das Leben genommen.

Nach 1945

1945 war nicht die Stunde Null, wohl aber die Stunde eines Neubeginns. Die Alliierten bemühten sich um den Aufbau einer von Nationalsozialisten gereinigten Justiz. Da im Vordergrund die Wiedereinführung eines unabhängigen Rechtswesens stand, wurden vor allem geeignete Staatsanwälte und Richter gesucht. Diejenigen, die über Jahre hinweg im Ausland oder im eigenen Land „untergetaucht" gelebt hatten, legten keinen Wert darauf, nun in die Rolle des Anklägers oder Richters zu schlüpfen. Den nach 1945 angelegten Personalakten ist zu entnehmen, daß sich die Betreffenden fast ausnahmslos weigerten, ihre Funktion als Anwalt aufzugeben. Vermutlich war die eigene Verfolgungssituation noch zu präsent, als daß sie sich zu einer distanzierten Entscheidung befähigt gesehen hätten. Zu eng schien das Geflecht der nationalsozialistischen Tendenzen zu sein, als daß der Einzelne es hätte zerteilen können.

Wie begründet die Scheu vor dem Eintritt in den Justizdienst war, zeigt das Beispiel Botho Laserstein.[280] Er hatte sich nach Frankreich geflüchtet und dort, im Gegensatz zu seiner Frau, seiner Tochter und anderen nahen Familienangehörigen, überlebt. 1951 nach Deutschland zurückgekehrt, übernahm er das Amt eines Staatsanwalts in Nordrhein-Westfalen. Nachdem er sich u.a. für die Nichteinführung der Todesstrafe engagiert hatte, wurde gegen ihn eine Diffamierungskampagne losgetreten. An ihn wurde unausgesprochen die Anforderung gestellt nachzuweisen, daß er die NS-Verbrechen subjektiv nicht übelnahm. Das hätte er am besten unter Beweis gestellt, wenn er sich widerspruchslos in die Gegebenheiten der Bundesrepublik einfügt hätte. Doch Laserstein hatte seine eigenen, demokratisch legitimen Ansichten zu wichtigen gesellschaftlichen Fragen. Es kann dahingestellt bleiben, ob Laserstein im unmittelbaren Umgang eine komplizierte Persönlichkeit war, sicher ist, daß ihm kein wohlwollendes Verständnis von seiner Umgebung entgegengebracht wurde. Auf verschiedenen Ebenen wurde gegen ihn ermittelt, so wurde ihm nachgesagt, sich in einem

Dagobert Pincus (rechts), Max und Erna Proskauer

homosexuellen Umfeld zu bewegen. Ohne offiziellen Nachweis von Fehlverhalten wurde Laserstein vom Dienst suspendiert; er nahm sich 1955 das Leben.

Einer, der ebenfalls den Weg zurück nach Deutschland fand, war Dagobert Pincus. Er war nach Frankreich geflüchtet und hatte sich dort einer Gruppe der Résistance angeschlossen. Sobald sich ihm die Möglichkeit bot, kehrte er zurück und beantragte in Berlin die Wiederzulassung als Anwalt. Bekannte hatten seine Entscheidung, nach Berlin zu gehen, einer Stadt, aus der „viele lieber heute als morgen weggehen" würden, nicht verstanden. Gleichwohl bemühte er sich intensiv um die Zulassung. Die zuerst in Köpenick eröffnete Kanzlei mußte er nach Schwierigkeiten mit den dort zuständigen Stellen schließen. Er zog anschließend mit seiner Kanzlei nach Halensee. Anders als Laserstein scheint es Pincus gelungen zu sein, sich mit den Verhältnissen in Deutschland zu arrangieren. Dabei hielt er weiterhin Kontakt zu Leidensgenossen, wie Max und Erna Proskauer, die nach Palästina emigriert waren und in den fünfziger Jahren ebenfalls zurückkehrten. Max Proskauer baute seine Kanzlei im Wedding auf, die nach seinem Tod seine Frau übernehmen sollte. Eine in den Jahren nach 1945 beeindruckende Persönlichkeit war sicher Adolf Arndt. Als „Mischling" verfolgt, suchte er nach dem Ende des Nationalsozialismus nach einer politischen Heimat, die die Gewähr für einen Neuanfang bot. Nachdem er eine gewisse Zeit in Marburg gelebt hatte und als Oberstaatsanwalt zugelassen worden war, entschied er sich für ein aktives Engagement in der SPD. Obwohl von der Herkunft eher dem bürgerlichen Mittelstand zugehörig, hatte er Kurt Schumachers „Angebot an die Intelligenz" (im Sommer 1945)[281] aufmerksam zur Kenntnis genommen. Schumachers Versuch, alle freiheitlich und demokratisch orientierten Kräfte bei sozialer Gerechtigkeit einzubinden, riß auch ihn mit. Arndt wurde einer der Verantwortlichen des Godesberger Programmes. In der Auseinandersetzung mit der unmittelbaren nationalsozialistischen Vergangenheit besitzen Arndts Äußerungen eine in der damaligen Zeit ungewöhnliche Tiefe und Präzision. Mitstreiter bewunderten seine „Sachautorität und persönliche Überzeugungskraft"[282], die eine ganz eigene Faszination ausgeübt haben müssen.

Arndt sollte nie wieder Anwalt werden. Doch er wurde zu einem Anwalt des Rechts. In einem seiner großen Beiträge zitiert er einen Ausspruch von Jean Jaurès:

Tradition bewahren, heißt nicht: Asche aufheben, sondern eine Flamme am Brennen erhalten.[283]

Biographisches Verzeichnis der Berliner Rechtsanwälte jüdischer Herkunft

A

Lesebeispiel:

Geburts- und Sterbedaten,
soweit bekannt

Privatadresse

Kanzleiadresse

Telefonanschluß mit
Verbindungsknoten

Angaben zum Leben

Quellennachweis,
ausführliches Abkürzungs-
verzeichnis auf S.226

Abraham, Hans Fritz Dr.
21.12.1880 Berlin - k.A.
Hugo-Vogel-Str. 42, Wannsee
Friedrichstr. 182, W 8
T: A 2 Flora 3493
War noch 1932 Vorst.-Mitgl. der
RAK. Emigration in die USA,
Cambridge, Mass.
*li, Br.B.32; Verz.; BG: LAB,OFP-
Akten; BAL, PAK

Abraham, Jacob, JR.
23.2.1866 Schroda - k.A.
Rügener Str. 21
Bergstr.125, Neukölln
T: F 2 Neukölln 8666
War noch bis 1.2.1939 als RA
zugelassen, danach gelöscht.
Wurde vermutl. im Okt. 1942
nach Theresienstadt deportiert;
danach keine weiteren Angaben.
*li, Br.B.32; BG: LAB, OFP-
Akten, Liste 15.10.33; BAL, PAK

Abraham, Jacques Dr.
10.9.1880 Berlin -
31.12.1942, verschollen
Passauer Str. 14, W 50,
Schöneberg,
Kanonierstr. 37, W 8
T: A 1 Jäger 3120
Rechtsanwalt und Notar, Notariat 1933 verloren; nach dem
allgem. Berufsverbot 1938 als
Anwalt noch als Hilfsarbeiter
tätig. Datum der Vermögenserklärung: 14.10.1942, deportiert
mit dem 21. Transport
(19.10.1942) nach Riga, amtlich
festgestellter Todestag:
31.12.1942. Ein früherer Fluchtversuch war an der holländischen Grenze gescheitert, ebenso die Auswanderung 1942

nach Südamerika, da A. kein
Visum erhalten hat.
Schriftleiter der „Zeitschrift für
das Beamtenrecht" bis 1933.
*li; Br.B.32; BG: g, BAK, GB,
LAB, OFP-Akten; BAP, 15.09
RSA; Göpp., S.237; BAL, PAK

Abraham, Rudolf
1.7.1901 - k.A.
priv.: k.A.
Belle-Alliance-Platz 17, SW 61
Berufsverbot zum 17.6.1933,
weil er als Jude galt (gem. § 1
Abs.1 des Gesetzes vom
7.4.1933 über die Zulassung
von Rechtsanwälten).
Br.B.32; Liste d. nichtzugel. RA,
25.4.33; BAL, PAK

Abraham, Siegfried Dr.
5.2.1893 Berlin - k.A.
Am Hirschsprung 31, Zehlen-
dorf-Dahlem
Krausenstr. 9/10, W 8
T: A 6 Merkur 7492
Bis 1938 als Anwalt tätig, dann
„inaktiv". Emigration vermutl.
nach dem 16.1.1939.
*li, Br.B.32; Liste 36; BG: BAP,
15.09 RSA; LAB, OFP-Akten
(Akte Rosenberg, Margarete); BAL,
PAK

Abraham, Theodor Dr.
21.8.1869 - 27.1.1935 Berlin
Grunewaldstr. 42, Schöneberg
Grunewaldstr. 42, Schöneberg
T: B 6 Cornelius 3815
Starb 1935 im Alter von 64 Jahren.
*li, Br.B.32; BG: Friedh.W.Sterbe-
reg.; LAB, Liste, 15.10.33; BAL,
PAK

Abrahamsohn, Emil Dr., JR.
12.10.1875 Ostpreußen -
verschollen, Auschwitz
Nestorstr. 4, Wilmersdorf
Kronenstr. 6, W 8
T: A 2 Flora 4881
Aufgabe der Kanzlei vor Okt.
1933; keine näheren Angaben
über die Lebensumstände bis
zur Deportation 1943 mit dem
27. Transport (29.1.1943) nach
Auschwitz, dort verschollen.
Br.B.32; BG; BAL, PAK

Abrahamsohn, Harry Dr.
k.A.
priv.: k.A.
Uhlandstr. 24, Charlottenburg
Aufgabe der Kanzlei mit Notariat vor Okt. 1933.
Jüd. Adr.B.; Br.B. 32; BAL, PAK

Abrahamsohn, Hermann Dr.
19.4.1885 Berlin - k.A.
Bismarckstr. 80, Charlottenburg
Bismarckstr. 80 , Charlottenburg
T: C 1 Steinplatz 1282
War noch bis 1938 als Anwalt
tätig.
*li, Br.B.32; Liste 36; BG: cjb;
BAL, PAK

Abrahamsohn, Ludwig Dr.
1.5.1883 Berlin - k.A.
Wittelsbacher Str. 25, Wilmersdorf
Linkstr. 13 bzw. 42, W 9
T: B 2 Lützow 5395
RA und Notar; im Okt. 1933
weiterhin als Anwalt zugelassen, jedoch nicht mehr als
Notar; Emigration nach Großbritannien, London.
*li, Br.B.32; BG: LAB, OFP-Akten;
LAB, Liste 15.10.33; BAL, PAK

Abrahamsohn, Max Dr.
16.4.1884 Frankfurt/O. -
22.11.1943
Aschaffenburger Str. 16, W 30
Aschaffenburger Str. 16, W 30
T: B 6 Cornelius 1029
Mindestens bis 1936 als Anwalt
tätig. Tod durch „Fliegerangriff".
*li, Br.B.32; Liste 36; BG: LAB,
OFP-Akten, BAP 15.09 RSA,
Friedh.W.Sterbereg; BAL, PAK

Abrahamsohn, Wilhelm Dr.
k.A.
priv.: k.A.
Schellingstr. 5, W 9
T: B 1 Kurfürst 6322
Als Anwalt und Notar zugelassen; gab seine Kanzlei vor Okt.
1933 auf.
Jüd. Adr.B.; Br.B.32; BAL, PAK

Abramczyk, Wilhelm, JR.
9.7.1864 Potsdam -
Dez.1942 Theresienstadt
Schlüterstr. 54, Charlottenburg
Hohenzollerndamm 207, W 15
T: J 2 Oliva 7128
Notariat 1933 verloren; Berufsverbot als Anwalt 1938; Datum
der Vermögenserklärung: 25.9.
1942. Kam ins Sammellager
Artilleriestr. 31; Deportation mit
dem 3.Großen Alterstransport
(3.10.1942) nach Theresienstadt, dort zwei Monate später
umgekommen.
*li, Br.B 32; BG: g, BAK, GB,
LAB, OFP-Akten (s. a. Akte
Stranz, Martin); BAP, 15.09 RSA;
BAL, PAK

Adams, Paul Dr.
k.A.
priv.: k.A.
Gleimstr. 62, N 31
T: D 4 Humboldt 1221
Praktizierte noch 1940 als
Rechtsanwalt, da er als „Mischling" galt, keine weiteren Angaben.
*li; Verz.; LAB, Liste Mschlg.36;
Tel.B.41; BAL, PAK

Adler, Fritz Dr.
1.11.1899 Stettin - k.A.
priv.: k.A.
Tauentzienstr. 20, W 50
War seit 1927 als Anwalt in Berlin zugelassen; ab Juni 1933
wurden die Zulassungen für alle
Berliner Gerichte gelöscht,
nachdem alle Versuche, die
Zulassung wiederzuerlangen,
gescheitert waren.
Br.B.32; Liste d. nichtzugel. RA,
25.4.33; BAL, PAK, PA

Adler, Waldemar Dr.
24.7.1894 Böhmen - 28.4.1982
Fennstr. 30, N 65, Wedding
Wolframstr. 77, Tempelhof
Hatte zwei jüdische Großeltern
(„Mischling I. Grades") und
eine nicht-jüdische Ehefrau. Im
April 1933 mit Vertretungsverbot belegt, das jedoch wieder
aufgehoben wurde; nach 1938
war A. formal einer der wenigen

„Nichtarier", die als Anwalt
weiterarbeiten durften (1940 in
der Privatwohnung), ohne daß
allerdings nennenswerte Einkünfte erzielt worden wären.
1940 wurde er zur Organisation
Todt als Zwangsarbeiter eingezogen, konnte flüchten und
lebte anschließend „untergetaucht" in der Nähe von Berlin
bis Kriegsende. 1945 wurde er
als Anwalt und Notar wieder
zugelassen; Ende September
1981 gab er im Alter von 87 Jahren seine Zulassung als Anwalt
zurück.
*li; BG: BAP, 15.09 RSA; BAL,
PAK; LAB, Liste Mschlg.36;
Tel.B.41; Ausk. RA Dombek nach
RAK, PA

Albu, Curt
16.8.1885 - k.A.
priv.: k.A.
Charlottenstr. 56, W 8
T: A 2 Flora 0294
Emigration in die USA.
*li, Br.B.32; BG; BAL, PAK

Alexander, Alfons Dr., JR.
8.6.1863 Berlin -
28.10.1942 Theresienstadt
Bülowstr. 20, W 57
Bülowstr. 20, W 57
T: B 7 Pallas 4663
Laut Personalakte „inaktiv 1933
bzw. 1938", d.h. zeitweilig mit
einem Vertretungsverbot belegt,
dann wieder zugelassen bis

zum endgültigen Berufsverbot
1938. Datum der Vermögenserklärung: 18.9.1942, Sammellager Große Hamburger Str. 26;
Deportation mit dem 65 Alterstransport (23.9.1942) nach
Theresienstadt, dort einen
Monat später umgekommen.
*li, Br.B.32; BG: g, BAK, GB,
LAB, OFP-Akten; BAP, 15.09
RSA; BAL, PAK

Alexander, Eduard Dr.
14.3.1881 Essen -
1.3.1945 Sachsenhausen
Cimbernstr. 13, Zehlendorf-
Nikolassee
Lützowplatz 27
Galt als „Halbjude", wurde dennoch 1933 mit einem Berufsverbot als Anwalt und Notar belegt
(„inaktiv"); später in Sachsenhausen inhaftiert und in den
letzten Kriegstagen umgekommen.
Br.B.32; BG: g, Materialien Stadtverordnetenprojekt (Die Reichstags-
abgeordneten der Weimarer Republik); BAL, PAK

Alexander, Kurt Dr.
k.A.
Gieseler Str. 21, Wilmersdorf
Potsdamer Str. 23 a, W 9
T: B 2 Lützow 3224 u. 3225
RA und Notar; verlor die Zulassung als Notar 1933, die als
Anwalt am 29.1.1936; keine weiteren Angaben.
*li, Br.B.32; BG: BAK, Kartei
schulpfl. Kinder; LAB, Liste
15.10.33; BAL, PAK

Alexander, Theodor Dr.
13.6.1887 Königsberg -
11.9.1955
Bismarckstr. 68, Charlottenburg
Neue Grünstr. 17, SW 19
T: A 6 Merkur 8079
A. wurde bereits als Kind
getauft. Seit 1913 als RA beim
Landgericht Berlin zugelassen;
Teilnehmer des Ersten Weltkrie-
ges, erhielt das Eiserne Kreuz I.
Klasse. Syndikus der „Deut-
schen Eisenhandel AG". Am 10.
Nov. 1938 wurde er verhaftet

und in das KZ Sachsenhausen
verschleppt, Entlassung am
23.12.1938 unter der Bedingung
der sofortigen Auswanderung
A. wollte mit seiner Frau über
Cuba in die USA gelangen.
Nach der Ankunft in Cuba (Febr.
1939) wegen eines dortigen
Regierungswechsels für drei

Monate inhaftiert. Mit Hilfe der
Quäker Ausreise nach England
kurz vor Kriegsbeginn. Als Ausländer erhielten sie zunächst
keine Arbeitserlaubnis. Im Juni
1940 wurde A. erneut verhaftet
und kam für drei Monate in ein
Internierungslager. Die Frau
durfte arbeiten und wurde bei
den Quäkern Sachbearbeiterin.
Im Januar 1941 erhielt A. ebenfalls eine Arbeitserlaubnis und
verdiente den Lebensunterhalt
nacheinander als Straßen-,
Fabrik- und Stationsarbeiter.
Später wurde er Kellner, kurz
vor der Beförderung zum Oberkellner wechselte er zur Britischen Eisenbahn und wurde
dort Schalterbeamter. Mit 65
Jahren (1952) wurde er wegen
Erreichen der Altersgrenze aus
dem Dienst entlassen, erhielt
jedoch keine Pension, da ihm
einige Monate zur zehnjährigen
Beschäftigung fehlten.
Anschießend war A. zunächst
bei der URO (United Restitution Organization) in London als

juristischer Berater tätig, ab 1953 dann weitgehend wieder in Berlin aktiv. Am 2.3.1955 erhielt A. seine Wiederzulassung als RA, Schwerpunkt seiner Tätigkeit wurden Entschädigungsverfahren.
*li, Br.B.32; Ausk. RA Achelis; BAL, PAK; RAK, PA

Alexander-Katz, Ernst
17.10.1891 - k.A.
priv.: k.A.
Wilhelmstr. 44, W 8
Berufsverbot im Frühjahr 1933.
Liste d. nichtzugel. RA, 25.4.33;
BAL, PAK

Alexander-Katz, Günther Dr.
14.11.1891 Berlin - k.A.
Darmstädter Str. 7, W 15
Leipziger Str. 105, W 8
RA und Notar; nachdem ein Vertretungsverbot gegen ihn ergangen war, ab Ende April 1933 doch wieder in Prozessen vertretungsberechtigt; spätere Eintragung „Aufenthalt unbekannt"; die Ehefrau Elisabeth galt als „arisch"; A. überlebte und zog nach Rheinland-Pfalz.
*li, Liste d. nichtzugel. RA, 25.4. 33 (Nachtrag); Br.B.32; BG: LAB, OFP-Akten; BAP, 15.09 RSA; BAL, PAK

Alexander-Katz, Heinrich Dr.
4.1.1897 Görlitz - k.A.
Ithweg 16, Zehlendorf
Wilhelmstr. 139, SW 48
T: F 5 Bergmann 5758
Teilnehmer am Ersten Weltkrieg, mit dem Eisernen Kreuz II.Kl. ausgezeichnet; Anwalt seit 1925. Die Ehefrau Hildegard galt als nicht-jüdisch, 2 Kinder. Laut Polizeimitteilung an das RJM ist A. am 18.1.1938 nach Großbritannien, London, ausgewandert; sein Haus in Zehlendorf wurde veräußert, seine Kanzlei von RA Dr. Wagner übernommen.
*li, Br.B.32; BG: LAB, OFP-Akten; BAL, PAK, PA

Alexander-Katz, Richard Dr., JR.
k.A. - 1934
priv.: k.A.
Belle-Alliance-Str. 46 a, SW 29
T: F 5 Bergmann 2801
Laut Eintragung auf der Karteikarte des Personalkartei des RJM starb A.1934.
*li, Adr.B.32; BAL, PAK

Alsberg, Max Prof. Dr.
16.10.1877 Bonn - 11.9.1933 Samaden
priv.: k.A.
Nollendorfpl. 1, W 30
T: B 2 Lützow 4671, 8271
Von 1906-1933 RA und Notar in Berlin, Sozietät mit drei Kollegen am Nollendorfplatz. A. war ein prominenter Verteidiger (z.B. im Prozeß gegen den „Ringverein Immertreu"), auch bei politischen Prozessen (z.B. gegen Carl von Ossietzky); Lehrauftrag an der Universität Berlin, seit 1931 Honorarprofessor, Mitglied des Kuratoriums für anwaltliche Fort- und Fachbildung und der Strafrechtlichen Vereinigung der Berliner Rechtsanwälte. Am 11.5.1933 hatte ihn die RAK Berlin auf eine Liste von Anwälten gesetzt, denen keine Zulassung mehr erteilt werden sollte. Als Begründung wurde die „Verteidigung im Landesverratsprozess Ossietzky, Material: Zeitungsnachrichten" angegeben. A. floh nach Baden-Baden, dann in die Schweiz, hielt sich kurze Zeit in Zürich auf und begab sich dann in ein Sanatorium in Samaden, wo er sich erschoß.
Zahlreiche Veröffentlichungen, u.a.: Justizirrtum und Wiederaufnahme, 1913; Der Prozeß des Sokrates im Lichte moderner Psychologie, 1926; Große Prozesse der Weltgeschichte, 1928; Drama: Voruntersuchung, 1930; Philosophie der Verteidigung, 1930; Hg.der Zeitschrift für die gesamte Strafrechtswissenschaft, Kriminalistischen

Monatshefte. — Über A. sind versch. Publikationen erschienen, so Jungfer, G.: Max Alsberg. Verteidigung als ethische Mission; in: KJ (Hg.): Streitbare Juristen. Eine andere Tradition. Baden-Baden 1988; Riess, Carl: Der Mann in der schwarzen Robe. Hamburg 1965
Br.B. 32; Walk; Göpp. (mit zahlreichen Nachweisen)

Altenberg, Bruno Dr.
k.A.
priv.: k.A.
Roonstr. 2, NW 40
RA und Notar; Berufsverbot im Frühjahr 1933.
Jüd.Adr.B.; Br.B.32: Liste d. nichtzugel. RA, 25.4.33; BAL, PAK

Altenberg, Oskar Dr.
20.12.1893 Berlin - verschollen, Auschwitz
Bregenzer Str. 3, W 15
Potsdamer Str. 40, Spandau
T: C 7 Spandau 1216
RA und Notar; Deportation mit dem 39. Transport (28.6.1943) nach Auschwitz, dort verschollen.
*li, Br.B.32, BG: BAK, GB, BAK, Kartei schulpfl. Kinder; LAB, OFP-Akten, BAP, 15.09 RSA; BAL, PAK

Alterthum, Willy Dr.
5.12.1879 Berlin - k.A.
priv.: Magdeburger Str., Tiergarten
Wilhelmstr. 44, W 8
T: A 1 Jäger 0203
A. wurde in der Straße an der Spandauer Brücke 14 geboren. Mütterlicherseits stammt die Familie (Blumenthal) aus Oranienburg (Havel), hatte dort ihren Ruhesitz Louisenpl. 5. A. promovierte 1903; nach Abschluß des Jurastudiums ließ er sich als Anwalt nieder. Seit 1930 hauptamtlicher Geschäftsführer der RAK; per 31.3.1933 wurde er „beurlaubt" und mußte am 25.10.1933 einen Auflösungsvertrag unterzeichnen. Anschließend versuchte er,

sich wieder als Anwalt zu etablieren. Nachdem er einsehen mußte, daß er hiermit scheitern würde, betrieb er die Auswanderung mit seiner Familie. Seine Zulassung wurde zum 4.9.1934 gelöscht. Am 29.10. 1934 traf A. mit seiner Familie in Brasilien ein und ließ sich in Sao Paulo nieder. Letzte Sätze der Memoiren, 7.11.1944: „Wir haben ein Heim, aber keine Heimat in Brasilien gefunden. Unsere Heimat ist die weite licht- und lebensvolle Welt. Ehrfürchtig liebend und dankend umfassen wir sie mit unserem Blick. Wir sind des Gluecks teilhaftig geworden, Weltbürger zu sein."
Zahlreiche Veröffentlichungen, u.a. im Berliner Anwaltsblatt
*li, Br.B.32, LBI, NY, Memoirs; Verz.; LAB, Liste 15.10.33; BAL, PAK

Altmann, Franz Dr.
26.5.1900 Breslau - k.A.
Jägerstr. 11, W 8
Frankfurter Allee 50, O 112
(Adr.B.32: Jägerstr. 11, W)
Berufsverbot im Frühjahr 1933. Emigration in die USA, New York, am 1.1.1934.
Verz.; BG: LAB, OFP-Akten; Liste d. nicht zugel. RA, 25.4.33; BAL, PAK

Altmann, Paul Dr.
29.7.1901 Berlin - Kfar Witkin (Israel)
Herkomerstr. 12, SO 36
Wilhelminenhof 82 a, Oberschöneweide
Aufgabe der Kanzlei vor Okt. 1933; 1937-39 im Palästinaamt Berlin tätig; 1939 Auswanderung nach Palästina; nach 1945 beteiligt an der Ausarbeitung der Wiedergutmachungsgesetze.
Zion. Funktionär.
Adr.B.32; Verz.; BG: BAP, 15.09 RSA; cjb; Walk; BAL, PAK

Amberg, Carl (Karl) Dr.
20.1.1884 - k.A.
priv.: k.A.
Dircksenstr. 26/27, Eig. II, C 25
T: E 1 Berolina 1647
War noch bis mind. 1936 als
Anwalt tätig.
*li; Verz.; Liste 36; BAL, PAK

Ambos, Hans Dr.
10.4.1897 Berlin - k.A.
Wichmannstr. 25, W 62/ VZ: Kur-
fürstendamm 59-60, Pension
Oliva
Dresdener Str. 124, SO 36
T: F 1 Moritzplatz 3071
RA und Notar, Tätigkeit als
Anwalt vor 1936 aufgegeben.
Emigration nach Belgien, Brüs-
sel, im Mai 1939; soll während
des Krieges in das unbesetzte
Frankreich „abgeschoben" und
dort interniert worden sein.
*li, Br.B.32; BG: LAB, OFP-
Akten, BAP, 15.09 RSA; cjb; BAL,
PAK

Amthor, Werner
k.A.
priv.: k.A.
Schloßstr. 17, Köpenick
Berufsverbot im Frühjahr 1933.
Liste d. nichtzugel. RA, 25.4.33;
BAL, PAK

Anders, Rudolf
k.A.
Zähringer Str. 20-21, Wilmers-
dorf
Steinplatz 2, Charlottenburg
T: C 1 Steinplatz 0406
RA und Notar; Emigration.
*li, Br.B.32; BG: LAB, OFP-
Akten; BAL, PAK

Apfel, Alfred Dr.
12.3.1882 Düren/Eifel -
20.6.1940 Marseille
priv.: k.A.
Friedrichstr. 59/60, W 8 (Moca-
Efti-Haus)
Seit 1918 RA in Berlin, später
auch Notar; Strafverteidiger in
zahlreichen Prozessen, darunter
auch verschiedene politische,
so z.B. gegen Carl von Ossietzky; zion. Funktionär. Wurde am

28.2.1933 in „Schutzhaft"
genommen, nach der Freilassung Flucht nach Frankreich.
Am 23.8.1933 erfolgte die Ausbürgerung. A. starb im Juni
1940 in Marseille im Alter von
58 Jahren.
Behind the Scenes of German
Justice. Reminiscences of a German Barrister 1882-1933, 1935.
Br.B.32, Walk, BG: BHdE 1933,
Bd. 1; Lowenthal; Göpp., S. 266;
BAL, PAK

Apt, Bruno Dr.
3.12.1880 Cosel -
verschollen, Theresienstadt
Mommsenstr. 22, Charlottenburg
Schöneberger Ufer 34, W 35
Räuml. Veränd. und Auflösung
der Sozietät 1933; mußte später
den Zwangsnamen „Israel"
führen; war noch als „Konsulent" in seiner Wohnung tätig.
Deportation mit dem 53. Alterstransport (31.8.1942) nach Theresienstadt.
*li, Br.B.32; BG: g, BAK, Gb;
LAB, OFP-Akten (Akte Nothmann,
Georg); BAP, 15.09 RSA; Liste d.
Kons., 15.3.39; Tel.B.41

Apt, Max Prof. Dr.
16.6.1889 Groß-Strelitz -
11.12.1957 Berlin
Pücklerstr. 8, SO 36
Unter den Linden 39, NW 7
T: A 6 Merkur 793
1893 Mitbegr. des CV Berlin;
1903-20 Syndikus der „Korpora-
tion der Kaufmannschaft Ber-
lin"; 1906 Mitbegr. der Handels-
hochschule Berlin; Gründer und
Redakteur von Fachzeitschrif-
ten; Mitgl. der DDP und Bnei
Brith; 1938 Delegierter der
Jüd.Gem. zu Berlin bei der Kon-
ferenz von Evian. 1939 Emigra-
tion nach Großbritannien;
Rückkehr nach Berlin 1954.
Zion. Funktionär
Br.B. 32; BG: LAB, OFP-Akten;
BAL, PAK; BHdE 1933, Bd.1;
Walk; Göpp., S. 326; Lowenthal

Arens, Fritz
11.5.1893 Lubichow - k.A.
Kleiststr. 13, Charlottenburg
Wielandstr. 30, Charlottenburg
T: J 1 Bismarck 2076
Räuml. Veränd. der Kanzlei
1933. Emigration nach Argenti-
nien, Buenos Aires, am 1.9.1936.
*li, Br.B.32; BG: LAB, OFP-Akte
(Akte Emma A.); BAL, PAK

**Arian, Dagobert Dr. jur.
et rer. pol.**
28.5.1903 - k.A.
priv.: k.A.
Emigration nach Palästina;
wurde später Minister in Israel.
Ausk. Proskauer; BG; BAL, PAK,
PA

Arndt, Adolf Dr.
12.3.1904 Königsberg -
13.2.1974 Kassel
Kurfürstendamm 186, Charlottenburg
Lützowufer 19 b, W 35
T: B 2 Lützow 0373
A. war in den 20er Jahren in der
Kanzlei des berühmten Prof.
Alsberg tätig. Er schied aus,
nachdem er Alsberg eine erfolg-
reiche Prozeßstrategie vorge-
schlagen hatte und damit offensichtlich zu einer zu starken
Konkurrenz geworden war. A.
wurde anschließend Richter, er
war in dieser Funktion Berichterstatter in dem politisch bri-
santen Prozeß gegen George

Grosz wegen Gotteslästerung
im Jahr 1929. Durch sein ein-
dringliches Eintreten für das
Recht, das er auch durch verschiedene Aufsätze öffentlich
gemacht hatte, war er politisch
aufgefallen und damit nach der
Machtübernahme auch auf-
grund der Tatsache, daß er als
„Halbjude" galt (er war seit der
Kindheit getauft), persönlich
bedroht. Seine Tätigkeit als
Richter gab er 1933 auf, da „er
nicht bei denen mitmachen
wollte" (Tochter Y. Arndt). Seine
begonnene Habilitation war
hinfällig geworden. Völlig über-
raschend, auch für ihn selbst,
wurde sein Antrag auf erneute
Zulassung zur Rechtsanwaltschaft positiv beschieden. Er
eröffnete daraufhin mit den
Anwälten Fritz Schönbeck und
Dodo Halpert eine Sozietät. A.
vertrat verschiedene größere
Firmen (z.B. Blum & Haas),
aber auch als „entartet" diffa-
mierte Künstler und politisch
verfolgte Persönlichkeiten, wie
den später ermordeten Wilhelm
Leuschner und den letzten Vorsitzenden des ADGB, Theodor
Leipart. Durch seine Ehe mit
einer als „arisch" geltenden
Frau war A. vor massiven Angriffen geschützt, durfte aber
z.B. nicht mehr als Rechtsvertreter in Scheidungsprozessen
von jüdischen und nicht-jüdischen Ehepartnern auftreten.
Bis 1943 praktizierte A. als
Rechtsanwalt, nicht als „Konsulent", wegen des Status als
„Mischling". Im Herbst 1943
wurde er als Rechnungsprüfer
in den Askania-Werken, die als
rüstungswichtig galten, zwangsverpflichtet. Wenige Monate
später wurde er von der Organisation Todt als Zwangsarbeiter
u.a. bei der Evakuierung des
Gestapo-Hauptquartiers in
Paris („Aktion Hase") eingesetzt. Später mußte er für eine
saarländische Firma arbeiten.
Als Gefangenem war es A.
während der Luftangriffe der

Alliierten verboten, Schutzräume aufzusuchen. Im Januar 1945 konnte er, nach verschiedenen schweren Erkrankungen körperlich geschwächt, mit gefälschten Papieren zu seiner Frau und Tochter nach Schlesien gelangen, die sich dorthin aus Berlin geflüchtet hatten. Er kehrte noch einmal zu seiner Dienststelle zurück, um Schwierigkeiten für seinen Vorgesetzten zu verhindern. Wenig später schlug er sich erneut nach Schlesien durch, um seine Familie zur Flucht nach Westen zu bewegen. Mit nicht mehr als einem Koffer begab sich die Familie im Februar 1945 auf den Treck und fand in Westfalen Unterschlupf; A. war immer noch in Gefahr, als Jude identifiziert zu werden. Der 17jährige Sohn, Wehrmachtsoldat, wurde an der Elbe von den sowjetischen Truppen in Kriegsgefangenschaft genommen, aus der er vier Jahr später entlassen wurde. A. erlebte die Befreiung in Westfalen. Unter Mühen gelang es ihm, von dort nach Marburg, in eine andere Zone der Alliierten zu gelangen, wo seine Mutter lebte. Im August 1945 wurde A. als Rechtsanwalt und Notar in Marburg zugelassen, zeitweilig war er auch Generalstaatsanwalt. Im November 1945 wurde A. Ministerialrat im hessischen Justizministerium. - Schon 1933 hatte der sozialdemokratische Reichstagsabgeordnete Otto Wels einen nachhaltigen Eindruck bei A. hinterlassen. A. setzte sich für den sozialen Ausgleich innerhalb der Gesellschaft ein. Er wurde ein Vertrauter Kurt Schumachers und Mitglied der SPD-Fraktion im Bundestag. „Recht" und „Demokratie" waren die leitenden Ideen seines politischen Handelns, er war ein bei öffentlichen Auftritten geschätzter Redner. Unter Willy Brandts Ägide als Regierender Bürger-

meister Berlins übernahm A. 1964 für rund ein Jahr das Amt des Senators für Wissenschaft und Bildung. Er starb im Februar 1974 .
*li; LAB: Liste Mschl.36; Tel.B.41; Walk; Gosewinkel, Dieter: Adolf Arndt. Die Wiederbegründung des Rechtsstaats aus dem Geist der Sozialdemokratie (1945-1961), Bonn 1991; Munzinger -Arch.; Ausk. Tochter Dr. Yvonne Arndt

Arndt, Ernst Moritz
k.A.
Kaiserdamm 17, Charlottenburg
T: J 5 Westend 4282
Bruder von Adolf A., wurde im April 1933 mit einem Vertretungsverbot belegt, später wieder zugelassen; er praktizierte noch 1940 als Rechtsanwalt, weil er als „Mischling" galt.
*li; LAB, Liste Mischlg.36; Tel.B.41; Ausk. Nichte Dr. Yvonne Arndt

Arnheim, Fritz (Anselm) Dr.
6.5.1890 -
verschollen, Auschwitz
Nürnberger Str. 66, Schöneberg
Kronenstr. 76, W 8
T: A Jäger 2132
RA und Notar; zog mit seinen Kanzleiräumen 1933 um; durfte noch über das Jahr 1933 hinaus praktizieren. Bis zu seiner Deportation liegen keine weiteren Erkenntnisse über sein Leben vor. Die Vermögenserklärung wurde am 8.8.1942 unterschrieben. A. kam in das Sammellager Artilleriestr. 31, er wurde mit dem 1. Großen Alterstransport (17.8.1942) nach Theresienstadt transportiert, von dort nach Auschwitz gebracht, wo er verschollen ist.
*li, Br.B.32; BG: g, BAK, GB; BAK, Kartei schulpfl.Kinder; LAB, OFP-Akten; BAP, 15.09 RSA; BAL, PAK

Arnheim, Georg
k.A.
priv.: k.A.
Brunnenstr. 194, N 54

T: D I Norden 3167
Vor 1933 auch als Notar zugelassen, praktizierte A. noch bis zum allgem. Berufsverbot 1938 als Anwalt. Keine weiteren Angaben.
*li, Br.B.32; Liste 36; BAL, PAK

Arnheim, Hugo Dr., JR.
11.11.1862 -
26.3.1943 Theresienstadt
Waitzstr. 6, Charlottenburg
Landgrafenstr. 6, W 62
T: B 5 Barbarossa 4073
Bis zum allg. Berufsverbot 1938 als Anwalt tätig; mit dem 79. Alterstransport (12.1.1943) nach Theresienstadt deportiert, dort ist A. zwei Monate später umgekommen.
*li, Br.B.32; BG: BAL, PAK

Arnheim, Julius Dr.
26.12.1874 Alt-Valm - k.A.
Güntzelstr. 63, Wilmersdorf
Güntzelstr. 63, Wilmersdorf
T: H 7 Wilmersdorf 5134
Die Sozietät mußte 1933 aufgelöst und räumlich verändert werden. A. konnte am 2.9.1940 nach Mexiko emigrieren.
*li, Br.B.32; BG: LAB, OFP-Akten; BAP, 15.09 RSA; BAL, PAK

Arnheim, Rudolf Dr.
26.2.1875 Mannheim -
1.7.1943 Theresienstadt
Pfalzburger Str. 85-86, W 15
Pfalzburger Str. 85-86, W 15
T: J 2 Oliva 511
Bis zum allg. Berufsverbot als Anwalt tätig. Die Vermögenserklärung hat A. am 30.9.1942 unterschrieben; Sammellager Artilleriestr. 31, mit dem 3. Großen Alterstransport (3.10.1942) nach Theresienstadt deportiert, dort im Sommer 1943 umgekommen.
*li, Br.B. 32; BG: g, BAK, GB; LAB, OFP- Akten; BAP, 15.09 RSA; cjb (mit Anschrift Potsdamer Str. 115 a); BAL, PAK

Arnholz, Sigismund (Isidor)
29.10.1859 Bernstein -
22.10.1938

priv.: Schwäbische Str. 7, Schöneberg
Keine näheren Angaben.
Jüd.Adr.B.; BG: LAB, OFP-Akten (Akte Jacob, Kurt,)

Arnold, Fritz W. Dr.
3.2.1894 Charlottenburg -
21.12.1980 Lemgo
Konstanzer Str. 51, Wilmersdorf
Unter den Linden 71, NW 7
T: A I Jäger 4221 u. 4222
Als Teilnehmer des Ersten Weltkriegs schwer kriegsverletzt (beinamputiert); RA seit 1926 bis zum allgem. Berufsverbot 1938; mußte den Zwangsnamen „Israel" führen. A. war nach dem Berufsverbot 1938 noch als „Konsulent" tätig, arbeitete 1939/40 im Beirat des Büros Pfarrer Grüber. Ende Sept. 1942 gelang ihm mit „Unternehmen Sieben" die Flucht in die Schweiz nach Basel; 1946 siedelte er in die USA, New York, über und studierte dort amerik. Recht. A. kehrte in den 60er Jahren nach Deutschland zurück.
*li, Br.B.32; Verz.; Tel.B.41; BG: LAB, OFP-Akten; BAP, 15.09 RSA; LAB, OFP-Akten (Akte Hilb, Leonie, Akte Oppenheim, Maria geb. Pinner, Akte Weilheimer, Else, Sammelakte); BAP, 15.09 RSA; Ausk. Dorothee Fliess; Göpp., S. 327; Liste d. Kons., 15.3.39

Aron, Ludwig Dr.
13.7.1894 - k.A.
priv.: k.A.
Friedrichstr. 59/60, W 8
Berufsverbot zum 16.6.1933, weil er gem. § 1 Abs. 1 des Ges. v. 7.4.1933 über die Zulassung zur Rechtsanwaltschaft als Jude galt.
Liste d. nichtzugel. RA, 25.4.33; Br.B.32; BAL, PAK, PA

Arons, Albert Dr.
12.8.1898 Berlin -
22.7.1948 Grenoble
Königsweg 24, Charlottenburg
Mohrenstr. 9, W 8
T: A 2 Flora 5984

A. war als Freiwilliger im Ersten Weltkrieg schwer verletzt worden, mit dem Eisernen Kreuz ausgezeichnet. Wegen seines Fronteinsatzes wurde er auch nach 1933 noch als RA zugelassen. Die Weihnachtsferien 1935 verbrachte die vierköpfige Familie in der Schweiz, dort teilten die Eltern ihren beiden Töch-

tern mit, daß sie nicht mehr nach Berlin zurückkehren würden. Anfang April kam die Familie in Portugal an, da die klassischen Auswanderungsländer „alle überfüllt waren" (R. Arons). Zuvor hatten sie fünf Tage in Paris verbracht, um der Fahrt den Anschein einer Reise zu geben. Nach Portugal hatte die Familie keine Verbindungen außer einer Visitenkarte, die die Großmutter auf einer Reise von einer nach Portugal ausgewanderten Frau erhalten hatte. Doch diese Frau nahm die Familie tatsächlich auf und half ihr, sich ein neues Leben aufzubauen. A. konnte sich nicht mehr als Anwalt betätigen, da er nicht über die nötigen sozialen Kontakte verfügte, und seine Abschlüsse nicht anerkannt wurden. Bis dahin war in der Familie eine kaufmännische Tätigkeit verpönt, nun mußte A. auf diese Weise den Lebensunterhalt der Familie sichern. Er

versuchte, Ölsardinen zu exportieren, scheiterte damit jedoch. 1948 starb er auf einer Erholungsreise in die Schweiz an einem Lungenemphysem. – Die jüdische Tradition war in der Familie in Berlin nur noch in beschränktem Maße gepflegt worden. Mit dem Kriegsausbruch wurden die grundsätzlichen Zweifel an Gott immer stärker. Die eine Tochter wurde Atheistin und war zudem politisch engagiert; sie geriet mit dem konservativ eingestellten Vater bis zu dessen Tod häufig in Streit. Sie ist überzeugte Portugiesin geworden, über lange Jahre hat sie kein Wort Deutsch gesprochen. Sie hat sich für politische Veränderungen in Portugal eingesetzt; ihr Sohn war zeitweilig Mitglied der sozialistischen Regierung.
*li, Br.B.32; BG: LAB, OFP-Akten; BAL, PAK, PA

Aronsohn, Georg, JR.
3.10.1867 Bromberg -
18.1.1943 Theresienstadt
Regensburger Str.; 1942: Lietzenburger Str. 7
Kaiserallee 26, Wilmersdorf
T: H 7 Wilmersdorf 7478
A. verteidigte1934 seinen Kollegen Ludwig Bendix in einem Ehrengerichtsverfahren, das mit einem Freispruch endete. Seine Kanzlei wurde im Zuge des allgem. Berufsverbots am 30.11. 1938 aufgelöst, danach war A. als „Konsulent" tätig (s. Proskauer, S. 73). Nachdem den Töchtern noch die Emigration gelungen war, die Ehefrau im Juli 1939 an Krebs gestorben war, wurde er am 3.10.1942 nach Theresienstadt deportiert, wo er einen Schlaganfall erlag. Ursache des Schlaganfalls war die Information, daß sein Name auf einer Deportationsliste „nach dem Osten" verzeichnet war. Seine zu deren Rettung geheiratete zweite Ehefrau Erna Jeremias wurde danach umgehend nach Auschwitz trans-

portiert und mit weiteren Angehörigen vergast.
*li; Göpp., S. 238; Proskauer, E.: Wege und Umwege, Frf.a.M. 1996, Br.B.32

Aronsohn, Max , JR.
7.6. 1854 Berlin -
4.1.1939 Potsdamer Str. 116 III,
W 35
T: B 1 Kurfürst 0250
A. fiel unter das allgem. Berufsverbot 1938; er starb 1939 im Alter von 85 Jahren.
*li, Br.B.32; BG: Friedh.W.Sterbereg.; BAL, PAK

Asch, Adolf Dr.
27.2.1881 Posen - 1972 London
Tauentzienstr. 11, W 50
Tauentzienstr. 11, W 50
T: B 4 Bavaria 3747
Weltkriegs-Teilnehmer, 50% Invalide. Nach 1918 Vorsitzender des Schlichtungsausschusses Berlin; Justitiar für rumänisches Recht; Vorst.-Mitgl. des Vereins für Bodenreform; Vorst.-Mitgl. des Vereins der Kammergerichtsanwälte. Nach April 1933 für 6 Wochen suspendiert. Wieder zugelassen, aber Verlust des Notariats. 1938 endgültig aus der RA-Liste gestrichen. Verhaftung im Nov. 1938; KZ Sachsenhausen, zog sich dort Augen- und Ischiasleiden zu. War nach der Freilassung noch als „Konsulent" tätig; im Januar 1939 Emigration nach England. Lebte in Manchester mit dem Sohn, der in Mailand eine Ausbildung als Chemiker abgeschlossen hatte, bis dieser zur Air Force ging. 1941-45 Arbeit als Packer. Die Ehefrau trug mit Sprachunterricht zum Lebensunterhalt bei. Die Tochter überlebte das Internierungslager Camp de Gur. Später endgültige Übersiedelung nach London.
*li, Br.B.32, LBI; BG: LAB, OFP-Akten; Walk; BAL, PAK

Asch, Albert Dr., JR.
1864 Posen - 1936 Berlin
priv.: k.A.

Nymphenburger Str. 7, Schöneberg
T: G 1 Stephan 5276
Ursprünglich RA und Notar, wurde A. 1935 die Zulassung entzogen; starb 1936 im Alter von 72 Jahren.
*li; BG: BHdE, Bd.1 (Ash, Ernest E.); BAL, PAK

Asch, Ernst Dr.
15.3.1890 Posen - k.A.
Reichsstr. 37, Charlottenburg
Kurfürstendamm 185, W15
T: Sm.Nr J 1 Bismarck 5126
Aufgabe der Kanzlei vor Okt. 1933. Emigration in die Niederlande am 26.9.1938; von dort aus weiter nach Mexiko im April 1940; ab Juli 1940 in den USA; lebte 1974 in New Jersey.
Br.B.32; BG: LAB, OFP-Akten; BHdE 1933, Bd.1; BAL, PAK

Asch, Walter Dr.
8.4.1886 Posen -
1972 (?) London
Berliner Str. 19, Charlottenburg
Friedrich-Karl-Ufer 2-4, NW 40
T: D 1 Norden 0016
Räumliche Veränderung der Kanzlei 1933. Emigration nach Großbritannien im Sept. 1938 (oder 1936).
Jurist bei AEG Berlin
*li, Br.B.32; BG: LAB, OFP-Akten; BHdE, Bd. 1 (Ash, Ernest E.); BAL, PAK

Ascher, Bruno Dr.
4.9.1887 - k.A.
priv.: k.A.
Bellevuestr. 6a, W 9
T: B 2 Lützow 8908
Dem RA und Notar wurde die Zulassung zum 18.7.1933 entzogen; keine näheren Angaben über sein weiteres Schicksal.
Adr.B.32; BAL, PAK, PA

Ascher, Hermann
12.1.1886 - k.A.
priv.: k.A.
An der Spandauer Brücke 1b, C
T: D 2 Weidendamm 3150
War noch bis mindestens 1936

als RA tätig; die Zulassung als Notar war vorher entzogen worden.
*li, Br.B.32; Liste 36; BAL, PAK

Aschheim, Carl Dr.
17.1.1879 Berlin - Trawniki
Landhausstr. 38, Wilmersdorf/
Lützowplatz 25,Tiergarten
Nürnberger Str. 53-55, W 50
T: B 4 Bavaria 2185
Notariat 1933 verloren, Kanzlei mußte verlegt werden. 1938 mit dem allgem. Berufsverbot belegt. Datum der Vermögenserklärung: 2.4.1942, Deportation mit dem 12./13. Transport (2.4.1942) nach Trawniki, dort verschollen.
*li, Br.B.32; BG: g, BAK, GB; LAB, OFP-Akten; BAP 15.09 RSA; BAL, PAK

Aschkenasi, Ludwig
7.3.1887 - k.A.
An der Apostelkirche 8, W 57/
Regensburger Str. 14 a (1935)
An der Apostelkirche 8, W 57
T: B 1 Kurfürst 1747
RA und Notar; Berufsverbot im Frühjahr 1933; Emigration nach Frankreich, Paris.
Gesellschafter Jüdischer Verlag GmbH, W 50, Nürnberger Str. 8
Br.B.32; Liste d. nichtzugel. RA, 25.4.33; BG: LAB, OFP-Akten; BAL, PAK

Auerbach, Dagobert Dr., JR.
27.7.1871 Posen - k.A.
Kaiser-Wilhelm-Platz 2-4, Schöneberg
Kaiser-Wilhelm-Platz 4, Schöneberg
T: G 1 Stephan 4087
Emigration nach Argentinien.
*li, Br.B.32; BG: LAB, OFP-Akten, BAP 15.09 RSA; BAL, PAK

Auerbach, Ella geb. Levi
15.1.1900 Frankfurt/M. - k.A.
Matthäikirchplatz 5, W 35
Burgstr. 28, C 2
T: Sm.Nr. D 2 Weidendamm 5941
Ella A. wurde am 18.3.1928 als erste Rechtsanwältin am Kam-

mergericht zugelassen. Die Zulassung wurde zum 17.6.1933 entzogen, der Sozius und Ehemann Richard A. konnte noch eine Zeit lang praktizieren. Ella A. emigrierte im Jan. 1939 nach Großbritannien; im September 1940 in die USA, New York; sie lebte 1976 in New York.
Br.B.32; Liste d. nichtzugel. RA, 25.4.33; BG: LAB, OFP-Akten; Jewish Immigr. U.S.A., Oral History, S. 5; BHdE 3, Bd. 1 (A., Richard Joseph); BAL, PAK; PA 50491

Auerbach, Felix
30.1.1889 - k.A.
priv.: k.A.
Stresemannstr. 12, SW 11
Berufsverbot als Anwalt und Notar im Frühjahr 1933.
Br.B.32; Liste d. nichtzugel. RA, 25.4.33; BAL, PAK, PA 50492

Auerbach, Friedlieb (Fritz) Dr.
5.1.1888 Frankfurt/M. - k.A.
priv.: k.A.
Dorotheenstr. 79, NW 7
T: A 6 Merkur 35
A. war seit 1918 Anwalt in Berlin; ihm wurde die Zulassung als Anwalt und Notar zum 1.8.1933 gem. § 1 Abs. 1 d. Ges. v. 7.4.1933 entzogen, weil er als „Nichtarier" galt.
Br.B.32; Liste d. nichtzugel. RA, 25.4.33; BAL, PAK, PA 50493

Auerbach, Gerhard
19.2.1902 Berlin - k.A.
priv.: k.A.
Friedrichstr. 77, W 8
Seit 1929 RA in Berlin; die Zulassung wurde am 19.6.1933 entzogen, weil er als „Nichtarier" galt. A. ist vermutlich nach Palästina emigriert.
Liste d. nichtzugel. RA, 25.4.33; BAL, PAK; PA 50494

Auerbach, Herbert Dr.
27.7.1890 - k.A.
priv.: k.A.
Potsdamer Str. 138 a, W
RA und Notar; im Frühjahr 1933 mit Berufsverbot belegt.

Br.B.32; Liste d. nichtzugel. RA, 25.4.33; BAL, PAK

Auerbach, Jakob Dr. (I)
k.A.
Roonstr. 2, Steglitz
Roonstr. 2, Steglitz
T: A 1 Jäger 0895/96
Emigration in die Niederlande am 1.10.1937, die Zulassung wurde umgehend gelöscht.
*li, Br.B.32; BG: LAB, OFP-Akten; LAB, Liste 15.10.33; BAL, PAK

Auerbach, Jakob (Isidor), JR. (II)
30.5.188? - 20.6.1935
priv.: k.A.
Lützowufer 10, W
T: B 1 Kurfürst 0478
A. starb 1935 im Alter von höchstens 55 Jahren. Keine weiteren Angaben.
*li, Br.B. 32; BG: LAB, OFP-Akten; LAB, Liste 15.10.33; BAL, PAK

Auerbach, Kurt (Berthold) Dr.
28.10.1893 -
24.(28.?)3.1941 Berlin
Klopstockstr. 24/ Mecklenburgallee 14/ Mommsenstr. 22, Charlottenburg
Lindenstr. 16/17, SW 68
T: A 7 Dönhoff 4574
RA und Notar; starb 1941 im Alter von 47 Jahren im Jüdischen Krankenhaus.
*li, Br.B.32; BG: LAB, OFP-Akten; BAL, PAK

Auerbach, Leo
k.A.
priv.: k.A.
Unter den Linden 56
Berufsverbot im Frühjahr 1933; A. lebte nach 1945 in Hessen.
Br.B.32; Liste d. nicht zugel. RA; BAL, PAK

Auerbach, Leonhard Dr.
23.10.1891 Berlin -
11.2.1961 Berlin
Lindauer Str. 8, Schöneberg
Kleiststr. 26, W 26
T: B 5 Barbarossa 7706

Bis Okt. 1933 wurde die gemeinsame Kanzlei mit dem nicht-jüd. Partner aufgelöst; 1935 verlor A. die Zulassung als Notar, 1938 als Rechtsanwalt. Von 1939 – Dez. 1940 im Büro Grüber (zur Unterstützung „nichtarischer" Christen), Referent für Haft-, KZ-, Ausweisungs-, Auswanderungsangelegenheiten und Rechtsfragen, danach aushilfsweise bei „Konsulenten" tätig; zu Aufräumarbeiten zwangsverpflichtet. Aug. - Nov. 1943 im Arbeitslager Wuhlheide; erkrankte schwer und wurde von dem Grüber-Mitarbeiter Dr. Jaffé zu Hause operiert. Danach Zwangsarbeiter in einem Rüstungsbetrieb und einem Büroartikelgeschäft. A.s Ehefrau Lydia geb. Ranger galt als „arisch". Nach 1945 wieder Anwalt und Notar in Berlin (Ost), seit 1949 Honorarprofessor.
*li, Br.B.32; BG: LAB, OFP-Akten (Akte Jacobssohn, Herbert; BAP 15.09 RSA; Göpp. S.327/8; BAL, PAK

Auerbach, Max Dr.
11.8.1887 Berlin - k.A.
Lietzenburger Str. 13, W 15
Ritterstr. 54, SW
Die Frage der Zulassung als Anwalt und Notar war nach dem April 1933 über mehrere Monate strittig, offenbar hat A. sie als Anwalt nach dem Okt. 1933 wiedererlangt, denn er war noch bis mindestens 1936 tätig. A. emigrierte nach Großbritannien.
Adr.B.32; Liste 36; BG: LAB, OFP-Akten; BAL, PAK

Auerbach, Richard Joseph Dr.
6.2.1892 Posen - 1.9.1980
Matthäikirchplatz 5, W 35
Burgstr. 28, C 2
T: D 2 Weidendamm 5941
Zwei Partner (einer davon vermutl. die Ehefrau Ella A.) schieden bis Okt. 33 aus der Kanzlei aus; A. selbst wird später Sozius in der Kanzlei von Wilhelm Goldberg. In dieser Funktion

muß er sich in einem Ehrengerichtsverfahren verantworten,
wird aber freigesprochen, trotz
heftiger Hetze. A. emigrierte im
Januar1939 nach Großbritanni-
en; im September 1940 in die
USA, wahrscheinlich gemeinsam mit seiner Ehefrau; A. lebte
1978 in New York.
*li, Br.B.32; BG: LAB, OFP-
Akten; BHdE 1933, Bd.1; Jewish
Immigrants ... in the U.S.A., Oral
History, S. 6; LAB, Liste,
15.10.33; BAL, PAK

Aufrecht, Ernst
k.A.
priv.: k.A.
Seydelstr. 31, SW 19
T: A 6 Merkur 3603
War noch bis 1938 als Anwalt
zugelassen, die Zulassung als
Notar war ihm 1933 entzogen
worden.
*li, Br.B.32; Liste 36; BAL, PAK

B

Bab, Hans
19.10.1905 Schneidemühl -
12.2.1989 Chile
priv.: k.A.
Nürnberger Platz 3, W 50
Berufsverbot zum 20.6.1933,
trotz intensiver Bemühungen,
weiter tätig sein zu dürfen; B.
ist emigriert und hat zuletzt in
Chile gelebt..
Liste d. nichtzugel. RA.; BAL, PAK,
PA 50560; Ausk. T. Krach

Bab, William Dr.
7.12.1886 - k.A.
priv.: k.A.
Kaiserallee 202
T: B 4 Bavaria 1444
Kanzlei vor Okt. 1933 aufgege-
ben. Keine weiteren Angaben.
Br.B.32; Jüd.Adr.B.; BAL, PAK

Bach, Julian Dr.
k.A.
priv.: k.A.
Hauptstr. 156, Schöneberg
T: G 1 Stephan 0660
Die Zulassung als RA wurde
1933 gelöscht (auch die Notar-
zulassung).
*li, Br.B.32; LAB, Liste 15.10.33;
BAL, PAK

Bachwitz, Willi Dr.
12.8.1884 Halle/Saale - k.A.
priv.: k.A.
Kurfürstendamm 46 (15), W 15
Knesebeckstr. 59/60, W15
T: J 1 Bismarck 5477
Auflösung der Sozietät und
räuml. Verlegung der Kanzlei
1933; die Zulassung wurde zum
1.4.1937 gelöscht. B. emigrierte
nach Südafrika, Beaufort West.

*li, Br.B.32; BG: LAB, OFP-
Akten; LAB, Liste 15.10.33; BAL,
PAK

Badrian, Alfred Dr.
27.4.1878 Ober-Heiduck -
Feb. 1942 Riga
Wielandstr. 34, Charlottenburg
Kanzlei: Königstr. 48, C 2
T: E 2 Kupfergraben 1071
B., dem die Zulassung als Notar
1933 entzogen worden war,
praktizierte noch bis zum allgem. Berufsverbot 1938; er
wurde mit dem 8. Transport
(13.1.1942) nach Riga
deportiert, wo er einen Monat
später umgebracht worden ist.
*li, Br.B.32; BG: g, BAK, GB;
LAB, OFP-Akten; BAP 15.09.
RSA; LAB, Liste 15.10.33; BAL,
PAK

Badrian, Erich
24.4.1898 - k.A.
Kaiser-Wilhelm-Str. 46, C 2
Berufsverbot im Frühjahr1933,
keine weiteren Angaben.
Br.B.32; Liste d. nichtzugel. RA,
25.4.33; BAL, PAK

Badrian, Gerhard Gad Dr.
13.10.1901 Kattowitz -
Auschwitz
Württembergische Str. 33, W 15,
Wilmersdorf
Landsberger Allee 115/116,
NO 18
T: E 9 Friedrichshain 4001
B. war Dissident; er wurde mit
dem 40. Transport (4.8.1943)
nach Auschwitz deportiert, dort
verschollen.
*li, BG: g, BAK; GB; LAB, OFP-
Akten; BAP 15.09. RSA; cjb; LAB,
Liste 15.10.1933; BAL, PAK

Badrian, Gustav, JR.
k.A. - 17.12.1935
priv.: k.A.
Dernburgstr. 49, Charlottenburg
T: J 3 Westend 1874
Keine Angaben.
*li, Br.B.32; BG: LAB, OFP-Akten
(Akte B., Bela); LAB, Liste
15.10.33; BAL, PAK

Bäcker, Benno Dr.
18.1.1893 - k.A.
priv.: k.A.
Rathenower Str. 5, NW 52
B. war seit März 1921 Anwalt
und seit 1932 Notar in Berlin;
er wurde am 23.5.1933 mit
einem Berufsverbot als Anwalt
und Notar belegt gem. § 1 Abs.
1 d. Ges. v. 7.4.1933, weil er als
„Nichtarier" galt.
Br.B.32; Liste d. nichtzugel. RA,
25.4.33; BAL, PAK

Baer, Albert Dr.
4.4.1888 - k.A.
priv.: k.A.
Friedrich-Ebert-Str. 2-3, W 9
Berufsverbot als Anwalt und
Notar im Frühjahr 1933.
Br.B.32; Liste d. nichtzugel. RA,
25.4.33; BAL, PAK

Baerwald, Max Dr.
k.A.
Königstr. 50, C 2
Berliner Str. 57, Oranienburg
T: Oranienburg 2009
Noch als „Konsulent" tätig
gewesen; Emigration nach den
Philippinen, Manila.
*li; BG: LAB, OFP-Akten (s. a.
Akte Stenger, Alfred); LAB, Liste
15.10.33; BAL, PAK

Ball, Arthur Dr.
7.3.1889 - k.A.
priv.: k.A.
Dorotheenstr. 31, NW 7
T: A 2 Flora 4062
B. war getauft (evangelisch),
ebenso seine Eltern, dennoch
galt er als Jude. Zugelassen als
Anwalt und Notar, die Zulassung wurde zum 24.7.1934 gem.
§ 21 Abs. 1 der RAO gelöscht.
*li, Br.B.32; BAL, PAK

Ball, Ernst Dr., JR.
k.A.
priv.: k.A.
Viktoria-Luise-Platz 1, W 30
T: B 6 Corneliuis 1619
Die Kanzlei der Brüder Ball
mußte aufgelöst werden, weil
sie als Juden galten und im
Frühjahr 1933 mit Berufsverbot

belegt wurden. Ernst B. war ursprünglich als Anwalt und Notar zugelassen gewesen.
Br.B.32, Ball-Kaduri; BAL, PAK

Ball, Fritz Dr.
19.7.1893 Berlin - k.A.
Eisenacher Str. 81, Schöneberg
Viktoria-Luise-Platz 1, W 30
T: B 6 Cornelius 1619
Fritz B. war seit dem 13.7.1920 als RA zugelassen, seit 1930 auch als Notar; er wurde im März 1933 verhaftet und in dem wilden KZ der Kaserne General-Pape-Str. inhaftiert, er kam nach einigen Tagen und Folter wieder frei. - Die Kanzlei, die er gemeinsam mit seinen Brüdern betrieb, mußte aufgelöst werden, weil B. die Zulassung als Anwalt und Notar zum 9.6.1933 entzogen wurde. Er emigrierte 1939 in die USA.
Br.B.32, Ball-Kaduri; BG: LAB, OFP-Akten; BAL, PAK

Ball, Kurt Dr.
1891 Berlin - 29.5.1976 Tel Aviv
priv.: k.A.
Viktoria-Luise-Pl. 1, W 30
T: B 6 Cornelius 1619
B. war von 1920-26 im Reichsfinanzministerium tätig; ab 1926 ließ er sich als RA mit Schwerpunkt Steuerangelegenheiten nieder, gemeinsam mit seinen Brüdern in einer Sozietät, daneben war er Privatdozent an der Handelshochschule Berlin. B. war noch 1933 als Vorst.-Mitgl. der RAK gewählt worden; zum 19.6.1933 als Rechtsanwalt mit Berufsverbot belegt (s. auch B., Fritz u. Ernst), die gemeinsame Kanzlei mußte aufgelöst weden. Bis 1938 war B. Steuerberater für jüd. Emigranten; 1934-37 zugleich Vorst.-Mitgl. der zion. Ortsgruppe Berlin; bei der Verhaftungswelle nach der Reichspogromnacht 1938 wurde auch B. verhaftet, er war vom 11.11.-16.12.1938 im KZ Sachsenhausen interniert, nach seiner Freilassung emigrierte er nach Palästina. Er erweiterte seinen

Namen und nannte sich fortan Kurt-Jacob Ball-Kaduri. In Palästina begann er 1943-44 mit der Sammlung von Zeugenaussagen zum Holocaust. Auf seine Initiative hin wurde diese Forschungsstelle vom Staat Israel als nationale Gedenkstätte (Yad Vashem) übernommen. Zahlreiche Veröffentlichungen, u.a.: Das Leben der Juden in Deutschland im Jahre 1933, Frf.a.M. 1963
Br.B.32, Liste d. nichtzugel. RA, 25.4.33; Verz.; Ball-Kaduri, Walk; Göpp., S. 267

Bamberger, Hans Dr.
13.1.1892 Berlin - k.A.
priv.: k.A.
Motzstr. 77, W 30
T: B 7 Pallas 2000
B. hatte am Ersten Weltkrieg teilgenommen, schon der Vater war getauft. B. durfte 1933 weiter praktizieren, weil er Frontkämpfer gewesen war. 1936 erhielt er einen Unterhaltszuschuß vom Kammergericht. 1938 fiel er unter das allgem. Berufsverbot; keine weiteren Angaben.
*li, Br.B.32; BG: BAK, Kartei schulpflichtiger Kinder; BAP 15.09. RSA, Fam.ang.: B., Irmgard; B., Marion; LAB, Liste 15.10.33; BAL, PAK, PA 50711

Bang, Ferdinand Dr.
13.2.1889 Marburg - 12.5.1955 Berlin
Schillerstr. 15, Charlottenburg
Friedrichstr 66, W 8
T: A 1 Jäger 1259
Auch nach 1933 immer als RA und Notar tätig, mußte jedoch wegen Kriegseinwirkungen mehrfach seine Büroräume verlegen. B. galt als „Mischling", seine Ehe mit einer „arischen" Frau als „privilegiert". Nach 1945 wurde sein Antrag auf Entschädigung abgelehnt, da er zwar Beschränkungen erlitten hatte, dennoch immer seinen Beruf hatte ausüben dürfen, zudem waren seine Kinder in

der HJ und im BDM gewesen, er selbst in NSV und Volkssturm. 1946 wurde B. erst als Staatsanwalt und dann als Richter berufen. Aufgrund einer schweren Herzerkrankung war er jedoch nicht in der Lage, diese Aufgaben wahrzunehmen. 1949 erhielt er seine Wiederzulassung als RA.
*li, Br.B.32; Tel.B.41; BG: BAP 15.09. RSA; cje; LAB, Liste 15.10.33; RAK, PA; LAB, Liste Mschl.36

Barbasch, Ludwig Dr.
28.8.1892 Berlin -
12.7.1967 Wiesbaden
priv.: k.A.
Königstr. 20/21, C 2
T: E 1 Berolina 0306/07
1918-19 Staatsmin. ohne Portefeuille: nach der Niederschlagung der Revolution zum Tode verurteilt, später begnadigt; aktives Mitgl. der KPD; 1924-1933 polit. Strafvert. in Berlin (Bürogem. mit Hans Litten); März-Sept.1933 im KZ Brandenburg inhaftiert, nach der Freilassung Emigration über die Schweiz und Italien nach Palästina; 1956/57 Rückkehr nach Deutschland; ab 1958 Rechtsanwalt in Wiesbaden (Wiedergutmachungssachen).
Adr.B.32; BG: BHdE 1933 , Bd.1, Walk; Göpp., S.328; Krach, S.430

Barczinski, Arthur Dr.
27.2.1885 Allenstein - k.A.
priv.: k.A.
Uhlandstr. 167, W 15
T: J 1 Bismarck 4512
RA und Notar; seit 1921 kein Mitglied der Jüdischen Gemeinde mehr. Verlegte 1933 seine Kanzlei in die Albrecht-Achilles-Str. 5; war noch bis mind. 1936 als Anwalt tätig; keine weiteren Angaben.
*li, Br.B. 32; Liste 36; BG: BAK, Kartei schulpflicht. Kinder; cjb (mit Anschrift Charlottenburg, Carmer-str. 11); LAB, Liste 15.10.33; BAL, PAK

Baron, Fritz Dr.
1.2.1905 - k.A.
priv.: k.A.
Eisenacher Str. 113, W 30
Berufsverbot im Frühjahr 1933.
Liste d. nichtzugel. RA, 25.4.33; BAL, PAK

Barth, Aron Dr.
26.3.1890 Berlin - 1957 Tel Aviv
Auerbachstr. 15, Wilmersdorf
Auerbachstr. 15, Wilmersdorf
(1933: Friedrich-Ebert-Str. 28, NW 7)
1916-33 Syndikus in der DANAT-Bank und des Hirsch-Kupfer-Konzerns; 1921-33 Rechtsbeistand im WZO-Gericht, Delegierter des Zion. Kongr. und Kongressgerichts. Berufsverbot im Frühjahr 1933. Emigration nach Palästina, Haifa, am 1.6.1934. Bis 1938 RA in Haifa, später bis 1957 Direktor der Anglo-Palestine Bank/ Bank Leumi; Exekutivmitglied der Hebräischen Universität (Jerusalem).
„Orthodoxie und Zionismus"; zion. Funktionär
Adr.B.32; Liste d. nichtzugel. RA, 25.4.33; BG: LAB, OFP-Akten; cjb; BHE nach 1933 , Bd.1, Walk; Lowenthal; BAL, PAK

Baruch, Bernhard
4.7.1885 München - k.A.
Ansbacher Str. 54, Schöneberg
Pallasstr. 14, W 57
T: B 7 Pallas 3986
Mußte die Kanzlei 1933 räuml.
verlegen, gleichzeitig verlor er
die Zulassung als Notar; lebte
nach 1945 in Berlin-Pankow,
Moltkestraße.
*li, Br.B. 32, Adr.B.32; BG: BAP,
115.09 RSA; LAB, OFP-Akten;
Aufbau (NY), 2.11.45; BAL, PAK

Basch, Walter
29.11.1885 Berlin - k.A.
Schlüterstr. 45, W 15
Lützowstr. 83, W 35
T: B 1 Kurfürst 1009
Verlor 1933 die Zulassung als
Notar, konnte als Anwalt noch
länger tätig sein; keine weiteren
Angaben.
*li, Br.B.32; LAB, Liste 15.10.33;
BAL, PAK; BG: LAB, OFP-Akte

Baswitz, Felix
k.A. - 1933
priv.: k.A.
Bülowstr. 17, W 57
T: B 7 Pallas 1225
B. verlegte seine Kanzlei 1933,
er starb im gleichen Jahr.
*li, Br.B.32; BAL, PAK

Bauchwitz, Kurt Dr.
12.7.1890 Halle - k.A.
Bleibtreustr. 33, Charlottenburg
Kurfürstendamm 47, W 15
T: J 1 Bismarck 2443/44
Emigration in die USA 1939.
*li; Adr.B.32; BG: LAB, OFP-
Akten (s.a. Hausen, Bertha); cjb;
BAL, PAK

Bauer, Franz
k.A.
Bleibtreustr. 17, Charlottenburg
Uhlandstr. 171/172, W 15
T: J 1 Bismarck 4020
Verlegte die Kanzlei 1933; konn-
te noch bis 1938 praktizieren
(„inaktiv 1938").
*li, Br.B.32; BG. LAB, OFP-
Akten; BAL, PAK

Baum, Max Dr.
12.5.1884 Mengede - k.A.
Große Frankfurter Str. 53 (1939)
Motzstr. 54, W 30
T: B 5 Barbarossa 5881
B. war seit dem 1.7.1909 evangelisch; er hatte am Ersten
Weltkrieg teilgenommen, das
Eiserne Kreuz II. Kl. erhalten,
aus diesem Grund als Anwalt
1933 wiederzugelassen. B., der
1928 aus der jüdischen Gemeinde ausgetreten war, gab seine
Zulassung 1937 zurück; keine
weiteren Angaben.
*li; Br.B.32. Adr.B.32; BG: VZ;
BAL, PAK; BG: cjb

Baum, Siegfried
9.3.1905 - k.A.
priv.: k.A.
Greifswalder Str. 9, NO 55
Berufsverbot im Frühjahr 1933;
B. hat vermutlich überlebt.
Liste d. nichtzugel. RA, 25.4.33;
BAL, PAK

Baumer, Wilhelm von
k.A.
priv.: k.A.
Auguste-Viktoria-Str. 4/II
B.s Zulassung wurde 1934
gelöscht („inaktiv 1934").
*li; BAL, PAK

Becher, Carl (Karl) Dr.
18.4.1888 Berlin - k.A.
Kaiserallee 206, W 15
Kaiserallee 206, W 15
T: B 4 Bavaria 4497
B. verlegte seine Kanzlei 1933,
verlor gleichzeitig das Notariat.
Emigration nach Seattle, USA,
über Großbritannien am
23.3.1939.
*li, Br.B.32; BG: LAB, OFP-
Akten; LAB, Liste 15.10.33; BAL,
PAK

Becher, Richard
2.9.1875 Schrimm - k.A.
Fasanenstr. 73, W 15
Fasanenstr. 73, W 15
T: J 1 Bismarck 7095/96
Auflösung der Sozietät, Verlust
des Notariats und räuml. Verle-
gung 1933, die Zulassung als

Anwalt wurde 1937 gelöscht.
Emigration in die Schweiz,
Steinau, am 7.8.1937.
*li, Br.B.32. BG: LAB, OFP-
Akten; cjb (mit Anschrift Wilmersdorf, Kaiserallee 27); LAB, Liste
15.10.33; BAL, PAK

Beck, Kurt Dr.
2.3.1890 Danzig - k.A.
priv.: k.A.
Friedrichstr. 59, W 8
T: W 8 Merkur 5500-5501
B. hatte am Ersten Weltkrieg
teilgenommen; er war seit 1919
konfessionslos; seit 1920 als RA
und seit 1927 als Notar zugelassen, praktizierte in einer Kanzlei
mit Alfred Apfel. Mit Berufsverbot belegt gem. § 1 Abs.1 d.
Ges. v. 7.4.1933 (Löschung
20.7.1933).
Br.B.32, BAL, PAK; PA

Beer, Fritz Dr.
1.3.1895 - k.A.
priv.: k.A.
Schicklerstr. 13, O 27
T: E 2 Kupfergraben 3937
Vermutlich noch bis 1938 als
Anwalt tätig; emigrierte am
16.2.1938 nach Panama.
*li, Br.B.32; LAB, Liste 36; Liste
15.10.33; BAL, PAK; BG: LAB,
OFP-Akten

Beer, Kurt
18.6.1867 - k.A.
priv.: k.A.
Alexanderstr. 25, O 27
Anwalt seit 1924, Notar seit
1932; die Zulassung wurde zum
Juni 1933 gelöscht, weil B. nach
§ 1 Abs.1 d. Ges. v. 7.4.1933 als
Jude galt; Emigration nach
Palästina.
Br.B.32; Liste d. nichtzugel. RA,
25.4.33; BG: LAB, OFP-Akten

Beermann, Hans Dr.
8.6.1878 Berlin - 7.9.1940
priv.: k.A.
Bülowstr. 28, W 57
T: B 7 Pallas 2571
Keine Angaben.
*li, Br.B.32; BG: LAB, OFP-
Akten; BAP, 15.09 RSA;

Friedh.W.Sterbereg.; LAB, Liste
15.10.33; BAL, PAK

Beerwald, Joseph Dr.
*17.10 1895 Tilsit - k.A.
Livländische Str. 10
Jägerstr. 63, W 8
T: A 2 Flora 3046
Als Anwalt und Notar zugelas-
sen; emigrierte nach Großbri-
tannien.
*li, Br.B.32; BG: LAB, OFP-
Akten; LAB, Liste 15.10.33; BAL,
PAK

Behr, Rudolf
9.5.1894 - k.A.
priv.: k.A.
Eichhornstr. 1, W 9
T: B 2 Lützow 0525
Gegen B. wurde im Frühjahr
1933 ein Vertretungsverbot
erlassen, er wurde jedoch bis
Oktober 1933 wieder zugelassen; keine weiteren Angaben
zum Schicksal.
*li, Liste d. nichtzugel. RA,
25.4.33; LAB, Liste 15.10.33;
BAL, PAK

Bein, Erwin Dr.
7.5.1884 Berlin - k.A.
Landhausstr. 43
Kleiststr. 29, W 62
T: B 5 Barbarossa 2143
Räuml. Veränderung und Verlust des Notariats 1933. Emigration nach Großbritannien
oder USA am 26.2.1939.
*li; BG: LAB, OFP-Akten; LAB,
Liste 15.10.33; BAL, PAK

Belkin, Hugo Dr.
10.6.1878 Schlesien - 29.12.1943
Sächsische Str. 44, Wilmersdorf
Kronenstr. 12/13, W 8
T: A 1 Jäger 4122
B. verlegte seine Kanzlei 1933
räumlich; 1935 wurde seine
Zulassung als Anwalt und Notar
gelöscht. Die Ehefrau Gertrud
(19.8.1898) war evangelisch; B.
starb 1943 im Alter von 65 Jahren, die näheren Umstände des
Todes sind unbekannt.
*li, Br.B.32; BG: BAP, 15.09 RSA;
LAB, Liste 15.10.33; BAL, PAK

Benary, Otto
24.11.1886 Berlin - k.A.
Derfflingerstr. 11
Nollendorfpl. 6, W 30
Berufsverbot als Anwalt und
Notar im Frühjahr 1933; Emi-
gration nach Chile am 4. 5.
193?.
Adr.B.32; *Liste d. nichtzugel.* RA,
25.4.33; BG: LAB, OFP-Akten;
BAL, PAK

Bendix, Erwin Dr.
*13.5.1885 Magdeburg - k.A.
Viktoria-Luise-Platz 5, Schöne-
berg
Schlesische Str. 26, SO 36
T: F 8 Oberbaum 0012
Anwalt und Notar; emigrierte
im Okt. 1938 nach Großbritan-
nien, London.
**li*, Br.B.32; BG: LAB, OFP-
Akten; LAB, *Liste* 15.10.33; BAL,
PAK

Bendix, Hans Dr.
15.2.1903 Berlin - k.A.
Kurfürstendamm 73
Kurfürstendamm 184, W 15
T: J 1 Bismarck 6815
Berufsverbot im Frühjahr 1933;
die Ehefrau Esther geb. Lund-
green galt als „arisch".
Br.B.32; BG: BAP, 15.09 RSA;
Liste d. nichtzugel. RA, 25.4.33

Bendix, Ludwig Dr.
1877 Dorstfeld -
3.1.1954 Oakland, Cal.
priv.: k.A.
Zimmerstr. 84, SW 68
T: A 1 Jäger 2495
B. war seit 1907 als Anwalt
tätig, daneben Vorsitzender
beim Arbeitsgericht Berlin; im
Mai 1933 mit einem Berufsverbot wegen „kommunistischer
Betätigung" belegt, obwohl er
in dieser Richtung nicht aktiv
gewesen war, allerdings hatte er
einige wichtige Gegner der
Nationalsozialisten verteidigt.
Auf B. wäre die Ausnahmeregelung des § 2 d. Ges. v. 7.4.1933
anzuwenden gewesen, wonach
ihm eine weitere Tätigkeit hätte
zugestanden werden müssen,

vermutlich um das zu vermeiden, wurde sein Engagement
als kommunistisch interpretiert.
Ab 2.6.1933 wurde er vier Monate in „Schutzhaft" genommen,
von Juli 1935 bis Mai 1937war
er im KZ Dachau inhaftiert; er
wurde entlassen mit der Auflage, in ein außereuropäisches
Land auszuwandern. Im Mai

1937 ist B. nach Palästina emi-
griert; ab 1947 lebte er in den
USA bei seinem Sohn Reinhard
(25.2.1916, seit 1938 in den
USA; Prof. der Soziologie).
Zahlreiche Veröffentl., u.a. ders.
u. Manfred Weiss: Zur Psycho-
logie der Urteilstätigkeit des
Berufsrichters und andere
Schriften, mit einer biografi-
schen Einleitung von Reinhard
Bendix
Br.B.32; LBI *Memoirs, New York;
Bendix, R.: Von Berlin nach Berke-
ley; Göpp.,* S. 268

Benfey, Hans Dr.
23.1.1888 Emmerstedt - k.A.
priv.: k.A.
Pariser Platz 6 II, NW 7
T: A 1 Jäger 5497/98
B. war mit einer nicht-jüdischen
Ehefrau verheiratet und katho-
lisch getauft; er galt als „Misch-
ling 1. Grades"; er überlebte.
**li*; BG: BAP, 15.09 RSA; *Aufbau*
N.Y., 17.8.1945; LAB, *Liste
Mschlg.*36; *Liste* 15.10.33

Benjamin, Julian
20.1.1896 Kulm - k.A.
Stübbenstr. 9, Schöneberg
Dorotheenstr. 30, NW 7
T: A 2 Flora 5562
Frontkämpfer im Ersten Welt-
krieg; B. fiel unter das allgem.
Berufsverbot 1938; später findet
sich eine Eintragung „auf Rei-
sen abgemeldet".
*li, Br.B.32; BG: LAB, OFP-
Akten; LAB, *Liste* 15.10.33; BAL,
PAK

Benjamin, Max Louis Dr.
11.5.1885 Berlin - k.A.
Kaiserdamm 74, Charlottenburg
Kaiserdamm 74, Charlottenburg
T: J 3 Westend 1511
Auflösung der Sozietät und
räuml. Verlegung der Kanzlei
1933; später Emigration in die
USA, New York.
*li, Br.B.32; BG: LAB, OFP-
Akten; LAB, *Liste* 15.10.33; BAL,
PAK

Benjamin, Siegfried Dr.
31.1.1885 Kulm - k.A.
Auf dem Grat 52, Zehlendorf,
Dahlem, C 25
Alexanderstr. 5, C 25
T: E 1 Berolina 1673/74
Ein Partner scheidet 1933 aus
der Kanzlei aus, räuml. Verän-
derung in dieser Zeit. Emigrati-
on nach Palästina, Tel-Aviv,
oder nach Großbritannien im
März 1939.
*li; Br.B.32; BG: LAB, OFP-
Akten; cjrv; LAB, *Liste* 15.10.33;
BAL, PAK

Ber, Hermann
20.3.1876 Berlin - k.A.
Kurfürstendamm 205, Charlot-
tenburg
Jägerstr. 6, W 8
T: A 2 Flora 2031
Verlust des Notariats1933. Die
Ehefrau Elise geb. Mierke galt
als „arisch"; Emigration in die
Niederlande, Amsterdam, am
15.4.1939. Weiteres Schicksal
unbekannt.
*li, Br.B.32; BG: LAB, OFP-Akten;
LAB, *Liste* 15.10.33; BAL, PAK

Beradt, Martin Dr.
26.8.1881 Magdeburg -
26.11.1949 New York
Joachimsthaler Str. 15, W 15
Joachimsthaler Str. 25/26, W 15
T: J 1 Bismarck 4651
Neben seiner anwaltlichen
Tätigkeit veröffentlichte B. seit
1909 verschiedene literarische
Werke, u.a.„Go" (die Geschichte
eines lebensängstlichen Jüng-
lings, der Selbstmord begeht;
1909 erschienen in einer Auflage von 30.000 Ex.) später „Ehe-
leute" und „Das Kind" sowie
justizkritische Arbeiten (u.a.:
Der Richter, hg. von Martin
Buber). Nach Beginn des Ersten
Weltkriegs wird B. wegen eines
Augenleidens als „frontuntaug-
lich" befunden, dennoch 1915
zu Schanzarbeiten herangezogen. Als sich sein Leiden ver-
schlimmert, wird er vom Militär
entlassen. In der Folge verar-
beitet er seine Erfahrungen
literarisch in einem Antikriegs-
roman („Erdarbeiter",1929 unter
dem Titel „Schiller an der Front"
neu aufgelegt). Gleichzeitig
gelingt es B., seine Kanzlei aus-
zubauen; er wird Syndikus des
Deutschen Automobilhändler-
Verbandes und des Schutzver-
bandes Deutscher Schriftsteller,
aber auch RA von Walter Rathenau und Heinrich Mann. In der
Weltbühne geißelt B. die
Mißachtung von Persönlich-
keitsrechten und das „normale
deutsche Spießertum". 1933
wurde die Sozietät aufgelöst, B.
mußte die Kanzlei räumlich verlegen, außerdem wurde ihm
das Notariat entzogen. Als
Anwalt war er bis zum allgem.
Berufsverbot 1938 tätig. Im
allerletzten Moment konnte B.
mit seiner Frau Charlotte, die
Journalistin war, am 17.7.1939
über Großbritannien in die USA
(1940) emigrieren. Im Gepäck
hatte er ein Manuskript seines
Buches „Straße der kleinen
Ewigkeit", einer Schilderung der
Grenadierstraße im Scheunen-
viertel in Berlin; in New York

ließ sich hierfür kein Verleger gewinnen. In den letzten Lebensjahren sorgte Charlotte B. durch Friseurarbeiten für den Lebensunterhalt. Im November 1949 starb B. halbblind im Alter von 68 Jahren in New York. Einige seiner Werke werden jetzt wiederveröffentlicht.
Urheberrecht
*li, Br.B.32; BG: LAB, OFP-Akten, BAP, 15.09 RSA, BHdE, Bd, 2,1; LAB, Liste 15.10.33; BAL; PAK; Hanno Kühnert: Von den Deutschen vergessen; in: Die Zeit, 30.11.1990, S. 76

Berend, Hugo Dr.
16.9.1876 - k.A.
Rubensstr. 25, Friedenau
Kantstr. 67, Charlottenburg
RA und Notar; zum 28.7.1933 das Notariat entzogen, B. ließ sich teilweise von RA Dr. Benno Leyser vertreten; keine weiteren Angaben.
BAL, PAK, PA

Berendt, Hugo
7.5.1892 Posen -
verschollen, Auschwitz
Kurfürstendamm 177, W 15
Kaiser-Friedrich-Str. 61a, Charlottenburg
T: C 1 Steinplatz 8604
Frontkämpfer im Ersten Weltkrieg; als Anwalt und Notar zugelassen. 1935 wurde ihm die Zulassung als Notar entzogen, 1938 fiel B. unter das allg. Berufsverbot. Er wurde mit dem 42. Transport (10.9.1943) nach Auschwitz deportiert und ist dort verschollen.
*li, Br.B.32; BG: BAK GB, LAB, OFP-Akten, BAP, 15.09 RSA; LAB, Liste 15.10.33; BAL, PAK

Berent, Margarete Dr.
9.7.1887 Berlin -
23.6.1965 New York
priv.: k.A.
Hallesches Ufer 14, SW 11
Margarete B. wurde 1925 als erste Anwältin Preußens zugelassen, ihre Promotion hatte sie magna cum laude abgeschlos-

sen; Mitgründerin des Deutschen Akademikerinnenbundes. Hatte bereits mit ihrer Dissertation (1915) und diversen Beiträgen auf das Gleichberechtigungsgesetz Einfluß genommen. Im Frühjahr 1933 mit Berufsverbot belegt gem. § 1 Abs.1 d. Ges. v. 7.4.1933, weil sie als Jüdin galt und für sie als Frau die Ausnahmeregelungen nicht in Betracht kamen. Im Sommer 1939 Emigration nach Chile, von dort gelangte sie 1941 nach New York, wo sie ab 1949 wieder als Anwältin arbeitete.
Br.B.32; Liste d. nichtzugel. RA, 25.4.33; Göpp., S. 268

Berger, Erwin Dr.
15.5.1901 - k.A.
priv.: k.A.
Kurfürstendamm 13, W 50
Berufsverbot im Frühjahr 1933.
Br.B.32; Liste d. nichtzugel. RA, 25.4.33; BAL, PAK

Berger, Fritz Dr.
28.2.1902 Chemnitz - k.A.
Nassauische Str. 4, Wilmersdorf
Königstr. 33/36, C 2
RA 1932-33, im Frühjahr 1933 mit Berufsverbot belegt. 1936-39 Leiter des Palästina-Amtes, 1939 Delegierter des Zionischen Welkongresses, Emigration nach Palästina, Tel Aviv; Studium der Archäologie, 1948-

1967 Mitarbeit in der Altertumsforschung der Israelischen Regierung sowie als Buchhändler u. Archäologe.
Göpp., S: 269; BG: LAB, OFP-Akten (s.a. Akte Berger, Margarete); BAP, 15.09 RSA; Liste d. nichtzugel. RA, 25.4.33; BAL, PAK

Berger, Kurt
21.7.1892 - 5.2.1936
priv.: k.A.
Rankestr. 34, W 50
T: B 5 Barbarossa 7292
1935 wurde B.s Zulassung als Anwalt gelöscht; er starb 1936 im Alter von 44 Jahren.
*li, Br.B.32; BG: Friedh.W.Sterbereg.; LAB, Liste 15.10.33; BAL, PAK

Bergmann, Arthur Dr.
16.12.1906 Berlin - k.A.
priv.: k.A.
Klosterstr. 65/67, C 2
Berufsverbot zum 13.6.1933; B. ging ins Saarland und wurde dort 1935 wegen „Vorbereitung des Hochverrats" angeklagt; keine weiteren Angaben.
Liste d. nichtzugel. RA, 25.4.33; BAL, PAK; PA 51433

Bergmann, Siegfried
11.2.1878 Przeworsk - k.A.
Leibnizstr. 43, Charlottenburg
Neue Schönhauser Str. 1, N 54
T: D 1 Norden 1347
RA und Notar; 1933 zeitweiliges Vertretungsverbot, die Zulassung als Anwalt wurde 1937 gelöscht; Emigration.
*li, Br.B.32; BG: LAB, OFP-Akten (Akte Prodonta); LAB, Liste 15.10.33; BAL, PAK

Bermann, Robert
16.11.1900 Gleiwitz - k.A.
priv.: k.A.
Güntzelstr. 46, Wilmersdorf
Syndikus des Börsenvorstandes zu Berlin, später Syndikus der Industrie- und Handelskammer, aus dieser Funktion wurde er am 31.3.1933 entlassen, weil er Jude war; aus dem gleichen Grund wurde seine Zulassung

als RA am 1.7.1933 gem. § 1 Abs.1 d. Ges. v. 7.4.1933 gelöscht. B. emigrierte nach Großbritannien, London.
Liste d. nichtzugel. RA, 25.4.33; BAL, PAK; PA

Berne, Jacob Dr.
1.3.1879 Witkowo - k.A.
Admiral-v-Schröder-Str. 29, W 35
Herwarthstr. 4, NW 40
T: A 1 Jäger 1977
Die Zulassung wurde 1933 gelöscht („inaktiv"); später Emigration nach Großbritannien, London.
*li; BG: LAB, OFP-Akten; LAB, Liste 15.10.33; BAL, PAK

Bernhard, Walther Dr.
9.4.1877 Berlin - 5.9.1948 Berlin
Jägerstr. 69
Nollendorfplatz 1, W 30
T: B 2 Lützow 0634
RA seit 1907; ab 1930 auch Direktor der Darmstädter und Nationalbank (die im Rahmen der Weltwirtschaftskrise den gravierendsten Einbruch aller deutschen Banken erlebt hatte).

Daneben war B. auch Justitiar und Liquidator der Bankhäuser Gebr. Arnhold und S. Bleichröder GmbH, ein weiterer wichtiger Mandant war das Warenhausunternehmen Hermann Tietz. Bei den letzten freien Wahlen hatte B. die DVP gewählt; er war Protestant. Vor

1933 hatte B. ein Einkommen zwischen 134.000,- (1931) und 85.000,- RM (1932) erzielt, bis zum Jahr 1938 reduzierte sich dieses Einkommen auf 63.000,- RM. 1938 wurde B. mit dem allgem. Berufsverbot als jüdischer Anwalt belegt, konnte aber seine Tätigkeit als Liqudator fortsetzen. Über den Zeitabschnitt bis zur Befreiung keine weiteren Angaben; laut BG war er „untergetaucht". W. überlebte und erhielt 1948 seine Wiederzulassung als RA.
*li; Br.B.32; BG: LAB, OFP-Akten (s.a. Akte Lewerenz, Ella geb. Arnold); BAP 15.09 RSA; cjb; LAB, Liste 15.10.33; BAL, PAK; RAK, PA

Bernhardt, Martin Dr.
11.5.1886 Kriewen - k.A.
Hagenstr. 31, Grunewald
Hindersinstr. 9, NW 40
T: A 2 Flora 6281
Emigration in die USA am 29.12.1937, zeitgleich wurde die Zulassung als RA gelöscht.
*li, Br.B.32; BG: LAB, OFP-Akten; LAB, Liste 15.10.33; BAL, PAK

Bernhardt, Walter
12.4.1879 Berlin -
14.8.1961 Berlin
priv.: k.A.
Breite Str. 15, Steglitz
T: G 2 Steglitz 2923
Mußte 1933 die Kanzlei verlegen. B. lebte in einer kinderlosen, daher nicht privilegierten „Mischehe", später „Sternträger". B. arbeitete ein Jahr als Gepäckträger auf dem Stettiner Bahnhof, dann ein Jahr Arbeiter in verschiedenen Fabriken im Berliner Südosten.„Ich war auch durch die Gestapo gezwungen, meine Wohnung aufzugeben und mein Hab und Gut zu Schleuderpreisen zu verkaufen." Wiederzulassung als RA am 12.12.1946, B. lebte bis zu seinem Tod in Bln.-Steglitz.
*li; Br.B.32; BG: BAP, 15.09 RSA; cje; LAB, Liste 15.10.33; RAK, PA

Bernstein, Erich
10.11.1905 Schwerin - k.A.
priv.: k.A.
Mittelstr. 57/58, NW 7
Zivilrechtler, veröffentlichte die Schrift „Irrtum und Geschäftsgrundlage"; Berufsverbot zum 26.6.1933.
Liste d. nichtzugel. RA, 25.4.33; BAL, PAK; PA 51527

Bernstein, Heimann, JR.
29.6.1852 Gnesen - 30.7.1940
Hanstedter Weg 15, Steglitz
Worpsweder Str. 9, Steglitz
Verlust des Notariats und räuml. Verlegung der Kanzlei 1933; die Zulassung wurde am 1.11.1937 gelöscht. B. starb 1940 im Alter von 88 Jahren.
*li; Br. B.32; BG: BAP, 15.09 RSA, Friedh.W.Sterbereg.; LAB, Liste 15.10.33; BAL, PAK

Bernstein, Heinrich Siegfried
4.5.1905 - k.A.
priv.: k.A.
Taubenstr. 50, W 8
RA seit 1931; am 19.6.1933 Zulassung entzogen gem. § 1 Abs.1 d. Ges. v. 7.4.1933, weil er als Jude galt.
Liste d. nichtzugel. RA, 25.4.33; BAL, PAK; PA 51529

Bernstein, Otto
7.5.1877 Leipzig -
9.2.1943 Theresienstadt
Mommsenstr.65,Charlottenburg
Mommsenstr. 9, Charlottenburg
T: J 1 Bismarck 1005
B. war evangelisch; noch bis zum allgem. Berufsverbot 1938 als Anwalt tätig, danach „Rentner". Datum der Vermögenserklärung: 23.10.1942; Sammellager Große Hamburger Str. 26, mit dem 70. Alterstransport (30.10.1942) nach Theresienstadt deportiert, dort zwei Monate später umgekommen. Bis 1933 Schriftleiter der Zeischrift „Bank-Archiv".
*li ; BG: g, BAK, G; LAB, OFP-Akten; BAP, 15.09 RSA; cjb; Göpp., S. 368

Bernstein, Siegfried
18.2.1885 - 15.7.1938
Prinzregentenstr. 6, Wilmersdorf
Uhlandstr. 171, W 15
T: J 1 Bismarck 6650
B. wurde 1933 weiter zugelassen, er starb 1938 im Alter von 53 Jahren.
*li; BG: BAK, GB, LAB, OFP-Akten, BAP, 15.09 RSA; LAB, Liste 15.10.33; BAL, PAK

Bernstein, Tobias Dr.
k.A.
priv.: k.A.
Kurfürstendamm 50 III
B.s Zulassung wurde 1933 gelöscht.
*li; LAB, Liste 15.10.33; BAL, PAK

Bernstein, Werner Dr.
17.3.1893 - k.A.
priv.: k.A.
Hinter der katholischen Kirche 2, W 56
T: A 6 Merkur 1857
Vermutlich der Sohn von Wilhelm B.; betätigte sich bis mind. 1936 noch als Anwalt.
*li; Liste 36; LAB, Liste 15.10.33; BAL, PAK

Bernstein, Wilhelm Dr., JR.
14.9.1856 Magdeburg -
12.11.1940
Kaiserallee 31; Wilmersdorf
Hinter der katholischen Kirche 2, W 56
T: A 6 Merkur 1255
Vermutlich der Vater von Werner B., die Zulassung als RA wurde 1935 gelöscht („inaktiv 1935"); B. starb 1940 im Alter von 84 Jahren.
*li; BG: BAP, 15.09 RSA; LAB, OFP-Akten (Akte Landsberg, Fritz); Friedh.W.Sterbereg.; LAB, Liste 15.10.33; BAL, PAK

Besas, Georg Dr.
10.9.1886 - 1934 Berlin
k.A.
Fasanenstr. 31, W 15
T: J 1 Bismarck 3961
Suizid im Alter von 48 Jahren in Berlin.

*li; BG: g, Auskunft Stephan Kornicker; BAL, PAK

Beschütz, Julius Dr.
27.8.1882 Salzwedel -
31.10.1943 Berlin
Nestorstr. 1, Wilmersdorf, Halensee
Kronenstr. 66/67, W 8
T: A 2 Flora 4422
Anwalt und Notar; B.s Ehefrau Erna geb. Jonas galt als „arisch". B. starb im Jüd. Krankenhaus in der Iranischen Straße im Alter von 61 Jahren.
*li; BG: LAB, OFP-Akten; BAP 15.09 RSA; cjb; Friedh.W.Sterbereg.

Besler, Manfred Dr.
25.6.1894 Galizien - k.A.
Schillerstraße 124, Charlottenburg
Siegmundshof 13, NW 23
B. hatte am Ersten Weltkrieg teilgenommen, seit 1924 Anwalt in Berlin; ihm wurde am 28.7.1933 die Zulassung entzogen; keine weiteren Angaben.
Br.B.32; Liste d. nichtzugel. RA, 25.4.33; BAL, PAK

Besser, Alexander Dr.
27.10.1899 - k.A.
priv.: k.A.
Kronenstr. 54, W 8
Berufsverbot im Frühjahr 1933; lebte nach 1945 in Hessen.
Br.B.32; Liste d. nichtzugel. RA, 25.4.33; BAL, PAK

Beuthner, Ernst Dr.
18.4.1878 Beuthen -
verschollen, Lodz
Luitpoldstr. 37, Schöneberg
Behrenstr. 28, W 8
T: A 2 Flora 3654
Nach einem zeitweiligen Vertretungsverbot 1933 soll B. bis zum allgem. Berufsverbot 1938 als Anwalt tätig gewesen sein; später soll er noch als „Konsulent" gearbeitet haben. Datum der Vermögenserklärung: 12.10.1941, Sammellager Levetzowstr. 7-8, Deportation mit dem 1. Transport (18.10.1941) nach Lodz, dort verschollen.

*li; BG: *g*, BAK, GB, LAB, OFP-Akten (*s.a. Akte Polke, Albert Dr.*); *Lodz-Transportliste* 4, Berlin I (*mit Beruf*); BAP, 15.09 RSA

Beutler, Dagobert
29.8.1883 Czarnikau -
verschollen, Auschwitz
Sybelstr. 64, Charlottenburg
Oranienstr. 58 a, S 42
T: F 1 Moritzplatz 1394
RA und Notar (in einer Kanzlei
mit dem Bruder Jack); mußte
später den Zwangsnamen „Isra-
el" führen; nach dem allgem.
Berufsverbot als Anwalt 1938
noch als „Konsulent" tätig;
Datum der Vermögenserklä-
rung: 2.10.1942; Sammellager
Große Hamburger Str. 26,
Deportation mit dem 3. Großen
Alterstransport (3.10.1942) nach
Theresienstadt, vermutlich
gemeinsam mit seinem Bruder
Jack, von dort Transport nach
Auschwitz, wo er verschollen
ist.
*li; BG: *g*, BAK, G, LAB, OFP-Akten (*s.a. Akte Plonski, Hulda*); BAP, 15.09 RSA; *Liste d. Kons.*, 15.3.39; LAB, *Liste 15.10.33*

Beutler, Jack (auch Jacques)
4.9.1879 Czarnikau -
verschollen, Auschwitz
Sybelstr. 64, Charlottenburg
Oranienstr. 58 a, S 42
T: F 1 Moritzplatz 1394
Nach zeitweiligem Vertretungsverbot 1933 wurde B. wieder
zugelassen und durfte bis zum
allgem. Berufsverbot 1938 praktizieren (in einer Kanzlei mit
seinem Bruder Dagobert).
Deportation mit dem 3. Großen
Alterstransport (3.10.1942) nach
Theresienstadt gemeinsam mit
seinem Bruder Dagobert B.,
Weitertransport nach Auschwitz, dort verschollen.
*li; BG: BAK, GB, LAB, OFP-Akten, BAP, 15.09 RSA; LAB, *Liste 15.10.33*; BAL, PAK

Beutner, Joachim Dr.
7.10.1897 Jüterborg -
8.8.1963 Berlin

Reichsstr. 105, Charlottenburg 9
Markgrafenstr. 46, W 8
T: A 2 Flora 7541
Frontkämpfer im Ersten Weltkrieg, protestantisch getauft;
galt als „Mischling" (ein Großelternteil galt als jüdisch). Auch
als Notar zugelassen; Sozietät
mit Wilhelm B. (vermutl. der
Bruder). B. konnte seinen Beruf
auch nach Kriegsbeginn ausü-

ben, wobei er wegen der eigenen und der Abstammung der
Ehefrau nicht in den Berufsver-
band aufgenommen wurde und
dadurch erhebliche Nachteile
erlitt.
*li; LAB, *Liste Mschlg.36*; *Tel.B.41*; *Liste 15.10.33*; RAK, PA

Beutner, Wilhelm Dr.
k.A.
priv.: k.A.
Markgrafenstr. 46, W 8
T: A 2 Flora 7541
Protestantisch getauft, galt als
„Mischling" (ein Großelternteil
als jüdisch). B. war auch als
Notar zugelassen; Sozietät mit
Joachim B. (vermutl. der Bruder). Konnte seinen Beruf mindestens bis 1940 ausüben.
*li; LAB, *Liste Mschlg.36*; *Tel.B.41*; LAB, *Liste 15.10.33*; BAL, PAK

Bibro, Felix
28.9.1903 - k.A.
priv.: k.A.

Klosterstr. 88/90, C 2
Berufsverbot im Frühjahr 1933;
B. hat überlebt. Keine näheren
Angaben.
Liste d. nichtzugel. RA, 25.4.33, BAL, PAK

Bieber, Friedrich Dr.
25.7.1891 Lissa - Auschwitz
Woyrschstr. 45, W 35, Tiergarten
Friedrichstr. 118/119, N 24
T: D 2 Weidendamm 6296
Frontkämpfer im Ersten Weltkrieg, evangelisch; die Zulassung als RA wurde nach einer
Verurteilung 1935 gelöscht;
keine näheren Angaben bis zur
Deportation; Datum der Vermögenserklärung: 27.6.1944, Sammellager Schulstr. 78; mit dem
55. Transport (12.7.1944) nach
Auschwitz deportiert, Schicksal
„ungeklärt", verschollen.
*li ; BG: *g*, BAK, GB, LAB, OFP-Akten; BAP, 15.09 RSA; LAB, *Liste 15.10.33*; BAL, PAK; PA 51705

Bieber, Richard Dr., JR.
30.6.1858 Magdeburg -
19.9.1936
Kaiser-Wilhelm-Str. 53
Kaiser-Wilhelm-Str. 53, C 2
T: D 2 Weidendamm 3821
War noch bis mind. 1936 als
Anwalt tätig, im gleichen Jahr
verstorben.
*li; BG: LAB, OFP-Akten; *cjb*; LAB, *Liste 15.10.33*

Bieberfeld, Siegfried Dr.
*15.10.1881 Lissa -
1944 Heidelberg
Mommsenstr.14, Charlottenburg
Alexanderstr. 71, C 25
T: E 1 Berolina 3374
B. wurde 1933 die Zulassung
entzogen, weil er als Jude galt.
B. und seine Frau tauchten
während des Krieges in Berlin
unter, indem sie in ein ausge-
bombtes Wohnhaus zogen.
Nach einiger Zeit flüchteten sie
sich nach Heidelberg und mel-
deten sich dort als Bombenop-
fer unter dem Namen Biebinger
und konnten so Lebensmittel-

karten erhalten. B. mußte sich
1944 einer Operation unterzie-
hen, bei der der Chirurg feststellte, daß er Jude war. Er meldete dies nicht. B. starb jedoch
an den Folgen der Operation.
B.s Frau konnte noch ins Ausland gelangen, der Sohn der
Familie hatte Deutschland
bereits verlassen. Er beging
nach 1945 Selbstmord.
*li; BG: LAB, OFP-Akten (*eigene Akte und Dresel, Richard*); BAP, 15.09 RSA; *Ausk. Simon Srebrny*; *Ausk. Bers*; LAB, *Liste 15.10.33*; BAL, PAK

Bielschowsky, Ludwig Dr.
6.2.1891 - k.A.
Kaiserallee 31, Wilmersdorf
Güntzelstr. 62, Wilmersdorf
T: H 7 Wilmersorf 3442
War bis mind. 1936 als Anwalt
tätig, verlegte die Kanzlei später
in die Neue Königstr. 70; keine
weiteren Angaben.
*li; *Liste 36*; LAB, *Liste 15.10.33*; BAL, PAK

Bielschowsky, Richard Dr.
26.9.1895 - k.A.
priv.: k.A.
Meinekestr. 21, W 15
Berufsverbot als Anwalt und
Notar zum 21.6.1933, obwohl B.
am Ersten Weltkrieg teilgenommen hatte, er wurde jedoch
offensichtlich nicht als Frontkämpfer akzeptiert.

Br.B.32; *Liste d. nichtzugel.* RA, 25.4.33; BAL, PAK; PA 5172

Bileski, Moritz Dr.
1.4.1889 Frankenstein - k.A.
priv.: k.A.
Carmerstr. 15, Charlottenburg
Berufsverbot als Anwalt und Notar 1933, trotz intensiver Bemühungen, das zu verhindern, und dem Nachweis, daß er am Ersten Weltkrieg teilgenommen hatte; wurde nicht als Frontkämpfer akzeptiert. In den Akten findet sich der Hinweis, daß B. „nach Palästina verzogen" ist.
Liste d. nichtzugel. RA, 25.4.33; BAL, PAK; PA 51768

Birnbaum, Marcus Dr.
23.5.1890 Fulda -
6. 3. 1941 Amsterdam
Flotowstr. 7, NW 87
Leipziger Str. 113, W
Mitglied von Adass Jisroel. Notariat 1933 verloren. Emigration in die Niederlande, Amsterdam, am 1.2.1939.
Br.B.32; BG: LAB, OFP-*Akten* (*s.a. Akte Isler, Jacob*); *cjb*; BAL, PAK

Bischofswerder, Franz Dr. [Frank Bishop]
*13.6.1888 Berlin - k.A.
Markgrafendamm 25, O 17
A. d. Spandauer Brücke 12, C2
T: D 1 Norden 4714
RA und Notar; von der Jüd. Gemeinde als Begleiter für den Transport von Flüchtlingen am 2. 4. 1939 nach Richborough, Großbritannien, eingesetzt, sollte nach Berlin zurückkommen. Emigration in die USA 1939.
li; BG: LAB, OFP-*Akten*; *skh* 2032; LAB, *Liste* 15.10.33; BAL, PAK

Bischofswerder, Isidor, JR.
7.2.1858 Wongrowitz - 27.1.1941
Berkaer Str. 32-35, Altersheim d. Jüd. Gemeinde
Keithstr. 21, W 62
T: B 5 Barbarossa 1579
Vermutlich der Vater von Franz

B., bis zum allgem. Berufsverbot 1938 als Anwalt tätig. Zuletzt war B. im Altersheim der Jüdischen Gemeinde untergebracht, wo er 1941 verstorben ist.
li; BG: BAK, *Kartei schulpfl. Kinder*, BAP, 15.09 RSA, *Friedh. W. Sterbereg.*; LAB, *Liste* 15.10.33; BAL, PAK

Bittermann, Willhelm
k.A. - 19.4.1937
priv.: k.A.
Hardenbergstr. 19, Charlottenburg
T: C 1 Steinplatz 9525
War bis mind. 1936 noch als Anwalt tätig.
li; *Liste 36*; LAB, *Liste* 15.10.33; BAL, PAK

Blach, Friedrich Samuel
*19.1.1884 Stralsund - k.A.
Mackensenstr. 5, Schöneberg
Pommersche Str. 7a, Wilmersdorf
T: H 6 Emser Platz 1290
Emigration in die USA, New York, 1937 (Löschung der Zulassung: 20.7.1933).
li; BG: LAB, OFP-*Akten*; LAB, *Liste* 15.10.33; BAL, PAK

Blankenfeld, Fritz Dr.
20.6.1889 Wangerin - k.A.
Salzburger Str. 7, Schöneberg
Linkstr. 19, W 9
T: B 1 Kurfürst 1915
RA und Notar; Emigration am 1.9.1940 nach Uruguay, Montevideo.
li; BG: LAB, OFP-*Akten*; BAP 15.09 RSA; BAL, PAK

Blaschkauer, Rudolf, JR.
13.9.1862 Murowana - k.A.
Wielandstr. 11, Charlottenburg
Wittelsbacher Str. 25, Wilmersdorf
T: H 7 Wilmersdorf 4932
Die Zulassung wurde am 24.9.1938 – vermutl. wegen Todes – gelöscht.
li; BG: BAK, *Kartei schulpfl. Kinder*, BAP, 15.09 RSA; LAB, *Liste* 15.10.33

Blasse, Jakob
*14.7.1883 Koschmin - k.A.
Riehlstr. 7, Charlottenburg
Burgstr. 7, C 2
T: E 1 Berolina 1487
Die Ehefrau Elsa geb. Hütter, war noch am 20.10.1936 aus dem Judentum ausgetreten.
Keine weiteren Angaben.
li; BG: BAP, 15.09 RSA; *cjb*; BAL, PAK

Blau, Bernhard
14.12.1881 Stolp - k.A.
Eichenallee 9, Charlottenburg/Prinzregentenstr. 6, Wilmersdorf
Eichenallee 66, Charlottenburg
T: J 9 Heerstraße 4517
B. mußte den Zwangsnamen „Israel" führen; war noch als „Konsulent" tätig; die Ehefrau Marta geb. Schlange galt als „arisch". B. lebte nach der Befreiung in Charlottenburg.
li; BG: BAP, 15.09 RSA; LAB, OFP-*Akten* (*Akte Meyer, Martha geb. Löwenthal, Akte Ries, Amalie geb. Borkowsky, Akte Lewin, Max*); *cje*

Blau, Bruno Dr., JR.
1881 Marienwerder/ Westpreußen - 1954 Freiburg
priv.: k.A.
Alexanderplatz 1, C 25
T: E 1 Berolina 2279
B. war als niedergelassener Anwalt in Berlin tätig, die Praxisräume teilte er mit einem Kollegen. Im Sommer 1933 erging eine Anordnung des Justizministers, „dass alle derartigen Gemeinschaften bis Ende September aufzulösen seien. Mein Kollege mietet deshalb ein anderes Office, und da die ganzen Räume für mich so groß waren, war ich ebenfalls genötigt, andere zu suchen. Und zwar blieb mir, da ich in meiner alten Gegend passende Räume nicht finden konnte, nichts anderes übrig als nach einer anderen Gegend zu ziehen."(Memoirs, S. 26) Bei der Auflösung der alten Praxisräume entstanden ihm erhebliche Kosten, ein Vertrag mit einer Telefongesellschaft

mußte gerichtlich entschieden werden, da B. nicht bereit war, für mehrere Jahre weiter seinen Pflichten aus dem Vertrag nachzukommen, da er sich nicht für die Verlagerung der Praxis verantwortlich fühlte. Bei dem Urteilsspruch, der zu seinen Ungunsten ausfiel, meinte Blau, habe es eine entscheidende Rolle gespielt, daß „ein jüdischer Richter Beisitzer war; und zwar war dies ein früherer Senatspräsident des Kammergerichts, der infolge des erwähnten 'Gesetzes zur Wiederherstellung des Berufsbeamtentums' in die viel niedrigere Stelle eines Beisitzers beim Landgericht versetzt worden war. Der Richter war Referent für meinen Fall, und von ihm hing die Entscheidung zum großen Teil ab. Ich mußte nun am eigenen Leibe erfahren, was ich aus meiner früheren Praxis zur Genüge kannte, daß die jüdischen Richter gewissermaßen aus einer übertriebenen Objektivität einen Standpunkt einnahmen, der sich gegen die jüdische Partei richtete. Mit anderen Worten: Sie wollten auch nur jeden Schein vermeiden, als ob sie als Juden zu Unrecht für eine jüdische Partei entschieden. So verlor ich den Prozess..."(S. 27/28). 1936 gab B. seine Zulassung zurück, sie wurde am 24.2.1936 gelöscht. B. emigrierte nach Prag; dort begann er, sozialstatistisches Material zusammenzustellen. 1942 wurde er verhaftet und der Gestapo in Berlin überstellt. B. litt schon länger unter einem Magenleiden und mußte Diät halten; in der Haft erkrankte er schwer und konnte sich nicht mehr allein fortbewegen. In Berlin Einlieferung in die Polizeiabteilung des Jüd. Krankenhauses. Dort wurde vom Chefarzt die Diagnose Krebs gestellt. Ein anderer Arzt, Röntgenfacharzt, behandelte ihn mit hohen Strahlendosen, mit dem

Ergebnis, daß B. über Jahre hinweg wieder seine Bewegungsfähigkeit erlangte. Mit der sicheren Krebsdiagnose war er aber offensichtlich bei den zuständigen Gestapostellen in Vergessenheit geraten, selbst nach der äußerst ungewöhnlichen Verlegung 1944 von der Polizeistation auf die „freie" Station des Krankenhauses wurde er nicht deportiert und überlebte die NS-Zeit. Nach 1945 wanderte B. in die USA aus und veröffentlichte noch diverse Schriften. Er starb 1954 in Freiburg i.Br.

B. war neben seiner juristischen Tätigkeit immer an sozialstatistischen Erhebungen und Auswertungen interessiert, in seinem fachlichen Nachlaß finden sich diverse Veröffentlichungen zu diesem Thema: Verantwortlichkeit für fremdes Verschulden nach dem Bürgerlichen Gesetzbuch, Berlin 1902 (vermutlich Diss.); Das Ausnahmerecht für die Juden in den europäischen Ländern 1933-1945, New York 1952; Das Ausnahmerecht für die Juden in Deutschland 1933-1945,1., 2.u. 3. Aufl. Düsseldorf, 1954 bzw. 1965; Die Kriminalität der deutschen Juden, o.J.; The Jewish Population of Germany 1939-1945, o.J.; Zur Geschichte der Reichsvertretung , Manusk., Frf.a.M. 1937; Vierzehn Jahre Not und Schrecken, unveröffentl. MS., USA, o.J. (ca. 1952)
*li; LAB, Liste 36, Liste 15.10.33; BAL, PAK

Bleyberg, Max, JR.
k.A.
priv.: k.A.
Landsberger Allee 11/13, NO 18
T: E 9 Friedrichshain 8511
B.s Zulassung wurde vermutl. zum 15.1.1936 gelöscht (andere Angaben nennen 1938).
*li; LAB, Liste 15.10.33; BAL, PAK

Bloch, Arthur Dr.
2.10.1883 Ratibor - k.A.
Pestalozzistr. 59, Charlottenburg
Kaiserallee 208, W 15
T: B 5 Barbarossa 1087
B.s Zulassung wurde am 1.4.1937 gelöscht; er emigrierte am 1.3.1937 in die USA, New York.
*li; BG: LAB, OFP-Akten, BAP, 15.09 RSA; LAB, Liste 15.10.33; BAL, PAK

Bloch, Paul
k.A.
priv.: k.A.
Friedrichstr, 175, W 8
T: A 2 Flora 5775/76
War bis mind. 1936 noch als Anwalt tätig; die Zulassung als Notar war ihm schon vorher entzogen worden.
*li; Adr.B.32; Liste 36; LAB, Liste 15.10.33; BAL PAK

Block, Werner
k.A.
priv.: k.A.
Kurfürstendamm 202, W 15
T: J 1 Bismarck 5038/39
War bis mind. 1936 noch als Anwalt tätig.
*li; Liste 36; LAB, Liste 15.10.33; BAL PAK

Blum, Arno Dr.
12.10.1903 Berlin - Juni 1974 Jerusalem
priv.: k.A.
Kronenstr. 64/ 65, W
RA seit 1924, Berufsverbot im Frühjahr 1933. Emigration im gleichen Jahr nach Frankreich, 1934 nach Palästina. Nach 1945 Rechtsberater der Israelischen Mission in Köln, 1962-67 Generaldirektor des irsaelischen Rechnungshofes.
Br.B.32; Göpp., S. 270; BG: BHdE, Bd.1; Liste d. nichtzugel. RA, 25.4.33; LAB, Liste 15.10.33; BAL, PAK

Blum, Hans Dr.
2.7.1899 Berlin - k.A.
Grolmanstr. 41, Charlottenburg
Tauentzienstr. 8, W 50
Berufsverbot zum 19.6.1933, weil er nach § 1 Abs.1 d. Ges. v. 7.4.1933 als Jude galt; B. emigrierte am 19.4.1939 nach Großbritannien.
Adr.B.32; Liste d. nichtzugel. RA, 25.4.33; BAL, PAK, PA 51960; BG: BAK, Kartei d. schulpfl. Kinder

Blumenfeld, Fritz Dr.
16.8.1883 Neuruppin - 1942
Kaiserplatz 2, Wilmersdorf
Potsdamer Str. 24/25, W 35
T: B 2 Lützow 1128
Unterschiedliche Aussagen über den Tod: nach den OFP-Akten (LAB) Emigration nach Frankreich, Paris, am 30.6.1936; nach dem 26.8.1942 in einem Konzentrationslager in Frankreich „von der Gestapo umgebracht"; oder mit dem 40. Transport aus Drancy (4.11.1942) nach Auschwitz deportiert; dort verschollen.
*li; BG: g, BAK, GB, BAK, Kartei schulpfl. Kinder; LAB, OFP-Akten; BAP, 15.09 RSA; Vormeier: „Deportierung aus Frankreich"; BAL, PAK

Blumenfeld, Paul
22.5.1887 Forst - 9.8.1942 Berlin
Gontardstr. 3, C 25; Landsberger Str. 66-67
Sophienstr. 5, N 54
Berufsverbot im Frühjahr 1933; später wieder zugelassen bis 1936; B. ist 1942 im Hospital in der Auguststr. 14-15 gestorben.
LAB, Liste d. nichtzugel. RA, 25.4.33; Liste 36; BG: BAK, Kartei schulpfl. Kinder; LAB, OFP-Akten (Akte Blumenfeld, Gerhard); BAP, 15.09 RSA; Friedh.W.Sterbereg.

Blumenheim, Rudolf Dr.
25.12.1900 Berlin - k.A.
priv.: k.A.
Friedrichstr. 203, SW 68
Berufsverbot zum 19.6.1933 gem. § 1 Abs.1 d. Ges. v. 7.4.1933, weil er als Jude galt. Keine weiteren Angaben.
Adr.B.32; Liste d. nichtzugel. RA, 25.4.33; BAL, PAK, PA 51996

Blumenthal, Berthold Dr.
26.2.1886 Berlin - 7.2.1941
priv.: k.A.
Nachodstr. 19, W 50
T: B 4 Bavaria 0220
Bis mind. 1936 noch als Anwalt tätig; 1941 im Alter von 54 Jahren gestorben.
*li; Liste 36; BG: BAK, Kartei schulpfl. Kinder, LAB, OFP-Akten (Akte Blumenthal, Kurt Wolfgang); BAP15.09 RSA; Friedh.W.Sterbereg.; BAL, PAK

Blumenthal, Curt (Kurt) Dr.
5.12.1882 Nordhausen - verschollen, Auschwitz
Mommsenstr. 22, Carlottenburg/ Schloßstr. 107, Steglitz
Schloßstr. 107, Steglitz
T: G 2 Steglitz 0368
RA und Notar; nach zeitweiligem Vertretungsverbot 1933 wiederzugelassen, als Anwalt bis zum allgem. Berufsverbot 1938 tätig; später Arbeiter. Datum der Vermögenserklärung: 17.1.1943, Sammellager Große Hamburger Str. 26; Deportation mit dem 27. Transport (29.1. 1943) nach Auschwitz, dort verschollen.
*li; BG: g, BAK, GB, BAK, Kartei schulpfl.Kinder, LAB, OFP-Akten; BAP, 15.09 RSA; BAL, PAK

Blumenthal, Erich I Dr.
31.10.1887 - k.A.
Nassauische Str. 5, Wilmersdorf
Wichmannstr. 28, W 62
T: B 5 Barbarossa 8211
RA und Notar; Emigration in die USA.
*li; BG: BAP, 15.09 RSA; LAB, OFP-Akte

Blumenthal, Erich II Dr.
24.8.1893 - k.A.
Krausenstraße 12 od. Friedrichstr. 296
RA und Notar. Zulassung 1933 verloren; Emigration nach Australien am 10.8.1939.
Adr.B.32; BAL, PAK; BG: BAP, 15.09 RSA

Blumenthal, Hermann
19.12.1855 - 6.12.1933
Luipoldstr. 42, Schöneberg
Kanzlei vor Okt.1933 aufgegeben.
Adr.B.32; Jüd.Adr.B.; BG:
Friedh.W.Sterbereg.; BAL, PAK

Blumenthal, Julius Dr.
17.3.1900 - 8.12.1942 Berlin
priv.: k.A.
B. wurde zum 26.5.1933 mit
Berufsverbot belegt gem. § 1
Abs.I d. Ges. v. 7.4.1933, weil er
Jude war; engagierte sich in der
Jüd. Gem.; ab 1939 jur. Mitarb.
des Jüd. Nachrichtenblatts. B.
war eine von acht Geiseln, die
bei einer Vergeltungsmaßnah-
me für „zur Deportation einge-
teilte", aber geflohene Angehörige der Jüd. Gemeinde erschossen wurden.
BG: Walk, nach Lowenthal,
Bewährung, S.185; Göpp., S. 239;
LAB, Liste d. nichtzugel. RA,
25.4.33; BAL, PAK

Blumenthal, Otto Dr.
18.1.1897 - k.A.
priv.: k.A.
Nürnberger Str. 66, W 50
T: B 4 Bavaria 8144/45
RA und Notar; die Zulassung
als Anwalt wurde am 1.10.1935
gelöscht.
*li; LAB, Liste 15.10.33; BAL,
PAK

Blumenthal, Siegfried Dr.
31.8.1898 Berlin - 1974 Berlin
Karlsruher Str. 29, Wilmersdorf
Mommsenstr. 45, Charlottenburg
T: J 1 Bismarck 6545
B. wurde nach dem 9.11.1938
im KZ Sachsenhausen inhaftiert, er kam frei unter der
Bedingung, in ein außereuropäisches Land zu gehen; emigrierte nach Palästina im März 1939;
1950 Rückkehr nach Berlin.
*li; BG: Korr. Jonathan B.; LAB,
Liste 15.10.33; BAL, PAK

Blumenthal, Walter
4.6.1901 Bromberg - k.A.
priv.: k.A.

RA und Notar in Oranienburg,
aber im Bezirk des Kammergerichts Berlin zugelassen; Berufsverbot zum 29.5.1933, weil er
als Jude galt.
BAL, PAK; PA 52009

Boas, Fritz
18.10.1889 - k.A.
priv.: k.A.
Potsdamer Str. 43, W 35
T: B 1 Kurfürst 4701
B. hatte am Ersten Weltkrieg
teilgenommen, RA und Notar;
seine Zulassung als Notar
wurde ihm mit dem allgem.
Verbot 1935 entzogen, die
Zulassung als RA mit dem allgem. Berufsverbot 1938.
*li; Br.B.32; LAB, Liste 15.10.33;
BAL, PAK; PA 52013

Boas, Hans Dr.
18.4.1883 Berlin - Auschwitz
Kluckstr. 27, W 35; Bamberger
Str. 33, Schöneberg
Viktoria-Luise-Platz 10
T: B 5 Barbarossa 6663
RA und Notar; Zulassung als
Notar vermutl. im Zuge des all-
gem. Verbots entzogen. Depor-
tation mit dem 33. Transport
(3.3.1943) nach Auschwitz, dort
verschollen.
*li; BG: BAK, GB, LAB, OFP-
Akten; LAB, Liste 15.10.33; BAL,
PAK

Bobrecker, Alfred
20.1.1868 - 18.12.1934
priv.: k.A.
Gontardstr.4, C 25
B.s Ehefrau Martha geb. Stoer-
mer galt als „arisch". Keine weiteren Angaben.
*li; BG: LAB, OFP-Akten;
Friedh.W.Sterbereg.; BAL, PAK

Bochner, Ernst
30.12.1872 Schönlanke -
4.10.1937
priv.: k.A.
Bayreuther Str. 41, W 62
T: B 4 Barbarossa 5801
War bis mind. 1936 noch als
Anwalt tätig, starb 1937 im
Alter von 74 Jahren.

*li; Liste 36; BG: cjb; LAB, Liste
15.10.33; BAL, PAK

Bodlaender, Rudolf Dr.
19.1.1903 - k.A.
Dircksenstr. 26/27, C 25
Wera-Promenade 5, Friedrichs-
hagen
Berufsverbot im Frühjahr 1933.
Liste d. nichtzugel. RA, 25.4.33;
BAL, PAK

Bodlaender, Silvio Dr.
12.3.1876 Brieg - k.A.
Tauentzienstr. 4, W 50
Kurfürstendamm 188/189
RA und Notar; gab 1933 seine
Kanzlei auf. Emigration in die
USA, New York.
Adr.B.32; BG: LAB, OFP-Akten
(s.a. Akte Würzburg, Susanna geb.
Wolf); cjb; BAL, PAK

Boehm, Erich
18.5.1884 - k.A.
Altensteinstr. 59, Zehlendorf
Joachimsthaler Str. 11, W 15
T: J 1 Bismarck 5252
Zulassung zum 5.4.1934 ge-
löscht., keine weiteren Angaben.
*li; LAB, Liste 15.10.33; BAL,
PAK

Boehm, Julius Edgar
17.8.1884 - 27.7.1942
priv.: k.A.
Kurfürstendamm 197/98, W 15
T: B 4 Bavaria 9066
RA und Notar; B. soll 1942 im
Alter von 57 Jahren verstorben
sein, die näheren Umstände
des Todes sind nicht bekannt.
*li; BG: BAK, Kartei schulpfl. Kin-
der, LAB, OFP-Akten, BAP, 15.09
RSA, Friedh.W.Sterbereg.; LAB,
Liste 15.10.33; BAL, PAK

Boehm, Max, JR.
k.A. - Theresienstadt (?)
priv.: k.A.
Belle-Alliance-Str. 88, SW 61
T: F 5 Bergmann 2746
RA und Notar; wurde im Frühjahr 1933 mit einem Vertretungsverbot belegt, später wieder als Anwalt zugelassen. B. ist
vermutlich nach Theresienstadt

deportiert worden.
*li; Jüd.Adr.B.; Liste d. nichtgel.
RA, 25.4.33; LAB, Liste 15.10.33;
BAL, PAK

Boenheim, Kurt Dr.
26.10.1886 Markgrabowa - k.A.
priv./Kanzlei: k.A.
B. trat am 12.11.1926 aus dem
Judentum aus, am 16.8.1933
wieder ein; die Kanzlei wurde
vor Oktober 33 aufgegeben,
keine weiteren Angaben.
Jüd.Adr.B.; Adr.B.32; BAL, PAK;
BG: cjb

Boerne, Ludwig Dr., JR.
k.A.
priv./Kanzlei: k.A.
Friedrichstr. 183, W 8
T: A 1 Jäger 0678
Zulassung am 7.10.1935 gelöscht, keine näheren Angaben.
*li; LAB, Liste 15.10.33; BAL, PAK

Bokofzer, Erwin Dr.
7.5.1889 - k.A.
priv.: k.A.
Nettelbeckstr. 7/8, W 62
T: B 5 Barbarossa 5225
War noch bis mind. 1936 als
Anwalt tätig; keine weiteren
Angaben.
*li; LAB, Liste 36, Liste 15.10.33;
BAL, PAK

Bonnem, Max Dr.
26.6.1886 - 10.12.1937
Hektorstr. 9-10, Wilmersdorf
Lützow-Ufer 17, W 35
T: B 2 Lützow 4468
RA und Notar; im April 1933
mit Vertretungsverbot belegt,
später wieder als Anwalt zugelassen, das Notariat wurde entzogen. B. starb 1937 im Alter
von 51 Jahren.
*li; BG: LAB, OFP-Akte,
Friedh.W.Sterbereg.; LAB, Liste
15.10.33; BAL, PAK

Bonnin, August Dr., JR.
k.A.
priv.: k.A.
Ritterstr. 66, SW 68
(später Lindenstr. 29)
T: A 7 Dönhoff 5050

War noch bis mind. 1936 als Anwalt tätig, dann wurde die Zulassung gelöscht.
*li; LAB, Liste 36, Liste 15.10.33; BAL, PAK

Borg, Max
7.1.1889 Danzig - k.A.
priv.: k.A.
Behrenstr. 51/52, Mitte
RA seit 1932; verlegte 1933 die Kanzlei vom Kurfürstendamm 177 in die Behrenstraße; im Juni mit Vertretungsverbot belegt, die Zulassung wurde im Zuge der Zusammenlegung der drei Landgerichte gelöscht, indem B. an dem neu gebildeten Landgericht nicht zugelassen wurde.
BAL; PAK; PA 52371

Boronow, Joseph (teilw. Josef)
*11.11.1880 Berlin - verschollen, Auschwitz
Stülpnagelstr. 3, Charlottenburg/ Küstriner Str. 26, Wilmersdorf
Großgörschenstr. 40, W 57
T: B 7 Pallas 2100
Noch bis mind. 1936 als Anwalt tätig; später Arbeiter. Datum der Vermögenserklärung: 16.9.1943, Sammellager Große Hamburger Str. 26. Deportation mit dem 43. Transport (28.9.1943) nach Auschwitz, dort verschollen.
*li; Liste 36; BG: g, BAK, GB; LAB, OFP-Akten; BAP, 15.09 RSA; LAB, Liste 15.10.33; BAL, PAK

Brach, Max Dr.
26.11.1887 Berlin - k.A.
Lützowstr. 3, W 35
Burgstr. 26; 1933: Uhlandstr. 137, Wilmersdorf
Berufsverbot im Frühjahr 1933; Emigration in die Niederlande, Amsterdam, am 1.6.1937, später in die USA.
Br.B.32; Liste d. nichtzugel. RA, 25.4.33; BG: LAB, OFP-Akten; BAL, PAK

Bradt, Martin Dr.
25.4.1877 Berlin - k.A.
Giesebrechtstr. 11, Charlottenburg
Steinplatz 1, Charlottenburg 2
T: C 1 Steinplatz 7178
RA und Notar; 1933 zeitweilig mit Vertretungsverbot belegt, dann als Anwalt wieder zugelassen, jedoch nicht als Notar; Emigration nach Großbritannien, Glasgow.
*li; BG: LAB, OFP-Akten (Akte Dienstfertig, Toni u. eig.Akte); LAB, Liste 15.10.33; BAL, PAK

Brandt, Arthur
21.6.1893 Züllichau - 1989 Lugano
priv.: k.A.
B. war ein prominenter Verteidiger, insbesondere durch seine Vertretung in dem aufsehenerregenden politischen „Tscheka"-Prozeß 1925. Emigration im März 1933 nach England, weiter nach USA, dort RA am Obersten Gerichtshof in Massachusetts. Rückkehr nach Berlin 1953, dort bis 1970 als Anwalt tätig, später nach Lugano verzogen, wo B. 1989 gestorben ist.
Diverse Veröffentlichungen, u.a. „Denkschrift der Verteidigung", Neuauflage 1979
Göpp., S. 330; BAL, PAK; Ausk. T. Krach

Brandt, Heinrich, JR.
14.2.1872 Warschau - k.A.
Goethestr. 11, Lichterfelde
Goethestr. 11, Lichterfelde
T: G 3 Lichterfelde 3307
Lebte nach 1945 in Wilmersdorf.
*li; BG: BAP, 15.09 RSA; cje; BAL, PAK

Brandus, Werner
18.2.1899 Magdeburg - k.A.
priv.: k.A.
Charlottenstr. 55, W 8
Berufsverbot zum 19.3.1933, weil er nach § 1 Abs.1 d. Ges. v. 7.4.1933 als Jude galt.
Adr.B.32; Liste d. nichtzugel. RA,

25.4.33; BAL, PAK

Brasch, Paul (Isidor)
21.3.1884 Posen - ungeklärt
Bamberger Str. 36, W 30, Schöneberg / Landsberger Str. 36
Kantstr. 8, Charlottenburg
T: C 1 Steinplatz 9959
RA und Notar; Emigration nach Belgien, Brüssel, 1939; wurde dort als ehemaliger Offizier interniert; handschriftl. Vermerk auf Schreiben vom 2.2.1967: „Deportiert von Belgien"; Schicksal ungeklärt.
*li; BG: g, LAB,OFP- Akten; BAP, 15.09 RSA; LAB, Liste 15.10.33; BAL, PAK

Brass, Alfons Dr.
17.5.1888 - k.A.
priv.: k.A.
Alte Jakobstr. 124, SW
Berufsverbot als RA und Notar zum 20.6.1933, weil er gem. § 1 Abs.1 d. Ges. v. 7.4.1933 als Jude galt.
Br.B.32; LAB, Liste d. nichtzugel. RA, 25.4.33; BAL, PAK

Brauer, Hans, Dr.
17.11.1899 - k.A.
priv.: k.A.
Rosenthaler Str. 43, N 54
T: D 1 Norden 1718
Vertretungsverbot im April 1933, später wiederzugelassen; keine weiteren Angaben.
*li; Liste d. nichtzugel. RA, 25.4.33; LAB, Liste 15.10.33; BAL, PAK

Braun, Emilie geb. Melchior
3.12.1897 Hamburg - k.A.
priv.: k.A.
Motzstr. 88, W 30
Als Rechtsanwältin seit 22.10.1932 zugelassen; Berufsverbot zum 24.6.1933, weil sie gem. § 1 Abs.1 d. Ges. v. 7.4.1933 als Jüdin galt.
Liste d. nichtzugel. RA, 25.4.33; BAL, PAK; PA 52585

Braun, Kurt Dr.
*13.9.1897 Berlin - k.A.
Küstriner Str. 5, Charlottenburg/ Joachimsthaler Str. 15

Nollendorfplatz 6, W 30
T: B 7 Pallas 5634
B. wurde im April 1933 mit einem Vertretungsverbot belegt, bis Oktober jedoch wieder zugelassen. Emigration nach Großbritannien, London, am 10.5.1939; 1940 in die USA; lebte 1975 in Alexandria, Virginia.
*li; BG: LAB, OFP-Akten; BHdE, Bd.1 (Geb.dat.: 13.9.1899); LAB, Liste d. nichtzugl. RA, 25.4.33, Liste 15.10.33; BAL, PAK

Brée, Hans
30.4.1890 - k.A.
priv.: k.A.
Schadowstr. 4/5, NW 7
T: A 2 Flora 6741
B. war Frontkämpfer und protestantisch getauft, er trat allerdings 1933 aus der Kirche aus, weil er deren Haltung zum Nationalsozialismus mißbilligte. B. galt als „Mischling" (ein Großelternteil galt als jüdisch). Offensichtlich konnte er seinen Beruf mind. bis 1940 ausüben; aufgrund seiner Kontakte zu jüdischen Familien, die zu seiner Mandantschaft gehörten, wurde er fortgesetzt durch die Gestapo, die Zollfahndungsstelle und die Vermögensverwertungsstelle und die Organisation Todt verfolgt. B. wurde 1945 wieder als RA und Notar zugelassen; er verfügte über ein immenses Vermögen, das weitgehend aus Immobilienbesitz bestand. Es ist unklar, ob eine Bereicherung auf Kosten von Juden, die Deutschland verlassen mußten, erfolgte.
*li; LAB: Liste Mschlg.36, Liste 15.10.33; Tel.B.41; RAK, PA

Breit, Georg
22.5.1873 Nimptsch - 31.12.1941 Lodz
Mommsenstr. 66, Charlottenburg
Friedrichstr. 166, W 8
T: A 2 Flora 5062
RA und Notar; keine Informationen bis zur Vermögenserklärung vom 23.10.1941; Sam-

mellager Levetzowstr. 7-8; Deportation mit dem 4. Transport (1.11.1941) nach Litzmannstadt/Lodz, dort zwei Monate später umgekommen.
*li; BG: g, BAK, GB; LAB, OFP-Akten; BAP, 15.09 RSA; LAB, Liste 15.10.33; BAL, PAK

Breslau, Alexander Dr.
26.4.1900 Berlin - k.A.
Kurfürstendamm 155 b, Wilmersdorf
Grolmannstr. 27, Charlottenburg 2
1931 aus der jüdischen Glaubensgemeinschaft ausgetreten; Berufsverbot im Frühjahr 1933 (vorher am Kammergericht zugelassen).
BG: cjb; BAL, PAK

Breslauer, Walter Dr.
3.7.1890 Berlin - 1981 London
priv.: k.A.
Mohrenstr. 51, W
Seit 1919 Rechtsanwalt, daneben von 1931-1936 Verwaltungsdirektor der Jüd. Gemeinde zu Berlin. Zulassung als Anwalt u. Notar 1933 verloren. 1936 Emigration über die Schweiz nach Großbritannien, 1936-37 Studium an der London School of Economics, 1937-72 RA in London; 1945 Mitbegründer des Council of Jews from Germany.
Veröffentl.: The Privat International Law of Succession in England, America and Germany, 1937
Br.B.32; LAB, Liste d. nichtzugel. RA, 25.4.33; Göpp., S. 271; BAL, PAK

Brinkenhoff, Kurt (Curt) Dr.
22.12.1892 Berlin - verschollen
priv.: k.A.
Waitzstr. 23, Charlottenburg (später: Sybelstr. 19)
Wurde 1933 zeitweilig mit einem Vertretungsverbot belegt, praktizierte jedoch später noch; keine weiteren Informationen, B. gilt als verschollen.
*li; LAB, Liste d. nichtzugel. RA,

25.4.33; Liste 15.10.33; BG: BAK, GB; BAL, PAK

Brock, Hugo Dr.
10.4.1882 Gnesen - verschollen, Riga
Bayernallee 7, Charlottenburg
Kleiststr. 15, W 62
T: B 5 Barbarossa 3169
Nach zeitweiligem Vertretungsverbot im Frühjahr 1933 wurde B. bis zum Oktober 1933 wieder zugelassen, bis zum allgem. Berufsverbot 1938 als Anwalt tätig. Deportation mit dem18. Transport (15.8.1942) nach Riga, dort verschollen.
*li; BG: BAK, GB, LAB, OFP-Akten, BAP, 15.09 RSA; LAB, Liste 15.10.33; BAL, PAK

Brock, Isidor Dr., JR.
17.8.1853 Gnesen - 20.9.1940 Berlin
Flotowstr. 8, NW 87, Tiergarten
Chausseestr. 123, N 4
T: D 1 Norden 0242
Vermutlich Vater von Hugo B.; RA und Notar, nach einem zeitweiligen Vertretungsverbot im Frühjahr 1933 wurde B. wieder zugelassen und war dann bis zum allgem. Berufsverbot 1938 tätig. Er starb 1940 im Alter von 87 Jahren.
*li; BG: BAK, Kartei schulpfl. Kinder, BAP, 15.09 RSA, Friedh.W. Sterbereg.; LAB, Liste 15.10.33; BAL, PAK

Brock, Walter Dr.
14.12.1901 - k.A.
priv.: k.A.
Tauentzienstr. 7 b, W 50
Berufsverbot zum 19.6.1933, weil er nach § 1 Abs.1 d. Ges. v. 7.4.1933 als Jude galt.
Adr.B.32; Liste d. nichtzugel. RA, 25.4.33; BAL, PAK; PA 52782

Broder, Ernst W. Siegbert
27.3.1888 - 1970 Lugano
priv.: k.A.
Kronenstr. 16, W 8
Berufsverbot zum 20.6.1933, weil er gem. § 1 Abs.1 d. Ges. v. 7.4.1933 als Jude galt; B. emigrierte nach China, Shanghai, ging später vermutl. in die Schweiz.
Br.B.32; BG: Ausk. Herbert Sybell; LAB, Liste d. nichtzugel. RA, 25.4.33; PAL, PAK; PA 52793

Brodnitz, Julius Dr., JR.
19.8.1864 Posen - 16.3.1936 Berlin
priv.: k.A.
Prinzregentenstr. 94, Wilmersdorf
T: H 6 Emser Platz 3020
1920-1936 Vorstandsvorsitzender des CV. 1933 Entlassung als Notar; Mitbegründer der Reichsvertretung der Juden; B. starb 1936 im Alter von 72 Jahren.
*li; Liste 36; BG: LAB, OFP-Akten (Akte Brodnitz, Hedwig geb. Herz-

feld); Krach, S. 431; LAB, Liste 15.10.33; BAL, PAK

Broecker, Rudolf von, Dr.
12.8.1879 Berlin - 10.3.1950 Berlin
Potsdamer Str. 48, Lichterfelde
Karlstr. 107, Lichterfelde
T: G 3 Lichterfelde 6462
B. war Frontkämpfer und protestantisch getauft, galt als „Mischling" (ein Großelternteil

galt als jüdisch). Als RA und Notar zugelassen. Offensichtlich konnte B. seine Tätigkeit mind. bis 1940 ausüben. B. war von 1922 – 1932 Mitglied des Stahlhelms und später auch Mitglied der NSDAP, er war auch „Blockwart", wie durch ein Schreiben an den Vizepräsident des Kammergerichts 1947 festgestellt wurde. Aus diesem Grund wurde B.s Antrag auf Wiederzulassung nach 1945 zunächst abgelehnt, 1949 erlangte er die Zulassung doch, nachdem er offiziell nur als „nomineller Nazi" eingestuft worden war.
*li; BG: BAP, 15.09 RSA; LAB, Liste Mschlg.36; Tel.B.41; RAK, PA

Bromberg, Hugo, Dr.
26.1.1890 Cottbus - ca. 1936
Borstellstr. 18, Steglitz
Passauer Str. 4, W 50
T: B 4 Bavaria 4888

RA und Notar; die Ehefrau galt
als nicht-jüdisch; B. war noch
bis 1936 als Anwalt tätig.
*li; Liste 36; BG: BAP, 15.09
RSA; LAB, Liste 15.10.33; BAL,
PAK

Bruck, Georg, JR.
18.5.1869 Frankenstein -
7. 11. 1940
Dragonerstr. 32, N 54, Mitte
Chausseestr. 17 II, N 4
T: D 2 Weidendamm 0405
Keine näheren Angaben.
*li; BAK, Kartei schulpfl. Kinder,
BAP, 15.09 RSA, Friedh.W.Sterbe-
reg.; BAL, PAK

Bruck, Martin Dr.
k.A.
priv.: k.A.
Königstr. 34/36, C 2
T: E 2 Kupfergraben 0796
B. war noch bis mind. 1936 als
Anwalt tätig.
*li; LAB, Liste 36, Liste 15.10.33;
BAL, PAK

Brückmann, Harry
k.A.
priv.: k.A.
Oranienstr. 145/146, S 42
T: F 1 Moritzplatz 5020
War bis zum 20.4.1937 als
Anwalt tätig, dann wurde die
Zulassung gelöscht.
*li; LAB, Liste 36, Liste 15.10.33;
BAL, PAK

Brumm, Fritz, Dr.
6.2.1885 Neustadt a.d.W. -
31.12.1944
Flensburger Str. 25, NW 87
Alt-Moabit 109, NW 40
T: C 5 Hansa 2996
B.s Zulassung als Anwalt wurde
1937 gelöscht; laut BG wurde B.
zum 31.12.1944 „für tot erklärt".
*li; BG: LAB, OFP-Akten; LAB,
Liste 15.10.33; BAL, PAK

Brün, Paul Dr.
28.4.1889 Berlin - 1970 Haifa
Cecilienallee 10, Dahlem
Kurfürstendamm 195, W 15
T: J 1 Bismarck 2266
RA und Notar, im Frühjahr zeit-

weilig mit einem Vertretungsverbot belegt, später wieder
zugelassen. Nach dem 9. 11.
1938 kam B. in das KZ Sachsenhausen bis zum Jan. 1939; vor
seiner Freilassung mußte er
sich zur Auswanderung ver-
pflichten, in der Folge emigrierte er nach Großbritannien; im
April 1946 ist B. nach Palästina
ausgewandert.
*li; LAB, Liste d. nichtzugel. RA,
25.4.33, Liste 15.10.33; BG: BAP,
15.09 RSA; Korr. Hanan Bruen;
BAL, PAK

Brünn, Max Friedrich Dr.
17.10.1896 Berlin - k.A.
Aschaffenburger Str. 22
Bamberger Str. 59, W 50
T: B 5 Barbarossa 1602/1902
Die Zulassung als Anwalt wurde
zum 15.7.1937 gelöscht; Emi-
gration nach Großbritannien,
London.
*li; BG: LAB, OFP-Akten; LAB,
Liste 15.10.33; BAL, PAK

Bry, Herbert
26.11.1887 Thorn - k.A.
Leibnitzstr. 60, Charlottenburg
Kantstr. 4, Charlottenburg
T: J 1 Bismarck 7940/41
Zulassung wurde am 7.11.1934
gelöscht; Emigration nach Palä-
stina, Tel Aviv.
*li; BG: LAB, OFP-Akten; LAB,
Liste 15.10.33; BAL, PAK

Buckwitz, Hans Dr.
17.10.1900 - k.A.
priv.: k.A.
Kurfürstendamm 22, W 15
Berufsverbot zum 17.6.1933,
weil er gem. § 1 Abs.1 d. Ges. v.
7.4.1933 als Jude galt.
Adr.B.32; Liste d. nichtzugel. RA,
25. 4. 33; BAL, PAK; PA
53022

Bud, Franz
31.1.1900 - k.A.
priv.: k.A.
Schönhauser Allee 6/7, N 54
Ehemaliger Schüler des Französischen Gymnasiums, verheiratet mit einer Juristin. Berufsverbot im Frühjahr 1933; Emigration über Paris in die USA. In
Frankreich eine Krawattenfabri-
kation aufgebaut, in den USA
dann als Optiker gearbeitet.
Liste d. nichtzugel. RA, 25.4.33;
Ausk. Proskauer; BAL, PAK

Buka, Hans Dr.
14.7.1886 - k.A.
priv.: k.A.
Kantstr. 162, Charlottenburg
T: J 1 Bismarck 4825
War noch bis mind. 1936 als
Anwalt tätig.
*li; LAB, Liste 36, Liste 15.10.33;
BAL, PAK

Bukofzer, Karl
28.9.1885 Schwetz -
verschollen, Riga
Fehrbelliner Str. 79, NW 54
Burgstr. 30 II, C 2
T: D 1 Norden 5341
RA und Notar; keine näheren
Informationen über B.s Leben
bis zur Deportation mit dem 19.
Transport (5.9.1942) nach Riga,
dort verschollen.
*li; BG: BAK, GB, LAB, OFP-
Akten, BAP, 15.09 RSA; BAL,
PAK

Burak, Arthur
19.1.1902 - k.A.
priv.: k.A.
Hermannplatz 9, S 59
Berufsverbot im Frühjahr 1933,
keine weiteren Angaben.
LAB, Liste d. nichtzugel. RA,
25.4.33; BAL, PAK

Bürgner, Hans Dr.
17.12.1882 Berlin - k.A.
Ruhlaer Str. 7, Wilmersdorf,
Schmargendorf
Kurfürstendamm 24, W 15
T: J 1 Bismarck 5385/86
RA und Notar; nach dem zeitweiligen Vertretungsverbot 1933
wieder als Anwalt zugelassen
bis zum allgem. Berufsverbot
1938; Emigration nach Großbritannien, London.
*li; BG: LAB, OFP-Akten; LAB,
Liste 15.10.33; BAL, PAK

Buschke, Albrecht Dr.
3.10.1904 Berlin - k.A.
priv.: k.A.
Lützowstr. 60 a, W 35
Berufsverbot zum 17.6.1933,
weil B. gem. § 1 Abs.1 d. Ges. v.
7.4.1933 als Jude galt, trotz intensiver Bemühungen, weiter
arbeiten zu dürfen.
Liste d. nichtzugel. RA, 25.4.33;
BAL, PAK; PA 53285

Busse, Ernst, JR.
13.3.1867 Lobsens - k.A.
Georg-Wilhelm-Str. 12, Wilmersdorf, Halensee
Grunewaldstr. 42, Schöneberg
T: B 6 Cornelius 0761
B. war ev. Religion, bis zum allgem. Berufsverbot 1938 als Anwalt tätig; keine weiteren Angaben bis zur Vermögenserklärung
vom 21.6.1943. Sammellager
Große Hamburger Str. 26,
Deportation mit dem 93. Alterstransport (30.6.1943) nach Theresienstadt. B kam nach Berlin
zurück und lebte nach 1945 in
Zehlendorf.
*li; BG: LAB, OFP-Akten; BAP,
15.09 RSA; cje (mit Akte); Liste der
Theresienstadt-Überlebenden

Byk, Rudolf Dr.
16.11.1887 Berlin - 11.3.1937
In der Halde 14, Zehlendorf
Mohrenstr. 9, W 8
T: A 1 Jäger 5294
War noch bis mind. 1936 als
Anwalt tätig, Notariat 1933 ver-
loren; B. starb 1937 im Alter
von 50 Jahren.
*li; Liste 36; BG: LAB, OFP-Akten
(Akte Alfred B. und Gertrud B. geb.
Fleischer); cjb ; LAB, Liste 15.10.
33; BAL, PAK

Calé, Richard Dr.
17.5.1883 - k.A.
priv.: k.A.
Maaßenstr. 27, W 62
T: B 1 Kurfürst 2966
Bis 1938 als RA tätig, Emigrati-
on in die USA.
*li; NY Publ. Lib. (Am. Com.) ,
NY Publ. Lib. file Grüneberg; LAB,
Liste 15.10.33; BAL, PAK

Callmann, Curt Dr.
22.12.1883 Briesen -
verschollen, Auschwitz
Martin-Luther-Str. 25, Schöneberg
Potsdamer Str. 56, W 35
T: B 2 Lützow 1709
Bis zum allgem. Berufsverbot
als Anwalt tätig, zuvor Notariat
verloren; nach 1938 „zugelasse-
ner Konsulent". Datum der Vermögenserklärung: 7.12.1942,
Sammelllager Gerlachstr. 20,
Deportation mit dem 76. Alterstransport (15.12.1942) nach
Theresienstadt, von dort nach
Auschwitz, wo er verschollen
ist.
*li; BG: g, BAK, GB; LAB, OFP-
Akten; BAP, 15.09 RSA; LAB,
Liste 15.10.33

Calmon, Curt Dr.
23.8.1884 - k.A.
priv.: k.A.
Unter den Linden 16, W 8
T: A 1 Jäger 6061
War noch bis 4.12.1936 als
Anwalt tätig, dann wurde die
Zulassung gelöscht, keine wei-
teren Angaben.
*li; Liste 36; LAB, Liste 15.10.33

Carlebach, Alfred Dr.
28.1.1887 Frankfurt/M. - k.A.
priv.: k.A.
Viktoriastr. 4 a, W 35
T: B 2 Lützow 9691
RA und Notar; B. war am
9.9.1931 aus der Jüd. Gemeinde
ausgetreten; arbeitete 1929-
1933 in einem Büro mit Erich
Koch-Weser zusammen. Die
Zulassung wurde am 4.5.1936
gelöscht; Emigration nach
Großbritannien.
*li; Adr.B.32; BG: cjb; Korr.
Susanna Beer geb. Carlebach; LAB,
Liste 15.10.33

Caro, Erich Dr.
20.8.1891 Berlin - k.A.
Machandelweg 1, Charlottenburg
Wilhelmstr. 44, W 8
T: A 2 Flora 4895
RA und Notar; war vermutlich
bis zum allgem. Berufsverbot
1938 als Anwalt tätig; mußte
den Zwangsnamen „Israel" führen; war noch als „Konsulent"
zugelassen. Emigration nach
Brasilien, Porto Alegre, im
Frühjahr 1939 (vermutl. gemeinsam mit den Brüdern Ernst
und Herbert C.). Übersiedlung
in die USA, New York, am
15.4.1939.
*li; BG: LAB, OFP-Akten; Liste d.
Kons., 15.3.39; LAB, Liste 15.10.
33; BAL, PAK

Caro, Ernst
26.11.1873 Berlin - k.A.
Joachimsthaler Str. 11, W 15,
Joachimsthaler Str. 11, W 15
T: J 1 Bismarck 3022
War bis zum allgem. Berufsver-
bot 1938 als Anwalt tätig; Emi-
gration nach Brasilien, Porto
Alegre, 1939 (vermutl. gemein-
sam mit den Brüdern Erich und
Herbert C.).
*li; BG: LAB, OFP-Akten (Akte
Fuchs, Franz Eugen Dr.); cjb; LAB,
Liste 15.10.33; BAL, PAK

Caro, Herbert Moritz Dr.
16.10.1906 Berlin - k.A.
priv.: k.A.
Jägerstr. 59/60, W 8
Berufsverbot im Frühjahr 1933;
Emigration nach Frankreich im
April 1933; Rückkehr nach
Deutschland 1934; Emigration
nach Brasilien, Porto Alegre, im
April 1935 (vermutlich mit sei-
nen Brüdern Ernst und Erich
C.); lebte 1967 in Brasilien.
Liste d. nichtzugel. RA, 25.4.33;
BG: BHdE, Bd.2,1; BAL, PAK

Casper, Paul Dr.
8.4.1891 Berlin - k.A.
Lietzenburger Str. 30, W 15
Mittelstr. 25, NW 7
T: A 1 Jäger 3048
RA und Notar; Vertretungsverbot im Frühjahr 1933, offensichtlich wieder zugelassen bis
zum Okt.1933; in der Folge des
9.11.1938 festgenommen, bis
Mitte 1939 im KZ Sachsenhausen inhaftiert. Nach der Freilassung Emigration nach Großbritannien, London.
*li; Liste d. nichtzugel. RA,
25.4.33; BG: LAB, OFP-Akten;
LAB, Liste 15.10.33; BAL, PAK

Cassel, Alfred
6.10.1881 Berlin -
verschollen, Auschwitz
Sächsische Str. 5, W 15
Am Karlsbad 1 a, W 35
T: B 2 Lützow 6423
RA und Notar; war bis zum allgem. Berufsverbot 1938 als
Anwalt tätig. Deportation mit
dem 36. Transport (12.3.1943)
nach Auschwitz, dort verschollen.
*li; BG: BAK, GB, LAB, OFP-
Akten, BAP, 15.09 RSA; LAB,
Liste 15.10.33; BAL, PAK

Cassirer, Alfred Dr.
(teilweise Casirer)
14.9.1882 Kattowitz - k.A.
Droysenstr. 7, Charlottenburg
Kurfürstendamm 225, W 15
T: J 1 Bismarck 5509
C. war bis zum allgem. Berufs-
verbot als Anwalt tätig.

*li; Liste 36; BG: BAP, 15.09 RSA; LAB, OFP-Akten (Akte Kromolowski, Georg); LAB, Liste 15.10.33; BAL, PAK

Castro, Carlos de Dr.
18.12.1895 - k.A.
priv.: k.A.
Leipziger Str. 112, W 8
T: A 1 Jäger 2656
RA und Notar; war noch bis mind. 1936 als Anwalt tätig, Zulassung als Notar vorher verloren.
*li; Liste 36; LAB, Liste 15.10.33; BAL, PAK

Catleen, Hermann
15.2.1882 Hohensalza -
1942 (?) London
Wittenbergplatz 1, W 62 oder Konstanzer Str. 30 (39), Wilmersdorf
Jägerstr. 11, W 8
T: A 2 Flora 7571
RA und Notar, in den letzten Jahren seiner Tätigkeit in Berlin praktizierte er in seiner Privatwohnung; wurde mit dem allgem. Berufsverbot 1938 belegt; Emigration nach Großbritannien, London, am 3.11.1938.
*li; BG: LAB, OFP-Akten; LAB, Liste 15.10.33; BAL, PAK

Charles, Hugo Dr.
23.3.1879 Rothenburg - k.A.
Meinekestr. 25, W 15
Meinekestr. 25, W 15
T: J 1 Bismarck 7101
Emigration, vermutl. nach Australien.
*li; BG: LAB, OFP-Akten; LAB, Liste 15.10.33; BAL, PAK

Cheim, Sally
22.11.1889 Berlin - k.A.
Fredericiastr. 15, Charlottenburg
An der Spandauer Brücke 2, C 2
T: D 2 Weidendamm 3621
RA und Notar; war bis zum allgem. Berufsverbot 1938 als Anwalt tätig, die Zulassung als Notar war bereits vorher entzogen worden; nach dem Berufsverbot „Konsulent". Emigration,

vermutl. in die USA, am 21.8.1939.
*li; BG: LAB, OFP-Akten; LAB, Liste 15.10.33

Chodziesner, Dorothea geb.Galliner
29.10.1904 -
6.11.1943 Conception
priv.: k.A.
Sybelstr. 19, Charlottenburg
Dorothea C.s Vater war der liberale Rabbiner Julius Galliner, ihr Onkel war ebenfalls Anwalt, genauso ihr Schwiegervater Ludwig C. Sie wurde zum 9.6.1933 mit Berufsverbot belegt, weil sie gem. § 1 Abs.1 d. Ges. v. 7.4.1933 Jüdin war. Der Ehemann emigrierte 1939 nach Großbritannien, wo er nach Kriegsbeginn als „feindlicher" Ausländer interniert und nach Australien transportiert wurde. 1939/40 flüchtete Dorothea mit ihrem vier Jahre alten Sohn erst nach Großbritannien und von dort aus weiter nach Chile. Am 6.11.1943 starb sie dort im Alter von 39 Jahren. Ihr Ehemann war nach Aufhebung der Internierung zur Armee gegangen, hatte sich anschließend dauerhaft in Australien niedergelassen. 1945 gelangte der inzwischen 10jährige Sohn, der bis dahin in Chile gewesen war, zu ihm. C.s Schwiegervater war in Theresienstadt umgekommen, ihre Schwägerin, die bekannte Lyrikerin Gertrud Kolmar, in Auschwitz ermordet worden.
Liste d. nichtzugel. RA., 25.4.33; Ausk. d. Sohnes; BAL, PAK; PA 53479

Chodziesner, Fritz
19.1.1906 Berlin -
29.7.1990 Berlin
priv.: k.A.
Kurfürstendamm 14/15, W 50
Seit 1931 RA in Berlin, im Frühjahr 1933 mit Berufsverbot belegt, konnte C. noch eine gewisse Zeit in der Kanzlei des Vaters Max C. arbeiten, an-

schließend in verschiedenen jüdischen Organisationen tätig, u.a. im Hilfsverein der Juden in Deutschland als Auswanderungsberater. Emigration nach Montevideo, Uruguay, später Übersiedelung nach Buenos Aires. Betätigte sich nach 1945 wieder als Anwalt in Berlin, 1990 hier gestorben.
Liste d. nichtzugel. RA, 25.4.33; Verweis Proskauer; RAK, PA; BAL, PAK

Chodziesner, Ludwig, JR.
28.8.1861 Obersitzko -
13.2.1943 Theresienstadt
Speyerer Str. 10, Schöneberg/ Kolonie Finkenkrug bei Falkensee
Finkenkrug, Falkensee 2170
RA seit 1891, zuerst Sozius von Dr. Max Wronker, später selbständig. C. wurde als Strafverteidiger bekannt, so in dem Prozeß gegen den Grafen Philip zu Eulenburg, einem einflußreichen Politiker und Vertrauten des Kaisers; C. war auch an dem Sensationsprozeß gegen die gräfliche Familie Kwilecki beteiligt; später im Adlon-Prozeß und dem Scheidungsprozeß des Grafen von der Schulenburg. Der Familie gehörten mehrere Juristen an, zwei Brüder, ein Neffe und die Schwiegertochter Dorothea C. waren ebenfalls Juristen. Es bestand eine enge Verbindung zur Familie Benjamin, Cousine Schoenflies war die Mutter von Walter und Georg Benjamin. Ludwig C.s Tochter, Gertrud Kolmar (so der deutsche Name der Stadt Chodzies), hatte als Lyrikerin Anerkennung gefunden. Ludwig C.s Zulassung als Rechtsanwalt wurde am 13.7.1936 nach 45 Jahren Tätigkeit gelöscht. Sechs Jahre später wurde C. aufgefordert, sich auf den Transport nach Theresienstadt vorzubereiten. Beim Packen half ihm die Ehefrau Georg Benjamins, Hilde, nach 1933 als Rechtsanwältin wegen kommunistischer

Betätigung mit Berufsverbot belegt, spätere Justizministerin der DDR. Die Vermögenserklärung Ludwig C.s ist am 7.9.1942 unterzeichnet worden; er kam in das Sammellager Große Hamburger Str. 26. Deportation mit dem 60. Alterstransport (9.9.1942) nach Theresienstadt, dort ist er ein knappes halbes Jahr später umgekommen. Seine Tochter Gertrud Kolmar wurde in Auschwitz umgebracht (2.3.1943).
*li; BG: g, BAK, GB; LAB, OFP-Akten; BAP, 15.09 RSA; Marbacher Magazin, 63/1993, Johanna Woltmann: Gertrud Kolmar 1894-1943; dies.: Gertrud Kolmar - Leben und Werk, Göttingen 1995

Chodziesner, Max, JR.
21.11.1869 Woldenberg -
1950 Montevideo
Berliner Str. 159, Wilmersdorf
Kurfürstendamm 14/15, W 50
T: J 1 Bismarck 7649
RA und Notar, 1938 mit dem allgem. Berufsverbot belegt; Emigration nach Uruguay, Montevideo, mit dem Sohn Fritz. Max C. war der Bruder von Ludwig C.
*li; BG: LAB, OFP-Akten

Chodziesner, Siegfried
18.7.1872 - k.A.
priv./Kanzlei: k.A.
RA und Notar; die Zulassung wurde 1933 gelöscht, keine näheren Angaben.
BAL, PAK; J. Woltmann: Gertrud Kolmar – Leben und Werk, Göttingen 1995

Chone, Paul Dr.
27.11.1884 - k.A.
Nympenburger Str. 1, Schöneberg
Lutherstr. 47, W 62
T: B 5 Barbarossa 2188/89
RA und Notar; war noch nach 1933 zugelassen; Emigration nach Palästina am 6.3.1939.
*li; BG: LAB, OFP-Akten; LAB, Liste 15.10.33; BAL, PAK

Cohen, Ernst Dr.
31.10.1880 Mönchengladbach -
k.A.
Konstanzer Str. 30, Wilmersdorf
Jägerstr. 11, W 8
T: A 2 Flora 7571
RA und Notar; die Zulassung
als Anwalt wurde am 15.3.1937
gelöscht, das Notariat war
bereits entzogen worden. Emigration in die Niederlande.
*li; BG: LAB, OFP-Akten, LAB,
Liste 15.10.33; BAL, PAK

Cohen, Willy Max
25.2.1905 - k.A.
priv.: k.A.
Friedrichstr. 62, W 8
C. war erst im April 1932 als
Anwalt zugelassen worden; er
wurde im Frühjahr 1933 mit
Berufsverbot belegt, weil er
nach § 1 Abs.1 d. Ges. v.
7.4.1933 als Jude galt.
Liste d. nichtzugel. RA, 25.4.33;
BAL, PAK; PA 53455

Cohn, Alexander, JR.
k.A.

Schillerstr. 9, Charlottenburg
Meinekestr. 23, W 15
T: J 1 Bismarck 7495
Keine Angaben.
*li; BG: LAB, OFP-Akten,
2187/43; LAB, Liste 15.10.33;
BAL, PAK

Cohn, Arne Georg
3.1.1886 - k.A.
Kaiserallee 22, W 15
Kaiserallee 22; 1933: Potsdamer
Str. 118 a, W 35
Berufsverbot als Anwalt und
Notar im Frühjahr 1933; Emi-
gration nach Dänemark, Kopen-
hagen.
Br.B.32; Liste d. nichtzugel. RA,
25.4.33; BG: LAB, OFP-Akten
(Akte Friedlaender, Alice geb. Goetze)

Cohn, Arthur
7.12.1881 Berlin - k.A.
Herderstr. 2, Charlottenburg
Potsdamer Str. 103, W 35
T: B 2 Lützow 6086
RA und Notar; fiel als Anwalt
unter das allgem. Berufsverbot
1938, das Notariat war bereits
entzogen worden; Emigration in
die Schweiz, Lausanne, vermutl.
bereits im April 1937.
*li; BG: LAB, OFP-Akten; LAB,
Liste 15.10.33; BAL, PAK

Cohn, Benno Dr.
30.9.1894 Lobsens -
24.11.1975 Tel Aviv
Ludwigkirchstr. 13, W 15
Französische Str. 8, W/ Kaiser-
Wilhelm-Str. 36, C 25 (1933)
Arbeitete seit 1925 als RA, bis
1938 in der Anwaltsrolle eingetragen, obwohl er seit 1933
nicht mehr als Anwalt arbeitete,
da die Einkünfte zu stark zu-
rückgegangen waren und er

1933 zeitweilig mit Vertretungsverbot belegt worden war. Emigration nach Palästina 1938;
Mitglied der Knesset, 1951-59
Präsident des Israelischen
Beamtendisziplinargerichts,
betätigte sich weiter als Politiker; Zeuge im Eichmann-Pro-
zeß.
*li; Br.B.32; Göpp., S. 272; BG:
BHdE Bd.1, LAB, OFP-Akten;
Trial of A.Eichmann, Vol. VI, p.
233, 267, 1976, 2228; LAB, Liste
15. 10.33; BAL PAK

Cohn, Edgar
5.4.1905 - k.A.
priv.: k.A.
Alexanderstr. 15, C 25
Berufsverbot zum 31.5.1933,
weil er nach § 1 Abs.1 d. Ges. v.
7.4.1933 als Jude galt; auch alle
Fürsprachen, u.a. von zwei
Nationalsozialisten, änderten
hieran nichts.
Liste d. nichtzugel. RA, 25.4.33;
BAL, PAK; PA 53600

Cohn, Erich I
17.11.1899 - 1967 Zürich
Kurfürstendamm 163
Kurfürstendamm 225, W 15
T: J 1 Bismarck 5509
Die Zulassung wurde am
10.7.1934 gelöscht; Emigration
nach Großbritannien, London,
am 26.10.1936, später in die
USA. C. starb im Alter von 68
Jahren in Zürich.
*li; BG: LAB, OFP-Akten; mündl.
Ausk. Hanna Levy; LAB, Liste
15.10.33; BAL, PAK

Cohn, Erich II Dr.
9.8.1887 - k.A.
Meierotto-Str. 4, W 15
Lennéstr. 4, W 9
T: B 2 Lützow 5309
RA seit 1913, Notar seit 1924;
im Juni 1933 als Notar entlassen gem § 3 d. Ges. über die
Wiederherstellung d. Berufsbeamtentums, weil er als Jude
galt; am 3.8.1934 wurde auch
die Zulassung als Anwalt
gelöscht.
*li; BG: LAB, OFP-Akten

Cohn, Ernst Dr.
10.12.1885 Berlin -
verschollen, Kowno
Turmstr. 20, NW 21; Kaiser-
damm 86, Charlottenburg
Turmstr. 20, NW 21
T: C 5 Hansa 2139
War noch bis mind. 1936 als
Anwalt tätig; wurde zuletzt als
Hilfsarbeiter bei der Winter-
schall AG, Spritzgußwerk Fusor
Berlin-Rudow, Kanalstr. 103-
115, eingesetzt; Datum der Ver-
mögenserklärung: 13.11.1941,
Sammellager Levetzowstr. 7-8,
Deportation mit dem 6. Trans-
port (17.11.1941) nach Kowno,
dort verschollen.
*li; Liste 36; BG: g, BAK, Kartei
schulpfl. Kinder, BAK, GB, LAB,
OFP-Akten; BAP, 15.09 RSA;
LAB, Liste 15.10.33; BAL, PAK

Cohn, Fritz
23.9 1875 Berlin -
2.9.1943 Theresienstadt
Iranische Str. 2, N 65 (Jüd.
Krkh.)/ Rosenheimer Str. 29 a,
Schöneberg
Zimmerstr. 60 I, SW 68
T: A 7 Dönhoff 2684
C.s Ehefrau Margarete geb.
Speer galt als „arisch", C. selbst
war Dissident. Datum der Vermögenserklärung: 8.6.1943, vermutl. aus dem Jüd. Krankenhaus, Iranische Str. 2; Deportation mit dem 91. Alterstransport (16.6.1943) nach Theresienstadt, dort knapp drei Monate
später umgekommen.
*li; BG: g, BAK, GB, LAB, OFP-
Akten; BAP, 15.09 RSA; cjb; BAL,
PAK

Cohn, Georg Dr. I
4.1.1893 Rostock - k.A.
Zähringerstr. 2, Wilmersdorf
Potsdamer Str. 118, W 35
(event. falsche Zuordnung der
Anschrift durch Namensgleich-
heit)
RA bis zum allgem. Berufsver-
bot 1938; Emigration nach
Großbritannien, Grimsby.
Nach 1945 Spezialist für Wieder-
gutmachungssachen.

*li; BG: BAK, *Kartei schulpfl. Kinder*; LAB, OFP-Akten; BAP, 15.09 RSA; BAL, PAK; *Ausk. Prokauer*

Cohn, Georg II
15.6.1884 Lobsens -
29.3.1944 Theresienstadt
Solinger Str. 11, Tiergarten/
Levetzowstr. 14
Bendlerstr. 17, W 35
(event. falsche Zuordnung der
Anschrift durch Namensgleichheit)
T: B 1 Kurfürst 1414
RA u. Notar; Zulassung als
Anwalt 1934 gelöscht, zuletzt
unbesoldeter Mitarbeiter der
Reichsvertretung der Juden.
Datum der Vermögenserklärung: 27.8.1942, Sammellager
Große Hamburger Str. 26, Deportation mit dem 55. Alterstransport (2.9.1942) nach Theresienstadt, dort eineinhalb
Jahre später umgekommen.
*li; BG: *g*, BAK, GB; LAB, OFP-Akten; BAP, 15.09 RSA; LAB, *Liste* 15.10.33; BAL, PAK

Cohn, Gerhard
16.12.1885 Glogau - k.A.
Hansemannstr. 6, W 35
Potsdamer Str. 138, W 9
T: B 2 Lützow 5891
RA und Notar, war noch 1932
Vorst.-Mitgl. der RAK, mußte
1933 zurücktreten; noch bis
zum Berufsverbot 1938 als
Anwalt tätig. Emigration nach
Schweden, Helsingborg.
*li; *Liste 36*; *Verz.* ; BG: LAB, OFP-Akten; LAB, *Liste* 15.10.33; BAL, PAK

Cohn, Hans
31.3.1892 Thorn - k.A.
priv.: k.A.
Potsdamer Str. 99, W
RA und Notar; die Zulassung
wurde 1933 gelöscht.
Br.B.32; BG: *cjb*; BAL PAK

Cohn, Harry Dr.
12.2.1896 - k.A.
priv.: k.A.
Schinkelplatz 1/2, W 56
RA seit 1924; Berufsverbot zum
9.6.1933, weil er nach § 1 Abs.1
d. Ges. v. 7.4.1933 als Jude galt;
alle Bemühungen, das Verbot
zu verhindern, fruchteten nichts;
C. wanderte 1933 nach Argentinien aus und legte dort erneut
ein juristisches Examen ab.
Br.B.32; *Liste d. nichtzugel.* RA,
25.4.33; BAL PAK; PA 53622

Cohn, Heinz Dr.
6.6.1901 Potsdam - k.A.
priv.: k.A.
Dircksenstr. 26/27, C 25
Berufsverbot zum 26.5.1933,
weil er nach § 1 Abs.1 d. Ges. v.
7.4.1933 als Jude galt. In mehreren Schreiben bringt C. eindringlich zum Ausdruck, daß er
darauf angewiesen ist, seinen
Beruf auszuüben, da er Frau,
Kind, Eltern und Schwiegereltern zu ernähren hat. Diese
Argumente werden nicht berücksichtigt.
Br.B.32; *Liste d. nichtzugel.* RA,
25.4.33

Cohn, Henry Dr.
6.1.1895 Berlin -
verschollen, Auschwitz
Neue Kantstr. 4, Charlottenburg
Königstr. 50, C 2
T: E 1 Berolina 1123/24

Cohn, Hans >

RA und Notar; mußte später
den Zwangsnamen „Israel"
führen; war noch als „Konsulent" tätig. Deportation mit
dem 10. Alterstransport (25.6.
1942) nach Theresienstadt, von
dort nach Auschwitz, verschollen.
*li; BG: *g*, BAK, GB; BAK, *Kartei
schulpfl. Kinder*; LAB, OFP-Akten
(s.a. *Akte Knape, Else geb. Bock*);
BAP, 15.09 RSA; LAB, *Liste*
15.10.33

Cohn, Julius
20.4.1886 - k.A.
priv.: k.A.
Brunnenstr. 25, N 54
T: D 4 Humboldt 3025
RA und Notar; noch bis zum
allgem. Berufsverbot 1938 als
Anwalt tätig.
*li; *Liste 36*; LAB, *Liste* 15.10.33;
BAL; PAK

Cohn, Louis, JR.
17.1.1882 Gostaczyn - k.A.
Landshuter Str. 16, W 30
Landshuter Str. 28, W 30
Ab April 1933 zeitweilig mit
Vertretungsverbot belegt; wurde
dann bis Okt. 1933 wieder
zugelassen; Emigration nach
Großbritannien am 27.5.1939;
ursprünglich Emigration in
die USA über Cuba beabsichtigt. Da in Cuba keine Anlegerlaubnis für das Schiff erteilt
wurde, zwangsweiser Rücktrans-

port nach England; in London
geblieben.
*li; BG: LAB, OFP-Akten; LAB,
Liste 15.10.33; BAL, PAK

Cohn, Oskar Dr.
15.10.1869 Guttentag -
2.11.1934 Genf
Levetzowstr. 16 a, NW 87
Neue Friedrichstr. 6, C 2
RA seit 1897, später auch
Notar; 1912-1920 Mitglied des
Reichstages (SPD/USPD), 1921-
24 Mitglied des Preußischen
Landtages (SPD), Vorstandsmitglied der Liga für Menschenrechte, aktiv in jüd. Organisationen; Sozius von Rudolf
Sachs (laut LBI, NY 96). C.
flüchtete ca. im April 1933 nach
Paris, Frankreich, später in die
Schweiz, wo er 1934 starb.
LBI, NY, *Sachs*, R. S. 12/14; BG:
LAB, OFP-Akten; BHdE , Bd.I;
BAL, PAK; *Krach*, S. 431

Cohn, Otto Dr.
12.6.1892 - k.A.
priv.: k.A.
Köpenicker Str. 115, SO 16
RA und Notar; Berufsverbot
zum 9.6.1933, weil C. nach § 1
Abs.1 d. Ges. v. 7.4.1933 als
Jude galt; keine weiteren Angaben.
BAL, PAK; PA 53634

Cohn, Rudolf Dr.
5.4.1890 - k.A.
Pannierstr. 13, Neukölln
Mohrenstr. 11/12, W 8
T: A 2 Flora 1676
RA und Notar; Emigration nach
Schweden, Malmö.
*li; BG: LAB, OFP-Akten; LAB,
Liste 15.10.33; BAL, PAK

Cohn, Siegbert Dr.
19.8.1891 Berlin - 18.3.1933
Mommsenstr. 67, Charlottenburg
Ritterstr. 54, SW
Keine weiteren Angaben.
Br.B.32; BG: *Friedh.W.Sterbereg.*;
BAL, PAK

Cohn-Bendit, Erich
k.A.
priv.: k.A.
Taubenstr. 50, W
C. wurde im April 1933 mit Vertretungsverbot belegt. Sein
Name stand auf einer Liste mit
Alfred Apfel, Ludwig Bendix
und Hilde Benjamin, die wegen
„kommunistischer Betätigung"
ausgegrenzt wurden. C. emigrierte 1933 nach Frankreich, er
lebte dort im Umfeld Hannah
Arendts, wurde als „feindlicher
Ausländer" interniert. Vater von
Daniel und Gabriel C.; keine
weiteren Angaben.
*Adr.B.32; Liste d. nichtzugel. RA,
25.4.33; Ausk. T. Krach*

Cohn-Biedermann, Leo Dr., JR.
18.10.1870 Konitz - k.A.
Wielandstr., W 15
Rosenthaler Str. 43, C 54
T: D 1 Norden 1718
C.s Zulassung wurde zum
31.7.1936 gelöscht; Emigration
nach Palästina.
*li; BG: LAB, OFP-Akten; LAB,
Liste 15.10.33; BAL, PAK*

Cohn-Lempert, Georg Dr.
2.5.1882 - 15.4.1968 Berlin
Motzstr. 90 (42), Wilmersdorf
Motzstr. 90 (42), Wilmersdorf
T: B 6 Cornelius 0777
C. hatte als Frontkämpfer am
Ersten Weltkrieg teilgenommen; er war am Landgericht
zugelassen, wo im Anwaltszimmer des Gerichts Großbeeren-
straße eine Schiefertafel hing,
auf der sein Name aufgedruckt
und der immer zu entnehmen
war, in welchem Raum er sich
gerade aufhielt (Erinnerung der
Tochter). 1933 wurde C. sofort
das Notariat entzogen, weil er
Jude war; im gleichen Jahr ver-
einbarte er mit seiner Ehefrau,
die als nicht-jüdisch galt,
Gütertrennung. Sie war auf
diese Weise finanziell unabhängig und konnte für die Familie
ein Grundstück im Riesengebirge erwerben und darauf ein
kleines Haus errichten. In die-

sem Ort Krummhübel hatte
auch die bekannte Schriftstelle-
rin Else Ury („Nesthäkchen") ihr
Haus. Nach Krummhübel sollte
sich die Familie 1943 flüchten,
nachdem sie in Berlin ausgebombt worden war. 1933 machte sich der Entzug des Notariats
spürbar bemerkbar, jedoch wur-

den 1934 die fehlenden Einnahmen des Notariats durch die
Übernahme der Vertretung der
Deutschen FIAT im gewissen
Rahmen ausgeglichen. C. konnte noch bis zum allgem. Berufsverbot 1938 als Anwalt arbeiten. Anschließend bemühte er
sich um die Zulassung als „Konsulent", was jedoch abgelehnt
wurde. C. trat am 12.12.1940
aus der Jüd. Gemeinde aus, in
der Hoffnung damit seinen
Töchtern das Leben zu erleich-
tern. Obwohl es schon nicht
mehr erlaubt war, ließ sich C.
noch von einem ihm bekannten
Pfarrer taufen. Dabei stand die
Familie von der religiösen Ori-
entierung her dem jüdischen
Glauben deutlich näher als dem
christlichen; und zumindest der
Vater befolgte immer noch verschiedene Speisegesetze, wenn
er auch nicht auf einem grundsätzlich koscheren Haushalt
bestand. Zudem hatte er sich
schon bei der Wahl der Ehefrau
nicht an die Glaubensvorschrif-

ten gehalten. Für seine Töchter
besaß die Religionsfrage jedoch
einen untergeordneten Stellenwert; sie erinnern sich, sich bei
der Betrachtung der Zeichnun-
gen in den „Stürmer"-Kästen
gefragt zu haben, „wer denn die
Juden waren, die da gezeigt
wurden, denn wir kannten nie-
manden, der so aussah." Sie
waren nach den nationalsozialistischen Rassegesetzen der
„üblichen" Ausgrenzung ausgesetzt, so mußte die ältere Tochter 1934 mit 16 die Schule verlassen und konnte kein Abitur
machen. – C. wurde dienstverpflichtet bei der Fa. Kranol, die
Feldflaschen produzierte; er
gelangte später zu seiner Familie ins Riesengebirge, wo sein
Status als Jude nicht bekannt
war. Dort erlebte er mit seiner
Frau das Ende des Nationalsozialismus und blieb bis 1959.
Anschließend kehrte er nach
Berlin zurück und ließ sich noch
einmal als Anwalt nieder. C.
bedauerte bis zu seinem Tod,
daß sich niemand sonderlich
für das Schicksal der „Zurückge-
kommenen" interessierte und
daß ehemalige Nazis, wie z.B.
Globke, sehr bald wieder hohe
Regierungsämter bekleideten.
Als positives Zeichen in der
Zeit der Verfolgung erachtete die
Tochter noch rückblickend den
Nachweis, daß die Reichs-
Rechtsanwaltskammer von 1943
bis 1945 die Familie mit monat-
lich 100,- RM unterstützte. (Vermutlich hatte Frau C. sich um
diese Unterstützung bemüht.)
C. starb 1962 kurz vor Vollen-
dung seines 80. Lebensjahres.
*li; Liste 36; BG: BAP, 15.09
RSA, cjb; LAB, Liste 15.10.33;
BAL, PAK; RAK, PA; Ausk. d.
Tochter Inge C.-Lempert*

Cohn-Linde, Bruno Dr.
13.3.1893 Linde - k.A.
Pariser Str. 4, W 15
Kurfürstendamm 23, W 15
T: J 1 Bismarck 9519
RA und Notar; Emigration über

Dänemark in die USA am 31.10.
1936; lebte 1979 in Santa Barbara, Cal.
*li; BG: LAB, OFP-Akten; LAB,
Liste 15.10.33; BAL, PAK*

Cohnberg, Bruno Dr., JR.
k.A. - 22.10.1934
priv.: k.A.
Kurfürstendamm 220, W 15
T: J 1 Bismarck 2324
RA und Notar; keine weiteren
Angaben.

*li, Br.B.32; LAB, Liste 15.10.33;
BAL, PAK*

Cohnberg, Franz
1.4.1905 - k.A.
priv.: k.A.
Emser Str. 1, Wilmersdorf
C. war erst am 9.3.1933 als
Anwalt zugelassen worden; zum
23.6.1933 wurde er mit Berufs-
verbot belegt, weil er nach § 1
Abs.1 d. Ges. v. 7.4.1933 als
Jude galt.
*Liste d. nichtzugel. RA, 25.4.33;
BAL, PAK; PA 53644*

Cohnitz, Ernst, JR
k.A.
priv.: k.A.
Bellevuestr. 5, W
T: B 2 Lützow 1424
RA und Notar; C.s Zulassung
wurde 1933 gelöscht.
Adr.B.32; BAL, PAK

Conrad, Max
k.A.
priv.: k.A.
Kurländer Allee 29, Charlottenburg
T: J 3 Westend 2773
Keine näheren Angaben.
*li; BAL, PAK

Coper, Alexander (Berl) Dr.
17.10.1891 Tuchel - ca. 1958
Rüdesheimer Platz 10, Wilmersdorf
Taubenstr. 14, W 8 (vor 1936)
T: A 1 Jäger 3608 (vor 1936)
Teilnahme am Ersten Weltkrieg,
kriegversehrt (Beinamputation).
C. war als Anwalt und Notar
tätig; 1935 verlor er die Zulassung als Notar. Nach dem
Berufsverbot als Anwalt 1938
arbeitete er noch als „Konsulent". Von Nov. 1943 bis März
1944 war C. wegen einer nicht
zu haltenden Anschuldigung,
der angeblichen Fälschung von
Lebensmittelkarten, inhaftiert,
kam jedoch wieder frei. Kurze
Zeit später, am 21.6.1944, starb
die Ehefrau Magdalena geb.
Brünnee, die als „arisch" galt,
bei einem Bombenangriff auf
Berlin. War C. bis dahin durch
die privilegierte „Mischehe"
geschützt gewesen, so entfiel
das nach dem Tod seiner Frau.
Am 15.9.1944 wurde C. verhaftet und mit dem 112. Alterstransport (27.10.1944) nach

Theresienstadt deportiert; seine
Erlebnisse dort hat er in Form
eines Gedichtes festgehalten. C.
lebte nach 1945 in Wilmersdorf.
*li; BG: LAB, OFP-Akten(s.a. KK
Klein, Max); BAP, 15.09 RSA; cje,
KK C., Alexander; LAB, Liste
15.10.33; Ausk. d. Sohnes, Prof. H.
Coper.

Corny, Dagobert Dr.
9.9.1885 Berlin - k.A.
priv.: k.A.
Möckernstr. 131, SW 11
T: F 5 Bergmann 1690
Keine Angaben.
Adr.B.32; Jüd.Adr.B; BG: cjb; BAL,
PAK

Corwegh, Fritz
4.1.1873 Breslau - k.A.
Landhausstr. 41, Wilmersdorf
Landhausstr. 41 , Wilmersdorf
T: H 6 Emser Platz 6821
Die Zulassung wurde am 11.10.
1935 gelöscht; Emigration in
die Schweiz, Lugano, im Mai
1939.
*li; BG: LAB, OFP-Akten, BAP,
15.09 RSA; LAB, Liste 15.10.33;
BAL, PAK

Cossmann, Richard Dr.
12.8.1858 - 16.6.1933
priv.: k.A.
Neue Königstr. 21, NO
Keine Angaben.
Br.B.32; BG: Friedh.W.Sterbereg.;
BAL, PAK

Cronheim, Fritz
6.11.1898 Berlin - k.A.
priv.: k.A.
Lützowstr. 60 a, W 62
RA seit 1925; Berufsverbot zum
10.6.1933, weil C. nach § 1
Abs.1 d. Ges. v. 7.4.1933 Jude
war.
Adr.B.32; Liste d. nichtzugel. RA,
25.4.33; BAL, PAK; PA 53765

Czapski, Georg Dr.
1.6.1895 - k.A.
Schlüterstr. 12, Charlottenburg
Friedrichstr. 187/188, W 8
T: A 2 Flora 5161
RA und Notar; Emigration ver-

mutl. in die Niederlande vor
1938; lebte 1940 in Stockholm;
1976 in den Niederlanden, Den
Haag.
*li; BG: LAB, OFP-Akten (Akte
Czapski, Max); LAB, Liste
15.10.33; BAL, PAK

Czopek, Albert Dr.
9.1.1905 Leipzig - k.A.
Güntzelstr. 35, Wilmersdorf
Kanzlei.: k.A.
Emigration in die USA über
Portugal am 11.3.1941.
BG: BAK, Emigr.- u. Sterbedatei

D

Daffis, Walther
16.2.1901 Berlin - k.A.
priv.: k.A.
Kronenstr. 12/13, W 8
D. war evangelischer Religion,
seine Ehefrau Eleonore galt als
„arisch". Seit 1929 als Anwalt
zugelassen; Berufsverbot zum
9.6.1933 gem. § 1 Abs.1 d. Ges.
v. 7.4.1933, weil er als Jude galt.
Adr.B.32; Liste d. nichtzugel. RA,
25.4.33; BAL, PAK; PA 53825

Dahl, Erich Dr.
23.5.1898 Bielefeld - k.A.
Bamberger Str. 23, Schöneberg
Potsdamer Str. 13, W
Kanzlei 1933 aufgegeben; Emi-
gration nach Großbritannien,
Worthing, Sussex, am 1.2.1939.
Br.B.32; BG: BAP, 15.09 RSA;
LAB, OFP-Akten; BAL, PAK

Dahlheim, Kurt Dr.
20.3.1883 Berlin - k.A.
Branitzer Platz 6, Charlottenburg
Ebereschen-Allee 23, Charlottenburg
T: J 9 Heerstr. 4647
D. war Frontkämpfer des Ersten
Weltkriegs und protestantisch
getauft, er galt als „Mischling"
(zwei Großeltern galten als jüdisch), RA und Notar. D. konnte
seinen Beruf bis mind.1940 ausüben, weiteres Schicksal unbekannt.
*li; LAB; Liste Mschlg.36; Tel.B.41;
LAB, Liste 15.10.33; BAL, PAK

Dalberg, Rudolf Dr.
19.2.1885 Brilon - k.A.
Friedrich-Wilhelm-Str. 14, W 8
Markgrafenstr. 38, W 56
Ab April 1933 zeitweilig mit Vertretungsverbot belegt, wurde bis Okt. 1933 jedoch wiederzugelassen. Emigration nach London am 9.12.1938; lebte dort noch 1950.
*li; Liste d. nichtzugel. RA, 25.4.33; BG: LAB, OFP-Akten; LAB, Liste 15.10.33; BAL, PAK

Dalen, Fritz Dr.
10.12.1880 Bromberg -
1.3.1942 Berlin
Joachim-Friedrich-Str. 7, Halensee
Ulmenstr. 1, Lichterfelde-Ost
T: G 3 Lichterfelde 3687
RA und Notar; die Zulassung wurde am 28.1.1936 gelöscht.
D. beging im März 1942 Selbstmord, vermutlich angesichts der drohenden Deportation.
*li; BG: BAK, Kartei schulpfl. Kinder, LAB, OFP-Akten, BAP, 15.09 RSA.; cjb

Dalibor, Kurt
k.A.
priv.: k.A.
Lindenstr. 26, SW 68
D. wurde am 30.5.1933 ein Vertretungsverbot auferlegt; keine weiteren Angaben.
BAL, PAK (Bielschowsky)

Dallmann, Heinz Dr.
21.12.1902 Berlin - k.A.
priv.: /Kanzlei: k.A.
Betätigte sich von 1933-36 als nicht-selbständiger Anwalt in Berlin; praktizierte 1936 in Sao Paulo, Brasilien. Beantragte am 3.10.1940 ein Stipendium des Am. Com. for the Guidance of Professional Personnel und war einer der wenigen, die es erhalten haben. Lebte nach 1940 in den USA.
NY Publ. Lib. (Am. Com.) Dallmann; BAL, PAK

Dalsheim, Friedrich Dr.
25.10.1895 - k.A.
priv.: k.A.
Königin-Augusta-Str. 51, W 10
War noch bis 1936 als Anwalt tätig; keine weiteren Angaben.
*li; Liste 36; BAL, PAK

Dam, Hendrik George van Dr.
8.11.1906 Berlin -
28.3.1973 Düsseldorf
Tiergartenstr. 2 b, W 10 (1931)
Kanzlei: k.A.
Emigration in die Schweiz 1933, in die Niederlande 1934, nach Großbritannien 1940, kehrte 1950 in die BRD zurück
Jüd.Adr.B.; BG: BHdE, Bd.1

Daniel, Arthur
6.4.1866 - 4.12.1933
Seestr. 30, Köpenick
Wallstr. 76/79, SW 19
T: F 7 Jannowitz 1793
D. starb 1933 im Alter von 67 Jahren.
*li; BG: Friedh.W.Sterbereg.; BAL, PAK

Daniel, Fritz Dr.
19.12.1900 - k.A.
priv.: k.A.
Bülowstr. 1, W 57
D. war evangelisch; er wurde zum 9.6.1933 mit Berufsverbot belegt, weil er nach § 1 Abs.1 d. Ges. v. 7.4.1933 als Jude galt.
Adr.B.32; Liste d. nichtzugel. RA, 25.4.33; BAL, PAK

Dannenbaum, Fritz Dr.
k.A.
priv.: k.A.
Roonstr. 5, NW 40
Berufsverbot im Frühjahr 1933.
Br.B.32; Liste d. nichtzugel. RA, 25.4.33; BAL, PAK

Dannenberg, Ernst Dr.
7.1.1892 Stettin - k.A.
Emser Str. 22, Wilmersdorf
Nürnberger Str. 66, W 50
T: B 4 Bavaria 8144/45
Nachdem im April 1933 ein Vertretungsverbot ergangen war, war D. ab Ende April wieder in Prozessen vertretungsberechtigt; noch bis zum allgem. Berufsverbot 1938 als Anwalt tätig; Emigration nach Großbritannien, London, am 8.8.1939.
*li; Liste d nichtzugel. RA, (Nachtrag), 25.4.33; Liste 36; BG: LAB, OFP-Akten; BAP, 15.09 RSA; LAB, Liste 15.10.33; BAL, PAK

Danziger, Ernst
7.6.1904 - k.A.
priv.: k.A.
Kaiser-Wilhelm-Str. 36, C 25
Seit 1931 RA; Berufsverbot zum 23.5.1933, weil er nach § 1 Abs.1 d. Ges.v. 7.4.1933 als Jude galt; keine weiteren Angaben.
Liste d. nichtzugel. RA, 25.4.33; BAK, PAK

Danziger, Georg Jacques Dr.
19.5.1883 Posen -
3.1.1960 New York
Margaretenstr. 13, W 9
Margaretenstr. 8, W 35
T: B 1 Kurfürst 1596/97
RA mit eigener Kanzlei bis 1938, danach im Büro Meinhardt; Emigration, völlig mittellos, nach Großbritannien am 28.3.1939; später in die USA, wo er Firmenberater wurde, nannte sich ab 1955 George. Seine Schwester und sein Bruder sind im KZ umgekommen. Nach dem Krieg wurde D. Ehrenmitglied der Deutschen Vereinigung f. gewerbl. Rechtsschutz und Urheberrecht. Spezialist auf dem Gebiet des Patent- und Warenzeichrechts
*li; BG: LAB, OFP-Akten; Göpp., S. 274; LAB, Liste 15.10.33; BAL, PAK

Danziger, Gerhard Dr.
19.7.1884 Halberstadt - k.A.
Waldmannstr. 21, Lankwitz
Waldmannstr. 21, Lankwitz
T: G 3 Lichterfelde 0626
Emigration nach Großbritannien, Santon; befand sich 1938 auf der Isle of Man.
*li; BG: LAB, OFP-Akten; LAB, 15.10.33; BAL, PAK

Danziger, Kurt
28.10.1876 Thorn - k.A.
Wielandstr. 35, Charlottenburg
Motzstr. 38, Wilmersdorf
T: B 4 Bavaria 1074
Emigration über Spanien in die USA am 6.6.1941.
*li; BG: BAK, Emigr.- u. Sterbedatei, LAB, OFP-Akten, BAP, 15.09 RSA; LAB, 15.10.33; BAL, PAK

Davidsohn, Franz Sally Dr.
8.7.1874 Hohensalza -
Auschwitz
Wilhelmsaue 136, Wilmersdorf
Kanzlei: k.A.
Kanzlei mit Notariat vor Okt. 1933 aufgegeben. Verhaftung, Sammellager Große Hamburger Str. 26; Deportation mit dem 41. Alterstransport (11.8.1942) nach Theresienstadt, weiter nach Auschwitz transportiert, dort verschollen; für tot erklärt.
Br.B.32; BG: g, BAK, GB; LAB, OFP-Akten; BAP, 15.09 RSA; BAL, PAK

Davidsohn, Leo Dr., JR.
15.2.1878 - 10.7.1937
Uhlandstr. 171-172
Steinplatz 1, Charlottenburg
T: C 1 Steinplatz 7178
Noch 1932 Vorst.-Mitgl. der RAK; bis 1936 als Anwalt tätig, am Ende in seiner Privatwohnung. D. starb 1937 im Alter von 69 Jahren.
*li; Liste 36; BG: Friedh.W.Sterbereg.

Deuren, Arnold van Dr.
1875 - 1942
Monbijouplatz 10, C 2
Monbijouplatz 10, C 2
T: D 1 Norden 4923/24
Emigration in die Niederlande 1935, beging dort 1942 nach der Besetzung Selbstmord.
*li; BG: g, Korr. Gertrud Gottschalk-Dalberg; LAB, 15.10.33; BAL, PAK

Deutsch, Leo
13. 12. 1873 Breslau - k.A.
Dragonerstr. 32, C 2, Mitte
Lothringer Str. 42, N 54

T: D 1 Norden 5140
War noch bis 1938 als Anwalt
tätig; vermutlich emigriert.
*li; Liste 36; BG: LAB, OFP-
Akten, BAP, 15.09 RSA; LAB,
Liste 15.10.33; BAL, PAK

Dickmann, Wilhelm Dr.
13.10.1900 Hermsdorf - k.A.
Babelsberger Str. 49
Landgrafenstr. 1, W 62
T: B 5 Barbarossa 3776
D. hatte als 17jähriger am
Ersten Weltkrieg teilgenommen; die Mutter war Protestantin, er selbst getauft. D. war
anfänglich als RA im Büro Weil
tätig, später selbständig. Durch
seinen Status als Frontkämpfer
im Frühjahr 1933 weiter zugelassen; er fiel unter das allgem.
Berufsverbot 1938; konnte am
2.12.1938 in die USA emigrieren; nahm dort verschiedene Jobs
an (z.B. Nightchecker in einem
Restaurant, schrieb am Tag
Kurzgeschichten und Artikel),
nannte sich ab 1938 William. D.
erhielt eines der Stipendien des
Am.Com. for the Guidance of
Professionel Personnel. Machte
1943 sein Examen an der University of Pennsylvania, Philadelphia; bemühte sich um die
amer. Staatsbürgerschaft und
wurde 1943 in den Staatsdienst
aufgenommen. Offizier in der
US Army; arbeitete im Stab des
amerikanischen Hochkommissars General Clay in der Rechtsabteilung. In dieser Funktion
war er der Verfasser des Kon-
trollratsgesetzes Nr. 46
(25.2.1947) über die Auflösung
Preußens. Lebte in den 60er
Jahren in den USA; er hatte die
Tochter des früheren Prager
Rabbiners geheiratet. D.s Eltern
und die Schwester sind umgebracht worden. Fühlte sich in
den USA anerkannt („Meine
Frau und ich werden auf dem
gleichen Friedhof beigesetzt
werden wie Kennedy."), gleichwohl muß offen bleiben, ob er
in den USA eine neue Heimat
gefunden hat.

*li; NY Publ.Lib. (Am.Com.) Dick-
mann; BG: LAB, OFP-Akten (s.a.
Akte Hirsch, Moritz); LAB; Liste
15.10.33; BAL, PAK; PA 54137;
Ausk. Anne Halle; Göpp., S. 275

Dienstag, Paul Dr.
17.5.1885 Berlin -
27.2.1945 Bergen-Belsen
Mohrenstr. 48, W 8
Behrenstr. 27, W 8
T: A 2 Flora 2559
D. wurde vermutl. in der Emigration verhaftet und
deportiert.
*li; BG: BAK, GB, LAB, OFP-
Akten; LAB, Liste 15.10.33

Dittmann, Fritz
20.7.1885 Berlin - k.A.
Bamberger Str. 32, W 30, Schö-
neberg
Behrenstr. 26 a, W 8
T: A 1 Jäger 1398
D. galt als „Mischling ersten
Grades", war evangelischen
Glaubens. Lebte nach 1945 in
Charlottenburg.
*li; BG: BAP, 15.09 RSA; cje;
LAB; Liste 15.10.33; BAL, PAK;
LAB, Liste Mschl.36

Domke, Martin Dr.
11.9.1892 Berlin - k.A.
Bendlerstr. 30, W 35
Kanzlei: k.A.
RA und Notar bis 1933; Emigration nach Frankreich, Paris, am
1.1.1934; im Juni 1941 in die
USA; war dort ab 1950 Professor; 1958 Vorsitzender der Kommission zur Schlichtung internationaler Handelrechtsfälle;
erhielt 1967 das Große Bundesverdienstkreuz; lebte 1978 in
New York.
BG: LAB, OFP-Akten; cjb; BHdE
Bd.I; BAL, PAK; Göpp., S. 275

Donig, Arthur Dr.
[Dr. Arturo Donig]
13.11.1881 Fankfurt/M. -
26.7.1958
Fasanenstr. 20, Charlottenburg
(später: Kaiserallee 28)
Friedrichstr. 64, W 8
T: A 6 Merkur 1791

War bis mind. 1936 noch als
Anwalt tätig; Emigration nach
Argentinien, Buenos Aires,
1939; lebte 1950 in Buenos
Aires.
*li; Liste 36; BG: LAB, OFP-Akten
(s.a. Akte Kopinsky, Bertha geb.
Rothschild); BAP, 15.09 RSA;
LAB; Liste 15.10.33; BAL, PAK

Donig, Martin Dr.
25.1.1902 - k.A.
Nassauische Str. 61, Wilmers-
dorf
Ritterstr. 80, SW 68
Kanzlei zwangsweise vor Okt.
1933 aufgegeben. Emigration in
die USA, San Francisco, am
31.5.1938.
Br.B.32; BG: LAB, OFP-Akte
(Akte D., Wera); BAL, PAK; Göpp.,
S. 275

Dorn, Wilhelm Dr.
18.7.1890 Oekel-Hermsdorf -
k.A.
Wichmannstr. 3
Mohrenstr. 52, W 8
T: A 1 Jäger 0371
RA und Notar; emigrierte im
März 1937 nach Italien, kehrte
nach 1945 zurück und ließ sich
in Niedersachsen nieder.
*li; BG: LAB, OFP-Akten; LAB;
Liste 15.10.33; BAL, PAK

Dresdner, Erwin Dr.
7.11.1888 Beuthen - k.A.
Wilmersdorfer Str. 77, Charlot-
tenburg
Zimmerstr. 92/93, SW 68
T: A 1 Jäger 0226
War noch bis zum Berufsverbot
1938 als Anwalt tätig.
*li; Liste 36; BG: BAP, 15.09
RSA; LAB; Liste 15.10.33; BAL,
PAK

Dresdner, Harry
12.8.1885 Dubbeln - k.A.
Brandenburgische Str. 41, W 15
Keithstr. 14 a, W 62
T: B 5 Barbaossa 8351
War noch bis zum allgem.
Berufsverbot als Anwalt tätig;
Emigration nach Neuseeland,
Wellington.

*li; BG: LAB, OFP-Akten; LAB;
Liste 15.10.33; BAL, PAK

Dresel, Alfred
3.1.1891 Berlin - k.A.
Amselstr. 15, Dahlem
Amselstr. 15, Dahlem
Berufsverbot im Frühjahr 1933
(vorher am Kammergericht
zugelassen); Emigration nach
Großbritannien, London, am
27.12.1938; Vorstandsmitglied
des Council of Jews from Ger-
many; lebte 1977 in Oxshott,
Großbritannien.
Liste d. nichtzugel. RA, 25.4.33;
BG: LAB, OFP-Akten; BHdE,
Bd.I; BAL, PAK, Göpp., S. 276

Drücker, Erich Dr.
k.A.
priv.: k.A.
Berliner Allee 242, Weißensee
Berufsverbot im Frühjahr 1933.
Keine weiteren Angaben.
Liste d. nichtzugel. RA, 25.4.33

Drucker, Paul Dr.
4.9.1895 Berlin -
1.8.1959 Mexiko (?)
Thomasiusstr. 15, NW 40
Potsdamer Str. 92, W 57
T: B 7 Pallas 8528
Emigration nach Mexiko am 14.
2.1939.

*li; BG: LAB, OFP-Akten; BHdE,
Bd.I; LAB, Liste 15.10.33

Ebers, Georg Dr.
k.A. - 28.4.1935
priv.: k.A.
Französische Str. 47, W 8
Keine Angaben.
*li; LAB, *Liste* 15.10.33

Ebstein, Curt Dr.
5.2.1899 Berlin - k.A.
priv.: k.A.
Behrenstr. 27, W 8
T: A 2 Flora 2559
Emigration in die USA am
25.5.1941.
*li; BAK, *Emigr.-u.Sterbedatei a*,
BAP, 15.09 RSA; LAB, *Liste*
15.10.33

Eckstein, Curt Dr.
k.A.
A.d. Spandauer Brücke 12, C 2
Mittelstr. 18, NW 7
T: A 2 Flora 1165
War nach dem allgem. Berufsverbot als Rechtsanwalt noch
als „Konsulent" tätig; das Notariat war ihm bereits entzogen
worden; keine weiteren Angaben.
*li; *Br.B.32*; BG: LAB, OFP-Akten
(*Akte Felix Reich*); LAB, *Liste*
15.10.33

Eckstein, Ernst
22.5.1886 Hannover -
verschollen, Auschwitz
Kurfürstendamm 224, W 15
Kurfürstendamm 224, W 15
Berufsverbot im Frühjahr 1933
(vorher am Kammergericht
zugelassen); Emigration nach
Frankreich. Deportation mit
dem 33. Transport aus Drancy
(16.9.1942) nach Auschwitz,
dort verschollen.
Br.B.32; *Liste d. nichtzugel.* RA,
25.4.33; BG: *g*, BAK, GB; LAB,
OFP-Akten; *Aufstellung Vormeier:*
„Deportierung aus Frankreich"

Eckstein, Ludwig
16.9.1902 Hannover - k.A.
priv.: k.A.
Hardenbergstr. 27, Charlottenburg 2
Berufsverbot zum 13.7.1933,
weil E. nach § 1 Abs.1 d. Ges. v.
7.4.1933 als Jude galt.
Liste d. nichtzugel. RA, 25.4.33;
PAL, PAK; PA 54850

**Edelstein, Friedrich (Fritz)
Gustav Dr.**
21.2.1895 Berlin - 1956 USA
Ilmenauer Str. 10, Wilmersdorf,
Grunewald/ Brandenburgische
Str. 46, Familienheim Berliner,
Wilmersdorf
Motzstr. 38, Wilmersdorf
T: B 4 Bavaria 1074
RA und Notar; E. war evangeli-

schen Glaubens; nach dem allgem. Berufsverbot 1938 noch
als „Konsulent" tätig; Emigration in die USA am 18.3.1941.
*li; BG: BAK, *Emigrations- u.
Sterbedatei a*, LAB, OFP-Akten;
BAP, 15.09 RSA; *cjb*; BHdE, Bd.
2,1; BAL, PAK

Eger, Herbert
19.11.1882 Berlin - k.A.
priv.: k.A.
Schloßstr. 1, Pankow
T: D 8 Pankow 4750
Die Ehefrau Marie geb. Linde-
mann galt als „arisch"; E.s
Zulassung als Anwalt wurde

1935 gelöscht; Emigration nach
Großbritannien am 13.6.1939.
*li; BG: BAP, 15.09 RSA

Ehrenfried, Gustav Dr.
k.A.
priv.: k.A.
Augsburger Str. 57, W 50
T: B 4 Bavaria 2114
RA und Notar; bis zum allgem.
Berufsverbot als Anwalt tätig,
das Notariat war bereits entzogen.
*li; BG: LAB, OFP-Akten (*Akte E.,
Meta geb. Rosenthal*); LAB; *Liste*
15.10.33; BAL, PAK

Ehrlich, Friedrich (Fritz) Dr.
8.9.1889 Iserlohn - Auschwitz
Wartburgstr. 24, Schöneberg
Rosenthaler Str. 44, C 54
Berufsverbot im Frühjahr 1933;
wurde zuletzt als Arbeiter ein-
gesetzt. Datum der Vermögen-
serklärung: 23.11.1942, Sam-
mellager Große Hamburger Str.
26. Deportation mit dem 23.
Transport (29.11.1942) nach
Auschwitz, dort verschollen.
Br.B.32; BG: *g*, BAK, GB, LAB,
OFP-Akten; BAP, 15.09 RSA; *Liste
d. nichtzugel.* RA, 25.4.33; BAL,
PAK

Ehrlich, Hugo Dr.
10.6.1881 Alt Beru -
24.11.1940 Berlin
Giesebrechtstr. 15, Charlottenburg
Lennéstr. 7, W 9
T: B 2 Lützow 0944
War noch bis zum Berufsverbot
1938 als Anwalt tätig, zuletzt in
seiner Wohnung.
*li; *Br.B.32*; *Liste 36*; BG: BAK,
*Kartei schulpfl. Kinder mit Sterbe-
karte*; BAP, 15.09 RSA; *Friedh.
W.Sterbereg.*; LAB; *Liste* 15.10.33;
LAB, *Liste* 15.10.33; BAL, PAK

Ehrlich, Kurt
16.2.1886 Magdeburg - k.A.
Fasanenstr. 68, W 15, Charlot-
tenburg
Fasanenstr. 68, W 15
T: J 1 Bismarck 4824 u. 212
RA und Notar; noch bis mind.

1936 als Anwalt tätig, die Zulassung als Notar war vorher entzogen worden. E.s weiteres
Schicksal ist unklar; es existiert
eine Versteigerungsakte, daher
muß die Deportation angenommen werden.
*li; *Liste 36*; BG: LAB, OFP-
Akten; LAB, *Liste* 15.10.33; BAL,
PAK

Ehrmann, Ernst
1.6.1904 Berlin - k.A.
priv.: k.A.
Jägerstr. 13
Berufsverbot im Frühjahr 1933.
Keine weiteren Angaben.
Adr.B.32; *Liste d. nichtzugel.* RA,
25.4.33; BAL, PAK

Eichelbaum, Eva
8.9.1901 - k.A.
priv.: k.A.
Neue Ansbacher Str. 17, W 50
Rechtsanwältin seit 1929;
Berufsverbot zum 9.6.1933. Das
Gesuch auf weitere Ausübung
des Berufs wurde abgelehnt.
Liste d. nichtzugel. RA, 25.4.33;
BAL, PAK; PA 54985

Eichelbaum, Kurt (Curt) Dr.
25.5.1890 - k.A.
priv.: k.A.
Taubenstr. 8/9, W 8
T: A 1 Jäger 4302
RA seit 1919, Notar seit 1927;
am Ersten Weltkrieg teilgenommen. Berufsverbot zum 29.5.
1933; E.s Kriegsdienst war nicht
als Fronteinsatz anerkannt worden; für verschiedene wichtige
Schweizer Firmen tätig gewesen.
Adr.B.32; *Liste d. nichtzugel.* RA,
25.4.33

Eisenberg, Fritz Dr.
25.2.1889 Berlin - Auschwitz
Wittelsbacher Str. 13
Charlottenstr. 58, W 8
RA seit 1919, Notar seit 1920;
wurde im Frühjahr 1933 mit
Berufsverbot als Anwalt und
Notar belegt (vorher am Kam-
mergericht zugelassen); keine
weiteren Angaben bis zur De-

portation mit dem 31. Transport nach Auschwitz (1.3.1943), dort verschollen.
Br.B.32; *Liste d. nichtzugel.* RA, 25.4.33; BG: BAK, GB, LAB, OFP-*Akten*, BAL 15.09 RSA; BAL; PAK

Eisenmann, Adolf Dr.
22.10.1887 Frankfurt/M. - k.A.
priv.: k.A.
Ansbacher Str. 35, W 50
T: B 4 Bavaria 2266
RA seit 1921, Notar seit 1927; E. hatte am Ersten Weltkrieg teilgenommen, war mit dem Eisernen Kreuz II. Klasse geehrt worden. Die Zulassung als Notar wurde ihm zum 14.11. 1935 im Zuge der allgem. Entlassung von jüd. Notaren entzogen nach § 3 RBG i.V.m. § 4 Abs.I VO vom 14.11.1935 (RGBl. I, S. 1333); die Zulassung als Anwalt wurde zum 30.11. 1938 mit dem allgem. Berufsverbot entzogen; keine weiteren Angaben.
*li; LAB, Liste 15.10.33; BAL, PAK

Eisenstaedt, Alfred Dr.
21.1.1874 Berlin - k.A.
Hallesche Str. 18, SW 11
Kronenstr. 76, W 8
T: A 1 Jäger 3268
E. war noch bis zum allgem. Berufsverbot 1938 als Anwalt tätig.
*li; Liste 36; BG: BAP 15.09 RSA; BAL, PAK

Eisenstaedt, Nathan Dr., JR.
26.8.1866 Stuhm - 2.11.1941 Berlin
priv.: k.A.
Tauentzienstr. 14, W 50
T: B 4 Bavaria 4394
War noch bis mind. 1936 als Anwalt tätig; starb im November 1941 im Alter von 75 Jahren; keine näheren Angaben.
*li; Liste 36; BG: BAK, *Kartei schulpfl. Kinder*; LAB, OFP-Akten (*Akte Eisenstädt, Frieda*); BAP, 15.09 RSA; Friedh.W.Sterbereg.; LAB, Liste 15.10.33; BAL, PAK

Eisenstaedt, Siegfried Dr.
1884 Berlin - k.A.
priv.: k.A.
Friedrichstr. 91-92, NW 7
Zeitweiliges Vertretungsverbot 1933, später wiederzugelassen; keine weiteren Angaben.
Br.B.32; *Liste d. nichtzugel.* RA, 25.4.33; *Liste 36*; BAL, PAK

Eisner, Anita
25.7.1900 Berlin - 12.4.1950 Berlin
Lützowstr. 69, W 35
T: B 1 Kurfürst 1800
Kanzlei: k.A.
Rechtsanwältin seit 1927, E. hatte sich ihr Studium unter Mühen und ohne Unterstützung der Familie finanziert, da ihr Vater 1914 einem Herzschlag erlag, als er auf einer Reise in Antwerpen von Briten als Zivilgefangener verhaftet werden

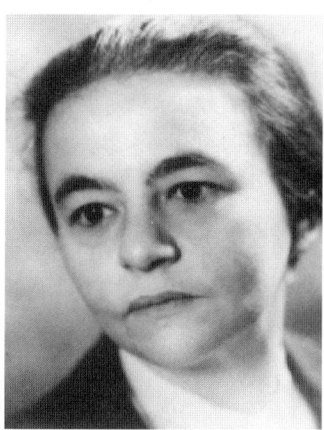

sollte. Berufsverbot zum 26.5. 1933, weil sie nach § 1 Abs.I d. Ges v. 7.4.1933 Jüdin war. Wurde anschließend mit der Haus- und Vermögensverwaltung von zahlreichen jüdischen Emigranten bevollmächtigt. Im Rahmen dieser Tätigkeit stand E. ständig in Kontakt mit den NS-Behörden: „Z.B. erinnere ich mich ... daß ich in einer einzigen Woche 5 Vorladungen vor die Zollfahndung und Gestapo hatte, Vorladungen, bei denen

man damals niemals wußte, ob man frei heraus kommt oder ohne jeden Grund dabehalten wurde ... Nicht nur, daß meine sämtlichen Verwandten, darunter meine fast 80jährige Mutter und meine einzige Schwester, ferner meine in Deutschland verbliebenen Freunde evakuiert und restlos von den Nazis umgebracht worden sind, ich habe auch miterleben müssen, wie Dutzende meiner Mandanten und die mir von Freunden und Mandanten anvertrauten Angehörigen den Weg ins Nichts antreten mußten ... Von März 1943 bis zur Einnahme von Berlin, also über 2 Jahre lang, habe ich illegal leben müssen, keine Lebensmittelkarten bezogen und meist nicht gewußt, wovon ich leben und wo ich die nächste Nacht zubringen sollte." E. überlebte und wurde 1947 als Anwältin wieder zugelassen, wobei sie sich gegen die Heranziehung als Richterin verwahrte. Sie starb im Alter von 49 Jahren. General- und Unterbevollmächtigte verschiedener Emigranten
BG: LAB, OFP-Akten (*s.a. Akte Gräffner, Ernst Dr. u. Akte Mandelbaum, Käthe, Akte Kochmann, Alfred; Akte Nacht, Albert Dr.; Akte Kroner, Wilhelm*); BAP, 15.09 RSA; Aufbau (NY), 28.09.45 (*Geb.dat.: 25.07.09*); RAK PA; BAL, PAK; PA 55097

Eisner, Ernst Dr.
12.3.1895 - k.A.
Landshuter Str. 28, W 30
Landshuter Str. 28, W 30
T: B 6 Corrnelius 3117
Emigration nach Großbritannien, London.
*li; BG: LAB, OFP-Akten; LAB, Liste 15.10.33; BAL, PAK

Eisner, Hermann Dr.
16.10.1897 Gleiwitz - 29.10.1977 Berlin
Sybelstr. 69, Charlottenburg
Friedrichstr. 85 II, W 8
T: A 1 Jäger 4223
Seit 1926 RA; daneben saß er im Vorstand des Engelhardt-Konzerns; E. war der Ehemann der Schauspielerin Camilla Spira (bekannt geworden als Wirtin in der Operette „Im Weißen Rössl"); er verlor 1938 die Zulassung aus „rassischen Gründen", seinen Vorstandsposten muste er aufgeben. In einem Interview berichtet Camilla Spira: „Er war so deutsch ... Ich versuchte ihm klarzumachen, daß keine Arbeitslager warteten, sondern der Tod." E. emigrierte nach Überredung durch seine Frau in die Niederlande, wurde dort von den Verfolgern eingeholt und kam 1943 ins KZ Westerbork. E. überlebte und ist nach Berlin zurückgekehrt; 1947 erhielt er die Wiederzulassung als Anwalt. War bis 1973 noch als Notar tätig, hatte seine Kanzlei zuletzt in seine Wohnung verlegt.
*li; BG: BAK, *Kartei schulpfl. Kinder*; BHdE 1933, Bd.1; RAK PA; LAB, Liste 15.10.33; BAL, PAK; *Ausk. d. Tochter*

Eisner, Wilhelm Dr.
12.8.1900 - k.A.
priv.: k.A.
Prager Platz 3, Wilmersdorf
RA seit 21.12.1932; Berufsverbot zum 10.6.1933, weil er nach § 1 Abs.I d. Ges. v. 7.4.1933 als Jude galt; E. ist nach Gleiwitz gegangen, keine weiteren Informationen.
Liste d. nichtzugel. RA, 25.4.33; BAL, PAK; PA

Elb, Joseph Paul Dr.
24.4.1899 Fürth - 7.3.1942
priv.: k.A.
Schiffbauerdamm 29 a, NW 7
T: D 2 Weidendamm 5311
War bis mind. 1936 noch als Anwalt tätig, starb im März

1942 im Alter von 41 Jahren (Suizid?).
*li; Liste 36; BAK, Kartei schulpfl. Kinder; LAB, Liste 15.10.33; BAL, PAK

Elden, Walter Dr.
10.8.1905 Berlin - k.A.
priv.: k.A.
Lindenstr. 43, SW 19
Berufsverbot zum 9.6.1933.
Keine weiteren Angaben.
Liste d. nichtzugel. RA, 25.4.33; LAB, Liste 15.10.33; BAL, PAK; PA 55118

Elias, Ludwig Dr.
19.9.1891 Berlin - k.A.
priv.: k.A.
Markgrafenstr. 78, SW 68
Berufsverbot zum Frühjahr 1933. Keine weiteren Angaben.
Adr.B.32; Liste d. nichtzugel. RA, 25.4.33; BAL, PAK; PA 55122

Elkeles, Heinrich Dr.
15.4.1887 Posen -
Okt. 1944 Theresienstadt
Passauer Str. 2, Schöneberg, W 50/ Hoffmann-von-Fallersleben-Platz 1, Wilmersdorf
Kaiser-Wilhelm-Str. 59, C 2
T: E 1 Berolina 3870
RA bis zum Berufsverbot 1938; Zulassung als Notar 1936 gelöscht; ab 1939 Vorstandsmitglied des 1928 gegründeten Reichsbundes für jüd. Siedlungen, Direktor der Jüd. Landarbeit GmbH, einer Abt. der Reichsvertretung. Deportation mit dem 91. Alterstransport (16. 6.1943) nach Theresienstadt, dort ein Jahr später umgekommen.
*li; BG: g, BAK, GB, BAK, Kartei schulpfl. Kinder; LAB, OFP-Akten (s.a. Akte Höniger, Sara); BAP, 15.09 RSA; LAB, Liste 15.10.33; BAL, PAK; PA 55126; Göpp., S.241

Elkeles, Ludwig Dr.
10.3.1902 Posen - k.A.
priv.: k.A.
Jägerstr. 19, W 8
Berufsverbot zum 10.6.1933, weil E. nach § 1 Abs.I d. Ges. v. 7.4.1933 Jude war. E.s Mutter schrieb einen anrührenden Brief an Reichspräsident Hindenburg, da noch ein weiterer Sohn als Arzt von der Ausgrenzungspolitik betroffen und nun arbeitslos war. Ihr wird lapidar geantwortet, daß der Entzug der Anwaltszulassung für ihren Sohn Ludwig nicht rückgängig gemacht werden könne. Keine weiteren Informationen.
Liste d. nichtzugel. RA, 25.4.33; BAL, PAK; PA 55127

Elkisch, Walter Dr.
1.7.1889 Berlin - k.A.
priv.: k.A.
Sächsische Str. 2, W 15
T: J 2 Oliva 3932
War noch bis mind. 1936 als Anwalt tätig.
*li; Liste 36; LAB, Liste 15.10.33

Elsas, Fritz Dr.
11.7.1890 Cannstadt -
4.1.1945 Sachsenhausen
Patschkauer Weg 41, Zehlendorf
Kanzlei: k.A.
1926-1931 geschäftsführendes Vorstandsmitglied des Deutschen und Preuß. Städtetages, 1931-1933 Zweiter Bürgermeister in Berlin, seit 1933 Auswandererberater des ZA f. Hilfe u. Aufbau, 1937 einige Monate in Haft, 1944 in Gestapo-Haft (weil er Goerdeler Zuflucht gewährt hatte), nach Sachsenhausen deportiert und dort erschossen. E.s Ehefrau galt als nicht-jüdisch.
Göpp., S. 241

Elsaß, Arthur Dr.
26.3.1896 Landsberg - k.A.
Martin-Luther-Str. 9, W 30
Martin-Luther-Str. 9, W 30
T: B 6 Cornelius 1787
Mußte den Zwangsnamen „Israel" führen; war nach dem Berufsverbot 1938 als „Konsulent" tätig; lebte am 20.5.1942 noch in Berlin; keine weiteren Informationen.
*li; BG: LAB, OFP-Akten ; BAP, 15.09 RSA; Liste d. Kons., 15.4. 39; LAB; Liste 15.10.33

Elsbach, Alwin, JR.
29.5.1863 Walldorf -
verschollen, Auschwitz
Stülerstr. 7 (vorher Hitzigstr.)
Hitzigstr. 8, W 35
T: B 5 Barbarossa 0821
E.s Zulassung als Anwalt wurde am 5.2.1938 gelöscht; anschließend ist er vermutlich emigriert; wurde in den Niederlanden verhaftet und nach Auschwitz deportiert.
*li; BG: BAK, GB, LAB, OFP-Akten; LAB, Liste 15.10.33; BAL, PAK

Emanuel, Albert Dr.
17.4.1892 Hannover - k.A.
Konstanzer Str. 51
Neue Friedrich-Str. 78, C 2
T: E 1 Berolina 2750
RA und Notar; nach dem allgem. Berufsverbot 1938 noch als „Konsulent" zugelassen, das Notariat war bereits entzogen. E. mußte den Zwangsnamen „Israel" führen; Emigration vermutl. am 15.1.1939.
*li; BG: LAB, OFP-Akten, BAP, 15.09 RSA; Liste d. Kons., 15.4.39; LAB, Liste 15.10.33

Emanuel, Otto, JR.
7.11.1859 Rodenberg - 3.1.1940
Hauptstr. 119 b. Schneider, Schöneberg
Hauptstr. 119 I, Schöneberg
T: G 1 Stephan 8643
RA und Notar; war noch bis zum allgem. Berufsverbot 1938 als Anwalt tätig, das Notariat wurde vorher entzogen.
*li; Liste 36; BG: Kartei schulpfl. Kinder, BAP, 15.09 RSA; LAB, Liste 15.10.33; BAL, PAK

Engel, Carl, JR.
22.6.1870 Schönlanke -
21.1.1943 Theresienstadt
Niebuhrstr. 67, Charlottenburg
Hardenbergstr. 13, Charlottenburg
T: C 1 Steinplatz 4560
Mit dem 41. Alterstransport am 11.8.1942 nach Theresienstadt deportiert, dort umgekommen.
*li; BG: BAk, GB, LAB, OFP-
Akten, BAP, 15.09 RSA; LAB, Liste 15.10.33

Engelbert, Sally Fritz Dr.
4.4.1886 Gudensberg -
22.3.1958 Berlin
Königstr. 20-21, C 2
Unter den Linden 66, NW 7
T: A 1 Jäger 1191
RA seit 1919, Notar seit 1924. Entlassung als Notar 1935, Berufsverbot als RA 1938, bis 1941 als „Konsulent" tätig. E.s Ehefrau Emilie geb. Gaetcke galt als nicht-jüdisch, die Ehe

als privilegiert, das Paar hatte drei Kinder. 1942/43 Verhaftung E.s durch die Gestapo, Inhaftierung im Lager Wuhlheide; E. überlebte und wurde 1947 wieder als Anwalt zugelassen.
*li; BG: LAB, OFP- Akten (Akte Jacobsohn Betty geb. Kahn, Akte Kasten, Martin); BAP, 15.09 RSA; Liste d. Kons., 15.3.39; LAB, Liste 15.10.33; BAL, PAK; RAK, PA

Epstein, Max Prof. Dr.
9.3.1874 Königshütte -
Mai 1948 London
Douglasstr. 15-17, Grunewald/
Bleibtreustr. 24, Charlottenburg
Kanzlei: k.A.
Emigration nach Großbritannien, Tavistock, am 23.8.1939. E. war auch als Theatersponsor und Verleger tätig.
BG: LAB, OFP-Akten; BAP, 15.09

RSA; *cjb (mit Geburtsdatum 9.3.*
73); BHdE Bd. 2,1

Erhardt, Walter Dr.
k.A.
priv./Kanzlei: k.A.
Syndikus der Phoenix-Versiche-
rungsges.; wurde 1933 mit Hinweis auf die Rassegesetze entlassen; war noch weiter als
Berater für die Firma und einzelne Mandanten tätig; emigrierte ca. 1935 nach Palästina,
wo er u.a. die Hamishmar-Versi-
cherung mitaufbaute. E. ist in
Israel gestorben.
Ausk. Dr. Gabriele Meyer (Tochter
eines Kollegen)

Erlanger, Henry
19.9.1872 Frankfurt/M. -
6.10.1942 Theresienstadt
Gerlachstr. 18-21, C 2 (Alters-
heim, ab 1.9.1942)
Fasanenstr. 67, W 15
War noch bis zum allgem.
Berufsverbot 1938 als Anwalt
tätig. E. wurde mit dem 2.
Großen Alterstransport (14.9.
1942) nach Theresienstadt
deportiert und ist dort wenige
Tage später umgekommen.
li; BG: BAK, GB, LAB, OFP-
Akten, BAP, 15.09 RSA; *cjb*; BAK,
PAK

Exiner, Martin
21.12.1885 Militsch - k.A.
priv.: k.A.
Königin-Augusta-Str. 23, W 35
T: B 2 Lützow 0901
RA und Notar; war noch bis
mind. 1936 als Anwalt tätig;
Zulassung als Notar vorher entzogen.
li; *Liste 36*; LAB, *Liste 15.10.33*;
BAL, PAK

Eyck, Erich Dr.phil
7.12.1878 Berlin -
23.6.1964 London
Lützowstr. 60, W 35
Magdeburger Str. 5, W 35
T: B 2 Lützow 4286
RA seit 1906. E. betätigte sich
auch publizistisch (Berliner
Tageblatt, Vossische Zeitung),

er war Mitglied der DDP bzw.
Staatspartei, im Demokratischen Klub, im Hauptvorstand
CV. 1933 Entlassung als Notar;
1937 Emigration über Italien
nach Großbritannien, London.
Erhielt 1953 das Große Bundesverdienstkreuz; veröffentlichte
historische Studien.
Bismarck, 3 Bde. 1941, 1943,
1944 (Zürich); Geschichte der
Weimarer Republik, 2 Bde.
1954, 1956, u.a.
li; BG: LAB, OFP-Akten;
BHdE1933, Bd.1; LAB, *Liste*
15.10.33; BAL, PAK; *Krach*, S.432;
Göpp., S. 278

Fabian, Erich Dr.
23.8.1889 Berlin - k.A.
Am Karpfenpfuhl 14-16, Zehlendorf
Eisenzahnstr. 66, Halensee
T: J 7 Hochmeister 0415
RA seit 1909, Notar seit 1923;
hatte als Frontkämpfer am
Ersten Weltkrieg teilgenommen; 1926 Vizepräsident der
Bnei Brith Loge, später ausgetreten; E.s Zulassung als Notar
wurde 1935 entzogen; Emigration nach Großbritannien am
14.7.1939.
li; BG: LAB, OFP-Akten; LAB,
Liste 15.10.33; BAL, PAK; PA
55475

Fabian, Franz Dr.
12.4.1888 Berlin - k.A.
priv.: k.A.
Kochstr. 22-26, SW 68
Berufsverbot im Frühjahr 1933;
Emigration nach Chile, Santia-
go Los Leones.
Adr.B.32; BG: LAB, OFP-Akten;
Liste d. nichtzugel. RA, 25.4.33;
BAL, PAK

Fabian, Fritz Dr.
20.12.1874 Tuchel -
2.4.1942 Lodz
Sybelstr. 66, Charlottenburg
Unter den Linden 42, NW 7
T: A 6 Merkur 1742
F. war noch bis zum allgem.
Berufsverbot 1938 als Anwalt
tätig. Datum der Vermögenserklärung: 15.10.1941, Sammellager Levetzowstr. 7-8; Deportation mit dem 3. Transport (27.10.
1941) nach Lodz, dort 1942
umgekommen.

li; BG: *g*, BAK, GB; BAK, *Kartei*
schulpfl. Kinder; LAB, OFP-Akten;
BAP, 15.09 RSA; *Lodz-TL 10b*;
Berlin III (Geburtsdatum: 20.12.
78); LAB, *Liste 15.10.33*; BAL,
PAK

Fabian, Heinz Kurt Dr.
7.12.1877 - k.A.
priv.: k.A.
F. wurde zum 9.10.1933 in den
Ruhestand versetzt gem. § 6 d.
Ges. v. 7.4.33; er war 1940 noch
als Rechtsberater tätig.
BAL, PAK; *Liste d. nichtzugel. RA*,
25.4.33 (*Nachtrag*)

Fabian, Martin
16.12.1894 Strelno - k.A.
Sybelstr. 42 bei Neumann,
Charlottenburg
Kleiststr. 19, W
T: B 2 Lützow 1691
War bis zum 15.7.1937 als
Anwalt tätig, dann wurde die
Zulassung gelöscht.
li; *Liste 36*; BG: BAP, 15.09
RSA; LAB, *Liste 15.10.33*; BAL,
PAK

Fabian, Walter Dr.
3.10.1886 Tuchel - 20.8.1951
priv.: k.A.
RA in Berlin; war mit einer Frau
verheiratet, die als nicht-jüdisch
galt; lebte nach 1945 in Steglitz.
BG: BAP, 15.09 RSA; *cjb*; *cje*;
BAL, PAK (PA *vorh.*); *Liste d.*
nichtzugel. RA, 25.4.33 (*Nachtrag*)

Faerber, Erich Dr.
6.9.1893 Berlin - k.A.
priv./Kanzlei: k.A.
Nürnberger Platz 6, W 50
T: B 4 Bavaria 6995
Wurde frühzeitig als Notar entlassen. Keine weiteren Angaben.
li; LAB, *Liste 15.10.33*; BAL
PAK

Falk, Hans Dr.
16.7.1888 Breslau -
verschollen, Lodz
Niebuhrstr. 6./Gipsstr. 18/
Kantstr. 34
Jägerstr. 40, W 56

Zulassung als Notar war frühzeitig entzogen worden; F. war vermutlich bis zum Berufsverbot 1938 als Anwalt tätig; später wurde er als Arbeiter eingesetzt. Datum der Vermögenserklärung: 15.1.1941, Sammellager Levetzowstr. 7-8; Deportation mit dem 2. Transport (24.10.1941) nach Litzmannstadt/Lodz, dort verschollen.
*li; BG: g, BAK, GB; LAB, OFP-Akten, (s.a. Akte Silberstein, Max

NL); BAP, 15.09 RSA, Lodz-TL 10b, Berlin II ; LAB, Liste 15.10. 33; BAL, PAK

Falkenberg, Josef
30.10.1881 Berlin -
15.12.1962 Berlin
Salzburger Str. 17, Schöneberg
Seydelstr. 26, SW 19
T: A 6 Merkur 1487
RA seit 1911, Notar seit 1924. Hatte bei den letzten freien Wahlen nach eigenen Angaben SPD gewählt. Die Ehefrau Maria geb. Weimann galt als nichtjüdisch. F. verlor 1935 die Zulassung als Notar; 1939 als RA aus „rassischen Gründen", wurde als „Konsulent" zugelassen. Die Einkommenseinbußen waren in den Jahren 1938/39 am höchsten (Gesamteinnahmen zwischen 1.800,- und 2958,- RM), konnte ansonsten Einnahmen bis 5.328,- RM verzeichnen. F.

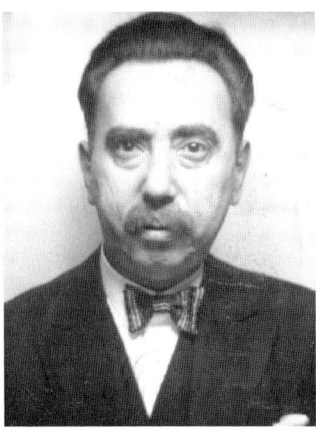

wurde 1950 wieder als Anwalt und 1954 als Notar zugelassen. Verschiedene Aufsätze zur Gewerbefreiheit
*li; BG: LAB, OFP-Akten (Akte Jacoby, Ernst, Akte Kochmann, Emil); BAP, 15.09 RSA; cje; RAK, PA; LAB, Liste 15.10.33

Falkenheim, Albert Dr.
24.7.1891 Königsberg - k.A.
priv.: k.A.
Mohrenstr. 54/55, W 8
T: A 1 Jäger 1710
Noch bis 6.4.1938 als Anwalt tätig. Keine weiteren Angaben.
*li; Liste 36; LAB, Liste 15.10.33; BAL, PAK

Falkenstein, Eberhard Dr.
31.5.1881 Berlin - k.A.
priv.: k.A.
Unter den Linden 56, NW 7
T: A 2 Flora 5109
RA und Notar; keine weiteren Angaben.
*li; BG: BAP, 15.09 RSA; LAB, Liste 15.10.33; BAL, PAK; LAB, Liste Mschl.36

Faß, Fritz Dr.
20.2.1890 Neuwied - k.A.
priv.: k.A.
Friedrichstr. 203, SW 68
F. war Teilnehmer des Ersten Weltkrieges, dieser Einsatz wurde aber nach 1933 nicht als Fronteinsatz anerkannt; Berufsverbot zum 8.6.1933, da er als

Jude galt, wenngleich nur als „Mischling". F. ist vermutlich nach Italien emigriert; es findet sich ein Hinweis in seiner Personalakte im RJM, daß die Reichsrechtsanwaltskammer noch einen ausstehenden Beitrag von RM 60,- von ihm beansprucht.
Br.B.32; Liste d. nichtzugel. RA, 25.4.33; BG: ABK, Kartei d.schulpfl. Kinder, LAB, OFP-Akten; LAB, Liste 15.10.33; BAL, PAK; PA 55548

Feblowicz, Max
8.6.1881 - 12.6.1935 Berlin
priv.: k.A.
Bismarckstr. 12, Charlottenburg
T: C 0 Fraunhofer 2992/93
Keine Angaben..
*li; BG: LAB, OFP-Akten (Akte F., Gertrud), Friedh.W.Sterbereg.; LAB, Liste 15.10.33; BAL, PAK

Feblowicz, Samuel
14.7.1901 Obornik - k.A.
priv.: k.A.
Joachimsthaler Str. 38, Charlottenburg
RA seit 1927; Berufsverbot zum 9.6.1933, F. hatte Mandate für die Rote Hilfe übernommen, hatte sich nach Aussagen von Mandanten, die sich für seine weitere Berufsausübung aussprachen, insbesondere gegen Korruption eingesetzt; trotz aller Bemühungen wurde das Berufsverbot beibehalten.
Liste d. nichtzugel. RA, 25.4.33 (Nachtrag); BAL, PAK; PA 55564

Feder, Ernst Dr.
18.3.1881 Berlin -
29.3.1964 Berlin
Welterpfad 76, Mariendorf
Marburger Str. 17, W 50
T: B 4 Bavaria 2028
Emigration über die Schweiz nach Frankreich, Paris,1933; Zulassung offiziell erst 1935 gelöscht; weitere Emigration nach Brasilien im Juli 1941; Rückkehr nach Berlin 1957.
*li; BG: LAB, OFP-Akten; BHdE, Bd. 1; LAB, Liste 15.10.33; BAL, PAK

Feidelberg, Karl Dr.
3.7.1894 Altena - k.A.
Orber Str. 28-29, Grunewald
Orber Str. 28-29, Grunewald
T: H 9 Schmargendorf 4574
RA und Notar; Emigration nach Palästina, Tel Aviv, am 20.10. 1934.
*li; BG: LAB, OFP-Akten; LAB, Liste 15.10.33; BAL, PAK

Feiertag, Kurt Dr.
22.11.1884 Berlin -
verschollen, Auschwitz
Witzlebenstr. 18, Charlottenburg
Krausenstr. 70, W 8
T: A 6 Merkur 8425
RA und Notar; Deportation mit dem 33. Transport (3.3.1943) nach Auschwitz, dort verschollen.
*li; BG: BAK, GB, LAB, OFP-Akten, BAP, 15.09 RSA; LAB, Liste 15.10.33; BAL, PAK

Feig, Ernst
9.6.1880 Gleiwitz -
26.4.1942 Sachsenhausen
Tellstr. 11, Neukölln
Schlesische Str. 39, SO
Verlor 1934 die Zulassung; wurde im April 1942 in Sachsenhausen umgebracht.
Adr.B.32; BG: BAK, GB, BAK Emigr.-u. Sterbedatei, LAB, OFP-Akten, BAL, 15.09 RSA, GB Sachsenhausen; BAL, PAK

Feig, Otto, JR.
18.2.1864 Tarnowitz - k.A.
Vorbergstr. 8, Schöneberg
Beuthstr. 10 II, SW 19
T: A 6 Merkur 74547
F.s Ehefrau galt als nichtjüdisch; er war noch bis zum 18.8.1938 als Anwalt tätig, dann gelöscht; F. lebte nach 1945 in Pankow.
*li; Liste 36; BG: BAP, 15.09 RSA, cje; LAB, Liste 15.10.33; BAL, PAK

Feige, Richard Dr.
14.6.1880 Liegnitz - k.A.
Brandenburgische Str. 42, Wilmersdorf
Potsdamer Str. 134 a, W 9

T: B 1 Kurfürst 3700
F. war evangelischen Glaubens; noch bis zum allgem. Berufsverbot 1938 als Anwalt tätig; Emigration in die USA am 18.6.1941.
*li; BG: BAK, *Emigrations- u. Sterbedatei*; LAB, OFP-Akten; cjb; LAB, *Liste 15.10.33*; BAL, PAK

Feige, Walter Dr.
20.12.1883 Berlin - k.A.
Konstanzer Str. 2, W 15
Potsdamer Str. 134 a, W
Berufsverbot im Frühjahr 1933. Emigration in die USA 1941; Eintragung „6.1.41 ab".
Br.B.32 ; BG: BAK, *Emigr.- u. Sterbedatei*; LAB, OFP-Akten; BAP, 15.09 RSA; cjb; *Liste d. nichtzugel.* RA, 25.4.33; BAL, PAK

Feilchenfeld, Daniel, JR.
27.6.1868 Kulm - k.A.
Friedrich-Wilhelm-Str. 20, Tiergarten
Friedrich-Wilhelm-Str. 20, W 35
T: B 5 Barbaossa 2324
War noch bis zum allgem. Berufsverbot 1938 tätig; Emigration in die Dominikanische Republik.
*li; BG: BAP, 15.09 RSA; *Emigrations- u. Sterbedatei*; LAB, *Liste 15.10.33*; BAL, PAK

Feilchenfeld, David
28.8.1877 Thorn - ca.1952
Schönhauser Allee 90, N 113
Monbijouplatz 4, N 24
T: D 1 Norden 4234
War nach dem Berufsverbot als Anwalt 1938 als „Konsulent" zugelassen; mußte den Zwangsnamen „Israel" führen. Die Ehefrau Hanna galt als nichtjüdisch; F. arbeitete noch im Dezember 1944 in Berlin; er überlebte. 1946 wurde er von der sowjetischen Militärpolizei verhaftet, er kam frei und konnte wieder als Anwalt tätig sein. F. starb (vermutlich) 1952 in Berlin-Grunewald, Seebergsteig 19.
li; BG: LAB, OFP-Akten (*Akte Machol, Kurt Dr., s.a. Akte Posnansky, Rosa und Margot*); BAP,

15.09 RSA; *Liste. d. Kons.*, 15.4.39; LAB, *Liste 15.10.33*; RAK PA

Feilchenfeld, Max
1.5.1874 Thorn - k.A.
Kommandantenstr. 1, SW 19
Kommandantenstr. 1, SW 19
T: A 6 Merkur 7751
Emigration auf die Philippinen, Manila. Keine weiteren Angaben.
*li; BG: LAB, OFP-Akten, BAP, 15.09 RSA; LAB, *Liste 15.10.33*; BAL, PAK

Feinberg, Dagobert Dr.
10.4.1905 Luisenhof/ Memel - k.A.
priv.: k.A.
Tauentzienstr. 18 a, W 50
Berufsverbot im Frühjahr 1933. Emigration nach Palästina
Ausk. Proskauer; *Adr.B.32*; *Liste d. nichtzugel.* RA, 25.4.33 (*dort fälschlicherweise als „Feigenberg"*)

Feld, Arthur Dr.
11.12.1884 Friedeberg - k. A.
Kurfürstendamm 210, Charlottenburg
Potsdamer Str. 33, W
Kanzlei mit Notariat 1933 aufgegeben.
Br.B.32; BG: LAB, OFP-Akten; BAL, PAK

Feld, Erwin Dr.
22.11.1890 Berlin - k.A:
Paulsborner Str. 10, Halensee, Wilmersdorf
Potsdamer Str. 83, W 57
T: B 7 Pallas 8588/89
RA und Notar; das Notariat war vor Aufgabe der Kanzlei entzogen worden; Emigration nach China, Shanghai.
*li; BG: LAB, OFP-Akten

Ferester, Max
12.11.1890 Berlin - k.A.
Neue Ansbacher Str. 18, W 50
Neue Ansbacher Str. 18, W 50
T: B 5 Barbaossa 4313
Emigration nach Cuba, Havana. Keine weiteren Angaben.
Stadtrat

*li; BG: LAB, OFP-Akten; LAB, *Liste 15.10.33*; BAL, PAK

Fernbach, Fritz Dr.
16.12.1888 Sprottau - k.A.
priv.: k.A.
Dorotheenstr. 34, NW 7
F. hatte am Ersten Weltkrieg teilgenommen; RA seit 1921; sein Einsatz während des Krieges war jedoch nicht als Fronteinsatz anerkannt worden. Berufsverbot zum 29.5.1933.
Adr.B.32; *Liste d. nichtzugel.* RA, 25.4.33; BAL, PAK; PA 55669

Fiegel, Herbert Dr.Dr.
14.7.1898 Berlin - k.A.
Tauentzienstr. 18 a, Charlottenburg/Berliner Str. 92, Neubabelsberg
Tauentzienstr. 18 a, W 50
F.s Zulassung wurd am 6.4.1934 „auf Antrag" gelöscht; Emigration nach Palästina, war später bei der URO tätig.
*li; BG: LAB, OFP-Akten; LAB, *Liste 15.10.33*; BAL, PAK; *Ausk. Proskauer*

Fink, Arthur Dr.
30.3.1882 Bromberg - 16.1.1934 Darmstadt
Nikolassee, Zehlendorf
Uhlandstr. 29, Charlottenburg
T: J 1 Bismarck 33
Notariat 1933 verloren; gemeinsame Kanzlei mit der Ehefrau, die gleichzeitig als Anwältin mit Berufsverbot belegt wurde. F. beging 1934 in Darmstadt im Alter von 52 Jahren Selbstmord.
*li; Br.B.32; BG: g, LAB, OFP-Akten (*eig. Akte u. F., Peter*); LAB, *Liste 15.10.33*; BAL, PAK

Fink, Betti geb. Fink
13.8.1891 Pleschen - k.A.
Uhlandstr. 29, Charlottenburg
Uhlandstr. 29, Charlottenburg
Betrieb eine gemeinsame Kanzlei mit dem Ehemann, der 1933 die Zulassung als Notar verlor und ein Jahr später Selbstmord beging. F. wurde im Frühjahr 1933 mit Berufsverbot belegt (vorher am Kammergericht

zugelassen); Emigration nach Palästina, Ramat Gan, am 24.5.1935.
Liste d. nichtzugel RA, 25.4.33; BG: BAK, *Kartei schulpfl.Kinder*; LAB, OFP-Akten; BAL, PAK

Finkelstein, Hermann Dr.
17.2.1906 Berlin - k.A.
priv.: k.A.
Droysenstr. 6, Charlottenburg
Berufsverbot zum 13.7.1933, weil er als Jude galt.
Liste d. nichtzugel. RA, 25.4.33; BAL, PAK; PA 55773

Fischer, Alfred
k.A. - verschollen, Lodz
Pfalzburger Str. 60, Wilmersdorf
Tauentzienstr. 8, W 50
RA und Notar; Zulassung als Anwalt 1936 gelöscht, Notariat zuvor entzogen; Emigration in die CSR, Prag, 1934; dort verhaftet und nach Litzmannstadt/ Lodz deportiert, dort verschollen.
*li; BG: f; *Ausk. Chawa Berg*; LAB, *Liste 15.10.33*; BAL, PAK

Fischer, Fritz Dr.
1.7.1888 Kattowitz - k.A.
priv.: k.A.
Kurfürstendamm 38/39, W 15
RA u. Notar in Berlin; Berufsverbot im Frühjahr 1933; keine weiteren Angaben.
Liste d. nichtzugel. RA, 25.4.33 (*Nachtrag*); BAL, PAK

Fischer, Hans Dr.
16.2.1894 Berlin - k.A.
Hohenzollerdamm 96, Grunewald, Wilmersdorf
Potsdamer Str. 129/130, W 9
T: B 2 Lützow 3093
War bis mind. 1936 noch als Anwalt tätig (Notariat früher entzogen); vermutlich emigriert.
*li; BG: LAB, OFP-Akten; LAB, *Liste 15.10.33*; BAL, PAK

Fischer, James Dr.
22.8.1870 - 30.8.1938
Kaiserplatz 1, Wilmersdorf
Rheinstr. 21, Friedenau
T: H 8 Wagner 2441

Fischer, Hans

RA und Notar; hatte seinen
Namen vor 1933 von Cohn in
Fischer geändert; starb 1938
eine Woche nach dem 68.
Geburtstag.
*li; BG: Friedh.W.Sterbereg.; LAB,
Liste 15.10.33; BAL, PAK

Fischer, Oskar Dr.
20.9.1882 Berlin - k.A.
Bismarckstr. 66, Charlottenburg
Sybelstr. 26, C 19
T: A 6 Merkur 1362
RA und Notar; Zulassung als
Anwalt 1938 gelöscht (als Notar
früher); Emigration nach Lon-
don am 15.7.1939.
*li; BG: BAP, 15.09 RSA; LAB,
Liste 15.10.33; BAL, PAK

Flatau, Ernst Dr.
31.10.1885 Berlin - k.A.
Konstanzer Str. 1, Wilmersdorf
Kurfürstendamm 24, W 15
T: J 1 Bismarck 9479
Emigration nach Italien, Prov.
Belluno, am 8.3.1939; lebte ab
ca.1947 in den USA, New York.
Vorstand und Inhaber der
Grundstücksverwaltungs-AG
HUSAG, Schöneberg.
*li; BG: LAB,OFP-Akten; LAB,
Liste 15.10.33; BAL, PAK

Flater, Alfred
10.6.1882 Neustettin -
verschollen, Riga
Hallesches Ufer 58, SW 11,
Kreuzberg
Friedrichstr. 203, SW 68
T: A 1 Jäger 3934
F. hatte noch eine Rente der
Reichsrechtsanwaltskammer
erhalten, er war bis 1938 als
Anwalt tätig gewesen. Datum
der Vermögenserklärung:
22.12.1941, Deportation mit
dem 9. Transport (19.1.1942)
nach Riga, dort verschollen.
*li; BG: g, BAK, GB; LAB, OFP-
Akten; BAP, 15.09 RSA; LAB,
Liste 15.10.33; BAL, PAK

Flato, Fritz Dr.
4.1.1895 Berlin - New York
Kommandantenstr. 63/64, SW 19
Kommandantenstr. 63/64, SW 19
T: A 7 Dönhoff 1915
F. war RA beim Wissenschaft-
lich-Humanitären Kommitee
(bis 1933); seine Zulassung
wurde 1934 gelöscht. F.s gesamte Familie wurde in KZs vergast;
ihm selbst gelang die Flucht
nach New York, wo er in den
40er Jahren „im bittersten
Elend" Selbstmord beging.
*li; BG: LAB, OFP-Akten; Hiller,
Kurt: Leben gegen die Zeit; Reinbek
1969 u. 1973, S. 285 (Bd.1) u.
105 (Bd.2)

Fleischmann, Hugo Dr.
9.1.1876 Fürth - k.A.
Keithstr. 20, W 62
Wilhelmstr. 89 a, W 8
Berufsverbot im Frühjahr 1933.
Emigration nach Veracruz am
28.5.1939.
Adr.B.32; BG: LAB, OFP-Akten;
BAP, 15.09 RSA: Liste d. nichtzugl.
RA, 25.4.33; BAL, PAK

Fliess, Julius Dr.
18.10.1876 Bernau - 2.3.1955
Bleibtreustr. 27, Charlottenburg
Potsdamer Str. 103, W 35
T: B 2 Lützow 6086
F. war während des Ersten Welt-
krieges schwer verletzt und mit
zahlreichen Orden geehrt wor-

den; noch 1932 im Vorstand der
RAK; 1935 Entlassung als Notar,
1938 Berufsverbot als RA, bis
1942 noch als „Konsulent" tätig;
mußte den Zwangsnamen „Israel" führen. F. konnte am 30.9.
1942 mit seiner Frau in die
Schweiz, Basel, fliehen im Rahmen des von Canaris und v.
Dohnanyi initiierten „Unternehmen Sieben". 1947 kehrte F. aus
der Schweiz nach Berlin zurück;
er wurde 1948 wieder als Anwalt zugelassen, später auch als
Notar.

*li; Verz.; BG: LAB, OFP-Akten
(Akte Herz, Else geb. Friedländer;
Akte Kirchheim, Paul/NL; Akte
Georg Noah); BAP, 15.09 RSA; cje;
Ausk. Dorothee Fliess; Liste d.
Kons., 15.4.39; LAB, Liste
15.10.33; RAK, PA; Meyer, Win-
fried: Unternehmen Sieben - Eine
Rettungsaktion; Ff./M. 1993

**Foerder, Herbert
(Yeshayahu) Dr.**
25.3.1901 Berlin -
10.6.1970 Tel Aviv
priv.: k.A.
Charlottenstr. 53, W 8
Berufsverbot im Frühjahr 1933;
Emigration nach Palästina im
gleichen Jahr; 1933 Mitgründer
und bis 1957 Direktor der Mit-
telstandssiedlungsgesellschaft,
1949-1957 Mitgl. der Knesset,
seit 1957 Vorsitzender des Vor-

standes der Leumi-Bank (Nationalbank Israels).
Br.B.32; Liste d. nichtzugel. RA,
25.4.33; BG: BHdE 1933, Bd.1;
BAL, PAK; Göpp., S.279

Fontheim, Georg Martin Dr.
30.8.1881 Berlin -
verschollen, Auschwitz
Eisenzahnstr. 64, Wilmersdorf/
Kaiserdamm 67, Charlottenburg
Joachimsthaler Str. 3, Charlottenburg 2
T: J 1 Bismarck 1200
RA und Notar; als Anwalt bis
1938 tätig, Notariat früher entzogen. Deportation mit dem 26.
Transport (12.1.1943) nach
Auschwitz, dort verschollen.
*li; BG: g, BAK, GB; BAK, Kartei
schulpfl. Kinder; LAB, OFP-Akten;
BAP, 15.09 RSA; LAB, Liste
15.10.33; BAL, PAK

Fontheim, Kurt Dr.
10.11.1882 Berlin - k.A.
Uhlandstr. 25, W 50, Charlotten-
burg/ Kurfürstendamm 13
Kurfürstendamm 13, W 50
T: J 1 Bismarck 1682
Zulassung wurde im Okt. 1936
gelöscht; später Emigration
nach Frankreich bzw. Italien.
*li; BG: LAB, OFP-Akten; LAB,
Liste 15.10.33; BAL, PAK

Fraenkel, Alfred Dr.
5.9.1882 Laurahütte -
1942 oder 1947
Prager Str. 7, W 50
Marburger Str. 11, W 50
T: B 4 Bavaria 2181
F. war Dissident; er war als
Notar bis 1933 zugelassen, als
RA bis zum 14.7.1938. Emigrati-
on in die Schweiz, Luzern.
*li; BG: BAK, Kartei schulpfl. Kin-
der; LAB, OFP-Akten; cjb; LAB,
Liste 15.10.33; BAL, PAK

Fränkel, Eduard Dr.
6.5.1874 Berlin - k.A.
Kaiserdamm 6, Charlottenburg
Französische Str. 17, W 8
T: A 2 Flora 5848
RA und Notar; als Anwalt bis
1938 tätig, zuletzt in der Privat-

wohnung, das Notariat war bereits entzogen worden. Emigration nach Brasilien, Rio de Janeiro, am 29.10.1940.
*li; BG: LAB, OFP-Akten, BAP, 15.09 RSA; LAB, Liste 15.10.33; BAL, PAK

Fraenkel, Ernst I Dr.
26.12.1898 Köln - 28.3.1975
Eschwegering 23 (oder 29), Tempelhof
1932: Alte Jakobstr. 155;
1933: Lützowufer 30
(später: Thüringer Ring 50, Tempelhof)
F. hatte am Ersten Weltkrieg teilgenommen, war schwer verletzt worden und hatte entsprechende Ehrungen erhalten; studierte Rechts- und Politikwissenschaften in Frankfurt/M. und Heidelberg; Dissident; Berater der Metallarbeitergewerkschaft (bis 1931), galt mit Franz L. Neumann als einer der „jungen Löwen der Gewerkschaftsbewegung". Im April 1933 wurde ihm ein Vertretungsverbot auferlegt, weil er nach den nationalsozialistischen Maßstäben als Jude galt. Das Vertretungsverbot wurde jedoch wieder aufgehoben, da er als Frontkämpfer anerkannt werden mußte. F. war bis 1938 am Kammergericht zugelassen; er verteidigte auch von 1933-38 zahlreiche politische Gefangene, was eine zusätzliche Gefährdung für ihn bedeutet haben muß. F.s Ehefrau Hanna geb. Pickel, *13.3. 1904, galt als „arisch". 1938 Emigration über Großbritannien in die USA; dort Beantragung eines Stipendiums beim Am. Com., arbeitete bereits am Buch „The Dual State" (das Manuskript liegt den Antragsakten in NY bei); er erhielt ein Stipendium und qualifizierte sich im amerikanischen Recht. F. war von 1944-50 im US-amerikanischen Regierungsdienst (1945-50 in Südkorea). Kehrte 1951 wieder nach Berlin zurück; wirkte hier am Aufbau der Freien

Universität mit, wurde Professor erst an der Deutschen Hochschule für Politik, dann am Otto-Suhr-Institut; bis zur Emeritierung (1967); starb 1975, zwei Wochen nachdem er mit der Ernst-Reuter-Plakette ausgezeichnet worden war.
*li; Liste d. nichtzugel. RA, 25.4. 33; BG: LAB, OFP-Akten; cjb; NY Publ. Lib.; BAL; PAK; PA 56082; Göpp. S. 335/36; OSI, Fraenkel-Projekt

Fraenkel, Ernst II
26.9.1902 Berlin - k.A.
k.A.
F. war als Anwalt seit 1928 zugelassen, Berufsverbot zum 13.7.1933, weil er nach § 1 Abs.1 d. Ges. v. 7.4.1933 als „nicht arischer Abstammung" galt; keine weiteren Informationen.
BAL, PAK, PA 56083

Fränkel, Heinz I (Julian) Dr.
18.8.1901 - k.A.
priv.: k.A.
Jägerstr. 10, W
Berufsverbot im Frühjahr 1933; Emigration über Paris in die USA, New York; nach 1945 wieder nach Deutschland zurückgekehrt.
Ausk. E. Proskauer; Adr.B.32; Liste der nichtzugel. RA, 25.4.1933; BAL, PAK

Fränkel, Heinz II Dr.
18.6.1900 Berlin - k.A.
priv.: k.A.
Behrenstr. 14, W 8
Als RA seit 1927 zugelassen; Berufsverbot zum 29.5.1933, weil er nach § 1 Abs.1 d. Ges. v. 7.4.1933 als Jude galt; keine weiteren Informationen.
BAL, PAK; PA 56087

Fraenkel, Herbert Dr.
27.5.1872 - 21.1.1939
Wielandstr. 38, Charlottenburg
Lützow-Ufer 30, W 62
T: B 5 Barbarossa 0815
War noch bis mind. 1936 als Anwalt tätig; beging 1939 im

Alter von 76 Jahren Selbstmord.
*li; Liste 36; BG: g, LAB, OFP-Akten (Akte Fränkel, Ernst); Ausk. Frau Fränkel; Friedh.W.Sterbereg.; LAB, Liste 15.10.33; BAL, PAK

Fränkel, Max I Dr.
19.11.1888 Ostrowo - k.A.
Regensburger Str. 27, W 50/ Hirschberg, Schlesien
Hohenzollernstr. 2, W 10
Berufsverbot zum 23.5.1933, weil er nach § 1 Abs.1 d. Ges. v. 7.4.1933 als Jude galt; Emigration in die USA, New York.
Liste d. nichtzugel. RA, 25.4.33; BG: LAB, OFP-Akten; BAL, PAK; PA 56093

Fraenkel, Max II Dr.
1.10.1887 Frankfurt/M. - k.A.
k.A.
Berufsverbot zum 13.7.1933, weil er nach § 1 Abs.1 d. Ges. v. 7.4.1933 als Jude galt; Emigration 1933 nach Frankreich, Paris.
LAB, Liste 15.10.33; BAL, PAK; PA 56092

Fränkel, Rudolf Dr.
20.2.1890 Berlin - vor 1945
priv.: k.A.
Friedrich-Karl-Ufer 2/4, NW 40
F. war evangelischer Religion, seine Ehefrau galt als „arisch"; er wurde zum 29.5.1933 mit Berufsverbot belegt, weil er nach § 1 Abs.1 d. Ges. v. 7.4. 1933 als Jude galt; F. starb vor 1945 in einem Gefängnis.
Adr.B.32; BG: BAP 15.09 RSA; cjb, cje; KK F., Gertrud; Liste d. nichtzugel. RA, 25.4.33; BAL, PAK; PA 56094

Fränkel, Siegfried I Dr.
28.8.1888 Oppeln - k.A.
Aschaffenburger Str. 18, Schöneberg
Schönhauser Allee 6, N
RA und Notar; Berufsverbot zum 26.5.1933, weil er nach § 1 Abs.1 d. Ges. v. 7.4.1933 als Jude galt. F. hatte sich intensiv bemüht, das Berufsverbot abzuwenden, doch ohne Erfolg; vermutlich Emigration: „15.6.39 ab".

Br.B.32; BG: LAB, OFP-Akten; BAP, 15.09 RSA; Liste d. nichtzugel. RA, 25.4.33; BAL, PAK; PA 56096

Fraenkel, Siegfried II
16.121887 - k.A.
k.A.
Berufsverbot zum 20.5.1933, weil er nach § 1 Abs.1 d. Ges. v. 7.4.1933 als Jude galt; keine weiteren Angaben.
BAL, PAK; PA 56095

Fraenkel, Walter Dr.
k.A.
priv.: k.A.
Behrenstr. 50, W 8
T: A 2 Flora 0328
War noch bis 19.8.1936 als Anwalt tätig.
*li; Br.B.32; Liste 36; LAB, Liste 15.10.33; BAL; PAK

Fragstein und Niemsdorff, Edgar von
6.3.1883 - k.A.
priv.: k.A.
Augsburger Str. 35, W
RA und Notar; katholischer Religion, galt jedoch nach den nationalsozialistischen Rassekriterien als „Mischling 1. Grades"; vertrat zahlreiche Mandanten, die in gleicher Weise betroffen waren; durfte auch nach 1938 weiter praktizieren; keine genaue Angabe zum Todestermin, vermutlich vor 1945 gestorben.
Adr.B.32; Liste 36

Franck, Hugo Dr.
30.6.1872 Einbeck - k.A.
Fasanenstr. 22, W 15
Fasanenstr. 22, W 15
T: J 1 Bismarck 3346
Emigration in die USA, San Francisco,1936; später nach Kanada.
*li; BG: LAB, OFP-Akten (Akte Franck, Jenny/NL u. Eigenakte Frank, Hugo); LAB, Liste 15.10.33; BAL, PAK

Frank, Karl (Carl) Dr.
19.5.1874 - 21.11.1935
priv.: k.A.
Taubenstr. 23 a, W 8
T: A 6 Merkur 7777 u. 2700
Keine weiteren Angaben.
*li; Br.B.32; BG: Friedh.W.Sterbereg.; LAB, Liste 15.10.33

Frank, William (Willie) Dr.
1.1.1903 Berlin - k.A.
priv.: k.A.
Leipziger St.r 119, W 8
Berufsverbot im Frühjahr 1933;
Emigration in die USA 1936
über Cuba; ab 1937 u. in den USA;
lebte 1974 in New York, USA.
Liste d. nichtzugel. RA, 25.4.33;
BG: BHdE nach 1933, Bd.1; BAL,
PAK

Frankenstein, Ernst Dr.
31.5.1881 Dortmund -
28.10.1959 London
priv.: k.A.
Behrenstr. 23, W 8
RA und Notar; Zulassung 1934
gelöscht. Emigration über
Frankreich (1933) nach Großbritannien (1936).
*li; NY Publ. Lib. (Am. Com.) Weigert, Julius B.

Frankfurter, Gerhard Dr.
17.3.1902 Berlin - k.A.
priv.: k.A.
Nikolsburger Platz 2, Wilmersdorf/ Kaiserallee 111
Berufsverbot im Frühjahr 1933.
Keine weiteren Angaben.
Adr.B.32; Liste d. nichtzugel. RA,
25.4.33; BAL, PAK

Frankfurter, Hans
21.9.1901 Berlin - k.A.
k.A.
Berufsverbot im Frühjahr 1933;
galt als „Mischling 1. Grades";
1943 „von der Arbeitsstätte weg
verhaftet"; unklar, ob F. überlebt
hat.
Liste d. nichtzugel. RA, 25.4.33;
BAL, PAK; BG: LAB, OFP- Akten;
BAP, 15.09 RSA

Frankfurter, Richard Otto Dr.
12.12.1873 Bielitz -
2.2.1953 Montevideo
Naussauische Str. 49, Wilmersdorf
Nikolsburger Platz 2, Wilmersdorf
T: H 6 Emser Platz 2721
RA und Notar; bekannter Filmanwalt, die Zulassung wurde
am 11.9.1934 gelöscht; Emigration über die Schweiz nach Uruguay, Montevideo, am 1.9.1934.
*li; LAB, Liste 15.10.33; BAL,
PAK; BG: LAB, OFP-Akten,
BHdE, Bd.1; Göpp., S. 280

Franz, Günter Curt
22.4.1898 Charlottenburg -
20.4.1962 Berlin
priv.: k.A.
Speyerer Str. 15/16, W 30
T: B 6 Cornelius 3191
F. war seit 1927 RA; verlor die
Zulassung als Anwalt aus „rassischen Gründen", er galt als
„Mischling 1. Grades", seine
Ehefrau Oda geb. Schmitt als
nicht-jüdisch. F. wurde bei der
Organisation Todt zwangsverpflichtet. 1946 Wiederzulassung
als Anwalt, lebte nach 1945 in
Schöneberg.
*li; BG: BAP, 15.09 RSA; cje;
RAK, PA; LAB, Liste 15.10.33;
BAL, PAK

Fraustaedter, Hans
16.6.1897 Berlin - k.A.
priv.: k.A.
Tauentzienstr. 12 a, W 50
Berufsverbot zum 2.6.1933 (vorher am Kammergericht zugelassen), weil er als Jude galt.
Br.B.32; Liste d. nichtzugel. RA,
25.4.33; BAL, PAK, PA 56219

Frentzel, Gerhard Dr.
15.3.1896 Berlin - k.A.
Nassauische Str. 57, Wilmersdorf
Nassauische Str. 57, Wilmersdorf
T: H 6 Emser Platz 2409
Seit 1925 für den Deutschen
Industrie-und Handelstag tätig,
hatte bei den letzten freien

Wahlen nach eigenen Angaben
die DVP gewählt, war später
Mitglied des NSV und des NS-
Reichskriegerbundes. F. galt als
„Mischling 1. Grades". Im November 1938 mußte er seinen
Arbeitsplatz „binnen weniger
Stunden räumen". Konnte noch
als Anwalt und Steuerberater
tätig sein, bis er von der Organisation Todt zwangsverpflichtet werden sollte. Er wurde für
untauglich erklärt; überlebte
und wohnte nach 1945 unter
o.g. Anschrift; wurde 1947 wieder als Anwalt tätig.
*li; BG: BAP, 15.09 RSA, cje;
RAK, PA; LAB, Liste Mschl.36;
Liste 15.10.33; BAL, PAK

Freudenheim, Martin Dr.
23.11.1887 Berlin - k.A.
Kaiser-Wilhelm-Str. 43, Mitte
Steinplatz 1, Charlottenburg 2
T: C 1 Steinplatz 7178
RA und Notar; wurde 1938 mit
dem allgem. Berufsverbot
belegt; lebte nach der 1945 in
Friedrichshain.
*li; LAB, Liste 15.10.33; BAL,
PAK; BG: BAP, 15.09 RSA, cje

Freudenstein, Curt (Kurt) Dr.
2.1.1891 Berlin - k.A.
Geisbergstr. 33 b. Graetz, Schöneberg
Französische Str. 52, W 8
Berufsverbot als Anwalt und
Notar zum 29.5.1933; später
Mitarbeiter der RV; keine weiteren Angaben.
Br.B.32; Liste d. nichtzugel. RA,
25.4.33; BAL, PAK, PA 56284;
BG: BAP 15.09 RSA, RV-Mitarbeiterverz.

Freudenstein, Hugo
18.10.1883 Alfeld - k.A.
Hessenallee 11, Charlottenburg
Friedrichstr. 56/57
Kanzlei vor Okt. 1933 aufgegeben. Emigration in die Niederlande, Amsterdam, am 24.3.
1938.
Br.B.32; BAL, PAK; BG: LAB,
OFP-Akten

Freund, Georg Dr., JR.
2.11.1857 Breslau - 1938
Bayerische Str. 5, W 15
Kurfürstendamm 35, W 15
T: J 1 Bismarck 4838
F. war evangelischen Glaubens;
bis 2.8.1938 noch als Anwalt
tätig, Notariat früher entzogen.
*li; LAB, Liste 15.10.33; Liste 36;
BAL, PAK; BG: LAB, OFP-Akten
(Akte Freund, Walter) cjb

Freund, Hans
26.12.1901 Kattowitz - k.A.
priv.: k.A.
Potsdamer Str. 125, W 9
Berufsverbot zum 10.6.1933
(vorher am Kammergericht
zugelassen), weil er als Jude
galt; keine weiteren Angaben.
Br.B.32; Liste d. nichtzugel. RA, 25.
4.33; BAL, PAK, PA 56296; BG:
LAB, OFP-Akten; BAP 15.09 RSA

Freund, Heinrich (Heinz) Dr.
14.9.1885 Breslau -
3.1.1948 Palo Alto/Cal.
Neue Kantstr. 12, Charlottenburg
Meinekestr. 7, W 15
RA und Notar; nach dem allgem. Berufsverbot 1938 als RA
1938 (Notariat früher entzogen)
noch als „Konsulent" tätig. Emigration im April 1939 nach England, nach Kriegsbeginn interniert, Anfang 1941 nach Australien deportiert, dort vier Jahre
im Lager; nach kaufmännischer
und journalistischer Tätigkeit
krank und mittellos. 1947 erhielt
F. den Auftrag für eine Forschungsarbeit an der Stanford
University, Californien, starb
jedoch ca. 2 1/2 Monate nach
der Ankunft in den USA.
*li; LAB, Liste 15.10.33; BAL,
PAK; BG: LAB, OFP-Akten

Freund, Hermann Dr.
6.1.1880 Landshut - k.A.
Heinrichstr. 9 a, Zehlendorf
Berliner Str. 49/50, Neukölln
Kanzlei mit Notariat vor Okt.
1933 aufgegeben; Emigration.
Br.B.32; BAL, PAK; BG: cjb; s.a.
Karte F., Konrad u. Otto

Freund, Martin
22. 3. 1886 Breslau - k.A.
priv.: k.A.
Alexanderstr. 5, C 25
T: E 1 Berolina 1673
War bis mind. 1936 noch als
Anwalt tätig; ist vermutlich
emigriert („5.11.39 ab").
*li; Liste 36; BAL, PAK; BG: BAK,
Kart. schulpfl. Kinder, BAP 15.09
RSA

Freund, Wilhelm Dr.
27.7.1881 Potsdam - 1.1.1937
Elsässer Str. 11, Mitte
Behrenstr. 35, W 56
T: A 6 Merkur 3840
War bis mind. 1936 noch als
Anwalt tätig; die Ehefrau galt
als nicht-jüdisch, F. starb 1937
im Alter von 55 Jahren.
*li; LAB, Liste 36, Liste 15.10.33;
BAL, PAK; BG: BAK, Kartei schul-
pfl. Kinder, BAP, 15.09 RSA,
Friedh.W.Sterbereg.

Freundlich, Ernst Dr.
27.12.1896 Posen - k.A.
Berkaer Str. 30, Grunewald,
Invalidenstr. 111, N 4
T: D 1 Norden 7121/22
RA und Notar; war bis mind.
1936 noch als Anwalt tätig
(Notariat vorher entzogen) in
einer gemeinsamen Kanzlei mit
F., Herbert (vermutlich der Bru-
der).
*li; LAB, Liste 15.10.33; Liste 36;
BAL, PAK; BG: LAB, OFP-Akten

Freundlich, Herbert Dr.
23.8.1893 Posen - k.A.
Invalidenstr. 111, N 4
Invalidenstr. 111, N 4
T: D 1 Norden 7121/22
RA und Notar; war bis mind.
1936 noch als Anwalt tätig
(Notariat vorher entzogen) in
einer gemeinsamen Kanzlei mit
F., Ernst (vermutlich der Bru-
der).
*li; LAB, Liste 15.10.33, Liste 36;
BAL, PAK; BG: LAB, OFP-Akten

Freundlich, Ludwig Dr.
19.9.1878 Neustettin - k.A.
Helmstedter Str. 26, Wilmersdorf

Krausenstr. 70, W 8
T: A 6 Merkur 8425
War noch bis 1937 als Anwalt
tätig; Emigration nach Großbri-
tannien, London.
*li; LAB, Liste 15.10.33; BAL,
PAK; Liste 36; BG: LAB, OFP-
Akten

Freundlich, Salo Dr.
7.10.1897 - k.A.
Trabener Str. 14, Wilmersdorf-
Grunewald
Linkstr. 29, W 9
Berufsverbot im Frühjahr 1933.
Emigration nach Großbritanni-
en, London, im April/ Mai 1939.
Adr.B.32; LAB, Liste 15.10.33;
BAL, PAK; BG: LAB, OFP -Akten
(s.a. Akte Fraube, Lilli, Akte
Freundlich, Mathilde geb. Bitter-
mann, Akte Fuchs, Franz Eugen);
Liste d. nichtzugl. RA, 25.4.33

Frey, Erich Max Dr.jur. Dr.phil.
1882 Breslau -
30.3.1964 Santiago de Chile
priv.: k.A.
Bellevuestr. 5

RA von 1911 bis1933; F. war
einer der bekanntesten Strafverteidiger Berlins, so hatte er u.a.
in dem Prozeß gegen die Mitglieder des Ringvereins „Immertreu" und für den Schüler Krantz
die Verteidigung übernommen.
F. war getauft, er emigrierte

1933 über Paris nach Südameri-
ka, wo er 1964 in Santiago de
Chile gestorben ist.
Zahlreiche Veröffentlichungen,
u.a.: Ich beantrage Freispruch
(Memoiren), 1959
Walk, S. 102; Adr.B.32; Krach, S.
433; Göpp., S. 280

Freyhan, Max Dr.
28.7.1881 Breslau - k.A.
Altonaer Str. 25, NW 87
Altonaer Str. 25, NW 87
T: C 9 Tiergarten 9359
Emigration nach Großbritanni-
en, London.
*li; LAB, Liste 15.10.33; BAL,
PAK; BG: BAP, 15.09 RSA, LAB,
OFP-Akten

Freymann, Kurt Dr.
9.5.1887 Danzig - k.A.
priv.: k.A.
Dorotheenstr. 80, NW
RA und Notar; F. wurde die
Zulassung zum 16.9.1933 im
Zuge der Zusammenlegung der
Landgerichte entzogen; emigrierte 1933 nach Italien, gegen
ihn wurde ein Steuersteckbrief
erlassen; keine weiteren Angaben.
BAL, PAK; PA 56327; Wolf, BFS

Friedeberg, Hans Dr.
18.1.1890 Posen - 11.5.1953
Grunewaldstr. 44, Schöneberg
Eisenacher Str. 83, W 30
F. war RA seit 1921, hatte bis
1933 ein durchschnittliches
Einkommen zwischen 18.000,-
und 22.000,- RM, bis 1939 sank
es auf 2.100,- RM, stieg jedoch
bis 1944 auf 12.000,- RM. Im
April 1933 wurde F. mit einem
Vertretungsverbot belegt, das
bis Okt. 1933 jedoch wieder
aufgehoben werden mußte. F.s
Ehefrau galt als nicht-jüdisch.
F. war im Rahmen der „Novem-
beraktion" 1938 verhaftet und in
Sachsenhausen inhaftiert wor-
den; kam wieder frei und war
nach dem Berufsverbot als
Anwalt 1938 als „Konsulent"
tätig. F. wurde 1948 als RA und
Notar wieder zugelassen. Er

lebte später in der Konstanzer
Str. 3.
*li; BG: LAB, OFP-Akten ; BAP,
15.09 RSA; cje (mit Akte),LAB,
Liste 15.10.33; Liste d. nichtzugel.
RA, 25.4.33; RAK, PA

Friedeberg, Max Dr.
23.4.1875 Magdeburg - k.A.
Potsdamer Str. 18, Steglitz-Lich-
terfelde
Ehrenbergstr. 11/14, O 17
T: E 8 Andreas 0013
Am 21.11.1935 Zulassung „auf
Antrag gelöscht"; Emigration
über die Niederlande in die
USA, New York, am 23.12.1938.
*li; BG: LAB, OFP-Akten; LAB,
Liste 15.10.33

Friedenthal, Felix Dr.
25.3.1874 Breslau - k.A.
Birkbuschstr. 28, Steglitz
Großgörschenstr. 40, W 57
T: B 7 Pallas 2100
1933 Zulassung als Notar verloren. Emigration nach Großbritannien 1939.
*li; BG: LAB, OFP-Akten; LAB,
Liste 15.10.33; BAL, PAK

Friedlaender, Bruno Dr. , JR.
4.10.1889 Berlin - 19.3.1942
Gleimstr. 16, Prenzlauer Berg
Potsdamer Str. 22 b, W 9
T: B 2 Lützow 1802
F. war bis 1938 noch als Anwalt
tätig; er war evangelischen
Glaubens, die Ehefrau galt als

nicht-jüdisch; F. beging 1942 im Alter von 52 Jahren Selbstmord, vermutlich angesichts der drohenden Deportation.
*li; Liste 36; BG: BAK, GB, Kartei schulpfl. Kinder, BAP, 15.09 RSA, LAB, OFP-Akten; cjb,cje; Liste 15.10.33; BAL, PAK

Friedländer, Eduard Dr.
16.2.1894 Berlin - k.A.
Köpenicker Str. 95, SO 16
Markgrafenstr. 78, SW
Berufsverbot im Frühjahr 1933 (vorher am Kammergericht zugelassen), im Okt. 1933 wieder zugelassen. F. war noch bis mind. 1936 als Anwalt tätig; Emigration nach Brasilien, Sao Paulo, am 15.2.1937.
Adr.B.32; Liste d. nichtzugel. RA, 25.4.33; Liste 36; BG: LAB, OFP-Akten; BAL, PAK

Friedländer, Ernst
2.6.1888 Potsdam -
5.7.1944 Berlin
Mehlitzstr. 3, Wilmersdorf
Hohenzollerndamm 198, Wilmersdorf
T: H 7 Wilmersdorf 1652
RA und Notar; das Notariat wurde frühzeitig entzogen. F.s Ehefrau Gerda Berta geb. Hellwig galt als nicht-jüdisch. F. starb 1944 im Alter von 56 Jahren.
*li; BG: LAB, OFP-Akten; BAP, 15.09 RSA; Friedh.W.Sterbereg; Liste 15.10.33; BAL, PAK

Friedlaender, Eugen Dr.
15.9.1878 Berlin -
16.6.1952 New York
Beymestr. 1, Grunewald
Margaretenstr. 8
RA und Notar; „gewann" u.a. den „Helfferich-Prozeß". F. emigrierte Ende März 1933 mit seiner Familie in die USA; er hat nie wieder deutschen Boden betreten.
BAL, PAK; Br.B.32; Ausk. Tom Freudenheim, sowie H.N.Fr.

Friedlaender, Ewald Kurt Dr.
24.1.1880 Berlin - Auschwitz
Bleibtreustr. 15-16, Charlottenburg
Wilhelmstr. 44, W 8
T: A 1 Jäger 0203
1933 die Zulassung als Notar verloren. Emigration in die Niederlande, dort festgenommen und nach Auschwitz deportiert; für tot erklärt.
*li; BG: g, BAK, GB; LAB, OFP-Akten; Liste 15.10.33; BAL, PAK

Friedländer, Hans
9.12.1901 Berlin - k.A.
priv.: k.A.
Kaiser-Wilhelm-Str. 3, C 2
Berufsverbot zum 13.7.1933, weil er nach § 1 Abs.1 d. Ges. v. 7.4.1933 als Jude galt.
Br.B.32; Liste d. nichtzugel. RA, 25.4.33; BAL, PAK

Friedländer, Heinrich Dr.
13.7.1885 Brieg -
27.10.1959 Frankfurt/M.
priv.: k.A.
Herwarthstr. 4, NW 40
T: A 1 Jäger 6911
War noch bis mind. 1936 als Anwalt tätig; Emigration im Nov. 1938 in die USA, Lehrauftrag in Havanna, Cuba; später in den USA. Rückkehr nach Deutschland, ab 1950 RA in Frankfurt/M.
*li; Liste 36; Göpp. S. 336; LAB, Liste 15.10.33; BAL, PAK

Friedlaender, James Dr.
25.2.1877 Berlin - Sobibor
priv.: k.A.
Tile-Wardenberg-Str. 13, NW 87
Deportation nach Sobibor; für tot erklärt.
*li; BAK, GB; Liste 15.10.33; BAL, PAK

Friedlaender, Karl Dr.
9.4.1882 Pleß - k.A.
priv.: k.A.
Händelstr. 3, NW
T: C 9 Tiergarten 2046
Zulassung als Notar 1933 verloren, zeitweilig auch die Vertretungsbefugnis als Anwalt; im

Friedlaender, James

Okt. 1933 wieder zugelassen, war noch bis zum 20.9.1936 als RA tätig.
*li; BG: BAK, Kartei schulpfl. Kinder; LAB, Liste 15.10.33; BAL, PAK

Friedlaender, Leo, JR.
k.A. - 1934
priv.: k.A.
Meraner Platz 2, Schöneberg
T: G 1 Stephan 3382
Keine näheren Angaben.
*li; BAK, GB, BG: BAP, 15.09 RSA, LAB, OFP-Akten, ITS, Transportlisten; BAL, PAK

Friedmann, Gustav
24.12.1898 Hamburg - k.A.
priv.: k.A.
Kleiststr. 35, W 62
RA seit 1929; Berufsverbot zum 8.6.1933, weil er nach § 1. Abs.1 d. Ges. v. 7.4.1933 als Jude galt.
Br.B.32; Liste d. nichtzugel. RA, 25.4.33; LAB, Liste 15.10.33; BAL, PAK; PA 56400

Friedmann, Hans Dr.
12.3.1882 Glogau - k.A.
Kurfürstendamm 59-60, Charlottenburg
Behrenstr. 63, W 8
T: A 1 Jäger 0046
Emigration nach Brasilien, Rio de Janeiro, am 24.7.1937.

*li; BG: LAB, OFP-Akten; Liste 15.10.33; BAL, PAK

Friedmann-Friters, Alfred Dr.
13.4.1880 Berlin - k.A.
Burggrafenstraße
Taubenstr. 8/9, W 8
T: A 1 Jäger 6916
F.s Zulassung als RA wurde 1936 gelöscht. Keine weiteren Angaben.
*li; BG: LAB, OFP-Akten; Liste 15.10.33; BAL, PAK

Frost, Ismar Dr.
9.12.1889 Oppeln - k.A.
Chausseestr. 130, N 4
Chausseestr. 130, N 4
Berufsverbot im Frühjahr 1933, später offensichtlich wieder zugelassen; bis 1938 noch als Anwalt tätig. Emigration über die Tschechoslowakei in die Schweiz, Zürich.
*li; Liste d. nichtzugel. RA, 25.4.33; Liste 36; BG: LAB, OFP-Akten; Liste 15.10.33; BAL, PAK

Fuchs, Franz Eugen
11.2.1899 Berlin -
1942 verschollen, „Osten"
Kurfürstenstr. 115, W 6/ Einemstr. 22, Tiergarten
Potsdamer Str. 38, W
Mind. bis 1932 Vorst.-Mitgl. der RAK; Mitglied des Hauptvorstandes des CV; nachdem im April 1933 ein Vertretungsverbot ergangen war, war F. ab Ende April doch wieder bei Prozessen vertretungsberechtigt; später als „Konsulent" tätig, von 1939 an in der Reichsvereinigung. Im Polizeigefängnis Alexanderplatz ca. ab 12.6.1942 inhaftiert. Deportation am 19.6.1942 mit dem 16. Transport (26. 6. 1942) in den „Osten", dort verschollen.
Verz.; Liste d. nichtzugel. RA, 25.4. 33 (Nachtrag); Br.B.32; BG: g, BAK, GB; LAB, OFP-Akten (s.a. Akte Frenkel, Selma); BAP, 15.09 RSA; Göpp., S. 244

Fuchs, Herbert Dr.
26.5.1886 Tarnowitz - Auschwitz
Meinekestr. 4, W 15
Meinekestr. 4, W 15
T: J 1 Bismarck 1907
F. war evangelischen Glaubens;
im April 1933 wurde er zeitweilig mit einem Vertretungsverbot
belegt, das offensichtlich wieder aufgehoben wurde. F. war
vermutl. bis zum Berufsverbot
1938 als RA tätig; zuletzt war er
juristischer Hilfsarbeiter (bis
Anfang Juni 1942) dann „Abwickler der Konsulentenpraxis" (bis
31.8.1942); laut Vermögenserklärung vom 22.6.1943: „amtlich
genehmigter jüd. Hilfsarbeiter
in der Konsulentenpraxis H.
Friedeberg"; zugleich „Einzieher" ausstehender Kostenforderungen der deportierten Kollegen zugunsten der Reichsrechtsanwaltskammer; Datum
der Vermögenserklärung: 22.6.
1943, Sammellager Große Hamburger Str. 26; Deportation mit
dem 93. Alterstransport
(30.6.1943) nach Theresienstadt; in Auschwitz verschollen.
*li; Liste d. nichtzugel. RA, 25.4.
33; Liste 36; BG: g, BAK, GB;
BAK, Kartei schulpfl. Kinder; LAB,
OFP-Akten (s.a. Akte F., Franz
Eugen Dr); BAP, 15.09 RSA; cjb;
Liste 15.10.33; BAL, PAK

Fuchs, Martin Dr.
15.4.1889 - k.A.
Jenaer Str. 12 b. Sonnenfeld,
Wilmersdorf
Potsdamer Str. 117, W 35
T: B 2 Lützow 0432
Die Zulassung als RA wurde am
20.9.1937 gelöscht, das Notariat
schon früher entzogen. Keine
weitere Angaben.
*li, BG: BAP, 15.09 RSA, LAB,
OFP-Akten; BAL, PAK

Fürth, Hugo Dr.
27.2.1888 Glogau - k.A.
Fredericiastr. 28, Charlottenburg
Friedrichstr. 66 III, W 8
T: A 1 Jäger 1584
Keine weiteren Angaben.

*li; BG: LAB, OFP-Akten; BAL,
PAK

Fürth, Walter Dr.
8.8.1894 Wurzing - k.A.
Koenigsallee 65 bzw. Hubertusallee 39, Wilmersdorf
Potsdamer Str. 121, W 35
Emigration nach Großbritannien, London, 1939.
*li; BG: LAB, OFP-Akten; BAL,
PAK; LAB, Liste Mschl.36

Fuß, Max
21.3.1879 Schrimm -
verschollen, Auschwitz
Uhlandstr. 39, W 15
Uhlandstr. 39, W 15
T: J 2 Oliva 3968
RA und Notar, Notariat 1933
entzogen; als Anwalt bis zum
allgem. Berufsverbot 1938 tätig.
Deportation mit dem 36. Transport (12.3.1943) nach Auschwitz, dort verschollen.
*li; BG: BAK, GB, BAP, 15.09
RSA, LAB, OFP-Akten; BAL, PAK

Futter, Matthias Dr.
20.12.1891 Dubrauke - k.A.
Helfferichstr. 44-46, Zehlendorf
Parkstr. 46, Dahlem
Berufsverbot als Anwalt und
Notar im Frühjahr 1933; 1938
Emigration über Italien, Mailand, oder über die Schweiz in
die USA, New York.
Br.B.32; BG: LAB, OFP-Akten;
Liste d. nichtzugl. RA, 25.4.33;
BAL, PAK

G

Gabriel, Georg Dr.
4.10.1894 Exin - k.A.
priv.: k.A.
A.d. Spandauer Brücke 2, C 2
T: D 2 Weidendamm 3621
RA und Notar; keine weiteren
Angaben.
*li; BAL, PAK

Galliner, Moritz Dr.
23.4.1884 Zinten -
28.12.1942 Berlin
Kaiserallee 134, Wilmersdorf/
Speyerer Str. 10, Schöneberg
Lutherstr. 21 I, W 62
T: B 5 Barbarossa 8272
G. war Jude, jedoch kein Zionist, er gehörte der Repräsentantenversammlung der Jüdischen Reformgemeinde an; für
ihn etwa das Judentum eine Religion, ansonsten fühlte er sich
der deutschen Kultur zugehörig;
er war Mitglied der SPD gewesen. Als Anwalt arbeitete G. in
allen Bereichen, trat auch in
politischen Prozessen auf. Nach
dem allgem. Berufsverbot 1938
war er noch als „Konsulent"
tätig. 1941 wurde er zur Zwangsarbeit bei Siemens in Siemensstadt verpflichtet. G. und seine
Ehefrau hatten sich ein Visum
für Cuba besorgt, das sich
jedoch als ungültig herausstellte; der Sohn der Familie wurde
zu entfernten Angehörigen nach
England geschickt. Einen Tag
vor der Deportation, am 28.12.
1942 beging G. gemeinsam mit
seiner Frau im Alter von 58 Jahren in Berlin Selbstmord.

*li; BG: g, BAK, GB, BAK, Kartei
schulpfl. Kinder; LAB, OFP-Akten
(Akte Mühlenthal, Sigismund/NL
u. Akte Schoeps, Anni); BAP, 15.09
RSA; BHdE, Bd.I; Friedh. W. Sterbereg.; Ausk. des Sohnes P. Galliner;
BAL, PAK

Gans, Ernst Dr.
8.7.1892 Hörde - k.A.
Rognitzstr. 12, Charlottenburg
Landgrafenstr. 1, W 62
T: B 5 Barbarossa 3776/77
G. hatte 1914 sein Referendarsexamen abgelegt und war
unmittelbar danach zum Militär
herangezogen worden, wo er
bis zum Ende des Krieges
Dienst leistete; Auszeichnung
mit dem Eisernen Kreuz 1. und
2. Klasse, promovierte 1920 in
Erlagen, zweites Staatsexamen
1921. Während des Studiums
war G. in einer schlagenden
Verbindung (Licaria im Kartell
Convent) aktiv, wobei sich diese
Verbindung auch als Organisation gegen antisemitische Studentengruppen verstand. G.
ging als Assessor nach Berlin,
hier trat er in die renommierte
Praxis von Dr. Bruno Weil ein,
weiterer Sozius wurde Wilhelm
Dickmann. Später wurde G. zum
Notar ernannt. 1935 wurde G.
im Rahmen der allgem. Regelungen das Notariat entzogen;
in den Jahren 1937/38 deckten
die Einnahmen nicht mehr die
Ausgaben. Das Ehepaar G.
konnte Deutschland verlassen;
mußte jedoch RM 103.000,-
Reichsfluchtsteuer und RM
43.181,- Judenvermögensabgabe entrichten. Um die eigenen
Möbel, Bilder sowie den privaten Schmuck mitnehmen zu
dürfen, mußten RM 60.750,- als
„ersatzlose Zahlung für Ausfuhrzwecke" gezahlt werden. Durch
die beschränkte Transferierung
von Devisen erlitt G. einen weiteren Verlust in Höhe von RM
37.600,-. Das Paar erhielt ein
Affidavit für die USA, wo es am
10. Okt. 1938 eintraf. Dort
erfuhren sie Unterstützung von

Bekannten, doch stellten die beschränkten Sprachkenntnisse ein Hindernis für eine Berufstätigkeit dar. Mit Hilfsarbeiten (Etikettieren von Marmeladengläsern) hielt Frau G. sich „über Wasser". Erst 1940 fand G. eine feste Anstellung als Handelsvertreter. Nach Kriegseintritt der USA dufte G. als „None Citizen" keine Firmen mehr besuchen, die Kriegsaufträge bearbeiteten, erst nach sechs Monaten eingehender Prüfung wurde diese Beschränkung aufgehoben. G. gelang es, sich in der National Greeting Card Company eine sichere Stellung aufzubauen. Das Ehepaar G. ließ sich in der Nähe von Detroit nieder, wo es in verschiedenen sozialen Clubs aktiv war. Im Alter von 70 Jahren, 1962, wandte sich G. noch einmal der anwaltlichen Tätigkeit zu, wobei es insbesondere zu engen Kontakten zum deutschen Generalkonsul in Detroit gekommen ist. Ab 1964 wurde G. in Berlin unter Befreiung der Residenzpflicht wieder als Anwalt zugelassen und übernahm verschiedene Wiedergutmachungsverfahren. 1991 lebte G. in Detroit.
*li; BG: LAB, OFP-Akten; Jewish Immigrants ... in the U.S.A., Oral History, S. 35; BAL, PAK

Gaßmann, Karl Dr.
29.5.1876 Gleiwitz - k.A.
Giesebrechtstr. 19, Charlottenburg
Wielandstr. 30, Charlottenburg 4
T: J 1 Bismarck 2076
Verlor 1933 die Zulassung als Notar; war bis 1938 noch als Anwalt tätig. Am 3.9.1941 Emigration über Spanien nach Uruguay.
*li; Liste 36; BG: BAK, Emigr.-u-Sterbekartei a, BAP, 15.09 RSA, LAB, OFP-Akten; BAL, PAK

Gaßmann, Walter Dr.
16.11.1891 Gleiwitz - k. A.
priv.: k.A.
Kurfürstenstr. 78, W
Berufsverbot im Frühjahr 1933.
Adr.B.32; Liste d. nichtzugel. RA, 25.4.33; BAL, PAK

Gelweski, Erwin Dr.
k.A.
priv.: k.A.
Kurfürstendamm 167, W 15
Berufsverbot im Frühjahr 1933.
Liste d. nichtzugel. RA, 25.4.33

Gerhard, Stephan, JR.
k.A. - 9.2.1936
priv.: k.A.
Lennéstr. 6, W 9
T: B 1 Kurfürst 0704
Laut handschriftl. Eintragung starb G. im Februar 1936; seine Zulassung als Notar war bereits vorher gelöscht worden.
*li, LAB, Liste 15.10.33; BAL, PAK

Germer, Paul Dr.
29.7.1882 Schloppe - k.A.
Potsdamer Str. 138, W 35
Potsdamer Str. 56 I, W 35
T: B 1 Kurfürst 3312
Die Ehefrau galt als nichtjüdisch; G. war noch bis mind. 1936 als Anwalt tätig, seine Zulassung als Notar war ihm vorher entzogen worden; keine weiteren Angaben.
*li; Liste 36; BG: BAP, 15.09 RSA; Liste 15.10.33; BAL, PAK

Gerschel, Justinus Dr.
16.6.1881 - 1934
priv.: k.A.
Von-der-Heydt-Str. 16, W 35
T: B 5 Barbarossa 7257
RA und Notar; G. starb 1934 im Alter von 53 Jahren.
*li, LAB, Liste 15.10.33; BAL, PAK

Gerson, Georg
24.5.1887 Frankfurt /O. - k.A.
priv.: k.A.
Friedrichstr. 59/60
RA (seit 1913) und Notar; G.s Zulassung wurde im Zuge der Zusammenlegung der Landgerichte gelöscht; keine weiteren Angaben.
Adr.B.32; BAL, PAK; PA 57187

Gerson, Heinrich
2.4.1904 Hamm - k.A.
Bleibtreustr. 32, W 15
Klopstockstr. 7, NW

Berufsverbot zum 26.5.1933, weil er nach § 1 Abs.1 d. Ges. v. 7.4.1933 als Jude galt.
Adr.B.32; Liste d. nichtzugel. RA, 25.4.33; BAL, PAK; PA

Glaser, Fritz Dr.
9.10.1890 Krotoschin - k.A.
Wartburgstr. 16, Schöneberg
Charlottenstr. 71, W 8
T: A 6 Merkur 2131
War noch bis mind. 1936 als Anwalt tätig, die Zulassung als Notar war vorher entzogen worden; Emigration; lebte 1950 in Großbritannien, Leeds |Dr. Fred Glaser|. Fritz G. war vermutlich ein Bruder von Ludwig und Martin G.
*li; Liste 36; Adr.B.32; BG: BAP, 15.09 RSA, LAB, OFP-Akten; LAB, Liste 15.10.33; BAL, PAK

Glaser, Kurt
18.4.1885 Brieg - k.A.
Stormstr. 7, Charlottenburg
Kurstr. 34/35, SW 19
T: A 6 Merkur 3060
Emigration nach Palästina, Tel Aviv, am 12.11.1939.

*li; BG: LAB, OFP-Akten; BAP, 15.09 RSA; LAB, Liste 15.10.33; BAL, PAK

Glaser, Ludwig
8.3.1889 Krotoschin - k.A.
priv.: k.A.
Friedrichstr. 207, SW 68
Berufsverbot als Anwalt und Notar im Frühjahr 1933 (vorher am Kammergericht zugelassen), weil er nach § 1 (bzw. § 3 als Notar) Abs.1 d. Ges. v. 7.4.1933 (bzw. als Notar d. Ges. zur Wiederherstellung des Berufsbeamtentums vom gleichen Tag) als Jude galt; Ludwig G. war vermutlich ein Bruder von Fritz und Martin G.
Br.B.32; Liste d. nichtzugel. RA, 25.4.33; BAL; PAK; PA 57406

Glaser, Martin
21.6.1883 Krotoschin - k.A.
priv.: k.A.
Mauerstr. 91, W
Wurde als Notar zum Juli 1933 gem. § 3 d. Ges. zur Wiederherstellung des Berufsbeamtentums entlassen, daraufhin hat er selbst im September 1933 um die Löschung seiner Anwaltszulassung gebeten; Martin G. war vermutlich ein Bruder von Fritz und Ludwig G.
BAL, PAK; PA 57407

Glaser, Paul Dr.
25.3.1903 Berlin - k.A.
priv.: k.A.
Burggrafenstr. 11, W 62
Vertretungsverbot im April 1933; später wieder zugelassen; war noch bis mind. 1936 als Anwalt tätig.
Liste d. nichtzugel. RA, 25.4.33; Liste 36; BAL, PAK

Glaß, Paul Dr.
8.10.1885 Schneidemühl - 24.12.1939 Berlin
priv.: k.A.
Bergstr. 145, Neukölln
T: F 2 Neukölln 1428
(später Rechtsanwaltsbüro Jacobsohn und Glaß, Bolivar-Allee 5, Charlottenburg)

Schicksal ungeklärt. Am 25.7.1942 stellte das Amtsgericht Neukölln fest: „jetzt im Auslande"; Suizid nicht ausgeschlossen.
*li; BG: LAB, OFP-Akten (Akte Jacobsohn, Karl); BAP, 15.09 RSA; cjb; LAB, Liste 15.10.33; BAL, PAK

Glass, Salo
20.1.1880 Raschkow - k.A.
priv.: k.A.
Große Frankfurter Str. 141, O 17
T: E 7 Weichsel 0200
Zulassung als RA 1934 gelöscht; keine weiteren Angaben.
*li; LAB, Liste 15.10.33; BAL, PAK

Glogauer, Richard Dr.
8.3.1892 Berlin - k.A.
priv.: k.A.
Fasanenstr. 67, W
Kanzlei vor Okt. 1933 aufgegeben; keine weiteren Angaben.
Br.B.32; BG: cjb; BAL, PAK

Glückmann, Adolf
k.A.
priv.: k.A.
Rosenthaler Str. 52, N 54
Berufsverbot im Frühjahr 1933; keine weiteren Angaben.
Liste d. nichtzugel. RA, 25.4.33; BAL, PAK

Glücksmann, Heinrich Dr.
13.10.1886 Königshütte - k.A.
Motzstr. 91, W 30
Schellingstr. 6, W 9
T: B 1 Kurfürst 0737
Zulassung als Anwalt wurde am 2.11.1935 zurückgenommen; Emigration nach Palästina.
*li; BG: LAB, OFP-Akten; LAB, Liste 15.10.33; BAL, PAK

Glücksmann, Herbert Dr.
6.3.1904 Bielitz - k.A.
priv.: k.A.
Köpenicker Str. 41, SO 16
Berufsverbot zum 12.6.1933, weil er nach § 1 Abs.1 d. Ges. v. 7.4.1933 als Jude galt.
Liste d. nichtzugel. RA, 25.4.33; BAL, PAK; PA 57458

Glücksmann, Leo
29.12.1875 Kobylin - verschollen, Auschwitz
Kommandantenstr. 34, SW 68
Kommandantenst. 34, SW 19
T: A 7 Dönhoff 9988
RA und Notar; G. war noch bis 1938 als Anwalt tätig (Notariat vorher entzogen). Deportation mit dem 96. Alterstransport (10.9.1943) nach Theresienstadt, von dort nach Auschwitz transportiert, gilt als verschollen.
*li; BG: g, BAK, GB; LAB, OFP-Akten (Karteikarte Glücksmann, Hedwig geb. Fürst u. eig. Karteikarte); BAP, 15.09 RSA; LAB, ITS Transportlisten; LAB, Liste 15.10.33; BAL, PAK

Glücksmann, Siegfried
k.A.
priv.: k.A.
RA und Notar, „inaktiv 1933"; keine weiteren Angaben.
BAL, PAK

Goetzel, Walter Dr.
18.2.1888 Berlin - 26.10.1965
priv.: k.A.
Charlottenstr. 56, W 8
T: A 2 Flora 4626
RA seit 1914, Notar seit 1924; G. war Mitglied der franz.-reform. Kirche Berlin. 1933 wurde ihm das Notariat entzogen. G.s Ehefrau Erna galt als nicht-jüdisch; er selbst als

„Mischling 1.Grades". G. erhielt 1947 die Wiederzulassung als Rechtsanwalt und Notar. Mietrechtsexperte
*li; BG: BAP, 15.09 RSA; cje; LAB, Liste 15.10.33; BAL, PAK; RAK, PA; LAB, Liste Mschl.36

Goldbaum, Wenzel Dr.
19.9.1881 Lodz - 15.5.1960 Lima
priv.: k.A.
Wilhelmstr. 52, W
1909-1933 RA in Berlin; Emigration im Frühjahr 1933 nach Frankreich, Paris; 1936 weiter nach Ecuador, später nach Peru. Noch in Ecuador Gründung einer Zeitschrift für Urheberrecht (6 Nrn.), ab 1939 Mitarbeiter der Schweizer Zeitschrift „Le droit d'Auteur", 1946 Vertreter Ecuadors auf der Copyright Convention in Washington.
Spezialist für Urheber- und Theaterrecht
Adr.B.32; BG: BHdE 1933, Bd.1; Göpp., S. 282; BAL, PAK

Goldberg, Bruno Dr.
8.11.1892 Berlin - k.A.
Akazienstr. 28, Schöneberg
Kaiser-Allee 203, W 15
T: B 4 Bavaria 8585/86
RA und Notar; Zulassung wurde am 14.12.1934 gelöscht; Emigration in die Niederlande, Amsterdam, vor Sept. 1938; keine weiteren Angaben.
*li; LAB, OFP-Akten (s.a. Akte Oppenheimer, Henriette Pauline); LAB, Liste 15.10.33; BAL, PAK

Goldberg, Georg I
23.12.1883 Berlin - verschollen, Auschwitz
Uhlandstr. 184, Charlottenburg/ Kurfürstenstr. 25 a, Schöneberg
Mohrenstr. 48, W 8
T: A 2 Flora 5115
G. wurde im April 1933 mit einem Vertretungsverbot belegt, später wieder zugelassen; noch bis ca. 1936 als Anwalt tätig. Die Ehefrau galt als „arisch", G. selbst hatte sich vom jüdischen Glauben gelöst. Vermutl. starb

die Ehefrau 1943. G., der zuletzt als Arbeiter tätig war, wurde in der Folge am 9.7.1944 verhaftet. Sammellager Schulstr. 78, N 65, Deportation mit dem 108. Alterstransport (13.7.1944) nach Theresienstadt, von dort weiter nach Auschwitz, wo er verschollen ist.
*li; Liste d. nichtzugel RA, 25.4.33; Liste 36; BG: g, BAK, GB; LAB, OFP-Akten; BAP, 15.09 RSA; cjb; BAL, PAK

Goldberg, Georg II
24.1.1902 - k.A.
priv.: k.A.
Alexanderstr. 38, C
Zulassung 1933 gelöscht.
Br.B.32; BAL, PAK

Goldberg, (Wolf) Wilhelm
13.8.1875 Guben - k.A.
Kantstr. 4, Charlottenburg/ Gerkrathstr. 8, Zehlendorf
Kantstr. 4, Charlottenburg
T: J 1 Bismarck 7940/41
Verlor zum 1.7.1933 die Zulassung als Notar (gem. § 3 d. Ges. v. 7.4.1933); war bis Mai 1937 als Anwalt tätig; hatte 1937 ein Ehrengerichtsverfahren mit einem Verweis überstanden, obwohl in der NS-Presse heftig gegen ihn agitiert worden war. Emigration nach Großbritannien, London, im November 1938.
*li; Liste 36; BG: LAB, OFP-Akten; LAB, Liste 15.10.33; BAL, PAK

Goldberger, Manfred
2.6.1881 Berlin - 20.1.1943 Trawniki
Rosenheimer Str. 27, W 30/ Kufsteiner Str. 2, Schöneberg
Kufsteiner Str. 2, Schöneberg
T: G 1 Stephan 1550
G. war evangelischen Glaubens; bis ca. 1936 noch als Anwalt tätig; zuletzt als Vermögensverwalter. Datum der Vermögenserklärung: 17.3.1942, Deportation mit dem 11. Transport (28.3.1942) nach Trawniki, wo er ermordet worden ist.
*li; Adr.B.32; Liste 36; BG: g,

BAK, GB, LAB, OFP-Akten; BAP,
15.09 RSA; *cjb*; LAB, *Liste*
15.10.33; BAL, PAK

Goldmann, Eduard, JR.
20.10.1854 - 1.1.1939
Rüsternallee 23, Charlottenburg
Potsdamer Str. 118, W 35
T: B 2 Lützow 5510
RA und Notar; war noch bis
1938 als Anwalt tätig.
**li; Liste 36; Friedh.W.Sterbereg.;
Korr. Margot Drach Rosenthal;*
LAB, *Liste* 15.10.33; BAL, PAK

Goldschmidt, Alexander, JR.
19.5.1878 - 21.1.1937
Adalbertstr. 41, Kreuzberg
Eislebener Str. 6, W 50
T: B 6 Cornelius 4202
War bis 1938 noch als Anwalt
tätig.
*li; Liste 36; BG: Friedh.W.Sterbereg.; LAB, *Liste* 15.10.33; BAL,
PAK

Goldschmidt, Bernhard
12.3.1901 Hannover - k.A.
priv.: k.A.
Friedrichstr. 49, SW 68
Berufsverbot im Frühjahr1933;
keine weiteren Angaben.
Liste d. nichtzugel. RA, 25.4.33;
BAL, PAK

Goldschmidt, Ernst I
21.12.1895 Peine - k.A.
priv.: k.A.
Französische Str. 49, W 8
T: A 1 Jäger 4474
RA und Notar; war bis August
1938 noch als Anwalt zugelassen (Notariat vorher entzogen);
keine weiteren Angaben.
*li; Liste 36; BG: BAK, *Kartei
schulpfl. Kinder;* LAB, *Liste*
15.10.33

Goldschmidt, Ernst II Dr.
20.1.1885 Koblenz - 21.12.1949
Hohenzollerndamm 102, Dahlem/ Albrecht-Achilles-Str. 9,
Halensee, Wilmersdorf
Landshuter Str. 27, W 30
T: B 4 Bavaria 8343
RA und Notar; war noch
bis1936 als Anwalt zugelassen
(Notariat vorher entzogen).
Betätigte sich dann in der von
seiner Frau Dr. Leonore G. nach
1933 aufgebauten privaten
Goldschmidt-Schule am
Roseneck. Die Goldschmidt-
Schule wurde eine Auffangstation für viele jüdische Schüler,
die ihre ursprünglichen Schulen
verlassen mußten, sie hatte bis
zu über 500 Schüler, davon über
75, die in der Schule lebten. Die
Schule versuchte, ihre Schüler
gezielt auf ein Leben in Großbritannien vorzubereiten, indem
es z.B. ein Zertifikat der University of Cambridge verleihen
durfte. Die Schüler befanden
sich in einer schwierigen Lage,
häufig völlig unvorbereitet
waren sie in ihren ursprünglichen Schulen mit antisemitischen Angriffen und Ausgrenzungsmaßnahmen konfrontiert
worden. Oft wurden sie von
ihren Schulen relegiert,
größtenteils entschieden sie
sich selbst zum Schulwechsel,
nachdem sie von ihren
ursprünglichen Lehrern oder
von ihren Mitschülern terrorisiert worden waren. Die Goldschmidt-Schule stellte auch
eine Auffangstation für die aus
dem Beamtenstatus entlasse-
nen Lehrer bzw. für junge Lehrer dar, die als Juden nicht mehr
in staatlichen Schulen angestellt werden durften. Die Schule fühlte sich der Toleranz und
der Humanität verpflichtet. Das
Schulgeld betrug RM 360,- jährlich und lag damit im Rahmen
der verschiedenen Privatschulen, die Juden aufnahmen (es
gab auch einen Anteil von rund
4 % nicht-jüdischer Schüler).
Die Schule wurde im November
1939 geschlossen, nachdem mit
zahlreichen Kindertransporten
versucht worden war, die
Schüler in Sicherheit zu bringen. In der Folge des reichsweiten Pogroms am 9. Nov. 1938
sollte Ernst G. verhaftet werden, konnte je-doch mit dem
Nachtzug nach Dänemark fliehen. Von dort reiste er weiter
nach Großbritannien, wo er vier
Monate blieb. Im März 1939
kehrte er wieder nach Berlin
zurück, auf die Glaubwürdigkeit
einer Garantie vertrauend, die
seine Frau erreicht hatte, daß er
nicht verhaftet werden würde;
Leonore G. brauchte ihn, denn
die Schule steckte in rechtlichen und administrativen
Schwierigkeiten. Tatsächlich
blieb G. unbeschadet. Das Paar
emigierte im Juli 1939 nach
Großbritannien, wo Frau G. in
Folkstone wieder eine Schule
eröffnete. G. unterstützte sie
dabei. Mit den verstärkten Luftangriffen auf die englische
Küste mußte die Schule in eine
andere in Newport, Monmouthshire, integriert werden und
verlor damit ihre Eigenständigkeit. Kurz vor der Verlagerung
wurde G. für rund ein Jahr auf
der Isle of Man als „feindlicher
Ausländer" interniert. Nach der
Entlassung wurde er als Flüchtling vor der Nazi-Unterdrückung
anerkannt. G. bemühte sich, als
Firmenvertreter in Stoke-on-
Trent seinen Lebensunterhalt
zu bestreiten. 1947 zogen er
und seine Frau nach London,
wo das kleine Geschäft ausgedehnt werden konnte. 1949
erkrankte G. an Krebs, er starb
1949 im Alter von knapp 65 Jahren.
*li; Liste 36; BG: LAB, OFP-
Akten, BAP, 15.09 RSA; LAB,
Liste 15.10.33; BAL, PAK; *Meyhöfer, Rita: Gäste in Berlin? Jüdisches
Schülerleben in der Weimarer Republik und im Nationalsozialismus.*
Hamburg 1996; Ausk. d. Sohnes
Rudi G.

Goldschmidt, Fritz
7.7.1892 - 31.10.1970
Luitpoldstr. 32, Schöneberg
Luitpoldstr. 32, Schöneberg
RA und Notar; Berufsverbot im
Frühjahr 1933 (vorher am Kammergericht zugelassen); Emigration nach Palästina. G. kehrte nach Deutschland zurück, er
wurde auf dem Jüdischen Friedhof an der Heerstraße beigesetzt.
Br.B.32; BG: LAB, OFP-Akten;
*Ausk. E. Proskauer; Jüd. Friedh.
Heerstr.*

Goldschmidt, Hans Dr.
8.6.1904 Krefeld - k.A.
priv.: k.A.
Lützowufer 17, W 10
Berufsverbot zum 17.6.1933
gem. § 1 Abs.1 d. Ges. v.
7.4.1933, trotz intensiver
Bemühungen seinerseits, dies
zu verhindern. Zuvor am Kammergericht zugelassen.
Br.B.32; *Liste d. nichtzugel.* RA,
25.4.33; BAL, PAK; PA 57607

Goldschmidt, Heinz
17.9.1903 Berlin - k.A.
priv.: k.A.
Warschauer Str. 15, O 34
Berufsverbot zum 29.5.1933
gem. § 1 Abs.1 d. Ges. v.
7.4.1933, nach dem er als Jude
galt.
Adr.B.32; *Liste d. nichtzugel.* RA,
25.4.33; BAL, PAK; PA 57612

Goldschmidt, Hermann Dr.
24.4.1896 Praust -
verschollen, Auschwitz
priv.: k.A.
Hohenzollerndamm 198, Wilmersdorf
T: H 6 Emser Platz 2751
War bis als allgem. Berufsverbot als Anwalt tätig; in Auschwitz umgekommen.
*li; BG: BAK, GB; LAB, *Liste* 15.10.33; BAL, PAK

Goldschmidt, Ivan
22.10.1878 Berlin -
verschollen, Auschwitz
Kurfürstenstr. 127, W 62/ Budapester Str. 17
Lennéstr. 10, W 9
T: B 2 Lützow 3344
RA und Notar; Deportation mit dem 48. Transport (20.1.1944) nach Auschwitz, dort verschollen.
*li; BG: *g*, BAP, 15.09 RSA, BAK, GB (mit letztem *Wohnort: Fulda*); LAB, *Liste* 15.10.33; BAL, PAK

Goldschmidt, Karl
14.8.1890 Frankfurt/M. - k.A.
priv.: k.A.
Dorotheenstr. 80, NW
RA in Berlin seit 1921; zum 8.8.1933 wurde ihm die Zulassung gem. § 1 Abs.1 d. Ges. v. 7.4.1933 entzogen, weil er als Jude galt; er emigrierte in die Niederlande, Den Haag, später vermutl. in die USA.
Br.B.32; BAL, PAK; PA 57614; *Wolf*, BFS

Goldschmidt, Kurt
21.8.1889 Berlin - k.A.
Köpenicker Str. 6, SO 36
Köpenicker Str. 6, SO 36
Berufsverbot zum 26.5.1933, weil G. nach § 1 Abs.1 d. Ges. v. 7.4.1933 als Jude galt; der Dienst im Ersten Weltkrieg wurde nicht als Fronteinsatz anerkannt. G.s Ehefrau war Ärztin, sie verlor ebenfalls ihre Zulassung, damit war die vierköpfige Familie völlig mittellos. Emigration nach Palästina, Tel Aviv, 1934.

Br.B.32; BG: BAK, *Kartei schulpfl. Kinder*; LAB, OFP-Akten; *Liste d. nichtzugl.* RA, 25.4.33; BAL, PAK; PA 57615

Goldschmidt, Leonhard
12.3.1901 Hannover - k.A:
priv.: k.A.
RA am Kammergericht seit 1930; die Zulassung wurde zum 13.7.1933 gem. § 1 Abs1 d. Ges. v. 7.4.1933 entzogen, weil G. als Jude galt.
BAL, PAK; PA 57594

Goldschmidt, Siegfried Dr.
8.7.1880 Filehne - k.A.
Kurfürstenstr. 89, W 35
Königin-Augusta-Str. 20, W 35
T: B 2 Lützow 1886
Hatte als Frontkämpfer am Ersten Weltkrieg teilgenommen, war mit dem Eisernen Kreuz II. Klasse ausgezeichnet worden; G. war bis zum allgem. Berufsverbot 1938 als Anwalt tätig. Emigration am 14.3.1939 über Schweden nach Italien, Mailand.
*li; BG: LAB, OFP-Akten; *cjb*; LAB, *Liste* 15.10.33; BAL, PAK

Goldschmidt, Wilhelm Dr.
5.11.1903 Berlin - k.A.
priv.: k.A.
Levetzowstr. 12, NW 87
Berufsverbot zum 9.6.1933 (vorher am Kammergericht zugelassen) wegen „nichtarischer Abstammung" (§ 1 Abs.1 d. Ges. v. 7.4.1933).
Liste d. nichtzugel. RA, 25.4.33; BAL, PAK; PA 57625

Goldstandt, Herbert Dr.
3.4.1901 Hohensalza - k.A.
priv.: k.A.
Kronenstr. 16, W 8
Berufsverbot zum 30.6.1933 (vorher am Kammergericht zugelassen) gem. §1 Abs.1 d. Ges. v. 7.4.1933; Emigration in die Schweiz.
Liste d. nichtzugel. RA, 25.4.33; BAL, PAK; PA 57626

Goldstein, Georg
k.A.
priv.: k.A.
RA bis 1936; überlebte.
BAL, PAK

Goldstein, Hans I (W.M.) Dr.
27.1.1892 Aschersleben - k.A.
Werftstr. 8, NW 40
Unter den Linden 16, W 8
T: A 2 Flora 1481
Zeitweiliges Vertretungsverbot im Frühjahr 1933, später (1936) jedoch noch tätig; Emigration nach Großbritannien, London, am 2.1.1939 [John Jürgen Granville]. G.s Ehefrau Dora geb. Ohst (5.12.1892) galt als „arisch".
*li; *Liste d. nichtzugel.* RA, 25.4. 33; *Liste* 36; BG: LAB, OFP-Akten; LAB, *Liste* 15.10.33; BAL, PAK; PA 57630

Goldstein, Hans II
26.10.1885 Herford - 28.5.1933
priv.: k.A.
G. hatte am Ersten Weltkrieg teilgenommen, verschiedene Empfehlungsschreiben, die nach dem April 1933 eingereicht werden mußten, loben seine „vaterländische Gesinnnung"; G. starb im Mai 1933 im Alter von 48 Jahren.
BAL, PAK; PA 57529

Goldstein, Ismar
28.9.1880 Lipine -
verschollen, Riga
Konstanzer Str. 3, Wilmersdorf/ Lietzenburger Str. 48, W 15, Wilmersdorf
Gleditschstr. 46, W 30
T: B 7 Pallas 1144
War nach dem Berufsverbot 1938 noch als „Konsulent" tätig; Verhaftung 1942, Deportation mit dem 21. Transport (19.10. 1942) nach Riga, dort verschollen; für tot erklärt.
*li; BG: *g*, BAK, GB, LAB, OFP-Akten (s.a. Akte *Mugdan, Betty geb. Cohn*); BAP, 15.09 RSA; LAB, *Liste* 15.10.33; BAL, PAK

Goldstein, Rudolf Dr. jur et rer. pol.
1.8.1885 Stargard -
12.1.1974 Berlin
Mommsenstr. 42, Charlottenburg
Friedrichstr. 192, W 8
T: A 2 Flora 4818
G. war evangelischen Glaubens, hatte am Ersten Weltkrieg teilgenommen (mit dem Eisernen Kreuz II. Kl. ausgezeichnet); RA seit 1913 und Notar seit 1924; er galt als „Mischling 1. Grades", durfte auch nach 1938 praktizieren, offensichtlich galt die Ehefrau als nicht-jüdisch, da sie den Grundbesitz halten konnte. „Um der Einziehung zur

Organisation Todt zu entgehen, nahm ich im Juni 1944 eine Stellung bei der Phrix GmbH ... in Schlesien an. Von dort wurde ich August 1944 bis Januar 1945 zu den schlesischen Schanzarbeiten eingezogen." G. wurde 1949 wieder als RA zugelassen.
*li; BG: BAP, 15.09 RSA, *cje*; LAB, *Liste* 15.10.33; BAL, PAK; RAK, PA

Goldstrom, Siegfried Dr.
18.6.1882 Bütow -
8.11.1948 London
Pariser Str. 20, W 15
Kurfürstendamm 24, W 15
T: J 1 Bismarck 9181
Verlor 1933 die Zulassung als

Notar; war noch bis mind. 1936 als Anwalt tätig. Emigration nach Großbritannien, London, im August 1939.
*li; Liste 36; BG: LAB, OFP-Akten; BAP, 15.09 RSA; LAB, Liste 15.10.33; BAL, PAK

Goldstücker, Max
6.12.1878 Breslau - verschollen, Lodz
Sigmaringer Str. 30, Wilmersdorf/Barbarossastr. 84 (40?)
Friedrich-Wilhelm-Str.18
Berufsverbot als RA und Notar im Frühjahr 1933; keine weiteren Angaben bis zur Vermögenserklärung vom 13.10.1941, Sammellager Levetzowstr.7-8; Deportation mit dem 1. Transport (18.10.1941) nach Litzmannstadt/Lodz, dort verschollen.
Br.B.32; Liste d. nichtzugel. RA, 25.4.33; BG: g, BAK, GB, BAK, Kartei schulpfl. Kinder, LAB, OFP-Akten; BAP, 15.09 RSA, 1. Transport vom 18.10.41, Lodz (mit Beruf); BAL, PAK

Golinski, Siegfried Dr.
11.4.1884 Jarotschin - k.A.
Augsburger Str. 33, Charlottenburg
Zimmerstr. 22, SW 68
T: A 7 Dönhoff 3493
War noch bis mind. 1936 als Anwalt tätig;
*li; Liste 36; BG: BAK, GB, LAB, OFP-Akten; BAP, 15.09 RSA; LAB, Liste 15.10.33; BAL, PAK

Golm, Ernst Dr.
21.12.1885 Berlin - k.A.
priv.: k.A.
Olivaer Platz 7, W 15
T: J 1 Bismarck 9151
RA und Notar; war noch bis Dezember 1937 als Anwalt tätig.
*li; Liste 36; LAB, Liste 15.10.33; BAL, PAK

Goltzen, Arthur, JR.
3.10.1870 Berlin - k.A.
Martin-Luther-Str. 12, W 62
Markt 1, Spandau
T: C 7 Spandau 5567
RA und Notar; konnte weiter

arbeiten, weil er als „Mischling 1. Grades" galt; hatte am Ersten Weltkrieg als Frontkämpfer teilgenommen, war evangelischer Religion. Keine weiteren Angaben.
*li; BG: BAP, 15.09 RSA; LAB, Liste 15.10.33; BAL, PAK

Goßmann, Georg, JR.
k.A.
priv.: k.A.
Martin-Luther-Str. 89, W 30
T: B 4 Bavaria 3990
RA und Notar; war noch bis 1937 als Anwalt tätig (Notariat zuvor entzogen).
*li; Liste 36; LAB, Liste 15.10.33; BAL, PAK

Gotthelf, Alfred Dr., JR.
5.9.1861 Berlin - 1.12.1942 Theresienstadt
Barbarossastr. 52, W 30/ Lietzenburger Str. 39, Wilmersdorf
Maaßenstr. 35
T: B 2 Lützow 5041
War noch bis mind. 1936 als Anwalt tätig (zuletzt in der Wohnung); keine weiteren Angaben bis zur Vermögenserklärung vom 7.8.1942, Sammellager Große Hamburger Str. 26, Deportation mit dem 43. Alterstransport (13.8.1942) nach Theresienstadt, dort ein Vierteljahr später umgekommen.
*li; Liste 36; BG: g, BAK, GB; LAB, OFP-Akten; BAP, 15.09 RSA; LAB, Liste 15.10.33; BAL, PAK

Gottlieb, Fritz
1.5.1903 Breslau - k.A.
priv.: k.A.
Wichmannstr. 5, W
Berufsverbot zum 14.7.1933, weil er nach § 1 Abs.1 d. Ges. v. 7.4.1933 als Jude galt.
Br.B.32; Liste d. nichtzugel. RA, 25.4.33; LAB, Liste 15.10.33; BAL, PAK

Gottlieb, Joseph Dr.
13.7.1901 Lysiec - k.A.
Kurfürstendamm 13, W 50
Oranienburger Str. 13/14, N 24

Berufsverbot im Frühjahr 1933; Emigration nach Palästina, Tel Aviv.
Br.B.32; Liste d. nichtzugel. RA, 25.4.33; BG: LAB, OFP-Akten; BAL, PAK

Gottschalk, Alfred Dr.
16.3.1899 Sassin - k.A.
priv.: k.A.
Uhlandstr. 161, W 15
T: J 2 Oliva 493
RA und Notar; als Anwalt bis 1938 tätig (dann „inaktiv"); Emigration nach China, Shanghai.
*li; BG: LAB, OFP-Akten (Akte Scheidemann, Erich); LAB, Liste 15.10.33; BAL, PAK

Gottschalk, Leopold
19.6.1862 Königsfeld - k.A.
Martin-Luther-Str. 10, Schöneberg
Potsdamer Platz 1, W 9
T: B 2 Lützow 4496
Als Anwalt bis 1938 tätig; Emigration nach Bolivien am 31.5.1939.
*li; BG: LAB, OFP-Akten, BAP, 15.09 RSA; LAB, Liste 15.10.33; BAL, PAK

Gottschalk, Martin
6.2.1881 Charlottenburg - 20.9.1939
Wielandstr. 29 b. Wolff, Charlottenburg
Helmstedter Str 11 I, Wilmersdorf
T: H 6 Emser Platz 3603
War noch bis mind. 1936 als Anwalt tätig; G. starb 1939 im Alter von 58 Jahren.
*li; BG: Friedh.W.Sterbereg.; LAB, Liste 15.10.33; BAL, PAK

Grabower, Robert
31.8.1905 Berlin - k.A.
Bamberger Str. 14, Wilmersdorf
Hohenstaufenstr. 24, W 30
Berufsverbot im Frühjahr 1933; Emigration nach Großbritannien, London.
Liste d. nichtzugel. RA, 25.4.33; BG: LAB, OFP-Akten; BAL, PAK

Graetz, Ernst Dr.
28.2.1895 - k.A.
priv.: k.A.
Taubenstr. 35, W 8
Zulassung entzogen zum 11.9.1933; keine weiteren Angaben.
Adr.B.32; Liste d. nichtzugel. RA, 25.4.33; BAL, PAK; PA 57825

Graetzer, Franz Dr.
23.9.1884 Berlin - k.A.
Berliner Str. 146, Charlottenburg
Berliner Str. 146, Charlottenburg
T: C 4 Wilhelm 5174
RA und Notar; Emigration in die USA, New York, vor März 1939 (ungewiß).
*li; Liste 36; BG: BAK, Kartei schulpfl. Kinder; LAB, OFP-Akten; LAB, Liste 15.10.33; BAL, PAK

Graetzer, Walter Dr.
23.6.1882 Magdeburg - k.A.
Oranienburger Str. 23, N 24
Monbijouplatz 11, N 24
T: D 2 Weidendamm 8502
Zugelassen als RA bis 22.8.1938; Emigration am 30.6.1939 nach China, Shanghai.
*li; Liste 36; BG: LAB, OFP-

Akten; BAP, 15.09 RSA; LAB, *Liste* 15.10.33; BAL, PAK

Graff, Wilhelm
5.1.1901 Berlin- k.A.
priv.: k.A.
Kurfürstendamm 224, W 15
Berufsverbot zum 13.7.1933,
weil er nach § 1 Abs.1 d. Ges.
v. 7.4.1933 als Jude galt; keine
weiteren Angaben.
Br.B.32; Liste d. nichtzugel. RA,
25.4.33; BAL, PAK; PA 57844

Grau, Julius
13.4.1884 Berlin -
verschollen, Lodz
Flotowstr. 10, NW 87, Tiergarten
Behrenstr. 30, W 8
T: A 1 Jäger 0527
RA und Notar; war noch bis
mind. 1936 als Anwalt tätig
(Zulassung als Notar vorher
entzogen); Deportation mit
dem 1. Transport (18.10.1941)
nach Litzmannstadt/Lodz,
Schicksal ungeklärt.
*li; Liste 36; BG: g, LAB, OFP-
Akten (Akte Neumann, Walter);
BAP, 15.09 RSA, 1. Transport vom
18.10.41, Lodz (mit Beruf); LAB,
Liste* 15.10.33; BAL, PAK

Grau, Richard, Dr.
29.7.1899 Berlin - k.A.
priv.: k.A.
Flensburger Str. 3, NW 87
T: C 9 Tiergarten 1826
RA bis 1938, Emigration in die
USA. Begann ein Studium an
einer Law-School, Cal.; beantragte ein Stipendium beim
Am.Com., wurde jedoch abgelehnt; keine weiteren Angaben.
li; NY Publ. Lib. (Am.Com.) Grau;
LAB, *Liste* 15.10.33; BAL, PAK

Grau, Walter Dr.
25.5.1893 Berlin - 28.9.1942
Gustloffstr. 51, Charlottenburg
Flensburger Str. 3, NW 87
T: C 9 Tiergarten 1826
G. war evangelischen Glaubens,
nach dem allgem. Berufsverbot
1938 war er noch als „Konsulent" tätig; mußte den Zwangsnamen „Israel" führen; beging

1942 im Alter von 51 Jahren
Selbstmord, vermutlich angesichts der drohenden Deportation.
*li; BG: g, BAK, GB, BAK, Kartei
schulpfl. Kinder; LAB, OFP-Akten
(s.a. Akte Jonas, Olga), cjb; Liste
d.Kons.,* 15.4.39; LAB, *Liste*
15.10.33; BAL, PAK

Graul, Georg
26.1.1887 Berlin -
26.11.1958 Berlin
Beerenstr. 58, Zehlendorf
Französische Str. 21, W 8
T: A 2 Flora 5644
Evangelischen Glaubens, seit
1925 als RA und seit 1930 als
Notar zugelassen; zuvor hatte
er in der Industrie gearbeitet.
G.s Einnahmen lagen zwischen
5.000 und 8.000,- RM p.a., er
war Freimaurer und hatte am
Ersten Weltkrieg teilgenommen; 1932 trat er dem Stahl-
helm bei, politisch war er
deutsch-national orientiert. G.s
einziger Sohn fiel im September
1939 bei der Besetzung Polens.
Dieser Umstand schützte G.
zeitweilig vor weiteren Verfol-
gungen, wobei er laufend bedroht war; es gelang ihm aber,
wie er selbst notierte „die
Klärung meiner Abstammung in
einem Bereich immer wieder zu
verschleppen." Er durfte weiter
praktizieren und beschäftigte
den untergetauchten Fritz Rosenthal (s. dort) in seinem Büro.
Am 23.10.1944 wurde G. von
der Gestapo im Rahmen der
„Aktion Mitte" als „Mischling
1. Grades" verhaftet und „am 6.
November 1944 in das OT-Son-
derbaulager Flugplatz Zerbst
zur Zwangsarbeit verbracht". Im
Januar erhielt er einen kurzen
Urlaub; er konnte wegen „ärztli-
chen Befundes" eine zeitweilige
Freistellung erreichen und
tauchte bis Kriegsende unter. G.
lebte nach 1945 in Zehlendorf.
Er erhielt umgehend seine Wiederzulassung als RA und Notar.
li; BG: cje; LAB, Liste 15.10.33;
*Liste 36; RAK, PA; LAB, Liste
Mschl.36*

Gronemann, Sammy
21.3.1875 Strasburg/West-
preußen - 6.3.1953 Tel Aviv
Monbijouplatz 10
Tauentzienstr. 13
Ab 1906 RA in Berlin, Zionist,
Schriftsteller, jahrelang Syndi-
kus des Verbandes deutscher
Schriftsteller; Kanzlei mit Nota-
riat vor Okt. 1933 aufgegeben;
Emigration nach Frankreich
1933; von dort 1936 weiter nach
Palästina, Tel Aviv.
Zionist, Schriftsteller
*Br.B.32; BG: LAB, OFP-Akten;
BHdE., Bd.2,1; BAL, PAK; Göpp.,*
S. 284

Groß, Jakob
18.7.1886 Graudenz - k.A.
priv.: k.A.
Anhalter Str. 4, SW 11
T: F 5 Bergmann 7130/31
Die Zulassung als RA wurde am
15.3.1937 gelöscht (Notariat
war vorher entzogen worden);
Emigration nach Palästina,
Haifa.
li; Liste 36; LAB, Liste 15.10.33;
BAL, PAK

Grossmann, Edgar Dr.
29.3.1887 Strasburg/West-
preußen - k.A.
Meinekestr. 9
Rathenower Str. 3, NW 40
Berufsverbot im Frühjahr1933;
Emigration nach Großbritanni-
en im August 1939.
Br.B.32; Liste d. nichtzugel. RA,
25.4.33; BG: LAB, OFP-*Akten;*
BAP, 15.09 RSA; BAL, PAK

Gruenbaum, Simon, JR.
13.6.1864 Riesenburg -
26.10.1942 Theresienstadt
Dahlmannstr. 26, Charlottenburg
An der Spandauer Brücke 9
Kanzlei mit Notariat vor Okt.
1933 aufgegeben; keine weiteren
Angaben bis zur Vermögenserklärung vom 8.9.1942. Sammellager Große Hamburger Str. 26;
Deportation mit dem 61. Alterstransport (10.9.1942) nach Theresienstadt, dort wenige

Wochen später umgekommen.
*Br.B.32; BG: g, BAK, GB, LAB,
OFP-Akten; BAP,* 15.09 RSA

Grün, Alfred Dr.
20.11.1882 Stettin (oder 6.12.81
Dresden) - vor 1953
Wielandstr. 18, Charlottenburg
Wielandstr. 18, Charlottenburg
T: J 1 Bismarck 5894
G.s Ehefrau Else geb. Graue
galt als „arisch"; G. war noch bis
zum allgem. Berufsverbot 1938
als Anwalt tätig (Notariat 1935
entzogen); lebte nach 1945 in
Charlottenburg.
li; Liste 36; BG: BAP, 15.09
RSA; cjb; cje; LAB, *Liste* 15.10.33;
BAL, PAK; PA 58196

Grün, Benno
2.4.1879 - 6.1.1939
Boothstr. 27, Lichterfelde
Belle Alliance-Str. 106, SW 61
T: F 5 Bergmann 7273
RA und Notar; war noch bis
mind. 1936 als Anwalt tätig;
starb 1939 im Alter von knapp
60 Jahren.
*li; Liste 36; BG: Friedh.W.Sterbe-
reg.; LAB, Liste* 15.10.33; BAL,
PAK

Grünberg, Adolf, JR.
20.1.1869 Strzalkowo - k.A.
Bismarckstr. 97-98, Charlottenburg
Rankestr. 3, W 50
T: J 1 Bismarck 6120
RA und Notar; war bis zum allgem. Berufsverbot 1938 als
Anwalt tätig (Notariat vorher
entzogen); Emigration nach
Uruguay, Montevideo, am
9.12.1940.
li; BG: LAB, OFP-Akten, BAP,
15.09 RSA; LAB, *Liste* 15.10.33;
BAL, PAK

Grünberg, Alfred Dr.
7.12.1903 Hindenburg - k.A.
priv.: k.A.
Viktoriastr. 28, W 10
Berufsverbot im Frühjahr1933;
keine weiteren Angaben.
Liste d. nichtzugel. RA, 25.4.33;
BAL, PAK

Grünberg, Hans Dr.
25.8.1892 Magdeburg - k.A.
priv.: k.A.
Kurfürstendamm 177, W 15
Hatte am Ersten Weltkrieg teilgenommen, wie seinem Militärpaß zu entnehmen ist; er wurde jedoch nicht als Frontkämpfer anerkannt; als Anwalt zugelassen seit 1924, als Notar seit 1930, wurde ihm die Zulassung im Zuge der Zusammenlegung der Landgerichte entzogen, wobei maßgeblich war, daß er als Jude galt.
Adr.B.32, Liste d. nichtzugel. RA, 25.4.33; BAL, PAK; PA 58207

Grünberg, Leopold Dr., JR.
30.3.1864 Bötzow -
verschollen, Minsk
Trautenaustr. 16, Wilmersdorf
Dircksenstr. 26/27, C 25
T: E 1 Berolina 1647
Keine Angaben bis zur Deportation mit dem 42. Alterstransport (12.8.1942) nach Theresienstadt, von dort nach Minsk transportiert, wo G. verschollen ist.
*li; BG: BAK, GB, LAB, OFP-Akten, BAP, 15.09 RSA; LAB, Liste 15.10.33; BAL, PAK

Grüneberg, Curt I Dr.
24.12.1895 Berlin - k.A.
priv.: k.A.
Meinekestr. 8, W 15
T: J 1 Bismarck 4929
RA und Notar; als Anwalt in Berlin bis mind. 1936 tätig; Syndikus der Allgemeinen Fleischer-Zeitung AG, Berlin; anschließend Emigration in die USA; stellte dort 1939 einen Antrag für ein Stipendium des Am.Committee; keine weiteren Angaben; der Stipendiumsantrag wurde vermutlich abgelehnt.
*li; Liste 36; NY Publ. (Lib. Am. Com.) Grüneberg; BAL, PAK

Grüneberg, Kurt II Dr.
1887 Köln-Ehrenfeld - k.A.
Altonaer Str. 2/ Siegmunds Hof 9, NW 87

Siegmunds Hof 1, NW 87
T: C 9 Tiergarten 2368
Am 23.1.1933 zum Notar bestellt, die Löschung als Notar erfolgte am 14.11.1935. Am 2.5.1938 verlor G. seine Zulassung als RA, anschließend vermutl. Emigration in die USA, New York.
*li; LAB, OFP-Akten; LAB, Liste 15.10.33; BAL, PAK

Grünstein, Charlotte
23.3.1905 Berlin - k.A.
priv.: k.A.
Prager Platz 6, Wilmersdorf
Charlotte G. wurde im Mai 1932 als Anwältin zugelassen, zum 12.6.1933 mit Berufsverbot belegt, weil sie nach § 1 Abs.1 d. Ges. v. 7.4.1933 als Jüdin galt.
Liste d. nichtzugel. RA, 25.4.33; BAL, PAK; PA 58269

Guenther, Ernst
7.8.1896 Dessau - k.A.
Kurfürstendamm 154 b, Wilmersdorf
priv.: k.A.
War evangelischen Glaubens, galt als „Mischling 2. Grades"; lebte nach 1945 unter og. Anschrift.
BG: BAP, 15.09 RSA; cje

Gumpel, Harry
6.1.1888 Berlin - k.A.
Xantener Str. 15 a
Kurfürstendamm 225, W 15
T: J 1 Bismarck 1416
RA und Notar; war noch bis zum allgem. Berufsverbot 1938 als Anwalt tätig (Notariat vorher entzogen); keine weiteren Angaben.
*li; Liste 36; BG: BAK, Kartei schulpfl. Kinder; LAB, Liste 15.10.33; BAL, PAK

Gumpert, Franz Dr.
29.6.1907 Charlottenburg - k.A.
priv.: k.A.
G. hatte erst am 17.3.1933 die Zulassung als Anwalt erhalten; die er umgehend im Frühjahr 1933 verlor.
Liste d. nichtzugel. RA, 25.4.33; BAL, PAK; PA 58328

Gumpert, Hans Dr.
10.7.1890 Berlin - 1962
Mommsenstr. 56, Charlottenburg
Mommsenstr. 56, Charlottenburg
T: J 1 Bismarck 1714
G. hatte Kanzlei und Wohnung im zweiten Stock in der Mommsenstr. 56, einer 285 qm großen Wohnung, in der bereits seine Eltern gelebt hatten. Die Ehefrau Kitty G.-Stenzel, 1998 im Alter von 91 Jahren verstorben (*24.10.1906), galt als „arisch", die Ehe als privilegiert, da sie ein Kind hatten (ca. 1938 geboren); nach dem Berufsverbot als Anwalt 1938 war G. als „Konsulent" tätig (das Notariat war bereits entzogen worden), wie lange er diese Tätigkeit noch ausüben konnte, ist unbekannt. Eine gewisse Zeit wurde das Paar in Staaken versteckt, kehrte dann jedoch wieder in seine Wohnung zurück. Hier kannte sich Frau G. aus und wußte, wo sie Lebensmittel für die Familie besorgen konnte, die Nachbarschaft war über die bedrängte Situation informiert. G. praktizierte nach 1945 wieder als Rechtsanwalt und Notar, weiterhin in seiner Wohnung in der Mommsenstr. 56, bis zu seinem Tod 1962.
*li; BG: LAB, OFP-Akten (Akte Jarislowsy, Adolph); BAP, 15.09 RSA; cje; LAB, Liste 15.10.33; Ausk. E. Proskauer; Ausk. Hauswartsfrau Müller

Gundermann, Alfons
16.9.1904 - k.A.
priv.: k.A.
Oranienstr. 10/11, SO 36
Berufsverbot zum 13.6.1933, weil er nach § 1 Abs.1 d.Ges. v. 7.4.1933 als Jude galt.
Liste d. nichtzugel. RA, 25.4.33; BAL, PAK

Gutfeld, Walter Dr.
13.2.1897 Berlin - k.A.
priv.: k.A.
Viktoria-Luise-Platz 1, W 30

RA beim Kammergericht; Zulassung gelöscht am 24.8.1933; keine weiteren Angaben.
Liste d. nichtzugel. RA, 25.4.33 (Nachtrag); BAL, PAK

Gutmann, Konrad Dr.
25.7.1880 Berlin - Dez. 1951
Stübbenstr. 1, Schöneberg
Bayerischer Platz 110, Schönberg
T: G 1 Stephan 7925
RA und Notar; Emigration in die USA, New York, am 28.9.1938.
*li; LAB, OFP-Akten; LAB, Liste 15.10.33; BAL, PAK

Guttmann, Alexander Dr.
19.12.1894 Mannheim - k.A.
Kurfürstendamm 22, W 15
Kurfürstendamm 22, W 15
T: J 1 Bismarck 195/196
RA und Notar; G. wurde mit einem Verfahren wegen „Rassenschande" überzogen und ausgebürgert. Emigration nach Großbritannien; kehrte nach 1945 vermutlich nach Deutschland zurück.
*li; BG: LAB, OFP-Akten; LAB, Liste 15.10.33; BAL, PAK

Guttmann, Hans
17.4.1904 Breslau - k.A.
priv.: k.A.
Alexanderstr. 71, C 25
Berufsverbot zum 23.6.1933, weil er nach § 1 Abs.1 d. Ges. v. 7.4.1933 als Jude galt; in G.s Personalakte findet sich ein Vermerk, daß er mit seinem Schreiben, in dem er die „reichsrechtlichen Regelungen für sich als verbindlich anerkennt", keine unbedingte Loyalitätserklärung abgab, wie sie gefordert war (10.4.1933); keine weiteren Angaben.
Liste d. nichtzugel. RA, 25.4.33; BAL, PAK; PA 58442

Guttmann, Julius, JR.
5.2.1855 - 1.1.1936 Berlin
Kurfürstendamm 200, Wilmersdorf
Klosterstr. 43, C 2

T: E 1 Berolina 3870
G. starb 1936 im Alter von 81
Jahren.
*li; BG: Friedh.W.Sterbereg.; LAB,
Liste 15.10.33; BAL, PAK

Guttmann, Leonhard, JR.
2.5.1869 Brieg -
23.9.1942 Theresienstadt
Wallstr. 21/22, C 2, Mitte
Wallstr. 21/22, C 2, Mitte
T: A 6 Merkur 69
Deportation mit dem 53. Alterstransport (31.8.1942) nach Theresienstadt, dort wenige Wochen
später umgekommen.
*li; BG: BAK, GB, LAB, OFP-
Akten, BAP, 15.09 RSA; LAB,
Liste 15.10.33; BAL, PAK

Guttmann, Oskar
19.6.1885 Hildesheim -
verschollen, Auschwitz
Speyerer Str. 10, W 30
Motzstr. 62, W 30
T: B 4 Bavaria 2425
RA und Notar; G. war noch bis
mind. 1936 als Anwalt tätig;
später Sammelvormund bei der
RV, Bez.St.Berlin, Oranienburger
Str. 31. Datum seiner Vermögenserklärung: 9.5.1943; Deportation mit dem 89. Alterstransport (19.5.1943) nach Theresienstadt, von dort nach Auschwitz
transportiert, wo er ver-
schollen ist.
*li; Liste 36; LAB, Liste 15.10.33;
BAL, PAK; Göpp., S. 245

Guttmann, Wilhelm Dr.
25.9.1903 Gleiwitz - k.A.
priv.: k.A.
Berliner Str. 146, Charlotten-
burg
Berufsverbot zum 10.6.1933
(vorher am Kammergericht
zugelassen), weil er nach § 1
Abs.1 d. Ges. v. 7.4.1933 als
Jude galt; G. hat mit großer
Sicherheit überlebt.
Liste d. nichtzugel. RA, 25.4.33

Guttsmann, Max Dr., JR.
23.6.1858 Rybnik - 27.12.1941
Droysenstr. 7, Charlottenburg
Friedrichstr. 206, SW
RA und Notar; Zulassung 1933
entzogen („inaktiv").
BAL, PAK; BG: LAB, OFP-Akten;
BAP, 15.09 RSA; Friedh.W.Sterbe-
reg.

H

Haase, Berthold Dr.
30.4.1874 - k.A.
priv.: k.A.
Innsbrucker Str. 5, Schöneberg
T: G 1 Stephan 7155
Im Leo-Baeck-Institut, N.Y.,
sind H.s 1935 niedergeschrie-
benen Erinnerungen überliefert.
H. hat sich intensiv mit der
„Ostjudenfrage" beschäftigt
(C.V. Zeitung, 1923). Bereits
1933 verlor H. die Zulassung als
Notar. 1935, nach Erlaß der
„Nürnberger Gesetze", gab er
seine Praxis auf und beantragt
die Löschung aus der Anwaltsliste. „Damit endet in meinem
62. Lebensjahr meine Laufbahn, in der ich mich mit Ernst
und Freude der Pflege des
Rechts gewidmet, und in der
ich meine besten Kräfte für die
Erhaltung und Stärkung des
Deutschtums eingesetzt hatte."
(S.78). Wenige Tage später emigriert seine geliebte Tochter mit
der Enkelin nach Palästina. H.s
weiteres Schicksal ist unbekannt.
Internationales Recht; H.s Erinnerungen: Mein Leben. Was in
ihm geschah und wie ich es
erlebte. 19.9.1935, unveröffentl.
MS, LBI, NY.
*li; LBI, NY, Memoirs; LAB, Liste
15.10.33; BAL, PAK

Haase, Ernst-Friedrich Dr.
27.10.1904 Rybnik - k.A.
priv.: k.A.
Bayreuther Str. 41, W 62
T: B 5 Barbarossa 9506
War noch bis April 1936 als
Anwalt tätig; vermutl. emigriert;

H. hat überlebt.
*li; Liste 36; LAB, Liste 15.10.33;
BAL, PAK

Haberland, Kurt Dr.
17.10.1896 Berlin -
5.6.1942 Mauthausen
Nördlinger Str. 3, Schöneberg
Charlottenstr. 60, W 8
T: A 6 Merkur 4041
War noch bis mind. 1936 als
Anwalt tätig; Deportation, Tod
in Mauthausen.
*li; Liste 36; BG: g, BAK, GB;
BAK, Kartei schulpfl. Kinder, LAB,
OFP-Akten; BAP, 15.09 RSA; cjb;
LAB, Liste 15.10.33; BAL, PAK

Hadra, Arthur, JR.
k.A. - 1938
priv.: k.A.
Genthiner Str. 22, W 35
T: B 1 Kurfürst 1538
War noch bis mind. 1936 als
Anwalt tätig, lt. Liste 36 im Jahr
1938 verstorben.
*li; Liste 36; LAB, Liste 15.10.33;
BAL, PAK

Hadra, Herbert
14.2.1903 Groß-Strehlitz - k.A.
priv.: k.A.
Schönhauser Allee 126, N 58
Berufsverbot zum 10.6.1933,
weil er nach § 1 Abs.1 d. Ges. v.
7.4.1933 als Jude galt; keine
weiteren Angaben.
Liste d. nichtzugel. RA, 25.4.33;
BAL, PAK

Haendel, Richard Dr.
11.9.1883 Landsberg/Warthe -
k.A.
priv.: k.A.
Alexanderplatz 1, C 25
T: E 2 Kupfergraben 1634
Zulassung wurde 1933 gelöscht.
Keine weiteren Angaben.
*li; BAL, PAK

Hagelberg, Ernst Dr.
12.7.1876 Berlin -
verschollen, Riga
Kaiserdamm 72, Charlottenburg
Joachimsthaler Str. 43/44, Charlottenburg 2
T: J 1 Bismarck 1698

War noch bis mind. 1936 als Anwalt tätig; Deportation mit dem 21. Transport (19.10.1942) nach Riga, dort verschollen.
*li; Liste 36; BG: BAK, GB, LAB, OFP-Akten, BAP, 15.09 RSA; LAB, Liste 15.10.33; BAL, PAK

Hahn, Franz, JR.
15.12.1869 Liegnitz - k.A.
Grolmanstr. 36, Charlottenburg
Grolmanstr. 36, Charlottenburg
T: J 1 Bismarck 6899
RA bis 1938; Emigration nach Südafrika am 17.5.1939.
*li; BG: BAP, 15.09 RSA; LAB, Liste 15.10.33; BAL, PAK

Halpert, Dodo Hans Dr.
22.8.1863 Quednau - 1945
Güntzelstr. 61, Wilmersdorf
Neue Bayreutherstr. 7, W 30
T: B 5 Barbarossa 5253
RA und Notar; war noch bis mind. 1936 als Anwalt tätig, das Notariat wurde vorher entzogen); starb 1945 eines natürlichen Todes.
*li; Liste 36; BG: BAP, 15.09 RSA; LAB, Liste 15.10.33; BAL, PAK; Ausk. Y. Arndt

Hamburger, Adolf Dr.
18.9.1887 Schwagrau -
1962 bzw. 1963 New York
Uhlandstr. 27, W 15
Uhlandstr. 27, W 15
Berufsverbot als Anwalt und Notar im Frühjahr 1933; Emigration in die USA, New York, am 1.3.1937; Rückkehr nach der Befreiung nach Berlin und erneute Auswanderung in die USA 1947.
Br.B.32; Liste d. nichtzugel. RA, 25.4.33; BG: LAB, OFP-Akten; Leimkugel: Wege jüdischer Apotheker, S. 135

Hamburger, Alfred Dr.
10.2.1900 Berlin - k.A.
priv.: k.A.
Stresemannstr. 11
Berufsverbot am 26.6.1933, vorher am Kammergericht zugelas-

sen. Emigration in die USA, stellte dort 1940 einen Antrag auf Stipendium; keine weiteren Angaben.
Br.B.32; Liste d. nichtzugel. RA, 25.4.33; NY Publ. Lib. (Am.Com.) Hamburger; BAL, PAK

Hamburger, Fritz Dr.
7.2.1883 Kattowitz - k.A.
Viktoria-Luise-Platz 10, Schöneberg
Landshuter Str. 2, Schöneberg
Berufsverbot im Frühjahr 1933; Emigration nach Dänemark, Kopenhagen, am 15.2.1934.
Br.B.32; Liste d. nichtzugel. RA, 25.4.33; BG: LAB, OFP-Akten; BAL, PAK

Hamburger, Georg Dr.
10.4.1891 Berlin -
Aug. 1944 Theresienstadt
Eisenzahnstr. 6, Wilmersdorf, Halensee
Kronenstr. 64/65, W 8
T: A 2 Flora 2575
(später Großadmiral- von-Koester- Ufer 87, W 35)
Noch 1932 Vorst.-Mitgl. der RAK, Notar. H. war evangeli-

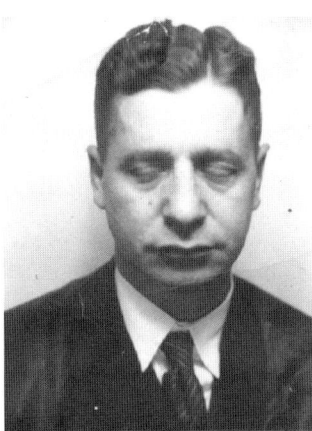

schen Glaubens; nach dem Berufsverbot als Anwalt 1938 (Notariat war vorher entzogen worden) als „Konsulent" tätig; mußte den Zwangsnamen „Israel" führen. Datum der Vermögenserklärung: 21.6.1943, Sam-

mellager Große Hamburger Str. 26; Deportation mit dem 93. Alterstransport (30.6.1943) nach Theresienstadt, dort ein Jahr später umgekommen.
*li; Verz.; BG: g, BAK, GB; LAB, OFP-Akten (s.a. Akte Heyn, Selma); BAP, 15.09 RSA; cjb; LAB, ITS Transportlisten; Liste d. Kons., 15.4.39; LAB, Liste 15.10.33

Hamburger, Karl Wilhelm, JR.
14.5.1866 Görlitz - 7.1.1941
Nymphenburger Str. 1, Schöneberg
Stresemannstr. 11, SW 11
T: F 5 Bergmann 6650
War noch bis mind. 1936 als Anwalt tätig; starb im Alter von 74 Jahren.
*li; Liste 36; BG: BAK, Kartei schulpfl. Kinder; BAP, 15.09 RSA, Friedh.W.Sterbereg.; LAB, Liste 15.10.33; BAL, PAK

Hamburger, Leopold Dr.
1.2.1900 Berlin - k.A.
priv.: k.A.
Blücherplatz 2, SW 61
Berufsverbot im Frühjahr 1933.
Br.B.32; Liste d. nichtzugel. RA, 25.4.33; BAL, PAK

Hamburger, Sally
27.6.1882 Königshütte -
verschollen, Trawniki
Stolzenfelsstr. 2, Lichtenberg, Karlshorst
Müllerstr. 177, N 65
T: D 6 Wedding 2895
RA und Notar; war noch bis mind. 1936 als Anwalt tätig (Notariat vorher entzogen); Deportation mit dem 11.Transport (28.3.1942) nach Trawniki, dort umgekommen.
*li; Liste 36; BG: BAK, GB, LAB, OFP-Akten, BAP, 15.09 RSA; LAB, Liste 15.10.33; BAL, PAK

Hamburger, Werner
20.3.1901 Küstrin - k.A.
priv.: k.A.
Kurfürstendamm 216, Wilmersdorf, W 15
Berufsverbot zum 20.5.1933,

weil er nach § 1 Abs.1 d. Ges. v. 7.4.1933 als Jude galt; keine weiteren Angaben.
Liste d. nichtzugel. RA, 25.4.33 (Nachtrag); BAL, PAK, PA

Hammer, Hans Hermann Dr.
2.11.1895 Berlin - k.A.
priv.: k.A.
Mauerstr. 80, W 8
Berufsverbot zum 31.5.1933; keine weiteren Angaben.
Liste d. nichtzugel. RA., 25.4.33; BAL, PAK; PA

Hammerschlag, Heinz Erich Dr.
18.3.1875 Harmuthsachsen - k.A.
Reichsstr. 83, Charlottenburg
Kronenstr. 3, W 8
Berufsverbot im Frühjahr 1933; Emigration über Großbritannien nach Palästina, Tel Aviv, am 10.8.1939 („auf Veranlassung der Gestapo, die mir eine Frist setzte").
Politiker (SPD)
Br.B.32; Liste d. nichtzugel. RA, 25.4.33; BG: LAB, OFP-Akten; BAP, 15.09 RSA; BAL, PAK

Hammerschmidt, Fritz
21.11.1894 Cottbus -
verschollen, Auschwitz
Babelsberger Str. 52, Wilmersdorf/ Prinzregentenstr. 92, Wilmersdorf
Kantstr. 19, Charlottenburg
Berufsverbot im Frühjahr 1933, vorher am Kammergericht zugelassen; ab Okt. 1933 wieder zugelassen (bis mind. 1936); später zwangsweise als Arbeiter tätig; Datum der Vermögenserklärung: 29.2.1944; Sammellager Schulstr. 78, N 65; Deportation mit dem 50. Transport (9.3.1944) nach Auschwitz, dort verschollen. Die Ehefrau, die ebenfalls deportiert worden war, überlebte Auschwitz und wurde im KZ Ravensbrück von britischen Truppen befreit.
*li; Adr.B.32; Liste d. nichtzugel. RA, 25.4.33; Liste 36; LAB, Liste 15.10.33; BAL, PAK; BG: g, BAK,

GB; LAB, OFP-Akten; BAP, 15.09 RSA; Hammerschmidt, Wolfgang: Spurensuche. Zur Geschichte der jüdischen Familie Hammerschmidt, Cottbus, Gießen 1996

Hammerschmidt, Walter
14.5.1900 Cottbus - Dezember 1938
priv.: k.A.
Kantstr. 19, Charlottenburg
Bruder von Fritz H.; sie führten eine gemeinsame Kanzlei. Im Frühjahr 1933 wurde Walter H. mit Berufsverbot belegt; keine weiteren Angaben bis zur Verhaftung im November 1938, Einlieferung in das KZ Sachsenhausen; unmittelbar nach seiner Entlassung starb er im Dezember 1938 an einer Sepsis. Als Prof. Sauerbruch die Leiche obduzieren wollte, wurde sie von der Gestapo beschlagnahmt. H.s Witwe Thea sowie ihr zweiter Mann wurden in Theresienstadt ermordet.
Adr.B.32; Liste d. nichtzugel. RA, 25.4.33; BAL, PAK, Göpp., S. 246; Hammerschmidt, Wolfgang: Spurensuche. Zur Geschichte der jüdischen Familie Hammerschmidt, Cottbus, Gießen 1996

Hammerstein, Julius Dr.
10.12.1879 Mohrungen - verschollen, Auschwitz
Romberger Str. 17, NO 18
Frankfurter Str. 142, O 17
T: E 7 Weichsel 1073
War noch bis mind. 1936 als Anwalt tätig. Deportation mit dem 35. Transport (6.3.1943) nach Auschwitz, dort verschollen.
*li; Liste 36; BG: BAK, GB; LAB, OFP-Akten, BAP, 15.09 RSA; LAB, Liste 15.10.33; BAL, PAK

Hanff, Paul
30.11.1891 Berlin - k.A.
priv.: k.A.
Kurfürstendamm 197/98, W 15
War noch bis zum allgem. Berufsverbot als Anwalt tätig; das Notariat war ihm im Nov. 1935 entzogen worden.

*li; Br.B.32; Liste 36; LAB, Liste 15.10.33; BAL, PAK

Hannes, Martin Dr.
13.10.1881 Görlitz - k.A.
Kurfürstendamm 202, W 15
Kurfürstendamm 202, W 15
T: J 1 Bismarck 5038/39
RA und Notar; das Notariat wurde im November 1935 entzogen. Emigration nach Australien, Sydney, am 1.7.1939.
*li; BG: LAB, OFP-Akten; LAB, Liste 15.10.33; BAL, PAK

Hartstein, Willy Dr.
17.1.1901 Berlin - k.A.
Bayerische Str. 10, Wilmersdorf
Klosterstr. 43, C 2
Berufsverbot im Frühjahr 1933; Emigration nach Palästina am 1.2.1939.
Br.B.32; BG: LAB, OFP-Akten; Liste der nichtzugel. RA, 25.4.33; BAL, PAK

Hartwich, Waldemar, JR.
26.12.1854 Letschin - 5.10.1941
Königsallee 16 a b. Unger, Grunewald, Wilmersdorf
Nachodstr. 26, W 50
War noch bis 28.3.1938 als Anwalt tätig; 1941 im Altersheim der Jüdischen Gemeinde, Iranische Str., verstorben.
*li; Liste 36; BG: BAK, Kartei schulpfl. Kinder; BAP, 15.09 RSA; Friedh.W.Sterbereg.; LAB, Liste 15.10.33; BAL, PAK

Harz, Moses Dr.
8.9.1905 Hadworna (Galizien) - k.A.
priv.: k.A.
Helmstedter Str. 26, Wilmersdorf
Berufsverbot zum 12.6.1933, weil er nach § 1 Abs.1 d. Ges.v. 7.4.1933 als Jude galt.
Liste d. nichtzugel. RA, 25.4.33; BAL, PAK, PA

Hauptmann, Kurt Dr.
21.9.1892 Berlin - k.A.
priv.: k.A.
Nollendorfstr. 11/12, W 30
T: B 7 Pallas 5548

Zulassung erst am 16.3.1933 erhalten; Berufsverbot im Frühjahr 1933, weil er nach § 1 Abs.1 d. Ges. v. 7.4.1933 als Jude galt.
Adr.B.32, Jüd.Adr.B.; Liste d. nichtzugel. RA, 25.4.33; BAL, PAK

Hausen, Willy Dr.
11.9.1888 Zeitz - k.A.
priv.: k.A.
Kaiserallee 214/215, W 15
Berufsverbot als Anwalt und Notar zum 9.6.1933.
Br.B.32; Liste d. nichtzugel. RA, 25.4.33; BAL, PAK

Haußmann, Fritz Dr.
10.11.1885 Ratibor - k.A.
priv.: k.A.
Lietzenburger Str. 30
T: J 2 Oliva 2575
Frontkämpfer im Ersten Weltkrieg; H. war noch bis zum allgem. Berufsverbot 1938 als Anwalt tätig.
*li; Liste 36; LAB, Liste 15.10.33; BAL, PAK

Hayn, Julius, JR.
24.8.1870 Kempen - vor 1945
Kohlisstr. 94, Mahlsdorf
Friedrichstr. 192, W 8
T: A 2 Flora 4818
War noch bis mind. 1936 als Anwalt tätig; die Ehefrau galt als nicht-jüdisch; Hinweis, daß H. vor 1945 verstorben ist.
*li; Liste 36; BG: LAB, OFP-Akten; BAP, 15.09 RSA; cje; LAB, Liste 15.10.33; BAL, PAK

Hayn, Louis (Ludwig)
8.5.1885 Leobschütz - k.A.
Kaiserallee 157, Wilmersdorf
Charlottenstr. 59, W 8
RA und Notar; Berufsverbot im Frühjahr 1933. Emigration nach Italien, Meran; dann Palma de Mallorca, Spanien; lebte später in Barcelona.
Adr.B.32; BG: LAB, OFP-Akten; Liste d. nichtzugel. RA, 25.4.33; BAL, PAK

Heidenfeld, Joachim Dr.
9.2.1879 Oppeln - nach 1950
Limonenstr. 25, Lichterfelde bzw. Eisenacher Str. 35, Schöneberg
Elßholzstr. 23, W 57
T: B 7 Pallas 8348
War noch bis mind. 1936 als Anwalt tätig (Notariat vorher entzogen); Emigration nach Südafrika, Johannesburg, zwischen 1933 und 1936.
Adr.B.32; Liste 36; BG: LAB,OFP-Akten; Ausk. Martin Glass; LAB, Liste 15.10.33; BAL, PAK

Heilborn, Gustav , JR.
k.A. - 1938
priv.: k.A.
Albrechtstr. 6, Steglitz
T: G 9 Albrecht 7343
War noch bis 24.12.1937 als Anwalt tätig; 1938 verstorben (lt. Liste 36).
*li; Liste 36; LAB, Liste 15.10.33

Heilborn, Theodor Dr.
8.9.1883 Kosel - k.A.
Kottbusser Damm 2, SW 29
Kottbusser Damm 2, S 59
T: F 6 Baerwald 7944
Emigration in die USA im Mai 1940.
*li; BG: LAB, OFP-Akten (s.a. Akte Mandelbaum, Käthe); BAP, 15.09 RSA; Ausk. Vera Fassberg; LAB, Liste 15.10.33; BAL, PAK

Heilbronn, Arthur, JR.
27.9.1865 Königsberg - 5.3.1943 Theresienstadt
Bamberger Str. 37, W 30/Berchtesgadener Str. 14, Schöneberg
Lindenstr. 81, SW 68
T: A 7 Dönhoff 7282
War noch bis mind. 1936 als Anwalt tätig; zuletzt Nachlaßpfleger u. Testamentsvollstrecker. Datum der Vermögenserklärung: 6.8.1942; Sammellager Große Hamburger Str. 26; Deportation mit dem 55. Alterstransport (2.9.1942) nach Theresienstadt, dort ein halbes Jahr später umgekommen.
*li; Liste 36; BG: g, BAK, GB; LAB, OFP-Akten (s.a. Akte Dom-

nauer, Arthur u. *Akte Plaut, Hubert*); BAP, 15.09 RSA; LAB, *Liste* 15.10.33; BAL, PAK

Heilbut, Ilse Dr.
26.4.1904 Berlin - k.A.
priv.: k.A.
Wassertorstr. 1, S 42
Berufsverbot zum 10.6.1933,
weil sie nach § 1 Abs.1 d. Ges.
v. 7.4.1933 als Jüdin galt; keine
weiteren Angaben.
Liste d. nichtzugel. RA, 25.4.33;
BAL, PAK, PA

Heimannsohn, Rudolf
7.6.1904 Berlin - k.A.
priv.: k.A.
Frankfurter Allee 87, O 112
Berufsverbot zum 12.6.1933,
weil er nach § 1 Abs.1 d. Ges. v.
7.4.1933 als Jude galt.
Liste d. nichtzugel. RA, 25.4.33;
BAL, PAK, PA

Heine, Kurt Dr.
4.2.1889 Waren - k.A.
priv.: k.A.
Niebuhrstr. 5, Charlottenburg
Berufsverbot zum 13.6.1933.
Keine weiteren Angaben.
Liste d. nichtzugel. RA, 25.4.33;
BAL, PAK

Heinemann, Felix Dr.
1877 Berlin - 24.9.1955 Morton
priv.: k.A.
Bis 1937 RA in Berlin; Emigration in die USA, in Morton bei
Philadelphia eine neue Praxis
eröffnet; dort verstorben.
Veröffentl. „Das neue Warenzei-
chenrecht", 1926
Göpp. S. 287

Heinitz, Anton Dr.
24.12.1885 Berlin - k.A.
Salzbrunner Str. 42, Wilmers-
dorf, Grunewald
Charlottenstr. 55, W 8
T: A 2 Flora 1833
Bruder von Günther H. (s.dort);
war noch bis mind. 1936 als
Anwalt tätig; Emigration nach
Großbritannien, London, am
28.9.1938. H.s Bruder Günther
wurde 1943 in Auschwitz ermor-

det, die Mutter hatte sich 1940
das Leben genommen.
li; *Adr.B.32*; *Liste 36*; BG: LAB,
OFP-*Akten*; LAB, *Liste* 15.10.33;
BAL, PAK; *Göpp.*, S. 247

Heinitz, Günther Dr.
21.1.1892 Berlin -
1943 Auschwitz
Münchener Str. 37, W 30/ Fran-
zösische Str. 13-14
Charlottenstr. 55, W 8
T: A 2 Flora 1833
RA in der Kanzlei des Vaters,
Ernst H., nach dessen Tod führte er diese mit seinem Bruder
Anton weiter bis zum allgem.
Berufsverbot im Sept. 1938; im
April 1933 war er zwischenzeitlich mit einem Vertretungsverbot belegt worden, das aber
offensichtlich wieder aufgeho-
ben wurde; ab 1939 im „Büro
Grüber" (prostantische Hilfsor-
ganisation für „nicht-arische
Christen") in der Registratur
tätig; zuletzt „Arbeitseinsatz" im
Weser-Flugzeugbau (ab 1.3.
1941), am 3.2.1943 nach Ausch-
witz deportiert, wo er umgebracht worden ist. Die Mutter
hatte sich im Februar 1940 das
Leben genommen.
Adr.B.32; *Liste d. nichtzugel.* RA,
25.4.33; BG: LAB, OFP-*Akten*
(NL *Borchardt, Else, s.a. Akte H.,
Anton Dr. u. Akte H., Günter*);
BAL, PAK; *Göpp.*, S. 247

Hennig, Martin Dr.
23.2.1898 Neumark - k.A.
Steinplatz 2, Charlottenburg
Joachimsthaler Str. 11, W 15
T: J 1 Bismarck 5252
RA und Notar; war noch bis
Okt. 1936 als Anwalt tätig (Nota-
riat vorher entzogen); keine
weiteren Angaben.
li; *Liste 36*; BG: LAB, OFP-
Akten; LAB, 15.10.33; BAL, PAK

Henoch, Robert Dr.
9.2.1884 - k. A.
Stromstr. 3, Charlottenburg
Schadowstr. 4/5, NW 7
T: A 2 Flora 1726
Emigration in die USA, New

York, im Mai 1939.
li; BG: LAB, OFP-*Akten*, Nr.
349/44; LAB, 15.10.33; BAL,
PAK

Henschel, Ernst
14.10.1878 Breslau - k.A.
Claudiusstr. 13, NW 87
Müllerstr. 177, N 65
T: D 6 Wedding 1452
Die Zulassung wurde am
29.4.1938 gelöscht; Emigration
nach Großbritannien, London,
im September 1938.
li; BG: LAB, OFP-*Akten*; LAB,
Liste 15.10.33; BAL, PAK

Henschel, Franz Dr.
1.6.1888 Berlin - k.A.
Johannisberger Str. 5, Wilmers-
dorf
Taubenstr. 13, W 8
T: A 1 Jäger 3953
H. war Dissident; arbeitete
noch bis mind. 1936 als Anwalt;
wurde nach 1945 wieder als
Anwalt zugelassen, lebte unter
o.g. Anschrift.
li; *Liste 36*; BG: BAP, 15.09
RSA; *cjb*; *cje*; LAB, 15.10.33;
BAL, PAK; RAK, PA *Werthauer*

Henschel, Georg
19.3.1887 Berlin - k.A.
An der Spandauer Brücke 9, C 2
Am 3.7.1933 als Notar entlassen, am 10.11.1936 als Anwalt
beim Kammergericht laut Per-
sonalkarteikarte gelöscht.
li; LAB, *Liste* 15.10.33; BAL, PAK

Henschel, Martin, JR.
k.A. - 1934
priv.: k.A.
Friedrichstr. 72, W 8, A 1 Jäger
2986
RA und Notar, keine weiteren
Angaben.
li; LAB, *Liste* 15.10.33; BAL, PAK

Henschel, Moritz
17.2.1879 Breslau -
ca. 1947 Jerusalem
Lietzenburger Str. 8, W 15
Lietzenburger Str. 30, W 15
T: J 2 Oliva 1231
RA am Kammergericht und

Notar, war bis zum allgem.
Berufsverbot 1938 als Anwalt
tätig (Notariat vorher entzo-
gen); Deportation mit dem 91.
Alterstransport (16.6.1943) nach
Theresienstadt. H. ging nach
der Befreiung nach Palästina.
li; BG: LAB, OFP-*Akten*, ITS
Transportlisten; BAP, 15.09 RSA;
Aufbau, N.Y., 12.10.1945; BAL,
PAK

Henschel, Richard Dr.
6.9.1889 Berlin - k.A.
priv.: k.A.
Friedrichstr. 72, W 8
Berufsverbot zum 14.7.1933,
weil H. nach § 1 Abs.1 d. Ges. v.
7.4.33 als Jude galt; seine Teilnahme am Ersten Weltkrieg war
nicht als Fronteinsatz anerkannt
worden; keine weiteren Angaben.
Adr.B.32; *Liste d. nichtzugel.* RA,
25.4.33; BAL, PAK

Hepner, Heinrich Dr.
31.10.1885 Görlitz - k.A.
priv.: k.A.
Potsdamer Str. 118 c, W 35
T: B 1 Kurfürst 2862
Emigration nach Chile, Santia-
go de Chile.
li; BG: LAB, OFP-*Akten* (*Akte
Silbergleit, Gertrud geb. Hepner*);
LAB, 15.10.33; BAL, PAK

Hepner, Julius Dr.
29.5.1886 Beuthen - k.A.
Von-der-Heydt-Str. 2, W 10
Kaiser-Wilhelm-Str. 53, C 2
T: D 2 Weidendamm 3821/22
H. war noch 1932 stellvertr. Vor-
sitzender der RAK; arbeitete
noch bis mind. 1936 als Anwalt.
Emigration nach Schweden,
Stockholm. Die Ehefrau Marie
geb. Hirsemann (*14.8.1886)
galt als „arisch".
li; *Liste 36*; BG: LAB, OFP-
Akten; LAB, 15.10.33; BAL, PAK

Herrmann, Siegfried
k.A.
priv.: k.A.
Alexanderstr. 55, O 27
T: E 9 Friedrichshain 2017

War noch bis 1938 als Anwalt tätig (Zulassung als Notar vorher entzogen).
*li; Liste 36; LAB, Liste 15.10.33; BAL, PAK

Herrnberg, Felix Dr.
1.7.1889 Allenstein - k.A.
priv.: k.A.
Ansbacher Str. 17, W 50
H. war Schwager des von der NS-Presse besonders angefeindeten früheren Berliner Polizeipräsidenten Bernhard Weiß; er wurde im April 1933 mit einem Vertretungsverbot als Anwalt und Notar belegt, das wieder aufgehoben wurde, weil er als Frontkämpfer des Ersten Weltkriegs anerkannt werden mußte. 1935 Entzug des Notariats, 1936 Löschung der anwaltlichen Zulassung; keine weiteren Angaben.
Br.B.32; LAB, Liste d. nichtzugel. RA, 25.4.33; BAL, PAK; PA 60128

Herrnstadt, Ernst Dr.
16.10.1906 Gleiwitz - k.A.
priv.: k.A.
Leipziger Str. 123 a, W 8
RA seit 1931; Berufsverbot zum 2.6.1933 (vorher am Kammergericht zugelassen), weil er nach § 1 Abs.1 d.Ges. v. 7.4.1933 als Jude galt.
LAB, Liste d. nichtzugel. RA, 25.4.33; BAL, PAK; PA 60133

Hertzberg, Georg Dr.
17.11.1872 Neuruppin - 29.10.1942 Theresienstadt
Frobenstr. 27, W 35, Schöneberg
Markt 4/5, Spandau
T: C 7 Spandau 1412
RA und Notar auch nach Okt. 1933; keine weiteren Angaben bis zur Deportation am 19.8. 1942 mit dem 51. Alterstransport (27.8.1942) nach Theresienstadt. H. ist dort 1942 umgekommen.
*li; BG: g, BAK, GB; LAB, OFP-Akten; BAP, 15.09 RSA; cjb; LAB, Liste 15.10.33; BAL, PAK

Herz, Franz Dr.
12.3.1878 Jessnitz - 5. 3. 1943
Karlsruher Str. 28 b. Bernstein, Wilmersdorf-Halensee
Köpenicker Str. 195, SO 36
T: F 8 Oberbaum 0307
War noch bis 1937 als Anwalt tätig; keine weiteren Angaben.
*li; Liste 36; BG: BAK, Emigr.-u. Sterbedatei; LAB, OFP-Akten; Friedh.W.Sterberg.; LAB, Liste 15.10.33; BAL, PAK

Herzberg, Hans Dr.
22.6.1893 Essen - 1969 Sao Paulo, Brasilien
Württembergallee 26-27, Charlottenburg
Nollendorfplatz 6, W 30
T: B 7 Pallas 1977
Emigration nach Brasilien 1939.
*li; LAB, OFP-Akten; BHdE, Bd.I; LAB, 15.10.33; BAL, PAK

Herzfeld, Arthur (Moses) Dr.
15.8.1877 Dortmund - verschollen, Auschwitz
Martin-Luther-Str. 25, W 30, Schöneberg
Seydelstr. 31, SW 19
T: A 6 Merkur 3603
Zulassung als Notar 1933 verloren, war noch bis mind. 1936 als Anwalt, später als Testamentsvollstrecker tätig. Datum der Vermögenserklärung: 28.2. 1943, Deportation mit dem 33. Transport (3.3.1943) nach Auschwitz, dort verschollen.
*li; Adr.B.32; Liste 36; BG: g, BAK, GB; LAB, OFP-Akten (s.a. Akte Wiener, Ida geb. Loewy); BAP, 15.09 RSA; LAB, Liste 15.10.33; BAL, PAK

Herzfeld, Joseph Dr.
18.12.1853 Neuss - 27.7.1939 Ritten/ Südtirol
priv.: k.A.
Französische Str. 13/14, W
H. war RA seit 1892; von 1898-1924 mehrfach Mitglied des Reichstags; Berufsverbot 1933; H. emigrierte im September 1933 in die Schweiz, von dort nach Südtirol.
BAL, PAK, Göpp., S. 287

Herzfeld, Robert Dr.
22.9.1888 Berlin - k.A.
priv.: k.A.
Potsdamer Str. 129/130
Berufsverbot zum 7.8.1933. H. ist einer der wenigen Anwälte, bei denen zum einen die „nichtarische Abstammung" (§ 1 Abs.1 d. Ges. v. 7.4.1933) und zum anderen kommunistische Betätigung (§ 3 gen. Ges.) als Begründung angegeben werden; keine weiteren Angaben.
LAB, Liste d. nichtzugel. RA, 25.4.33; BAL, PAK PA

Herzog, Hans Dr.
13.6.1891 Berlin - k.A.
priv.: k.A.
Mohrenstr. 54/55, W 8
T: A 2 Flora 7041
RA und Notar; Zulassung am 17.2.1935 auf Antrag gelöscht.
*li; LAB, Liste 15.10.33; BAL, PAK

Herzog, Martin
7.4.1895 Posen - k.A.
priv.: k.A.
Flemmingstr. 3, Steglitz
RA seit 1931; Berufsverbot zum 27.6.1933, weil er nach § 1 Abs.1 d. Ges. v. 7.4.1933 als Jude galt.
Liste d. nichtzugel. RA, 25.4.33; BAL, PAK; PA 60218

Heydemann, Walter Dr.
3.6.1896 Berlin - k.A.
Meinekestr. 20, W 15
Meinekestr. 20, W 15
T: J 1 Bismarck 1413
H. und sein Bruder hatten einer schlagenden jüdischen Verbindung angehört, die sich schon vor der Machtergreifung ständig Schlägereien mit Nazigruppen lieferte; war noch bis mind. 1936 als Anwalt tätig (Notariat vorher entzogen). Emigration in die USA, New York, am 24.12. 1938.
*li; Adr.B.32; Liste 36; BG: LAB, OFP-Akten; LAB, Liste 15.10.33; BAL, PAK; Ausk. E. Proskauer

Heymann, Adolf, JR.
12.5.1861 Selchow - verschollen, Theresienstadt
Blankenfeldestr. 4, C2, Mitte
Blumenstr. 49, O 27
T: E 9 Friedrichshain 3350

Noch nach Okt. 1933 zugelassen; Deportation mit dem 33. Alterstransport (30.7.1942) nach Theresienstadt, dort verschollen.
*li; BG: BAK, GB; LAB, OFP-Akten; BAP, 15.09 RSA; LAB, Liste 15.10.33; BAL, PAK

Heymann, Ernst Dr.
18.1.1888 Köln - k.A.
Fasanenstr. 58, W 15
Badstr. 61, N 20
T: D 4 Humboldt 0660
RA und Notar; Emigration in die USA, New York, am 28.4.1939.
*li; BG: BAK, Kartei schulpfl. Kinder; LAB, OFP-Akten; LAB, Liste 15.10.33; BAL, PAK

Heymann, Hans Dr.
20.5.1882 Dortmund - k.A.
Bayreuther Str. 38, W 62
Hermann-Göring-Str. 15, W 9
T: A 1 Jäger 5655
RA am Kammergericht und Notar; noch nach Okt. 1933 zugelassen; Emigration nach Australien, Sidney.
*li; BG: LAB, OFP-Akten; LAB, Liste 15.10.33; BAL, PAK

Heymann, Hugo Dr., JR.
k.A.
priv.: k.A.
Brückenstr. 6 b, SO 16
T: F 7 Jannowitz 4260
War noch bis mind. 1936 als
Anwalt tätig.
*li; Liste 36; LAB, Liste 15.10.33;
BAL, PAK

Hilb, Robert Dr.
20.2.1891 Berlin - k.A.
priv.: k.A.
Kurfürstenstr. 88, W 62
H. war evangelischer Religion;
als Anwalt seit 1921 zugelassen,
seit Februar 1933 auch als
Notar; zum 31.5.1933 wurde er
mit Berufsverbot belegt, weil er
nach § 1 Abs.1 d. Ges. v. 7.4.
1933 als Jude galt; keine weiteren Angaben.
Adr.B.32; LAB, Liste d. nichtzugel.
RA, 25.4.33; BAL, PAK; PA
60417

Hiller, Walter Dr.
4.9.1889 Berlin - k.A.
priv.: k.A.
Regensburger Str. 2, W 50
RA und Notar; war noch bis
5.4.1938 als Anwalt tätig, das
Notariat wurde vorher entzogen; keine weiteren Angaben.
Adr.B.32; Liste 36; BAL, PAK

Hintze, Walter Dr.
24.11.1904 Stettin - k.A.
Prinzregentenstr. 84, Wilmersdorf
Lutherstr. 33, W 62
T: B 5 Barbarossa 4097
H. galt als „Mischling", weil er
ein jüdisches Großelternteil
hatte, war evangelischer Religion. H. war noch 1940 als Anwalt
tätig. Keine weiteren Angaben.
*li; BG: BAP, 15.09 RSA; LAB,
Liste 15.10.33; LAB, Liste Mschl.
36

Hirsch, Hermann
27.6.1885 Messingwerk -
1935 Jerusalem
Clausewitzstr. 4, Charlottenburg
Winklerstr. 28, Grunewald
T: H 9 Schmargendorf 2480

Emigration nach Palästina,
Jerusalem, am 15.12.1934, wo
H. 1935 im Alter von 50 Jahren
gestorben ist.
*li; BG: LAB, OFP-Akten; BAL,
PAK

Hirsch, Hugo, JR.
k.A.
priv.: k.A.
Kurfürstendamm 14/15, W 50
T: J 1 Bismarck 6005
War noch bis mind. 1936 als
Anwalt tätig.
*li; Jüd.Adr.B.; Liste 36; LAB, Liste
15.10.33; BAL, PAK

Hirsch, Martin Dr. I
15.12.1890 Berlin - k.A.
Hoffmann-von-Fallersleben-
Platz, Wilmersdorf
Eichhornstr. 1, W 9
T: B 2 Lützow 0525
H. war Justitiar des Petschek-
Konzerns; Emigration in die
USA, San Francisco, 1938.
*li; Adr.B.32; LAB, OFP-Akten;
LAB, Liste 15.10.33; BAL, PAK

Hirsch, Martin Dr. II
31.10.1897 Rogasen - k.A.
priv.: k.A.
Friedrichstr. 49 a, SW 68
RA seit 1925; Berufsverbot zum
23.6.1933, weil H. nach § 1
Abs.1 d. Ges. v. 7.4.1933 als
Jude galt.
Adr.B.32; LAB, Liste d. nichtzugel.
RA, 25.4.33; BAL, PAK; PA
60566

Hirsch, Paul Dr., JR.
k.A.
priv.: k.A.
Bregenzer Str. 1-2, W 15
Knesebeckstr. 61, W 15
T: J 1 Bismarck 4970
War noch bis 1938 als Anwalt
tätig.
*li; Jüd.Adr.B; Liste 36; BG: LAB,
OFP-Akten (Akte Mosse,
Theodor/NL); LAB, Liste 15.10.33;
BAL PAK

Hirsch, Salli Dr.
27.6.1885 Heinrichswalde -
21.11.1950 Jerusalem
priv.: k.A.

Kurfürstendamm 234, W 50
T: J 1 Bismarck 4340
RA und Notar; Zulassung als
Anwalt auf Antrag zum
4.11.1935 gelöscht; Emigration
nach Palästina im November
1935.
*li; BG: BHdE 1933, Bd.1; LAB,
Liste 15.10.33; BAL PAK

Hirsch, Walter (Nathan) Dr.
7.4.1896 Schwetz -
verschollen, Lodz
Tauentzienstr. 7, W 50,
Tauentzienstr. 7, W 50
T: B 4 Bavaria 8486
Berufsverbot als Notar 1935, als
Rechtsanwalt 1938; zuletzt noch
als „Konsulent" tätig; mußte
den Zwangsnamen „Israel"
führen. Datum der Vermögenserklärung: 20.10.1941, Sammellager Levetzowstr. 7-8, Deportation mit dem 2. Transport
(24.10.1941) nach Litzmann-
stadt/Lodz, dort verschollen.
*li; BG: g, BAK, GB; BAK, Kartei
schulpfl. Kinder; LAB, OFP-Akten
(s.a. Akte Hendelsohn, Hans Willy);
BAP, 15.09 RSA; Liste d. Kons.,
15.4.39; LAB, Liste 15.10.33;
BAL, PAK

**Hirsch-Rheinshagen,
Richard Dr.**
k.A.
priv.: k.A.
Lietzenburger Str. 7, W 15
Berufsverbot als Anwalt und
Notar im Frühjahr 1933.
Br.B.32; LAB, Liste d. nichtzugel.
RA, 25.4.33

Hirsch-Wagner, Walter
11.3.1888 Göttingen - k.A.
priv.: k.A.
Friedrichstr. 160, W
RA und Notar; wurde zum
8.6.1933 mit Berufsverbot
belegt, bemühte sich noch bis
1934 um die Anerkennung als
Frontkämpfer im Ersten Weltkrieg, die jedoch versagt wurde;
H. emigrierte vermutlich nach
Italien.
BAL, PAK; PA 60573

Hirschberg, Erich Dr.
5.1.1883 Roggenau - 18.5.1961
Lietzenseeufer 9, Charlottenburg
Lietzenseeufer 9, Charlottenburg
T: J 3 Westend 3150
War Mitglied einer (schlagenden) Studentenverbindung
gewesen, evangelischer Religion. RA seit 1911, Notar seit

1924. Hatte bis 1933 durch-
schnittliche Einnahmen von
30.000,- RM p.a., die sich bis
1938 auf 6.000,- RM p.a. reduzierten; H. verlor 1933 die
Zulassung als Notar, später
auch die als Anwalt. Emigrierte
nach China, Shanghai; 1947
Rückkehr nach Berlin, erhielt
die Wiederzulassung als Anwalt
und Notar 1954.
*li; BG: LAB, OFP-Akten; cje;
RAK, PA; LAB, Liste 15.10.33;
BAL, PAK

Hirschberg, Ernst Dr.
14.9.1894 Berlin -
verschollen, Auschwitz
Fasanenstr. 42, W 15
Prenzlauer Str. 18, C 25
T: E 1 Berolina 3816
War noch bis mind. 1936 als
Anwalt tätig; vor der Deportation Arbeiter bei Tornado, Müllerstr. 30, N 65. Deportation mit
dem 79. Altertransport
(12.1.1943) nach Theresien-

stadt, weiter nach Auschwitz transportiert, dort verschollen.
*li; Liste 36; BG: BAK, GB, Kartei schulpfl. Kinder; LAB, OFP-Akten; BAP, 15.09 RSA; LAB, Liste 15.10.33; BAL, PAK

Hirschberg, Franz Dr.
2.5.1893 Berlin - k.A.
priv.: k.A.
Badstr. 60, N 20
Berufsverbot im Frühjahr 1933; keine weiteren Angaben.
LAB, Liste d. nichtzugel. RA, 25.4.33; BAL, PAK

Hirschberg, Hans Dr.
k.A.
Nollendorfstr. 15, Schöneberg
Kanzlei: k.A.
RA und Notar; „inaktiv 1933"; keine weiteren Angaben.
BAL, PAK

Hirschberg, Oscar Dr.
19.10.1889 Roggenau - k.A.
Solinger Str. 7, NW 87
Kanzlei: k.A.
H. wurde zum 6.6.1933 mit Berufsverbot belegt, weil er nach § 1 Abs.1 d. Ges. v. 7.4.1933 als Jude galt; Emigration nach China, Shanghai, am 21.7.1939.
BG: LAB, OFP-Akten; BAP, 15.09 RSA; Liste d. nichtzugel. RA, 25.4.33; BAL, PAK; PA 60585

Hirschberg, Paul Dr, JR.
2.1.1869 Posen -
5.10.1942 Theresienstadt
Waitzstr. 6/ Knesebeckstr. 28, Charlottenburg
Stresemannstr. 105, SW 11
T: B 2 Lützow 2440
War noch bis mind. 1936 als Anwalt tätig; Deportation mit dem 24. Alterstransport (17.7. 1942) nach Theresienstadt, dort wenige Wochen später umgekommen.
*li; Liste 36; BG: BAK, GB; LAB, OFP-Akten; BAP, 15.09 RSA; LAB, Liste 15.10.33; BAL, PAK

Hirschel, Max Dr., JR.
9.4.1861 - 18.2.1935
priv.: k.A.
Bendlerstr. 17, W 35
T: B 1 Kurfürst 1414
1935 im Alter von 74 Jahren gestorben; keine weiteren Angaben.
*li; Friedh.W.Sterbereg.; LAB, Liste 15.10.33; BAL, PAK

Hirschfeld, Erwin
1.5.1887 Dortmund - k.A.
priv.: k.A.
Jenaer Str. 17, Wilmersdorf
RA seit 1919, Notar seit 1929; Berufsverbot zum 12.6.1933, weil er nach § 1 Abs.1 d. Ges. v. 7.4.1933 als Jude galt.
Br.B.32; LAB, Liste d. nichtzugel. RA, 25.4.33; BAL, PAK; PA 60593

Hirschfeld, Georg Dr.
k.A.
priv.: k.A.
Kaiser-Wilhelm-Str. 59, C 2
T: E 2 Kupfergraben 1713/2315
Das Notariat wurde 1934 entzogen; H. war noch bis 1938 als Anwalt tätig.
*li; Adr.B.32; Liste 36; LAB, Liste 15.10.33; BAL, PAK

Hirschfeld, Ludwig
15.1.1893 Berlin - k.A.
priv.: k.A.
Kaiser-Wilhelm- Str. 59, C 2
T: E 2 Kupfergraben 2315/1713
H. war noch bis 1.4.1937 als Anwalt tätig; keine weiteren Angaben.
*li; Liste 36; BG: BAP, 15.09 RSA; cjb, cje; LAB, Liste 15.10.33; BAL, PAK

Hirschfeld, Maurice
31.12.1899 Berlin - k.A.
priv.: k.A.
Potsdamer Str. 35, Spandau
Berufsverbot im Frühjahr 1933.
Br.B.32; LAB, Liste d. nichtzugel. RA, 25.4.33; BAL, PAK

Hirschfeldt, Hermann, JR.
26.10.1862 Bovin -
3.8.1942 Theresienstadt
Iranische Str. 3, N 65/Bamberger Str. 31, Schöneberg
Kaiser-Wilhelm-Str. 19, C 2
T: E 2 Kupfergraben 3224
War noch bis 1938 als Anwalt tätig; Deportation mit dem 15. Alterstransport (6.7.1942) nach Theresienstadt, dort knapp einen Monat später im Alter von 79 Jahren umgekommen.
*li; BG: BAK, GB; LAB, OFP-Akten; BAP, 15.09 RSA; LAB, Liste 15.10.33; BAL, PAK

Hischfeld, Leo Dr.
19.4.1887 Berlin - 11.4.1933
Alexanderstr. 24
Friedrichstr. 4, SW
RA und Notar; starb 1933 im Alter von knapp 46 Jahren.
BG: Frdh.W.Sterbereg.; BAL, PAK; PA 60600

Hischland, Karl Dr.
12.7.1881 Essen - k.A.
priv.: k.A.
Lützowufer 17, W
RA seit 1914; zugelassen an den Landgerichten I - III, die Zulassung wurde im Zuge der Zusammenlegung der Landgerichte zum Januar 1934 gelöscht. H. ist vermutl. nach 1936 in die USA emigriert, gegen ihn wurde ein Steuersteckbrief erlassen.
Br.B.32; BAL, PAK; PA 60609; Wolf BFS

Hirschowitz, Aron Dr.
22.3.1885 Insterburg - k.A.
Kurfürstendamm 173, W 15
Linkstr. 30, W 9
Emigration, das Ziel ist jedoch nicht eindeutig zu bestimmen: entweder nach China, Shanghai (nach dem 9.12.1938) oder nach Honduras am 12.11.1940 (lt. BAP, 15.09 RSA).
*li; BG: LAB, OFP-Akten (Akte Bilewski, Lina, eig. Akte, Akte H., Heinrich); BAP, 15.09 RSA; LAB, Liste 15.10.33; BAL, PAK

Hirschwald, Franz Dr.
16.2.1882 Berlin - k.A.
Uhlandstr. 165-166, W 15, Charlottenburg
Behrenstr. 49, W 8
T: A 1 Jäger 74311
War noch 1933 als Notar und RA zugelassen; galt als „Mischling", weil er zwei jüdische Großelternteile hatte. Frontkämpfer im Ersten Weltkrieg, evangelisch. H. hat mit großer Wahrscheinlichkeit überlebt. Keine weiteren Angaben.
*li; BG: BAP, 15.09 RSA; LAB, Liste 15.10.33; LAB, Liste Mschl.36

Hoch, Rudolf Dr.
21.11.1891 Danzig - k.A.
Lietzenburger Str. 33, W 15
Hardenbergstr. 19, Charlottenburg 22
T: C 1 Steinplatz 9525
RA und Notar noch im Oktober 1933; Emigration nach Großbritannien, London, am 15.4.1939.
*li; BG: LAB, OFP-Akten (Akte H., Rosa geb. Fürstenberg, eig. Akte); LAB, Liste 15.10.33; BAL, PAK

Hoeniger, Franz Dr.
30.3.1875 Hohensalza - k.A.
Am Karlsbad 27, W 35
Am Karlsbad 27, W 35
T: B 1 Kurfürst 3734
H.s Ehefrau Henriette geb. Wagner (*29.5.1891) galt als „arisch"; H. selbst war Dissident; noch bis mind. 1936 als Anwalt tätig. H. beging vermutlich Selbstmord bei der Verhaftung.
*li; Liste 36; BG: g, BAP, 15.09 RSA; cje, H., Henriette; LAB, Liste 15.10.33

Hoffmann, Bruno
22.11.1883 Lyck - k.A.
Hohenzollerndamm 47 a, Grunewald
Hohenzollerndamm 47 a, Grunewald
T: H 7 Wilmersdorf 0460
H. lebte in „privilegierter Mischehe", war selbst Dissident; war

noch bis mind. 1936 als Anwalt tätig (Notariat vorher entzogen); lebte nach 1945 in Zehlendorf.
*li; Liste 36; BG: BAP, 15.09 RSA; Aufbau, N.Y., 24.8.1945; cje; LAB, Liste 15.10.33

Hoffnung, Rudolf Dr.
k.A.
Französische Str. 49, W 8
Unter den Linden 56, NW
RA seit 1924; Berufsverbot zum 6.6.1933, weil er nach § 1 Abs.1 d. Ges. v. 7.4.1933 als Jude galt; der Einsatz im Ersten Weltkrieg war nicht als Fronteinsatz anerkannt worden; keine weiteren Angaben.
Adr.B.32; LAB, Liste d. nichtzugel. RA, 25.4.33; BAL, PAK; PA 60879

Hoffstaedt, Wilhelm, JR.
k.A.
priv.: k.A.
Innsbrucker Str. 5, Schöneberg
T: G 1 Stephan 3912
War noch bis mind. 1936 als Anwalt tätig.
*li; Liste 36; LAB, Liste 15.10.33

Hohenstein, Werner
26.5.1892 Stettin - k.A.
Grolmanstr. 32/33, Charlottenburg
Grolmanstr. 32/33, Charlottenburg 2
T: J 1 Bismarck 7084
H. zog im Alter von acht Jahren mit seiner Familie nach Berlin; er besuchte hier das Wilhelm-Gymnasium, an dem er 1911 das Abitur ablegte. Von 1911-1914 studierte er Jura in Freiburg, München und Berlin; im März 1915 legte er „das Referendar-Examen am Kammergericht" ab. Anschließend war er Soldat; nach schwerer Verwundung im Sept. 1919 vom Militär entlassen. H. wurde in den juristischen Vorbereitungsdienst aufgenommen und bestand im Dezember 1922 das Assessorexamen. H ging vorübergehend in den Justizdienst; wurde Syndi-

kus bei einer Bank in Danzig, kehrte aber drei Jahre später nach Berlin zurück und beantragte die Zulassung als RA für die Berliner Landgerichte. „Ich hatte eine ausschließlich kommerzielle Praxis. Meine Klientel stammt aus dem Textilhandel der Großkonfektion, dem Öl- und Metallhandel. Mein Einkommen im 1. Jahr meiner Niederlassung im Jahre 1929 war etwa 6000,- Reichsmark und bis zur Auswanderung ständig im Steigen, obwohl ich 1935 das mir im Jahre 1932 verliehene Notariat bereits wieder durch die Nürnberger Gesetze verlor." 1937 heiratete H. die 13 Jahre jüngere Meta Dorothea R., die als Ärztin arbeitete. Im September 1938 verlor sie, wie ihr Mann als Anwalt, die Zulassung. Im Rahmen des reichsweiten Pogroms im November 1938 wurde H. verhaftet und im KZ Sachsenhausen interniert, er kam Anfang Dezember wieder frei und versuchte, noch rechtzeitig das Einwanderungszertifikat für Palästina wahrzunehmen. Dafür benötigte H. jedoch einen Pass. Um den zu erhalten mußte das Paar seine Vermögensverhältnisse gegenüber der Oberfinanzdirektion offenlegen. Dem Paar wurde darauf mitgeteilt: „....hiervon gehen ab, die noch zu zahlenden 3 Raten der Judenvermögensabgabe mit ca. 3200,- RM." Ende 1938 wurde H. noch befristet als „Konsulent" zugelassen. Den Auswanderungsantrag nach Palästina bearbeitete das Palästina-Amt. Unabhängig davon hatte das Paar „schon vor längerer Zeit [...] die Passage beim Palestine & Orient Lloyd belegt und für den 22. März ab Triest auf dem Dampfer Galilea gebucht." Viele Formalitäten mußten geklärt werden, offensichtlich wurde der Paß noch rechtzeitig ausgehändigt, doch das Einreisevisum, befristet bis zum 31.12. 1938, mußte verlängert werden.

Die Palästina-Treuhand-Stelle der Juden in Deutschland, Potsdamer Straße 72, 2. Hof, forderte dann noch das (reduzierte) Vorzeigegeld in Höhe von 10.500,- RM, diese Regelung erfolgte im Rahmen des Havaara-Abkommens. Nach Zahlung der Summe erhielt H. ein „C-Certifikat" für die Einwanderung in Palästina. Bis zum Tag der Abreise mußte sich H. täglich bei seinem zuständigen Polizeirevier Grolmanstraße, Ecke Kurfürstendamm melden. Am 19.3.1939 verließ das Paar Berlin, um drei Tage später in Triest das Schiff zu besteigen, das sie nach Haifa bringen sollte. Noch zwei Tage vor der Abreise beantragt H., immer mit dem Zusatz „Israel" zum Vornamen, bei der Abt. II beim Polizeipräsidenten einen „Heimatschein". Dieser Heimatschein sollte vermutl. zusätzlich zum Paß die deutsche Staatsangehörigkeit dokumentieren; die Verlängerung wurde nach Kriegsbeginn und Schließung des Konsulats in Palästina hinfällig. Der Einstieg im neuen Land gestaltete sich schwierig. „Da ich ein humanistisches Gymnasium besucht hatte, fehlten mir die nötigen Sprachkenntnisse in hebräischer und englischer Sprache. Um mich notdürftig über Wasser zu halten, habe ich versucht, einen Hausierhandel mit Kaffee anzufangen. Dieser brachte zunächst nichts ein und mußte bei Ausbruch des Krieges eingestellt werden, weil damals sofort die Zwangsbewirtschaftung von Lebensmitteln eingeführt, die Haushaltungen durch Lebensmittelkarten an bestimmte Geschäfte angeschlossen und dadurch der Zwischenhandel ausgeschlossen wurde." H. versuchte sich mit dem Handel von Textilien, auch das scheiterte. Frau H. unterlag als Ärztin ebenfalls Beschränkungen in der Ausübung ihres

Berufs und konnte von daher nicht zum Lebensunterhalt beitragen. Das Paar verkaufte jegliches zu entbehrendes Eigentum; so eine Reihe von Möbeln, Bücher, Bilder, ein Grammophon, eine Schreibmaschine, eine Nähmaschine, Kristall und Porzellan. Im Dezember 1945 konnte H. bei der American Porcellain Tooth Company Ltd. eine Anstellung finden. „Bis dahin war ich ohne Einkommen." In den 50er Jahren stellte er einen Antrag auf Wiedergutmachung und erhielt im Mai 1960 einen Betrag von 8000,-DM. Parallel dazu beantragte das Paar die Wiedereinbürgerung, ob sie Deutschland je wiedergesehen haben, muß offen bleiben. Die H.s sind vermutl. in den 80er Jahren in Tel Aviv verstorben, augenscheinlich hatten sie keine Kinder. Die Unterlagen zu ihrer Person wurden in Tel Aviv in einem Antiquariat gefunden.
*li; LAB, OFP-Akten (Akte Jacob, Elly geb. Rosenthal, eig. Akte); Liste d. befr. Kons.38; Schlör, Joachim: Von Berlin nach Tel Aviv, Menora 1994, S. 231-261; LAB, Liste 15.10.33

Holdheim, Gerhard Dr.
26.11.1892 - k.A.
priv.: k.A.
Waitzstr. 6, Charlottenburg
Berufsverbot im Frühjahr 1933. Keine weiteren Angaben.
Br.B.32; LAB, Liste d. nichtzugel. RA, 25.4.33; BAL, PAK

Holdheim, Kurt Julius Dr.
9.8.1888 Berlin -
29.1.1949 Berlin
Schlüterstr. 45, W 15
Tauentzienstr. 7 b, W 50
T: B 4 Bavaria 1200
Weltkriegsteilnehmer, vorher Mitglied einer Studentenverbindung, daher Schmiß auf Stirn und linker Wange. RA seit 1919, Notar seit 1925; das Notariat wurde 1935 entzogen, 1938 die Zulassung als Anwalt; H. mußte

den Zwangsnamen „Israel" führen. Bis zur Emigration nach Palästina, Haifa, am 19.11.1939 war er als „Konsulent" tätig. Kehrte 1947 nach Berlin zurück und erhielt die Wiederzulassung als Anwalt und Notar. Miet- und Wohnungsrechtsexperte
*li; BG: LAB, OFP-Akten; BAP, 15.09 RSA; cje; Liste d. Kons., 15.4.39; LAB, Liste 15.10.33; BAL, PAK; RAK

Hollaender, Adolf Dr.
k.A.
priv.: k.A.

Kurfürstenstr. 51, W 35
Berufsverbot im Frühjahr 1933; keine weiteren Angaben.
Br.B.32; LAB, Liste d. nichtzugel. RA, 25.4.33

Holländer, Karl Dr., JR.
2.8.1868 Berlin - k.A.
Claudiusstr. 4
Friedrichstr. 65 a, W 8
RA und Notar; „inaktiv 1934", vorher am Kammergericht zugelassen. H. war am 9.10.1931 aus der Jüd. Gem. ausgetreten; 1933 war er bereit, auf seine Zulassung zugunsten seines Sohnes Ulrich H. zu verzichten, was jedoch abgelehnt wurde; keine weiteren Angaben.
*li; BG: cjb; LAB, Liste 15.10.33; BAL PAK

Holländer, Ludwig Dr.
5.8.1877 Berlin - 9.2.1936 Berlin
Hohenzollerndamm 196, Wilmersdorf
Hohenzollerndamm 196, Wilmersdorf
T: Emser Platz 6798
Syndikus und später Direktor des CV Berlin, Gründer des Philo-Verlages, Vorstandsmitglied der DDP Berlin. 1933 Entlassung als Notar, als Anwalt bis zu seinem Tod zugelassen; starb 1936 im Alter von 58 Jahren.
*li; BG: Friedh.W.Sterbereg.; LAB, Liste 15.10.33; BAL, PAK; Krach, S. 433

Holländer, Ulrich Gert Dr.
24.2.1904 Berlin - k.A.
priv.: k.A.
Friedrichstr. 65 a, W 8
(vorher Taubenstr. 44)
Sohn von Karl H., der 1933, um das Berufsverbot seines Sohnes abzuwenden, anbietet, auf seine Zulassung zu verzichten; eine derartige Regelung wird abgelehnt, dem Sohn zum 26.5.1933 die Zulassung entzogen, weil er nach § 1 Abs.1 d. Ges. v. 7.4.1933 als Jude galt; keine weiteren Angaben.
Br.B.32; Liste d. nichtzugel. RA, 25.4.33; BAL, PAK; PA 60997

Holland, F.G.
k.A.
k.A.
Holland mußte vermutlich 1933 seine Tätigkeit aufgeben. Er emigrierte nach Großbritannien, wo er noch 1989 lebte. H. fürchtete 1989, die intensive Auseinandersetzung mit der „Hitlerverfolgung" könnte zur Verstärkung antisemitischer Tendenzen führen, erhoffte jedoch von der Darstellung von Einzelschicksalen einen Lerneffekt bei der Jugend.
Schreiben F.G. Holland an Tillmann Krach, 5.4.1989

Hollander, Gottfried Dr.
23.4.1876 Wreschen - verschollen, Auschwitz
Oranienburger Str. 3 (später 4), Mitte, C 2
An der Spandauer Brücke 8, C 2

T: D 1 Norden 4226
RA und Notar; als Anwalt bis 1938 tätig, das Notariat wurde vorher entzogen. Deportation mit dem 31. Transport (1.3. 1943) nach Auschwitz, dort verschollen.
*li; BG: g, BAK, GB; LAB, OFP-Akten (KK und Akte H., Lotty geb. Guttmann); BAK, Kartei schulpfl. Kinder; Adr.B.32; BAP, 15.09 RSA; LAB, Liste 15.10.33; BAL, PAK

Holz, Hans Dr.
27.3.1902 - k.A.
priv.: k.A.
Uhlandstr. 194 a, Charlottenburg (Br.B.32)oder Dorotheenstr. 64, NW 7
RA seit 1930; Berufsverbot zum 6.6.1933, weil er nach § 1 Abs.1. d. Ges. v. 7.4.1933 als Jude galt; keine weiteren Angaben.
Br.B.32; Liste d. nichtzugel. RA, 25.4.33; BAL, PAK; PA 61080

Holz, Ignaz, JR.
24.12.1853 Posen - k.A.
Fasanenstr. 28, Charlottenburg
Kurfürstenstr. 105, W 62

T: B 4 Bavaria 3605
War noch bis 22.8.1938 als Anwalt tätig.
*li; Liste 36; BG: LAB, OFP-Akten; BAP, 15.09 RSA; LAB, Liste 15.10.33; BAL, PAK

Holz, Leonhard Dr.
11.7.1882 Berlin - verschollen, Flossenbürg
priv.: k.A.
Ludwigkirchplatz 12, W
Kanzlei und Notariat vor Okt. 1933 aufgegeben; Emigration nach Frankreich; von dort Deportation mit dem 70. Transport aus Drancy (27. 3.1944) nach Flossenbürg, dort verschollen.
Br.B.32; BG: g, BAK, GB; Vormeier: „Deportierung aus Frankreich"; Materialien Stadtverordnetenprojekt; BAL, PAK

Horn, Georg
9.4.1880 - 27.12.1936
Neue Königstr. 88, Prenzlauer Berg
Neue Königstr. 40, NO 43
T: E 2 Kupfergraben 0548
Starb im Alter von 56 Jahren.
*li; BG: Friedh.W.Sterbereg.; BAL, PAK

Hornthal, Arthur
k.A. - 1935
priv.: k.A.
Tauentzienstr. 7 b, W 50
T: B 4 Bavaria 1200
H. war noch bis 1934 als Anwalt tätig; keine näheren Angaben.
*li; Br.B.32; LAB, Liste 15.10.33; BAL, PAK

Horowitz, Simon Dr.
16.1.1884 Thorn - k.A.
Droysenstr. 15, Charlottenburg
A. d. Spandauer Brücke 12, C 2
T: D 1 Norden 4714 u. 7414
Die Zulassung als Notar wurde 1933 entzogen; H. war noch bis mind. 1936 als Anwalt tätig. Emigration nach Palästina, Tel Aviv, am 15. 4.1939.
*li; Liste 36; BG: LAB, OFP-Akten; LAB, Liste 15.10.33

Horrwitz, Hugo, JR.
k.A.
priv.: k.A.
Brücken-Allee 8, NW 87
T: C 9 Tiergarten 6936
RA und Notar, gemeinsame
Kanzlei mit Walter H.; Hugo H.
war noch bis 1938 als Anwalt
tätig (Notariat vorher entzogen); keine weiteren Angaben.
*li; Liste 36; LAB, Liste 15.10.33;
BAL, PAK

Horrwitz, Walter Dr.
20.3.1900 Berlin - k.A.
priv.: k.A.
Brücken-Allee 8, NW 87
T: C 9 Tiergarten 6936
1933 legten Hugo und Walter H.
(vermutl. Brüder) ihre Kanzleien
zusammen; Walter H. hatte vorher seine Kanzlei in der Charlottenstr. 48, W. Im April 1933
wurde H. vorübergehend mit
einem Vertretungsverbot belegt,
das im Okt. 1933 aufgehoben
wurde; er war noch bis mind.
1936 als Anwalt tätig.
*li; Br.B.32; Liste d. nichtzugel.
RA, 25.4.33; Liste 36; LAB, Liste
15.10.33; BAL, PAK

Horwitz, Alfred
31.10.1876 Berlin - 18.2.1940
Lützowufer 10, Tiergarten
Aschaffenburger Str. 19, W 30
T: H 6 Emser Platz 4951
Die Ehefrau Katharina geb.
Danilewski galt als „nichtjü-
disch", H. selbst war Dissi-
dent. Er verlor 1933 seine
Zulassung als Notar; war noch
bis mind. 1936 als Anwalt tätig.
*li; Liste 36; LAB, OFP-Akten;
BAP, 15.09 RSA; cjb;Friedh.
W.Sterbereg.; LAB, Liste 15.10.33;
BAL, PAK

Horwitz, Arthur
5.11.1882 Berlin - k.A.
Prinzregenstenr. 23
Prinzregenstenr. 23
Emigration nach Paraguay,
Montevideo, am 10.1.1939.
*li; BG: LAB, OFP-Akten; LAB,
Liste 15.10.33; BAL, PAK

Horwitz, Heinrich Dr.
20.6.1899 - k.A.
priv.: k.A.
Martin-Luther-Str. 91, W
(Br.B.32) oder Kurfürstenstr.
119, W 62
Wurde zum 10.6.1933 mit
Berufsverbot belegt, weil er
nach § 1 Abs.1 d. Ges. v.
7.4.1933 als Jude galt. H. zog
1933 nach Stuttgart, keine weiteren Angaben.
Br.B.32; Liste d. nichtzugel. RA,
25.4.33; BAL, PAK, PA 61285

Hurtig, Franz
25.7.1900 - k.A.
Niebuhrstr. 74; Charlottenburg
Alexanderstr. 44, C 25
H. war Kriegsfreiwilliger; wurde
dennoch mit Berufsverbot zum
7.6.1933 belegt, weil er nach § 1
Abs.1 d. Ges. v. 7.4.1933 als
Jude galt; keine weiteren Anga-
ben.
Br.B.32; Liste d. nichtzugel. RA,
25.4.33; BAL, PAK, PA 61497

Hurwitz, Walter
18.12.1892 Berlin -
Auschwitz
Kurfürstendamm 201, W 15
Kurfürstendamm 201, W 15
T: J 1 Bismarck 7125
H. war noch bis mind. 1936 als
Anwalt tätig; Emigration nach
Frankreich. Deportation mit
dem 17. Transport aus Drancy
(10.8.1942) nach Auschwitz,
dort verschollen.
*li; Liste 36; BG: g, BAK, GB;
LAB, OFP-Akten (Akte H., Ludwig, eig. Akte); Vormeier: „Deportierung aus Frankreich"; LAB, Liste
15.10.33; BAL, PAK

I

Igel, Karl
25.5.1900 Kattowitz - k.A.
priv.: k.A.
Greifswalder Str. 226, NO 55
Berufsverbot zum 9.6.1933, weil
er nach § 1 Abs.1 d. Ges. v.
7.4.1933 als Jude galt.
LAB, Liste d. nichtzugel. RA,
25.4.33; BAL, PAK

Ilgner, Erich Dr.
1.1.1895 Berlin - k.A.
Meisenbusch 58, Zehlendorf-
Machnow
Neue Schönhauser Str.1, N 54
T: D 1 Norden 1347
Berufsverbot im Frühjahr 1933,
vorher am Kammergericht zuge-
lassen; Emigration nach Frank-
reich oder Belgien, Plessins-
Robinson, 1933.
Br.B.32; LAB, Liste d. nichtzugel.
RA, 25.4.33; BG: LAB, OFP-
Akten; BAL, PAK

Illch, Max
20.8.1872 Frankfurt/M. - k.A.
Tannenbergallee 3, Charlotten-
burg/ Schadowstr. 2, NW 7
Charlottenstr. 56, W 8
T: A 2 Flora 0654
Noch 1932 Vorst.-Mitgl. der
RAK; war noch bis mind. 1936
als Anwalt tätig. Emigration
nach Italien, Rom, am
26.2.1936.
*li; Verz.; Liste 36; LAB, OFP-
Akten; cjb; LAB, Liste 15.10.33

Imberg, Franz, JR.
k.A.
Potsdamer Str. 113, W 35
Potsdamer Str. 113, W 35
T: B 2 Lützow 2551

RA und Notar; war noch bis
mind. 1936 als Anwalt tätig
(Notariat vorher entzogen).
*li; Liste 36; BG: LAB, OFP -
Akten (Akte Schütze, Margarethe);
LAB, Liste 15.10.33; BAL, PAK

Imberg, Leo
10.1 1879 Berlin -
14.9.1942 Theresienstadt
Richard-Wagner-Str. 5, Charlot-
tenburg
Sesenheimer Str. 29, Charlot-
tenburg
T: C 4 Wilhelm 3815
War noch bis 29.7.1936 als
Anwalt tätig.; Deportation nach
Theresienstadt, dort umgekom-
men.
*li; Liste 36; BG: BAK, GB; LAB,
OFP-Akten; BAP, 15.09 RSA;
LAB, Liste 15.10.33

Immerwahr, Kurt Dr.
3.3.1888 Berlin - 7.4.1942
Xantener Str. 17, Wilmersdorf
Kanzlei: k.A.
Berufsverbot im Frühjahr1933;
starb 1942 im Alter von 56 Jahren.
Jüd.Adr.B.; BG: BAK, Kartei schulpfl. Kinder; LAB, OFP-Akten; BAP,
15.09 RSA; cjb; Friedh.W.Sterbe-
reg.; LAB, Liste d. nichtzugel. RA,
25.4.33; BAL, PAK

Indig, Alexander Dr., JR.
k.A. - 1934
priv.: k.A.
Charlottenstr. 60, W 8
T: A 6 Alexander 8321/22
RA und Notar; „inaktiv 1934";
im gleichen Jahr gestorben.
*li; LAB, Liste 15.10.33; BAL, PAK

Isaac, Martin Dr.
k.A.
Schaperstr. 35, W 50
Schaperstr. 35, W 50
T: B 4 Bavaria 7620
RA und Notar; als Anwalt bis
1938 tätig, das Notariat wurde
vorher entzogen; Emigration
nach Palästina, Jerusalem.
*li; BG: LAB, OFP-Akten; LAB,
Liste 15.10.33; BAL, PAK

Isaacsohn, Abraham, JR.
30.10.1866 Brietzig -
25.9.1942 Theresienstadt
Mommsenstr. 6, Charlottenburg
Mommsenstr. 6, Charlottenburg
T: J 1 Bismarck 6271
War noch bis mind. 1936 als
Anwalt tätig. Datum der Vermö-

genserklärung: 10.8.1942;
Deportation mit dem 1. Alterstransport (17.8.1942) nach Theresienstadt, dort wenig später
umgekommen.
*li; Liste 36; BG: BAK, GB; LAB,
OFP-Akten; BAP, 15.09 RSA;
LAB, Liste 15.10.33; BAL, PAK

Isay, Hermann Prof. Dr.
7.9.1873 Berlin -
21.3.1938 Berlin
priv.: k.A.
Maienstr. 2, W 62
T: B 2 Bavaria 6666/67
RA seit 1901, später auch Notar
in Berlin, seit 1919 Privatdozent, von 1925-1934 Honorarprofessor an der TH Berlin; I.
war noch bis mind. 1936 als
Anwalt tätig. Er starb 1938 nach
schwerer Krankheit.
1937 Herausgabe des Werkes
„Internationales Wettbewerbs-
recht", Bd. I, Europa, zus. mit
RA Mettetal, Paris, in einem
Schweizer Verlag.
*li; Br.B.32; Liste 36; LAB, Liste
15.10.33; Göpp., S. 224

Isay, Rudolf Dr.
1.1.1886 Trier - 14.4.1956 Bonn
Maienstr. 2, W 62 bzw. Hütten-
weg 9, Zehlendorf
Maienstr. 2, W 62
T: B 4 Bavaria 6666/67
I. war evangelischen Glaubens.
Emigration nach Brasilien
24.10.1935 (ging in den „Urwald"
und wurde dort Farmer); Rück-
kehr nach Deutschland, Bonn,
1951, wo er fünf Jahre später
starb.
*li; Göpp. S. 341; BG: LAB, OFP-
Akten; cjb; BHdE 1933; Bd.2,1;
LAB, Liste 15.10.33; BAL, PAK;
Isay, Rudolf: Aus meinem Leben,
Weinheim, 1960.

Israel, Fritz Dr.
10.11.1902 - k.A.
Rosenheimer Str. 17, Schöneberg
Friedrichstr. 208, SW 68
RA seit 1932; Berufsverbot zum
31.5.1933, weil I. nach § 1 Abs.1
d. Ges. v. 7.4.1933 als Jude galt;
keine weiteren Angaben.
LAB, Liste d. nichtzugel. RA,
25.4.33; BAL, PAK

Israel, Georg R. Dr.
13.7.1897 Berlin - k.A.
Mommsenstr. 46, Charlottenburg
Reichskanzlerplatz 2, Charlottenburg
Die Ehefrau Erna geb. Schäfer
galt als „arisch", I. selbst war
Dissident; wurde im Frühjahr
1933 mit Berufsverbot belegt.
Nach Angaben der Tochter war
er von Nov. 1943 bis April 1945
inhaftiert; konnte noch nach
Chile, Santiago de Chile, fliehen; praktizierte 1950 als
Rechtsanwalt und Notar wieder
in Berlin, Charlottenburg, Nei-
denburger Allee 7.
Br.B.32; BG: BAK, Kartei schulpfl.
Kinder; LAB, OFP-Akten, KK (s.a.
Akte Hamburger, Georg, Schuldner-
liste; s.a. Akte Kirschstein, Irma geb.
Schwarz; Akte Rosenthal; BAP,
15.09 RSA; cje, Akte I., Esther;
LAB, Liste d. nichtzugel. RA,
25.4.33; BAL, PAK

Israel, Hugo Dr.
6.12.1885 Kassel - k.A.
Corneliusstr. 4 a, W 10
Französische Str. 35-37, W
Berufsverbot im Frühjahr 1933.
Emigration in die Niederlande,
Amsterdam, 1933.
Chefsyndikus (bekam Pension
von der Dresdener Bank)
Br.B.32; BG: LAB, OFP-Akten;
Liste d. nichtzugel. RA, 25.4.33;
BAL, PAK

Israel, Paul
k.A.
priv.: k.A.
Wollankstr. 1, Pankow
Berufsverbot als Anwalt und
Notar im Frühjahr 1933; keine
weiteren Angaben.
Br.B.32; LAB, Liste d. nichtzugel.
RA, 25.4.33; BAL, PAK

Israelski, Leopold
28.7.1873 - 19.5.1936
Kaiserdamm 23, Charlottenburg
Alexanderplatz 5, C
T: E 1 Berolina 2754
I. war bis zu seinem Tod 1936
als RA tätig.
*li; Liste 36; BG: Friedh.W.Sterbe-
reg.; LAB, Liste 15.10.33

Israelski, Werner Julius
12.5.1903 Dirschau - k.A.
Bayernallee 36, Charlottenburg
Rosenstr. 9-13
T: D 2 Weidendamm 1525
(oder Klosterstr. 80/2, C 2)
Berufsverbot im Frühjahr1933.
Emigration in die USA, New
York, nach dem 29.6.1938.
Adr.B.32; BG: LAB, OFP-Akten
(s.a. Akte I., Michaelis), Liste d.
nichtzugel. RA, 25.4.33; BAL, PAK

Issing, Julius Dr., JR.
k.A.
priv.: k.A.
Fasanenstr. 44, W 15
T: J 2 Oliva 868
I.s Zulassung als RA wurde am
19.7.1934 gelöscht; keine weiteren Angaben.
*li; LAB, Liste 15.10.33; BAL,
PAK

Ittmann, Julius
k.A.
priv.: k.A.
Alexanderstr. 22, C 25
T: E 1 Berolina 0883
War noch bis zum 11.6.1936 als
Anwalt tätig; keine weiteren
Angaben.
*li; Liste 36; LAB, Liste 15.10.33;
BAL, PAK

Ivers, Hellmut Dr.
30.5.1903 Berlin - k.A.
Düsseldorfer Str. 5, W 5
Bayreuther Str. 11, W 30
RA seit 1932; Berufsverbot zum
12.6.1933, weil I. nach § 1 Abs.1
d. Ges. v. 7.4.1933 als Jude galt.
LAB, Liste d. nichtzugel. RA,
25.4.33; BAL, PAK; PA 62087

J

Jackier, Alfred Dr.
k.A.
priv.: k.A.
Wielandstr. 30, Charlottenburg
RA und Notar; Vertretungsverbot im April 1933, dann wieder zugelassen (bis 25.4.1934); Emigration nach Palästina, Rückkehr nach Berlin nach 1945.
*li; Ausk. E. Proskauer; LAB, Liste 15.10.33; BAL, PAK

Jacob, Erwin
4.6.1901 Berlin - k.A.
priv.: k.A.
Chausseestr. 31, N 4
Vertretungsverbot im Frühjahr 1933, war noch weiter juristisch tätig; Emigration nach Cuba; J. stellte einen Antrag für ein Stipemdium beim Am.Com., es ist fraglich, ob er nach USA einwandern konnte.
LAB, Liste d. nichtzugel. RA, 25.4. 33; NY Publ. Lib.(Am.Com.) Jacob, E.; BAL, PAK

Jacob, Siegfried Kurt Dr.
12.2.1884 Tremessen - 20.6.1954 Berlin
Niebuhrstr. 64, Charlottenburg/Schlüterstr. 43 b. Lubinsky Köpenicker Str. 114, SO 16
T: F 7 Jannowitz 3523
Weltkriegsteilnehmer, RA seit 1912, Notar seit 1919; verlor 1935 die Zulassung als Notar und 1938 die als Anwalt aus „rassischen Gründen". J.s gesamtes Mobiliar und auch die Praxisausstattung wurde entschädigungslos von der Gestapo beschlagnahmt. Frau und Sohn hatte er nach Eng-

land geschickt, er selbst kam in ein KZ; es gelang ihm jedoch, in ein Gefängnis überwiesen zu werden, in dem er bis zum Kriegsende blieb. 1947 erhielt J. die Wiederzulassung als Anwalt und Notar. Er praktizierte bis zu seinem Tod 1954 in der Müllerstr. 52, N 65. Dabei war er so krank, daß er vielfach seine Mandaten im Bett empfing (das Büro war gleichzeitig Wohnung). An der Bürotür fand sich dann oft das Schild: „Wegen Überfüllung geschlossen."
*li; BG: LAB, OFP-Akten (s.a. Akte J., Edith); BAP, 15.09 RSA; LAB, Liste 15.10.33; Ausk. E. Proskauer

Jacob, Walther Eugen
29.10.1887 Breslau - 2.2.1935
priv.: k.A.
Hallesches Ufer 6, SW 11
T: F 5 Bergmann 2489
RA und Notar; die Zulassung wurde offiziell erst mit seinem Tod gelöscht.
LAB, Liste 15.10.33

Jacobi, Ludwig Dr.
9.6.1895 Nörenberg - verschollen, Auschwitz
Lindenallee 25, Charlottenburg/Knesebeckstr. 28, Charlottenburg/ Droysenstr. 18, Charlottenburg
Wilmersdorfer Str. 64, Charlottenburg
War noch bis 1938 als Anwalt tätig; zuletzt Leiter des Palästinamtes. Deportation: 30.1. 1943 mit dem 85. Alterstransport (2.2.1943) nach Theresienstadt, nach Auschwitz transportiert worden, dort verschollen.
*li; Liste 36; BG: g, BAK, GB., LAB, OFP-Akten (s.a. Akte Hoffmann, Georg); BAP, 15.09 RSA; LAB, Liste 15.10.33; BAL, PAK; Göpp., S. 248

Jacobi, Max Dr.
12.5.1878 Insterburg - 13.8.1943 Theresienstadt
Duisburger Str. 1, W 15

Nonnendamm-Allee 101
T: C 4 Wilhelm 2010
RA am Kammergericht; „inaktiv 1935"; Datum der Vermögenserklärung: 18.1.1943, Sammellager Gerlachstr. 18-21; Deportation mit dem 83. Alterstransport (28.1.1943) nach Theresienstadt, dort ein halbes Jahr später umgekommen.
*li; BG: BAK, GB, LAB, OFP-Akten, ITS Transportlisten; BAP, 15.09 RSA; LAB, Liste 15.10.33; BAL, PAK

Jacobowitz, Heinz Dr.
12.7.1906 - k.A.
Hufelandstr. 45; NO 55
Königin-Augusta-Str. 7, W 9
RA seit 1932; Berufsverbot zum 31.5.1933, weil J. nach § 1 Abs.1 d. Ges. v. 7.4.1933 als Jude galt; keine weiteren Angaben.
LAB, Liste d. nichtzugel. RA, 25.4.33; BAL, PAK; PA 61683

Jacobowitz, Ludwig
5.12.1890 Tost - k.A.
priv.: k.A.
Alexanderplatz 1, C 25
T: E 2 Kupfergraben 1634
RA und Notar; Zulassung als Anwalt 1938 entzogen (das Notariat zuvor); Emigration in die Niederlande.
*li; BG, LAB, OFP-Akten; LAB, Liste 15.10.33

Jacobowitz, Samuel Dr.
28.1.1885 Woinicz/Galizien - k.A.
priv.: k.A.
Oranienburger Str. 59, N 24
T: D 2 Weidendamm 4328
War noch bis 1938 als Anwalt tätig. Keine weiteren Angaben.
*li; Liste 36; BAL, PAK

Jacobs, Heinrich Dr.
14.4.1902 Deutsch-Wilmersdorf - k.A.
priv.: k.A.
Potsdamer Str. 138, W 9
RA beim Kammergericht; gelöscht 1933; keine weiteren Angaben.
Liste d. nichtzugel. RA, 25.4.33 (Nachtrag); BAL, PAK

Jacobsohn, Carl, JR.
23. oder 29.7.1866 Nakel - 1938
Berliner Allee 5, Weißensee und Bolivarallee 5, Charlottenburg
Bergstr. 145, Neukölln
T: F 2 Neukölln 1428
Ra und Notar; war noch bis mind. 1936 als Anwalt tätig, das Notariat wurde vorher entzogen; starb 1938 im Alter von 72 Jahren.
*li; Liste 36; BG: LAB, OFP-Akten, Friedh.W.Sterbereg.; LAB, Liste 15.10.33; BAL, PAK

Jacobsohn, Ernst Dr.
k.A.
priv.: k.A.
Linkstr. 39, W 9
T: B 2 Lützow 4929
RA und Notar; Zulassung am 1.11.1935 „auf Antrag gelöscht", nachdem das Notariat entzogen worden war.
*li; LAB, Liste 15.10.33; BAL, PAK

Jacobsohn, Friedrich (Fritz) Dr.
20.5.1888 Berlin - 28.7.1936 Berlin
Spichernstr. 7, W 15
Kalckreuthstr. 4, W
T: B 4 Barbarossa 6666
J. starb 1936 im Alter von 58 Jahren.
*li; Liste 36; BG: BAK, Kartei schulpfl. Kinder; Auskunft J., Werner M.; LAB, Liste 15.10.33; BAL, PAK

Jacobsohn, Hans Dr.
k.A.
priv.: k.A.
Warmbrunner Str. 33, Grunewald
T: H 9 Schmargendorf 4142
Zeitweilig mit Vertretungsverbot belegt, später wieder zugelassen, war noch bis mind. 1941 tätig, da er als „Mischling" galt, J. war evang. Religion; hat vermutl. überlebt.
*li; LAB, Liste d. nichtzugel. RA, 25.4.33; LAB, Liste Mischl.36; Tel.B.41; BAL, PAK

Jacobsohn, Julian Dr., JR.
11.6.1866 Posen - k.A.
Taubertstr. 5, Grunewald
Wielandstr. 25, W 15
T: J 1 Bismarck 644
Berufsverbot im Frühjahr1933;
später wieder zugelassen(bis
1938); Emigration.
*li; Liste 36; BG: LAB, OFP-
Akten; Liste d. nichtzugel. RA,
25.4.33; LAB, Liste 15.10.33;
BAL, PAK

Jacobsohn, Karl
k.A.
k.A.
RA und Notar; war bis 1935 (als
Notar) bzw. 1936 (als Anwalt)
noch tätig, dann „inaktiv"; keine
weiteren Angaben.
BAL, PAK

Jacobsohn, Kurt Dr.
2.9.1897 Deutsch-Eylau -
nach 1944, Auschwitz
Große Hamburger Str. 26, N 4/
Gieselerstr. 12, Wilmersdorf, C 2/
Monbijouplatz 4
Kurfürstendamm 37, W 15
T: J 1 Bismarck 2665
RA und Notar; mußte den
Zwangsnamen „Israel" führen;
war nach dem Berufsverbot
1938 (Notariat vorher entzogen)
noch als „Konsulent" tätig; dann

Ordner im Sammellager und
Abholdienst, Große Hamburger
Str. 26. Blau bezeichnete ihn als

„Spitzel", offensichtlich hatte J.
auf diese Weise versucht, der
Deportation zu entgehen; er
wurde dennoch am 20. 2. 1944
verhaftet und mit dem 102. Al-
terstransport (23.2.1944) nach
Theresienstadt deportiert; er ist
in Auschwitz verschollen.
*li; Br.B.32; BG: g, BAK, GB;
LAB, OFP-Akten; LAB, ITS
Transportlisten; BAP, 15.09 RSA;
Liste d. Kons., 15.4.39; LAB,
Liste 15.10.33; Tel.B.41; Blau, B.:
Vierzehn Jahre Not und Schrecken,
S. 70

Jacobsohn, Robert Dr.
25.2.1900 Berlin - k.A.
Friedrichstr. 226-227, SW 68
Lindenstr. 16/17, SW
Berufsverbot im Frühjahr 1933;
Emigration nach Brasilien, Rio
de Janeiro, am 20.8.1936; nach
1945 Rückkehr nach Berlin, Wil-
mersdorf, Eisenzahnstr.
Br.B.32; BG: LAB, OFP-Akten
(s.a. Akte J., Franz Dr.); Ausk.
Hilde Strauss; cjb (gleiche Anschrift
wie vor Emigr.); Liste d. nichtzugel.
RA, 25.4.33; BAL, PAK

Jacobsohn, Sally Dr.
9.11.1876 Schönlanke - k.A.
Giesebrechtstr. 16, Charlotten-
burg
Kanzlei: k.A.
War noch bis mind. 1936 als
Anwalt tätig; Emigration nach
Cuba, Havanna, dann USA,
Houston.
Liste 36; BG: LAB, OFP-Akten;
LAB, Liste 15.10.33; BAL, PAK

Jacobson, Günther Dr.
8.10.1896 - k.A.
priv.: k.A.
Friedrichstr. 131, N 24
T: D 1 Norden 0767/68
J. war noch im Oktober 1933
zugelassen; keine weiteren
Angaben.
*li; LAB, Liste 15.10.33; BAL,
PAK

Jacobson, Julius Dr., JR.
k.A. - 1934
priv.: k.A.

Invalidenstr. 134, N 4
Keine näheren Angaben.
*li; LAB, Liste 15.10.33; BAL,
PAK

Jacoby, Albrecht Georg Dr.
25.5.1898 Berlin - 1.1.1953 (?)
Meinekestr. 26, Charlottenburg
Meinekestr. 26, Charlottenburg
Berufsverbot im Frühjahr 1933;
Emigration über die Schweiz
nach Großbritannien, London,
am 8.10.1938.
Br.B.32; BG: LAB, OFP-Akten;
cjb; Liste d. nichtzugel. RA., 25.4.
33; BAL, PAK

Jacoby, Alfred, Dr.
24.5.1885 - k.A.
priv.: k.A.
Behrenstr. 37, W 8
T: A 6 Merkur 3840
War noch bis mind. 1936 als
Anwalt tätig; keine weiteren
Angaben.
*li; Liste 36; LAB, Liste d. nichtzu-
gel. RA, 25.4.33 (Nachtrag ; hier
Jakobi); LAB, Liste 15.10.33; BAL,
PAK

Jacoby, Ernst Dr.
13.12.1878 Berlin -
verschollen, Trawniki
Bayerische Str. 6/Salzburger Str.
17 (Juni 1942), Schöneberg
Motzstr. 53, W 30
T: B 6 Cornelius 3503
RA und Notar; J. war nach dem
Berufsverbot 1938 (Notariat
vorher entzogen) noch als „Konsulent" tätig; Datum der Vermögenserklärung: 27.3.1942; Deportation mit dem 11. Transport
(28.3.1942) nach Trawniki, dort
verschollen.
*li; BG: BAK, GB, LAB, OFP-
Akten (s.a. Akte J., Rosa geb.
Zadek, und Schwartz, Wilhelm/NL);
LAB, Liste 15.10.33

**Jacoby, Gerhard Dr.jur. et
rer.pol.**
30.7.1891 Berlin -
19.8.1960 New York
Bregenzer Str. 19, W 15
Rankestr. 30, W 50
T: B 4 Bavaria 5014

RA und Notar; Emigration über
Frankreich nach Palästina, Jerusalem, 1935; in die USA 1937.
Syndikus der GEMA
*li; BG: LAB, OFP-Akten; BHdE
1933, Bd.I; LAB, Liste 15.10.33;
Göpp., S. 289

Jacoby, Gustav Dr.
10.3.1904 New York - k.A.
Bregenzerstr. 4, W 15
Kanzlei: k.A.
Lebte seit 1905 in Deutschland;
Berufsverbot im Frühjahr 1933;
Emigration in die USA im Juni
1933; lebte 1977 in New York.
LAB, Liste d. nichtzugel. RA,
25.4.33; BG: BHdE 1933, Bd.I;
Jewish Immigrants ... in the U.S.A.,
Oral History, S. 51-52; BAL, PAK

Jacoby, Hellmut
5.7.1903 - k.A.
priv.: k.A.
Wartburgstr. 19, Schöneberg
RA beim Landgericht II; Berufsverbot im Frühjahr 1933; keine
weiteren Angaben.
LAB, Liste d. nichtzugel. RA,
25.4.33; BAL, PAK

Jacoby, Max Dr.
k.A. - 7.1.1942 Berlin
Aschaffenburger Str. 20, W 30
Potsdamer Str. 84 a, W 57
T: B 7 Pallas 8613
RA und Notar; war noch bis
1938 als Anwalt tätig; 1942 im
Jüdischen Krankenhaus verstor-
ben.
*li; Liste 36; BG: LAB, OFP-Akten
(Akte J., Ella; Akte Kaczinksi, Mar-
tin; Akte Koopmann, Else, Bremen);
LAB, Liste 15.10.33; BAL, PAK

Jacoby, Moritz S.
11.6.1883 Berlin -
verschollen, Riga
Landhausstr. 25 a, Wilmersdorf
Landsberger Str. 83, C 25
T: E 2 Kupfergraben 2763
RA und Notar; war noch bis
mind. 1936 als Anwalt tätig
(Notariat vorher entzogen) J.
wurde mit dem 18. Transport
(15.8.1942) nach Riga
deportiert, dort verschollen.

Jacusiel, Alfred Dr.
9.2.1901 Berlin - k.A.
Spandauer Str. 9, C 2
Mohrenstr. 51, W 8
Berufsverbot im Frühjahr 1933
(vorher am Kammergericht
zugelassen); Alfred J. war der
Sohn von Kurt J.; keine weitere
Angaben.
Umfangreiche schriftstellerische
Tätigkeit.
Br.B.32; LAB, Liste d.nichtzugel.
RA, 25.4.33; BAL, PAK; PA
61735

Jacusiel, Hans Dr.
27.6.1903 - k.A.
priv.: k.A.
Fasanenstr. 30, W 15
RA seit 1928; Berufsverbot zum
31.5.1933, weil er nach § 1
Abs.1 d. Ges. v. 7.4.1933 als
Jude galt; Hans J. war der Sohn
von Kurt J.; keine weiteren
Angaben.
Br.B.32; LAB, Liste d. nichtzugel.
RA, 25.4.33; BAL, PAK

Jacusiel, Kurt, JR.
24.6.1868 Schwetz - k.A.
Mohrenstr. 51, W 8
Mohrenstr. 51, W 8
T: A 1 Jäger 2650
Emigration nach Chile, Santia-
go de Chile.
*li; BG: LAB, OFP-Akten; LAB,
Liste 15.10.33; BAL, PAK

Jacusiel, Max Dr.
4.6.1882 Berlin - k.A.
Sven-Hedin-Str. 20, Zehlendorf
Mohrenstr. 51, W 8
T: A 1 Jäger 2650
Max J. war der Halbbruder von
Kurt J.; Emigration in die Nie-
derlande, Amsterdam, am
15.1.1936.
*li; BG: LAB, OFP-Akten; LAB,
Liste 15.10.33; BAL, PAK

Jaffa, Sally Dr.
15.7.1879 Insterburg - k.A.
Seebergsteig 19, Wilmersdorf,

Grunewald
Dircksenstr. 26/27, C 25
T: E 2 Kupfergraben 0565
RA und Notar; war noch bis
mind. 1936 als Anwalt tätig.
Emigration nach Großbritanni-

en, London.
*li; Liste 36; BG: LAB, OFP-
Akten; LAB, Liste 15.10.33; BAL,
PAK

Jaffé, Elisabeth
18.9.1901 - k.A.
priv.: k.A.
Maaßenstr. 25, W 30
RA seit 1928; Berufsverbot zum
2.6.1933 (vorher am Kammergericht zugelassen), weil sie nach
§ 1 Abs.1 d. Ges. v. 7.4.1933 als
Jüdin galt; keine weiteren Angaben.
Br.B.32; LAB, Liste d. nichtzugel.
RA, 25.4.33; LAB, Liste 15.10.33;
BAL, PAK; PA 61789

Jaffé, Leo Dr.
13.8.1889 Zwuny - k.A.
priv.: k.A.
Am Karlsbad 21, W
1924 Zulassung zum RA und
1930 für den Kammergerichts-
bezirk als Notar; Emigration im
August 1933 nach Palästina,
Haifa. In Israel als Vertreter für
Lebensversicherungen tätig.
Kehrte im Juni 1956 nach
Deutschland zurück, erhielt am
22.8.1956 die Wiederzulassung

als Anwalt bzw. am 31.8.1956
als Notar. 1959 zog J. nach
München und ließ sich dort als
RA nieder.
Br.B.32; RAK, PA; BAL, PAK

Jaffe, Max Dr.
15.7.1883 Wreschen - k.A.
Bayerischer Platz 6, W 30
Bayerischer Platz 6, W 30
T: B 4 Bavaria 4140
RA und Notar; die Zulassung
als Anwalt wurde am 31.3.1936
gelöscht, das Notariat vorher
entzogen; Emigration nach
Palästina, Tel Aviv.
*li; BG: LAB, OFP-Akten; LAB,
Liste 15.10.33; BAL, PAK

Jaffé, Walter Dr.
25.4.1876 Berlin - k.A.
Prager Str. 7, Wilmersdorf
Zimmerstr. 87, SW 68
T: A 1 Jäger 1493
RA und Notar; Emigration nach
Frankreich, Paris, am 31.8.1938.
*li; BG: LAB, OFP-Akten; LAB,
Liste 15.10.33; BAL, PAK

Jalowicz, Hermann Dr.
12.6.1877 Berlin - 18.3.1941
Prenzlauer Str. 9, C 25
Prenzlauer Str. 19 a, C 25
T: E 2 Kupfergraben 4780
RA und Notar; war noch bis
1938 als Anwalt tätig; starb
1941 im Alter von 63 Jahren.
*li; Liste 36; BG: BAP, 15.09
RSA; cje, Akte J., Marie Mirjam;
Friedh.W.Sterbereg.; LAB, Liste
15.10.33; BAL, PAK; Ausk. H.
Simon

Jandorf, Julius Dr.
24.5.1882 Hengstfeld - k.A.
priv.: k.A.
Mauerstr. 53, W 8
T: A 2 Flora 4485
RA und Notar; Zulassung am
10.12.1935 gelöscht (Notariat
vorher entzogen); keine weiteren Angaben.
*li; LAB, Liste 15.10.33; BAL,
PAK

Jankuhn, Alfred
7.3.1906 Berlin - k.A.

Ilmenauer Str. 2, Wilmersdorf
Mittelstr. 25, NW 7
T: A 1 Jäger 3048
Galt als „Mischling 1. Grades";
lebte nach 1945 in Wilmersdorf.
*li; BG: BAP, 15.09 RSA; cje;
BAL, PAK

Jarecki, Jacob, JR.
17.8.1862 Wreschen -
15.10.1942 Theresienstadt
Gerlachstr. 18-21, C 2
(Altersheim)
Prinzregentenstr. 6, Wilmersdorf
T: H 6 Emser Platz 1972
RA und Notar; war noch bis
1938 als Anwalt tätig (Notariat
vorher entzogen); Deportation
mit dem 2. Großen Alterstransport vom 14.9.1942 nach Theresienstadt, dort einen Monat
später umgekommen.
*li; Liste 36; BG: BAK, GB; LAB,
OFP-Akten; BAP, 15.09 RSA;
LAB, Liste 15.10.33; BAL, PAK

Jarecki, Samuel
k.A. - 1.6.1938
priv.: k.A.
Potsdamer Str. 118 c, W 35
T: B 2 Lützow 4598
RA und Notar; war noch bis
mind. 1936 als Anwalt tätig;
1938 verstorben.
*li; Liste 36; LAB, Liste 15.10.33

Jaretzki, Georg
1.1.1892 - k.A.
priv.: k.A.
J. überlebte und wurde nach
1945 wieder als Anwalt in Berlin
zugelassen.
BG: cje; RAK, PA Werthauer

Jelenberg, Hans Dr.
k.A.
Dorotheenstr. 19, NW 7
Kanzlei: k.A.
Keine weiteren Angaben.
LAB, Liste d. nichtzugel.RA,
25.4.33

Jessel, Herbert Dr.
20.5.1892 Breslau - k.A.
Westfälische Str. 17
Unter den Linden 8, W 8
T: A 2 Flora 7771

War noch bis mind. 1936 als Anwalt tätig; Emigration nach Großbritannien, Surrey, am 22.8.1939.
*li; Liste 36; BG: LAB, OFP-Akten; BAP, 15.09 RSA; LAB, Liste 15.10.33

Joachim, Günther
8.3.1880 Berlin -
29.3.1933 Berlin
priv.: k.A.
Königstr. 53/54
J. war RA seit 1928, SPD-Mitglied und aktiv in der Roten Hilfe. Er wurde im März 1933 von SA verschleppt und in der SA-Kaserne Jüdenstraße und im ULAP inhaftiert und dort umgebracht.
Br.B.32; BG: Friedh.W.Sterbereg.; Krach, S. 434, Schilde u.a., S. 63 u. 215; Sansvoss 1994, S. 34; BAL, PAK

Joachim, Walter
16.9.1891 Berlin -
verschollen, „Osten"
Kantstr. 33, Charlottenburg
Goethepark 26/ Wilmersdorfer Str. 50/51, Charlottenburg
Berufsverbot im Frühjahr 1933; zuletzt noch als „Helfer" tätig. Datum der Vermögenserklärung: 21.10.1942, Deportation mit 22. Transport (26.10.1942) nach „Osten", verschollen.
Br.B.32; LAB, Liste d. nichtzugel. RA, 25.4.33; BG: g, BAK, GB; LAB, OFP-Akten; BAP, 15.09 RSA; BAL, PAK

Joachimczyk, Willy Dr.
6.7.1883 Posen - k.A.
Tirpitzufer 64, W 35
Friedrichstr. 187/188, W 8
T: A 2 Flora 5161
War noch bis 1938 als Anwalt tätig, das Notariat wurde vorher entzogen.
*li; Liste 36; BG: cjb; LAB, Liste 15.10.33

Joel, Günther Dr.
19.4.1903 - k.A.
priv.: k.A.
Französische Str. 35/39, W 56

T: A 6 Merkur 3840
War noch im Okt. 1933 als Anwalt zugelassen; keine weiteren Angaben.
*li; LAB, 15.10.33; LAB, Liste Mschlg.36; BAL, PAK; Tel.B.41

Jonas, Albert Dr.
3.3.1898 Berlin - k.A.
priv.: k.A.
Französische Str. 28, W 56
RA seit 1924, Berufsverbot zum 20.5.1933 (vorher am Kammergericht zugelassen), weil J. nach § 1 Abs.1 d. Ges. v. 7.4.1933 als Jude galt; keine weiteren Angaben.
Br.B.32; LAB, Liste d. nichtzugel. RA, 25.4.33; BAL, PAK; PA 62122

Jonas, Fritz
24.5.1891 Berlin - k.A.
priv.: k.A.
Französische Str. 15, W 8
RA und Notar; Berufsverbot 1933; Emigration nach China, Shanghai; lebte 1952 in Brasilien.
BG: LAB, OFP-Akten; BAL, PAK; Liste d. nichtzugel. RA, 25.4.33 (Nachtrag)

Jonas, Ludwig Dr.
24.11.1875 Sagan - Auschwitz
Rosenheimer Str. 22, Schöneberg
Rosenheimer Str. 22,
T: B 6 Cornelius 4563
RA und Notar; war noch bis mind. 1936 als Anwalt tätig (Notariat vorher entzogen). Datum der Vermögenserklärung: 9.8.1942, Sammellager Große Hamburger Str. 26; Deportation mit dem 45. Alterstransport (19.8.1942) nach Theresienstadt, in Auschwitz verschollen.
*li; Liste 36; BG: g, BAK, GB; LAB, OFP-Akten (Akte J., Rosa geb. Eisner); BAP, 15.09 RSA; LAB, Liste 15.10.33; BAL, PAK

Jonas, Max Dr.
19.6.1903 Fränkisch-Crumbach - k.A.

Lindenallee 28, Charlottenburg
Schöneberger Ufer 42, W 35
Berufsverbot im Frühjahr 1933; Emigration nach Großbritannien im November 1933.
Br.B.32; BG: LAB, OFP-Akten; BAK, Kartei schulpfl. Kinder; BAP, 15.09 RSA; Liste d. nichtzugel. RA, 25.4.33; BAL, PAK

Joseph, Benno
k.A.
priv.: k.A.
Badstr. 26, N 20
T: D 6 Wedding 7863
War noch tätig bis mind. 1936 als Anwalt tätig; keine weiteren Angaben.
*li; Liste 36; LAB, Liste 15.10.33; BAL, PAK

Joseph, Eugen Dr.
8.5.1882 Berlin -
verschollen, Auschwitz
Neue Ansbacher Str. 7 a, W/ Gustloffstr. 55; Carlottenburg
Potsdamer Str. 37, W 35
T: B 2 Lützow 3550
RA und Notar; war noch bis zum allgem. Berufsverbot 1938 als Anwalt tätig (Notariat 1935 entzogen). Datum der Vermögenserklärung: 24.11.1942; Sammellager Große Hamburger Str. 26; Deportation mit dem 23. Transport (29.11.1942) nach Auschwitz, dort verschollen.
*li; Liste 36; BG: g, BAK, GB; LAB, OFP-Akten; BAP, 15.09 RSA; LAB, Liste 15.10.33; BAL, PAK

Joseph, Otto Hermann
31.1.1897 Berlin - k.A.
Paulsborner Str. 92, W 15
Jägerstr. 18, Mitte
Ra und Notar; Kanzlei vor Okt. 33 aufgegeben; Emigration.
Br.B.32; BG: LAB, OFP-Akten (Akte und KK J., Otto Hermann); BAL, PAK

Josephsen, Albert
21.9.1878 Neutomischel - k.A.
Aschaffenburger Str. 5 b. Müller, Wilmersdorf
Unter den Linden 60, NW 7

T: A 2 Flora 4258
RA und Notar; war noch bis 1938 als Anwalt tätig, das Notariat wurde vorher entzogen.
*li; Liste 36; BG: BAP, 15.09 RSA; LAB, Liste 15.10.33; LAB, BAL, PAK

Josephsen, Georg
k.A.
priv.: k.A.
Hardenbergstr. 9 a, Charlottenburg
Berufsverbot im Frühjahr 1933.
Liste d. nichtzugel. RA, 25.4.33; BAL, PAK

Josephsen, Richard
15.6.1880 - k.A.
priv.: k.A.
Hardenbergstr. 9, Charlottenburg
T: C 1 Steinplatz 1672
Zulassung am 12.10.1935 gelöscht. Keine weiteren Angaben.
*li; LAB, Liste 15.10.33; BAL, PAK

Juda, Alfred Dr.
16.6.1904 Berlin - k.A.
priv.: k.A.
Neue Königstr. 10, NO 43
T: E 3 Königstadt 2261
RA seit 1931; Berufsverbot zum 31.5.1933, weil J. nach § 1 Abs.1 d. Ges. v. 7.4.1933 als Jude galt.
LAB, Liste d. nichtzugel. RA, 25.4.33

Juda, Josef Dr.
4.7.1901 - k.A.
priv.: k.A.
Behrenstr. 23, W 8
RA seit 1930; Berufsverbot zum 12.6.1933, weil er nach § 1 Abs.1 d. Ges. v. 7.4.1933 als Jude galt.
LAB, Liste d. nichtzugel. RA, 25.4.33; BAL, PAK; PA 62202

Judesis, Arthur
26.4.1889 - 10.11.1938
priv.: k.A.
Taubenstr. 21, W 8
T: A 6 Merkur 1498
War noch bis 19.11.1937 als

Anwalt tätig; starb 1938 im Alter von 49 Jahren.
*li; Liste 36; BG: Friedh.W.Sterbereg.; LAB, Liste 15.10.33; BAL, PAK

Juliusberger, Erich Dr.
24.4.1886 Breslau -
verschollen, Auschwitz
Nürnberger Str. 66, Schöneberg
Potsdamer Str. 123 a, W 35
T: B 2 Lützow 2873 u. 2874
War noch bis zum allgem.
Berufsverbot 1938 als Anwalt tätig (zum Schluß in der Privatwohnung); zuletzt zwangsweise als Arbeiter tätig; Datum der Vermögenserklärung: 11.1.1943; Sammellager Große Hamburger Str. 26; Deportation mit dem 27. Transport (29.1.1943) nach Auschwitz, dort verschollen. Vermutlich der Bruder von Fritz J., der ebenfalls in Auschwitz ermordet wurde.
*li; Liste 36; BG: g, BAK, GB; BAP, 15.09 RSA; LAB, OFP-Akten; LAB, Liste 15.10.33; BAL, PAK

Juliusberger, Fritz Dr.
6.3.1884 Breslau -
30.1.1943 Auschwitz
Knesebeckstr. 22, Charlottenburg
Unter den Linden 14, W 8
T: A 1 Jäger 5969
J.s Ehefrau Klara geb. Zimmermann (*3.10.1889) galt als „arisch", J. hatte sich von der jüd. Religion gelöst. War noch bis 1938 als Anwalt tätig; vermutlich der Bruder von Erich J., der wie Fritz J. in Auschwitz ermordet wurde.
*li; Liste 36; BG: g, BAP, 15.09 RSA; cje, KK J., Clara; cjb; BAL, PAK

Just, Arthur Dr.
21.2.1895 Berlin - k.A.
Kurfürstendamm 216, W 15
Kurfürstendamm 216, W 15
T: J 1 Bismarck 456/457
War noch bis mind. 1936 als Anwalt tätig.
*li; Liste 36; BG: LAB, OFP-Akten; cjb; LAB, Liste 15.10.33; BAL, PAK

Kahlenberg, Hermann Dr.
5.1.1876 Bremen - k.A.
Fasanenstr. 48, Wilmersdorf
Lützow-Ufer 5 a, W 35
T: B 2 Lützow 0436
K.s anwaltliche Zulassung wurde am 24.4.1934 gelöscht. Emigration in die Niederlande, Amsterdam, am 30.6.1938; später nach Großbritannien, London.
*li; BG: LAB, OFP-Akten; LAB, Liste 15.10.33; BAL, PAK

Kahn, Bernhard Dr.
13.1.1887 - k.A.
priv.: k.A.
Hohenzollernstr. 25, W 35
T: B 2 Lützow 4833
War noch bis 1938 als Anwalt tätig; auf einer Liste ist die Anmerkung „Shanghai" eingetragen; keine weiteren Angaben.
*li; Liste 36; LAB, 15.10.33; BAL, PAK

Kahn, Heinrich Dr.
27.4.1902 - k.A.
priv.: k.A.
Barbarossastr. 21, W 30
RA und Landgericht I; Berufsverbot, weil er nach § 1 Abs.1 u. 3 d. Ges. v. 7.4.1933 als Jude galt; keine weiteren Angaben.
LAB, Liste d. nichtzugel. RA, 25.4.33 (Nachtrag); BAL, PAK

Kahn, Rudolf Dr.
15.10.1896 Germersheim - k.A.
priv.: k.A.
Hermann-Göring-Str. 15, W 9
T: A 1 Jäger 5655
K.s Zulassung wurde am 20.11.1936 gelöscht; er emi-

grierte vermutlich nach Shanghai.
*li; Liste 36; BG; Ausk. E. Proskauer; LAB, Liste 15.10.33; BAL, PAK

Kahn, Wilhelm Dr.
28.4.1903 - k.A.
priv.: k.A.
Schmidtstr. 24/25, SO 16
Berufsverbot im Frühjahr 1933.
LAB, Liste d. nichtzugel. RA, 25.4.33; BAL, PAK

Kaiser, Hermann Georg Dr.
13.1.1904 Mardorf - k.A.
priv.: k.A.
Friedrichstr. 166
Kanzlei vor Okt. 1933 aufgegeben. Emigration nach Belgien 1938, lebte ab Februar 1940 in den USA.
Br.B.32; BG: BHdE 1933, Bd.1; BAL, PAK

Kalisch, Hans Dr.
29.9.1877 Berlin - k.A.
Nördllinger Str. 5, W 30, Schöneberg
Motzstr. 58, W 30
T: B 5 Barbarossa 1689
Die Ehefrau galt als nichtjüdisch, K. war noch bis mind. 1936 als Anwalt tätig.
*li; Liste 36; BG: BAP, 15.09 RSA; BAL, PAK

Kalischer, Ernst
19.3.1881 Berlin - k.A.
Potsdamer Str. 121 g, W 35
Potsdamer Str. 129/130, W 9
T: B 1 Kurfürst 9206
RA und Notar; noch bis 17.9.1936 als Anwalt zugelassen (Notariat vorher entzogen); Emigration nach Brasilien, Rio de Janeiro, am 8.9.1936.
*li; Liste 36; LAB, OFP-Akten; LAB, Liste 15.10.33; BAL, PAK

Kalischer, Fritz Dr. I
14.12.1881 Berlin - k.A.
Meineckestr. 4, Charlottenburg
Potsdamer Str. 138, W 9
K. war evangelischer Religion; stand 1936 wegen eines Devisenvergehens vor Gericht;

wurde 1937 in Schutzhaft genommen; war noch bis zum allgem. Berufsverbot 1938 als Anwalt zugelassen; keine weiteren Angaben.
*li; Br.B.32; Liste 36; LAB, Liste 15.10.33

Kalischer , Fritz II
15.10.1884 Berlin - k.A.
priv.: k.A.
Friedrichstr. 93, NW 7
Berufsverbot im Frühjahr 1933 (vorher am Kammergericht zugelassen); Emigration nach Großbritannien, Northfields, am 2.7.1938.
Br.B.32; LAB, Liste d. nichtzugel. RA, 25.4.33; BG: LAB, OFP-Akten; BAL, PAK

Kallmann, Arthur Dr.
16.4.1873 Stargard -
März 1943 Theresienstadt
Geisbergstr. 41, W 30
Geisbergstr. 41, W 30
T: B 5 Barbarossa 8055
Noch bis mind. 1936 als Anwalt tätig; Datum der Vermögenserklärung: 11.8.1942; Sammellager Gerlachstr. 18-21; Deportation mit dem 3. Großen Alterstransport (3.10.1942) nach Theresienstadt, dort umgekommen.
*li; Liste 36; BG: g, BAK, GB; LAB, OFP-Akten; BAP, 15.09 RSA; LAB, Liste 15.10.33; BAL, PAK

Kallmann, Curt
9.5.1885 Berlin - k.A.
Bendlerstr. 8
Bellevuestr. 14, W 9
T: B 2 Lützow 4284
RA und Notar; war noch bis 1938 als Anwalt tätig (Notariat vorher entzogen); Emigration.
*li; Liste 36; BG: LAB, OFP-Akten; LAB, Liste 15.10.33; BAL, PAK

Kallmann, Siegmund Dr.
11.3.1887 - k.A.
priv.: k.A.
Tempelhofer Ufer 1 c, SW
K. gab seine Tätigkeit als RA und Notar 1933 auf, emigrierte 1934 in die Schweiz.
Br.B.32; Wolf, BFS

Kallmann, Theodor
k.A.
priv.: k.A.
Yorckstr. 76, SW
K. hat seine Tätigkeit als RA und Notar 1933 aufgegeben; ist vermutl. mit der Ehefrau Olga emigriert; gegen ihn wurde ein Steuersteckbrief erlassen.
Br.B.32; Wolf, BFS

Kamm, Dagober
18.6.1890 - k.A.
priv.: k.A.
Gr. Frankfurter Str. 121, NO 18
T: E 9 Friedrichshain 0733
War noch bis 7.11.1937 als Anwalt tätig.
*li; Liste 36; LAB, Liste 15.10.33; BAL, PAK

Kamnitzer, Eugen
23.6.1881 Gilgenburg - k.A.
Düsseldorfer Str. 51, W 15
Königstr. 49, C 2
T: E 2 Kupfergraben 3574
Emigration nach Brasilien, Rio de Janeiro, am 17.2.1939.
*li; BG: LAB, OFP-Akten; LAB, Liste 15.10.33; BAL, PAK

Kann, Richard Dr.
5.11.1874 Hannover - 6.12.1942
Neue Ansbacher Str. 6, W 50, Tiergarten/ Großadmiral-von-Koester-Ufer 87, W 35
Schöneberger Ufer 46, W 35
T: B 2 Lützow 4649
Nach dem allgem. Berufsverbot 1938 als „Konsulent" tätig; mußte den Zwangsnamen „Israel" führen. Beging gemeinsam mit Ehefrau Susanne Selbstmord angesichts der drohenden Deportation. (In der Liste 36 findet sich der Vermerk „vergiftet".)
Bis 1933 Mitglied des Vorstandes der Berliner Anwaltskammer und der juristischen Landesprüfungskommission
*li; Liste 36; BG: g, BAK, Kartei schulpfl. Kinder; LAB, OFP-Akten; BAP, 15.09 RSA; Friedh.W.Sterbereg., Korr. Antonie Kann; Göpp., S.233; Liste d. Kons., 15.4.39; LAB, Liste 15.10.33

Kantorowicz, Fritz
19.11.1885 Posen - k.A.
priv.: k.A.
Joachimsthaler Str. 16, W 15
T: J 1 Bismarck 5604
RA und Notar; 1933 Notariat entzogen; 1938 mit dem allgem. Berufsverbot belegt.
*li; Liste 36; LAB, Liste 15.10.33; BAL, PAK

Kantorowicz, Ludwig Dr.
5.5.1900 Samter - k.A.
priv.: k.A.
Kaiserstr. 25 a, C 25
RA seit 1927; Berufsverbot zum 10.6.1933, weil er nach § 1 Abs.1 d. Ges. v. 7.4.1933 als Jude galt.
Br.B.32; Liste d. nichtzugel. RA, 25.4.33; BAL, PAK; PA 62576

Kantorowicz, Max Dr.
k.A.
priv.: k.A.
Neue Königstr. 19 c, NO 43
T: E 3 Königstadt 4053
War noch bis mind. 1936 als Anwalt tätig; keine weiteren Angaben.
*li; Liste 36; LAB, Liste 15.10.33

Kareski, Paul Dr.
9.2.1884 Posen -
verschollen, „Osten"
Landsberger Str. 66-67, C 25 Mitte
Landsberger Str. 66/67, C 25
T: E 2 Kupfergraben 4665
Als RA noch im Okt. 1933 zugelassen; vermutlich mit dem allgem. Berufsverbot belegt; zuletzt ehrenamtlicher Prüfer bei der Jüd. Kultusvereinigung. Datum der Vermögenserklärung: 20.10.1942, Deportation mit dem 22. Transport (26.10. 1942) nach „Osten", dort verschollen.
*li; Liste 36; BG: g, BAK, GB; LAB, OFP-Akten; BAP, 15.09 RSA; LAB, Liste 15.10.33; BAL, PAK

Karfunkel, Ernst
28.11.1880 Berlin - k.A.
priv.: k.A.
Neue Schönhauser Str. 1, N 54
T: D 1 Norden 1347
War noch bis mind. 1936 als Anwalt tätig; keine weiteren Angaben.
*li; Liste 36; LAB, Liste 15.10.33; BAL, PAK

Karger, Alfred Joseph Dr.
26.5.1891 Magdeburg - k.A.
Wielandstr. 15, Charlottenburg/Krottnauerstr. 22, Zehlendorf
Fasanenstr. 77, Charlottenburg
Emigration nach Ecuador am 16.10.1941; mit großer Sicherheit nach Deutschland zurückgekehrt.
Adr.B.32; BG: BAK, Kartei schulpfl. Kinder; BAK, Emigrations- u. Sterbedatei; LAB, OFP-Akten; BAP, 15.09 RSA; BAL, PAK

Karger, Fritz Dr.
13.5.1903 Berlin - k.A.
Von-der-Heydt-Str. 4, W 35
Hallesches Ufer 16, SW 11
Kanzlei vor Okt. 1933 aufgegeben; Emigration in die Schweiz, Basel, 1936.
Adr.B.32; BG: LAB, OFP-Akten (s.a. Akte K., Heinz,); BHdE 1933, Bd.I; BAL, PAK

Karpen, Alfred Dr.
28.6.1890 Berlin - k.A.

Motzstr. 86 u. 81, Wilmersdorf
Motzstr. 51, Wilmersdorf
T: H 7 Wilmersdorf 4738
RA und Notar; stand in enge-
rem Kontakt zu Pincus, Dago-
bert (s. dort). Nach dem allgem.
Berufsverbot 1938 noch als
„Konsulent" tätig; mußte den
Zwangsnamen „Israel" führen;
überlebte „untergetaucht";
erhielt nach 1945 die Wiederzu-
lassung; praktizierte bis zur
Vollendung seines 87. Lebens-
jahres in der Xantener Str. 16
(Löschung auf eigenen
Wunsch).
*li; Liste 36; BG: LAB, OFP-
Akten; BAP, 15.09 RSA; cje; LAB,
Liste 15.10.33; Liste d. Kons.,
15.4.39; RAK PA

Karsen, Arthur Dr.
30.8.1881 - k.A.
Kaiserstr. 30-32, Spandau
Markt 1, Spandau
T: C 7 Spandau 5567/68
Emigration nach Großbritanni-
en im April/Mai 1939.
*li; BG: LAB, OFP-Akten; LAB,
Liste 15.10.33

**Kaskel, Joseph [später Kas-
kell]**
13.3.1892 Posen - 5.9.1989 USA
Habelschwerter Allee 26, Zeh-
lendorf-Dahlem
Friedrichstr. 79 a, W 8
T: A 2 Flora 4928
Teilnehmer am Ersten Welt-

krieg, evangelischen Glaubens.
RA seit 1922, seit 1927 auch
Notar. Entlassung als Notar am
28.1.1936, wurde 1938 mit dem
allgem. Berufsverbot belegt.
Emigration in die USA; nach
Kriegsende Aufbau einer Kanzlei, die bilaterale Mandate
betreute. Befreit von der Residenzpflicht wurde K. 1960 wieder als RA in Berlin zugelassen.
*li, LBI, NY; BG: LAB, OFP-
Akten; IBD, S. 597; RAK, PA
unter Bezugnahme auf BAK, RJM;
LAB, Liste 15.10.33; BAL, PAK

Kassel, Heinrich
26.2.1882 - 1.31937
priv.: k.A.
Pariser Platz 6, NW 7
War noch bis mind. 1936 als
Anwalt tätig.
*li; Liste 36; LAB, Liste 15.10.33;
BAL, PAK

Katschak, Alfred Dr.
21.11.1892 - 25.2.1938
priv.: k.A.
Behrenstr. 14/16, W 8
T: A 1 Jäger 7431
K. starb 1938 im Alter von 46
Jahren, keine weiteren Angaben.
LAB, Liste 15.10.33; BAL, PAK

Katschke, Hans
10.4.1902 - k.A.
priv.: k.A.
Charlottenstr. 71, W 8
T: A 6 Merkur 85336, 8969
Kanzlei vor Okt. 33 aufgegeben;
Emigration nach Südamerika,
wahrscheinlich nach Montevi-
deo.
Br.B.32; Jüd.Adr.B., BAL, PAK;
Ausk. E. Proskauer

Katschke, Walter
20.8.1893 Berlin
Giesebrechtstr. 18, Charlottenburg
Landshuter Str. 18, W 30
T: B 6 Cornelius 4678
Emigration nach Großbritanni-
en, London, am 20.3.1938 oder
31.12.1938, vermutlich weiter
nach Israel.
*li; BG: LAB, OFP-Akten; LAB,

Liste 15.10.33; BAL, PAK; Ausk.
E. Proskauer

Katz, Arthur Dr.
6.9.1902 - k.A.
priv.: k.A.
Neue Promenade 3, C 2
Berufsverbot im Frühjahr1933,
vorher am Kammergericht zugelassen.
LAB, Liste d. nichtzugel. RA,
25.4.33; BAL, PAK

Katz, Erich Dr.
28.4.1893 Marienburg - k.A.
priv.: k.A.
Kronenstr. 64, W 8
RA und Notar; war noch eine
Zeitlang als RA tätig; später

vermutl. als Handelsvertreter;
keine weiteren Angaben.
*li; BG: Kartei schulpfl. Kinder;
LAB, Liste 15.10.33; BAL, PAK

Katz, Ernst Rudolf Dr.
10.7.1894 - k.A.
priv.: k.A.
Joachimsthaler Str. 25/26, W 15
T: J 1 Bismarck 4651
War noch bis 1.5.1938 als
Anwalt tätig, keine weiteren
Angaben.
*li; Liste 36; LAB, Liste 15.10.33;
BAL, PAK

Katz, Gerhard Dr.
31.3.1906 Berlin- k.A.
priv.: k.A.
Eisenzahnstr. 65, Halensee
Berufsverbot zum 10.6.1933;
emigrierte am 4.11.1938 in die
USA, Boston.
Liste d. nichtzugel. RA, 25.4.33;
BG: LAB, OFP-Akten; BAL, PAK

Katz, Hanna Dr.
23.10.1895 Berlin - k.A.
Waitzstr. 7, Charlottenburg
Schadowstr. 1 b, NW 7
T: A 1 Jäger 5103
(später Unter den Linden 66)
Hanna K. war RAin seit August
1930; sie durfte nach einigen
Schwierigkeiten weiter als
Anwältin tätig sein, weil sie der
International Law Association,
hier dem Trade Mark Commit-
tee, angehörte. Sie bekleidete
das Amt der Schriftführerin,
was sich an die anwaltliche
Zulassung knüpfte. Um die
Besetzung dieses Amtes durch
einen englischen Vertreter zu
verhindern, wurde ihr die Zulas-
sung als Anwältin1933 weiter
erteilt, obwohl sie nicht die
Anforderungen des Anwaltsge-
setzes vom 7.4.1933 erfüllte. Als
Fürsprecher setzten sich der
Reichsbund Deutschnationaler
Juristen, die Industrie- und
Handelskammer Berlin und das
Auswärtige Amt für K. ein. Nach
dem Berufsverbot 1938 war sie
als einzige Frau noch als „Kon-
sulentin" tätig. Neben ihrer
Anwaltstätitkeit war sie Dolmet-
scherin der englischen Sprache.
Hanna K. emigrierte in die USA,
New York, am 6.6.1941, dort war
sie in versch. Gremien jüd.
Organisationen aktiv.
*li; Liste 36; LBI, NY; BG: LAB,
OFP-Akten (s.a. Akte Friedländer,
Ewald,); BAP, 15.09 RSA; Liste d.
Kons., 15.3.39; LAB, Liste
15.10.33; BAL, PAK; PA 62706

Katz, Herbert
6.5.1902 Schneidemühl -
verschollen, Auschwitz
priv.: k.A.

Müllerstr. 154, N 65
Berufsverbot zum 12.6.1933,
weil er nach § 1 Abs.1 d. Ges. v.
7.4.1933 als Jude galt. K. wurde
mit dem 37. Transport (19.4.
1943) nach Auschwitz deportiert, er ist dort verschollen.
BG: BAK, GB; LAB, OFP-Akten;
BAP, 15.09 RAS; *Liste d. nichtzugel.* RA, 25.4.33; BAL, PAK; PA
62708

Katz, Leo, JR.
k.A.
priv.: k.A.
Tiergartenstr. 2, W 35
T: B 1 Kurfürst 1766
War noch bis mind. 1936 als
Anwalt tätig.
li; Liste 36; LAB, Liste 15.10.33

Katz, Siegfried
12.8.1887 Rastenburg -
verschollen
Sächsische Str. 75, W 15
Seydelstr. 3, SW 19
T: A 6 Merkur 1274
RA und Notar; war noch bis
mind. 1936 als Anwalt tätig
(zuletzt in seiner Privatwohnung; das Notariat war vorher
entzogen worden); deportiert
mit dem 22. Transport (26.10.
1942) nach dem „Osten", verschollen.
li; Liste 36; BG: BAK, GB, LAB,
OFP-Akten (KK, *s.a. Akte K.,*
Herta geb. Goldstein); LAB, *Liste*
15.10.33; BAL, PAK

Katz, Walter Dr.
5.1.1893 Falkenberg -
20.2.1943 Auschwitz
Kantstr. 129, Charlottenburg
Brückenstr. 1, SO 16
T: F 7 Jannowitz 0262
(später Alexanderstr. 42, C 2)
War bis zum allgem. Berufsverbot 1938 als Anwalt zugelassen;
später noch als „Konsulent"
tätig; mußte den Zwangsnamen
„Israel" führen. Die Ehefrau Gertrud, geb. Fuss, galt als „arisch".
K. „ist am 13.1.43 in ein KZ eingewiesen worden" (Gestapo,
16.12.43); und wurde am 20.3.
1943 in Auschwitz ermordet.

*li; BG: g, LAB, OFP-Akten; BAP,
15.09 RSA; *Liste d. Kons.*,
15.4.39; LAB, *Liste 15.10.33*;
BAL, PAK

Katz, Willy Dr.
29.12.1892 - k.A.
priv.: k.A.
Friedrichstr. 204, SW
Berufsverbot im Frühjahr 1933.
Br.B.32; LAB, *Liste d. nichtzugel.*
RA, 25.4.33; BAL, PAK

Katzenstein, Martin Dr.
8.3.1885 Eschwege - k.A.
Brandenburgische Str. 70, Wilmersdorf
Kurfürstendamm 216, W
RA und Notar; war noch bis
1938 als Anwalt tätig (Notariat
vorher entzogen); Emigration
nach Chile, Santiago de Chile,
am 27.7.1939.
Adr.B.32; *Liste 36*; BG: LAB,
OFP-Akten; BAP, 15.09 RSA;
LAB, *Liste 15.10.33*; BAL, PAK

Katzenstein, Max Dr.
6.3.1890 Frankfurt/M. - k.A.
Sybelstr. 62, Charlottenburg
Potsdamer Str. 118 c, W 35
T: B 2 Lützow 1360
Berufsverbot im Frühjahr 1933;
Emigration nach Palästina,
Jerusalen, am 22.8.1934.
li; LAB, Liste d. nichtzugel. RA,
25.4.33; BG: LAB, OFP-Akten;
BAL, PAK

Katzenstein, Werner Dr.
4.3.1893 Berlin - k.A.
priv.: k.A.
Apostel-Paulus-Str. 18, Schöneberg
T: G 1 Stephan 3097
RA und Notar; war noch im Okt.
1933 zugelassen; keine weiteren
Angaben.
li; LAB, Liste 15.10.33; BAL,
PAK

Kauffmann, Werner Dr.
7.11.1901 Berlin - 18.3.1970
priv.: k.A.
Alt-Moabit 110, NW 40
K. galt nach den Rassegesetzen
als „Mischling", sein Vater war

Jude. K. selbst war evangelischer Religion. Nachdem er
ursprünglich Mitglied der DNVP
gewesen war, wechselte er 1933
zur SPD. Doch scheint diese
Mitgliedschaft nicht weiter
bekannt geworden zu sein. Ent-
scheidender für seine Laufbahn
als Jurist war seine „Rassezu-

gehörigkeit". So wurde seine
Richterlaufbahn 1933 beendet:
„Auf Grund des damaligen
Gesetzes zur Bereinigung des
Berufsbeamtentums [wurde K.]
beurlaubt und Ende Juli 1933
[als Richter] verabschiedet....
Nach langen Bemühungen und
mehrfachen Ablehnungen durch
die Rechtsanwaltskammer,
den Kammergerichtspräsiden-
ten und den Rechtswahrerbund
gelang es [K.] schliesslich,
durch Fürsprache des im damaligen Preussischen Justizministerium beschäftigten Ministeri-
aldirektors Dr. Nadler... im
Wege einer Übergangshärtere-
gelung [die] Zulassung als
Rechtsanwalt in Berlin zu erwir-
ken." (Lebenslauf 1946) Er durfte bis zum Ende des Nationalsozialismus den Beruf ausüben, wobei er verschiedenen
Nachteilen ausgesetzt war, da
er z.B. nicht in den Rechtswahrerbund aufgenommen
wurde, was „bei den Mandanten
zu ständigen unerfreulichen

Auseinandersetzungen und Auf-
klärungen führte. Hinzu kommt
der Ausschluss von Verteidigungen beim Volksgerichtshof,
von Vertretungen beim Arbeitsgericht, von Vormundschaften
und Pflegschaften, von Offizial-
verteidigungen und meist auch
von Armensachen." K. konnte
seiner Zwangsverpflichtung für
die OT durch den glücklichen
Umstand entgehen, daß seine
Akten beim Arbeitsamt Charlot-
tenstrasse rechtzeitig verbrannt
sind, wie er in seinem Lebenslauf schreibt. K. wurde umgehend wieder als Anwalt und
Notar, wenn auch erst vorläufig,
zugelassen. Er schied 1952 aus
der Rechtsanwaltschaft aus, als
er zum Senatsdirigent in der
Justizverwaltung ernannt wurde.
K. starb 1970 im Alter von 68
Jahren.
LAB, *Liste Mschlg.36*; *Tel.B.41*;
RAK, PA; *Ausk. Landesverw. Amt*

Kaufmann, Bruno (Paul)
28.10.1881 Berlin - k.A.
Auerbachstr. 4, Wilmersdorf,
Grunewald
Jägerstr. 12, W 8
T: A 2 Flora 4631
RA und Notar; Emigration nach
Großbritannien (oder in die
USA) am 31.1.1939.
*li; BG: LAB, OFP-Akten; LAB,
Liste 15.10.33*; BAL, PAK

Kaufmann, Hans Dr.
2.2.1885 - ca. 1944
Potsdamer Str. 138, W 9
K. war im Ersten Weltkrieg
schwer verwundet und zum
Oberleutnant befördert worden;
im April 1933 wurde auch gegen
ihn ein zeitweiliges Vertretungsverbot verhängt, er war aber im
Okt. 1933 wieder zugelassen.
1935 weigerte sich K., im Zuge
der allgem. „Entfernung von
jüdischen Notaren" sein Notariat aufzugeben, mußte sich letzt-
lich doch fügen. Kurze Zeit später wurde er „wegen „Devisen-
schieberei" angeklagt und
„erklärte vor Gericht auf einen

Vorhalt des Vorsitzenden, dass er durch seine Handlungsweise den Staat geschädigt habe, er halte es als Jude für seine Pflicht, diesen Staat zu schädigen, wo immer er es könne. Diese Äußerung hatte zur natürlichen Folge, dass er eine beträchtlich höhere Strafe erhielt, nämlich 8 Jahre Zuchthaus". (Blau) Kurz vor seiner Entlassung aus dem Zuchthaus Lukkau ist K. an einer Krankheit verstorben; seine anwaltliche Zulassung war ihm im Februar 1936 entzogen worden .
*li; Liste 36 („8 Z"); B.Blau, Vierzehn Jahre, S. 35; BG: Korr. Frederick Bergmann; LAB, Liste 15.10.33; BAL, PAK

Kaufmann, Lothar Dr.
18.4.1901 - k.A.
Starnberger Str. 6, Schöneberg
Mittelstr. 18, NW 7
RA seit 1929; Berufsverbot zum 12.6.1933, weil er nach § 1 Abs.1 d. Ges. v. 7.41933 als Jude galt; keine weiteren Angaben.
LAB,Liste d. nichtzugel. RA, 25.4.33; BAL, PAK; PA 62758

Kaufmann, Max Dr.
4.8.1885 - k.A.
priv.: k.A.
Kurfürstendamm 46, W 15
T: J 1 Bismarck 4922
RA und Notar; war im Okt. 1933 noch zugelassen; Emigration nach Brasilien.
*li; BG: LAB, OFP-Akten; LAB, Liste 15.10.33, Liste Mschlg.36; BAL, PAK

Kayser, Franz Dr.
2.7.1897 Weissensee - k.A.
Reichsstr. 2, Charlottenburg
Kaiserdamm 82, Charlottenburg
T: J 3 Westend 6288
Emigration in die USA, New York, am 1.9.1938.
*li; BG: LAB, OFP-Akten; LAB, Liste 15.10.33; BAL, PAK

Keidanski, Alfred
19.8.1904 Berlin - k.A.
priv.: k.A.
Niebuhrstr. 56, Charlottenburg 4
Berufsverbot zum 12.6.1933, weil er nach § 1 Abs.1 d. Ges. v. 7.4.1933 als Jude galt.
LAB, Liste d. nichtzugel. RA, 25.4.33; LAB, Liste 15.10.33; BAL, PAK; PA 62857

Kempner, Friedrich Dr.
20.7.1892 Berlin - k.A.
Matthäikirchplatz 13, W 35
Markgrafenstr. 46, W 8
T: A 2 Flora 7541
RA und Notar; war im Okt. 1933 noch zugelassen; Emigration in die USA, New York.
*li; BG: LAB, OFP-Akten; LAB, Liste 15.10.33; BAL, PAK

Kempner, Ludwig
10.7.1876 Berlin - 17.12.1942
Kaiserdamm 27, Charlottenburg
Neue Königstr. 6, NO 43
T: E 3 Königstadt 3758
War noch bis mind. 1936 als Anwalt tätig; starb 1942 im Alter von 66 Jahren.
*li; Liste 36; BG: BAK, Kartei schulpfl. Kinder, BAP, 15.09 RSA, Friedh.W.Sterbereg.; LAB, Liste 15.10.33

Kienitz, Gustav
k.A.
priv.: k.A.
Schloßstr. 18, Pankow
T: D 8 Pankow 3316
K. war im Okt. 1933 noch zugelassen; durfte weiter praktizieren, weil er als „Mischling" galt; evangelischen Glaubens; keine weiteren Angaben.
*li; LAB, Liste 15.10.33, Liste Mschl.36; Tel.B.41

Kiewe, Hans Dr.
27.12.1890 - k.A.
priv.: k.A.
Kochstr. 19, SW 68
Berufsverbot als RA und Notar im Frühjahr 1933; hat mit großer Sicherheit überlebt.
Br.B.32; LAB, Liste d. nichtzugel. RA, 25.4.33; BAL, PAK

Kirchheimer, Otto Dr.
11.11.1905 Heilbronn - k.A.
priv.: k.A.
Zikadenweg 78, Eichkamp
RA seit 1932; Berufsverbot zum 13.7.1933, weil er nach § 1 Abs.1 d. Ges. v. 7.4.1933 als Jude galt; keine weiteren Angaben.
LAB, Liste d. nichtzugel. RA, 25.4.33; BAL, PAK; PA 63222

Kirschbaum, Moritz Dr., JR.
31.1.1864 Dortmund - 29.9.1942 Theresienstadt
Jenaer Str. 5, Wilmersdorf
Schwerinstr. 27, Zehlendorf
T: H 4 Zehlendorf 1663
War noch bis Ende 1936 als Anwalt tätig; deportiert mit dem 62. Alterstransport (11.9.1942) nach Theresienstadt, dort verstorben.
*li; Liste 36; BG: BAK, GB; LAB, OFP-Akten; LAB, ITS Transportlisten; LAB, Liste 15.10.33

Kirschberg, Paul Dr.
30.4.1883 - 22.6.1934
priv.: k.A.
Potsdamer Str. 37, W 35
T: B 2 Lützow 3550
Starb 1934 im Alter von 51 Jahren.
*li; BG: Friedh.W.Sterbereg.; LAB, Liste 15.10.33; BAL, PAK

Kirschner, Emil
4.9.1875 Posen - 28.9.1942 Sachsenhausen
Hirtenstr. 1-2, Mitte/Goltzstr. 26, W 30
Kanzlei: k.A.
Die Ehefrau Friedel galt als nicht-jüdisch; K. starb 1942 im KZ Sachsenhausen.
BG: g, BAK, GB; BAK, Emigr.- u. Sterbedatei b; LAB, OFP-Akten; BAP, 15.09 RSA; GB Sachsenhausen

Kirschner, Heinrich (bzw. Heimann), JR.
14.4.1865 Posen - 19.10.1942 Theresienstadt
Bayreuther Str. 13, W 30
Neue Kantstr. 32, Charlotten-

burg
T: J 7 Hochmeister 5327
War noch bis mind. 1936 als Anwalt tätig; deportiert mit dem 3. Großen Alterstransport (3.10.1942) nach Theresienstadt, dort zwei Wochen später umgekommen.
*li; Liste 36; BG: BAK, GB; LAB, OFP-Akten, BAP, 15.09 RSA; LAB, Liste 15.10.33

Klausner, Edith Dr.
k.A.
priv.: k.A.
Augsburger Str. 71, W 50
Berufsverbot im Frühjahr 1933; keine weitere Angaben.
LAB, Liste d. nichtzugel. RA, 25.4.33

Klee, Alfred Dr.
21.1.1875 Berlin - 10.11.1943 Westerbork
Tauentzienstr. 13, W 15, Charlottenburg
Tauentzienstr. 13, W 50 Charlottenburg
T: B 4 Bavaria 6154

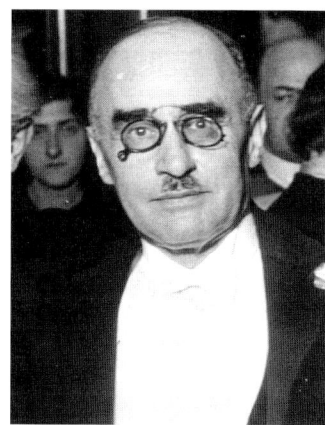

1902–1938 RA in Berlin; Verteidigung eines jüdischen Arztes in Westfalen, Durchsuchung durch die Gestapo, daraufhin Flucht in die Niederlande, Rotterdam, am 15.11.1938. Im Sommer 1943 mit Familienangehörigen verhaftet und in das KZ Westerbork verschleppt,

dort gestorben; seine Frau wurde nach Bergen-Belsen verbracht; sie erhielt ein Palästina-Visum, ihre Bitte, die Enkelinnen mitnehmen zu dürfen, wurde abgelehnt, sie blieb bei ihnen, ist im Lager verhungert und wurde in einem der Massengräber beigesetzt. Verbandsfunktionär
*li; Liste 36; BG: g, LAB, OFP - Akten (s.a. Akte Fuchs, Franz Eugen,); BHE, S. 368; LAB, Liste 15.10.33; Göpp., S. 250

Klein, Caesar, JR.
k.A. - 1.10.1935
priv.: k.A.
Grünstr. 4, Köpenick
unvollständig
RA und Notar; keine weiteren Angaben.
*li; LAB, Liste 15.10.33

Kleyff, Bruno
2.4.1888 - k.A.
priv.: k.A.
Potsdamer Str. 129/130, W 9
T: B 1 Kurfürst 9206
RA und Notar; war noch bis mind. 1936 als Anwalt tätig, das Notariat wurde vorher entzogen.
*li; Liste 36; LAB, Liste 15.10.33; BAL, PAK

Knoche, Fritz Dr.
19.1.1886 Berlin - Auschwitz
Motzstr. 81, Wilmersdorf
Motzstr. 51, Wilmersdorf
T: H 7 Wilmersdorf 4738/39
Emigration in die Niederlande, Amsterdam; deportiert nach Auschwitz nach dem 6.5.1942; für tot erklärt.
*li; Liste 36; BG: g, BAK, GB; LAB, OFP-Akten; LAB, Liste 15.10.33; BAL, PAK

Knopf, Albert JR.
18.6.1863 - 26.11.1936
Güntzelstrasse, Wilmersdorf
Mittelstr. 57/58, NW 7
T: A 6 Merkur 8726
War noch bis zu seinem Tod als Anwalt tätig.
*li; Liste 36; BG: Friedh.W. Sterbereg.; LAB, Liste 15.10.33

Knopf, Harry Dr.
14.1.1887 Berlin - k.A.
Uhlandstr. 28, W 15, Wilmersdorf
Kurfürstendamm 185, W 15, Wilmersdorf
RA und Notar; war bis zum allgem. Berufsverbot 1938 als RA zugelassen (Notariat 1933 entzogen); nach 1928 noch als „Konsulent" tätig; Emigration nach Palästina.
*li; Liste 36; Br.B.32; BG: LAB, OFP-Akten; BAP, 15.09 RSA; LAB, Liste 15.10.33; BAL, PAK

Kober, Leopold
30.1.1876 Schildberg - k.A.
Traunsteiner Str. 61, W 30
Oranienstr. 47 a, S 42
T: F 1 Moritzplatz 1351
RA und Notar; Emigration in die Niederlande, Amsterdam; danach vermutl. in die USA.
*li; Liste 36; BG: LAB, OFP-Akten; LAB, Liste 15.10.33

Kobylinski, Martin Dr.
1.1.1886 Berlin - k.A.
Speyerer Str. 19, W 30, Schöneberg
Kronenstr. 76, W 8
T: A 1 Jäger 3268
War noch bis mind. 1936 als Anwalt tätig; Emigration in die USA, Chicago, 1939.
*li; Liste 36; BG: LAB, OFP-Akten; BAP, 15.09 RSA; LAB, Liste 15.10.33; BAL, PAK

Koch, Ernst Dr.
30.9.1892 Berlin - k.A.
Sachsenplatz 12, Charlottenburg
Charlottenstr. 56, W 8
T: A 2 Flora 0654
RA und Notar; gemeinsame Kanzlei mit Fritz K.; war bis 1.10.1936 als RA zugelassen (Notariat vorher entzogen); Emigration nach Brasilien, Sao Paulo, 1936.
*li; Liste 36; BG: LAB, OFP-Akten; BHdE 1933; Bd.2,1; LAB, Liste 15.10.33; BAL, PAK

Koch, Fritz Dr.
11.2.1887 Berlin - k.A.
Dahlmannstr. 23, Charlottenburg
Charlottenstr. 56, W 8
T: A 2 Flora 0654
RA und Notar; gemeinsame Kanzlei mit Ernst K.; war bis 1.10.1936 als RA zugelassen (Notariat vorher entzogen); keine weiteren Angaben.
*li; LAB, Liste 15.10.33; BAL, PAK

Koch, Richard M.
29.7.1895 Berlin - k.A.
Bayreuther Str. 38, W 62
Leipziger Str. 54/56, SW 19
T: A 6 Merkur 1416
RA und Notar; war noch bis mind. 1936 als Anwalt tätig; M. galt als „Mischling"; scheint überlebt zu haben und ist vermutl. nach 1945 nach München gegangen.
*li; Liste 36; BG: LAB, OFP-Akten; LAB, Liste 15.10.33, Liste Mschlg.36; BAL, PAK

Koch-Weser, Erich
26.2.1875 Bremerhaven - k.A.
priv.: k.A.
Viktoriastr. 4 a, W 35
K. war evangelischer Religion; bekleidete von Juni 1928 – April 1929 das Amt des Reichsjustizministers; mußte zurücktreten aus Proporzgründen. An seine Stelle rückte ein Zentrumsmann. K. war auch Vorsitzender der DDP; die Presse bedauerte, über die versch. politischen Ausrichtungen hinweg, seinen Rücktritt. Ab Mai 1929 war er wieder als Anwalt niedergelassen, in einer gemeinsamen Kanzlei mit Alfred Carlebach. K. galt als „Mischling"; im April 1933 wurde er mit einem Vertretungsverbot belegt, das jedoch wieder aufgehoben wurde; K. emigrierte nach Brasilien.
Liste d. nichtzugel. RA, 25.4.33; LAB, Liste Mschl.36; BAL, PAK; PA 63820/21, Isay, R., S. 87

Koch-Weser, Reimer
3.7.1906 Delmenhorst - k.A.
priv.: k.A.
Viktoriastr. 4 a, W 35
Berufsverbot, weil K. nach § 1 Abs.1 d. Ges. v. 7.4.1933 als Jude galt (ein Großelternteil war jüdisch); die Zulassung wurde am 10.10.1934 gelöscht, nachdem sich K. in die USA begeben hatte.
Korr. Liste arischen Anw., 15.10.33; LAB, Liste Mschlg.36; BAL, PAK, PA 63863

Kocheim, Edmund Dr.
4.11.1884 Posen - 17.1.1950
Kurfürstendamm 66, W 15
Potsdamer Str. 29, W 35
T: B 2 Lützow 4539
RA seit 1912, Notar seit 1920. Die Zulassung als Notar 1935, als Anwalt 1938 verloren. Die Ehefrau Herta geb. Unbehau galt als nicht-jüdisch. Das Paar emigrierte nach China, Shanghai, wo es von April 1940 — Juli 1947 gelebt hat. Anschließend kehrten sie nach Berlin zurück, wo K. als Rechtsanwalt und Notar in W 15, Bayerische Str. 31, praktizierte. K. starb 1950 im Alter von 75 Jahren.
*li; BG: LAB, OFP-Akten; BAP, 15.09 RSA; cje; LAB, Liste 15.10.33; BAL, PAK; RAK PA

Kochmann, Ludwig
8.6.1886 Ostrowo - k.A.
Motzstr. 40, Schöneberg
Potsdamer Str. 79, W 57
T: B 7 Pallas 62208
RA und Notar; K. war noch bis 1938 als Anwalt tätig; keine weiteren Angaben.
*li; Liste 36; BG: BAP, 15.09 RSA; LAB, Liste 15.10.33; BAL, PAK

Kochmann, Walther Dr.
6.3.1888 Dresden - 3.9.1936
priv.: k.A.
Friedrichstr. 85, W 8
T: A 1 Jäger 4223
K. starb 1936 im Alter von 48 Jahren, Suizid wegen geschäftlicher Probleme.

*li; Liste 36; BG: LAB, OFP-Akten; LAB, Liste 15.10.33; BAL, PAK

Köhler, Alfred Dr.
26.1.1876 Berlin - 27.10.1970
Kantstr. 4, Charlottenburg 2
Kantstr. 4, Charlottenburg 2
T: J 1 Bismarck 86447

1935 Entlassung als Notar, 1938 Berufsverbot als Anwalt. K. schilderte seine Situation: „Ich bin gelegentlich einer Juden-Razzia auf der Straße verhaftet und im Polizeigefängnis Alexanderplatz inhaftiert worden." Die nächste Notiz stammt aus dem Jahre 1942, als er im Dezember aus dem Sammellager Große Hamburger Straße freikommt. Offensichtlich war er für die Deportation verhaftet worden, seine gleichzeitig „zwecks Evakuierung" verhafteten Schwestern sind im KZ ermordet worden. K. lebte nach 1945 in Wilmersdorf. Er starb 1970 im Alter von 94 Jahren.
*li; BG: BAP, 15.09 RSA; cjb, cje; LAB, Liste 15.10.33; RAK, PA

Königsberger, Alfons Dr.
8.11.1878 - 7.11.1933
priv.: k.A.
Potsdamer Str. 119, W.
Berufsverbot im Frühjahr 1933, starb im gleichen Jahr, einen Tag vor seinem 55 Geburtstag.

Br.B.32; LAB, Liste d. nichtzugel. RA, 25.4.33; BG: Friedh.W.Sterbereg.

Königsberger, Hans Dr.
18.2.1895 - 10.1.1934
Kunz-Buntschuh-Str. 7, Grunewald, Wilmersdorf
Meinekestr. 11, W 15
T: J 1 Bismarck 4601
Starb 1934 im Alter von 39 Jahren.
*li; BG: Friedh.W.Sterbereg; LAB, Liste 15.10.33; BAL, PAK.

Königsberger, Ludwig Dr.
17.12.1898 Berlin - k.A.
priv.: k.A.
Augsburger Str. 46, W 50
Berufsverbot im Frühjahr 1933.
Br.B.32; LAB, Liste d. nichtzugel. RA, 25.4.33; BAL, PAK

Königsberger, Semmy
24.7.1900 Pleschen - k.A.
priv.: k.A.
Lothringer Str. 54, N 54
Berufsverbot zum 12.6.1933, weil K. nach § 1 Abs.1 d. Ges. v. 7.41933 als Jude galt; keine weiteren Angaben.
LAB, Liste d. nichtzugel. RA, 25.4.33; BAL, PAK; PA 64055

Koepke, Willi Dr.
k.A.
priv.: k.A.
Unter den Linden 71, W 8
K. war evangelischer Religion; er galt als „Mischling" und durfte noch bis in den Krieg hinein als Anwalt tätig sein; hat vermutl. überlebt.
LAB, Liste Mschlg.36; Tel.B.41; BAL, PAK

Kohn, Alfred
9.10.1894 Karlsbad - April 1945 Auschwitz
priv.: k.A.
Blücherstr. 4
T: F 5 Bergmann 8544
RA und Notar; Notariat 1935 entzogen, die Zulassung als Anwalt wurde 1937 gelöscht; nach Prag ausgewandert, dort offensichtlich von den Verfol-

gern eingeholt, deportiert; in Auschwitz umgekommen.
*li; Liste 36; BG: BAK, GB; LAB, Liste 15.10.33; BAL, PAK

Kollenscher, Max Dr.
8.7.1875 - vor dem 7.2.1952
Altonaer Str. 21, NW 87
Kurfürstendamm 61, W 15
T: J 1 Bismarck 7100
RA und Notar; war Vorstandsmitglied der Jüd. Gemeinde zu Berlin. Emigration nach Palästina am 15.7.1933; die Zulassung wurde erst 1935 gelöscht.
*li; BG: LAB, OFP-Akten; LAB, Liste 15.10.33; Göpp., S. 224/5 (allerdings dort nicht alle Angaben zutreffend)

Kolsen, Hermann, JR.
13.12.1859 Schwerin - 26.8.1942
Barbarossastr. 50, W 30/Prinzregentenstr. 78, Wilmersdorf
Prinzregentenstr. 78, Wilmersdorf
T: H 6 Emser Platz 3230
Evangelischen Glaubens; übte bis zum Berufsverbot 1938 seinen Anwaltsberuf aus; beging 1942 im Alter von 83 Jahren Selbstmord, vermutlich angesichts der drohenden Deportation.
*li; Liste 36; BG: g, BAK, GB; LAB, OFP-Akten; BAP, 15.09 RSA; cjb; LAB, Liste 15.10.33

Komoll, Werner
5.12.1903 Berlin - k.A.
Lessingstr. 23, NW 87
Mittelstr. 63, NW 7
Keine näheren Angaben.
BG: LAB, OFP-Akten

Koplowitz, Leo Dr.
24.3.1884 Gogolin - k.A.
Dorotheenstr. 64, NW 7
Dorotheenstr. 64, NW 7
T: A 2 Flora 4875
RA und Notar; Notariat 1933 entzogen; anwaltliche Zulassung 1938; Emigration nach Großbritannien, London, vor dem 28.11.1938.
*li; Liste 36; BG: LAB, OFP-Akten; LAB, Liste 15.10.33; BAL, PAK

Korach, Carl Dr.
11.10.1887 Berlin - k.A.
Kurfürstendamm 93, Wilmersdorf
Leipziger Str. 114, W 8
T: A 2 Flora 5882
RA und Notar; Emigration in die USA, New York.
*li; Liste 36; BG: LAB, OFP-Akten; LAB, Liste 15.10.33; BAL, PAK

Korn, Alfred Dr., JR.
k.A.
priv.: k.A.
Kaiser-Wilhelm-Str. 89, Lankwitz
T: G 3 Lichterfelde 7244
RA und Notar; die Zulassung wurde am 17.10.1934 gelöscht; keine weiteren Angaben.
*li; LAB, Liste 15.10.33

Korn, Kurt
3.8.1899 - k.A.
priv.: k.A.
Oranienburger Str. 60/63, N 24
Berufsverbot zum 10.6.1933, weil er nach § 1 Abs.1 d. Ges.v. 7.4.1933 als Jude galt.
Br.B.32; LAB, Liste d. nichtzugel. RA, 25.4.33; BAL, PAK; PA 64327

Kornicker, Gerhard
20.10.1903 Breslau - k.A.
priv.: k.A.
Leipziger Str. 30, W 8
K. war deutlich „national gesinnt", dennoch wurde er zum 26.5.1933 mit einem Berufsverbot belegt, weil er nach § 1 Abs.1 d. Ges. v. 7.4.1933 als Jude galt.
Br.B.32; LAB, Liste d. nichtzugel. RA, 24.5.33; BAL, PAK; PA 64341

Kosterlitz, Arthur (Peter) Dr.
9.8.1885 Strehlitz - k.A.
Passauer Str. 14, Schöneberg
Kurfürstendamm 224, W 15
T: J 1 Bismarck 5066/67
RA und Notar; Emigration nach Großbritannien, London, am 1.12.1938.
*li; Liste 36; BG: LAB, OFP-Akten; LAB, Liste 15.10.33; BAL, PAK

Kosterlitz, Martin
27.2.1891 Pleß - k.A.
priv.: k.A.
Budapester Str. 26, W 62
T: B 5 Barbarossa 2318/29
RA und Notar; war noch bis
zum 23.9.1937 als Anwalt tätig
(Notariat vorher entzogen).
*li; Liste 36; LAB, Liste 15.10.33;
BAL, PAK

Kozower, Philipp
29.1.1894 Berlin -
verschollen, Auschwitz
Oranienburger Str. 9-10, C 2,
Mitte
Poststr. 12, C 2
T: E 2 Kupfergraben 0422
RA und Notar; Vorstandsmitglied der Reichsvereinigung
sowie der JKV; mit dem 83.
Alterstransport vom 28.1.43,
nach Theresienstadt deportiert,
verschollen.

Dezernent der Jüdischen
Gemeinde
*li; Liste 36; BG: g, BAK, GB;
BAK, Kartei schulpfl. Kinder; LAB,
OFP-Akten; BAP, 15.09 RSA;
LAB, Liste 15.10.33; BAL, PAK;
Göpp., S. 251

Krämer, Ludwig Dr.
30.8.1898 Giessen - k.A.
priv.: k.A.
Joachimsthaler Str. 43/44, Charlottenburg 2
Berufsverbot im Frühjahr 1933;

keine weiteren Angaben.
Br.B.32; LAB, Liste d. nichtzugel.
RA, 25.4.33; BAL, PAK

Kraus, Martin
10.10.1885 Berlin -
ca. 1968 New York
Prinzenstr. 42, SW 19
Prinzenstr. 42, SW 19
T: F 1 Moritzplatz 0755
Emigration in die USA, New
York; keine weiteren Angaben.
*li; Liste 36; BG: LAB, OFP-
Akten; LAB, Liste 15.10.33; BAL,
PAK; Ausk. Cohn-Lempert

Kremm, Fritz Dr.
29.1.1893 Friesack -
verschollen, Auschwitz
Münchener Str. 45, W 30, Schöneberg
Potsdamer Str. 114, W 35
T: B 1 Kurfürst 3411
War noch bis mind. 1936 als
Anwalt tätig; wurde später
zwangsweise als Arbeiter bei
Willi A. Sasse eingesetzt. Datum der Vermögenserklärung:
5.3.1943, Sammellager Große
Hamburger Str. 26; Deportation
mit dem 4. Großen Alterstransport nach Theresienstadt
(17.3.1943), verschollen in
Auschwitz.
*li; Liste 36; BG: BAK, GB; LAB,
OFP-Akten, BAP, 15.09 RSA;
LAB, Liste 15.10.33; BAL, PAK

Kristeller, Hans Dr.
6.8.1890 Berlin - k.A.
Kaiserallee 211, Wilmersdorf
Kaiserallee 211, Wilmersdorf
Kanzlei vor Okt. 1933 aufgege-
ben. Emigration in die Schweiz,
Porto Ronco bei Ascona.
Br.B.32; BG: LAB,OFP-Akten;
BAL, PAK

Krohn, Hugo Dr.
13.1.1881 Pyritz - k.A.
Wittelsbacher Str. 18 oder 15,
Wilmersdorf
Wittelsbacher Str. 15, Wilmers-
dorf
T: J 2 Oliva 2370
Emigration nach Großbritanni-
en, London, am 27.5.1939.

*li; Liste 36; BG: LAB, OFP-
Akten; BAP 15.09 RSA; cjb; LAB,
Liste 15.10.33; BAL, PAK

Kroll, Siegfried
k.A.
priv.: k.A.
Würzburger Str. 6, W 50
RA seit 1931; Berufsverbot zum
12.6.1933, weil er nach § 1 Abs.1
d. Ges. v 7.4.1933 als Jude galt.
LAB, Liste d. nichtzugel. RA,
25.4.33; BAL, PAK; PA 64872

Kroner, Ludwig
14.6.1906 - k.A.
priv.: k.A.
Schellingstr. 6, W 9
Berufsverbot zum 13.6.1933
(gem. § 1 Abs.1 d. Ges. v. 7.4.
1933), trotz intensiver Bemühungen, das abzuwenden.
Liste d. nichtzugel. RA, 25.4.33;
BAL, PAK, PA 64887

Kronheim, Siegbert
4.5.1886 Samotschin -
26.1.1943 Theresienstadt
Trautenaustr. 16, Wilmersdorf/
Schillerstr. 14, Charlottenburg
Anhalter Str. 4, SW 11
T: F 5 Bergmann 7130/31
War noch bis mind. 1936 als
Anwalt tätig, das Notariat
wurde vorher entzogen; Datum
der Vermögenserklärung: 17.9.
1942; Sammellager Große Hamburger Str. 26; Deportation mit
dem 63. Alterstransport (21.9.
1942) nach Theresienstadt, dort
vier Monate später umgekommen.
*li; Liste 36; BG: g, BAK, GB;
LAB, OFP-Akten; BAP, 15.09
RSA; LAB, Liste 15.10.33

Krüger, Hans
7.1.1903 - k.A.
priv.: k.A.
Motzstr. 37, Wilmersdorf
Berufsverbot im Frühjahr 1933.
LAB, Liste d. nichtzugel. RA,
25.4.33; BAL, PAK

Kuhn, Werner (Julius)
2.6.1899 Berlin - k.A.
Kurfürstendamm 175-176, Wil-
mersdorf
Kleiststr. 34, W 62
T: B 4 Bavaria 3232
Emigration nach Australien,
Sydney.
*li; Liste 36; BG: LAB, OFP-Akten

Kümmel, Hugo
16.12.1904 Dortmund - k.A.
priv.: k.A.
Bülowstr. 44, W 57
Berufsverbot im Juli1933; keine
weiteren Angaben.
LAB, Liste d. nichtzugel. RA,
25.4.33; BAL, PAK

Kuntz, Siegfried
3.10.1871 - 21.1.1937
Bülowstr. 85, Schöneberg
Bülowstr. 85, W 57
T: B 1 Kurfürst 0853
RA und Notar; war bis zu sei-
nem Tod 1937 als Anwalt tätig
(Notariat vorher entzogen).
*li; Liste 36; BG: Friedh.W.Sterbe-
reg.; LAB, Liste 15.10.33

Kunz, Bruno, Dr.
2.5.1881 Xions - k.A.
Meinekestr. 3, Charlottenburg
Kurfürstendamm 216, W 15
T: J 1 Bismarck 9066
Emigration am 10.12.1940,
keine weiteren Angaben.
*li; Liste 36; BG. LAB, OFP-
Akten, BAP 15.09 RSA; LAB,
Liste 15.10.33

Kunz, Georg
4.3.1898 Görlitz - k.A.
Lützowstr. 60 a, W 35
T: B 1 Kurfürst 5127
Genthiner Str. 16, W 35
Ra seit 1927; Berufsverbot zum
10.6.1933, weil er nach § 1
Abs.1 d. Ges. v. 7.4.1933 als
Jude galt; keine weiteren Anga-
ben.
Br.B.32.; Liste d. nichtzugel. RA,
25.4.33; BAL, PAK; PA 65347

Kurnik, Karl Dr.
15.5.1888 Stettin - k.A.
Paulsborner Str. 75, Wilmers-
dorf
Königstr. 220/21, C 2
T: E 1 Berolina 1028 u. 1035
RA und Notar; Emigration in
die Schweiz, Zürich, vor dem
16.5.1938; lebte 1940 auf Cuba,
Habana.

*li; Liste 36; BG: LAB, OFP-
Akten; LAB, Liste 15.10.33; BAL,
PAK

Kurtzig, Arnold Dr.
7.12.1898 Grünberg - k.A.
priv.: k.A.
A. d. Spandauer Brücke 14, C 2
Bruder von Paul K., mit dem er
assoziiert war; K.s Zulassung
wurde an allen drei Landgerichten gelöscht (9., 15., 16.6.1933);
keine weitere Angabe.
LAB, Liste d. nichtzugel. RA,
25.4.33 (Nachtrag); BAL, PAK

Kurtzig, Paul
25.10.1899 Grünberg - k.A.
priv.: k.A.
A. d. Spandauer Brücke 14, C 2
Bruder von Arnold K., mit dem
er assoziiert war; die Zulassung
wurde am 20.7.1933 gelöscht;
keine weiteren Angaben.
LAB, Liste d. nichtzugel. RA,
25.4.33 (Nachtrag); BAL, PAK

Kurzweg, Alfred
7.12.1882 Chemnitz -
14.2.1943 Theresienstadt
Prinzregentenstr. 3, Wilmersdorf
Münzstr. 24, C 25
T: D 1 Norden 1343
RA und Notar; war noch bis
zum allgem. Berufsverbot 1938
als Anwalt tätig (Notariat vorher entzogen); mußte den
Zwangsnamen „Israel" führen;
nach 1938 als „Konsulent" zugelassen. Datum der Vermögenserklärung: 17.8.1942, Deportation mit dem 3. Großen Alterstransport (3.10.1942) nach Theresienstadt, dort im Februar
1943 umgekommen.
*li; Liste 36; BG: g, BAK, GB;
LAB, OFP-Akten; BAP, 15.09
RSA; Liste d. Kons., 15.4.39; LAB,
Liste 15.10.33

Kuttner, Erich Dr.
16.12.1892 Forst - 15.12.1955
Drakestr. 62 a, Lichterfelde
Friedrichstr. 44, SW 68
T: A 7 Dönhoff 1931 u. 1935
K. war RA seit 1919, Notar seit
1928, hatte als Freiwilliger am
Ersten Weltkrieg teilgenommen. 1935 Entlassung als Notar; 1938 Berufsverbot als
Anwalt; emigrierte nach Argentinien. K. war verheiratet und
hatte eine Tochter. 1952 wurde

A. Kuttner, aus Album Naatz

er als Anwalt in Berlin wieder
zugelassen.
*li; Liste 36; BG: BAP, 15.09
RSA; LAB, Liste 15.10.33; BAL,
PAK; RAK, PA

Kuttner, Hermann Ignaz
22.7.1886 Berlin - k.A.
Bismarckstr. 67, Charlottenburg
Potsdamer Str. 39/39 a
RA und Notar; Emigration am
26.8.1939; keine weiteren Anga-
ben.
Br.B.32; Liste 36; BG: LAB, OFP-
Akten; BAP, 15.09 RSA; cjb; BAL,
PAK

Kuznitzky, Heinz Georg Dr.
25.5.1889 Halle a.d. Saale - k.A.
Laubenheimer Str. 1, Wilmers-
dorf
Unter den Linden 54/55
RA und Notar; Emigration am
1.5.1933.
Br.B.32; BG: LAB, OFP-Akten;
BAL, PAK

Labischin, Kurt Dr.
24.8.1900 Posen - k.A.
priv.: k.A.
Zimmerstr. 92-93, SW 68
Berufsverbot im Frühjahr 1933;
hat mit großer Sicherheit überlebt; keine weiteren Angaben.
Br.B.32; LAB, Liste d. nichtzugel.
RA, 25.4.33; BAL, PAK

Lachmann, Heinz (Ulrich) Dr.
23.8.1898 Bremen - k.A.
Salzbrunner Str. 27, Wilmers-
dorf, Grunewald
Viktoriastr. 10, W 10
T: B 1 Kurfürst 3146
Notariat im November 1935
entzogen; Emigration nach
Großbritannien.
*li; Liste 36; BG: LAB, OFP-
Akten; LAB, Liste 15.10.33; BAL,
PAK

Lachmann, Jean
9.10.1879 - 20.2.1936
Eisenzahnstr. 66, Wilmersdorf
Königstr. 20/21, C 2
T: E 1 Berolina 1028 u. 1035
RA und Notar; Notariat 1935
entzogen; starb 1936 im Alter
von 56 Jahren, keine näheren
Angaben.
*li; BG: Friedh.W.Sterbereg.; LAB,
Liste 15. 10.33

Lachmann, Kurt Dr.
1.1.1886 (od.1888) Berlin -
vermutlich 1938
Konstanzer Str. 5, W 15
Viktoriastr. 10, W 10
T: B 1 Kurfürst 3146
War noch bis mind. 1936 als
Anwalt tätig, vermutlich 1938
verstorben.

*li; Liste 36; BG: LAB, OFP-Akten, KK; cjb; LAB, Liste 15.10.33

Lachmann, Leo, JR.
5.9.1865 - 14.6.1936
priv.: k.A.
Alexanderstr. 42, O 27
T: E 1 Berolina 3575
1936 im Alter von 70 Jahren verstorben.
*li; Liste 36; BG: Friedh.W.Sterbereg.; LAB, Liste 15.10.33

Lachmann, Max
k.A.
priv.: k.A.
Kaiser-Allee 104, Friedenau
War noch bis mind. 1936 als Anwalt tätig; das Notariat war 1935 entzogen worden.
*li; Liste 36; LAB, Liste 15.10.33

Lachotzki, Werner Dr.
k.A.
priv.: k.A.
Uhlandstr. 194 a, Charlottenburg
Berufsverbot im Frühjahr 1933; L. hat mit großer Sicherheit überlebt.
LAB, Liste d. nichtzugel. RA, 25.4.33; BAL, PAK

Lachs, Reinhold Dr.
20.10.1894 Berlin - k.A.
priv.: k.A.
Händelstr. 18, NW 87
Berufsverbot im Frühjahr 1933; Emigration nach Großbritannien im Juli 1933; lebte 1977 in Großbritannien, London.
Br.B.32; LAB, Liste d. nichtzugel. RA, 25.4.33; BG: BHdE 1933, Bd.1; BAL, PAK

Ladewig, Fritz, JR.
28.5.1870 Criwitz - k.A.
Bundesratufer 1, Tiergarten
Müllerstr. 177, N 65
T: D 6 Wedding 1452
Zeitweilig ab April 1933 mit Vertretungsverbot belegt, im Okt. 1933 wieder zugelassen; am 30.8.1935 wurde die Zulassung „auf Antrag" gelöscht; Emigration.

*li; LAB, Liste d. nichtzugel. RA, 25.4.33; BG: LAB, OFP-Akten, cjb; LAB, Liste 15.10.33

Ladewig, Hans Carl
6.9.1886 Berlin - k.A.
Kronenstr. 4/5, W 8
Kronenstr. 4/5, W 8
T: A 1 Jäger 0921/22
Die Zulassung wurde am 11.9.

1937 gelöscht; Emigration nach Italien.
*li; Liste 36; BG: LAB, OFP-Akten; LAB, Liste 15.10.33

Lagro, Max Dr.
6.9.1874 Nakel - verschollen, Riga
Konstanzer Str. 59, Wilmersdorf/ Knesebeckstr. 68-69/ Joachimstaler Str. 7-8 (?), Charlottenburg
Knesebeckstr. 68-69, Charlottenburg
T: J 1 Bismarck 8282
War noch bis mind. 1936 als Anwalt tätig; Datum der Vermögenserklärung: 23.8.1942, Deportation mit dem 19. Transport (5.9.1942) nach Riga, dort verschollen.
*li; Liste 36; BG: g, BAK, GB; BAK, Kartei schulpfl.Kinder; LAB, OFP-Akten; BAP, 15.09 RSA; LAB, Liste 15.10.33

Lamm, Fritz Dr.
21.12.1876 Görlitz - 1.12.1942 Sachsenhausen
Blumes Hof 15, W 15, Tiergarten
Rosenheimer Str. 23, W 30
T: B 6 Cornelius 5654
Seit 1908 im Dienst der Jüd. Gemeinde zu Berlin, 1924 Syndikus, dann stellvertretender Vorsitzender des Wohlfahrts- u. Jugendamtes der Gemeinde, Dozent in Wohlfahrtskursen; war noch bis mind. 1936 als Anwalt zugelassen. 1942 als Geisel für geflüchtete Mitarbeiter in Sachsenhausen erschossen (gem. mit Julius Blumenthal?).
*li; Liste 36; BG: g, BAK, GB; BAK, Kartei schulpfl. Kinder; BAP, 15.09 RSA; LAB, OFP-Akten; LAB, Liste 15.10.33; Göpp., S. 252

Lamm, Richard Dr.
12.8.1889 Berlin - k.A.
Achenbachstr. 13, W 50, Wilmersdorf
Achenbachstr. 13, W 50, Wilmersdorf
Zulassung 1934 gelöscht; Emigration nach Frankreich, Paris, am 1.9.1938.
*li; BG: LAB, OFP-Akten; LAB, Liste 15.10.33; BAL, PAK

Landau, Adolf, JR.
15.5.1862 Bingen - Theresienstadt
Walter-Fischer-Str. 2, Wilmersdorf
Grolmanstr. 32/33, Charlottenburg 2
T: J 1 Bismarck 7084
War noch bis mind. 1936 als Anwalt tätig; deportiert mit dem 4. Großen Alterstransport (17.3.1943) nach Theresienstadt, dort verstorben.
*li; Liste 36; BG: BAK, GB; BAP 15.09 RSA; LAB, OFP-Akten; LAB, Liste 15.10.33

Landau, Felix Dr., JR.
k.A. - 13.4.1935
priv.: k.A.
Unter den Linden 39, NW 7

T: A 6 Merkur 1473
RA und Notar; starb 1935. Keine weiteren Angaben.
*li; LAB, Liste 15.10.33

Landau, Ludwig Dr.
24.8.1882 Berlin- 19.9.1951 London
priv.: k.A.
Kleiststr. 15, W 62
T: B 5 Barbarossa 3169
Emigration nach Großbritannien, wo er 1951 gestorben ist.
*li; Liste 36; BG: BAP, 15.09 RSA; Material Ernst Ruben; LAB, Liste 15.10.33; BAL, PAK

Landsberg, Ernst Dr.
13.1.1883 Berlin - k.A.
Uhlandstr. 169-170, W 15
Uhlandstr. 169-170, W 15
T: J 1 Bismarck 5101
Emigration nach Uruguay, Mercedes; 1948 nach Südafrika, Kapstadt.
*li; Liste 36; BG: LAB, OFP-Akten; LAB, Liste 15.10.33; BAL, PAK

Landsberg, Franz
17.7.1880 Berlin - k.A.
Gerkrathstr. 8, Zehlendorf
Hinter der kath. Kirche 2, W 8
T: A 6 Merkur 1255
Emigration nach Großbritannien, London, am 7.6.1939.
*li; Liste 36; BG: BAP, 15.09 RSA; LAB, OFP-Akten (2 Akten); LAB, Liste 15.10.33; BAL, PAK

Landsberg, Hans Dr.
24.6.1882 Berlin - k.A.
Kufsteiner Str. 5, Schöneberg
Berchtesgadener Str. 27, Schö-
neberg
T: G 1 Stephan 1531
Die Ehefrau Gertrud geb. Pake-
busch galt als nicht-jüdisch; L.
war noch bis mind. 1936 als
Anwalt tätig; keine weiteren
Angaben.
*li; Liste 36; BG: BAP, 15.09
RSA; LAB, Liste 15.10.33; BAL,
PAK

Landsberg, Hans Julius II
4. 5.1890 Berlin - Oktober 1973
Uhlandstr. 169, W 15,
Meinekestr. 22, Charlottenburg
Seit 1922 RA, am 9.1.1933 zum
Notar ernannt; „infolge der
nationalsozialistischen Juden-
gesetzgebung verlor ich als Jude
(1933) die Zulassung als Rechtsanwalt und die Beamtenstel-
lung als Notar". 1939 Emigration nach Chile; L. wurde 1967
wieder als Anwalt in Berlin
zugelassen.
Br.B.32; LAB, Liste d. nichtzugel.
RA, 25.4.33; BG: BAP 15.09
RSA; LAB, OFP-Akten; BAL,
PAK; RAK, PA

Landsberg, Otto Dr.
4.12.1869 Rybnik - 1942
Südwestkorso 21, Friedenau
Dorotheenstr. 29
L. war ehemaliger Reichsjustiz-
minister, er hatte der Versailler
Delegation angehört, sich
gegen die späteren Vereinba-
rungen ausgesprochen; war
auch später noch Mitglied des
Reichstages (SPD); wurde im
Frühjahr 1933 mit Berufsverbot
belegt. Emigration über die
CSR, Schweiz und Belgien in
die Niederlande im August
1933; 1942 verstorben.
Funktionär der SPD (MdR bis
1933)
Br.B.32; LAB, Liste d. nichtzugel.
RA, 25.4.33; BG: BHdE 1933,
Bd.1; BAL, PAK

Landsberger, Arthur, JR.
26.3.1867 Berlin - 4.10.1933
Kantstr. 29, Charlottenburg
Kantstr. 29, Charlottenburg
T: C 1 Steinplatz 0253
Beging 1933 im Alter von 66
Jahren im Gefängnis Selbst-
mord.
Neben dem Anwaltsberuf im
Verlags-, Kunst- und Zeitschrif-
tenwesen tätig, auch Schrift-
steller
*li; Liste 36; Göpp., S. 234; BG:
BAK, Kartei schulpfl. Kinder; BAP
15.09 RSA, Friedh.W.Sterbereg.;
LAB, Liste 15.10.33

Landsberger, Egon Dr.
18.2.1896 Berlin -
29.1.1941 Dachau
Stierstr. 5, Schöneberg
Markgrafenstr. 43, W 56
T: A 6 Merkur 3840
Die Ehefrau Jenny geb. Weichert
galt als nicht-jüdisch; L. war
noch bis zum allgem. Berufsverbot 1938 als Anwalt tätig;
wurde in Dachau umgebracht.
*li; Liste 36; BG: BAK, GB, Kartei
schulpfl. Kinder; Jüd.Adr.B.; BAP
15.09 RSA; LAB, OFP-Akten;
Friedh.W.Sterbereg.; LAB, Liste
15.10.33; BAL, PAK

Landsberger, Friedrich Dr.
24.5.1889 Rosenberg - k.A.
Hohenzollerndamm 47 a, Wilmersdorf, Grunewald
Kurfürstendamm 206/207, W 15
T: J 1 Bismarck 3754
War bis zum allgem. Berufsverbot 1938 als Anwalt tätig; Emigration am 14.12.1939.
*li; Liste 36; BG: BAK, Kartei
schulpfl. Kinder; Jüd.Adr.B.; BAP,
15.09 RSA; LAB, OFP-Akten;
LAB, Liste 15.10.33; BAL, PAK

**Landsberger, (Hans) Herbert
Dr.**
19.6.1905 Berlin-
14.7.1981 Ridgefield
priv.: k.A.
Invalidenstr. 111, NW 4
Berufsverbot im Frühjahr 1933,
vorher am Kammergericht zugelassen; Emigration nach Frank-

reich, Paris; 1939 interniert,
1942 nach Spanien entkommen;
1943 in die USA, New York,
übergesiedelt, in den USA
gestorben.
LAB, Liste d. nichtzugel. RA,
25.4.33; BG: Korr. Gys Landsberger; BAL, PAK

Landsberger, Kurt Dr.
20.2.1890 Berlin - 27.10.1978
priv.: k.A.
Hermann-Göring-Str. 1, W 9
T: B 2 Lützow 4431/32
L. hatte am Ersten Weltkrieg
teilgenommen; er selbst war
Dissident, die Ehefrau galt als
nicht-jüdisch. L. arbeitete seit
1921 bis zum Berufsverbot 1938
als Anwalt (ab 1927 auch als
Notar); von da ab war er als
„Konsulent" tätig; 1938 war er
zeitweilig im KZ Sachsenhausen
interniert, kam wieder frei. Mit
seiner Tätigkeit als „Konsulent"
verbesserte sich seine wirt-
schaftl. Lage; ihm gelang es zu
überleben. Am 8.7.1945 wurde
L. wieder als Anwalt zugelassen; er gehörte dem ersten Vorstand der Rechtsanwaltskammer bis zum 13.2.1963 an;
daneben war er Vorsitzender
des Ehrengerichts bis zum
6.5.1952 und vom 7.5.1952 -
19.2.1958 Beisitzer des Ehren-
gerichtssenats. L. wohnte und
praktizierte 1949 als Rechtsanwalt und Notar in Charlottenburg, Schlüterstr. 53.
*li; Liste 36; BG: LAB, OFP-Akten
BAP, 15.09 RSA; cjb; cje; Liste d.
Kons., 15.4.39; Ausk. Dombek,
RAK PA; LAB, Liste 15.10.33

Landsberger, Leopold Dr.
26.2.1887 - k.A.
priv.: k.A.
Hermann-Göring-Str. 1, W 9
T: B 2 Lützow 4431/32
War noch bis mind. 1936 als
Anwalt tätig; vermutlich nach
Holland emigriert.
*li; Liste 36; LAB, Liste 15.10.33;
BAL, PAK

Landsberger, Richard Dr.
k.A.
priv.: k.A.
Tempelhofer Ufer 23/24, SW
T: F 5 Bergmann 4104
War noch bis mind. 1936 als
Anwalt tätig; keine weiteren
Angaben.
*li; Liste 36; LAB, Liste 15.10.33

Landshoff, Fritz Dr.
1.1.1885 - 19.3.1938
Kottbusser Damm 9, SW 29
Dresdener Str. 3, SO 36
T: F 8 Oberbaum 4970
War noch bis ca. 1936 als
Anwalt tätig (zuletzt in der Pri-
vatwohnung); keine weiteren
Angaben.
*li; Liste 36; BG: Fried.W.Sterbe-
reg.; LAB, Liste 15.10.33; BAL,
PAK

Landshut, Arnold
30.5.1900 Neumark - k.A.
priv.: k.A.
Frankfurter Allee 18, O 34
RA seit 1925; Berufsverbot zum
7.6.1933, weil L. nach § 1 Abs.1
d. Ges. v. 7.4.1933 als Jude galt;
keine weiteren Angaben.
Br.B.32; LAB, Liste d. nichtzugel.
RA, 25.4.33; BAL, PAK; PA
65660

Langenbach, Otto Dr.
k.A.
priv.: k.A.
Potsdamer Str. 129/130, W 9
T: B 1 Kurfürst 9206
War noch bis mind. 1936 als
Anwalt tätig; keine weiteren
Angaben.
*li; Liste 36; LAB, Liste 15.10.33

Laserstein, Botho Dr.
31.7.1901 - 9.3.1955
k.A.
RA seit 1928 in der Kanzlei Max
Chodziesner; Berufsverbot im
Juni 1933; emigrierte 1933 nach
Frankreich; war dort 1936-40
Übersetzer im französischen
Postministerium; 1940-51 Gym-
nasiallehrer für Englisch und
Deutsch; zuletzt in Dijon. Frau
und Tochter wurden 1943 aus

Frankreich deportiert und umgebracht, wie auch Eltern und Bruder. L. kehrte 1951 nach Deutschland zurück und übernahm eine Stelle als Staatsanwalt, später als Richter in Düsseldorf. Äußerte sich öffentlich deutlich gegen die Einführung der Todesstrafe. Wegen verschiedener Veröffentlichungen, aus denen eine homosexuelle Neigung abgeleitet wurde, wurde L. als Hilfsrichter nach Essen versetzt und letztendlich suspendiert. Dem war eine verdeckte rufschädigende Ermittlung vorangegangen. L. beantragte noch die Aufnahme als Bruder in ein Kloster; unternahm nach seiner Kündigung einen ersten Suizidversuch; Selbstmord im März 1955. Veröffentlichte politische Essays
BAL, PAK; *Ausk. E. Proskauer; Hoven, Herbert (Hg.): Der unaufhaltsame Selbstmord des Botho Laserstein; Göpp.*, S. 345/6

Laskau, Alfred Dr.
18.9.1881 Grünberg - verschollen, Minsk
Duisburger Str. 19, Wilmersdorf/ Mommsenstr. 3, Charlottenburg
Kanzlei: k.A.
Datum der Vermögenserklärung: 9.11.1941, Sammellager Levetzowstr. 7-8, Deportation mit dem 5. Transport (14.11. 1941) nach Minsk, dort verschollen.
Jüd.Adr.B.; BG: *g*, BAK, GB; BAP, 15.09 RSA; LAB, OFP-*Akten*; BAL, PAK

Lasker, Franz Dr.
k.A.
priv.: k.A.
Wilhelmstr. 98, Strausberg
War bis 25.2.1936 als Anwalt tätig (Notariat vorher entzogen).
li; *Liste 36*; LAB, *Liste 15.10.33*

Latte, Felix
19.4.1886 Berlin - k.A.
Barbarossastr. 44, W 30
Stresemannstr. 103
T: B 1 Kurfürst 4582/83
RA und Notar; Emigration nach China, Shanghai, am 8.5.1939.
li; *Liste 36*; BG; LAB, OFP-*Akten*; LAB, *Liste 15.10.33*

Latte, Max, JR.
13.6.1857 - 10.11.1934
Martin-Luther-Str. 88, W 30
Martin-Luther-Str. 88, W 30
T: B 6 Cornelius 4650
RA und Notar; starb im Alter von 77 Jahren.
li; BG: *Friedh.W.Sterbereg.*; LAB, *Liste 15.10.33*

Lazar, Walter (Simon)
4.9.1880 Königsberg - Auschwitz
Levetzowstr. 13, NW 87/ Grolmanstr. 32, Charlottenburg
Neue Kantstr. 1, Charlottenburg
T: J 3 Westend 5951
War noch bis mind. 1936 als Anwalt tätig (Notariat vorher entzogen); Datum der Vermögenserklärung: 7.1.1943; Sammellager Große Hamburger Str. 26; Deportation mit dem 26. Transport (12.1.1943) nach Auschwitz, dort verschollen
li; *Liste 36*; BG: *g*, BAK, GB; BAK, *Kartei schulpfl. Kinder*; BAP, 15.09 RSA; LAB, OFP-*Akten*; LAB, *Liste 15.10.33*; BAL, PAK

Lazarus, Hans Dr.
19.12.1887 Berlin - k.A.
priv.: k.A.
Potsdamer Str. 122/123, W 35
RA seit 1918, Notar seit 1929; Berufsverbot zum 9.6.1933, weil er nach § 1 Abs.1 d. Ges. v. 7.4. 1933 als Jude galt; keine weiteren Angaben.
Br.B.32; *Liste d. nichtzugel.* RA, 25.4.33; BAL, PAK, PA 65981

Lebin, Ernst Dr.
k.A.
priv.: k.A.
Friedrichstr. 44, SW 68
T: A 7 Dönhoff 1931 u. 1935
War noch bis mind. 1936 als

Anwalt tätig; keine weiteren Angaben.
li; *Liste 36*; LAB, *Liste 15.10.33*

Ledermann, Franz
16.10.1889 Hirschberg - k.A.
Genthiner Str. 5, Schöneberg
Genthiner Str. 5 a, Schöneberg
Berufsverbot im Frühjahr 1933; Emigration in die Niederlande, Amsterdam, am 1.10.1933.
Br.B.32; LAB, *Liste d. nichtzugel.* RA, 25.4.33; BG: OFP-*Akten*; BAL, PAK

Leffmann, Ernst Dr.
23.4.1899 Köln - k.A.
priv.: k.A.
Fasanenstr. 67, W 15
T: J 15 Bismarck 1118
Hatte ein Examen mit „sehr gut" bestanden; RA seit 1926; Berufsverbot zum 13.7.1933, weil L. nach § 1 Abs.1 d. Ges. v 7.4.1933 als Jude galt.
Br.B.32; *Liste d. nichtzugel.* RA, 25.4.33; BAL, PAK; PA 66029

Lehmann, Alfred Dr.
7.1.1898 Berlin - k.A.
Freisinger Str. 15, W 30
Nassauische Str. 36, Wilmersdorf
T: H 6 Emser Platz 5531
RA und Notar; war noch bis mind. 1936 als Anwalt tätig; hat mit großer Sicherheit überlebt.
li; *Liste 36*; BG: BAP, 15.09 RSA; LAB, OFP-*Akten*; LAB, *Liste 15.10.33*

Lehmann, Manfred Dr.
23.9.1897 - k.A.
Weberstr. 51, NO 15
Bayerische Str. 33, W 30
Die Zulassung wurde am 4.10. 1937 gelöscht; Emigration nach Palästina.
li; *Liste 36*; BG: LAB, OFP-*Akten*; LAB, *Liste 15.10.33*; BAL, PAK

Lehmann, Siegfried Dr.
16.4.1874 Neustettin - 7.2.1943 Berlin
Gerlachstr. 18-21, Potsdam-Babelsberg (Altersheim);

Auguststr. 16, N 4, (ab 29.12.42)
Kanzlei: k.A.
RA und Notar; starb 1943 im Alter von 68 Jahren.
BG: BAK, *Kartei schulpfl. Kinder*; BAK, *Emigr.- u. Sterbedatei*; LAB, OFP-*Akten*; *Friedh.W.Sterbereg.*

Leidert, Heinrich Dr.
26.8.1879 Deutsch-Nettkow - k.A.
Am Karlsbad 2, W 35
Am Karlsbad 2, W 35
T: B 1 Kurfürst 0833
Die Ehefrau Elisabeth geb. Knüppel galt als nicht-jüdisch; L. wurde 1933 die Zulassung als Notar entzogen; war noch bis mind. 1936 als Anwalt tätig. Emigration nach China, Shanghai, am 21.8.1939; Rückkehr nach Berlin, Steglitz.
li; *Liste 36*; BG: BAP, 15.09 RSA; LAB, OFP-*Akten*; *cje*; LAB, *Liste 15.10.33*

Leiser, Hermann
26.8.1880 Thorn - 25.5.1937 Berlin
priv.: k.A.
Schönhauser Allee 87, Hohenschönhausen
T: D 4 Humboldt 4265
RA und Notar; Berufsverbot als Notar 1933; L. starb 1937 im Alter von 57 Jahren. Wie sein Sohn, der Filmemacher Erwin Leiser sich erinnern wird, starb der Vater vor Kummer; er ist in Weissensee beigesetzt. Seine Frau floh nach England, der Sohn Erwin folgte ihr über Schweden.
li; *Br.B.32*; *Liste 36*; BG: *BHdE 1933, Bd.2,2*; BAL, PAK, *Ausk. R. Gundelach (Steuerberaterin) mit Verweis auf den Film „Pimpf war jeder"*.

Lelewer, Hermann Dr.
9.8.1891 Posen - 20.7.1946 Tel Aviv
priv.: k.A.
Tauentzienstr. 13, W 50
Berufsverbot im Frühjahr 1933; Emigration nach Großbritannien im März 1933; nach Palästi-

na 1934, wo er 1946 gestorben ist.
Br.B.32; LAB, *Liste d. nichtzugel.* RA, 25.4.33; BG: BHdE 1933, B*d*.1; BAL, PAK

Lemchen, Heinrich
23.11.1879 Czarnikau - k.A.
Adalbertstr. 7, SO 36
Adalbertstr. 7, SO 36
T: F 8 Oberbaum 7108
RA und Notar; Emigration nach Brasilien, Porto Alegre, am 30.12.1936; die Zulassung als Anwalt wurde erst 1938 gelöscht, das Notariat vorher entzogen.
*li; *Liste* 36; BG: LAB, OFP-Akten; LAB, *Liste* 15.10.33

Lenk, Arthur
30.4.1882 Berlin - k.A.
Kleine Präsidentenstr. 3, C 2
Kleine Präsidentenstr. 3, C 2
T: D 1 Norden 33987
War noch bis zur Entziehung seiner Zulassung in der Folge eines Ehrengerichtsverfahrens im Mai 1936 als Anwalt tätig; keine weiteren Angaben.
*li; *Liste* 36; BG: LAB, OFP-Akten; ; LAB, *Rep.* 68; Acc. 3017 Nr. 23; BAL, PAK

Lenzen, Felix Dr., JR.
10.1.1866 Trebnitz - k.A.
Helmstedter Str. 12, Wilmersdorf
Leipziger Str. 105, W 8
T: A 2 Flora 4812
War noch bis mind. 1936 als Anwalt tätig; keine weiteren Angaben.
*li; *Liste* 36; BG: *cjb*; LAB, *Liste* 15.10.33

Lenzen, Georg
16.11.1875 Schwiebus - k.A.
Schönhauser Allee 8, N 54
Knesebeckstr. 72/73, Charlottenburg 2
T: J 1 Bismarck 1809
War noch bis mind. 1936 als Anwalt tätig; keine weiteren Angaben.
*li; *Liste* 36; BG: LAB, OFP-Akten; LAB, *Liste* 15.10.33

Leopold, Botho Dr.
21.6.1900 Hannover - k.A.
priv.: k.A.
Heilbronner Str. 13, W 30 bzw. Bozener Str. 13-14
RA seit 1932; Berufsverbot zum 27.5.1933, weil L. nach § 1 Abs.1 d. Ges. v. 7.4.1933 als Jude galt; keine weiteren Angaben.
LAB, *Liste d. nichtzugel.* RA, 25.4.33; BAL, PAK

Less, Siegfried Dr.
25.6.1893 - k.A.
priv.: k.A.
Schönhauser Allee 136, N 58
Berufsverbot im Frühjahr 1933; keine weiteren Angaben.
LAB, *Liste d. nichtzugel.* RA, 25.4.33; BAL, PAK

Lesser, Alfred Dr.
26.1.1885 Berlin - k.A.
Stromstr. 4, Charlottenburg
Kurfürstendamm 224, W 15
T: J 1 Bismarck 4719
Die Ehefrau Rosa geb. Buthe (*7.8.1899) galt als „arisch"; L. wurde in Sachsenhausen inhaftiert; nach der Freilassung Emigration nach Australien, Melbourne, am 30.4.1939.
*li; *Liste* 36; BG: LAB, OFP-Akten; *cjb*; LAB, *Liste* 15.10.33; BAL, PAK

Lesser, Friedrich Karl
19.7.1871 Berlin - k.A.
priv.: k.A.
Habsburger Str. 12, W 30
T: B 7 Pallas 1335
Die Ehefrau galt als nichtjüdisch, L. selbst als „Mischling"; er war evangelischer Religion; keine weiteren Angaben.
*li; BG: BAP, 15.09 RSA; LAB, *Liste* 15.10.33, *Liste Mschlg.*36

Lesser, Ludwig
20.10.1882 Königsberg - k.A.
Landhausstr. 13, Wilmersdorf
Tiergartenstr. 2, W 35
T: B 1 Kurfürst 1766
RA und Notar; nachdem ein Vertretungsverbot ergangen war, wurde A. ab Ende April

wieder in Prozessen zugelassen; Emigration in die USA am 12.10.1939; L.s Ehefrau Elsbeth geb. Hahne galt als nichtjüdisch.
*li; LAB, *Liste d. nichtzugel.* RA, 25.4.33; BAP, 15.09 RSA; LAB, OFP-Akten, *cjb*; LAB, *Liste* 15.10.33; BAL, PAK

Lesser, Martin Dr.
9.3.1884 - 25.1.1935
priv.: k.A.
Charlottenstr. 55, W 8
T: A 2 Flora 5043
L. starb 1935 im Alter von 50 Jahren.
*li; BG: *Friedh.W.Sterbereg.*; *Walk*, S. 223

Leszynski, Eduard Dr.
k.A.
priv.: k.A.
Bayreuther Str. 36, W 62,
T: B 5 Barbarossa 1977
L.s Zulassung wurde am 18.6. 1935 gelöscht; keine weiteren Angaben.
*li; LAB, *Liste* 15.10.33

Levi, Alfred Dr.
27.11.1877 Nordhausen - k.A.
Zähringerstr. 26, Wilmersdorf
Hubertus-Allee 14, Grunewald
T: J 7 Hochmeister 2303
L.s Ehefrau Charlotte geb. Borhat war nicht-jüdisch, er selber hatte sich vom jüd. Glauben gelöst, war gleichwohl „Sternträger"; noch bis 16.9.1938 als Anwalt tätig; lebte nach 1945 unter o.g. Anschrift.
*li; *Liste* 36; BG: BAP, 15.09 RSA; *cje*; LAB, *Liste* 15.10.33

Levin-Goldschmidt, Robert Dr., JR.
3.5.1863 Berlin - 9.3.1936 Berlin
priv.: k.A.
Französische Str. 557/58, W 8
T: A 2 Flora 3002
Starb im Alter von 73 Jahren in Berlin.
*li; *Liste* 36; BG: *cjb*; BHdE 1933, B*d*. 1 (*Grant, Hubert B.*); LAB, *Liste* 15.10.33

Levinsohn, Heinrich
7.6.1894 Berlin - 1945 Palästina
priv.: k.A.
Dorotheenstr. 77/78, NW 7
T: A 6 Merkur 2326
L. war neben seiner anwaltlichen Tätigkeit aktiv im Kampf gegen den Antisemitismus. Die Zulassung wurde am 1.10.1935 gelöscht; Auswanderung nach Palästina; dort in der Organisation der Einwanderer aus Mitteleuropa (Irgun Olej Merkas Europa) tätig.
*li; LAB, *Liste* 15.10.33; BAL, PAK; *Walk*, S. 226

Levot, Hans Dr.
3.4.1896 Köln - k.A.
Kaiserkorso 152, Tempelhof
Kaiserkorso 152, Tempelhof
T: F 6 Baerwald 2391
Die Ehefrau galt als nichtjüdisch; L. selbst als „Mischling"; er war katholischer Religion und hatte am Ersten Weltkrieg teilgenommen; keine weiteren Angaben.
*li; BG: BAP, 15.09 RSA; LAB, *Liste* 15.10.33, *Liste Mschlg.*36

Levy, Arthur I Dr.
k.A.
Rosenthaler Str. 34-35, C 54
Rosenthaler Str. 34-35, N 54
T: D 2 Weidendamm 1575
War noch bis mind. 1936 als Anwalt tätig; keine weiteren Angaben.
*li; *Liste* 36; BG: LAB, OFP-Akten; LAB, *Liste* 15.10.33

Levy, Arthur II Dr.
k.A.
priv.: k.A.
Friedrichstr. 208, SW 68
T: A 1 Jäger 2756
(später Mohrenstr. 6)
RA und Notar; war noch bis mind. 1936 als Anwalt tätig (Notariat vorher entzogen).
*li; *Liste* 36; LAB, *Liste* 15.10.33

Levy, Ernst Dr.
23.12.1881 - 26.3.1934
Westfälische Str. 17, Wilmersdorf

Kurfürstendamm 216, W 15
RA und Notar; lt. handschriftlicher Eintragung in der im LAB befindlichen, bearbeiteten Liste vom 15.10.1933 ist L. am 26.3.1934 verstorben.
*li; LAB, *Liste* 15.10.33

Levy, Felix Dr.
10.10.1886 Königsberg - k.A.
Reichstr. 24, Charlottenburg
Ritterstr. 11, S 42
T: F 1 Moritzplatz 4111
Emigration am 20.3.1939, lebte 1950 in Düsseldorf.
*li; *Liste* 36; BG: LAB, OFP-Akten; LAB, *Liste* 15.10.33; BAL, PAK

Levy, Fred Dr.
27.9.1898 - k.A.
Kaiserallee 17, W 15
Joachimsthaler Str. 3, Charlottenburg
T: J 1 Bismarck 357
L. war schwerbeschädigt, hatte im Ersten Weltkrieg den linken Arm verloren; war nach dem

Berufsverbot 1938 als Anwalt (Notariat vorher entzogen) bis 1941 als „Konsulent" tätig; Emigration in die USA 1941; beantragte dort ein Stipendium, wurde aber abgelehnt, weil er zu alt und zudem schwerbeschädigt war. L. hatte Schwierigkeiten, seinen Lebensunterhalt zu bestreiten, da er wegen

seiner Schwerbeschädigung keine körperlich schweren Arbeiten verrichten konnte; keine weiteren Angaben zum Schicksal.
*li; *Liste* 36; NY *Publ. Lib.* (*Am. Com.*) Levy, *Fred*; BG: LAB, OFP-Akten, Akte L., *Fred*: (s.a. Akte *Klein, Osias*); *Liste d. Kons.*, 15.4.39; LAB, *Liste* 15.10.33

Levy, Friedrich Franz
20.10.1888 Berlin - k.A.
priv.: k.A.
Friedrichstr. 208, SW 68
RA (seit 1919) und Notar (seit 1929); Berufsverbot im Frühjahr 1933 als Anwalt und Notar, weil er als Jude galt; keine weiteren Angaben.
Br.B.32; *Liste d. nichtzugel.* RA, 25.4.33; BAL, PAK; PA 66425

Levy, Georg Dr.
26.8.1879 - 5.3.1938
Engeldamm 8, Mitte
Köpenicker Str. 103, SO 16
T: F 7 Jannowitz 2859
War noch bis mind. 1936 als Anwalt tätig, in einer Kanzlei mit Hans L. (vermutlich der Bruder); starb 1938 im Alter von 58 Jahren.
*li; *Liste* 36; BG: *Friedh.W.Sterbereg.*; LAB, *Liste* 15.10.33

Levy, Hans
15.4.1885 Berlin - verschollen, Riga
Engeldamm 8, SO 16, Mitte
Köpenicker Str. 103, SO 16
T: F 7 Jannowitz 2859
RA und Notar; war noch bis mind. 1936 als Anwalt tätig, in einer Kanzlei mit Georg L. (vermutlich der Bruder); L. arbeitete zuletzt zwangsweise als Fahrer. Datum der Vermögenserklärung: 24.11.1941; Sammellager Levetzowstr. 7-8; Deportation mit dem 7. Transport (27.11. 1941) nach Riga, verschollen.
*li; *Liste* 36; BG: *g*, BAK, GB.; BAP, 15.09 RSA; LAB, OFP-Akten; LAB, *Liste* 15.10.33; BAL, PAK

Levy, Hans J.
18.12.1902 - k.A.
priv.: k.A.
Landsberger Allee 125, NO 18
T: E 4 Alexander 3001
RA seit 1929; Berufsverbot zum 7.6.1933, weil L. nach § 1 Abs.1 d. Ges v. 7.4.1933 als Jude galt; Emigration über Frankreich nach Australien, Sydney.
Br.B.32; LAB, *Liste d. nichtzugel.* RA, 25.4.33; BG: LAB, OFP-Akten; BAL, PAK

Levy, Hugo, JR.
24.12.1897 - 28.3.1936
Seydelstr. 13, C 19
Seydelstr. 13, C 19
T: A 6 Merkur 1274
War bis zu seinem Tod 1936 als Anwalt tätig.
*li; *Liste* 36; BG: LAB, OFP-Akten; LAB, *Liste* 15.10.33; BAL, PAK

Levy, Jack (Jakob)
6.5.1889 - k.A.
Trautenaustr. 16, Wilmersdorf
Tauentzienstr. 6
RA und Notar; Kanzlei vor Okt. 1933 aufgegeben; Emigration 1939.
Br.B.32; BG: LAB, OFP-Akten; BAL, PAK

Levy, Kurt Dr.
24.7.1898 Guben - verschollen, Auschwitz
Trautenaustr. 20, Wilmersdorf/ Motzstr. 74, Wilmersdorf
Motzstr. 35, W 30
T: B 5 Barbarossa 4373
RA und Notar; war bis zum allgem. Berufsverbot 1938 als Anwalt tätig (Notariat vorher entzogen); noch als „Konsulent" zugelassen. Deportation mit dem 91. Alterstransport (16.6.1943) nach Theresienstadt, später nach Auschwitz; dort verschollen.
*li; *Liste* 36; BG: *g*, BAK, GB, BAK, *Kartei schulpfl. Kinder*; *Jüd.Adr.B.*; BAP, 15.09 RSA; LAB, OFP-Akten, LAB, ITS *Transportlisten*; *Liste d. Kons.*, 15.3.1939; LAB, *Liste* 15.10.33; BAL, PAK

Levy, Martin
11.2.1878 Berlin - Auschwitz
Habsburger Str. 11/Schwäbische Str. 29, W 30, Schöneberg
Potsdamer Str. 31 a
RA und Notar; die Ehefrau Olga geb. Schwahn galt als nichtjüdisch; L. war noch bis mind. 1936 als Anwalt tätig; zuletzt als Arbeiter beschäftigt. Datum der Vermögenserklärung: 1.3.1943; Deportation mit dem 34. Transport (4.3.1943) nach Auschwitz, dort verschollen.
Br.B.32; *Liste* 36; BG: *g*, BAK, GB, BAP, 15.09 RSA; LAB, OFP-Akten; *cje* (Akte L., *Gustav*); LAB, *Liste* 15.10.33

Levy, Rudolf Dr.
15.10.1892 - k.A.
priv.: k.A.
Badensche Str. 13, Wilmersdorf
Berufsverbot im Frühjahr 1933; keine weiteren Angaben.
LAB, *Liste d. nichtzugel.* RA, 25.4.33; BAL, PAK

Levy, Siegbert Dr.
2.2.1891 - k.A.
priv.: k.A.
Kantstr. 8, Charlottenburg
Berufsverbot im Frühjahr 1933; keine weiteren Angaben.
Br.B.32; LAB, *Liste d. nichtzugel.* RA, 25.4.33; BAL, PAK

Lewek, Leo Dr.
12.11.1889 - 24.4.1936
priv.: k.A.
Meraner Str. 11, Schöneberg
T: G 1 Stephan 9506
RA und Notar; war bis zu seinem Tod 1936 als Anwalt tätig, starb im Alter von 46 Jahren.
*li; *Liste* 36; LAB, *Liste* 15.10.33; BAL, PAK

Lewin, Alfred Dr.
18.5.1902 - k.A.
priv.: k.A.
Mohrenstr. 48, W 8
Berufsverbot im Frühjahr 1933, vorher am Kammergericht zugelassen.
Br.B.32; LAB, *Liste d. nichtzugel.* RA, 25.4.33; BAL, PAK

Lewin, Heinrich Dr.
12.1.1887 - k.A.
priv.: k.A.
Frankfurter Allee 85, O 112
T: E 8 Andreas 0751

Berufsverbot als RA und Notar
im Frühjahr 1933, tätig in einer
Sozietät mit Willy Alterthum
Br.B.32; LAB, *Liste d. nichtzugel.*
RA, 25.4.33; BAL, PAK

Lewin, Martin Dr.
29.9.1884 Berlin - k.A.
Meinekestr. 5, W 15
Friedrichstr. 77, W 8
T: A 1 Jäger 1253
War noch im Okt. 1933 zugelas-
sen; Emigration nach Panama
am 12.12.1940; keine weiteren
Angaben.
li; Liste 36; BG: BAP, 15.09
RSA; *Emigrations- u. Sterbedatei;*
LAB, OFP-Akten; LAB, *Liste*
15.10.33; BAL, PAK

Lewin-Bauer, Arthur Dr.
18.2.1885 Berlin - k.A.
Bayerische Str. 9, Schöneberg
Königstr. 48, C 2
T: E 2 Kupfergraben 1072
RA und Notar; war bis zum all-
gem. Berufsverbot (1935 als
Notar, 1938 als Anwalt) tätig;
Emigration nach Übersee.
li; Liste 36; BG: LAB, OFP-Akten
(*s. Akte Hamburg Amerika-Linie*,);
LAB, *Liste* 15.10.33; BAL, PAK

Lewinneck, Siegfried
22.12.1883 - 22.2.1937
priv.: k.A.
Neue Schönhauer Str. 10, N 54
T: D 2 Weidendamm 2455
Starb 1937 im Alter von 54 Jahren; in Berlin beigesetzt.
li; Liste 36; BG: *Friedh.W.Sterbe-
reg.*; LAB, *Liste* 15.10.33; BAL,
PAK

Lewinnek, Ernst Dr.
7.4.1898 Schwedt - k.A.
priv.: k.A.
Gertraudenstr. 23, C 19
RA seit 1924; Berufsverbot zum
10.6.1933, weil er nach § 1
Abs.1 d. Ges.v. 7.4.1933 als Jude
galt; L. emigrierte im Juni 1940
nach China, Shanghai.
Br.B.32; *Liste d. nichtzugel.* RA,
25.4.33; BAL, PAK; BG: LAB,
OFP-Akten; *Aufbau* (NY), 26.4.46

Lewinski, Moritz
6.10.1881 - k.A.
priv.: k.A.
Neue Königstr. 43, NO 43
T: E 2 Kupfergraben 1622
War noch bis mind. 1936 als
Anwalt tätig; lebte nach 1945 in
Spandau..
li; Liste 36; LAB, *Liste* 15.10.33;
BAL, PAK; BG: BAP, 15.09 RSA;
OFP-Akten, LAB, *cje*

Lewinsky, Hans Benjamin Dr.
12.10.1907 Berlin - k.A.
Heilbronner Str. 13, Schöneberg
Stresemannstr. 12, SW 11
Berufsverbot im Frühjahr 1933;
Emigration in die USA am
23.12.1938.
Liste d. nichtzugel. RA, 25.4.33;
BG: LAB, OFP-Akten; BAL, PAK

Lewinsohn, Alfred
28.8.1885 - k.A.
priv.: k.A.
Breite Str. 40, Pankow
T: D 8 Pankow 1014
(später Schönhauser Allee 172)
War noch bis 14.8.1936 als
Anwalt tätig; keine weiteren
Angaben.
li; Liste 36; LAB, *Liste* 15.10.33;
BAL, PAK

Lewinsohn, Georg Dr.
16.1.1880 Berlin -
verschollen, Auschwitz
Potsdamer Str. 16, Tiergarten
Eichhornstr. 8, W 9
T: B 1 Kurfürst 1103
RA und Notar; als Notar am
3.7.1833 entlassen, Zulassung
als Anwalt wurde am 17.10.1935
gelöscht; keine weiteren Angaben bis zur Vermögenserklärung
vom 5.3.1943; Deportation mit
dem 35. Transport (6.3.1943)
nach Auschwitz, dort verschollen.
*li; BG: g, BAK, GB.; LAB, OFP-
Akten (s.a. Akte Firma Albert
Eduard Friedländer); BAP, 15.09
RSA; LAB, Liste 15.10.33; BAL,
PAK*

Lewinsohn, Josef Dr.
3.5.1882 Elbing - verschollen
Rückerstr. 8, N 54, Mitte
Lennéstr. 10, W 9
War noch bis mind. 1936 als
Anwalt zugelassen; deportiert
mit dem 10. Transport (25.1.
1942) nach Riga, verschollen.
li; Liste 36; BG: BAP, 15.09
RSA; BAK, GB, LAB, OFP-Akten
(KK *Levinsohn, Joseph Albert*);
LAB, *Liste* 15.10.33

Lewinsohn, Max Dr., JR.
15.11.1871 Berlin -
12.2.1943, Auschwitz
Mommsenstr. 66, Charlottenburg
Landsberger Str. 66/67, C 25
T: E 2 Kupfergraben 4665
L.s Zulassung wurde am 1.1.
1937 gelöscht, das Notariat vorher entzogen; er wanderte in
die Niederlande aus, dort
wurde er von den Verfolgern
eingeholt und am 9.2.1943 nach
Auschwitz deportiert; für tot
erklärt.
li; *Liste* 36; BG: g, BAK, GB
(*Schicksal: für tot erklärt*); LAB,
OFP-Akten (Akte *Kareski, Adolfine
geb. Kalischer*); LAB, *Liste*
15.10.33

Lewy, Fritz Dr.
23.8.1898 Insterburg - k.A.
Turiner Str. 48, N 65, Wedding
Neue Königstr. 19 c, NO 43
T: E 3 Königstadt 4053
Die Ehefrau Charlotte geb.
Lutinski galt als nicht-jüdisch,
L. selbst hatte sich vom jüd.
Glauben gelöst; die Ehe galt als
privilegiert. L. war noch bis
mind. 1936 als RA tätig; er
wurde nach 1945 wieder als
Anwalt zugelassen.
li; Liste 36; BG: LAB, OFP-
Akten, BAP, 15.09 RSA; *cje*; LAB,
Liste 15.10.33; BAL, PAK; RAK,
PA

Lewy, Georg
2.2.1880 - k.A.
priv.: k.A.
Kurfürstendamm 38/39, W 15
T: J 1 Bismarck 9269
RA und Notar; war noch bis
mind. 1936 als Anwalt tätig
(Notariat vorher entzogen).
li; Liste 36; LAB, *Liste* 15.10.33;
BAL, PAK

Leyser, Benno Dr.
31.5.1879 Charlottenburg -
verschollen, Auschwitz
Berliner Str. 111, Charlotten-
burg
Berliner Str. 127, Charlotten-
burg
T: C 4 Wilhelm 0716
War noch bis mind. 1936 als
Anwalt tätig; keine weiteren
Angaben bis zur Vermögenser-
klärung am 28.12.1942, Sam-
mellager Große Hamburger Str.
26, Deportation mit dem 26.
Transport (12.1.1943) nach
Auschwitz, dort verschollen.
li; Liste 36; BG: g, BAK, GB.;
BAP, 15.09 RSA; LAB, OFP-
Akten; LAB, *Liste* 15.10.33

Leyser, Fritz
10.11.1883 Königsberg - k.A.
Meierottostr. 10, Wilmersdorf
Kanzlei: k.A.
RA und Notar; zum 30.6.1933
als Notar entlassen; am
11.6.1934 wurde die Zulassung
als Anwalt gelöscht; Emigration

nach Spanien.
BG: LAB, OFP-Akten; *cjb*; BAL, PAK

Licht, Ernst Dr.
24.9.1900 Berlin - k.A.
priv.: k.A.
Martin-Luther-Str. 90, W 30
Teilnahme am Ersten Weltkrieg, keine Anerkennung als Frontkämpfer; L. wurde zum 31.5.1933 mit Berufsverbot belegt, weil er nach § 1 Abs.1 d. Ges. v. 7.4.1933 als Jude galt; keine weiteren Angaben.
LAB, *Liste d.nichtzugel. RA*, 25.4.33; BAL, PAK; PA 66493

Lichtwitz, Max
7.5.1902 Berlin -
16.12.1942 Auschwitz
Kantstr. 30, Charlottenburg
Kronenstr. 4/5, W 8
T: A 1 Jäger 0921
Vertretungsverbot im April 1933; war im Okt. 1933 wieder zugelassen; nach dem allgem. Berufsverbot 1938 noch als „Konsulent" tätig, vermutl. nur 1939 (auf Briefbogen vom 28.7.1939 ist der Beruf gestrichen); zuletzt Angestellter der JKV. Datum der Vermögenser-

klärung: 5.12.1942, Sammellager Große Hamburger Str. 26; Deportation mit dem 24. Transport (9.12.1942) nach Ausch-

witz, dort fünf Tage später ermordet.
li; Br.B.32; LAB, *Liste d. nichtzugel. RA*, 25.4.33; *Liste 36*; NY *Publ. Lib.* (Am.Com.) Jacob, Erwin; BG: *g*, BAK, GB; BAK, *Kartei schulpfl. Kinder*; BAP, 15.09 RSA; LAB, OFP-Akten (s.a. *Akte Ladewig, Hans Carl*); LAB, *Liste 15.10.33*; BAL, PAK

Liebeck, Siegfried Dr.
12.1.1885 - k.A.
priv.: k.A.

Königin-Augusta-Str. 7, W 9
T: B 1 Kurfürst 1006
RA und Notar; war noch bis mind. 1936 als Anwalt tätig (Notariat vorher entzogen); keine weiteren Angaben.
li; *Liste 36*; LAB, *Liste 15.10.33*

Liebenthal, Robert Dr., JR.
k.A.
priv.: k.A.
Martin-Luther-Str. 25, Schöneberg
Berufsverbot als RA und Notar im Frühjahr 1933; keine weiteren Angaben.
Br.B.32; LAB, *Liste d. nichtzugel. RA*, 25.4.33

Liebenthal, Werner Dr.
20.1.1888 Berlin - k.A.
priv.: k.A.
Martin-Luther-Str. 25,

T: G 1 Stephan 5449
RA (seit 1920) und Notar (seit 1926); Berufsverbot zum 6.7.1933, weil L. als Jude galt; keine weiteren Angaben.
BAL, PAK; PA 66523

Liebenwalde, Heinrich
16.3.1890 Berlin - k.A.
priv.: k.A.
Münzstr. 19, C 25
T: D 2 Weidendamm 2739
RA (seit 1918) und Notar (seit 1928); Berufsverbot zum 27.5.1933, weil L. als Jude galt. Mit dem 22. Transport (26.10.1942) „nach Osten" deportiert, wo er verschollen ist.
LAB, *Liste d. nichtzugel. RA*, 25.4.33; BAL, PAK; BG: BAK, GB, LAB, OFP-Akten

Liebert, Kurt Dr.
9.12.1882 - k.A.
priv.: k.A.
Ritterstr. 42/43, SW 68
T: A 7 Dönhoff 4924
RA und Notar; war noch bis 1938 als Anwalt tätig (Notariat vorher entzogen).
li; *Liste 36*; LAB, *Liste 15.10.33*; BAL, PAK

Liebes, Curt Dr.
21.3.1892 Posen - 24.12.1951
Prager Platz 6, Wilmersdorf
Prager Platz 6, Wilmersdorf
T: H 7 Wilmersdorf 5979
RA und Notar; Emigration; starb 1951 im Alter von 59 Jahren.
li; BG: LAB, OFP-Akten; LAB, *Liste 15.10.33*; BAL, PAK

Liebling, Karl Dr.
22.9.1873 Leipzig - k.A.
An der Spandauer Brücke 7, C 2
An der Spandauer Brücke 4-5, C 2
T: D 2 Weidendamm 9340
Emigration nach Großbritannien, London, am 14.3.1939.
li; *Liste 36*; BG: LAB, OFP-Akten; LAB, *Liste 15.10.33*

Liebrecht, Hans Dr.
12.1.1899 - k.A.
priv.: k.A.
Kurfürstendamm 185, W 15
T: J 1 Bismarck 5125
War noch bis mind. 1936 als Anwalt tätig; keine weiteren Angaben.
li, Br.B.32; *Liste 36*; LAB, *Liste 15.10.33*; BAL, PAK

Liedtke, Ernst
8.5.1902 - k.A.
priv.: k.A.
Blumeshof 13, W 35
T: B 2 Lützow 6020
War noch im Okt. 1933 zugelassen; keine weiteren Angaben.
li; BAL, PAK

Liemann, Willy
14.9.1892 - k.A.
priv.: k.A.
Westarpstr. 1, W 30
War noch bis 1938 als Anwalt tätig; keine weiteren Angaben.
li; *Liste 36*; LAB, *Liste 15.10.33*; BAL, PAK

Liepmann, Kurt Dr.
21.7.1887 Oschersleben -
vor 15.5.1942
Xantener Str. 15 a, W 15, Wilmersdorf
Königstr. 22/24, C 2
T: E 1 Berolina 1953
(zuletzt in der Privatwohnung)
Emigration nach Belgien 1939;

1942 im Internierungslager
Camp de la Plage in Argelés sur
Mer, Bezirk Céret, dort verstorben.
*li; Liste 36; BG: BAP, 15.09
RSA; LAB OFP-Akten; LAB, Liste
15.10.33; BAL, PAK

Lindemann, Hugo
k.A. - 16.1.1936
priv.: k.A.
Potsdamer Str. 118, W 35
T: B 2 Lützow 5510
Keine näheren Angaben.
*li; LAB, Liste 15.10.33

Lindenstrauß, Erich
30.8.1899 - k.A.
priv.: k.A.
Motzstr. 14, W 30
RA seit 1926; Berufsverbot zum
10.6.1933, weil er nach § 1
Abs.1 d. Ges. v. 7.4.1933 als
Jude galt. Nach einem Schreiben seines Bruders Leo, der
ebenfalls RA war, ist Erich L.
nach Palästina ausgewandert
(1934), vermutlich auch sein
Bruder Walter L.
Br.B.32; LAB, Liste d. nichtzugel.
RA, 25.4.33; BAL, PAK; PA
66687

Lindenstrauß, Leo Dr.
8.4.1897 - k.A.
priv.: k.A.
Monbijouplatz 12, N 24
T: D 1 Norden 2287
RA und Notar; war noch bis
mind. 1936 als Anwalt tätig; mit
großer Sicherheit ausgewandert
wie sein Bruder Erich und vermutl. sein Bruder Walter L.
*li; Liste 36; BG: BAK, Kartei
schulpfl. Kinder; LAB, Liste
15.10.33; BAL, PAK

Lindenstrauß, Walter
12.3.1904 - k.A.
priv.: k.A.
Große Hamburgerstr. 20, N 24
RA seit 1930; Berufsverbot zum
13.7.1933, weil er nach § 1
Abs.1 d. Ges. v. 7.4.1933 als
Jude galt. Es ist anzunehmen,
daß Walter L. wie seine Brüder
Erich und Leo emigriert ist.

Br.B.32; LAB, Liste d. nichtzugel.
RA, 25.4.33; BAL; PAK PA 66689

Linz, Walter Dr.
14.1.1898 - k.A.
priv.: k.A.
Lützowstr. 83, W 3
T: B 1 Kurfürst 1009
War noch bis mind. 1936 als
Anwalt tätig; keine weiteren
Angaben.
*li; Liste 36; LAB, Liste 15.10.33;
BAL, PAK

Lion, Max Dr.
8.6.1883 Dortmund -
2.12.1951 New York
Kurfürstendamm 188, W 15
Kurfürstendamm 188, W 15
T: J 1 Bismarck 1024
1911–1935 RA und Notar; 1920
– 33 Dozent für Steuer- und
Finanzrecht an der Handelshochschule Berlin; 1927–33 Hg.
„Vierteljahresschrift für Steuer-
und Finanzrecht"; 1935 Emigration in die Niederlande, Amsterdam; 1937 in die USA, New
York.
li; BG: LAB, OFP-Akten; BHdE
1933, Bd.2,2; LAB, Liste 15.10.
33; BAL, PAK; Göpp., S. 299;
Walk, S. 238

Lion, Paul Dr.
8.2.1895 Bonn - k.A.
priv.: k.A.
Friedrichstr. 175, W 8
T: A 1 Jäger 1126
RA seit 1925; Berufsverbot zum
13.6.1933, weil L. nach § 1
Abs.1 d. Ges. v. 7.4.1933 als
Jude galt. L. war evangelisch; keine
weiteren Angaben.
Br.B.32; LAB, Liste d. nichtzugel.
RA, 25.4.33; BAL, PAK; PA
66752

Lipmann-Wulf, Fritz, JR.
4.2.1871 Berlin - Juni 1941
(26.10.1941?)
Keithstr. 12 bzw. 25, Tiergarten
Kronenstr. 8/9, W 8
T: A 2 Flora 1554
RA und Notar; evangelischer
Religion; arbeitete noch bis
mind. 1936 als Anwalt; beging

1941 Selbstmord in Berlin.
li; Liste 36; BG: g, BAP, 15.09
RSA; BHdE 1933, Bd.2,2 (L.,
Peter); BAP, 15.09 RSA; LAB,
OFP-Akten; cjb; LAB, Liste
15.10.33

Lippmann, Karl (Carl) Dr.
3.6.1892 Berlin - k.A.
Kurfürstendamm 196, Charlottenburg
Kurfürstendamm 233, W 50
T: J 1 Bismarck 2483
RA und Notar; war noch bis
Ende 1935 als Anwalt tätig; keine weiteren Angaben.
*li; Liste 36; BG: LAB, OFP-
Akten, KK; cjb; LAB, Liste
15.10.33; BAL, PAK

Lipschitz, Alfred (Aron)
2.10.1884 Flatow - k.A.
Wielandstr. 38, Charlottenburg
Behrenstr. 30, W 8
T: A 1 Jäger 0527
Emigration in die Niederlande,
Amsterdam, am 27.5.1939;
keine weiteren Angaben.
*li; Liste 36; BG: LAB, OFP-Akten
(s.a. Akte L., Fränze); BAL, PAK

Lipschitz, Hans Dr.
22.1.1893 - k.A.
priv.: k.A.
Mommsenstr. 31, Charlottenburg 4
T: J 6 Bleibtreu 1105
War noch bis mind. 1936 als
Anwalt tätig; keine weiteren
Angaben.
*li; Liste 36; LAB, Liste 15.10.33;
BAL, PAK

Lissauer, Fritz Dr.
k.A. - 7.3.1937
priv.: k.A.
Berliner Str. 4, Wilmersdorf
T: H 7 Wilmersdorf 4958
L. war neben seiner anwaltlichen Tätigkeit auch Komponist
von Liedern und Opern; arbeitete bis zu seinem Tod 1937 als
Anwalt.
*li; Liste 36; LAB, Liste 15.10.33;
Walk, S. 240

Lißner, Jakob, JR.
1.12.1869 Wronke -
verschollen, Auschwitz
Pfalzburger Str. 24, W 15, Wilmersdorf
Neue Königstr. 70
T: E 3 Königstadt 1320
War noch bis mind. 1936 als
Anwalt tätig; Deportation mit
dem 4. Großen Alterstransport
(17.3.1943) nach Theresienstadt, in Auschwitz verschollen.
*li; Liste 36; BAK, GB; BAP,
15.09 RSA, LAB, OFP-Akten;
LAB, Liste 15.10.33

Littauer, Alfred
17.3.1890 - k.A.
priv.: k.A.
Greifswalder Str. 46, NO
Berufsverbot als Anwalt und
Notar im Frühjahr 1933; keine
weiteren Angaben.
Br.B.32; BG: BAK, Kartei schulpfl.
Kinder; BAL, PAK

Litten, Hans Dr.
19.6.1903 Halle a.d. Saale -
4.2.1938 Dachau
Königstr. 20/21, C
L. war seit 1928 Anwalt in Berlin, er war bekannt geworden
mit seinen Verteidigungen kommunistischer Arbeiter, die sich
mit Nationalsozialisten körperlich auseinandergesetzt hatten
(u.a. Felseneck-Prozeß); im
Eden-Palast-Prozeß hatte Litten
die Zeugenvernehmung Hitlers
verlangt und ihn sich damit
zum intimen Feind gemacht. L.
war Sohn einer christl. Mutter,
selbst Protestant, verstand sich
als Streiter für Gerechtigkeit.
Selbst eher Einzelgänger und
Schöngeist, wurde er durch seinen Einsatz für Arbeiter, Kommunisten (teilw. im Auftrag der
Roten Hilfe) als Vertreter der
„linken Anwaltschaft" gesehen.
In der Folge des Reichstagsbrandes 1933 wurde L. festgenommen und in mehrere Konzentrationslager verschleppt.
Noch während der Haft wurde
L. verschleppt und mit einem
Berufsverbot belegt (JMinBl S.

203). Seine Mutter bemühte sich vergebens auf den höchsten Ebenen um seine Freilassung. In der Haft wurde er brutal gefoltert, dennoch arbeitete er bis zuletzt an einer Heliand-Übersetzung (Heliand: ca. 830 entstandenes altsächsisches Epos, anonym überliefert, erzählt in Stabreimen die Lebensgeschichte Christi.) L. nahm sich im KZ Dachau das Leben.
Liste nichtzugel. RA, 25. 4. 33; BAL, PAK; BG: g, Aufbau (NY), 1.8.47; Krach, S.434; Litten, Irmgard: Eine Mutter kämpft; Ausk. RA Abesser

Littmann, Ernst
14.4.1904 - k.A.
Berliner Str. 143, Charlottenburg
Belle-Alliance-Str. 106, SW 61
T: F 5 Bergmann 7273
Zulassung am 6.8.1935 gelöscht; Emigration nach Dänemark, Kopenhagen.
li; BG: LAB, OFP-Akten; LAB, Liste 15.10.33; BAL, PAK

Littmann, Herbert
2.5.1903 Berlin - k.A.
priv.: k.A.
Helmstedter Str. 5, Wilmersdorf
Berufsverbot zum 10.6.1933, weil L. nach § 1 Abs.1 d. Ges. v. 7.4.1933 als Jude galt; keine weitere Angaben.
LAB, Liste d. nichtzugel. RA, 25.4.33; BAL, PAK; PA 66807

Löb, Abraham Dr.
20.4.1884 - 3.11.1937
Güntzelstr. 3, Wilmersdorf
Güntzelstr. 3, Wilmersdorf
T: H 6 Emser Paltz 2958
War noch im Okt. 1933 zugelassen; im Alter von 53 Jahren verstorben.
li; Liste 36 (Lön); BG: Friedh. W.Sterbereg.; LAB, Liste 15.10.33; BAL, PAK

Löb, Alexander, JR.
11.2.1868 Elberfeld - k.A.
Prager Str. 23, W 50
Prager Platz 23
T: B 4 Bavaria 6468
War noch bis mind. 1936 als Anwalt zugelassen; Emigration über Belgien nach Argentinien, Buenos Aires, am 24.1.1939.
li; Liste 36; BG: LAB, OFP-Akten; LAB, Liste 15.10.33

Loebinger, Günther Dr.
17.11.1899 Schlesiengrube -
1.11.1944 Auschwitz
Brandenburgische Str. 38, W 15, Wilmersdorf
Friedrichstr. 182, W 8
T: A 2 Flora 3493
War bis zum allgem. Berufsverbot als Anwalt tätig; anschließend noch als „Konsulent" zugelassen. Datum der Vermögenserklärung: 18.6.1943, Sammellager Große Hamburger Str. 26; Deportation mit dem 94. Alterstransport (1.7.1943) nach Theresienstadt, von dort nach Auschwitz, wo er 1944 umgekommen ist.
li; Liste 36; Br.B.32; BG: g, BAK, GB; LAB, OFP-Akten; BAP, 15.09 RSA; LAB, ITS Transportlisten; LAB, Liste 15.10.33

Loebinger, Rudolf Dr.
29.1.1901 Berlin - k.A.
priv.: k.A.
Unter den Linden 39, NW 7
Berufsverbot zum 10.6.1933, weil L. nach § 1 Abs.1 d. Ges. v. 7.4.1933 als Jude galt; keine weiteren Angaben.
Br.B.32; Liste d. nichtzugel. RA, 25.4.33; BAL, PAK; PA 66850

Loeser, Erich Dr.
12.1.1908 Berlin - k.A.
priv.: k.A.
Konstanzer Str. 64, W 15
Berufsverbot zum 12.6.1933, weil er nach § 1 Abs.1 d. Ges. v. 7.4.1933 als Jude galt; keine weiteren Angaben.
LAB, Liste d. nichtzugel. RA, 25.4.33; BAL, PAK; PA 66873

Loevy, Fritz Dr.
26.12.1895 - k.A.
Köpenicker Str. 32, SO 16
Köpenicker Str. 32, SO 16
RA und Notar; nachdem ein Vertretungsverbot ergangen war, war L. doch wieder ab Ende April in Prozessen zugelassen; Emigration nach Großbritannien, Edgware (nach Angaben der Polizei im Jahre 1939 geflüchtet), später nach Brasilien.
li; Liste d. nichtzugel. RA, 25.4.33 (Nachtrag); BG: LAB, OFP-Akten; LAB, Liste 15.10.33; BAL, PAK

Loewe, Adolf, JR.
25.4.1860 - 1.3.1937 Berlin
Am Friedrichshain 34, Prenzlauer Berg
Am Friedrichshain 34, Prenzlauer Berg
T: E 3 Königstadt 4881
War noch bis Ende 1936 als Anwalt tätig.
li; Liste 36; BG: Friedh.W.Sterbereg.; LAB, Liste 15.10.33

Loewe, Alfons, JR.
30.12.1868 Rogasen -
28.12.1938
Meinekestr. 21, Charlottenburg
Potsdamer Str. 40, Spandau
T: C 7 Spandau 1216
War noch bis mind. 1936 als Anwalt tätig. Die Ehefrau Katharine geb. Diedrich galt als nicht-jüdisch; L. beging Selbstmord in Berlin.
li; Liste 36; BG: g, cje (Akte L., Katharine); LAB, Liste 15.10.33

Loewe, Arthur
27.12.1886 Berlin -
12.4.1942 Lodz
Schillerstr. 15, Charlottenburg
Marburger Str. 17, W 50
T: B 4 Bavaria 2028
RA und Notar; war noch bis mind. 1936 als Anwalt tätig; wurde zuletzt zwangsweise als Arbeiter eingesetzt; deportiert mit dem 3. Transport (27.10. 1941) nach Lodz, dort umgekommen.
li; Liste 36; BG: BAK, GB; BAP

15.09 RSA; LAB, OFP-Akten; Lodz-TL 15, Berlin III; LAB, Liste 15.10.33; BAL, PAK

Loewe, Edith geb. Schless
30.7.1903 Leipzig - k.A.
Helmstedter Str. 26, Wilmersdorf
Stresemannstr. 12, SW 11
Berufsverbot im Frühjahr 1933; Emigration nach Frankreich am 1.11.1933; Edith L. war die Ehefrau von Erich L.; beide überlebten.
Liste d. nichtzugel. RA, 25.4.33; BG: LAB, OFP-Akten; BAL, PAK

Loewe, Erich Dr.
23.9.1889 Breslau - k.A.
Helmstedter Str. 26, Wilmersdorf
Stresemannstr. 12, SW 11
RA und Notar; Berufsverbot im Frühjahr 1933; Emigration nach Frankreich, Neuilly, am 1.11. 1933. Erich L. war der Ehemann von Edith L.; beide überlebten.
Br.B.32; Liste d. nichtzugel. RA, 25.4.33; BG: LAB, OFP-Akten; BAL, PAK

Loewe, Ernst Dr.
k.A.
Nassauische Str. 64, Wilmersdorf
Kronenstr. 4/5, W 8
T: A 1 Jäger 0921
RA und Notar; L. war bis mind. 1936 als Anwalt tätig (Notariat

vorher entzogen); Emigration nach Argentinien.
*li; Liste 36; BG: LAB, OFP-Akten (Akte L., Dorothea); LAB, Liste 15.10.33

Loewe, Fritz
3.12.1873 Loslau - 7.3.1941
priv.: k.A.
Französische Str. 28, W 8
T: A 6 Merkur 795 u. 2123
L. hatte vermutlich bis zum Berufsverbot 1938 als Anwalt gearbeitet, in einer Sozietät mit Martin L; in Berlin beigesetzt.
*li; Liste 36; BG: BAK, Kartei schulpfl. Kinder; LAB, OFP-Akten; BAP, 15.09 RSA; Friedh.W.Stbereg.; LAB, Liste 15.10.33

Loewe, Josef Dr.
20.9.1878 Berlin - k.A.
Friedrichstr. 42, SW 68
Friedrichstr. 41/42, SW 68
T: A 7 Dönhoff 2323
Die Zulassung als Anwalt wurde am 7.5.1938 gelöscht; keine

weiteren Angaben.
*li; BG: cjb

Loewe, Martin Dr.
31.1.1881 - 11.8.1938 Berlin
Meinekestr. 16-17, Wilmersdorf
Französische Str. 28, W 8
T: A 6 Merkur 795 u. 2123
L. arbeitete in einer Sozietät mit Fritz L. ; er starb 1938 im Alter von 57 Jahren.

*li; Liste 36; BG: Friedh.W.Sterbereg.; LAB, Liste 15.10.33

Loewe, Walter
1.10.1903 Berlin - k.A.
Lichtensteinallee 2a, W 35
Krausenstr. 15, W 8
RA seit 1929; hatte der DVP nahegestanden; Berufsverbot zum 26.5.1933, weil er nach § 1 Abs.1 d. Ges. v. 7.4.1933 als Jude galt; keine weiteren Anga-

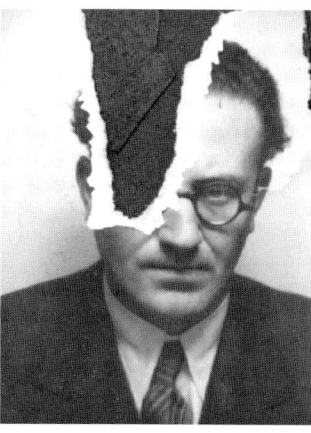

ben.
Br.B.32; Liste d. nichtzugel. RA., 25.4.33; BAL, PAK; PA 66891

Loewenberg, Fritz Dr.
13.7.1898 Bromberg - k.A.
Nestorstr. 3, Wilmersdorf
Taubenstr. 21, W 8
T: A 6 Merkur 1497
War bis mind. 1936 als Anwalt tätig; Emigration nach Argentinien, Buenos Aires, am 4.7.1938.
*li; Liste 36; BG: LAB, OFP-Akten; LAB, Liste 15.10.33; BAL, PAK

Loewenberg, Georg
k.A.
priv.: k.A.
Mohrenstr. 48, W 8
Berufsverbot im Frühjahr 1933; keine weiteren Angaben.
Br.B.32; Liste d. nichtzugel. RA., 25.4.33

Loewenberg, Hermann Dr.
4.9.1903 - k.A.
priv.: k.A.
Steglitzer Str. 27, W
Berufsverbot im Frühjahr 1933; keine weiteren Angaben.
Br.B.32; LAB, Liste d.nichtzugel. RA, 25.4.33; BAL, PAK

Loewenberg, Julius, JR.
k.A. - 1934
priv.: k.A.
Habsburger Str. 12, W 30
In der bearbeiteten Liste vom 15.10.1933 findet sich der Hinweis, daß L. 1934 verstorben ist.
*li; LAB, Liste 15.10.33

Loewenberg, Kurt
14.4.1907 - k.A.
priv.: k.A.
Steglitzerstr. 27, W 35
Berufsverbot zum 9.6.1933, weil L. nach § 1 Abs.1 d. Ges. v. 7.4.1933 als Jude galt; keine weiteren Angaben.
LAB, Liste d. nichtzugel. RA, 25.4.33; BAL, PAK; PA 66895

Loewenfeld, Erwin Dr.
18.6.1888 Berlin - k.A.
An der Heerstr. 88, Charlottenburg
Rathenower Str. 78, NW 21
T: C 5 Hansa 269, 270
RA und Notar; war bis mind. 1936 als Anwalt tätig; Emigration gemeinsam mit seinem Bruder Günther nach Großbritannien, London, am 10.3.1939.
*li; Liste 36; BG: LAB, OFP-Akten; LAB, Liste 15.10.33

Loewenfeld, Günther Dr.
10.10.1885 - k.A.
priv.: k.A.
Rathenower Str. 78, NW 21
T: C 5 Hansa 269, 270
RA und Notar; war bis mind. 1936 als Anwalt tätig; Emigration nach Großbritannien gemeinsam mit dem Bruder Erwin L.
*li; Liste 36; LAB, Liste 15.10.33

Löwenfeld, Otto
k.A.
priv.: k.A.
Passauer Str. 36, W 50
Berufsverbot im Frühjahr 1933; keine weiteren Angaben.
LAB, Liste d. nichtzugel. RA, 25.4.33; BAL, PAK

Loewenstein, Arthur
30.12.1886 Lessen - verschollen, Auschwitz
Lessingstr. 7, NW 87, Tiergarten
Neue Schönhauser Str. 10, N 54
T: D 2 Weidendamm 2455
War noch bis mind. 1936 als Anwalt tätig; Datum der Vermögenserklärung: 19.7.1942; Sammellager Große Hamburger Str. 26; Deportation mit dem 28. Alterstransport (23.7.1942) nach Theresienstadt, in Auschwitz verschollen.
*li; Liste 36; BG: g, BAK, GB; BAP, 15.09 RSA; LAB, OFP-Akten; LAB, Liste 15.10.33; BAL, PAK

Loewenstein, Emil Dr.
30.10.1878 - 6.5.1933
priv.: k.A.
Königstr. 22-24
L. starb 1933 im Alter von 54 Jahren.
Br.B.32; BG: Friedh.W.Sterbereg.

Loewenstein, Georg Dr.
8.2.1887 - k.A.
priv.: k.A.
An der Spandauer Brücke 4/5
Berufsverbot als RA und Notar
im Frühjahr 1933.
Br.B.32; LAB, *Liste d. nichtzugel.*
RA, 25.4.33; BAL, PAK

Löwenstein, Otto
10.11.1883 Woldenburg - k.A.
Gasteinerstr. 8, Wilmersdorf
Schönhauser Allee 108, N 113
T: D 5 Vineta 0661
RA und Notar; war bis mind.
1936 als Anwalt tätig; Emigration nach Großbritannien, London, am 12.5.1939.
li; *Liste 36*; BG: LAB, OFP-
Akten; LAB, *Liste 15.10.33*

Löwenstein, Siegfried Dr., JR.
14.12.1870 Marienburg -
verschollen
Barbarossastr. 40, W 30
Siegmundshof 1, NW 87
T: C 9 Tiergarten 2368
War im Oktober 1933 noch
zugelassen; keine Angaben bis
zum zwangsweisen Einsatz für
die Firma Ehrich und Graetz,
Elsenstraße. Sammellager Gerlachstr. 18-21, C 2; deportiert
mit dem 83. Alterstransport
nach Theresienstadt (28.1.
1943); verschollen.
li; BG: BAK, GB, BAP, 15.09
RSA; LAB, OFP-*Akten*; LAB, *Liste*
15.10.33

Löwenthal, Fritz
15.9.1888 München - k.A.
priv.: k.A.
Lützowpl. 14, W 62
Berufsverbot im Frühjahr 1933;
Emigration nach Frankreich, hat
überlebt; keine näheren Angaben.
LAB, *Liste d. nichtzugel.* RA,
25.4.33 (*Nachtrag*); BG: LAB,
OFP-*Akten*; BAL, PAK

Löwenthal, Georg Dr.
22.4.1898 Brandenburg - k.A.
Stresemannstr. 163, SW 11
Kanzlei: k.A.
Berufsverbot im Frühjahr 1933;

keine weiteren Angaben.
Liste d. nichtzugel. RA, 25.4.33
(*Nachtrag*); BAL, PAK

Loewenthal, Max Dr.
28.1.1880 Berlin - k.A.
Bayreuther Str. 42, W 62
Bayreuther Str. 42, W 62
T: B 4 Bavaria 5121
RA und Notar; war bis mind.
1936 als Anwalt tätig (Notariat
vorher entzogen); Emigration
nach Großbritannien, London.
li; *Liste 36*; BG: LAB, OFP-
Akten; LAB, *Liste 15.10.33*

Loewenthal-Landeck, Carl Dr.
k.A.
priv.: k.A.
Bülowstr. 100, W 57
Berufsverbot als Anwalt und
Notar 1933.
Br.B.32; LAB, *Liste d. nichtzugel.*
RA, 25.4.33

Löwy, Adolf Dr.
k.A.
priv.: k.A.
Zimmerstr. 92/93, SW 68
T: A 1 Jäger 0229
War noch bis mind. 1936 als
Anwalt tätig.
li; *Liste 36*; LAB, *Liste 15.10.33*

Loewy, Fritz Dr.
k.A.
priv.: k.A.
Köpenicker Str. 32, SO 16
T: F 7 Jannowitz 1333, 5060
RA und Notar; war noch bis
mind. 1936 als Anwalt tätig, das
Notariat war vorher entzogen
worden.
li; *Liste 36*

Loewy, James Dr.
13.5.1873 Moschin - k.A.
Radinkendorf
Luitpoldstr. 30, W 30
T: B 4 Bavaria 4746
War noch bis mind. 1936 als
Anwalt tätig; Deportation mit
dem 68. Alterstransport nach
Theresienstadt (28.10.1942),
Schicksal ungeklärt.
li; *Liste 36*; BG: LAB, OFP-
Akten; LAB, *Liste 15.10.33*

Loewy, Käthe Dr.
k.A.
priv.: k.A.
Berchtesgadner Str. 5, W 30
Berufsverbot im Frühjahr 1933;
keine weiteren Angaben.
LAB, *Liste d. nichtzugel.* RA, 25.4.
33; BAL, PAK

Loewy, Siegbert
27.5.1876 Berlin - 8.8.1942
Mommsenstr. 7, Charlottenburg
Friedrichstr. 106, N 24
T: D 1 Norden 0152
L. starb 1942 in der Emigration
(„auf Reisen" seit 1.1.1936).
li; *Liste 36*; LAB, *Liste 15.10.33*

Lomnitz, Arthur
27.8.1876 Berlin - 23.5.1941
Gervinusstr. 20, Charlottenburg
Alexanderstr. 56, O 27
T: E 1 Berolina 1180
RA und Notar; war noch bis
mind. 1936 als Anwalt tätig; im
Jüd. Krankenhaus, Berlin, im
Alter von 64 Jahren verstorben.
li; *Liste 36*; BG: BAP, 15.09
RSA; LAB, OFP-*Akten* (*Akte L.,*
Elvira); *Friedh.W.Sterbereg.*; LAB,
Liste 15.10.33

Looser, Günther
11.4.1904 - k.A.
priv.: k.A.
Konstanzer Str. 64, W 15
Berufsverbot im Frühjahr 1933;
keine weiteren Angaben.
LAB, *Liste d. nichtzugel.* RA, 25.4.
33; BAL, PAK

Lorch, Herbert Dr.
20.1.1902 - k.A.
priv.: k.A.
Motzstr. 51, Wilmersdorf
Berufsverbot im Frühjahr 1933;
keine weiteren Angaben.
LAB, *Liste d. nichtzugel.* RA, 25.4.
33; BAL, PAK

Lubinski, Georg Dr.
1902 Berlin - 1974 Jerusalem
priv./Kanzlei: k.A.
L. war neben seiner anwaltlichen Tätigkeit Leiter der zionistischen Jugendbewegung und

Generalsekretär des Reichsaus-
schusses der jüd. Jugendver-
bände; Berufsverbot im Früh-
jahr 1933; anschließend Leiter
der Abteilung für Berufsausbil-
dung der Reichsvertretung;
Gliederung der Hachschara-
Arbeit und Auswandererhilfe;
Mitglied u.a. von Hechaluz u.
Poale Zion; 1938 Auswanderung
nach Palästina; dort nach
Staatsgründung Minister für
Sozialhilfe (1959-60) und für
Arbeit (1969).
LAB, *Liste d. nichtzugel.* RA, 25.4.
33; BAL, PAK; *Walk*, S. 248

Lublinsky, Eugen
10.12.1882 - 10.10.1934
priv.: k.A.
Grolmanstr. 36, Charlottenburg
Grolmanstr. 36, Charlottenburg
T: J 1 Bismarck 2806
Starb 1934 im Alter von 51 Jah-
ren.
li; BG: *Friedh.W.Sterbereg.*; LAB,
Liste 15.10.33

Lubszynski, Julius Dr., JR.
4.11.1869 Posen - 24.10.1939
Admiral-von-Schröder-Str. 8,
W 35
Königin-Augusta-Str. 23, W 35
T: B 2 Lützow 0901
RA und Notar; war noch bis
mind. 1936 als Anwalt tätig
(Notariat vorher entzogen);
Emigration in die USA, New
York.
li; *Liste 36*; BG: BAP, 15.09
RSA; LAB, OFP-*Akten*; *cjb*; LAB,
Liste 15.10.33

Luft, Gerhard Dr.
28.2.1889 Leobschütz - k.A.
Grunewaldstr. 46, Schöneberg
Forststr. 33, Steglitz
T: G 2 Steglitz 8383
War noch bis mind. 1936 als
Anwalt tätig; keine weiteren
Angaben.
li; *Liste 36*; BG: LAB, OFP-
Akten, KK; LAB, *Liste 15.10.33*;
BAL, PAK

Lüpschütz, Alfons, Dr.
24.7.1881 Berlin -
verschollen, Auschwitz
Bülowstr. 28, W 57
Bülowstr. 28, W 57
T: B 7 Pallas 2571
RA und Notar; war noch bis
mind. 1936 als Anwalt tätig
(Notariat vorher entzogen);
Emigration nach Frankreich,
von dort Deportation mit dem
19. Transport aus Drancy nach
Auschwitz (14.8.1942); verschollen.
*li; Liste 36; Br.B.32; BG: BAK,
GB (hier als Luepshuetz, Alphonse);
LAB, OFP-Akten; Vormeier:
„Deportierung aus Frankreich";
LAB, Liste 15.10.33

Lurje, Max
18.5.1882 Stettin -
verschollen, Auschwitz
Hektorstr. 12, Wilmersdorf
Kanzlei: k.A.
Zulassung 1933 entzogen;
Deportation mit dem 29. Transport (19.2.1943) nach Auschwitz, dort verschollen.
BG: g, BAP, 15.09 RSA; BAK, GB
(mit Geburtsdatum 18.05.98);
LAB, OFP-Akten (mit and.
Geburtsdatum); BAK, Kartei schulpfl. Kinder; BAL, PAK

Lustig, Max Dr.
31.7.1881 Berlin -
11.3.1971 Berlin
priv.: k.A.
Budapester Str. 33, W 62
T: B 5 Bavaria 5142
L. hatte am Ersten Weltkrieg
teilgenommen; war seit 1909
RA und seit 1919 Notar. Bei den
Wahlen im November 1932
hatte er die DVP gewählt. Seine
Ehefrau Käthe geb. Tietze galt
als nicht-jüdisch, er selbst war
protestantischen Glaubens.
1935 wurde ihm durch ein Ehrengerichtsverfahren die Zulassung als Anwalt und Notar mit
Hinweis auf seine „rassische
Abstammung" entzogen. War
noch bis 1944 als Syndikus
tätig. Im gleichen Jahr wurde er
zwangsweise zu Tiefbauarbeiten

im Arbeitslager Jena verpflichtet. Im April 1947 wieder als
Anwalt zugelassen, dann jedoch
als Richter verpflichtet. Nach
Erreichen der Altersgrenze
wurde er entlassen und bemühte sich erneut um die Zulassung als RA, die ihm am 1.7.
1950 erteilt wurde. Bis zu seinem Tod als Anwalt tätig.
*li; BG: BAP, 15.09 RSA; Aufbau
(NY) vom 24.8.45; cje; LAB, Liste
15.10.33; RAK, PA

Lutz, Hans Dr.
k.A.
priv.: k.A.
Behrenstr. 23, W 8
T: A 1 Jäger 0715
War noch bis 22.11.1936 als
Anwalt tätig; keine weiteren
Angaben.
*li; Liste 36; LAB, Liste 15.10.33;
BAL, PAK

M

Maass, Ernst
23.1.1887 Stettin -
10.11.1963 Berlin
Pfalzburger Str. 82, W 15
Wallstr. 1, Mitte
M. hatte am Ersten Weltkrieg
teilgenommen, ihm war das
Eiserne Kreuz II. Klasse verliehen worden. RA seit 1919, Notar seit 1928. Im Rahmen der
allgem. Berufsverbote wurde
ihm 1935 die Zulassung als
Notar und 1938 die als Anwalt
entzogen. 1942 wurde er inhaftiert und der Spionage beschuldigt, weil er sich ein Visum für
die Schweiz hatte besorgen
wollen; kam wieder frei; war
„Sternträger". 1943 wurde er
erneut verhaftet und in „Judengewahrsam" genommen. Im
gleichen Jahr wurde er zwangsweise als Abrißarbeiter eingesetzt. Die Ehefrau Margarete
geb. Klang, war nicht-jüdisch,
damit lebte L. in „Mischehe". L.
überlebte den Lagereinsatz und
wohnte nach 1945 unter obiger
Anschrift
Br.B.32; Liste 36; BG: LAB, OFP-
Akten (Akte Maas, Elisabeth Charlotte geb. Maas); BAP, 15.09 RSA;
cje; LAB, Liste 15.10.33; BAL,
PAK

Machol, Kurt Dr.
19 2.1904 Heme -
verschollen, Reval
Yorckstr. 88, SW 61, Kreuzberg
Kaiser-Wilhelm-Str. 4, Niederschönhausen
T: D 8 Pankow 4534
M. war evangelischen Glaubens;
er wurde im April 1933 erst mit

einem Vertretungsverbot belegt,
war im Okt. 1933 wieder zugelassen bis zum Berufsverbot im
Jahre 1938; anschließend noch
als „Konsulent" tätig. Datum
der Vermögenserklärung: 24.9.
1942, Deportation mit dem 20.
Transport (3.10.1942) nach
„Osten", dort verschollen.
*li; Liste 36; BG: g, BAK, GB;
LAB,OFP-Akten; BAP, 15.09
RSA; cjb; Korr. Kurt Rosenow;
LAB, Liste 15.10.33; BAL, PAK

Magnus, Julius Dr., JR.
6.9.1867 Berlin -
15.5.1944 Theresienstadt
Meerscheidtstr. 13-15 u. Händelstr. 16, Charlottenburg
Maaßenstr. 27, W 62
T: B 1 Kurfürst 2966
RA und Notar; daneben 1915-
1933 Schriftleiter und Hg. der
JW. War vermutl. bis zum allgem. Berufsverbot 1938 als RA
tätig, das Notariat war ihm
1933 entzogen worden. Am
25.8.1939 nach Holland geflohen; im Sommer 1943 nach
Westerbork verschleppt; Anfang
1944 über Bergen-Belsen nach
Theresienstadt deportiert, dort
verhungert.
Schriftleiter der JW, Spezialist
für Urheber- und Patentrecht,
aber auch Internationales Recht
*li; Liste 36; BG: g, BAK, GB;
LAB, OFP-Akten; BAP, 15.09
RSA; LAB, Liste 15.10.33; Göpp.,
S. 253

Mainzer, Otto Dr.
26.11.1903 - k.A.
priv.: k.A.
Wormser Str. 4, W 8
Berufsverbot im Frühjahr 1933,
vorher am Kammergericht zugelassen; keine weiteren Angaben.
LAB, Liste d. nichtzugel. RA,
25.4.33; BAL, PAK

Makower, Felix, JR.
1863 Berlin - 1933 Berlin
priv.: k.A.
Potsdamer Str. 131, W
RA und Notar; neben seiner
anwaltlichen Tätigkeit in zahl-

reichen jüdischen Organisationen aktiv: Mitbegründer des Verbandes der deutschen Juden; Vorstandsmitglied des CV; 1924-27 Vorstandsmitgl. der Jüd. Gem. zu Berlin und Leiter des jüdischen Knabenwaisenhauses Pankow.
Br.B.32; *Walk*, S. 252

Malinowski, Wolf
13.6.1882 Pleschen - verschollen, Auschwitz
Rolandstr. 4/Am Schlachtensee 38, Zehlendorf
Kurfürstenstr. 15/16
Kanzlei vor Okt. 1933 aufgegeben; zuletzt als Arbeiter eingesetzt. Deportation mit dem 38. Transport (17.5.1943) nach Auschwitz, dort verschollen.
Br.B.32; BG: *g*, BAK, GB; LAB, OFP-Akten; BAP, 15.09 RSA

Mamlok, Gerhard Dr.
11.8.1897 Greifswald - Riga
Kantstr. 49, Charlottenburg
Alexanderstr. 5, C 25
T: E 1 Berolina 1673, 1674
Bis zum allgem. Berufsverbot 1938 als Anwalt tätig; mußte den Zwangsnamen „Israel" führen; zuletzt als „Konsulent" zugelassen. Datum der Vermögenserklärung: 29.8.1942, Deportation mit dem 19. Transport (5.9.1942) nach Riga, dort verschollen.
li; *Liste 36*; BG: *g*, BAK, GB; LAB, OFP-Akten (*Akte Gottschalk, Arthur, eigene Akte*); BAP, 15.09 RSA; *Liste der Kons.*, 15.4.39; LAB, *Liste 15.10.33*

Manasse, Fritz Dr.
3.11.1904 - k.A.
priv./Kanzlei: k.A.
Emigration nach Südafrika 1935; nach Palästina, Haifa, 1938; Rückkehr nach Deutschland, Hannover, 1949; lebte 1978 in Hamburg.
BG: BHdE 1933, Bd.1

Manasse, Martin Dr.
9. 11. 1881 Breslau - k.A.
Xantener Str. 1, W 15
Kronenstr. 3, W 8
Zulassung wurde am 1.5.1937 gelöscht; Emigration am 12.5.1937.
li; *Liste 36*; BG: LAB, OFP-Akten; LAB, *Liste 15.10.33*

Manasse, Sally, JR.
25.4.1863 Filehne - 10.1.1941 Berlin
Berkaer Str. 32-35, Wilmersdorf (Altersheim)
Klosterstr. 10, C
T: D 2 Weidendamm 9125
M. starb 1941 in einem Altersheim; seine anwaltliche Zulassung war am 1.5.1937 gelöscht worden.
li; *Liste 36*; LAB, *Liste 15.10.33*

Manheim, Siegfried
13.7.1879 - k.A.
Fasanenstr. 28, W 15 oder Keithstr. 14 a, W
Fasanenstr. 28, W 15
T: J 1 Bismarck 6933
War noch im Okt. 1933 zugelassen; Emigration nach Palästina, Tel Aviv.
li; BG: LAB, OFP-Akten

Mann, Fritz Alexander
11.8.1907 Frankenthal - k.A.
priv.: k.A.
Bamberger Str. 44, Schöneberg bzw. Lützowplatz 3, W 35
Emigration nach Großbritannien, London, im Mai 1933; lebte 1975 in London [Dr. Frederick A. Mann].
BG: LAB, OFP-Akten; BHdE 1933, Bd.2, 2; *Ausk. E. Proskauer*

Mannheimer, Carl Dr., JR.
14.6.1861 Beuthen - k.A.
Holsteinische Str. 37, Steglitz
Bamberger Str. 44, W 30
T: B 6 Cornelius 4278
War noch bis mind. 1936 als Anwalt tätig; keine weiteren Angaben.
li; *Liste 36*; BG: BAP, 15.09 RSA; LAB, *Liste 15.10.33*

Mannheimer, Friedrich Dr.
k.A.
priv.: k.A.
Tauentzienstr. 12, W 50
Berufsverbot im Frühjahr 1933; keine weiteren Angaben.
Br.B.32; LAB, *Liste d. nichtzugel.* RA, 25.4.33

Mannheimer, Ludwig Dr.
27.8.1887 Oranienburg - k.A.
Bechstedter Weg 1, Wilmersdorf
Friedrichstr. 11, SW 68
T: A 7 Dönhoff 5467
RA und Notar; war im Okt. 1933 zugelassen bis mind. 1936; Emigration nach China, Shanghai, am 25.1.(od. 11.)1939.
li; *Liste 36*; BG: LAB, OFP-Akten

Marba, Theodor, JR.
21.11.1862 Berlin - 21.3.1941 Kroatien
Wittelsbacher Str. 18, Wilmersdorf
Oberwallstr. 20 a, W 8
T: A 6 Merkur 1743
Emigration nach Jugoslawien, dort 1941 verstorben.
li; *Liste 36*; BG: LAB, OFP-Akten; LAB, *Liste 15.10.33*

Marcus, Alfred Dr.
9.6.1876 Posen - 29.1.1944 Theresienstadt
Mommsenstr. 50/Wielandstr. 10, Charlottenburg
Kantstr. 49, Charlottenburg 4
T: C 1 Steinplatz 4596
War noch bis mind. 1936 als Anwalt, später als Ordner tätig. Datum der Vermögenserklärung: 10.5.1943, Deportation mit dem 89. Alterstransport (19.5.1943) nach Theresienstadt, dort 1944 umgekommen. Langjähriger Angestellter der JKV
li; *Liste 36*; BG: *g*, BAK, GB; LAB, OFP-Akten; BAP, 15.09 RSA; LAB, ITS *Transportlisten, Ausk. der Ehefrau Gertrud*; LAB, *Liste 15.10.33*

Marcus, Eduard, JR.
15.4.1868 Berlin - 24.6.1940 Berlin
Hubertusallee 27, Grunewald, Wilmersdorf
Joachimsthaler Str. 43/44, Charlottenburg
T: J 1 Bismarck 1698 u. 8809
Die anwaltliche Zulassung wurde am 19.11.1937 gelöscht.
li; *Liste 36*; BG: LAB, OFP-Akten (*Akte M., Erich*); BAP, 15.09 RSA; *Friedh.W.Sterbereg.*; LAB, *Liste 15.10.33*

Marcus, John Dr.
26.12.1896 - k.A.
priv.: k.A.
Lietzenburger Str. 45, W 15
Hatte am Ersten Weltkrieg teilgenommen, jedoch kein Fronteinsatz; RA seit 1929; Berufsverbot im Frühjahr 1933, weil er nach § 1 Abs.1 d. Ges. v. 7.4. 1933 als Jude galt; keine weiteren Angaben.
Br.B.32; LAB, *Liste d. nichtzugel.* RA, 25.4.33; BAL, PAK; PA 647571

Marcus, Ludwig Dr.
4.3.1901 - k.A.
priv.: k.A.
Marktstr. 1, Reinickendorf
Berufsverbot im Frühjahr 1933; keine weiteren Angaben.
Br.B.32; LAB, *Liste d. nichtzugel.* RA, 25.4.33; BAL, PAK

Marcus, Paul
k.A. - 12.1.1935
priv.: k.A.
Kurfürstendamm 155a, Halensee
Keine weiteren Angaben.
li; LAB, *Liste 15.10.33*

Marcuse, Erich Dr.
12.2.1888 - verschollen, Riga
priv.: k.A.
Nestorstr. 43, Halensee
Berufsverbot im Frühjahr 1933; deportiert mit dem 7. Transport (27.11.1941) nach Riga.
Br.B.32; LAB, *Liste d. nichtzugel.* RA, 25.4.33; BAL, PAK; BG: GB, LAB; OFP-Akten

Marcuse, Hans Dr.
19.4.1898 Berlin - k.A.
Kurfürstendamm 185, W 15
Schöneberger Ufer 34, W 35
T: B 2 Lützow 6461
Als Anwalt bis mind. 1936 tätig;
Emigration nach Belgien, Brüssel, 1936.
*li; Liste 36; BG: LAB, OFP-Akten; LAB, Liste 15.10.33; BAL, PAK

Marcuse, Martin Dr.
vor Mai 1861 - k.A.
Von-der-Heydt-Str. 16, W 10
Budapester Str. 29, W 62
T: B 5 Barbarossa 7008
RA und Notar; Emigration nach Palästina im Mai 1933.
*li; BG: LAB, OFP-Akten; LAB, Liste 15.10.33

Marcuse, Paul Dr.
25.1.1879 Wehlau - verschollen
Blankenfeldestr. 13, Mitte
Leipziger Str. 115/116, W 8
T: A 1 Jäger 2574
M. war noch 1932 Vorst.-Mitgl. der RAK; seine Zulassung wurde am 20.3.1936 gelöscht. M. wurde mit dem 2. Transport nach Lodz (24.10.1941) deportiert; dort verschollen.
*li; Liste 36; BG: BAK, GB; LAB, OFP-Akten, BAP, 15.09 RSA; LAB, Liste 15.10.33

Marcuse, Richard Dr.
3.7.1893 Berlin -
Februar 1944 Theresienstadt
Kleiststr. 13, W 62/Potsdamer Str. 111, W 35, Schöneberg
Bellevuestr. 11 a, W 8
T: B 2 Lützow 5231
RA und Notar; zeitweilig 1933 mit Vertretungsverbot belegt, im Okt. 1933 wieder zugelassen bis zum allgem. Berufsverbot 1938 (Notariat vorher entzogen); M. mußte den Zwangsnamen „Israel" führen; zuletzt als „Konsulent" tätig. Datum der Vermögenserklärung: 3.10.1942, Deportation mit dem 3. Großen Alterstransport (3.10.1942) nach Theresienstadt, dort im Februar 1944 umgekommen.

*li; Liste 36; BG: g, BAK, GB; LAB, OFP-Akten; BAP, 15.09 RSA; Liste d. Kons., 15.4.39; LAB, Liste 15.10.33

Marcuse, Siegmund, JR.
1860 - 6.11.1938
Geisbergstr. 41,W 30
Geisbergstr. 2, W 30
T: B 5 Barbarossa 18220
Keine näheren Angaben.

*li; Liste 36; BG: LAB, OFP-Akten (Akte M., Hedwig geb. Demuth); LAB, Liste 15.10.33

Marcuse, Theodor, JR.
30.7.1867 - 26.3.1935
Clausewitzstr. 7, Charlottenburg
Schöneberger Ufer 34, W 35
T: B 2 Lützow 6461
Keine näheren Angaben.
*li; BG: LAB, OFP-Akten; Friedh.W.Sterbereg; LAB, Liste 15.10.33

Maretzki, Ernst Dr.
k.A.
priv.: k.A.
Potsdamer Str. 129/130, W 9
T: B 2 Lützow 3093
RA und Notar; war noch bis mind. 1936 als Anwalt tätig (Notariat vorher entzogen); keine weiteren Angaben.
*li; Liste 36

Margolinski, Siegfried
20.2.1876 Deutsch-Eylau - k.A.
Würzburger Str. 1, W 50
Würzburger Str. 1, W 50
T: B 4 Bavaria 4959
Die Zulassung wurde 1936 gelöscht; Emigration im gleichen Jahr.
*li; Liste 36; BG: LAB, OFP-Akten; LAB, Liste 15.10.33

Margoninsky, Eduard, JR.
k.A.
priv.: k.A.
Potsdamer Str. 96, W 57
T: B 7 Pallas 3228 u. 5030
War noch bis März 1938 als Anwalt tätig, in einer Sozietät mit Helmut M. (vermutl. der Bruder); keine weiteren Angaben.
*li; Liste 36; LAB, Liste 15.10.33

Margoninsky, Helmut Dr.
22.5.1899 - k.A.
priv.: k.A.
Potsdamer Str. 96, W 57
T: B 7 Pallas 3228 u. 5030
War noch bis mind. 1936 als Anwalt tätig, in einer Sozietät mit Eduard M. (vermutl. der Bruder); keine weiteren Angaben.
*li; Liste 36; LAB, Liste 15.10.33; BAL, PAK

Margoninsky, Martin Dr.
30.8.1881 Krojanke -
vor 27.8.1946
Am Schlachtensee 38, Zehlendorf
Kanzlei: k.A.
Emigration nach Kanada am 22.3.1939.
BG: LAB, OFP-Akten

Markus, Alfred Dr.
1906 Berlin - k.A.
priv.: k.A.
Scheffelstr. 5, Lichtenberg
Zulassung seit/ab 1932; verteidigte Mitglieder des Reichsbanners; Mitglied d. Zion. Vereinigung f. Deutschl.; Berufsverbot zum 12.6.1933, weil M. als Jude galt; anschließend Auswanderung in die USA; später dort

Berater für Wiedergutmachungsangelegenheiten; lebte 1978 in Pittsburg.
LAB, Liste d. nichtzugel. RA, 25.4.33; BAL, PAK; PA 647609; BG: BHdE, Bd, 1; Walk, S. 256

Markuse, Max
10.5.1883 - k.A.
priv.: k.A.
Prager Platz 6, Wilmersdorf
T: H 7 Wilmersdorf 4747
War noch bis mind. 1936 als Anwalt tätig; keine weiteren Angaben.
*li; Liste 36; LAB, Liste 15.10.33; BAL, PAK

Markwald, Alexander, JR.
31.1.1857 - 9.2.1935 Berlin
Kurfürstenstr. 21/22, W 57
Kurfürstenstr. 21/22, W 57
T: B 1 Kurfürst 0338
Keine weiteren Angaben.
*li; Liste 36; BG: Friedh.W.Sterbereg.; LAB, Liste 15.10.33

Markwald, Richard Dr.
20.3.1880 Berlin - k.A.
Nachodstr. 24, Wilmersdorf
Motzstr. 53, W 30
T: B 4 Bavaria 6108
War bis mind. 1936 als Anwalt zugelassen; Emigration nach Argentinien, Buenos Aires, am 20.11.1939.
*li; BG: LAB, OFP-Akten; BAP, 15.09 RSA; cjb; LAB, Liste 15.10.33

Marwitz, Bruno Dr., JR.
16.6.1870 Angermünde -
Dezember 1940 Berlin
Fregestr. 59, Schöneberg
Hermann-Göring-Str. 7, W 9
T: B 2 Lützow 2434 u. 2435
RA bis 30.1.1938, Notar bis 1933; ab Ende 1938 im Büro des RA Dr. Schönberg tätig, der als „Konsulent" zugelassen war. „M. starb an gebrochenem Herzen. An der Trauerfeier im jüdischen Friedhof nahm die RAin Dr. Margarete von Erffa teil und hatte die Gelegenheit, sich mit Dr. Schönberg länger zu unterhalten, ein Friedhof war eine

der wenigen Örtlichkeiten, an denen man nicht von Wachtmeistern oder sonstigen neugierigen Personen verfolgt wurde." M.s Gattin wurde später bei einem Fluchtversuch in die Schweiz verhaftet und in ein Konzentrationslager verschleppt.

M. hatte einen Kommentar zum Urheberrecht verfaßt.

*li; Liste 36; BG: BAP, 15.09 RSA; cjb; LAB, Liste 15.10.33; Göpp., S. 226

Marx, Arthur Dr.
11.4.1879 Berlin -
verschollen, Auschwitz
Dahlmannstr. 30
Friedrichstr. 81, W 8
T: A 2 Flora 5594
War noch bis mind. 1936 als Anwalt tätig. Deportation mit dem 27. Transport nach Auschwitz (29.1.1943), dort verschollen.

*li; Liste 36; BG: BAK, GB; LAB, OFP-Akten; BAP, 15.09 RSA; LAB, Liste 15.10.33

Marx, Hans Dr.
15.1.1898 - k.A.
priv.: k.A.
Jägerstr. 62 a, W 8
T: A 1 Jäger 3894
War noch bis Oktober 1937 als Anwalt tätig; keine weiteren Angaben.

*li; Liste 36; LAB, Liste 15.10.33; BAL, PAK

Maschke, Kurt Dr.
5.11.1894 Konitz - k.A.
Lietzenburger Str. 17, W 15
Friedrichstr. 11, SW 48
RA und Notar; war noch bis mind. 1936 als Anwalt tätig (Notariat vorher entzogen).

*li; Liste 36; BG: LAB, OFP-Akten; LAB, Liste 15.10.33; BAL, PAK

Masur, Oskar Dr.
12.7.1882 Breslau - k.A.
Nassauische Str. 64 b. Grünwald, Wilmersdorf
Potsdamer Str. 78, W 57

T: B 7 Pallas 2549
RA und Notar; war bis mind. 1936 als Anwalt tätig (Notariat vorher entzogen); Emigration nach Großbritannien, Cambridge.

*li; Liste 36; BG: LAB, OFP-Akten; LAB, Liste 15.10.33

Mathias, Georg Dr.
1.1.1893 - k.A.
Courbièrestr. 16, W
Taubenstr. 35, W 8
T: A 1 Jäger 2984
RA und Notar; die Zulassung als Anwalt wurde 1938 gelöscht, das Notariat war vorher entzogen worden; keine weitere Angabe. M. wird in der Vermögenserklärung der Ehefrau als Haushaltsmitglied erwähnt, damit liegt der Schluß nahe, daß er ebenfalls deportiert worden ist.

*li; Liste 36; BG: LAB, OFP-Akte (Akte M., Ellen geb. Rothschild); LAB, Liste 15.10.33; BAL, PAK

Mathias, Karl
24.12.1881 Köln - k.A.
Steinplatz 2, Charlottenburg
Steinplatz 2, Charlottenburg
T: C 1 Steinplatz 0406
Emigration über Italien nach Uruguay, Montevideo, im Sept. 1936.

*li; Liste 36; BG: LAB, OFP-Akten; cjb; LAB, Liste 15.10.33

Mathis, Emil Albert Paul Dr.
20.6.1884 Rittergut Bruse (Glogau) - k.A.
Bozener Str. 3, Schöneberg
Bozener Str. 3, Schöneberg
Kanzlei 1933 aufgegeben; Emigration nach Frankreich, Paris, am 30.6.1934.
Br.B.32; BG: LAB, OFP-Akten; BAL, PAK

Mattersdorf, Franz (August), JR.
29.9.1863 Breslau -
4.10.1942 Theresienstadt
Droysenstr. 18/Mommsenstr. 26, Charlottenburg
Lützowplatz 5, W 62

T: B 1 Kurfürst 4001
War noch bis mind. 1936 als Anwalt tätig; Deportation mit dem 66. Alterstransport (24.9.1942) nach Theresienstadt, dort umgekommen.

*li; Liste 36; BG: g, BAK, GB; LAB, OFP-Akten; BAP, 15.09 RSA; cjb; LAB, Liste 15.10.33

May, Bruno Dr.
8.7.1883 Ratibor - k.A.
Meinekestr. 2, W 15
Meinekestr. 2, W 15
T: J 1 Bismarck 6238
War noch bis mind. 1936 als Anwalt tätig, keine weitere Angaben.

*li; Liste 36; BG: LAB, OFP-Akten, BAP, 15.09 RSA; LAB, Liste 15.10.33; BAL, PAK

May, Max Dr.
13.7.1883 Meiningen - 26.4.1943
Auguststr. 14-15, N 4, Mitte/Bamberger Str. 36, W 15 (später Bayerische Str. 2, Schöneberg)
Kronenstr. 64/65, W 8
T: A 1 Jäger 2140
Mußte den Zwangsnamen „Israel" führen"; war nach dem allgem. Berufsverbot 1938 als „Konsulent" tätig; keine näheren Angaben.

*li; Liste 36; BG: BAK, Kartei schulpf. Kinder, LAB, OFP-Akten; BAP, 15.09 RSA; Friedh.W.Sterbereg.; Liste d. Kons.,15.4.39; LAB, Liste 15.10.33

Mayer, Jacques Dr.
19.10.1898 Frankfurt/M. - k.A.
Freisinger Str. 7, Schöneberg
Kurfürstendamm 233, W 50
T: J 1 Bismarck 2483
War noch bis mind. 1936 als Anwalt tätig; keine näheren Angaben.

*li; Liste 36; BG: LAB, OFP-Akten; BAP, 15.09 RSA; LAB, Liste 15.10.33; BAL, PAK

Mayer, Ludwig
24.12.1880 Neidenstein -
27.8.1943 Shanghai
Nollendorfstr. 16, Schöneberg
Nollendorfplatz 6, W 30

T: B 7 Pallas 1977
Emigration nach China, Shanghai, am 4.5.1939.

*li; Liste 36; BG: LAB, OFP-Akten; Aufbau (NY), 3.5.1946; LAB, Liste 15.10.33

Mayer, Max Dr.
k.A.
priv.: k.A.
Andreasstr. 32, O 27
Berufsverbot im Frühjahr 1933; keine weiteren Angaben.
Br.B.32; LAB, Liste d. nichtzugel. RA, 25.4.33

Mehlich, Martin Dr.
31.12.1876 Nagradowice - Riga
Sächsische Str. 5, Wilmersdorf/Fasanenstr. 28, W 15
Fasanenstr. 22, W 15
T: J 1 Bismarck 6058
War noch bis mind. 1936 als Anwalt tätig; zuletzt zwangsweise Fabrikarbeiter. Datum der Vermögenserklärung: 14.8.1942, Deportation mit dem 18. Transport (15.8.1942) nach Riga, für tot erklärt.

*li; Liste 36; BG: g, BAK, GB; LAB, OFP-Akten; BAP, 15.09 RSA; LAB, Liste 15.10.33

Meinhardt, Peter Dr.
14.3.1903 Berlin - k.A.
Rauchstr. 11, W 35
Margaretenstr. 8, W 10
Berufsverbot im Frühjahr 1933; Emigration nach Großbritannien, London.
Br.B.32; LAB, Liste d. nichtzugel. RA, 25.4.33; BG: LAB, OFP-Akten; cjb; BAL, PAK

Meinhardt, William Dr.
28.8.1872 Schwedt -
31.5.1955 London
Rauchstr. 11, W 35
Krausstr. 16, Grunewald
T: H 9 0580
1914 Vorstandmitglied der Auer AG; 1919 Leiter der Osram AG; Vorstandsmitglied des Reichsverbandes der Deutschen Industrie; Patentrechtsspezialist; Vorstandsmitglied der Osram-Ges.; Mitglied der internationa-

len Handelskammer; Emigration nach Großbritannien am 24.11.1938.
*li; Liste 36; LAB, Liste 15.10.33; BG: LAB, OFP-Akten; cjb; LAB, Liste 15.10.33; Walk, S. 261; Göpp., S. 303

Meissner, Salo
24.3.1882 Schildberg -
verschollen, Auschwitz
Bamberger Str.31, W 30
Lindenstr. 15, SW 68
T: A 7 Dönhoff 1196
War noch bis mind. 1936 als Anwalt tätig; Deportation mit dem 34. Transport nach Auschwitz (4.3.1943), dort verschollen.
*li; Liste 36; BG: BAK, GB; LAB, OFP-Akten, BAP, 15.09 RSA; LAB, Liste 15.10.33

Memelsdorf, Wilhelm Dr.
k.A.
priv.: k.A.
Taubenstr. 32, W 8
T: A 2 Flora 5320, A 1 Jäger 5621
RA und Notar; war noch bis Okt. 1937 als Anwalt tätig (Notariat vorher entzogen), vermutlich emigriert.
*li; Liste 36; LAB, Liste 15.10.33

Mendel, Sidney Dr.
1985 - 1967 New York
priv.: k.A.
Potsdamer Str. 96, W 57
T: B 7 Pallas 3228 u. 5030
War noch bis mind. 1936 als Anwalt tätig; setzte sich für die Freilassung von Internierten ein; Auswanderung über Belgien in die USA.
*li; Liste 36; LAB, Liste 15.10.33; Walk, S. 263

Mendelsohn, Bruno Dr.
13.11.1888 Königsberg -
1.12.1942
Tharandter Str. 5,Wilmersdorf/ Kaiserdamm 30, Charlottenburg
Mittelstr. 63, NW
RA (seit 1919) und Notar (seit 1929); Berufsverbot zum 8.6.1933, weil M. als Jude galt; dann in den Diensten der Jüd.

Gemeinde (Wirtschaftshilfe) tätig; er war eine von mehreren Geiseln, die als Vergeltung für geflohene Mitarbeiter der Gemeindeverwaltung erschossen wurden.
Angestellter der Jüdischen Gemeinde
Br.B.32; BG: g, BAK, GB; BAK, Kartei schulpfl. Kinder; BAP, 15.09 RSA; BAL, PAK; PA 68065; Göpp., S. 255

Mendelsohn, Conrad Dr.
5.1.1881 - 22.2.1933
priv.: k.A.
Lützowufer 13, W
RA und Notar; Kanzlei 1933 aufgegeben; keine weiteren Angaben.
Br.B.32; BG: Friedh.W.Sterbereg.

Meschelsohn, Max, JR.
k.A. - 1934
priv.: k.A.
Französische Str. 21, W 8
T: A 2 Flora 5517
RA und Notar; Syndikus der A.Wertheim AG; keine näheren Angaben.
*li; LAB, Liste 15.10.33

Meseritz, Johannes Dr.
31.3.1884 Berlin - k.A.
Klopstockstr. 29, NW 87
Reinickendorfer Str. 2, N 65
RA und Notar; Kanzlei vor Okt. 1933 aufgegeben. Emigration nach Palästina.
BG: LAB, OFP-Akten; BAL, PAK

Messow, Kurt
9.12.1888 Berlin - k.A.
Prenzlauer Str. 17, C 2
Jerusalemer Str. 13, SW 19
T: A 6 Merkur 1931
RA und Notar; war bis zum allgem. Berufsverbot als Anwalt tätig (Notariat vorher entzogen); anschließend noch als „Konsulent" zugelassen; M. lebte im Dez. 1945 in Berlin.
*li; Liste 36; BG: LAB, OFP-Akten (s.a. Akte Jacobsohn, Anita geb. Eisner); BAP, 15.09 RSA; Aufbau (NY), 14.12.45; LAB, Liste 15.10.33; BAL, PAK

Metz, Hans
21.9.1875 Minden -
12.8.1943 Theresienstadt
Joachim-Friedrich-Str. 16, Wilmersdorf/ Pestalozzistr. 54 a/ Schillerstr. 57, Charlottenburg
Bismarckstr. 66, Charlottenburg
T: C 4 Wilhelm 1498
RA und Notar; war noch bis mind. 1936 als Anwalt tätig (Notariat vorher entzogen); übernahm die Abwesenheitspflegschaft für Ernst Kalischer und weitere Pflegschaften. Datum der Vermögenserklärung: 14.3.1943, Sammellager Große Hamburger Str. 26; Deportation mit dem 4. Großen Alterstransport (17.3.1943) nach Theresienstadt, dort ein knappes halbes Jahr später umgekommen.
*li; Liste 36; BG: g, BAK, GB; BAK, Kartei schulpfl.Kinder; LAB, OFP-Akten; BAP, 15.09 RSA; LAB, Liste 15.10.33

Meumann, Richard Dr.
16.12.1880 Berlin -
verschollen, Reval
Gieselerstr. 23/Bayerische Str. 9, Wilmersdorf
Schönhauser Allee 6/7, N 54
T: D 2 Weidendamm 8294
War noch bis mind. 1936 als Anwalt tätig, zuletzt „Hilfskonsulent". Verhaftung: 24.9.1942, Deportation mit dem 20. Transport (3.10.1942) nach „Osten", dort verschollen.
*li; Liste 36; BG: g, BAK, GB (als Neumann, R.); LAB, OFP-Akten; BAP, 15.09 RSA

Meyer, Edmund Dr.
15.11.1882 Lodz -
4.7.1939 Berlin
Treuchtlinger Str. 10, Schöneberg
Blücherstr. 4, SW 61
Die Ehefrau Elsa galt als nichtjüdisch; M. war noch bis mind. 1936 als Anwalt tätig; keine näheren Angaben.
*li;Liste 36; BG: BAP, 15.09 RSA; Friedh.W.Sterbereg.; LAB, Liste 15.10.33; BAL, PAK

Dr. Edmund Meyer

Meyer, Erich I
16.5.1888 Berlin -
22.11.1943 Berlin
Bismarckstr. 107, Charlottenburg
Eichbornstr. 48, Reinickendorf
T: D 9 Reinickendorf 3205
RA und Notar; galt als „Mischling 1. Grades"; bei Luftangriff ums Leben gekommen.
*li; Liste 36; BG: BAP, 15.09 RSA; cje (Akte Pohl, Charlotte)

Meyer, Erich II Dr.
14.8.1897 Berlin -
25.1.1972 Berlin
Frankfurter Allee 68, O 112
Frankfurter Allee 68, O 112
T: E 8 Andreas 1980
M. wurde 1925 als Anwalt zugelassen. Im Rahmen des allgemeinen Berufsverbots 1938 wurde ihm die Zulassung entzogen. 1936 wurde er wegen sogenannter Rassenschande verhaftet, aus Mangel an Beweisen wieder entlassen. 1938 wurde er wegen „Beleidigung des Führers" inhaftiert, kam nach einer Amnestie ebenfalls wieder frei. Vom August 1941 bis Februar 1943 wurde er als Transportarbeiter bei der Firma Weber & Co., Berlin-Treptow verpflichtet, ohne Einkommen. Nach Febru-

ar 1943 „tauchte er unter", und lebte in der Nähe von Potsdam, diese Zeit zehrte ihn körperlich stark aus. Nach Beendigung des Nationalsozialismus wurde M. am 5. 6.1947 wieder als Anwalt zugelassen.

*li; BG: LAB, OFP-Akten; BAP, 15.09 RSA; cje; LAB, Liste 15.10.33; RAK, PA

Meyer, Ernst Dr.
7.9.1889 Berlin -
28.11.1940 Cholm
Landesheilanstalt Eberswalde, Wilmersdorf/Orber Str. 9, Wilmersdorf/ Wilhelmsaue 136 (bis 25.10.35/ Karlsruher Str. 7, Wilmersdorf
Bamberger Str. 59, W 62
T: B 5 Barbarossa 1601
RA und Notar; M.s Zulassung als Anwalt wurde am 15.10.1936 gelöscht, das Notariat vorher entzogen; er wurde im Sommer 1940 nach Cholm deportiert, dort umgekommen.
*li; Liste 36; BG: g, LAB, OFP-Akten (s.a. Akte M., Gertrud); LAB, Liste 15.10.33; BAL, PAK

Meyer, Fedor
k.A. - 2.3.1936
priv.: k.A.
Wilmersdorfer Str. 51, Charlottenburg
T: C1 Steinplatz 1075
War bis zu seinem Tod als

Anwalt tätig.
*li; Liste 36; LAB, Liste 15.10.33

Meyer, Georg I, JR.
1.7.1892 Berlin - k.A.
priv.: k.A.
Kurfürstenstr. 99 a
T: B 4 Bavaria 0515
RA und Notar; war noch bis mind. 1936 als Anwalt tätig (Notariat vorher entzogen); keine weitere Angabe.
*li; Liste 36

Meyer Georg II Dr.
1.7.1892 Berlin - k.A.
priv.: k.A.
Mauerstr. 94, W 8
Berufsverbot im Frühjahr 1933; emigrierte am 7.9.1933 nach Frankreich, Paris.
Br.B.32; Liste d. nichtzugel. RA, 25.4.33; LAB, Liste 15.10.33; BAL, PAK; BG: LAB, OFP-Akten

Meyer, Hans I (Adalbert) Dr.
13.11.1881 Berlin - k.A.
Kurfürstendamm 216, Charlottenburg
Kurfürstendamm 216, Charlottenburg
T: J 1 Bismarck 9600/01
War noch bis mind. 1936 als Anwalt tätig; Emigration nach Belgien, Antwerpen, im November 1938 (oder am 2.1.1939); M. überlebte.
*li; Liste 36; BG: BAK, Kartei schulpfl. Kinder; LAB, OFP-Akten; LAB, Liste 15.10.33

Meyer, Hans II (Martin)
22.5.1876 Berlin -
3.2.1943 Theresienstadt
Tempelhofer Ufer 34, SW 11, Kreuzberg
Tempelhofer Ufer 34, SW 11
T: B 1 Kurfürst 3653
War noch bis 1938 als Anwalt tätig. Datum der Vermögenserklärung: 7.10.1942; Sammellager Große Hamburger Str. 26; Deportation mit dem 69. Alterstransport (29.10.1942) nach Theresienstadt, dort umgekommen.
*li; Liste 36; BG: g, BAK, GB;

LAB, OFP-Akten; BAP, 15.09 RSA; LAB, Liste 15.10.33

Meyer, Hermann
1.2.1901 Berlin - 1972 Jerusalem
priv.: k.A.
Neue Friedrichstr. 4, C 2
RA beim Landgericht Berlin; Berufsverbot im Frühjahr 1933; Emigration nach Palästina 1937, dort als Verleger und Buchhändler tätig.
BG: BHdE, Bd 1; LAB, Liste d. nichtzugel. RA, 25.4.33 (Nachtrag); BAL, PAK

Meyer, Hugo Dr.
9.12.1877 Dramburg - k.A.
Meierottostr. 6, W 15, Wilmersdorf
Leipziger Str. 110, W 8
T: A 1 Jäger 3448
RA und Notar; war noch bis mind. 1936 als Anwalt tätig (Notariat vorher entzogen); zuletzt Fabrikarbeiter. Deportation mit dem 19. Transport (5.9.1942) nach Riga, dort verschollen. In einer anderen Quelle ist unter dem Namen „Buenos Aires" vermerkt.
*li; Liste 36; BG: g, BAK, GB; LAB, OFP-Akten; BAP, 15.09 RSA: LAB, Liste 15.10.33

Meyer, Julius I Dr.
1.3.1873 Berlin - Auschwitz
Schlüterstr. 45, W 15, Charlottenburg
Kurfürstendamm 23 (bzw. 65), W 15
1933 Zulassung als Notar verloren, zeitweilig auch mit Vertretungsverbot als Anwalt belegt, jedoch später wieder zugelassen bis mind. 1936. Deportation nach Auschwitz; für tot erklärt.
*li; LAB, Liste d. nichtzugel. RA, 25.4.33; Liste 36; BG: g, BAK, GB; LAB, OFP-Akten; BAP, 15.09 RSA; LAB, Liste 15.10.33

Meyer, Julius II Dr.
12.7.1901 - k.A.
priv.: k.A.
1933: Alexanderplatz (Berolinahaus)

Berufsverbot am 2.6.1933 (von der Liste der am Landgericht I zugelassenen Anwälte gestrichen), dennoch auf der Liste vom Okt. 1933. Emigration in die USA, dort Antrag auf ein Stipendium gestellt; wurde abgelehnt, weil sein Eindruck nicht leistungsorientiert genug, sein Äußeres zu „herausgeputzt" wirkte; keine weiteren Angaben.
*li; NY Publ. Lib.(Am.Com.) Meyer Julius L.; BAL, PAK

Meyer, Kurt Dr.
4.9.1894 Stargard - k.A.
Zimmerstr. 3-4, SW 68
Zimmerstr. 3-4, SW 68
T: A 1 Jäger 0045
RA und Notar; war bis 8.11.1937 als Anwalt zugelassen (Notariat vorher entzogen); Emigration nach Großbritannien, London.
*li; Liste 36; BG: LAB, OFP-Akten; LAB, Liste 15.10.33

Meyer, Leopold
30.5.1873 Konitz - 25.2.1941
Waitzstr. 16, Charlottenburg
Waitzstr. 16, Charlottenburg
T: J 6 Bleibtreu 1426
War noch bis mind. 1936 als Anwalt tätig; starb 1941 im Alter von 67 Jahren.
*li; Liste 36; BG: BAP, 15.09 RSA; Friedh.W.Sterbereg.; LAB, Liste 15.10.33

Meyer, Manfred Dr.
29.11.1898 - k.A.
priv.: k.A.
Oranienstr. 61, S 42
Berufsverbot im Frühjahr 1933.
Br.B.32; LAB, Liste d. nichtzugel. RA, 24.5.33; BAL PAK

Meyer, Max Dr., JR.
14.4.1863 Stavenhagen -
1.1.1943 Theresienstadt
Passauer Str. 8-9, W 50, Schöneberg
Oranienstr. 61, S 42
T: F 7 Jannowitz 4000
War noch bis mind. 1936 als Anwalt tätig. Datum der Vermögenserklärung: 31.8.1942; Sammellager Artilleriestr. 31; Depor-

tation mit dem 2. Großen Alterstransport (14.9.1942) nach Theresienstadt, wo er im Januar 1943 umgekommen ist.
*li; Liste 36; BG: g, BAK, GB; BAP, 15.09 RSA; LAB, OFP-Akten; LAB, Liste 15.10.33

Meyer, Michael Dr.
ca. 1871 Blankenburg -
1956 Berlin
Niebuhrstr. 6, Charlottenburg
Niebuhrstr. 6, Charlottenburg
T: J 1 Bismarck 6125
M. wuchs in einer religiös traditionellen Familie im Harz auf, studiert nach dem Abitur Jura. Während der Referendarzeit machte ihn ein Freund, Arthur Ruppin, mit den Ideen des Zionismus vertraut. M. ließ sich 1909 in Berlin als Anwalt nieder und spezialisierte sich auf Handels-, Grundstück- und Mietrecht, wurde auch Notar. Er nahm am Ersten Weltkrieg teil, aus diesem Grund durfte er nach 1933 weiter praktizieren. Mit dem allgem. Berufsverbot 1938 wurde ihm jedoch die Anwaltstätigkeit untersagt, das Notariat war bereits vorher entzogen worden. Ab 1939 arbeitete er ehrenamtlich im Palästina-Amt in Berlin, das die Auswanderung nach Palästina leitete. Mit Kenntnis der Gestapo wird die Auswanderung illegal organisiert. M. gelangt im August 1940 noch mit einem der letzten Transporte nach Palästina, er überlebt die Explosion der „Patria" im Hafen von Haifa. Er wurde Beamter der Mandatsregierung. Ab 1952 als Entschädigungsanwalt tätig. M. starb auf einer Dienstreise in Berlin, wurde aber in Israel beigesetzt.
*li; Liste 36; BG: LAB, OFP-Akten (Akte Meyer, Arnold,); LAB, Liste 15.10.33; Richarz, Monika: Jüdisches Leben in Deutschland, S. 367

Meyer, Paul, JR.
k.A.
priv.: k.A.
Magdeburger Str. 34, W 35
T: B 1 Kurfürst 3401
M.s Zulassung wurde am 20.7.1937 „auf Antrag gelöscht".
*li; LAB, Liste 15.10.33

Meyer, Robert Dr.
27.9.1884 Berlin -
25.11.1938 Sachsenhausen
Prager Platz 6, Wilmersdorf
Prager Platz 6, Wilmersdorf
T: H 6 Emser Platz 1404
M. war noch bis mind. 1936 als Anwalt tätig; im Rahmen der Massenverhaftungswelle nach der Pogromnacht 1938 verhaftet; im KZ Sachsenhausen umgekommen.
*li; Liste 36; BG: g, LAB, OFP-Akten (s.a. Akte Meyer, Käte); GB Sachsenhausen; LAB, Liste 15.10.33; BAL, PAK

Meyer, Siegfried Dr.
17.1.1872 Bernburg -
14.9.1942 Theresienstadt
Leibnizstr. 73, Charlottenburg/ Münchener Str. 34, Schöneberg
Grunewaldstr. 46, Schöneberg
T: B 6 Cornelius 5644
War noch bis mind. 1936 als Anwalt tätig. Datum der Vermögenserklärung: 8.7.1942; Sammellager Große Hamburger Str. 26; Deportation mit dem 23. Alterstransport (16.7.1942) nach Theresienstadt, dort zwei Monate später umgekommen.
*li; Liste 36; BG: g, BAK, GB; LAB, OFP-Akten; BAP, 15.09 RSA; LAB, Liste 15.10.33

Meyer, Werner Dr.
31.7.1899 Delmenhorst - k.A.
priv.: k.A.
Hermannstr. 226, Neukölln
T: F 0 Hermannplatz 1623
RA von 1929-37 in Berlin, mußte seine Tätigkeit wegen der anti-jüdischen Gesetze aufgeben. Emigration in die USA, ließ sich in Harrisburg, Pennsylvania, nieder. Beantragte Stip. beim Am.Com., zog den Antrag jedoch wieder zurück, weil er sich nur für einen „durchschnittlichen Anwalt" hielt und die Altergrenze anerkannte. Dabei wird aus seinem Antrag ersichtlich, daß er dringend auf das Geld angewiesen gewesen wäre. Über seinen weiteren Lebensweg ist nichts bekannt.
*li; Liste 36; NY Publ.Lib. (Am.Com.) Meyer, Werner; LAB, Liste 15.10.33; BAL, PAK

Meyer, Wolff-Joachim Dr.
7.7.1898 - 23.5.1989 Tel Aviv
Breitenbachpl. 4, Wilmersdorf
Kanzlei: k.A.
M. war Syndikus der Phoenix-Versicherungsgesellschaft, die ihn mit Hinweis auf die Rassegesetze 1933 entließ; M. beriet anschließend die Firma und verschiedene Mandanten noch weiter in juristischen Fragen; im Okt. 1936 emigrierte er mit seiner Frau, die Protestantin war, nach Palästina. Schon auf der Hochzeitsreise 1929 hatte das Paar Palästina besucht, M. war fasziniert von der zionistischen Idee. Nachdem er die Sprache erlernt hatte, baute er die Pel Tours, eine Versicherungs- und Reisegesellschaft, mit auf; anschließend beteiligte er sich am Aufbau der Agro-Bank. In Tel Aviv lebte die Familie in einem Haus mit Aron Barth und Siegfried Moses, sie hatte einen großen Freundeskreis, der zu einem erheblichen Teil ebenfalls aus deutsch-jüdischen Paaren bestand. 1942 - 1946 war M. Mitglied der Englischen Brigade, hier war er für Transport-, Verwaltungs- und Nachschubfragen zuständig, aber auch für Unterstützungsleistungen von europäischen Flüchtlingen. Immer zu Weihnachten besuchte er seine Familie, die sowohl die christlichen als auch die jüdischen Feste feierte. In den 50ern beantragte M. für sich und seine Familie die Wiedereinbürgerung als deutscher Staatsbürger; doch hat M. Deutschland nur noch wenige Male besucht; er starb 1989 in Tel Aviv.
Ausk. Dr. G. Meyer (Tochter)

Meyerheim, Rolf
11.2.1902 - k.A.
priv.: k.A.
Hardenbergstr. 13, Charlottenburg
Berufsverbot im Frühjahr 1933; keine weiteren Angaben.
Br.B.32; Liste d. nichzugel. RA, 25.4.33; BAL, PAK

Meyerstein, Eduard
26.3.1871 Berlin -
6.7.1942 Jerusalem
priv.: k.A.
Wannseestr. 12, Neubabelsberg
T: Potsdam 3281
War bis mind. 1936 als Anwalt tätig; Emigration nach Palästina im Dez. 1938.
*li; Liste 36; BG: Korr. Ruth U. Liebstädter

Meyerstein, Felix Dr.
22.3.1868 Berlin -
9.8.1942 Theresienstadt
Lietzenburger Str. 34, W 15, Wilmersdorf
Kanzlei: k.A.
RA und Notar. Sammellager Große Hamburger Str. 26; Deportation mit dem 25. Alterstransport (20.7.1942) nach Theresienstadt; dort drei Wochen später umgekommen.
BG: g, BAK, GB; LAB, OFP-Akten; BAP, 15.09 RSA; LAB, Liste 15.10.33

Meyners, Felix Dr., JR.
k.A.
priv.: k.A.
Pariser Str. 21/22, W 15
T: J 2 Oliva 4052
War noch bis mind. 1936 als Anwalt tätig; keine weiteren Angaben.
*li; Br.B.32; Liste 36

Michaelis, Alfred I Dr.
23.11.1898 Neustettin - k.A.
priv.: k.A.
Kantstr. 49, Charlottenburg 4
T: C 1 Steinplatz 4596
Wurde zeitweilig im April 1933
mit einem Vertretungsverbot
belegt; später wieder zugelassen (bis mind. 1936); keine weiteren Angaben.
*li; LAB, Liste d. nichtzugel. RA,
25.4.33; Liste 36; BG: cjb; LAB,
Liste 15.10.33; BAL, PAK

Michaelis, Alfred II Dr.
15.1.1903 - k.A.
priv.: k.A.
Wichmannstr. 28, W 62
Berufsverbot im Frühjahr 1933;
Emigration.
LAB, Liste d. nichtzugel. RA, 25.4.
33; BAL, PAK; Ausk. E.Proskauer

Michaelis, Hans Dr.
11.12.1875 Berlin - 12.8.1942
Joachim-Friedrich-Str. 43, Wilmersdorf
Kleine Präsidentenstr. 3, C 2
T: D 1 Norden 3987
RA und Notar; war noch bis
mind. 1936 als Anwalt tätig
(Notariat vorher entzogen);
beging 1942 Selbstmord durch
Gift angesichts der bevorstehenden Deportation.
*li; Liste 36; BG: g, LAB, OFP-
Akten; BAP, 15.09 RSA; Friedh.
W.Sterbereg.; LAB, Liste 15.10.33;
BAL, PAK; Göpp., S. 235

Michaelis, Max I Dr., JR.
23.10.1865 Meseritz -
verschollen, Minsk
Kantstr. 120-121, Charlottenburg
Jägerstr. 18, W 8
T: A 1 Jäger 2422
War noch bis mind. 1936 als
Anwalt tätig; Deportation mit
dem 33. Alterstransport
(30.7.1942) nach Theresienstadt, dort verschollen.
*li; Liste 36; BG: g, BAK, GB;
LAB, OFP-Akten ; BAP, 15.09
RSA; cjb; LAB, Liste 15.10.33

Michaelis, Max II
8.10.1885 Berlin -
verschollen, „Osten"
Pariser Str. 30-31, W 15/Kurfürstendamm 185, W 15, Charlottenburg
Pariser Str. 30/31, W 15
T: J 2 Oliva 3418
Nach dem allgem. Berufsverbot
1938 war M. noch als „Konsulent" tätig. Datum der Vermögenserklärung: 20.6.1942, Deportation mit dem 16. Transport
(26.6.1942) nach „Osten", dort
verschollen.
*li; Liste 36; BG: g, BAK, GB;
LAB, OFP-Akten; BAP, 15.09
RSA; Liste d. Kons., 15.10.1939;
LAB, Liste der nicht zugel. RA,
15.4.33

Michalski, Julius Dr.
11.4.1890 - k.A.
Kurfürstendamm 23, W 15
Französische Str. 49, W 8
T: A 1 Jäger 7011
RA und Notar; war bis mind.
1936 als Anwalt tätig (Notariat
vorher entzogen); Emigration
nach Südafrika am 16.5.1937.
*li; Liste 36; BG: BAK, Kartei
schulpfl. Kinder; LAB, OFP-Akten;
LAB, Liste 15.10.33; BAL, PAK

Michelsohn, Felix Dr.
20.4.1878 Königsberg - k.A.
Levetzowstr. 3, NW 87
Friedrichstr. 65a, W 8
T: A 6 Merkur 7666
RA und Notar; war noch bis
mind. 1936 als Anwalt tätig
(Notariat vorher entzogen).
*li; Liste 36; BG: LAB, OFP-
Akten; BAP, 15.09 RSA; LAB,
Liste 15.10.33

Milchner, Erich Dr., JR.
k.A. - 1937
priv.: k.A.
Bahnhofstr. 5, Zossen,
T: Zossen 46
RA und Notar; war bis zu seinem Tod 1937 als Anwalt tätig
(Notariat vorher entzogen).
*li; Liste 36; LAB, Liste 15.10.33

Miodowski, Martin
23.8.1889 - k.A.
priv.: k.A.
Potsdamer Str. 123 a, W 35
T: B 2 Lützow 2873
RA und Notar; M. war mind. bis
1936 als Anwalt tätig (Notariat
vorher entzogen); die Ehefrau
galt als nicht-jüdisch; Emigration nach Australien 1939.
*li; Liste 36; BG: Korr. Heinz
Abrams; LAB, Liste 15.10.33;
BAL, PAK

Mittwoch, Felix Dr.
1887 Schrimm - 1959 Haifa
priv.: k.A.
Mohrenstr. 16, W 8
M. war aktiver Zionist; Berufsverbot als RA und Notar im
Frühjahr 1933; anschließend in
der Auswandererberatung tätig;
1938 Auswanderung in die Niederlande; 1940 in Westerbork
und Bergen-Belsen interniert;
1944 im Zuge eines Austauschprogramms zur Übersiedelung
nach Palästina freigekommen .
Br.B.32; LAB, Liste d. nichtzugel.
RA, 25.4.33; Walk, S. 269

Moral, Reinhard Dr.
5.7.1894 Berlin -
30.4.1958 Berlin
Schmargendorfer Str. 12, Friedenau
Schmargendorfer Str. 12, Friedenau
T: H 3 Rheingau 620
M. hatte am Ersten Weltkrieg
teilgenommen; er war evangelischen Glaubens; galt nach den
Rassegesetzen als „Mischling"
(der Vater als Jude). Formell
durfte M. bis Kriegsende seine
Tätigkeit als Anwalt und Notar
ausüben; doch gingen die Mandate ständig zurück, so daß er
sich z.B. mit juristischen Repetitorien versuchte seinen Lebensunterhalt zu sichern. 1935
wurde ihm diese Tätigkeit von
der Gestapo untersagt. Er
beriet dann jüdische Auswanderer. 1944 sollte er von der OT
zwangsverpflichtet werden, was
wegen seines schlechten

Gesundheitszustandes nicht
möglich war; anschließend
wurde er als „Mischling" zu
Bau- und Kanalisationsarbeiten
herangezogen. Nach 1945
wurde M. wieder als Anwalt und
Notar zugelassen. Er erwarb
sich hohes Ansehen in der
Stadt und begründete die Vereinigung Berliner Strafverteidiger
mit. M. starb 1958 in Berlin im
Alter von 63 Jahren.
*li; BG: BAP, 15.09 RSA; LAB,
Liste 15.10.33; Tel.B.41; RAK, PA

Morgenroth, Max Dr.
k.A.
priv.: k.A.
Burgstr. 26, C 2
T: D 2 Weidendamm 0313
War noch bis mind. 1936 als
Anwalt tätig; keine weiteren
Angaben.
*li; Liste 36; LAB, Liste 15.10.33

Moser, Franz Dr.
k.A.
Joachimsthaler Str. 17
Mauerstr. 80, W 8
T: A 1 Jäger 5321
War noch bis mind. 1936 als
Anwalt tätig.
*li; Liste 36; BG: LAB, OFP-
Akten; LAB, Liste 15.10.33

Moser, Werner Dr.
21.10.1879 Neustadt/Danzig -
k.A.
Achenbachstr. 6W 50, Wilmersdorf
Ludwigkirchplatz 2, W 15
T: J 2 Oliva 4847
M. war evangelischen Glaubens;
Emigration in die Schweiz,
Zürich, am 30.5.1938.
*li; Liste 36; BG: LAB, OFP-
Akten; LAB, Liste 15.10.33

Moses, Gustav Dr.
24.12.1871 Witkowo -
Februar 1944 Theresienstadt
Krausnickstr. 18, Mitte
Friedrichstr. 131, N 24
T: D 1 Norden 0767/68
RA und Notar; war noch bis
mind. 1936 als Anwalt tätig
(Notariat vorher entzogen).

Deportation mit dem 80. Alterstransport nach Theresienstadt (13.1.1943), dort ein Jahr später umgekommen.
*li; Liste 36; BG: BAK, GB; LAB, OFP-Akten; BAP, 15.09 RSA; LAB, Liste 15.10.33

Moses, Siegfried Dr.
3.5.1887 Lautenburg -
14.1.1974 Tel Aviv
priv.: k.A.
Kurfürstendamm 234, W 50
T: J 1 Bismarck 4340
RA am Kammergericht; war noch bis mind. 1936 als Anwalt zugelassen; aktiv als Funktionär in der jüdischen Gemeinde; Emigration nach Palästina im Sept. 1937; dort später Leiter d. Israelischen Rechnungshofes; 1956 –74 Vorsitzender d. Council of Jews from Germany und des Leo-Baeck-Institutes.
*li; Liste 36; BHdE 1933, Bd.1; LAB, Liste 15.10.33; Göpp., S. 304; Ausk. Dr. G. Meyer

Moses, Wilhelm
1.3.1882 - k.A.
Boppstr. 8
Kottbusser Damm 24, S 59
T: E 6 Baerwald 8160
RA und Notar (bis 1933); die Ehefrau galt als nicht-jüdisch; M. wurde ausgebürgert; Emigration in die Niederlande am 1.1.1938, gleichzeitig wurde die Zulassung gelöscht; M. lebte 1946 in Amsterdam.
*li; Liste 36; BG: LAB, OFP-Akten; cjb; LAB, Liste 15.10.33

Mosheim, Rudolf Dr.
k.A.
priv.: k.A.
Behrenstr. 35/37, W 8
T: W 8 Merkur 3840
War noch bis mind. 1936 als Anwalt tätig; keine weiteren Angaben.
*li; Liste 36; LAB, Liste 15.10.33

Mosler, Alfred Dr.
5.2.1883 Gleiwitz - k.A.
Leistikowstr. 2, Charlottenburg
Schinkelplatz 1/4, W 56

War bis mind. 1936 als Anwalt tätig; Emigration nach Großbritannien im März 1939, später nach USA, Beverly Hills.
*li; Liste 36; BG: LAB, OFP-Akten; LAB, Liste 15.10.33

Mosse, Walter
26.9.1886 - k.A.
priv.: k.A.
Siegmundstr. 6, W 10
Berufsverbot im Frühjahr 1933; keine weiteren Angaben.
Br.B.32; LAB, Liste d. nichtzugel. RA, 25.4.33; BAL, PAK

Moszkowski, Richard Dr.
10.5.1885 Berlin - 1959 Chicago
Caspar-Theyss-Str. 5, Wilmersdorf-Grunewald
Französische Str. 55/56, W 8
T: A 1 Jäger 0021
RA und Berater/Gutachter der Reichskreditgesellschaft seit 1920, war mind. bis 1936 als Anwalt tätig. Emigration in die USA; stellte am 27.1.1940 einen Antrag auf ein Stipendium, wurde vermutl. abgelehnt.
*li; Liste 36; NY Publ.Lib. (Am.Com.) Moszkowski, R.; BG: LAB, OFP-Akten; cjb; BHdE 1933, Bd.2,2 (M., Steven A.); LAB, Liste 15.10.33

Mühsam-Werther, Georg Dr., JR.
k.A. - 1936
priv.: k.A.
Dorotheenstr. 42, NW 7
T: A 1 Jäger 1652
RA und Notar; war vermutlich bis zu seinem Tod 1936 als Anwalt tätig.
*li; Liste 36; LAB, Liste 15.10.33

Müller, Georg Dr.
6.5.1885 Berlinchen - k.A.
Neue Ansbacher Str. 7 a, W 50
Neue Ansbacher Str. 7 a, W 50
T: B 5 Barbarossa 8294
Emigration in die USA, New York.
*li; BG: LAB, OFP-Akten; LAB, Liste 15.10.33

Müller, Johannes Dr.
6.11.1893 Berlin - k.A.
Waltraudstr. 27, Zehlendorf
Waltraudstr. 27, Zehlendorf
Emigration am 1.8.1933; keine weiteren Angaben.
*li; BG: LAB, OFP-Akten; LAB, Liste 15.10.33; BAL, PAK

Müller, Josef Dr.
18.9.1881 Nürnberg - 9.10.1934
Brandenburgische Str. 28, W 15
Potsdamer Str. 134 a, W 9
T: B 1 Kurfürst 3700
Kanzlei mit Notariat vor Okt. 1933 aufgegeben.; starb im Alter von 53 Jahren.
Br.B.32; LAB, Liste 15.10.33

Müller, Siegbert Dr.
11.7.1895 Hirschberg - k.A.
Kurfürstendamm 184, W 15
Kurfürstendamm 184, W 15
T: J 1 Bismarck 9399
Wurde zeitweilig mit einem Vertretungsverbot belegt, das offensichtlich im Okt. 1933 wieder aufgehoben wurde, war noch bis mind. 1936 als RA tätig; die Zulassung als Notar war entzogen worden; M. mußte später den Zwangsnamen „Israel" führen; war nach dem Berufsverbot 1938 noch als „Konsulent" tätig; Emigration in die USA, Baltimore, am 22.11.1939. Sein zurückgelassener Besitz wurde versteigert.
*li; LAB, Liste d. nichtzugel. RA, 25.4.33; Liste 36; BAK: Kartei schulpfl. Kinder; LAB, OFP-Akten; BAP, 15.09 RSA; LAB, Liste 15.10.33

Munk, Richard Dr.
4.12.1881 Posen - k.A.
Schorlemerallee 19, Zehlendorf
Hermann-Göring-Str. 7, W 9
T: B 2 Lützow 2434/35
Noch 1932 Vorst.-Mitgl. der RAK. Emigration nach Chile am 14.6.1939.
*li; Verz.; Liste 36; BG: LAB, OFP-Akten; BAP, 15.09 RSA; LAB, Liste 15.10.33

Munk, Walter Dr.
29.12.1873 Berlin - k.A.
Viktoria-Luise-Platz 9, Schöneberg
Taubenstr. 8/9, W 8
T: A 1 Jäger 3754
Emigration nach Palästina, Haifa, am 12.1.1937, gleichzeitig wurde die Zulassung gelöscht.
*li; Liste 36; BG: LAB, OFP-Akten

Munter, Hans Dr.
k.A.
priv.: k.A.
Alexanderstr. 38, C 25
T: Sm.Nr. E 1 Berolina 11673, 1718
Berufsverbot im Frühjahr 1933; keine weiteren Angaben.
Br.B.32, LAB, Liste d. nichtzugel. RA, 25.4.33; BAL, PAK

Münz, Josef Dr.
19.12.1876 Kempen - k.A.
Dahlmannstr. 13, Charlottenburg
Schlüterstr. 39, Charlottenburg
T: J 1 Bismarck 4547
Emigration nach Palästina, Jerusalem, am 6.12.1938.
*li; Liste 36; BG: LAB, OFP-Akten; LAB, Liste 15.10.33

Münzer, Felix Dr.
13.11.1868 Tschepplau - k.A.
Bleibtreustr. 24, Charlottenburg
Meinekestr. 21, W 15
T: J 1 Bismarck 2572/73
Die Zulassung als Anwalt wurde am 5.11.1937 gelöscht; Emigration in die USA, Pasadena, Californien.
*li; Liste 36; BG: LAB, OFP-Akten; LAB, Liste 15.10.33

Münzer, Hans
10.5.1901 - k.A.
priv.: k.A.
Tauentzienstr. 9, W 50
Berufsverbot zum 9.6.1933 (vorher am Kammergericht zugelassen); bis 1937 war M. noch als Anwalt in Beuthen tätig; er wurde 1947 wieder als Anwalt in Berlin zugelassen.
Liste d. nichtzugel. RA, 25.4.33; BAL, PAK; RAK, PA Werthauer

N

Nachum, Gerhard
k.A.
priv.: k.A.
Potsdamer Str. 106, W 35
Berufsverbot im Frühjahr 1933;
keine weiteren Angaben.
Br.B.32; LAB, Liste d. nichtzugel.
RA, 25.4.33; BAL, PAK

Narewczewitz, Albert Dr.
22.12.1894 Eschwege -
verschollen, Auschwitz
Innsbrucker Str.1, Schöneberg
Friedrichstr. 49a, GW 68
T: A 7 Dönhoff 1000
Als RA bis zum allgem. Berufsverbot 1938 tätig; zuletzt bei
der Reichsvereinigung beschäftigt; Deportation mit dem 36.
Transport nach Auschwitz
(12.3.1943); dort verschollen.
*li; Liste 36; BG: BAK, GB; Kartei
schulpfl. Kinder; LAB, OFP-Akten;
BAP, 15.09 RSA; LAB, Liste
15.10.33; BAL, PAK

Nast, Leo Dr.
18.10.1879 Marienburg -
Theresienstadt
Meinekestr. 26, W 15
Suarezstr. 5, Charlottenburg
T: E 4 Wilhelm 6490
RA und Notar; war bis mind.
1936 als Anwalt tätig (Notariat
vorher entzogen); zuletzt bei
der Jüd. Kultusverw. beschäftigt.
Sammellager Gerlachstr. 18-21,
C 2; Deportation mit dem 75.
Alterstransport nach Theresien-
stadt (20.11.1942), dort umge-
kommen.
*li; Liste 36; LAB, Liste 15.10.33;
BG: BAK, GB; LAB, OFP-Akten,
BAP, 15.09 RSA

Nathansohn, Bruno Dr.
k.A.
priv.: k.A.
Zimmerstr. 79/80, SW 68
Berufsverbot im Frühjahr 1933
als Anwalt und Notar.
Br.B.32; LAB, Liste d. nichtzugel.
RA, 25.4.33

Nauenberg, Ernst Dr.
k.A.
priv.: k.A.
Neue Grünstr. 17, GW 19
T: A 6 Merkur 8079
Die Zulassung wurde am
14.6.1935 auf Antrag gelöscht;
keine weiteren Angaben.
*li; LAB, Liste 15.10.33

Nauenberg, Hans Dr.
27.1.1894 Berlin - k.A.
Sybelstr. 11, Charlottenburg
Grolmanstr. 51, Charlottenburg
T: C 1 Steinplatz 7442
RA und Notar; Emigration nach
Argentinien.
*li; Liste 36; LAB, Liste 15.10.33;
BG: LAB, OFP-Akten; BAP, 15.09
RSA

Naumann, Alfred Dr., JR.
21.4.1865 - 11.7.1938
Prinzregentenstr. 91, Wilmers-
dorf
Lessingstr. 50, NW 87
War noch bis mind. 1936 als
Anwalt tätig, starb 1938 im
Alter von 73 Jahren.
*li; Liste 36; LAB, Liste 15.10.33;
BG: LAB, OFP-Akten; Friedh.
W.Sterbereg.

Naumann, Max Dr.
12.1.1875 Berlin - 1939 Berlin
priv.: k.A.
Französische Str., W 8,
T: A 2 Flora 5848
Frontkämpfer im Ersten Weltkrieg, wurde mit dem Eisernen
Kreuz I. Klasse ausgezeichnet,
bekleidete den Rang eines
Majors. Als RA bis 1938 zugelassen. Mitbegründer des Verbandes nationaldeutscher
Juden 1921, Präsident bis Nov.
1935 (Verbot des Verbandes).
Kurze Inhaftierung 1935; im
gleichen Jahr wurde das Notariat entzogen. N. starb 1939 im
Alter von 64 Jahren.
1922–1934 Hg. der Zeitschrift
„Der nationaldeutsche Jude".
*li; Liste 36; BG: BAP, 15.09
RSA; Göpp., S. 227; Krach, S.434

Naundorf, Hans Dr.
k.A.
priv.: k.A.
Königin-Augusta-Str. 13, W 9
N.s Zulassung wurde 1935
gelöscht; keine weiteren Angaben.
LAB, Liste 15.10.33

Neimann, Kurt Dr.
28.12.1877 Neidenburg - 1944
Parkstr. 22, Weissensee
Wilmersdorfer Str. 143/144,
Charlottenburg
T: C 4 Wilhelm 5171
War noch bis mind. 1936 als
Anwalt tätig; Deportation mit
dem 2. Großen Alterstransport
nach Theresienstadt (14.9. 1942),
1944 umgekommen.
*li; Liste 36; BG: BAK, GB; LAB,
OFP-Akten, BAP, 15.09, RSA; cje
(KK N., Helene Dr.); LAB, Liste
15.10.33

Nelson, Erich Dr.
26.3.1881 Berlin -
16.8.1961 Berlin
Meraner Str. 19, Schöneberg
Lützowstr. 82, W 35
T: B 2 Lützow 6315
N. wurde 1911 als Rechtsanwalt
und 1921 als Notar zugelassen.
Von 1930 –1933 Vorstandsmitglied des Berliner Anwaltsvereins und Vorsitzender des
Schlichtungsausschusses. N.
hatte Einnahmen von 30. –
40.000,- RM p.a., die auf verschiedene große Mandate für
die Reichskredit AG. und andere Banken und Versicherungen
zurückzuführen waren. 1933
wurde ihm die Notariatszulas-
sung entzogen, am 30.11.1938
die Zulassung zur Anwaltschaft.
Drei Monate war er „Konsulent". Die Einnahmen hatten
sich von 1933 (noch 30.000,-
RM p.a.) auf 10.000,- RM 1939
reduziert. Am 11.11.1938 wurde
N. verhaftet und in das „Konzentrationslager Sachsenhausen bei Oranienburg verbracht."
Bei seiner Entlassung im
Dezember 1938 mußte er eine
Verpflichtungserklärung, auszuwandern, unterschreiben, .N.,
der protestantischen Glaubens
war, ging mit seiner Ehefrau,
die als nicht-jüdisch galt, nach
Großbritannien, London. Dort
studierte er englisches Zivilrecht und bereitete sich auf die
Prüfung als Bachelor of Laws
vor. 1946 kehrte er nach
Deutschland zurück und wurde
wieder als RA zugelassen. Er
hatte zwischenzeitlich für die
britische Militärregierung gearbeitet. N. starb 1961 im Alter
von 80 Jahren in Berlin.
Verschiedene Veröffentlichungen zum Verkehrsrecht, insbesondere Haftpflichtfragen.
*li; Liste 36;BG: LAB, OFP-Akten
(s.a. Akte N., Fritz); BAP, 15.09
RSA; cje; LAB, Liste 15.10.33;
RAK, PA

Nesselroth, Fritz Dr.
1.7.1895 - k.A.
Luitpoldstr. 23, Schöneberg
Hardenbergstr. 24, Charlottenburg
RA und Notar; war noch bis
mind. 1936 als Anwalt tätig
(Notariat vorher entzogen),
eventuell emigriert.
*li; Liste 36; BG: LAB, OFP-Akten

Netter, Richard Dr.
k.A.
priv.: k.A.
Kronenstr. 64/65, W 8
T: A 2 Flora 2575
Noch bis 22.4.1936 als Anwalt
zugelassen; keine weiteren
Angaben.
*li; Liste 36; LAB, Liste 15.10.33

Neulaender, Robert Dr.
24.10.1889 Berlin - k.A.
Düsseldorfer Str. 58 a, Wilmersdorf
Kleiststr. 42, W 62

T: B 7 Pallas 8307
N war bis mind. 1936 als
Anwalt tätig; er ist vermutlich
emigriert.
*li; Liste 36; BG: BAP, 15.09
RSA; LAB, Liste 15.10.33

**Neumann, Eva
geb. Veilchengrün**
k.A. - 60er Jahre, New York
priv.: k.A.
Augsburger Str. 46, W 50
Eva N. war mit ihrem Ehemann
Rudolf N. assoziiert; emigrierte
mit ihm in die USA; das Paar
war eng mit Adolf Arndt be-
freundet.
Ausk. Y. Arndt

**Neumann, Franz Leopold Dr.
Ph. D.**
23.5.1900 Kattowitz -
2.9.1954 Visp
priv.: k.A.
Alte Jakobstr. 155
Von 1927 bis Mai 1933 als
Anwalt tätig (assoziiert mit
Ernst Fraenkel); gleichzeitig
Berater verschiedener deutscher Gewerkschaften und
Dozent an der Hochschule für
Politik; Berufsverbot im Frühjahr 1933; Flucht im Mai 1933
nach Großbritannien, London;
promovierte dort am 25.5.1936
an der London School of Economics and Political Science
mit der Dissertation „The Go-
vernance of the Rule of Law";
ging 1936 in die USA, nach New
York, wurde dort Mitglied des
International Institute of Social
Research; 1950 Full Professor
der Columbia University. In dieser Funktion wurde er auch
Lehrer des jungen Raul Hilberg
(„Die Vernichtung der europäischen Juden. Die Gesamtgeschichte des Holocaust", 1961;
deutsche Übersetzung: Frankfurt 1982). N. analysierte seinen
Forschungsgegenstand, den
Nationalsozialismus, streng
nach materialistischen Ge-
sichtspunkten. Als Hilberg ihm
in seiner Magisterarbeit ein
Kapitel über das Verhalten der

Juden im Holocaust vorlegte,
„reagierte [Neumann] einfach
als Jude", indem er sagte: „Das
kann man nicht ertragen." (Söllner, S. 178/9) Damit meinte er
nicht, daß Hilbergs Analyse
falsch, sondern daß die Bearbeitung dieses Stoffes noch
nicht zu verkraften sei – der
äußerlich so vom Glauben gelö-
ste N., so zeigt diese Reaktion,
war immer noch dem Judentum
verbunden geblieben. Mit dieser Haltung stand N. nicht allein, viele dieses ersten Generation der intellektuellen Emigranten empfanden ebenso. Der
Diskurs, den sie führten, war
geprägt von ihren Erfahrungen,
ebenso wie von ihren fachlichen Erkenntnissen. Auch wenn
ihre Arbeiten, häufig von den
Autoren erst ins Englische
übersetzt, dann für die Veröffentlichung in Deutschland wieder rückübersetzt worden waren, hier publiziert wurden, so
standen sie in den 50ern und
60ern kaum vermittelbar neben
den gesellschaftlichen Entwicklungen. Dabei versuchte gerade
N. (aber auch Fraenkel) z.B.
durch seinen Einsatz für eine
„neue Lehre", der u.a. durch die
Gründung der Freien Universität Berlin dokumentiert
wurde, eine inhaltliche Auseinandersetzung mit der jüngeren
Geschichte Deutschlands anzu-
stoßen. Daß dadurch jedoch
nicht die Kontinuitätslinien in
der Bürokratie, Poltik und Wirtschaft gebrochen werden konnte, ist bekannt. N. wurde am
Otto-Suhr-Institut der FU Gast-
professor; er verunglückte 1954
bei einem Autounfall in der
Schweiz tödlich.
Dozent für Arbeitsrecht an der
DHfP, später am Otto-Suhr-
Instituts, Berlin. Hauptwerk:
Behemoth. Struktur und Praxis
des Nationalsozialismus 1933
–1944, New York, 1944; Die
Grundrechte, Handbuch der
Theorie und Praxis; 1954; Wirtschaft, Staat, Demokratie. Auf-

sätze 1930 –1954. Frf.a.M.1978
LAB, Liste d. nichtzugel. RA,
25.4.33; LAB, Liste 15.10.33; NY
Pub. Lib.(Am.Com.) Neumann, F.;
BG: BHdE 1933, Bd.2,2; Raul
Hilberg/Alfons Söllner: Das Schwei-
gen zum Sprechen bringen. Beitrag
in: Diner, Dan (Hg.): Zivilisations-
bruch. Denken nach Auschwitz,
S. 175-200; Göpp., S. 354

Neumann, Fritz (Simon) Dr.
8.9.1891 Berlin -
4.3.1965 Tel Aviv (?)
Wissmannstr. 21, Wilmersdorf,
Grunewald
Wissmannstr. 21, Wilmersdorf,
Grunewald
Die Zulassung als Anwalt wurde
am 3.8.1936 gelöscht; Emigration nach Palästina 1936.
*li; Liste 36; BG: LAB, OFP-Akten
(s.a.Akte N., Eva Renate); BHdE
1933, Bd.1; LAB, Liste 15.10.33

Neumann, Heinrich Dr.
k.A.
priv.: k.A.
Burggrafenstr. 3
T: B 5 Barbarossa 1590
1933 Entlassung als Notar; am
30.11.1935 wurde die Zulassung
als Anwalt auf Antrag gelöscht;
keine weiteren Angaben.
*li; BG: LAB, OFP-Akten, KK;
LAB, Liste 15.10.33

**Neumann, Hilde geb. Rosen-
feld, spätere Kirchheimer**
13.4.1905 Berlin - 11.9.1959
priv.: k.A.
Joachimsthaler Str. 41, Charlottenburg
RA seit 1932; Berufsverbot zum
13.7.1933, weil sie nach § 1
Abs.1 d. Ges. vom 7.4.1933 als
Jüdin galt; sie war Dissidentin.
Hilde N. war Tochter des der
NS-Presse verhaßten Anwalts
Kurt Rosenfeld, sie selbst war
bis 1933 Mitglied der SPD
gewesen, betätigte sich als
Anwältin der Roten Hilfe. 1933
flüchtete sie nach Frankreich;
über Moskau gelangte sie in die
Emigration nach Mexiko; 1947
kehrte sie nach Deutschland

zurück, mittlerweile unter dem
Namen Neumann arbeitete sie
in der Zentrale der SED; wurde
1949 Präsidentin des Landgerichts Berlin; 1950 Magistrats-
direktorin für Justiz; 1953 –58
Chefredakteurin der Zeitschrift
„Neue Justiz" ab 1958 an bis
zum Tode war sie hauptamtli-
che Sekretärin der Vereinigung
Demokratischer Juristen der
DDR. Hilde N. wurde im „Biographischen Handbuch" der
SBZ/DDR nicht mit ihrem Ge-
burtsnamen genannt, obwohl
ihr Vater Gegner der Nationalsozialisten war; sie wird nicht
als antisemitisch Verfolgte
angeführt, allein der politische
Aspekt ihrer Verfolgung wird
erwähnt. Der erste Ehemann
Kirchheimer kann nicht näher
identifiziert werden (der Anwalt
Otto K.?), der zweite wird ebenfalls nicht näher bestimmt.
Brentzel, Marianne: Die Machtfrau.
Hilde Benjamin 1902 –1989,
S. 389; Biogr. Handbuch d. DDR

Neumann, Oskar Dr.
6.9.1889 Hamburg -
verschollen, Auschwitz
Clausewitzstr. 5, Charlottenburg
Königin-Augusta-Str. 7, W 9
T: B 1 Kurfürst 3555
N. war katholischer Religion; er
war noch bis mind. 1936 als
Anwalt tätig. Deportation mit
dem 56. Transport (10.8.1944)
nach Auschwitz, dort verschol-
len.
*li; Liste 36; BG: g, BAK, GB;
LAB, OFP-Akten; BAP, 15.09
RSA; cjb; LAB, ITS Transportlisten;
LAB, Liste 15.10.33

Neumann, Rudolf
3.7.1904 Berlin -
9.10.1975 New York
priv.: k.A.
Augsburger Str. 46, W 50
Berufsverbot im Frühjahr 1933;
Emigration in die Schweiz über
die Niederlande 1933, gemeinsam mit der Ehefrau, mit der er
auch assoziiert gewesen war;
1939 ging das Paar in die USA

|Randolph Henry Newman|. Nach Kriegsende trat N. als Nebenkläger bei den Nürnberger Prozessen auf; später war er Leiter des Wiedergutmachungsamtes in New York.
LAB, *Liste d.nichtzugel.* RA, 25.4.33; BG: BH*dE* 1933, *Bd.*1; *Ausk.* Dr. Y. Arndt.

Neuwahl, Kurt
6.9.1886 Gelsenkirchen - k.A.
Bayreuther Str. 1, Schöneberg
Kanzlei: k.A.
Emigration am 30.11.1938 („nach unbekannt abgemeldet").
BG: LAB, OFP-*Akten*; BAL, PAK

Noah, Albert, JR.
28.1.1863 Moschin - 6.8.1942
Weinmeisterstr. 1, Mitte
Weinmeisterstr. 1, C 54
T: D 1 Norden 1833
Sozius von Hans N., vermutl. der Bruder; keine näheren Angaben.
*li; Liste 36; BG: BAK, *Kartei schulpfl. Kinder*; BAP, 15.09 RSA; *Friedh.W.Sterbereg.*; LAB, *Liste* 15.10.33

Noah, Hans Dr.
k.A.
priv.: k.A.
Weinmeisterstr. 1, C 54
Sozius von Alber N., vermutl. der Bruder; war noch bis mind. 1936 als Anwalt tätig; keine weiteren Angaben.
*li; Liste 36; LAB, *Liste* 15.10.33

Norden, Erich Dr.
k.A.
priv.: k.A.
Potsdamer Str. 96, W 57
T: B 7 Pallas 3228
Am 9.9.1936 ausgewandert, zeitgleich wurde die Zulassung gelöscht.
*li; Liste 36; LAB, *Liste* 15.10.33

Nothmann, Rudolf
23.5.1891 Berlin - k.A.
Bismarckstr. 97-99, Charlottenburg
Wilhelmstr. 44, W 8
T: A 2 Flora 4895
RA und Notar; war noch bis mind. 1936 als Anwalt tätig; Emigration nach Französisch-Indochina, Hawai, am 24.1.1939; lebte 1949 in den USA, Ithaka.
*li; Liste 36; BG: LAB, OFP-*Akten*; LAB, *Liste* 15.10.33

Nürnberg, Herbert Dr.
31.7.1896 Berlin - k.A.
Turmstr. 6, NW 21
Turmstr. 6, NW 21
T: C 5 Hansa 1878
Emigration in die USA, Chicago, am 1.7.1938.
*li; Liste 36; BG: LAB, OFP-*Akten*; LAB, *Liste* 15.10.33; BAL, PAK

Nussbaum, Arthur Dr.
31.1.1877 Berlin -
1964 New York
priv.: k.A.
Lützowufer 24, W 62
T: B 5 Barbarossa 7524
Emigration in die USA, New York, 1934; war 1939 Dozent an der Columbia University, N.Y.; war schon in Berlin Universitätsdozent gewesen.
*li; Liste 36; NY *Publ. Lib.*(*Am. Com.*)Kurt Jacobsohn; BG: BH*dE* 1933, *Bd.*2,2; LAB, *Liste* 15.10.33

Dr. Erich Norden >

Nußbaum, Julius Dr.
20.11.1874 Berlin - k.A.
Kaiserallee 26, Wilmersdorf
Kaiserallee 26, Wilmersdorf
T: H 6 Emser Platz 4900
RA am Kammergericht; war noch bis mind. 1936 als Anwalt tätig; Emigration nach Schweden, Stockholm, am 2.9.1938.
*li; Liste 36; BG: LAB, OFP-*Akten*; LAB, *Liste* 15.10.33; *Ausk.* E. Proskauer

Oborniker, Alfred
25.11.1885 - 7.5.1936
Duisburger Str. 59, Wilmersdorf
Oranienburger Str. 59, N 24
T: D 2 Weidendamm 4328
RA und Notar; war noch bis zu seinem Tod 1936 als Anwalt tätig (Notariat vorher entzogen), starb im Alter von 51 Jahren.
*li; Liste 36; BG: *Friedh.W.Sterbereg.*; LAB, *Liste* 15.10.33; *Göpp.*, S. 370

Oettinger, Ernst Dr.
8.12.1881 Marienwerder -
3.12.1953 Berlin

Wehlauer Str. 3, NO 55
Rheinstr. 6/7, Friedenau
T: H 3 Rheingau 1398
O. war evangelischen Glaubens, hatte bei den letzten freien Wahlen nach eigenen Angaben DVP gewählt; RA seit 1912, seit 1919 Notar. 1935 Entlassung als

Notar, 1938 Berufsverbot als Anwalt. Die jährlichen Einkünfte beliefen sich 1931auf 22.400,- RM, reduzierten sich ab 1933 kontinuierlich von 7.000,- RM (1934) auf 2.500,-RM (1938). Nach dem Berufsverbot lag sein Jahreseinkommen bei 800,- RM. 1943 wurde O. „zum Arbeitsdienst herangezogen und zwar zuerst zu Aufräumungsarbeiten in fliegerbeschädigten Häusern, später als Metallarbeiter". Für diesen zwangsweisen Arbeitseinsatz müssen Gründe vorgelegen haben, wie z.B. Bestehen einer „privilegierten Mischehe", die vergleichsweise „milde Behandlung" war ansonsten eher untypisch. O. lebte nach 1945 in Schöneberg; er wurde umgehend wieder als Anwalt und Notar zugelassen.
*li, Liste 36; BG: LAB, OFP-Akten; cje; RAK, PA

Ohnstein, Max
1.7.1879 Posen -
verschollen, Auschwitz
Meinekestr. 26, W 15, Charlottenburg
Tauentzienstr. 7 b, W 50
T: B 4 Bavaria 1200
War noch bis zum allgem. Berufsverbot als Anwalt tätig. Deportation mit dem 36. Transport nach Auschwitz (12.3. 1943), verschollen.
*li, Liste 36; LAB, Liste 15.10.33; BAL, PAK; PA 55126 (Elkeles); BG: BAK, GB; BAP, 15.09 RSA; LAB, OFP-Akten

Olden, Rudolf Dr.
14.1.1885 Stettin -
17.9.1940 Atlantik
priv.: k.A.
Joachimsthaler Str. 38, Charlottenburg
O. war ein bekannter Strafverteidiger, der auch in poltischen Prozessen (Ossietzky) auftrat. Neben der Anwaltstätigkeit war er publizistisch tätig (Berliner Tageblatt) und aktiv in der Liga für Menschenrechte. O. initiierte, nachdem eine Großveran-

staltung der Liga am 3.2.1933 verboten worden war, einen Kongreß am 19.2.1933 in der Krolloper unter dem Thema „Das freie Wort". In der Reichstagsbrandnacht wurde O. gewarnt, daß „man überall Oppositionelle verhafte"; am nächsten Tag vertrat er noch einen Fall beim Amtsgericht. Als er erfuhr, daß „seine Wohnung beobachtet würde und die Gestapo bereits beim Landgericht auf ihn warte, benachrichtigte er seine Frau, übernachtete bei einem Freund, fuhr am nächsten Tag nach Süden und floh auf Skiern über die Grenze zur Tschechoslowakei. Schon im Mai 1933 veröffentlichte er aus dem Prager Exil in dem dort neuaufgebauten Malik-Verlag die Broschüre „Hitler der Eroberer" (Müller, S. 187). 1934 zogen O. und seine Frau Ika weiter nach Paris, hier erarbeitete O. im Auftrag des Comité des Juives eine der ergiebigsten zeitgenössischen Darstellungen der nationalsozialistischen Judenverfolgung, das „Schwarzbuch über die Lage der Juden in Deutschland" (ebenda, S. 188). In Deutschland wurde O. im Frühjahr 1933 noch als Anwalt mit Berufsverbot belegt; im Dezember 1936 erfolgte seine Ausbürgerung. O. verlegte seinen Wohnsitz nach London.

Dort brachte er seine dritte große Biographie (nach Stresemann und Hitler über Hindenburg) heraus. Trotz seiner intensiven schriftstellerischen Tätigkeit hatte er nur geringe Einkünfte zu verzeichnen, gleichwohl setzte er seine Kraft daran, über den deutschen PEN-Club (nach eigener Ansicht „eine Illusion") den in alle Welt verstreuten bedürftigen deutschen Schriftstellern Hilfe zukommen zu lassen durch Hilfsaktionen, Bettelbriefe und Appelle an englische und amerikanische Organisationen. Nach Kriegsbeginn wurde der staatenlose O. in Großbritannien zum „feindlichen Ausländer". Die Polizei holte ihn ab, er kam in ein Internierungslager. Als er einen Ruf der New School of Social Research, N.Y., (Adorno, Marcuse u.a.) erhielt, nahm er an, obwohl er lieber in England geblieben wäre. Die Ausreisepapiere tragen den Vermerk „no return". Ika und Rudolf O. bestiegen die „City of Benares", die zweijährige Tochter war bereits mit einem früheren Kindertransport in Sicherheit gebracht worden. Auf der Überfahrt wurde das Schiff auf dem Atlantik von dem deutschen U-Boot U 48 torpediert. Ika und Rudolf O. kamen dabei ums Leben.
Veröffentlichungen von R. Olden: Der Justizmord an Jakubowsky, Berlin 1928; Stresemann, Berlin 1929; Hitler der Eroberer (1935), Frankfurt 1984; Hindenburg oder der Geist der preußischen Armee, Paris 1935 LAB, Liste d. nichtzugel. RA, 25.4.33; Müller, Ingo: Beitrag über Rudolf Olden in dem Sammelband: Streitbare Juristen. Eine andere Tradition, S. 180-192; Göpp., S. 306/7; Krach, S. 435

Oliven, Fritz Dr.
10.5.1874 Breslau -
30.6.1956 Porto Alegre
Giesebrechtstr. 11, Charlottenb.

Joachimsthaler Str. 11, W Kanzlei vor Okt. 1933 aufgegeben. Emigration nach Brasilien am 2.3.1939; lebte am 18.2. 1947 in Brasilien, Porto Alegre. Veröffentlichte unter dem Künstlernamen „Rideamus", u.a. das Operettenlibretto „Der Vetter aus Dingsda" und Texte für die „Haller-Revuen"; Autobiografie: Ein heiteres Leben, 1951.
Br.B.32; BG: LAB, OFP-Akten; Ausk. Klaus Oliven; BHdE 1933, Bd.2,2; Göpp., 307

Oppenheim, Franz Dr.
30.5.1891 -
29.9.1942 Sachsenhausen
priv.: k.A.
Jerusalemer Str. 13, SW 19
T: A 6 Merkur 1931
RA und Notar; 1942 im KZ Sachsenhausen umgekommen.
*li; BG: BAK, GB; GB Sachsenhausen

Oppenheim, Max Dr.
12.2.1883 Berlin -
29.8.1942 Auschwitz
Pariser Str. 23 (53)/
Schlüterstr. 16, Wilmersdorf

Königstr. 22/24, C 2
T: E 1 Berolina 1953
War noch bis mind. 1936 als Anwalt tätig; Emigration nach Frankreich; Deportation mit dem 23. Transport aus Drancy

(24.8.1942) nach Auschwitz, dort fünf Tage später umgekommen.
*li; Liste 36; BG: g, BAK, GB; LAB, OFP-Akten; Vormeier: „Deportierung aus Frankreich"

Oppenheimer, Ernst
23.3.1890 Marsberg - k.A.
Nürnberger Str. 16, W 50
Nürnberger Str. 16, W 50
T: B 4 Bavaria 8383
RA und Notar; war bis mind. 1936 als Anwalt tätig (Notariat vorher entzogen); Emigration in die USA, Lynn, 1939.
*li; Liste 36; BG: LAB, OFP-Akten

Oppenheimer, Fritz Dr.
10.3.1898 Berlin -
6.2.1968 Nairobi
Großadmiral-Prinz-Heinrich-Str. 6, W 35
Regentenstr. 2, W 10
T: B 2 Lützow 5018
RA und Notar; war bis mind. 1936 als Anwalt tätig (Notariat vorher entzogen); Emigration nach Großbritannien 1936; in die USA 1940.
*li; Liste 36; BG: LAB, OFP-Akten; BHdE 1933, Bd.1

Oppenheimer, Georg, JR.
23.4.1862 Sprottau -
12.8.1942 Theresienstadt
Iranische Str. 2, N 65 (Jüd. Krkh.)
Grolmanstr. 54/55, Charlottenburg
T: J 1 Bismarck 232
War noch bis mind. 1936 als Anwalt tätig.
*li; Liste 36; BG: BAK, GB; LAB, OFP-Akten, BAP, 15.09 RSA

Oppenheimer, Ludwig Dr.
24.9.1878 Berlin - Auschwitz
priv.: k.A.
Wilhelmstr. 44, W 8
T: A 1 Jäger 0203
War noch bis mind. 1936 als Anwalt tätig; nach Auschwitz deportiert, für tot erklärt.
*li; Liste 36; BG: BAK, GB; cjb

Oppenheimer, Stefan
16.3.1885 Mainz - k.A.
Kufsteiner Str. 2, Schöneberg
Leipziger Str. 123 a, W 8
T: A 1 Jäger 4340
War bis mind. 1936 als Anwalt tätig; Emigration nach Frank-

reich, Vomves, am 26.6.1939; keine weiteren Angaben.
*li; Liste 36; BG: LAB, OFP-Akten; BAP, 15.09 RSA

Oppenheimer, Werner Dr.
k.A.
priv.: k.A.
Schellingstr. 5, W 9
Berufsverbot im Frühjahr 1933.
LAB, Liste d. nichtzugel. RA, 25.4.33

Orlipski, Gustav Dr.
4.2.1887 Bromberg -
verschollen, Trawniki
Ansbacher Str. 26, Schöneberg
Nürnberger Str. 22, W 50
RA und Notar; Berufsverbot im Frühjahr 1933; später Mitarbeiter der Gemeinde. Datum der Vermögenserklärung: 1.6.1942, Sammellager Levetzowstr. 7-8; Deportation mit dem 15. Transport (13.6.1942) nach „Osten", vermutlich in Trawniki verschollen.
Br.B.32; Liste d. nichtzugel. RA, 25.4.33, BG: g, BAK, GB; BAK, Kartei schulpfl. Kinder; LAB, OFP-Akten; BAP, 15.09 RSA

Ostberg, Elsa Dr. geb. Köhne
13.10.1888 Berlin -
verschollen, Auschwitz
Klopstockstr. 9, NW 87/Altonaer Str. 5, Tiergarten
Kottbusser Damm 5, S 59
Elsa O. war zuletzt im Büro ihres Ehemannes Ernst O. („Konsulent") tätig. Datum der Vermögenserklärung: 2.10.1942, Deportation mit dem 3. Großen Alterstransport (3.10.1942) nach Theresienstadt, in Auschwitz verschollen.
BG: g, BAK, GB; LAB, OFP-Akten; BAP, 15.09 RSA; cjb

Ostberg, Ernst Dr.
14.2.1880 Berlin -
1943 Theresienstadt
Beuthstr. 10, SW 68/ Klopstockstr. 9, NW 87/ Altonaer Str. 5, Tiergarten
Kottbusser Damm 5, S 59
T: F 6 Baerwald 0357
RA und Notar; Sozietät mit seiner Frau Elsa O.; Ernst O. mußte den Zwangsnamen „Israel" führen; war nach dem allgem. Berufsverbot 1938 noch als „Konsulent" tätig. Datum der Vermögenserklärung: 2.10.1942; Deportation mit dem 3. Großen Alterstransport (3.10.1942) nach Theresienstadt, dort verschollen; die Ehefrau ist in Auschwitz ermordet worden.
*li; Liste 36; BG: g, BAK, GB; LAB, OFP-Akten; BAP, 15.09 RSA; cjb; Liste d. Kons., 15.4.39

Paechter, Curt
7.4.1888 Crossen -
verschollen, Auschwitz
Nassauische Str. 61, Wilmersdorf
Mauerstr. 39, W 8
T: A 1 Jäger 0018
War noch bis mind. 1936 als Anwalt tätig; Deportation mit dem 70. Alterstransport (30.10.1942) nach Theresienstadt; in Auschwitz verschollen.
*li; Liste 36; BG: g, BAK, GB; BAK, Kartei schulpfl. Kinder; BAP, 15.09 RSA; LAB, OFP-Akten

Pakscher, Benno, JR.
6.9.1859 Posen - k.A.
Witzlebenplatz 6, Charlottenburg
Kurfürstendamm 29, W 15
T: J 1 Bismarck 3906
War noch bis mind. 1936 als Anwalt tätig; keine weiteren Angaben.
*li; Liste 36; BG: BAP, 15.09 RSA

Pechner, Hanns Günter
11.9.1905 Berlin - k.A.
priv./Kanzlei: k.A.
P. war evangelischer Religion; er wurde 1933 nicht weiter zugelassen. Emigration über die Schweiz nach Frankreich, Paris, am 19.3.1939; in die Schweiz 1940; nach Frankreich 1946; Rückkehr nach Berlin 1954; lebte 1977 in West-Berlin.
BAL, PAK; BG: BHdE 1933, Bd.1

Peisach, Lothar
6.6.1888 Glogau - k.A.
priv.: k.A.
Colditzstr. 2, Tempelhof
T: G 5 Südring 6061

Die Ehefrau galt als nicht-jüdisch; P. war nach dem allgem. Berufsverbot für Anwälte 1938 noch als „Konsulent" tätig; Emigration in die USA nach dem 21.7.1941.
*li; Liste 36; BG: BAK, Emigr.- u. Sterbedatei; LAB, OFP-Akten; BAP, 15.09 RSA

Peiser, Georg, JR.
2.3.1898 Jarotschin - k.A.
Zietenstr. 16, W 35, Schöneberg
Potsdamer Str. 129/130, W 9
T: B 2 Lützow 2043
1933 als Anwalt weiter zugelassen; Emigration nach Chile am 4.12.1939.
*li; BG: LAB; OFP-Akten; BAP, 15.09 RSA

Peltason, Walther Dr.
6.6.1887 Plauen - k.A.
Schopenhauerstr. 44, Nikolassee, Zehlendorf
Motzstr. 72, W 30
T: B 4 Bavaria 6464
RA und Notar; mußte den Zwangsnamen „Israel" führen; war nach dem allgem. Berufsverbot für Anwälte noch als „Konsulent" zugelassen (Notariat vorher entzogen); Emigration am 31.3.1939.
*li; Liste 36; BG: LAB, OFP-Akten; Liste d. Kons., 15.4.39; BAL, PAK

Peyser, Walther Dr.
29.12.1882 Schöneck - 25.2.1953
priv.: k.A.
Berliner Str. 141, Charlottenburg
T: C 4 Wilhelm 7349
P. wurde 1912 als RA und später auch als Notar zugelassen. Weil er vor bereits 1914 niedergelassen war, konnte er noch bis 1938 als Anwalt arbeiten, das Notariat war vorher entzogen worden. Vor 1933 beliefen sich seine Einkünfte auf durchschnittlich 40.000,- RM p.a., ab 1933 sanken sie auf 6.000,- RM (1933), 4.000,- RM (1934), 2.000,- RM (1935) bis auf 1.000,- RM (1938). P. war „Sternträger"

(die Ehefrau galt vermutlich als nicht-jüdisch) und wurde ab 1941 als Arbeiter erst bei den Charlottenburger Motorenwerken (Rüstung), dann bei der Deutschen Reichsbahn und später bei Friedrich Vogt, Fla-

schengroßhandel (Nachtwächter) zwangsweise eingesetzt, sein jährliches Einkommen betrug max. 1.450,- RM. Nach 1945 konnte er umgehend wieder Einnahmen als Jurist in Höhe von 15.000,- M verzeichnen. Er erhielt am 5.6.1947 die Wiederzulassung als RA und lebte in Charlottenburg.
*li; Br.B.32; Liste 36; BG: BAP, 15.09 RSA; cjb (KK P., Grete); cje; RAK, PA

Pfeffermann, Bruno Dr.
10.1.1881 Görlitz - k.A.
Lietzenburger Str. 13, W 15
Lietzenburger Str. 13, W 15
T: J 1 Bismarck 2746
Emigration nach Palästina.
*li; Liste 36; BG: LAB, OFP-Akten

Philipp, Herbert
10.11.1890 - 6.5.1934
priv.: k.A.
Hardenbergstr. 24, Charlottenburg
Berufsverbot als RA und Notar im Frühjahr 1933.
Br.B.32; LAB, Liste d. nichtzugel.

RA, 25.4.33; BG: Friedh.W.Sterbereg.; BAL, PAK

Philipp, Richard Dr.
27.8.1880 Stolp - k.A.
Rosenheimer Str. 15/ Bozener Str. 9, Schöneberg
Bülowstr. 28, W 57
T: B 7 Pallas 2571
RA und Notar, Sozius von H. Beermann und A. Lüpschütz; war noch bis mind. 1936 als Anwalt tätig (Notariat vorher entzogen); Emigration in die USA am 14.3.1940; lebte 1947 in New York.
*li; Br.B.32; Liste 36; BG: LAB, OFP-Akten; BAP 15.09 RSA

Philipp, Rudolf
14.3.1882 Frankfurt/O. - Riga
Kulmbacher Str. 7, Schöneberg
Regensburger Str. 23, Wilmersdorf
Deportation mit dem 8. Transport (13.1.1942) nach Riga, dort verschollen.
BG: g, BAK, GB, LAB, OFP-Akten; BAP, 15.09 RSA

Philippsborn, Siegfried
11.3.1887 Quedlinburg - k.A.
priv.: k.A.
Motzstr. 68, W 30
RA seit 1919; Berufsverbot zum 9.6.1933, weil er nach § 1 Abs.1 d. Ges. v. 7.4.1933 als Jude galt; wurde 1941 als Arbeiter bei Warnecke & Böhm, Weißensee, eingesetzt; keine weiteren Angaben.
LAB, Liste d. nichtzugel. RA, 25.4.33; BAL, PAK, PA ; BG: cjc; BAP, 15.09 RSA

Philipsborn, Alexander Dr.
21.11.1882 Berlin - k.A.
Markgraf-Albrecht-Str. 14, Wilmersdorf, Halensee
Nikolsburger Str. 8/9, Wilmersdorf
T: J 2 Oliva 1435
War noch bis mind. 1936 als Anwalt tätig; Emigration nach Belgien, Brüssel.
*li; Liste 36; BG: LAB, OFP-Akten

Philipsborn, Georg
3.10.1901 Stralsund - k.A.
priv.: k.A.
Tauentzienstr. 10, W 50
T: B 4 Bavaria 3146
RA seit 1927; Berufsverbot zum 9.6.1933, weil er nach § 1 Abs.1 d. Ges. v. 7.4.1933 als Jude galt; kein weiteren Angaben.
Br.B.32; BAL, PAK; PA

Pick, Ernst
7.11.1884 Cosel - k.A.
priv.: k.A.
Kaiser-Wilhelm-Platz 4
T: G 1 Stephan 4087
Sozius von Dagobert Auerbach; RA seit 1912, Notar seit 1927; hatte im Ersten Weltkrieg bei der Marine gedient; wurde zum 8.7.1933 als Notar entlassen, weil er Jude war (gem. § 3 Abs.3 d. Ges. v. 7.4.33 über die Wiederherstellung des Berufsbeamtentums) war noch bis zum allgem. Berufsverbot als Anwalt tätig; keine weiteren Angaben.
*li; Liste 36; Br.B.32; BAL, PAK, PA

Pick, Felix Dr., JR.
13.5.1871 - k.A.
Bamberger Str. 59, W 50
Bamberger Str. 59, W 50
T: Barbarossa 1602, 1902
Noch 1932 Vorst.-Mitgl. der RAK; 1933 Entlassung als Notar, 1938 allgem. Berufsverbot als Anwalt; emigrierte 1938 in die Schweiz.
*li; Verz.; Liste 36; BG: Korr. Walter Pick; Krach, S.435

Pick, Fritz
27.5.1887 Lissa - k.A.
Kurfürstendamm 64, Pension Olympic/ Friedrichstr. 221
Friedrichstr. 221, SW 48
T: F 5 Bergmann 1422
RA und Notar; war noch bis mind. 1936 als Anwalt tätig (Notariat vorher entzogen); Emigration in die Niederlande, Amsterdam; lebte 1951 in München.
*li; Liste 36; BG: LAB, OFP-Akten; BAP, 15.09 RSA; BAL, PAK

Pick, Max Dr.
27.11.1879 - 21.3.1937
priv.: k.A.
Steglitzer Str. 54, W 35
T: B 1 Kurfürst 3395
Beging im Alter von 58 Jahren
Selbstmord.
*li; Liste 36; BG: Friedh.W.Sterbe-
reg.

Pick, Oswald
20.10.1880 Leipzig - k.A.
Wielandstr. 34, Charlottenburg
(1942)/ Herbertstr. 15, Wilmers-
dorf (1943)
Kanzlei: k.A.
Betätigte sich als Vermögens-
verwalter, überlebte unterge-
taucht und wohnte nach der
Befreiung in Wilmersdorf,
Lynarstr. 21.
BG: LAB, OFP-Akten (Akte Hart
Röschen geb. Vitor, Akte Mendel,
Alfred, Akte Meyer, Flora geb.
Rothe); Aufbau (NY), 28.09.45
(Geb.dat.: 20.10.80); BAP, 15.09
RSA; cje

Pick, Rudolf Dr.
15.8.1892 Ostrowo - 1942 Riga
priv.: k.A.
Klopstockstr. 15, NW 87/
Brückenallee 13, NW 87
Seit 1924 RA, später auch
Notar; ab April 1933 zeitweilig
mit Vertretungsverbot belegt
(Notariat dauerhaft verloren),
war im Okt. 1933 wieder zugelassen (bis 1936); zuletzt als

Leiter des Palästina-Amtes
tätig, begleitete einen Jugend-
transport nach Palästina, kehrte
aber zu seiner Familie zurück;
am 21.11.1943 nach Riga
deportiert, wo er umgekommen
ist.
*li; LAB, Liste d. nichtzugel. RA,
25.4.33; Liste 36; BAL, PAK;
Göpp. S. 257; BG: BAK, GB; Kartei schulpfl. Kinder; LAB, OFP-
Akten; BAP, 15.09 RSA; Walk,
S. 295

Pick, Walter Dr.
2.8.1901 - k.A.
Bamberger Str. 59, W 50, Schö-
neberg
Belle-Alliance-Pl. 4, SW
Berufsverbot im Frühjahr 1933;
Emigration nach Großbritanni-
en, London.
Br.B.32; LAB, Liste d. nichtzugel.
RA, 25.4.33; BG: LAB, OFP-
Akten; BAL, PAK

Pincus, Alfred Dr.
k.A.
priv.: k.A.
Gontardstr. 5, C 25
Berufsverbot als RA und Notar
im Frühjahr 1933; keine weiteren Angaben.
Br.B.32; LAB, Liste d. nichtzugel.
RA, 25.4.33

Pincus, Dagobert Dr.
18.6.1886 Lötzen -
23.8.1958 Berlin
priv.: k.A.
Kurfürstendamm 229, W 50
P. wurde 1913 als RA, 1924 als
Notar in Berlin zugelassen; er
hatte am Ersten Weltkrieg teilgenommen, wurde 1933 nicht
als Frontkämpfer anerkannt .
Durch seine Niederlassung vor
1914 durfte er als Anwalt weiter
tätig sein, das Notariat wurde
ihm jedoch entzogen. 1938 fiel
er unter das allgem. Berufsverbot für jüdische Anwälte. P.
wurde am 10.11.1938 verhaftet
und kam in das KZ Sachsenhausen. Am 7.12.1938 wurde er
wieder entlassen nach Unter-
zeichnung einer Verpflichtungs-

erklärung auszuwandern. Die
Ehefrau galt als nicht-jüdisch
und ging mit ihm am 12.6.1939
nach Frankreich, dort lebten sie
bis zum 19.10.1948. In Frankreich war P. Mitglied der Union
des Immigrés Allemands
Antinazis, einer anerkannten
Résistance-Gruppe. Unter der
Vichy-Regierung war P. zweimal
im Camp de la Braconne (1939
u. 1940) inhaftiert. Die Mutter,
Julie Pincus geb. Glass, ist nach
Auschwitz deportiert und umgebracht worden. Im Okt. 1948
kehrte P. nach Berlin zurück;
Bekannte äußerten ihr Unver-
ständnis, daß er in diese Stadt
ging, aus der viele lieber heute
als morgen weggehen würden.
Dennoch betrieb P. engagiert
und mit der Unterstützung
diverser Kollegen seine erneute
Niederlassung, erhielt am 7.12.
1948 die Wiederzulassung als
RA. Die zuerst eröffnete Praxis
in Köpenick mußte er aufgeben,
eröffnete 1950 eine neue in
Halensee. P. wohnte später in
Charlottenburg.
*li; Liste 36; BG: BAP, 15.09
RSA; cjb; cje; BAl, PAK; RAK, PA

Pincus, Ernst Dr.
2.2.1904 Posen - k.A.
priv.: k.A.
Budapester Str. 29, W 62
RA am Kammergericht seit
1930; Berufsverbot zum 9.6.
1933, weil er nach § 1 Abs.1 d.
Ges. v. 7.4.1933 als Jude galt;
keine weiteren Angaben.
Br.B.32; LAB, Liste d. nichtzugel.
RA, 25.4.33; BAL, PAK, PA

Pincus, Harry Dr.
3.7.1883 Königsberg - 2.4.1950
Berlin
priv.: k.A.
Rathenower Str. 4, NW 40
T: C 5 Hansa 4274
P. war 1920 aus der jüd. Religi-
onsgemeinschaft ausgetreten
und hatte den röm.-kath. Glauben angenommen; die Ehefrau
war Christin. Mitglied der Zen-

trumspartei. P. spezialisierte
sich auf die juristischen Fragen
im Zusammenhang mit dem
neuaufkommenden Medium
Rundfunk, war beratend für die
Reichsrundfunkgesellschaft
aktiv. Nach 1933 entfielen diese
Mandate und P.s Einnahmen
reduzierten sich von durchschnittlich 18.000,- RM p.a.
(1931, 1932) auf 550,- (1935),
250,- (1936), 150,- (1937) und
280,- RM (1938); der Entzug des
Notariats bewirkte die Haupt-
einbuße der Einnahmen. In den

Jahren 1939 – 41 hatte P. keine Einnahmen mehr, danach wurde er als Lager- bzw. Hilfsarbeiter in einer Fabrik zwangsverpflichtet mit einem Verdienst von 760,- bzw. 600,- RM. P. war „Sternträger". Nach 1945 wurde er wieder als Abteilungsleiter beim Berliner Rundfunk, wodurch sich seine materielle Lage deutlich verbesserte. Am 2.4.1948 wurde er wieder als Anwalt zugelassen. Er lebte bis zu seinem Tod in Charlottenburg.
Zahlreiche Veröffentlichungen zum Rundfunkrecht ab 1928.
*li; Liste 36; BG: BAP, 15.09 RSA; cjb; cje (mit Akte); BAL, PAK; RAK, PA

Pincus, Ludwig Dr.
k.A.
Müllerstr. 177, N 65
Badstr. 61, N 20
T: D 4 Humboldt 0660
P. war noch bis mind. 1936 als Anwalt tätig; unklar, ob er emigriert ist.
*li; Liste 36

Pincuß, Leo
7.7.1889 Berlin - k.A.
Invalidenstr. 113, Mitte
Chausseestr. 111/112, N 4
T: D 1 Norden 0203
RA und Notar; war noch bis mind. 1936 als Anwalt tätig (Notariat vorher entzogen); unklar, ob P. emigriert ist („Familie 31.8.1939 unbekannt").
*li; Liste 36; BAL, PAK; BG: LAB, OFP-Akten; BAP, 15.09 RSA

Pindar, Kurt Dr.
2.2.1885 Königsberg - k.A.
priv.: k.A.
Unter den Linden 15, W 8
T: A 2 Flora 3885
P., der früher Pincus hieß, war noch bis 10.6.1938 als Anwalt tätig; keine weiteren Angaben.
*li; Liste 36

Pinkus, Martin
k.A.
priv.: k.A.
Markstr. 1, Reinickendorf
T: D 9 Reinickendorf 0801
RA und Notar; war noch bis mind. 1936 als Anwalt tätig (Notariat vorher entzogen); keine weiteren Angaben.
*li; Liste 36

Pinn, Georg, JR.
19.10.1867 - k.A.
Bülowstr. 18, Schöneberg
Bülowstr. 19, W 57
T: B 7 Pallas 8787
Emigration; keine weiteren Angaben.
*li; Liste 36; BG: LAB, OFP-Akten

Pinner, Albert Dr., JR.
1857 Berlin - 1933
priv.: k.A.
Markgrafenstr. 46
RA und Notar; Vorstandmitglied des Berliner Anwaltvereins; Vorstandsmitglied DAV, 1932 als letzter jüd. Jurist in einer Festschrift offiziell gewürdigt; starb im Alter von 76 Jahren in der Emigration.
Zahlreiche Veröffentl. zum Handelsrecht
Br.B.32; BG: BHdE nach 1933, B. 1, Pinner, Heinz Albert; Krach, S. 435

Pinner, Ernst
24.7.1889 Kosten - 20.8.1947 Israel
priv.: k.A.
Linkstr. 19, W9
T: B 1 Kurfürst 1915
RA und Notar; war noch bis mind. 1936 als Anwalt tätig (Notariat vorher entzogen); emigrierte am 28.8.1939 nach Palästina, Tel Aviv, dort im Alter von 58 Jahren gestorben.
*li; Liste 36; BAL, PAK; BG: LAB, OFP-Akten

Pinner, Heinz Dr.
20.2.1893 Berlin - k.A.
Eichenallee 24, Charlottenburg
Markgrafenstr. 46, W 8
T: A 2 Flora 7541

RA und Notar; evangelischer Religion; er war bis mind. 1936 als Anwalt tätig (Notariat vorher entzogen); Emigration über die Schweiz im Juni1939, später in die USA, Los Angeles (Dez. 1939) mit Frau und Kindern; lebte 1978 in Los Angeles.
*li; Liste 36; LAB, OFP-Akten; BHdE 1933, Bd.1 (mit Vornamen Heinz Albert); BAP, 15.09 RSA; Jewish Immigrants ... in the U.S.A., Oral History, S. 96

Pinner, Leo David
24.12.1861 - 23.5.1938
Güntzelstr. 2, Wilmersdorf
Kronprinzenufer 11, NW 40
RA und Notar; starb 1938 im Alter von 77 Jahren, in Berlin beigesetzt.
*li; Liste 36; BG: Friedh.W.Sterbereg.

Pinner, Paul
28.4.1884 Erfurt - 1.11.1941
Helmstedter Str. 23, Wilmersdorf
Martin-Luther-Str. 79, W 30
T: B 6 Cornelius 5894
Starb im Alter von 57 Jahren, in Berlin beigesetzt.
*li; Liste 36; BG: BAK; Kartei schulpfl. Kind.; BAP, 15.09 RSA; Friedh.W.Sterbereg.

Pinner, Sally
5.12.1880 Graudenz - 20.8.1939
Wallnerthaterstr. 7, C 2, Mitte
A. d. Spandauer Brücke 1b, C 2
T: D 2 Weidendamm 9701
Tod im Alter von 59 Jahren, in Berlin beigesetzt.
*li; Liste 36; BG: BAP, 15.09 RSA; Friedh.W.Sterbereg.

Pinner, Sigismund, JR.
k.A.
priv.: k.A.
Alexanderstr. 14 a, O 27,
RA und Notar; war noch bis mind. 1936 als Anwalt tätig (Notariat vorher entzogen).
*li; Liste 36

Pinthus, Heinrich Dr.
25.10.1884 Berlin - 24. 7. 1938
Waitzstr. 13, Charlottenburg
Waitzstr. 13, Charlottenburg
T: J 6 Bleibtreu 0537
Starb 1938 im Alter von 53 Jahren, in Berlin beigesetzt.
*li; Liste 36; BG: Friedh.W.Sterbereg.; BAL, PAK

Pitsch, Erich
10.2.1883 Berlin - k.A.
Bleibtreustr. 47, Charlottenburg
Alexanderufer 1, NW 40
T: D 2 Weidendamm 8230
P.s Ehefrau galt als nichtjüdisch, er selbst als „Mischling", war evangelischer Religion; Schicksal unbekannt.
*li; BG: BAP, 15.09 RSA; LAB, Liste Mschlg.36; BAL, PAK

Placzek, Michaelis, JR.
25.12.1860 Schwersenz - k.A.
Joachimsthaler Str. 21 b. Wolff, Charlottenburg
Joachimsthaler Str. 13, W 15
T: J 1 Bismarck 5124
RA und Notar; war noch bis mind. 1936 als Anwalt tätig (Notariat vorher entzogen); Emigration am 13.8.1941 mit der Familie nach Uruguay.
*li; Liste 36; BG: ABK, Emigr.-u. Sterbedatei; BAP, 15.09 RSA

Platz, Alfred Dr.
26.6.1890 Köln - k.A.
Oldenburg Allee 61, Charlottenburg
Behrenstr. 20, W 8
T: A 1 Jäger 7216
Emigration in die Niederlande, Amsterdam, am 2.5.1934; P. hat vermutl. überlebt und ist nach Deutschland zurückgekehrt.
*li; BG: LAB, OFP-Akten; BAL, PAK

Plaut, Leo Dr.
29.4.1900 Willingshausen - k.A.
priv.: k.A.
Potsdamer Str. 76, W 57
RA seit 1926; am Felseneck-Prozeß beteiligt, in dem es um die Vorgänge in einer Laubenkolonie ging, bei denen es zu einer

gewaltsamen Auseinandersetzung zwischen rechten und linken Gruppen gekommen war. In P.s Personalakte findet sich der Hinweis, daß er im Felseneck-Prozeß kommunistischen Anwälten „energisch entgegengetreten" ist. Offensichtlich machte er aus seiner konservativen Haltung kein Hehl. Gleichwohl wurde er zum 31.5.1933 mit Berufsverbot belegt, weil er nach § 1 Abs.1 d. Ges. v. 7.4. 1933 als Jude galt; keine weiteren Angaben.
Br.B.32; LAB, *Liste d. nichtzugel. RA,* 25.4.33; BAL; PAK,PA

Pleuss, Wilhelm Dr.
k.A.
priv.: k.A.
Nymphenburger Str. 11, Schöneberg
Galt als „Mischling", evangelischer Religion; wegen des „Mischlingsstatus" durfte er bis mind. 1941 weiter als Anwalt praktizieren; kein weitere Angabe.
LAB, *Liste Mschl.*36; *Adr.B.*32

Plonski, Herbert Dr.
5.6.1878 Zirke - verschollen, Riga
Hoffmanndamm 1, SO 36, Kreuzberg
Elisabethufer 34, SO 36
T: F 1 Moritzplatz 5691
War noch bis mind. 1936 als Anwalt tätig; Verhaftung am 19.12.1941, Deportation mit dem 8. Transport (13.1.1942) nach Riga, verschollen.
**li*; *Liste* 36; BG: *g,* BAK, GB; LAB, FP-A*kten;* BAP, 15.09 RSA

Plonski, Hugo, JR.
k.A.
priv.: k.A.
Stühlingerstr. 11 b, Karlshorst
T: E 0 2251 Karlshorst
Keine Angaben.
**li*

Polke, Albert Dr.
9.7.1889 Berlin - k.A.
Laubacher Str. 56, Wilmersdorf
Potsdamer Str. 22 b, W 9
RA und Notar; zweitweiliges Vertretungsverbot im Frühjahr 1933, im Okt. 1933 wieder zugelassen (bis mind 1936 tätig); später Emigration in die USA, New York; 1952 als Public Accountant in New York.
**li*; LAB, *Liste d. nichtzugel. RA,* 25.4.33; *Liste* 36; BG: LAB, OFP-*Akten;* BAL, PAK

Pollack, Erich Dr.
27.10.1882 Köslin - 11.10.1956 Berlin
priv.: k.A.
Kurfürstendamm 13, W 50
P. wurde 1911 als RA in Berlin zugelassen, daneben betätigte er sich als juristischer Repetitor, später wurde er auch als Notar zugelassen. P. wurde 1933 verhaftet, nachdem er durch die Vertretung eines sich im Ausland aufhaltenden Mandanten, „Generaldirektor Scheuer aus der Getreidewirtschaft", aufgefallen war. Er wurde von den Staatspolizeibeamten Marr und Tyllmeyer, die Daluege direkt unterstellt waren, verfolgt. Kommissar Bömelburg entwendete bei der Verhaftung noch 2.500,- RM. P. kam in das Polizeigefängnis am Alexanderplatz, wo er in einem lichtlosen, feuchten Kellerraum mit zahlreichen anderen Gefangenen zusammengepfercht wurde. Später wurde er in das Militärgefängnis in Spandau bzw. das alte Zuchthaus Brandenburg überstellt. Nur der unerschrockene und unermüdliche Einsatz der Ehefrau Hildegard, die als nicht-jüdisch galt und unter dem Künstlernamen Ingrid Lindstroem als Opern- und Operettensängerin bekannt war, bewirkte die Freilassung aus der Haft. 1936, in der Folge der „Nürnberger Gesetze" verlor P. die Zulassung als Anwalt. Die Frau wurde im Zuge ihres Ein-

tretens für ihren Ehemann aus der Reichskulturkammer ausgeschlossen, was einem Auftrittsverbot gleichkam. Daneben bedrängte sie der Geschäftsführer der Reichskulturkammer und Führer der SS, Hinkel, persönlich. 1943 und 1944 wurde P., der evangelischen Glaubens war, erneut verhaftet, einmal „von der Strasse weg" wegen eines angeblichen „Sternvergehens", das andere Mal nach Denunziation einer Frau von Bonin, in deren Ortsgruppenbezirk das Ehepaar nach seiner Ausbombung eingewiesen worden war. P. wurde zwangsweise als Arbeiter verpflichtet; er

überlebte die rassistische und politische Verfolgung und wohnte nach 1945 in Charlottenburg. Materiell konnte er sich auch nach 1933 durch das Repetitorium und juristischen Privatunterricht im gewissen Rahmen seinen Lebensunterhalt sichern. Im Mai 1947 beantragte P. die Wiederzulassung als RA, nach einem mehr als zweieinhalbjährigen Prüfungsverfahren wurde er am 10.1. 1950 als Anwalt wiederzugelassen.
**li*; *Liste* 36; BAP, 15.09 RSA; *cjb* (KK *Pollack,* E.); *cje*; RAK, PA

Pommer, Martin Dr.
22.6.1888 - k.A.
priv.: k.A.
Lindenstr. 7, SW 68
T: A 7 Dönhoff 465
RA und Notar; war noch bis mind. 1936 als Anwalt tätig (Notariat vorher entzogen); emigrierte in die USA.
**li*; *Liste* 36; BAL, PAK, BG: LAB,OFP-Akten

Posener, Erwin
17.1.1904 Berlin - k.A.
priv./Kanzlei: k.A.
Berufsverbot im Frühjahr 1933.
LAB, *Liste d. nichtzugel. RA,* 25.4. 33; BAL, PAK

Prager, Arthur
11.2.1902 (?) Neustadt/ Thüringen - k.A.
Am Karlsbad 1 a, W 35
Kaiserstr. 38, C 25
War noch 1932 Geschäftsführer der RAK; Berufsverbot im Frühjahr 1933; Emigration in die USA im Mai 1933; lebte 1978 in New York.
Verz.; LAB, *Liste d. nichtzugel. RA,* 25.4.33; BG (P. *Alfred):* BHdE 1933, *Bd.*1

Prasse, Herbert Dr.
21.10.1894 Danzig - k.A.
Kaiserdamm 85, Charlottenburg
Kaiserdamm 85, Charlottenburg
T: J 3 Westend 7975
War noch bis mind. 1936 als Anwalt tätig; unklar, ob P. emigriert ist.
**li*; *Liste* 36; BG; LAB; OFP-*Akten; cjb*

Preis, Siegfried
19.5.1872 Königshütte - k.A.
Bissingzeile 17, Tiergarten
Potsdamer Str. 32a, W 35
„Verstorben", keine näheren Angaben.
**li*; *Liste* 36; BG: BAP, 15.09 RSA; BAL, PAK

Preuß, Hans
11.6.1900 Berlin - k.A.
Frankfurter Allee 285
Herwarthstr. 4, NW

Berufsverbot zum 5.5.1933, weil
er nach § 1 Abs.1 d. Ges. v. 7.4.
1933 als Jude galt; Emigration
in die USA, Boston?
Adr.B.32; LAB, Liste d. nichtzugel.
RA, 25.4.33; BG: LAB, OFP-
Akten; BAL, PAK

Preuß, Hans II Helmuth
19.12.1901 Berlin - k.A.
Landgrafenstr. 10, W 62
Kanzlei: k.A.
P. ist Ende 1932 aus der Jüd.
Gemeinde ausgetreten; seine
anwaltliche Zulassung wurde
am 6.7.1933 gelöscht, weil er
nach § 1 Abs.1 d. Ges. v. 7.4.
1933 als Jude galt.
BG: cjb; BAL, PAK

Preuss, Julius
k.A.
priv.: k.A.
Chausseestr. 118, N 4
RA und Notar; Berufsverbot als
Anwalt und Notar zum 8.9.1933,
weil er nach § 1 Abs.1 d. Ges. v.
7.4.1933 als Jude galt; keine
weiteren Angaben.
Br.B.32; LAB, Liste d. nichtzugel.
RA, 25.4.33; BAL, PAK

Priebatsch, Ludwig Dr.
18.8.1899 Berlin - k.A.
priv.: k.A.
Tauentzienstr. 14, W 50
T: B 4 Bavaria 7909
RA seit 1924; Berufsverbot zum
9.6.1933; keine weiteren Anga-
ben.
Adr.B.32; LAB, Liste d. nichtzugel.
RA, 25.4.33; BAL, PAK

Priester, Harry , JR.
26.6.1865 Memel - 6.1.1943
Hohenstaufenstr. 36/ Bayeri-
scher Platz 4, Schöneberg
Zimmerstr. 21, SW 68
T: A 7 Dönhoff 2535
War noch bis mind. 1936 als
Anwalt tätig.
*li; Liste 36; BG: BAK, Kartei
schulpfl. Kinder; LAB, OFP-Akten;
BAP, 15.09 RSA; Friedh.W.Sterbe-
reg.

Priester, Siegfried Dr.
29.10.1898 Landsberg - k.A.
Wielandstr. 22, Schöneberg
Leonhardstr. 6, Charlottenburg
T: C 4 Wilhelm 0904
War noch bis mind. 1936 als
Anwalt tätig; keine weiteren
Angaben.
*li; Liste 36; BAL, PAK

Prinz, Arthur
18.11.1886 Berlin - k.A.
priv.: k.A.
Fasanenstr. 22, W 15
T: J 1 Bismarck 6058
RA und Notar; war noch bis
mind. 1936 als Anwalt tätig;
lebte nach 1945 in Wilmersdorf.
*li; Liste 36; BAL, PAK, BG: BAP,
15.09 RSA, cjb

Prinz, Heinrich
18.10.1878 Krotoschin - k.A.
Hohenzollerndamm 96, Zehlen-
dorf/ Kaiserallee 209, Wilmersdorf
Pallasstr. 10/11, W 57
Bis mind. 1936 als Anwalt tätig;
Emigration in die Niederlande,
Amsterdam, 1937; nach Auskunft der Tochter sind ihre Eltern von Amsterdam aus 1943
deportiert worden und verschollen.
*li; Liste 36; BG: LAB, OFP-
Akten

Priwin, Jakob
19.4.1885 Graudenz - k.A.
priv.: k.A.
Kurfürstendamm 24, W 15
T: J 1 Bismarck 9479
RA und Notar; war noch bis
mind. 1936 als Anwalt tätig
(Notariat vorher entzogen);
keine weiteren Angaben.
*li; Liste 36; BAL, PAK

Pröll, Rudolf
k.A. - 15.2.1944
Invalidenstr. 111, N 4
Neustädtische Kirchstr. 15,
NW 7
T: A 2 Flora 3563
RA und Notar; bis zum Tod
1944 als Anwalt zugelassen,
dies war darauf zurückzuführen,
daß er als „Mischling" (2. Gra-

des) galt. Die Umstände seines
Todes sind nicht bekannt.
*li; BAL, PAK; LAB, Liste
Mschl.36

Proskauer, Max E. Dr.
19.12.1902 Berlinchen -
16.6.1968 Berlin
priv.: k.A.
Schwäbische Str. 3, W 30
Berufsverbot im Frühjahr 1933
(vorher am Kammergericht
zugelassen; Emigration unmittelbar nach dem Boykottag am
1.4.1933 über Paris nach Palästina, gemeinsam mit der Ehefrau Erna, die ebenfalls Juristin
war. In Palästina hatte P. große
Schwierigkeiten mit der Sprache, aber vor allem mit dem
Rechtssystem. Das Paar kehrte
in den 50er Jahren nach Berlin
zurück; hier ließ sich P. wieder
als Anwalt nieder; seine Frau,
von der er sich getrennt hatte,
führte die Kanzlei nach seinem
Tod fort.
Br.B.32; LAB, Liste d. nichtzugel.
RA, 25.4.33; BAL, PAK; Proskauer, Erna, Wege und Umwege

Proskauer, Oskar Dr.
k.A.
priv.: k.A.
Mommsenstr. 21, Charlotten-
burg
Berufsverbot als Anwalt und
Notar im Frühjahr 1933.
Br.B.32; LAB, Liste d. nichtzugel.
RA, 25.4.33

Prytek, Oskar Dr.
2.10.1882 Osnabrück -
25.7.1942 Sachsenhausen
Konstanzer Str. 10 Wilmersdorf
Seydelstr. 31, SW 19
T: A 6 Merkur 3603
RA und Notar; 1936 wurde P. s
Zulassung als Anwalt gelöscht
(Notariat vorher entzogen); im
KZ Sachsenhausen umgekom-
men.
*li; Liste 36; BG: BAK, GB, Kartei
schulpfl. Kinder; LAB, OFP-Akten
(KK); Friedh.W.Sterbereg.; GB
Sachsenhausen; BAL, PAK

Pulvermacher, Ralph Dr.
18.4.1890 Kemopen - k.A.
Spichernstr. 19, W 50
Spichernstr. 19, W 50
Berufsverbot als Anwalt und
Notar im Frühjahr 1933 (vorher
am Kammergericht zugelassen);
Emigration nach Palästina, Tel
Aviv.
Adr.B.32; LAB, Liste d. nichtzugel.
RA, 25.4.33; BAL, PAK; BG:
LAB, OFP-Akten

Q R

Quaatz, Reinhold Georg Dr.
1876 Berlin - 1953 Berlin
priv.: k.A.
Dessauer Str. 26, SW
1919 Staatsbeamter bei der
Preuß. Eisenbahnverwaltung;
dann Syndikus und Anwalt;
1920 Mitgl. d. Reichstages
(DVP); aus Ablehnung der Stre-
semannschen Verständigungs-
politik Gründung der National-
liberalen Vereinigung, die in der
DNVP aufging; 1931 im Vorstand der Dresdner Bank als
Delegierter des Reichs; Q. galt
als „Mischling", er war evangelischer Religion und konnte vermutlich aufgrund des „Mischlingsstatus" noch über 1933
hinaus praktizieren.
Br.B.32; LAB, *Liste Mischl.36*;
Walk, S. 304

Rabau, Alfred Dr.
17.6.1896 Berlin -
1958 Tel Aviv
Kurfürstendamm 145, W
Klosterstr. 83/85, C 2
T: E 1 Berolina 2161
RA und Notar, Vorstandsmitglied d. Jüd. Gemeinde Berlin;
Zionist. Emigration in die Niederlande, Amsterdam, im März
1939; Emigration nach Palästina, während des Krieges für die
Insassen der KZ Westerbork
und Bergen-Belsen in den Niederlanden tätig; 1945 Rückkehr
nach Palästina. Wurde ambitio-
nierter Segelflieger; er starb
1958 in Tel Aviv.
li; Liste 36; BAL, PAK; BG: LAB,
OFP-*Akten*; BHdE 1933, *Bd.2,2*;
Walk

Rabbinowitz, Julius
12.5.1886 - k.A.
priv.: k.A.
Friedrich-Ebert-Str. 4, W
(später Kurfürstendamm 175)
R. betätigte sich neben der
Tätigkeit als RA in seiner Kanz-
lei als Direktor einer Aktienge-
sellschaft; emigrierte 1933 nach
Frankreich, gegen ihn wurde ein
Steuersteckbrief erlassen.
Br.B.32; *Wolf*, BFS

Radt, Heinrich Dr.
2.10.1876 - 25.11.1934 Berlin
priv.: k.A.
Müllerstr. 6, N 65
T: D 6 Wedding 3155 u. 6346
RA und Notar; starb 1934 im
Alter von 58 Jahren.
li; BG: Friedh.W.Sterbereg.

Rahmer, Erwin Dr.
22.6.1886 Berlin - k.A.
priv.: k.A.
Unter den Linden 48/49, NW 7
Berufsverbot im Frühjahr 1933.
Br.B.32; LAB, *Liste d. nichtzugel.*
RA, 25.4.33; BAL, PAK

Rakoschwik, Waldemar Dr.
15.7.1880 - 11.3.1943
priv.: k.A.
Jenaer Str. 5, Wilmersdorf
R. emigrierte in die Tschechoslowakei; gegen ihn wurde ein
Steuersteckbrief erlassen; keine
näheren Angaben.
Br.B.32; BG; *Wolf*, BFS

Raphael, Max Dr.
29.8.1899 Posen - k.A.
priv.: k.A.
Burgstr. 28, C 2
T: Sm. Nr. D 2 Weidendamm
5941
Berufsverbot im Frühjahr 1933;
am 12.6.1939 nach Bolivien, La
Paz, emigriert.
Br.B.32; *Liste d. nichtzugel.* RA,
25.4.33; BAL, PAK; BG: LAB;
OFP-*Akten*, BAP, 15.09 RSA

Rastalsky, Herbert
22.121902 Hanau - k.A.
Südwestkorso 19, Friedenau
Neue Wilhelmstr. 12-14, NW 7
R. war im Dezember 1930 als
Anwalt zugelassen worden; zum
11.7.1933 wurde seine Zulassung zurückgezogen, weil er
nach § 1 Abs.1 d. Ges. v. 7.4.
1933 als Jude galt. Dies wird
jedoch zurückgenommen, weil
„keine Umstände bekannt
[sind], die rechtfertigen,
Rastalsky sei nicht arischer
Abstammung" (PA). Es ist
unklar, welche Gründe zur
ersten Annahme geführt hat-
ten.1934 begibt sich R. nach
Argentinien, Buenos Aires, wo
er erneut ein Staatsexamen
ablegt. Seine anwaltliche Zulassung wird 1935 gelöscht, weil R.
den Wohnsitz aufgegeben hat.
LAB, *Liste d. nichtzugel.* RA,
25.4.33; BAL, PAK, PA

Rathe, Karl Heinrich
27.6.1906 Hamburg - k.A.
priv.: k.A.
Hauptstr. 34/35, Schöneberg
RA seit 1931; Berufsverbot zum
26.5.1933, weil er nach § 1
Abs.1 d. Ges. v. 7.4.1933 als
Jude galt; keine weiteren Angaben.
LAB, *Liste d. nichtzugel.* RA,
25.4.33; BAL, PAK

Rawitz, Kurt
18.9.1903 - k.A.
priv.: k.A.
Nürnberger Str. 14/15, W 50
RA seit 1928; Berufsverbot zum
8.6.1933, weil R. nach § 1 Abs.1
d. Ges. v. 7.4.1933 als Jude galt;
keine weiteren Angaben.
Br.B.32; LAB, *Liste d. nichtzugel.*
RA, 25.4.33; BAL, PAK

Rawitzki, Carl Dr.
21.10.1879 Thorn -
18.4.1963 Bochum
priv./Kanzlei: k.A.
Emigration nach Großbritanni-
en, London, 1939; Rückkehr
nach Deutschland, Bochum, im
November 1952.
BG: BHdE 1933, *Bd.1*

Redlich, Hans Dr.
28.10.1893 Breslau - k.A.
Bundesallee 11, Charlottenburg
Meinekestr. 26, W 15
T: J 1 Bismarck 815
RA und Notar; war nach dem

allgem. Berufsverbot 1938 noch als „Konsulent" tätig (Notariat früher entzogen), Emigration nach Großbritannien im April 1939.
*li; Liste 36; LAB, OFP-Akten; BAL, PAK

Rehfisch, Hans-José Dr.
10.4.1891 Berlin - k.A.
priv.: k.A.
Württembergallee 26, Charlottenburg 9
RA seit 1921; Berufsverbot zum 23.6.1933, wei R. nach § 1 Abs.1 d. Ges v. 7.4.1933 als Jude galt; keine weiteren Angaben.
LAB, Liste d. nichtzugel.RA, 25.4.33; BAL, PAK; PA

Reich, Hans Dr.
27.10.1890 Berlin - verschollen, Auschwitz
Wullenweberstr. 3, NW 87, Tiergarten
Kurfürstendamm 188/189, W 15
T: J 1 Bismarck 1024
RA und Notar; war bis zum allgem. Berufsverbot als Anwalt tätig (Notariat vorher entzogen); mußte den Zwangsnamen „Israel" führen; zuletzt als „Konsulent" zugelassen; Deportation mit dem 50. Alterstransport (26.8.1942) nach Theresienstadt; von dort nach Auschwitz, verschollen.
*li; Liste 36; BG: g, BAK, GB; LAB, OFP-Akten (s.a. Akte Putziger Bruno; Akte Mayer, Ernest); BAP, 15.09 RSA

Reiche, Erwin Dr.
20.1.1894 Berlin - k.A.
priv.: k.A.
Wichmannstr. 5, W 62
RA und Notar; Berufsverbot im Frühjahr 1933, vorher am Kammergericht zugelassen.
Br.B.32; LAB, Liste d. nichtzugel. RA, 25.4.33; BAL, PAK

Reiche, Martin Dr., JR.
29.11.1859 Berlin - k.A.
Landhausstr. 42, Wilmersdorf
Landhausstr. 42, Wilmersdorf
T: H 7 Wilmersdorf 4708

War noch im Okt. 1933 zugelassen; keine weiteren Angaben.
*li; BG: BAP, 15.09 RSA

Reichmann, Hans Dr.
9.3.1900 Hohensalza - 24.5.1964 Wiesbaden
Emser Str. 44, W 15
Mommsenstr. 45; Charlottenburg
1927–1938 vorrangig als Syndikus bzw. Direktor des CV tätig; als RA seit 1929 niedergelassen; zum 26.5.1933 Berufsverbot, weil er nach § 1 Abs.1 d. Ges. v 7.4.1933 Jude war. Verhaftung nach der Pogromnacht, KZ Sachsenhausen vom Nov. bis Dez. 1938; Emigration über in die Niederlande nach Großbritannien, London, im April 1939; nach Kriegsbeginn 1940 siebenmonatige Internierung auf der Isle of Man, weil er als „feindlicher Ausländer" galt; ab 1949 Mitarbeiter des United Restitution Office (URO), London, ab 4.3.1955 Generalsekretär der URO; ab 1949 Mitglied d. Präsidiums des Council of Jews from Germany, stellvertretender Vorsitzender der Association of Jewish Refugees (AJR); Mitarbeit am Leo-Baeck-Institute, London. 1964 in Deutschland gestorben.
Direktor des CV Berlin
BG: LAB, OFP-Akten; BHdE 1933, Bd.I; BAL, PAK; Krach, S.435; Göpp., S. 309/10

Reimer, Eduard Dr.
8.12.1896 Berlin - k.A.
Theodor-Fritsch-Allee 34, Zehlendorf
Maienstr. 2, W 62
T: B 4 Bavaria 6666/67
Teilnahme am Ersten Weltkrieg; galt als „Mischling" und konnte daher bis mind. 1941 als Anwalt praktizieren; hat überlebt; war Sozius und vermutl. Bruder von Ernst R.
*li; BG: BAP, 15.09 RSA; LAB, Liste Mschlg.36; BAL, PAK

Reimer, Ernst Dr.
5.12.1897 Berlin - k.A.
Theodor-Fritsch-Allee 34, Zehlendorf
Mohrenstr. 10, W 8
T: A 2 Flora 7696
Hatte am Ersten Weltkrieg teilgenommen, Sozius und vermutl. Bruder von Eduard R. Galt als „Mischling", war evangelischer Religion. P. hat vermutl. überlebt.
*li; BG: BAP, 15.09 RSA; LAB, Liste Mschlg.36

Reis, Theodor Dr.
31.12.1884 Karlsruhe - 11.6.1950 Berlin

In den Zelten 20, NW 40
Jägerstr. 12
Wurde 1933 mit Berufsverbot belegt wegen seiner jüdischen Abstammung. Seine Ehefrau Luise geb. Molzahn galt als nicht-jüdisch, er selbst war katholischen Glaubens. Bis 1933 bezog R. Einkünfte aus seiner Anwaltstätigkeit, Aufsichtsratsposten und Kapitalvermögen in Höhe von 23.000,- RM (1931) bzw. 15.700,- RM (1932). Offensichtlich durfte er seinen Grundbesitz behalten, da er auch noch später Kapitaleinkünfte zu verzeichnen hatte. 1938 wurde er für sieben Wochen im Konzentrationslager Oranienburg inhaftiert; kam

wieder frei. 1942 erneute Haft für eine Woche durch die Gestapo. R. überlebte; nach einer vorläufigen Zulassung erhielt er im Januar 1950 die endgültige Zulassung als Anwalt, nur wenige Monate später starb er.
Br.B.32; BG: BAP, 15.09 RSA; cjb; cje; BAL, PAK; RAK, PA

Reiwald, Paul
26.5.1895 Berlin - 11.8.1951 Basel
priv.: k.A.
Charlottenstr. 53, W
RA und Notar; Emigration 1933 nach Brüssel, kurze Zeit später nach Palästina, Rückkehr nach Brüssel wegen des Klimas. Bei Kriegsausbruch in der Schweiz in den Ferien, hielt dort Vorlesungen über Massenpsychologie, ab 1950 in Basel ansässig.
Veröff.: Moabit - Verbrecher und Verteidiger, 1933; Vom Geist der Massen, Handbuch der Massenpsychologie, 1946; Die Gesellschaft und ihre Verbrecher, 1948, deutsch 1973, hg. von H. Jäger und T. Moser
Adr.B.32; BAL, PAK; Göpp., S. 310

Remak, Paul Dr.
3.8.1877 Posen - k.A.
Am Birkenhügel 8, Zehlendorf
Ritterstr. 64, SW 68
T: A 7 Dönhoff 4710
Als Anwalt bis mind. 1936 zugelassen; Emigration nach China, Shanghai, am 5.10.1940.
*li; Liste 36; BG: BAP, 15.09 RSA; LAB, OFP-Akten

Richter, Hans Dr.
10. 8.1876 Berlin - 13.11.1955 Berlin
Hohenzollernstr. 9, Wannsee
Hohenzollernstr. 9, Wannsee
T: H 0 Wannsee 5407
R. hatte am Ersten Weltkrieg teilgenommen; er galt als „Mischling 1. Grades", aus diesem Grund konnte R. bis Anfang 1945 als Anwalt praktizieren, wobei sich die Einnah-

men im sehr beschränkten Rahmen hielten und erst nach 1942 wieder leicht anstiegen. R. selbst erklärt diesen Umstand:

„Seit 1942, als Hitlers Rückzug begann, erhöhten sich meine beruflichen Einnahmen dadurch, dass die Klienten sich wieder zu einem Anwalt trauten, der als Halbjude und Nazigegner bekannt war." 1945 wurde R. dann noch „wegen Rasse" zwangsweise entlassen; er überlebte und wurde nach 1945 wieder als Rechtanwalt und Notar zugelassen. R. starb 1955 im Alter von 79 Jahren.
*li; BG: BAP, 15.09 RSA; *Aufbau (NY) vom 31.8.1945; cje; Tel.B.41;* RAK; PA

Richter, Paul
11.4.1859 Groß-Strelitz -
22.2.1941
Altonaer Str. 4, NW 87
Kanzlei: k.A.
Starb im Alter von 81 Jahren, in Berlin beigesetzt.
BG: BAK, *Kartei schulpfl. Kinder;* BAP, 15.09 RSA, LAB, OFP-Akten; *Friedh.W.Sterbereg.*

Richter, Walter
10.12.1887 Filehne - k.A.
Kaiserallee 192, Wilmersdorf
Schleswiger Ufer 13
RA und Notar; Verlust des Notariats 1933; Emigration am

15.8.1933; keine weiteren Angaben.
BG: LAB, OFP-Akten (*Akte R., Erna geb. Wachsner);* BAL, PAK

Riegner, Heinrich
26.1.1878 - 26.12.1964 New York
priv.: k.A.
Kaiserstr. 10, Bernau,
T: Bernau 221
RA seit 1907; war noch 1932 Vorst.-Mitgl. der RAK. Im April 1933 wurde ihm, der mit Kurt Rosenfeld assoziiert war, die Zulassung als Notar entzogen; zeitweilig wurde er mit einem Vertretungsverbot als Anwalt belegt, das jedoch wieder aufgehoben wurde, weil R. Frontkämpfer und vor 1914 niedergelassen war. Doch „inzwischen hatte sich die Klientel verlaufen", berichtet sein Sohn. R. emigrierte 1938 mit seiner Familie in die USA. Der Sohn, 1933 noch Referendar, wurde später Mitglied des Jüd. Weltkongresses.
*li; LAB, *Liste d. nichtzugel.* RA, 25.4.33; *Verz.; Liste 36; Krach,* S. 436; *Ausk. d. Sohnes H. Riegner*

Riesenfeld, Friedrich Dr.
23.6.1888 Königshütte - k.A.
priv.: k.A.
Jägerstr. 18, W 8
Berufsverbot als RA und Notar im Juni 1933; emigrierte am 8.11.1933 nach Frankreich, Paris.
Br.B.32; LAB, *Liste d. nichtzugel.* RA, 25.4.33; BAL, PAK; BG: LAB, OFP-Akten

Riess, Ernst Dr.
19.8.1879 Breslau - k.A.
Niebuhrstr. 77, Charlottenburg
Mauerstr. 81, W 8
T: A 2 Flora 4453
RA und Notar; war noch bis mind. 1936 als Anwalt tätig (Notariat vorher entzogen); Emigration nach Chile, Valparaiso, am 14.8.1939.
*li; *Liste 36;* BG: BAK, *Kartei schulpfl. Kinder,* LAB, OFP-Akten; BAP, 15.09 RSA

Ritter, Ernst Dr.
12.6.1903 Breslau - k.A.
priv.: k.A.
Dircksenstr. 26/27, C 25
Berufsverbot im Juni 1933; emigrierte vermutlich nach Palästina, Haifa.
Br.B.32; LAB, *Liste d. nichtzugel.* RA, 25.4.33; BAL, PAK; BG: LAB, OFP-Akte

Rittler, Wilhelm (Wolff), JR.
30.8.1867 Tuchel -
16.11.1941 Lodz
Alte Schönhauser Str. 33/34, N 54
Alte Schönhauser Str. 33/34, N 54
T: D 1 Norden 4204
RA und Notar; war noch bis mind. 1936 als Anwalt tätig (Notariat vorher entzogen). Datum der Vermögenserklärung: 1941, Sammellager Levetzowstr. 7-8; Deportation mit dem 2. Transport nach Lodz (24.10.1941), dort umgekommen.
*li; *Liste 36;* BAK; GB; LAB, OFP-Akten, *Lodz-TL 10 b, Berlin II;* BAP, 15.09 RSA

Rochlin, Zacharias Dr.
28.9.1859 Rosany-Polt.(Russl.) -
29.9.1943 Berlin
Nollendorfstr. 26, W 30
Kanzlei: k.A.
Die Ehefrau galt als nichtjüdisch. R. ist am 24.9.1943 verhaftet worden und als Häftling im Lager gestorben.
BG: LAB, OFP-Akten (*zwei Akten: Röchlin und Rochlin);* BAP, 15.09 RSA; *cje,* KK

Roeder, Rudolf
26.5.1881 Breslau - k.A.
priv.: k.A.
Karlstr. 27, Königs Wusterhausen,
T: KW 2051
RA und Notar; war noch bis mind. 1936 als Anwalt tätig (Notariat vorher entzogen); keine weiteren Angaben.
*li; *Liste 36;* BAL, PAK

Roetter, Friedrich Dr.
21.3.1888 Berlin -
24.10.1953 East Orange, N.Y.
priv.: k.A.
Rankestr. 5, W 50
T: J 1 Bismarck 433
Nach Verteidigung von politischen Gegnern des Nationalsozialismus (Offizialverteidiger von Thälmann) für mehrere Monate in „Schutzhaft" (BG: Gestapohaft vom März bis Juni 1935). Es wurde ein Ehrengerichtshofverfahren angestrengt, nach der Entlassung aus dem Gefängnis Flucht über Frankreich nach Großbritannien 1935; in die USA, New York, 1939. Dort stellte R. am 29.12. 1939 einen Antrag auf ein Stipendium des Am. Com. for the Guidance of the Professional Personnel für eine amerikanische Law School, wurde wegen seines Alters abgelehnt. Riesman (Vors.) empfahl ihm, sich nicht auf Lehre in Röm. oder Vergleichendem Recht zu verlegen, da er mit dieser Spezialisierung nur schlechte Aussichten in den USA hätte. (NY Publ. Lib.) R.s Lage war verzweifelt, da er wegen einer Behinderung nur eingeschränkt arbeitsfähig ist, gleichzeitig aber mit für den Lebensunterhalt der fünfköpfigen Familie aufzukommen hatte. Er starb 1953 im Alter von 65 Jahren.
*li; NY *Publ.Lib.* (Am. Com.) *Roetter;* BG: BHdE 1933, Bd.I

Röttgen, Hermann
2.12 1884 Wattenscheid - k.A.
Lietzenburger Str. 27, Charlottenburg
Kanzlei: k.A.
Emigration in die Niederlande, Amsterdam, 1937.
BG: LAB, OFP-Akten

Ronau, Kurt
6.11.1899 Berlin - k.A.
Konstanzer Str. 59, W 15
Konstanzer Str. 59, W 15
T: J 2 Oliva 280
War noch bis mind. 1936 als

Anwalt tätig; vermutl. emigriert.
*li; Liste 36; BG: LAB, OFP-Akten; BAL, PAK

Rosenbaum, Berthold Dr.
18.7.1885 Schneidemühl - k.A.
Von-der-Heydt-Str. 9, W 35
Von-der-Heydt-Str. 5, W 35
T: B 5 Barbarossa 8921
RA und Notar; Emigration in
die USA, New York, am 28.3.
1941.
*li; Liste 36; BAK, Emigr.- u. Ster-
bedatei; LAB, OFP-Akten; BAP,
15.09 RSA

Rosenbaum, Fritz
25.8.1897 Berlin - Israel
Plantage 10-11, Spandau
Potsdamer Str. 35, Spandau
Emigration nach Palästina,
Rückkehr nach Berlin, Tätigkeit
für die URO, Rückkehr nach
Israel.
*li; BG: LAB, OFP-Akten; Ausk.
E. Proskauer

Rosenbaum Kurt Dr.
29.1.1903 Gießen - k.A.
priv.: k.A.
Berliner Allee 241, Weißensee
Berufsverbot im Frühjahr 1933.
Keine weiteren Angaben.
Br.B.32; LAB, Liste d. nichtzugel.
RA, 25.4.33; BAL, PAK

Rosenberg, Bruno
8.8.1885 Samotschin - k.A.
Kurfürstendamm 230, W 50
Kurfürstendamm 230, W 50
T: J 1 Bismarck 6789
Emigration nach Großbritanni-
en, London.
*li; LAB, OFP-Akten

Rosenberg, Curt (Kurt) I Dr.
19.8.1890 Berlin - k.A.
priv.: k.A.
Stresemannstr. 103, SW 11
T: B 1 Kurfürst 4582
Hatte als Frontkämpfer am
Ersten Weltkrieg teilgenommen, verheiratet, drei Kinder;
gehörte der SPD an; war noch
bis 1936 als Anwalt tätig (Notariat bereits vorher entzogen), R.
ist anschließend in die Nieder-

lande emigriert. Keine weiteren
Angaben
*li; Liste 36; BAL, PAK

Rosenberg, Curt II Dr.
25.5.1876 Berlin -
1964 Edinburgh
Mommsenstr. 58, Charlotten-
burg
Badstr. 60, N 20
T: D 4 Humboldt 1882
Emigration nach Schottland,
Glasgow.
*li; Liste 36; BG: LAB, OFP-
Akten; BAP, 15.09 RSA; BHdE
1933, Bd.2,2

Rosenberg, Hugo, JR.
30.12.1874 - k.A.
priv.: k.A.
Nassauische Str. 2, Wilmersdorf
T: H 7 Wilmersdorf 2024
RA und Notar; war im Okt. 1933
als Anwalt zugelassen; keine
weiteren Angaben.
*li; BG: BAP, 15.09 RSA

Rosenberg, Ludwig
6.8.1880 Posen - k.A.
Kurfürstendamm 146, Charlottenburg
Kurfürstendamm 146, Charlottenburg
T: J 7 Hochmeister 2095
RA und Notar; bekleidete noch
1935 das Amt des Präsidenten
der Akiba Eger Loge, die zur
Bnei Brith gehörte; war noch
bis zum allgem. Berufsverbot
als Anwalt tätig (Notariat vorher entzogen); im November
1942 „unbekannt verzogen".
*li; Liste 36; Adr.B.32; BG: LAB,
OFP-Akten; BAL, PAK; PA E.
Rosenberg

Rosenberg, Martin
k.A.
priv.: k.A.
Ritterstr. 80, SW 68
RA seit 1931; Berufsverbot zum
8.6.1933, weil er nach § 1 Abs.1
d. Ges. v. 7.4.1933 als Jude galt;
keine weiteren Angaben.
LAB, Liste d. nichtzugel. RA,
25.4.33; BAL, PAK; PA

Rosenberg, Werner Dr.
6.6.1903 Berlin -
3.5.1957 New York
priv.: k.A.
Kurfürstendamm 11, W 50
Berufsverbot im Frühjahr 1933;
Emigration in die USA 1938.
Direktor des Hilfsvereins (bis
1938)
Liste d. nichtzugel. RA, 25.4.33;
BAL, PAK; BG: BHdE 1933, Bd.I

Rosenberger, Arthur Dr., JR.
1.3.1872 Berlin -
19.12.1942 London
Darmstädter Str. 7, W 15
Nikolsburger Platz 2, Wilmersdorf
T: H 6 Emser Pl. 2721/22
Emigration nach Großbritanni-
en, London.
*li; Liste 36; BG: LAB, OFP-
Akten; cjb

Rosendorff, Richard Dr.
k.A.
priv.: k.A.
Behrenstr. 50/52, W 8
T: A 2 Flora 5453
War im Okt. 1933 noch zugelassen; keine weitere Angaben.
*li

Rosenfeld, Georg, JR.
k.A. - 18.6.1936
priv.: k.A.
Paulsborner Str. 13, Halensee
War noch bis zu seinem Tod
1936 als Anwalt tätig.
*li; Liste 36

Rosenfeld, Hans Dr.
6.3.1888 Berlin - k.A.
priv.: k.A.
Französische Str. 21, W 8
T: A 2 Flora 5517
RA und Notar; noch im Okt.
1933 zugelassen; keine weiteren
Angaben.
*li; BAL, PAK

Rosenfeld, Julius
22.8.1887 Karlsruhe - k.A.
priv.: k.A.
Kurfürstendamm 136, Wilmersdorf
R. hatte am Ersten Weltkrieg

teilgenommen; RA seit 1913,
später auch Notar; Löschung
auf Antrag zum Juli 1933; emigrierte am 7.8.1933 nach Palästina, Jerusalem.
BAL, PAK, PA; BG: LAB, OFP-
Akte (anderes Geb.datum)

Rosenfeld, Kurt Dr.
1.2.1877 Marienwerder -
25.9.1943 New York
Lärchenweg 28, Charlottenburg
Joachimstaler Str. 41
T: J 1 Bismarck 202
RA seit 1905; Politiker (SPD,
USPD, SAP), 1918/19 Preuss.
Justizminister; MdR 1920 –1932;
Verteidiger in politischen Pro-
zessen, u.a. von Rosa Luxem-
burg, Eisner, v. Ossietzky. R.
hatte sich von der jüd. Rel.
gelöst, war Dissident, 1933
wurde er wegen „kommunisti-
scher Betätigung" mit Berufs-
verbot belegt. Emigration nach
Frankreich, Paris, 1933; in die
USA 1934, dort 1943 gestorben.
BG: LAB, OFP-Akten; cjb; BHdE
1933, Bd.I, Göpp., S. 311; Krach,
S. 436 (mit abweich.Ang.)

Rosenfeld, Siegfried
22.3.1874 Marienwerder - k.A.
priv./Kanzlei: k.A.
Wurde 1934 in Berlin inhaftiert,
emigrierte nach der Freilassung
nach Großbritannien, wo er
nach Kriegsbeginn von Juni –
Sept. 1940 auf der Isle of Man
als „feindlicher Ausländer"
interniert wurde; keine weiteren
Angaben.
BAL, PAK; BG: BHdE

Rosenfeld, Waldemar Dr.
1.3.1887 Moskau - k.A.
Heilbronner Str. 26, Schöneberg
Prager Str. 23, Wilmersdorf
Berufsverbot im Frühjahr 1933;
Emigration nach Großbritanni-
en, London, am 1.6.1939.
Adr.B.32; LAB, Liste d. nichtzugel.
RA, 25.4.33; BAL, PAK; BG:
LAB, OFP-Akten; BAP, 15.09
RSA

Rosenthal, Alfred Dr.
13.2.1875 Moers - k.A.
priv.: k.A.
Sachsallee 30/34, Dahlem
T: G 6 Breitenbach 0979
Wurde im April 1933 erst mit
einem Vertretungsverbot belegt,
das aber aufgehoben wurde, im
Okt. 1933 wieder zugelassen;
Emigration auf kompliziertem
Weg nach Mar del Plata, Argentinien.
*li; LAB, Liste d. nichtzugel. RA,
25.4.33; BAL, PAK; *Göpp.*, S. 312

Rosenthal, Curt
20.6.1882 Frankenstein -
2.3.1943 Großbeeren
Prinzregentenstr. 6, Wilmersdorf
Potsdamer Str. 24/25, W 35
T: B 2 Lützow 1128
(Loeser & Wolff-Haus bis Anf.
1938; Uhlandstr. bis Ende 1938)
RA und Notar; bis zum allgem.
Berufsverbot 1938 als Anwalt
tätig; die Ehefrau galt vermutl.
als nicht-jüdisch; nach dem
reichsweiten Pogrom wurde R.
verhaftet und kam ins KZ Sachsenhausen vom 10.11.-16.12.
1938. In den Akten findet sich
der Vermerk „Arbeitserziehungslager"; R. starb im Alter von 61
Jahren.
*li; Liste 36; BAL, PAK; BG: *g*,
LAB, OFP-Akten

Rosenthal, Edwin
20.1.1884 - 28.8.1933
priv.: k.A.
Molkenmarkt 12-13
RA und Notar; starb im Alter
von 49 Jahren.
Br.B.32; BG: *Friedh.W.Sterbereg.*

Rosenthal, Felix
23.6.1879 Königsberg -
27.10.1964 Berlin
Potsdamer Str. 66, W 35
Klosterstr. 69, C 2
T: E 1 Berolina 4063
Hatte am Ersten Weltkrieg teilgenommen und war mehrfach
ausgezeichnet worden; evangelischen Glaubens, hatte nach
eigenen Angaben bei den letzten freien Wahlen die DVP ge-

wählt. Das Notariat wurde im
Rahmen des allgem. Berufsverbots für jüdische Notare entzogen, 1938 die Zulassung als RA,
anschließend übernahm er bis
1941 Vermögensverwaltungen.
1942 war er Hilfsarbeiter bei
einem „Konsulenten". 1943
wurde er als Bauarbeiter für das
Bezirksamt Schöneberg zwangsverpflichtet. Am 10.1.1944 mit
dem 99. Alterstransport nach
Theresienstadt deportiert. Er
überlebte und wurde 1946 als
Anwalt und Notar wiederzugelassen.
*li; Liste 36; RAK, PA; BG: LAB,
OFP-Akten ; BAP, 15.09 RSA; *cjb*;
cje

Rosenthal, Fritz
30.8.1884 Beuthen -
29.10.1968 Berlin
Wexstr. 49, Wilmersdorf
Kurfürstendamm 93, Halensee
T: J 7 Hochmeister 6094
Am Ersten Weltkrieg teilgenommen; seit 1924 als RA niedergelassen, vorher in der Industrie
tätig. War evangelisch und
hatte bei den letzten freien
Wahlen die DVP gewählt. Im
Rahmen des allgem. Berufsverbots wurde ihm 1938 die Zulassung als Anwalt entzogen (das
Notariat vorher). R. hatte bis

Fritz Rosenthal >

dahin ein durchschnittliches
Einkommen zwischen 3.000,-
und 5.000,- RM erzielt. Ab 1943
tauchte er unter, lebte in einer
Kellerwohnung in der Wexstr.
49 in Wilmersdorf. Er wurde
1947 als Anwalt und Notar wiederzugelassen.
*li; Liste 36; BG: *cje* (Akte), RAK,
PA

Rosenthal, Hans (Bruno) I Dr.
22.12.1894 Bernburg - k.A.
Klosterstr. 43, C 2
Klosterstr. 43, C 2
T: E 1 Berolina 4321
RA und Notar; R. war bis mind.
1936 als Anwalt tätig (Notariat
vorher entzogen); Emigration
nach Bolivien, La Paz, am
27.2.1939.
*li; Liste 36; BG: LAB, OFP-Akten

Rosenthal, Hans II Dr.
2.3.1887 Seelow - k.A.
Kommandantenstr. 51, SW 19
Reinickendorfer Str. 2, N 65
T: D 6 Wedding 1392
R. war evangelischen Glaubens,
die Ehefrau galt als nichtjüdisch, die Ehe als privilegiert.
R. war noch bis mind. 1936 als
Anwalt tätig (das Notariat war
ihm vorher entzogen worden);
lebte nach dem Krieg in Berlin-
Wedding, Müllerstr. 172 a.
*li; Liste 36; BAL, PAK; BG: LAB,
OFP-Akten; BAP, 15.09 RSA; *cje*

Rosenthal, Harry Dr.
21.3.1882 Berlin - k.A.
priv.: k.A.
Unter den Linden 57/58
T: A 2 Flora 5048/49
RA und Notar; bis zum allgem.
Berufsverbot 1938 als Anwalt
tätig (Notariat vorher entzo-

gen); später noch als „Konsulent" zugelassen.
*li; Liste 36; BG: LAB, OFP-Akten
(Akte *Schwarz, Else geb. Lewinsohn*)

Rosenthal, Heinz Dr.
12.6.1904 Berlin - k.A.
Goethestr. 11, Lichterfelde
Potsdamer Str. 114, W 35
Berufsverbot im Frühjahr 1933;
keine weiteren Angaben.
BG: LAB, OFP-Akten; LAB, Liste
d. nichtzugel. RA, 25.4.33 (Nachtrag); BAL, PAK

Rosenthal, James Yaakov
29.9.1905 Berlin -
11.9.1997 Jerusalem
priv.: k.A.
Krausnickstr. 19, N 24
Berufsverbot im Frühjahr 1933;
Emigration nach Palästina im
gleichen Jahr.
LAB, Liste d. nichtzugel. RA,
25.4.33; BAL, PAK; *Telefonat mit
der Ehefrau; Hinweis Knobloch*; BG:
BHdE 1933, Bd.I

Rosenthal, Kurt
20.6.1882 Frankenstein - k.A.
priv./Kanzlei: k.A.
Hatte am Ersten Weltkrieg teilgenommen; RA und Notar;
Zulassung als Notar 1933 entzogen, als RA bis zum allgem.
Berufsverbot 1938 tätig; keine
weiteren Angaben.
BAL, PAK; PA

Rosenthal, Ludwig
k.A.
priv.: k.A.
Helmstedter Str. 20, Wilmers-
dorf
T: B 4 Bavaria 1006
War noch bis mind. 1936 als
Anwalt tätig; keine weiteren
Angaben.
*li; Liste 36

Rosenthal, Walter
k.A.
priv.: k.A.
Budapester Str. 29, W 62
T: B 5 Barbarossa 7008
War noch bis mind. 1936 als
Anwalt tätig; keine weiteren
Angaben.
*li; Liste 36

Rosentreter, Isaak
17.1.1883 Gollantsch - k.A.

Kaiser-Wilhelm-Str. 24, Mitte
Alexanderstr. 42, O 27
T: E 1 Berolina 3575
RA und Notar; war noch bis

mind. 1936 als Anwalt tätig
(Notariat vorher entzogen);
keine weiteren Angaben.
*li; Liste 36; BG: BAK, *Kartei*
schulpfl. Kinder; BAL, PAK

Rosenzweig, Anna Dr. geb.
Kaiser-Blüth
16.1.1898 Naumburg - k.A.
priv.: k.A.
Sybelstr. 9, Charlottenburg
Berufsverbot im Frühjahr 1933;
Emigration nach Belgien 1935.
Liste d. nichtzugel. RA, 25.4.33;
BAL,PAK; BG: BH*bdE* 1933, B*d*.I

Rosenzweig, Max Dr.
9.7.1888 Zielenzig -
9.4.1967 Berlin
Fasanenstr. 29, W 15
Tauentzienstr. 8, W 50
T: B 4 Bavaria 7007/08
RA seit 1914, später auch Notar,
hatte am Ersten Weltkrieg teilgenommen. Am 5.7.1935 wurde
die Zulassung entzogen (JMBl
35, Nr. 27 vom 5.7.1935, S. 950);
Emigration nach Palästina, Tel
Aviv, 1935. Wurde 1954 wieder
als RA in Berlin zugelassen.
*li; BAL, PAK; BG: LAB, OFP-
Akten, BHdE 1933, Bd.I; RAK; PA

Rosner, Alfred Dr.
28.2.1898 Köln - k.A.
priv.: k.A.
Mauerstr. 80, W 8
T: A 1 Jäger 5321
War noch bis mind. 1936 als
Anwalt tätig; keine weiteren
Angaben.
*li; Liste 36; BAL, PAK

Rothberg, Alfred Dr.
15.12.1903 Lemberg - k.A.
priv.: k.A.
Nürnberger Platz 3, W 50
Berufsverbot im Frühjahr 1933;
hat vermutlich überlebt.
LAB, Liste d. nichtzugel. RA,
25.4.33; BAL, PAK

Rothe, Friedrich Dr.
18.10.1873 Guben - 27.11.1956
Fontanestr. 9, Steglitz
Französische Str. 47, W 8
T: A 1 Jäger 2712

R. betätigte sich als RA (seit
1901) und Notar (seit 1912); er
hatte am Ersten Weltkrieg teilgenommen und war deutschnational eingestellt; R. war von
1927-1933 Mitglied des Vorstands der Berliner Anwaltskammer, ab 1929 stellvertreten-

der Vorsitzender. R. galt als
„Mischling" und durfte aus diesem Grund weiter praktizieren;
er hat überlebt - über die näheren Umstände der Jahre zwischen 1933 und 1945 macht er
in den Entnazifizierungsunterla-
gen keine näheren Angaben.
Sein Einkommen schwankte in
dieser Zeit auf hohem Niveau:
nachdem sich bereits ein mas-
siver Einbruch zwischen 1931
und 1932 ergeben hatte, sanken
die Einnahmen, in die auch
Kapitalvermögen einfloß, bis
zum Tiefstpunkt im Jahre 1934
auf RM 34.000,-; 1938 wurde
eine Spitze erreicht, ab diesem
Zeitpunkt sanken die Einnahmen bis auf RM 15.000.- im Jahr
1945. Die dennoch insgesamt
günstigen Einkommensverhält-
nisse von R. waren nicht ver-
gleichbar mit anderen Anwälten
in ähnlicher Lage und beruhten
zum einen geringeren Teil auf
den Einnahmen aus Grundbesitz und zum größeren Teil auf
der Mandatsübernahme der
Knorr-Bremse AG, sowie der

Nederlandse Bankinstelling und
zweier Immobiliengesellschaf-
ten. Nach 1945 wurde R. wieder
als RA und Notar zugelassen
und arbeitete bis über seinen
80. Geburtstag hinaus. Er starb
1956 im Alter von 83 Jahren.
*li; BAL, PAK, LAB; Liste
Mschlg.36; BG: BAP, 15.09 RSA;
RAK, PA

Rothe, Gerhart Dr.
26.11.1903 Berlin - k.A.
Altensteinstr. 58, Dahlem
Düsseldorfer Str. 35 a, W 15
T: J 2 Oliva 275
R.s Ehefrau Ursula galt als
nicht-jüdisch, er selbst als
„Mischling"; hat vermutlich
überlebt und sich in München
niedergelassen.
*li; Liste Mschlg.36; BG: BAP,
15.09 RSA

Rothe, Wilhelm Dr., JR.
24.11.1853 - 23.12.1938 Berlin
Hölderlinstr. 11, Mitte
Gillstr. 2 a, Grunewald
T: J 7 Hochmeister 1604
RA und Notar; Tod im Alter von
84 Jahren.
*li; Liste 36; BG: Friedh.W.Sterbe-
reg.

Rother, Kurt
27.3.1893 Berlin - k.A.
Geisbergstr. 37, W 30
Werderstr. 3-4
Kanzlei und Notariat 1933 auf-
gegeben. Emigration in die
USA, New York, vermutl. 1933.
Adr.B.32; BAL, PAK; BG: LAB,
OFP-Akten

Rothkugel, Karl Dr.
18.7.1886 Berlin -
verschollen, Riga
Karl-Schrader-Str. 1, W 30
Landsberger Str. 83, C 25
T: E 2 Kupfergraben 2763
Zeitweiliges Vertretungsverbot
als Anwalt im Frühjahr 1933
(Notariat entzogen); wieder
zugelassen und vermutlich bis
zum allgemeinen Berufsverbot
1938 tätig; zuletzt zwangsweise
eingesetzt als Arbeiter bei der

Deutschen Waffen-u. Munitionsfabrik od. Deutsche Reichsbahn, Friedenau. Datum der Vermögenserklärung: 13.10.1942; Deportation mit dem 21. Transport (19.10.1942) nach Riga, verschollen.
*li; Br.B.32; Liste d. nichtzugel. RA, 25.4.33; Liste 36; BAL, PAK; BG: BAK, GB; LAB, OFP-Akten; BAP, 15.09 RSA

Rothkugel, Leon Dr.
4.12.1883 Berlin - k.A.
priv.: k.A.
Schwäbische Str. 5, W 30
T: B 6 Cornelius 1442
Als RA und Notar im Okt. 1933 weiterhin eingetragen; keine weiteren Angaben.
*li; BAL, PAK

Rothschild, Ernst
27.9.1883 Berlin - Auschwitz
Mommsenstr. 55, Charlottenburg/ Motzstr. 5, Schöneberg
Potsdamer Str. 49, W 49
RA (seit 1912) und Notar (seit 1929); die Zulassung als Notar wurde 1933 gelöscht; es wurde ein Ehrengerichtsverfahren durchgeführt, während R. in einem weiteren Verfahren entmündigt wurde, damit verlor er die anwaltliche Zulassung. Datum der Vermögenserklärung: 18.1.1943; Sammellager Große Hamburger Str. 26; Deportation mit dem 45. Transport (29.10.1943) nach Auschwitz, für tot erklärt.
Adr.B.32; BAL, PAK,PA; BG: g, BAK, GB; LAB, OFP-Akten

Rothschild, John
19.2.1885 Berlin - k.A.
Salzburger Str. 14, Schöneberg
Lützowufer 19 b, W 35
Im Okt. 1933 zugelassen; Emigration in die Niederlande, Amsterdam.
*li; BG: LAB, OFP-Akten; BAL, PAK

Rothstein, Fritz Dr.
27.4.1896 Berlin - für tot erklärt
priv.: k.A.

Klosterstr. 88/90, C 2
T: E 1 Berolina 2780
RA und Notar; war noch bis mind. 1936 als Anwalt tätig (Notariat vorher entzogen); Deportation nach Auschwitz, für tot erklärt.
*li; Liste 36; BAL, PAK; BG: BAK, GB

Ruge, Helmut Dr.
k.A.
Heimat 82, Zehlendorf
Unter den Linden 10; NW 7
R. galt als „Mischling", durfte weiter praktizieren; R. hat vermutl. überlebt.
LAB, Liste Mschlg.36; Tel.B.41

Ruhemann, Hans Dr.
9.5.1900 Berlin - k.A.
Lietzenburger Str. 31, W 15
Salzburger Str. 31, W
Emigration über die Niederlande nach Argentinien, Buenos Aires, im Februar 1938.
Adr.B.32; BAL, PAK; BG: LAB, OFP-Akten.

Ruhm, Ernst Dr.
20.8.1876 Königsberg - k.A.
Helmstedter Str. 8, Wilmersdorf
Königstr. 49, C 2
T: E 1 Berolina 2987

War noch bis mind. 1936 als Anwalt tätig; keine weiteren Angaben zum Schicksal.
*li; Liste 36; BG: LAB; OFP-Akten

Rukser, Udo Dr.
19.8.1892 Posen -
6.6.1971 Quillota
priv.: k.A.
Nürnberger Str. 66, W
RA und Notar (1926–1933); mußte die Mitarbeit bei der Zeitschrift „Ostrecht" aufgeben; wurde Landwirt am Bodensee, Ende 1933 nach Chile ausgewandert, wo er sich als Farmer betätigte; ab 1966 Mitglied der Philosophischen Fakultät, Santiago de Chile.
BAL, PAK; Adr.B.32; Göpp., S. 313

Russ, Georg Dr.
8.5.1893 Berlin - k.A.
priv.: k.A.
Joachimsthaler Str. 30 bzw. 25/26, W 15
T: J 1 Bismarck 4651
Berufsverbot zum 8.6.1933, weil R. nach § 1 Abs.1 d.Ges. v. 7.4.1933 als Jude galt.
Br.B.32; Liste d. nichtzugel. RA, 25.4.33.; BAL, PAK, LAB; PA

Rynarzewski, Benno Dr.
9.4.1893 Labischin - k.A.
Sächsische Str. 10/11, Wilmersdorf
Rankestr. 31/32, W 50
T: B 4 Bavaria 1951
RA und Notar; Emigration in die CSR, Prag, 1938; aus Prag nach Theresienstadt deportiert, Schicksal ungeklärt.
*li; Liste 36; BAL, PAK; BG: g, LAB, OFP-Akten

Saalfeld, Bernhard (Hermann) Dr.
28.11.1890 Berlin - k.A.
Barbarossastr. 23, Schöneberg
Barbarossastr. 23, W 30
T: A 2 Flora 0027
Emigration in die Niederlande, Den Haag, 1936.
*li; Liste 36; BG: LAB, OFP-Akten; cjb

Sabersky, Fritz Dr.
3.7.1880 Seehof -
1952 Los Angeles
Lützowplatz 5, W 62
Bellevuestr. 14, W 9
T: B 2 Lützow 4284
Hatte am Ersten Weltkrieg teilgenommen, konnte daher auch nach 1933 praktizieren (bis mind. 1936); Emigration über die Schweiz in die USA, Los Angeles, am 25.8.1938; dort für jüd. Emigranten tätig; später Wiedergutmachungs-Anwalt.
*li; Liste 36; BG: LAB, OFP-Akten; BAL, PAK; Walk, S. 322

Sachs, Alfred Dr.
23.4.1891 Berlin - Auschwitz
Westarpstr. 3, Schöneberg/ Sakrower Kirchweg b. Silberstein, Kladow
Neue Königstr. 70, NW
Tätigkeit 1933 aufgegeben; Emigration nach Frankreich, Paris, dort verhaftet; Deportation mit dem 62. Transport aus Drancy (20.11.1943) nach Auschwitz, wo er verschollen ist.
Adr.B.32; BAL, PAK; BG: g, BAK, GB; LAB, OFP-Akten; Vormeier: „Deportierung aus Frankreich"

Sachs, Benno, JR.
10.2.1870 Glatz -
November 1943 Theresienstadt
Lützowstr. 42, W 35
Lützowstr. 42, W 35
T: B 1 Kurfürst 2198
RA und Notar; war noch bis
mind. 1936 als Anwalt tätig
(Notariat vorher aufgegeben).
Verhaftung: 8.10.1942; Sammel-
lager Große Hamburger Str. 26;
Deportation mit dem 69. Alters-
transport (29.10.1942) nach
Theresienstadt, dort einen
Monat später umgekommen.
*li; Liste 36; BG: g, BAK, GB;
LAB, OFP-Akten; BAP, 15.09
RSA

Sachs, Ernst
k.A.
Duisburger Str. 6, Wilmersdorf
Potsdamer Str. 123 b, W 35
T: B 1 Kurfürst 3764/65
RA und Notar; ist vermutl. emi-
griert, da er sich 1951 in den
USA aufgehalten hat.
*li; Br.B.32; BAL; PAK; BG: LAB,
OFP-Akten

Sachs, Franz Dr.
20.5.1893 Beuthen -
verschollen, Riga
Bechstedter Weg 13 b. Joseph,
Wilmersdorf
Gervinusstr. 11, Charlottenburg
RA und Notar; im Okt. 1933
weiterhin zugelassen; keine
Angaben bis zum Datum der
Vermögenserklärung vom
27.11.1941; deportiert mit dem
7. Transport (27.11.1941) nach
Riga, verschollen.
*li; BAL, PAK; BG: BAK; GB;
LAB, OFP-Akten; BAP, 15.09
RSA

Sachs, Kurt Dr.
k.A.
priv.: k.A.
Leipziger Str. 121, W 8 (bis
1938)
T: A 1 Jäger 2913 ; Kronenstr. 60,
W 8/ Bissingzeile 16, W 35 (seit
Dez. 43)
RA und Notar; war bis mind.
1936 als Anwalt tätig (Notariat

vorher aufgegeben); mußte den
Zwangsnamen „Israel" tragen;
zuletzt als „Konsulent" tätig, bis
9.1.1945; unklar, ob er überlebt
hat.
*li; Liste 36; BG: LAB, OFP-
Akten

Sachs, Rudolf
2.10.1902 Berlin - 1978 Berlin
priv.: k.A.
Neue Friedrichstr. 69
Anwalt auch in verschiedenen
politischen Prozessen, verteidigte u.a. Sozialisten u. Kommunisten, gehörte selbst einer
unabhäng. sozialist. Vereinigung an. S. ging nach dem
Berufsverbot im Frühjahr 1933
erst nach Kopenhagen, dann
nach Paris, weil er in Dänemark
wegen der fehlenden Sprach-
kompetenz keine Chance zur
Berufsausübung sah. Nach
Kriegsbeginn wurde er in einem
Lager in Frankreich als „feindlicher Ausländer" interniert; in
dieser Zeit heiratete er. Dem
Paar gelang die Flucht in die
USA, wo es am 13.6.1941 an-
kam und sich in New York nie-
derließ; S. wurde Versiche-
rungsvertreter; in den 50ern
arbeitete er für die URO. Nach
Beendigung dieser Tätigkeit
studierte er an der New School
for Social Research, an der er
1962 seinen Abschluß machte;
er wurde 1967 Ass.Prof.,
Manch.Comm.Coll. (Sociology);
trat 1972 den Ruhestand. 1978
in Berlin verstorben; es gibt
keine Angaben, warum er sich
in Deutschland aufhielt.
Adr.B.32; LAB, Liste d. nichtzugel.
RA, 25.4.33; BAL, PAK; LBI NY,
Sachs, Rudolf; BG: Jewish Immigrants ... in the U.S.A., Oral
History, S. 107

Saenger, Léon Dr.
26.2.1877 Stettin - k.A.
Prinzregentenstr. 1, Wilmersdorf
Budapester Str. 14, W 50
T: B 4 Bavaria 7310
Die Ehefrau galt als nicht-
jüdisch, S. selbst als „Misch-

ling", hatte sich von der jüdischen Religion gelöst. Das weitere Schicksal ist unbekannt; S.
hat vermutl. das Kriegsende
nicht mehr erlebt.
*li; BAL; PAK; LAB, Liste
Mschlg.36; BG: BAP, 15.09 RSA;
cjb

Salier, Georg Dr.
3.12.1877 Berlin - 1971 USA
Bundesratufer 7, NW 21
Claudiusstr. 11, NW
T: C 9 Tiergarten 9430
RA und Notar; vermutl. bis zur
Emigration am 9.12.1936 als
Anwalt tätig (Notariat vorher
entzogen).
*li; Liste 36; BG: LAB, OFP-Akten

Salinger, Ernst Dr.
13.5.1882 - k.A.
priv.: k.A.
Oranienstr. 2, SO 36
T: F 8 Oberbaum 2145
RA und Notar; war noch bis
mind. 1936 als Anwalt tätig
(Notariat vorher entzogen).
*li; Adr.B.32; Liste 36; BG: BAK,
Kartei schulpfl. Kinder

Salinger, Werner Dr.
27.4.1896 - k.A.
Brahestr. 26, Charlottenburg
Afrikanische Str. 88
S. gab seine anwaltliche Tätig-
keit in Berlin 1933 auf; keine
weiteren Angaben.
Br.B.32; Adr.B.32; BAL, PAK;
BG: BAK, Kartei schulpfl. Kinder

Salomon, Adolf, Geh. JR.
21.12.1848 - 7.11.1934 Berlin
Magdeburger Str. 31, W 35
Magdeburger Str. 31, W 35
T: B 1 Kurfürst 0505
RA und Notar; starb im Alter
von 85 Jahren.
*li; BG: Friedh.W.Sterbereg.

Salomon, Alfred Dr.
4.5.1863 Czarnikau - 11.2.1940
Ludwig-Hoffmann-Hospital,
Pankow
Jenaer Str. 8, W
RA und Notar; starb im Alter
von 76 Jahren.

*li; BG: BAP, 15.09 RSA;
Friedh.W.Sterbereg.

Salomon, Erich Dr.
28.4.1886 Berlin -
7.7.1944 Auschwitz
priv./Kanzlei: k.A.
Seit 1914 RA in Berlin, nach
dem Ersten Weltkrieg Mitarbeiter des Ullstein-Verlags, Bild-
journalist; 1938 in die Niederlande emigriert, nach der
Besetzung des Landes in seinem Versteck verhaftet und
nach Auschwitz deportiert, wo
er 1944 ermordet wurde.
Göpp., S. 258

Salomon, Ernst Dr.
1.12.1886 - Riga, verschollen
priv.: k.A.
Königsgrätzer Str. 75 a, SW 11
T: F 5 Bergmann 6642
RA und Notar; war noch bis
mind. 1936 als Anwalt tätig
(Notariat vorher entzogen);
wurde mit dem 7. Transport
(27.11.1941) nach Riga deportiert, dort verschollen.
*li; Liste 36; BAL, PAK; BG: BAK,
GB, LAB, OFP- Akten; cjb

Salomon, Fritz Dr.
22.5.1891 - k.A.
Sächsische Str. 5, Wilmersdorf
Kurfürstendamm 199, W 15
T: J 1 Bismarck 1836
RA und Notar; war noch bis
mind. 1936 als Anwalt tätig
(Notariat vorher entzogen);
Emigration in die USA, New
York.
*li; Liste 36; BG: LAB, OFP-Akten

Salomon, Heinrich
17.8.1884 Tiegendorf -
verschollen, Riga
Barbarossastr. 32 a, Schöneberg
Martin-Luther-Str. 19, W 30
T: B 6 Cornelius 3814
RA und Notar; war noch bis
mind. 1936 als Anwalt tätig
(Notariat vorher entzogen);
Deportation mit dem 7. Transport (27.11.1941) nach Riga,
verschollen.
*li; Liste 36; BAL, PAK; BG: BAK,

GB, *Kartei schulpfl. Kinder*; LAB,
OFP-Akten; BAP, 15.09 RSA

Salomon, Hermann
20.10.1881 Posen - k.A.
Prager Str. 33,W 50
Fasanenstr. 72, W 15
T: J 1 Bismarck 3047
War noch bis mind. 1936 als
Anwalt tätig; überlebte unterge-
taucht, wohnte im Dezember
1945 in Berlin-Wilmersdorf,
Sodenerstr. 30; 1946 Auswande-
rung in die USA.
li; *Liste 36*; BAL, PAK; BG: LAB,
OFP-Akten (*s.a. Akte Salinger,
Harry Dr.*); *Aufbau* (NY),
28.12.45; BAP, 15.09 RSA; *cje*

Salomon, Kurt
25.1.1907 Berlin - k.A.
priv./Kanzlei: k.A.
RA beim Landgericht I; die
Zulassung wurde zum Aug.
1933 gem. § 1 Abs.1 d. Ges. v.
7.4.1933 wegen „mosaischer
Religion" gelöscht; S. emigrierte
am 15.3.1936 nach Palästina.
BAL, PAK, BG: LAB, OFP-Akte

Salomon, Max Dr.
14.6.1862 Nakel -
Dez. 1942 Theresienstadt
Pariser Str. 32, W 15
Oranienburger Str. 58, N 24
T: D 1 Norden 0133
Deportation mit dem 77. Alters-
transport (16.12.1942) nach
Theresienstadt, dort kurz nach
der Ankunft umgekommen.
li; BG: BAK, GB; BAP, 15.09
RSA, LAB, OFP-Akten; *Korr.
Ernst Kerk*

Salomon, Paul
10.2.1887 Schivelbein -
verschollen, Auschwitz
Maikowskistr. 107, Charlotten-
burg/Lützowstr. 67, W 35
Jägerstr. 61, W 8
T: A 1 Jäger 1558
RA und Notar; war noch bis
mind. 1936 als Anwalt tätig
(Notariat vorher entzogen);
zuletzt als Arbeiter dienstverpflichtet. Datum der Vermögenserklärung: 28.2.1943; Sam-

mellager Levetzowstr. 7-8,
Deportation mit dem 32. Transport (2.3.1943) nach Auschwitz,
dort verschollen.
li; *Liste 36*; BAL, PAK; BG: *g*,
BAK, GB; LAB, OFP-Akten

Salomon, Philipp Dr., JR.
10.2.1867 Landsberg - 27.4.1941
Württembergallee 8, Charlot-
tenburg
Lützowstr. 6647
T: B 2 Lützow 5329
Starb im Alter von 74 Jahren, in
Berlin beigesetzt.
li; *Liste 36*; BG: BAK, *Kartei
schulpfl. Kinder*; LAB, OFP-Akten
(*Akte S., Toni*); BAP, 15.09 RSA;
Friedh.W.Sterbereg.

Salomon, Richard Dr.
25.6.1894 Charlottenburg -
verschollen, Riga
Gervinustr. 24, Charlottenburg
Uhlandstr. 163, W 15
T: J 2 Oliva 7016
RA und Notar; war noch bis
mind. 1936 als Anwalt tätig (Notariat vorher entzogen); Deportation mit dem 25. Transport
(14.12.1942) nach Riga, verschollen.
li; *Liste 36*; BAL, PAK; BG: BAK,
GB; LAB, OFP-Akten, BAP, 15.09
RSA

Salomon, Samuel Dr.
27.7.1884 - k.A.
priv.: k.A.
Friedrichstr. 72, W 8
T: A 1 Jäger 2986
Keine näheren Angaben.
li; BAL, PAK

Salomon, Wolff Dr.
1.3.1888 - k.A.
Belle-Alliance-Str. 11, SW 61
Belle-Alliance-Str. 11, SW 61
Berufsverbot als Anwalt und
Notar im Frühjahr 1933 (vorher
am Kammergericht zugelassen);
Emigration.
Adr.B.32; BAL, PAK; LAB, *Liste d.
nichtzugel.* RA, 25.4.33; BG: LAB,
OFP-Akten

Salomonski, Georg Dr.
12.4.1895 Berlin - k.A.
Kufsteiner Str. 20, Schöneberg
Berufsverbot zum 20.6.1933
(vorher am Kammergericht
zugelassen), weil S. nach § 1
Abs.1. d. Ges. v. 7.4.1933 als
Jude galt; er konnte nach Palästina emigrieren, wo er in den
ersten Jahren in Haifa ein Café
betrieb; später arbeitete er in
der israelischen Einkommens-
steuerbehörde.
Br.B.32; LAB, *Liste d. nichtzugel.*
RA, 25.4.33; BAL, PAK, PA;
Ausk. RA Joe Levi, Tel Aviv

Salz, Benno
k.A.
priv.: k.A.
Bamberger Str. 48, Schöneberg
RA und Notar; war im Okt. 1933
weiterhin zugelassen; keine
weiteren Angaben.
li

Salz, Walter
6.6.1897 - verschollen, Trawniki
priv.: k.A.
Kaiserdamm 19, Charlottenburg
Berufsverbot im Frühjahr 1933,
Deportation mit dem 11. Transport (28.3.1942) nach Trawniki;
dort verschollen.
LAB, *Liste d. nichtzugel.* RA,
25.4.33 (*Nachtrag*); BAK, GB;
LAB, OFP-Akten; BAP, 15.09 RSA

Samoje, Ferdinand
19.1.1875 Ratibor -
10.4.1937 Berlin
priv.: k.A.
Berliner Str. 157, Wilmersdorf
T: H 6 Emser Pl. 4913
S. war noch 1932 Vorst.-Mitgl.
der RAK. RA seit1906, seit 1929
Vorsitzender des Ehrengerichts,
Mitgl. des Hauptvorstandes des
CV, Mitbegründer des Reichsbundes jüdischer Frontsoldaten, Vertrauensmann der „nicht-
arischen" Anwaltschaft; starb
1937 im Alter von 62 Jahren.
Spezialist für Arbeitsrecht
li; *Verz.*; *Liste 36*; *Göpp.*, S. 228;
BG: *Friedh.W.Sterbereg.*

**Samolewitz, Leopold (Leiser)
Dr.**
23.11.1883 Berlin - k.A.
Fasanenstr. 66, W 15
Bayreuther Str. 41, W 62
(später Lietzenburger Str. 48,
W 15)
T: B 5 Barbarossa 9506
Hatte am Ersten Weltkrieg teil-
genommen, war aus diesem
Grund auch nach 1933 noch
weiter als RA zugelassen; als
Notar 1935, Zulassung als
Anwalt im Rahmen des allgem.
Berufsverbots 1938 entzogen;
noch als „Konsulent" tätig. Emi-
gration nach Palästina.
li; *Liste 36*; BAL, PAK; BG: LAB,
OFP-Akten (*s.a. Akte Dobriner,
Wally und Akte Riesenfeld, Walter
Ernst*); *Liste d. Kons.*, 31.12.38

Samter, Albert
11.5.1902 Berlin - k.A.
priv.: k.A.
Köpenicker Str. 39, SO 16
S. war aus der Jüd. Gemeinde
ausgetreten; wurde im Frühjahr
1933 mit Berufsverbot belegt;
keine weiteren Angaben.
LAB, *Liste d. nichtzugel.* RA,
25.4.33 (*Nachtrag*); BAL, PAK;
BG: *cjb*

Samter, Gottfried Dr.
22.10.1884 Liegnitz -
7.2.1959 Berlin
Linkstr. 42, W 9
Linkstr. 42, W 9
T: B 2 Lützow 2766/67
RA seit 1914, Notar seit 1925.
Hatte am Ersten Weltkrieg teilgenommen, war mit dem Eisernen Kreuz I. Klasse ausgezeichnet worden; 1935 wurde ihm
die Zulassung als Notar entzogen. S. war nach dem allgem.
Berufsverbot für jüd. Anwälte
noch bis 1939 als „Konsulent"
tätig; emigrierte nach Palästina,
wo er in Jerusalem als Taxifahrer arbeitete. S. wurde 1954
wieder Anwalt und zog nach
Berlin zurück. 1955 wurde er
wieder als Notar zugelassen.
*li; Liste 36; BAL, PAK; Liste d.
Kons., 31.12.38; BG: BAK, Kartei
schulpfl. Kinder; LAB, OFP-Akten;
RAK PA

Samuel, Felix Dr.
8.3.1888 - 24.4.1937
Martin-Luther-Str. 42, Schöneberg
Landsberger Str. 92, NO 18
T: E 9 Friedrichstr. 3864
RA und Notar; war noch bis
mind. 1936 als Anwalt tätig
(Notariat vorher entzogen);
starb im Alter von 49 Jahren.
*li; Liste 36; BG: Friedh.W.Sterbe-
reg.

Sandak, Alfred Dr.
k.A.
priv.: k.A.
Schaperstr. 6 a, W 50
RA und Notar; war noch bis zur
Emigration am 11.3.1936 als
Anwalt tätig (Notariat vorher
entzogen); keine weiteren Anga-
ben.
Br.B.32; Liste 36

Sandberg, Gustav, JR.
ca. 1856 Posen - 1941.
Priv.: k.A.
Kottbusser Str. 6, SO 36
T: F 8 Oberbaum 0677
Laut Darstellung des Enkels,
Prof. Grenville; vom Febr. 1997

war S. seit 1914 Anwalt in Berlin. Er war im Vorstand der Jüdischen Reformgemeinde, heiratete in eine alt-etablierte
„Mischfamilie", blieb dabei ein
liberal-bewußter ganz Jude und stol-
zer Deutscher, ein sehr freundli-
cher, beliebter Mann, großzügig
und kultiviert. Als Anwalt hat er
nie viel verdient, was aber kein
Problem bedeutete, da seine
Frau „Geld mitgebracht" hatte.
Er verteidigte ganz besonders
Mitglieder der „Unterschichten",
darunter vor allem Zigeuner,
denen immer wieder Betrug
beim Pferdeverkauf vorgeworfen
wurde. S. vertrat sie auch, wenn
sie ihn nicht entlohnen konnten. Nach 1918 hatte die Familie einen Teil ihres Vermögens
verloren, war aber immer noch
sehr wohlhabend, lebte in einer
schönen Wohnung am Kurfürstendamm. S. vertrat als Anwalt
bis 1933/34 auch die Bäckerin-
nung. „Als Kind erinnere ich
mich an die Zeit nach 1933. Die
Großeltern mußten mit meinen
Eltern in eine bescheidene
Wohnung am Hohenzollern-
damm ziehen. Mein Vater, der
Landgerichtsdirektor war, wurde
zwangsweise 1933 pensioniert.
In dieser Zeit bezeugten die
früheren Mandanten dem alten
Sandberg ihre Loyalität. Wenn
Sinti und Roma durch Berlin
kamen, hinterließen sie einen
Korb mit Eiern und anderen
Esswaren vor unserer Tür. Jede
Woche schickte mein Großvater
meinen Bruder zu einem gewis-
sen Bäckerladen. Er sollte an
der Hintertür anklopfen und
sagen: ,Ich komme von Justizrat
Sandberg', und wurde ein
Korb mit Backwaren überreicht.
Mein Großvater starb vor der
Deportation 1941 im Jüdischen
Krankenhaus an der Iranischen
Straße. Meine Großmutter,
hoch in ihren siebziger Jahren,
wurde 1942 deportiert und
ermordet."
*li; Liste 36; Ausk. Prof. J.A.S.
Grenville (Enkel)

Sandelowsky, Selmar
k.A.
priv.: k.A.
Motzstr. 37, Wilmersdorf
T: B 4 Bavaria 5836
RA und Notar; war noch bis
mind. 1936 als Anwalt tätig
(Notariat 1935 entzogen).
*li; Liste 36; BAL, PAK

Sander, Eugen Dr., JR.
k.A.
priv.: k.A.
Wittenbergplatz 1, W 62
T: B 4 Bavaria 3847
War noch 1932 Vorst.-Mitgl. der
RAK; RA und Notar; noch bis
mind. 1936 als Anwalt tätig
(Notariat vorher entzogen);
keine weiteren Angaben.
*li; Verz.; Liste 36

Sandheim, Heinz Dr.
2.8.1899 Berlin - k.A.
Kurfürstendamm 184, W 15
Kurfürstendamm 182/183, W 15
T: J 1 Bismarck 6704
Emigration nach Großbritanni-
en, London; lebte 1952 in Wem-
bley [nannte sich Henry S.].
*li; Liste 36; BG: BAK, Kartei
schulpfl. Kinder; LAB, OFP-Akten

Sass, Heinrich
4.8.1891 - k.A.
priv.: k.A.
Taubenstr. 21, W 56
Berufsverbot zum 19.6.1933,
weil er nach § 1 Abs.1 d. Ges. v.
7.4.1933 als Jude galt; emigrier-
te am 9.5.1940 nach China,
Shanghai.
Br.B.32; LAB, Liste d. nichtzugel.
RA, 25.4.33; BAL, PAK, PA ; BG:
BAP, 15.09 RSA

Schachian, Herbert Prof. Dr.
5.5.1888 Berlin - k.A.
Rauchstr. 8
Hinter der kath. Kirche 1, W 56
Emigration in die Niederlande,
Amsterdam.
*li; BG: LAB, OFP-Akten; cjb;
BAL, PAK

Schachian, Julian Dr.
2.6.1880 Berlin -
verschollen, „Osten"
Schleswiger Ufer 6, Tiergarten
Friedrichstr. 63
T: W 8 Merkur 3913
War noch bis mind. 1936 als
Anwalt tätig; Deportation mit
dem 22. Transport (26.10.1942)
nach „Osten", verschollen.
*li; Liste 36; BAL, PAK; BG: BAK,
GB; LAB, OFP-Akten; BAP, 15.09
RSA

Schachian, Julius, JR.
k.A.
Hinter der kath. Kirche 1, W 56
RA und Notar; war im Okt. 1933
weiterhin zugelassen; keine
weiteren Angaben.
*li

Schachnow, Julian Dr.
k.A. - 1936
priv.: k.A.
Wichmannstr. 28, W 62,
T: B 5 Barbarossa 8211
War bis zu seinem Tod als
Anwalt tätig.
*li; Liste 36

Schachtel, Ernst Dr.
k.A.
priv.: k.A.
Frankfurter Allee 79, O 112
Berufsverbot im Frühjahr 1933;
Emigration in die USA.
Br.B.32; LAB, Liste d. nichtzugel.
RA, 25.4.33; BAL, PAK; Ausk. E.
Proskauer

Schachtel, Jacob, JR.
3.10.1867 Schmierzyce - Israel
Frankfurter Allee 79, O 112
Frankfurter Allee 79, O 112
T: E 8 Andreas 1276
RA und Notar; Emigration nach
Palästina, Haifa, 1934.
*li; BG: LAB, OFP-Akten; Ausk.
E. Proskauer

Schaefer, Ernst Dr.
15.2.1891 Berlin - k.A.
Leonhardstr. 4, Charlottenburg
Ehrenbergstr. 11/14, O 17
T: E 8 Andreas 0013
Emigration; keine näheren

Angaben zum Schicksal.
*li; *Liste 36*; BAL, PAK; BG: LAB, OFP-*Akten* (*Passage-Listen*)

Schatzky, Georg Dr.
11.8.1878 Breslau - k.A.
Niebuhrstr. 4, Charlottenburg
Kurfürstenstr. 127, W 62
T: B 4 Bavaria 5557/58
War noch bis mind. 1936 als
Anwalt tätig; Emigration nach
Großbritannien, London, im
Aug. 1939.
*li; *Liste 36*; BG: LAB, OFP-*Akten*; BAP, 15.09 RSA

Schaul, Hans Dr.
13.12.1905 Hohensalza - k.A.
priv.: k.A.
Friedrichstr. 78, W 8
Berufsverbot im Frühjahr 1933;
Emigration nach Frankreich
1933; Teilnehmer des spanischen Bürgerkrieges 1936; ging
1939 nach Frankreich, Internierung u.a. in Djelfa, Nordafrika,
als „feindlicher Ausländer"; siedelte 1944 in die UdSSR über;
Rückkehr nach Deutschland
(SBZ) 1945; lebte 1976 in Berlin
(Ost).
LAB, *Liste d. nichtzugel.* RA,
25.4.33; BG: BHdE 1933, Bd.1

Scheer, Hermann Gustav
11.6.1886 Oldenburg -
15.11.1947 Berlin
Kaiserdamm 18, Charlottenburg
Kaiserdamm 18, Charlottenburg
T: J 3 Westend 1269
Sch. hatte am Ersten Weltkrieg
teilgenommen; galt als „Mischling" und durfte aus diesem
Grund weiter praktizieren, wenn
auch eingeschränkt, da er z.B.
keine Armenrechtssachen übernehmen durfte; Mitte 1943 meldete ihn der Kammergerichtspräsident als Nichtmitglied des
„NS-Rechtswahrerbundes" dem
Arbeitsamt, weil seine „Anwaltschaft nicht kriegswichtig" eingeschätzt wurde. Sch. schreibt
dazu: „Es gelang mir, die Anwaltschaft neben meiner Tätigkeit als Syndikus der Frima
Gebr. Hertling in Berlin-Char-

lottenburg, der ich vom Arbeitsamt zugewiesen wurde, aufrecht
zu erhalten." Sch. überlebte den
Nationalsozialismus, wurde
umgehend wieder als Anwalt
und Notar zugelassen. Er starb
1947 im Alter von 61 Jahren.
*li; BG: BAP, 15.09 RSA; LAB,
Liste Mschl.36, RAK; PA

Schendel, Kurt Dr.
7.2.1904 Berlin - k.A.
priv.: k.A.
Potsdamer Str. 114, W 35
Berufsverbot zum 15.6.1933,
weil Sch. nach § 1 Abs.1 d. Ges.
v. 7.4.1933 als Jude galt; keine
weiteren Angaben.
LAB, *Liste d. nichtzugel.* RA,
25.4.33; BAL, PAK, PA

Scherek, Leo Dr.
1893 Posen - 1962 Israel
priv.: k.A.
Alt-Moabit 86 c, NW
RA seit 1920, daneben in zahlreichen zionistischen Org. tätig;
ab 1933 nicht mehr als Anwalt
zugelassen; 1937–39 Mitgl. d.
Repräsentantenversammlung
der Jüd. Gem.; im Nov. 1938 im
KZ interniert; freigekommen
und nach Palästina ausgewandert.; dort in der Organisation
der Einwanderer aus Mitteleuropa (Irgun Olej Merkas Europa) aktiv.
Br.B.32; *Walk*, S. 329

Schereschewsky, Benno Dr.
17.5.1907 Königsberg - k.A.
priv.: k.A.
Taubenstr. 23, W 56
Berufsverbot im Frühjahr 1933;
keine weiteren Angaben.
LAB, *Liste d. nichtzugel.* RA,
25.4.33; BAL, PAK

Scherman, Georg Dr.
18.9.1881 Nowawes -
1.11.1952 Berlin
Kurfürstendamm 36, W 15
Fredericiastr.13, Charlottenburg
T: J 3 Westend 3122
Sch. hatte am Ersten Weltkrieg
teilgenommen, er war evangelischer Religion, galt als „Misch-

ling" und war mit einer Frau
verheiratet, die als nicht-
jüdisch galt. 1933 wurde ihm
die Zulassung als Notar entzogen, gleichzeitig durfte er,
wegen seines Status als „Mischling" auch nach Kriegsbeginn
noch weiter praktizieren. Später
wurde er jedoch „auf Veranlassung der Gestapo strafrechtlich
und ehrengerichtlich verfolgt
und nach dem 20. Juli 1944 von
der sog. ‚Aktion Mitte' miterfas-
st." (Stellungnahme im Entnazifizierungsverfahren), wobei er
zu Enttrümmerungsarbeiten
herangezogen werden sollte.
Wegen seines schlechten kör-
perlichen Zustandes wurde Sch.
hiervon freigestellt. In dieser
Zeit wurde Sch. mit seinem
Büro und seiner Wohnung zweimal (1943 und 1944) ausge-

bombt. Über seine weiteren
Lebensumstände äußerte sich
Sch. nur zurückhaltend, indem
er feststellte, daß er „während
der Nazizeit schweren beruflichen Schädigungen und Verfol-
gungen ausgesetzt [war]. So
wurde ich u.a. von der Vertretung sämtlicher staatlicher und
städtischer Behörden ausgeschlossen, bekam keine Armensachen mehr zugewiesen, durfte
auch nicht als Pfleger oder Vor-
mund bestellt werden." Nach
Kriegsende wurde Sch. 1947

endgültig wieder als Anwalt
zugelassen. Er starb im November 1952 im Alter von 71 Jahren
in Berlin.
*li; BAL, PAK; *Tel.B.41*; RAK, PA

Schey, Oskar
29.7.1897 Allenstein - k.A.
priv.: k.A.
Friedrichstr. 131, N 24
T: D 1 Norden 0767/68
RA und Notar; war noch bis
mind. 1936 als Anwalt tätig
(Notariat vorher entzogen).
*li; *Liste 36*; BAL, PAK

Schidwigowski, Paul Dr.
27.8.1895 Gadderbaum/Westf. -
25.5.1943 Auschwitz
Sächsische Str. 67, W 15/ Düsseldorfer Str. 58 a (1940)
Fasanenstr. 73, W 15
T: J 1 Bismarck 7095/96
Sch. hatte am Ersten Weltkrieg
teilgenommen; beide juristische Staatsexamen mit „gut"
bestanden. 1927 erhielt er die
Zulassung als RA. Er war bis
zum allgem. Berufsverbot 1938
als Anwalt tätig; von 1938 -1943
noch als „Konsulent" zugelassen, anschließend „Konsulenten-Hilfsarbeiter". Datum der
Vermögenserklärung; 14.1.
1943; Sammellager Große Hamburger Str. 26; Deportation mit
dem 37. Transport (19.4.1943)
nach Auschwitz, dort einen
Monat später ermordet worden.
*li; *Liste 36*; BAL, PAK, PA; BG:
g, BAK, GB; LAB, OFP-*Akten*,
BAP, 15.09 RSA

Schiffmann, Wolf
k.A.
priv.: k.A.
Alexanderplatz 1, Berolina-
Haus
T: E1 Berolina 3588
War noch bis mind. 1936 als
Anwalt tätig; keine weiteren
Angaben.
*li; *Liste 36*; BAL, PAK

Wolf Schiffmann

Schildberger, Hermann Dr.
4.10.1899 Berlin -
24.9.1974 Melbourne
priv.: k.A.
Paul-Singer-Str. 6, O
Sch. betätigte sich neben seiner anwaltlichen Tätigkeit als Kulturfunktionär des Preußischen Landesverbandes der Jüd. Gemeinden (bis 1938); Emigration nach Großbritannien im März 1939; nach Australien, Melbourne, im Juli 1939 (noch nicht als „Displaced Person"); arbeitete dort als Musikdirigent am Tempel Beth Israel.
Br.B.32; BAL, PAK; BG: BHdE 1933, Bd. 2,2; Walk, S. 330

Schiller, Robert Dr.
29.4.1900 - k.A.
priv.: k.A.
Ansbacher Str. 51, W 50
Berufsverbot im Frühjahr 1933, vorher am Kammergericht zugelassen.
Br.B.32; LAB, Liste d. nichtzugel. RA, 25.4.33; BAL, PAK

Schindler, Arthur, JR.
30.5.1871 Beuthen -
21.9.1942 Theresienstadt
Pestalozzistr. 53, Charlottenburg
Zimmerstr. 92, SW 68
War noch bis mind. 1936 als

Anwalt tätig; deportiert mit dem 52. Alterstransport (28.8. 1942) nach Theresienstadt, dort drei Wochen später umgekommen.
*li; Liste 36; BAK, GB; LAB, OFP-Akten; BAP. 15.09 RSA

Schindler, Ernst Dr.
26.3.1875 Brieg - 12.6.1950
Jablonskistr. 30
Bülowstr. 100, W 57
T: B 1 Kurfürst 3135
Hatte am Ersten Weltkrieg teilgenommen; bei den letzten freien Wahlen die SPD gewählt, sein durchschnittliches Einkommen lag 1933 bei rund 20.000,- RM. 1933 wurde ihm das Notariat entzogen; er arbeitete als Anwalt bis zum allgem. Berufsverbot 1938, mit dem er seine regelmäßigen Einnahmen verlor. Sch.s Ehefrau galt als nicht-jüdisch, damit lebte er in einer „Mischehe". Nach 1940 erhielt er eine jährliche Rente des Anwalts-Ruhevereins in Höhe von 2.505.- RM. Sch.

wurde am 2.11.1943 von der Gestapo verhaftet und blieb bis 22.4.1945 in Haft (keine näheren Angaben). Er wurde 1947 wieder als RA zugelassen.
*li; Liste 36; BG: BAP. 15.09 RSA; cje (Akte); cjf; RAK, PA

Schindler, Fritz Dr.
12.1.1903 - k.A.
priv.: k.A.
Charlottenstr. 60, W 8
Berufsverbot im Frühjahr 1933.
Br.B.32; LAB, Liste d. nichtzugel. RA, 25.4.33; BAL, PAK

Schindler, Julius Dr.
28.2.1885 Lautenburg -
verschollen, Auschwitz
Augsburger Str. 21, W 50/ Ansbacher Str. 9, Schöneberg
Ansbacher Str. 9, W 50
T: B 4 Bavaria 4747
RA und Notar; war als Anwalt bis zum allgem. Berufsverbot 1938 tätig (Notariat vorher entzogen); mußte den Zwangsnamen „Israel" führen; wurde nach 1938 noch als „Konsulent" zugelassen. Deportation mit dem 3. Großen Alterstransport (14.9. 1942) nach Theresienstadt; in Auschwitz verschollen.
*li; Liste 36; BG: g, BAK, GB; LAB, OFP-Akten; BAP, 15.09 RSA; Liste d. Kons., 15.3.39

Schindler, Kurt
13.4.1885 Antonienhütte -
verschollen, Riga
Schillingstr. 1, C 2, Mitte
Blumenstr. 94, O 27
T: E 2 Kupfergraben 3532
War noch bis mind. 1936 als Anwalt tätig; zuletzt als Arbeiter zwangsverpflichtet. Datum der Vermögenserklärung: 16.10. 1942; Deportation mit dem 21. Transport (19.10.1942) nach Riga, verschollen.
*li; Liste 36; BAL, PAK; BG: g, BAK, GB; LAB, OFP-Akten; BAP, 15.09 RSA

Schindler, Walter Dr.
1.2.1897 Rybnik - 1953 Berlin
Carmerstr. 4, Charlottenburg/ Pariser Str. 32/Eisenzahnstr. 65, Wilmersdorf
Pariser Str. 20, W 15
T: J 2 Oliva 3875
RA seit 1930 bis zum allgem. Berufsverbot 1938, danach als „Konsulent" tätig (bis 1942); 1938 im KZ Sachsenhausen

inhaftiert, freigekommen, Flucht vor der Gestapo; unter falschem Namen gelebt; bis zur Befreiung bei der Flettnerlüfter GmbH, Mariendorf, gearbeitet; lebte nach 1945 in Wilmersdorf und erhielt umgehend die Zulassung als Anwalt und Notar, Praxisadresse: Carmerstr. 4, Charlottenburg.
*li; Liste 36; BAL, PAK; BG: LAB, OFP-Akten; BAP, 15.09 RSA; Aufbau (NY), 21.09.45; cje; cjf; cje (Akte Becker, Ernst); RAK; PA

Schitkowski, Walter
8.5.1898 Berlin -
verschollen, „Osten"
Berchtesgadener Str. 2-3, W 30
Kurfürstendamm 14, W 50
Vertretungsverbot im April 1933, später wieder zugelassen (mind. bis 1936); zuletzt als Sachbearbeiter tätig; deportiert mit dem 16. Transport (26.6. 1942) nach „Osten", verschollen.
*li; Br.B.32; Liste 36; BAL, PAK; Liste d. nichtzugel. RA, 25.4.33; BG: BAK, GB; LAB, OFP-Akten; ITS-Listen; BAP, 15.09 RSA

Schlesinger, Edgar H. Dr.
1.1.1904 Berlin - k.A.
priv.: k.A.
Wallotstr. 8 a, Grunewald
Hatte sich 1929 als RA in Berlin niedergelassen, war zeitweilig auch in London tätig, ab 1930−33 nur in Berlin. Berufsverbot im Frühjahr 1933; S. betätigte sich anschließend als Hausverwalter. Ging in die Niederlande, studierte dort wieder Recht; Emigration 1939 in die USA, dort beantragte er ein Stipendium des Am. Com. for the Guidance of the Professional Personnel; keine weiteren Angaben.
Br.B.32; BAL, PAK; NY Publ. Lib. (Am. Com.) Schlesinger, E.

Schlesinger, Ernst Dr., JR.
12.12.1865 Oberglogau -
21.9.1942 Theresienstadt
Kaiserallee 207, Wilmersdorf
Belle-Alliance-Platz 20, SW 61

T: F 5 Bergmann 5916
Das Notariat wurde Sch. 1933 entzogen; als RA bis mind. 1936 tätig. Datum der Vermögenserklärung: 12.8.1942, deportiert mit dem 57. Alterstransport vom 4.9.1942 nach Theresienstadt, dort kurze Zeit später umgekommen.
*li; Liste 36; Göpp., S. 259; BG: g, BAK, GB; LAB, OFP-Akten; BAP, 15.09 RSA

Schlesinger, Hans (bzw. Johannes) Dr.
30.1.1883 Berlin - verschollen, Riga
Niebuhrstr. 76, Charlottenburg
Kurfürstenstr. 98 (teilweise Wallotstr. 14, Grunewald)
Sch. war evangelischen Glaubens; er wurde im Frühjahr 1933 mit Berufsverbot belegt; keine weiteren Angaben bis zum Datum der Vermögenserklärung (29.12.1941); Deportation mit dem 10. Transport (25.1.1942) nach Riga, dort verschollen.
Br.B.32; LAB, Liste d. nichtzugel. RA, 25.4.33; BAL, PAK; BG: g, BAK, GB; LAB, OFP-Akten

Schlesinger, Hans I Dr.
1.3.1902 Gleiwitz - k.A.
Mommsenstr. 12, Charlottenburg
Linkstr. 42, W 9
T: B 2 Lützow 2766/67
RA und Notar; war als Anwalt bis zum allgem. Berufsverbot tätig (Notariat vorher entzogen); betätigte sich ab 1938 noch als „Konsulent" und Vermögensverwalter; keine weiteren Angaben.
*li; Liste 36; BAL, PAK; BG: g, BAK, GB; LAB, OFP-Akten (s.a. Akte Schwarz, Else geb. Lewinsohn); BAP, 15.09 RSA; Liste d. Kons., 15.4.39

Schlesinger, Heinz
k.A.
priv.: k.A.
Helmstedter Str. 11, Wilmersdorf

Berufsverbot im Frühjahr1933; keine weiteren Angaben.
LAB, Liste d. nichtzugel. RA, 25.4.33; BAL, PAK

Schlesinger, Kurt Dr.
3.9.1900 Berlin - k.A.
Meinekestr. 11, Charlottenburg
Meinekestr. 11, Charlottenburg
Berufsverbot im Frühjahr 1933, im Okt. wieder zugelassen (bis mind. 1936); Emigration nach Südafrika, Johannesburg, am 8.3.1939; lebte 1952 in den USA.
*li; LAB, Liste d. nichtzugel. RA, 25.4.33; BAL, PAK; BAK, Kartei schulpfl. Kinder; LAB, OFP-Akten

Schlesinger, Max Dr.
4.1.1900 Görlitz - k.A.
priv.: k.A.
Kottbusser Str. 6, SO 36
Berufsverbot im Frühjahr 1933; emigrierte nach Südafrika.
Br.B.32; LAB, Liste d. nichtzugel. RA, 25.4.33; Liste 36; BAL, PAK; BG: LAB, OFP-Akten

Schlesinger, Robert
25.4.1892 Berlin - Auschwitz
Schönhauser Allee 136, N 58, Prenzlauer Berg
Beethovenstr. 2, NW 40
T: A 2 Flora 3249
War evangelischen Glaubens; arbeitete bis zum allgem. Berufsverbot 1938 als Anwalt; wurde anschließend als „Konsulent" zugelassen. Datum der Vermögenserklärung: 18.9.1942; Sammellager Große Hamburger Str. 26; Deportation mit dem 66. Alterstransport (24.9.1942) nach Theresienstadt, in Auschwitz verschollen.
*li; Liste 36; Liste d. Kons., 31.12.38; BG: g, BAK, GB, LAB, OFP-Akten; cjb; BAP, 15.09 RSA

Schlesinger, Selmar Dr., JR.
23.8.1869 Landeshut/Schl.- 10.9.1942 (1941?) Berlin
priv.: k.A.
Friedrichstr. 39, Friedrichshagen,
T: F 4 Köpenick 7459

RA und Notar; war noch bis mind. 1936 als Anwalt tätig (Notariat vorher entzogen).
*li; Liste 36; BG: BAK, Kartei schulpfl. Kinder; BAP, 15.09 RSA; BHdE1933, Bd.2,2

Schlimmer, Ludwig Dr.
15.1.1887 Obersitzko - 31.5.1941 New York
Westarpstr. 3, W 30
Stresemannstr. 30, SW 11
T: F 5 Bergmann 3602
RA und Notar; Emigration in die USA über Spanien am 19.3.1941; lt. Brief der Witwe gestorben, „eine Woche nach unserer Ankunft an einer Typhuserkrankung, die er sich auf dem spanischen Schiff Magellanes zugezogen hat."
*li; Liste 36; BAL, PAK; BAK, Kartei schulpfl. Kinder, BAK, Emigr.- u. Sterbedatei s; LAB, OFP-Akten; BAP, 15.09 RSA

Schlomann, Benno, JR.
8.2.1862 Schirwindt - k.A.
Parkstr. 96, Zehlendorf, Dahlem
Jägerstr. 61, W 8
T: A 1 Jäger 1558
RA und Notar; Emigration nach Italien.
*li; BG: LAB, OFP-Akten; cjb

Schloßmann, Georg
k.A.
priv.: k.A.
Hortensienplatz 1, Lichterfelde
War noch bis mind. 1936 als Anwalt tätig; keine weiteren Angaben.
*li; Liste 36

Schmitthoff, Maximilian (früher Schmulewitz) Dr.
24.3.1903 Berlin - k.A.
Behrenstr. 26 a, W 8
Kanzlei: k.A.
Berufsverbot 1933; anschließend Emigration (geänderter Name: Clive Macmillan) nach Großbritannien, London, im September 1933; schloß 1936 dort ein Studium mit dem Master of Law ab, wurde später Professor an der London

School of Economics (1948–1971); lebte 1978 in Großbritannien, London.
Br.B.32; BAL, PAK; BG: LAB, OFP-Akten; BHdE 1933, Bd.I; Göpp., S: 315; Walk, S. 332

Schmoller, Ernst Dr.
8.4.1892 Frankfurt/M. - 26.12.1939 Berlin
Niebuhrstr. 77, Charlottenburg
Kaiser-Wilhelm-Str. 34, C 25
T: D 2 Weidendamm 1993
RA und Notar; starb im Alter von 47 Jahren.
*li; Liste 36; BAL, PAK; BG: BAP, 15.09 RSA; Friedh.W.Sterbereg.

Schmulewitz, Hermann
10.7.1870 Jutroschin - 1943 Großbritannien
Flensburger Str. 23, NW 87
Alexanderplatz 10, C 25
T: E 2 Kupfergraben 3118
RA und Notar; Emigration nach Großbritannien, London, am 23.2.1939; offensichtlich ist Sch. dem Sohn Maximilian Schmitthoff ins Exil gefolgt, dort 1943 gestorben.
*li; Liste 36; BG: LAB, OFP-Akten; BAP, 15.09 RSA; BHdE 1933, Bd.I (Sohn: Schmitthoff, Maximilian); BAP, 15.09 RSA

Schneidemühl, Fritz
5.3.1898 Berlin - k.A.
priv.: k.A.
Hermannplatz 2/3, S 59
T: F 2 Neukölln 85 48
War noch bis mind. 1936 als Anwalt tätig; keine weiteren Angaben.
*li; Liste 36; BAL, PAK

Schneider, Albert
14.3.1892 Berlin - k.A.
Brückenallee 8, Tiergarten/ Hindersinstr. 14, NW 40
Kronprinzenufer 2, NW 40
T: A 2 Flora 1612
Emigration nach Großbritannien, London, im Juli 1939.
*li; Liste 36; BAL, PAK; BG: LAB, OFP-Akten; BAP, 15.09 RSA

Schneider, Erich Dr.
19.3.1885 Koschmin - k.A.
Kantstr. 76, Charlottenburg
Kantstr. 76, Charlottenburg
T: C 4 Wilhelm 7498
RA und Notar; Emigration nach
Chile.
*li; Liste 36; BAL, PAK; BG: LAB,
OFP-Akten

Schneider, Karl Dr.
17.8.1882 Koschmin - k.A.
Kaiser-Wilhelm-Str. 57, C 2
Kaiser-Wilhelm-Str. 57, C 2
T: E 1 Berolina 1183
RA und Notar; war noch bis
mind. 1936 als Anwalt tätig
(Notariat vorher entzogen); Dis-
sident.
*li; Liste 36; BAL, PAK; BG: LAB,
OFP-Akten; BAP, 15.09 RSA

Schnitzer, Adolf Dr.
30.7.1889 Berlin -
12.1.1989 Genf
priv.: k.A.
Mohrenstr. 48, W 8
Berufsverbot im Frühjahr 1933;
Emigration über die Schweiz
nach Frankreich, Annemasse,
am 1.10.1933. 1948-1959 Privatdozent und Lehrbeauftragter an
der Universität Genf, 1960-1966
Universität Luxemburg (Droit
comparé de la Famille); ab 1946
Rechtsberater versch. Organisationen in Genf; 1948-1952 für
die Int. Organisation der
Flüchtlinge tätig, 1953-1973
Chef des Bureau international
des déclarations de décès des
personnes disparues (UN);
Ehrendoktorwürde d. Univer-
sitäten Genf und Uppsala.
Br.B.32; LAB, Liste d. nichtzugel.
RA, 25.4.33; BAL, PAK; BG:
LAB, OFP-Akten; Göpp. S. 315

Schocken, Leo Dr.
2.3.1898 - k.A.
priv.: k.A.
Friedrichstr. 131, N 24
Berufsverbot im Frühjahr 1933;
keine weiteren Angaben.
LAB, Liste d. nichtzugel. RA,
25.4.33; BAL, PAK

Schönbeck, Friedrich (Fritz)
17.12.1888 Nordhausen -
1.9.1971 London
Bleibtreustr. 27, W 15
Stresemannstr. 4, SW 11
T: F 5 Bergmann 7851
Bis 1929 Ministerialrat; bekannt
als sozialdemokratischer Abge-
ordneter; bis 1933 Syndikus der
Deutschen Arbeiterbank; anschließend gemeinsame Kanzlei
mit Adolf Arndt; 1933 in Haft;
nach der Freilassung bis zum
allgem. Berufsverbot 1938 tätig,
anschließend als „Konsulent"
zugelassen. Emigration nach
Großbritannien im Aug. 1939.
Nach 1945 Leiter des Amtes für
Wertpapierbereinigung und
Wiedergutmachung.
*li; Liste 36;BAL, PAK; BG: BHdE
1933, Bd.I; BAP, 15.09 RSA;
LAB, OFP-Akten; Ausk. Jäckel, H.;
Ausk. Dr. Y Arndt; Liste d. Kons.,
15.3.1939; Göpp., S. 315; Walk,
S. 333

Schönberg, Curt
20.1.1894 Kreuz/Ostbahn -
10.11.1948
Kaiserdamm 86, Charlottenburg
Brückenallee 9, NW 87
T: C 9 Tiergarten 7093 u. 1727
Hatte am Ersten Weltkrieg teilgenommen; war seit 1922 RA,
seit 1929 Notar; sein durchschnittliches Einkommen lag
zwischen 20.-25.000,- RM p.a.
Sch. hatte bei den letzten freien
Wahlen die DDP gewählt, die
Ehefrau galt als nicht-jüdisch,
sie hatten ein gemeinsames
Kind. 1935 Verlust des Notariats und 1938 Verlust der Zulassung als RA, anschließend
„Konsulent" bzw. bis 1945
„Hilfskonsulent". Die wesentlichen Einkommenseinbußen traten erst 1943 ein. Sch. überlebte, war aber nach einem Unfall
gehbehindert. Erhielt 1946 die
Wiederzulassung als RA.
*li; BG: LAB, OFP-Akten; BAP,
15.09 RSA; RAK; PA

Schönberg, Karl (Alfred) Dr.
20.8.1893 Berlin -
verschollen, Auschwitz
Mommsenstr. 52, Charlotten-
burg/ Xantener Str. 16, Wilmersdorf
Hermann-Göring-Str. 7, W 9
T: B 2 Lützow 2434/35
(später Weinmeisterstr. 1)
RA und Notar; mußte den
Zwangsnamen „Israel" führen;
war bis zum allgem. Berufsverbot als Anwalt tätig; danach als
„Konsulent" zugelassen; mußte
1942 innerhalb von kurzer Zeit
seine Praxis räumen, da „eine
im Rahmen des Vierjahrespla-
nes tätige Gesellschaft, die
unbedingt kriegswichtige Aufgaben zu erfüllen hat(te), einzie-
hen (wollte)." Verhaftung; Sammellager Große Hamburger Str.
26; Deportation mit dem 37.
Transport (19.4. 1943) nach Auschwitz, verschollen.
*li; Liste 36; BG: g, BAK, GB;
BAK, Kartei schulpfl. Kinder; LAB,
OFP-Akten (Akte Weigert); BAP,
15.09 RSA; Liste d. Kons.,
15.3.39

Schoenfeld, Julius Dr.
18.6.1894 Posen - 23.10.1942
Nassauische Str. 5, Wilmersdorf
Krausenstr. 9, W 8
Berufsverbot im Frühjahr1933,
anschließend beim Palästina-
Amt der Jüd. Kultusvereinigung
Berlin tätig; Verwaltungsdirektor des Jüd. Krankenhauses Berlin. Selbstmord gemeinsam mit
seiner Ehefrau, nachdem er
sich geweigert hatte, auf Aufforderung der Gestapo eine bestimmte Zahl von Mitarbeitern
zur Deportation namhaft zu
machen.
Br.B.32; LAB, Liste d. nichtzugel.
RA, 25.4.33; BAL, PAK; BG: g,
BAK, GB; BAP, 15.09 RSA; LAB,
OFP-Akten; Friedh.W.Sterbereg.;
Göpp. S. 236; Walk, S. 334

Schoenfeldt, Herbert S. Dr.
26.5.1895 Landeck -
29.6.1956 Bonn
priv.: k.A.
Behrenstr. 25, W 8
T: A 1 Jäger 1252
RA und Notar; Emigration nach
Frankreich 1939; in die USA
über Spanien, Portugal 1940.
1946-48 Mitarbeit bei der Vorbereitung der Kriegsverbrecher-
prozesse, 1948-56 Rechtsanwalt, Rechtsberater der IRSAM;
1956 Deutschland-Direktor der
Conference on Jewish Material
Claims against Germany
(Claims).
*li; Liste 36; BAL, PAK; BG:
BHdE 1933, Bd.I; Göpp. S. 360

Schoenlank, Bernhard, JR.
27.3.1867 - 15.8.1937 Berlin
priv.: k.A.
Jägerstr. 4, W 8
T: A 1 Jäger 1544
War noch bis mind. 1936 als
Anwalt tätig; starb im Alter von
70 Jahren.
*li; Liste 36; BG: Friedh.W.Sterbe-
reg.

Schoenlank, Hugo
k.A.
priv.: k.A.
Berliner Str. 6, Tegel
T: C 8 Tegel 133
RA und Notar; im Okt. 1933
weiter zugelassen; keine weiteren Angaben.
*li

Schoeps, Gustav Dr., JR.
k.A.
priv.: k.A.
Alexanderstr. 53, C 25
Keine Angaben zum Schicksal.
*li

Scholle, Sigurd
9.3.1893 Danzig - k.A.
Sybelstr. 11, Charlottenburg/
Wallotstr. 8, Wilmersdorf-
Grunewald
Taubenstr. 46, W 8
Berufsverbot als RA und Notar
im Frühjahr 1933; Emigration
nach Frankreich, Paris.

Br.B.32; LAB, *Liste d. nichtzugel.*
RA, 25.4.33; BAL, PAK; BG:
LAB, OFP-Akten

Schottländer, Erich Dr.
20.5.1898 Halle a.d. Saale - k.A.
Köpenicker Str. 48-49, SO 16
Köpenicker Str. 48-49, SO 16
Berufsverbot im Frühjahr1933;
Emigration nach Großbritannien, London, am 29.3.1935. Die
Ehefrau galt als nicht-jüdisch,
Sch. selbst hatte sich vom
Glauben gelöst.
Br.B.32; LAB, *Liste d. nichtzugel.*
RA, 25.4.33; BAL, PAK; BG:
LAB, OFP-Akten

Schreiber, Ernst Dr.
20.7.1898 Leipzig - k.A.
Bamberger Str. 22 b. Kohn,
Wilmersdorf
Leipziger Str. 108, W 8
T: A 2 Flora 4677
Emigration nach Frankreich,
Paris, 1939.
*li; Liste 36; BAL, PAK; BG: BAP,
15.09 RSA

Schreuer, Felix Dr.
15. 10.1880 - k.A.
Burggrafenstr. (Beukestr.) 20?,
Zehlendorf
Potsdamer Str. 126, W
Zulassung als Anwalt und Notar
1933 entzogen.
Br.B.32; BAL, PAK; BG: LAB,
OFP-Akten

Schulenburg, Günther Dr. von
27.5.1893 Berlin - k.A.
priv.: k.A.
Marburger Str. 9, W 50
T: B 4 Bavaria 1088
Sch. galt als „Mischling" und
durfte auch nach 1933 weiter
praktizieren, war außerdem
Frontkämpfer des Ersten Weltkriegs und evangelischer Religion; keine weiteren Angaben.
*li; BAL, PAK; LAB, *Liste
Mischl.*36

Schwabach, Hans
5.8.1889 Berlin -
vor 1942, Frankreich
Elßholzstr. 4, W 57

Friedrichstr. 79 a, W
Kanzlei und Notariat vor 1933
aufgegeben; lt. RSA 1938 „unbekannt abgemeldet"; Emigration
nach Frankreich, dort vor 1942
gestorben.
Br.B.32; BAL, PAK; BG: LAB,
OFP-Akten

Schwabe, Walter Dr.
9.7.1882 Göttingen - k.A.
Brüderstr. 2-3, Lichterfelde
Reichstagsufer 9, NW 7
T: A 1 Jäger 7711
Emigration in die Niederlande,
Amsterdam, 1938; lebte 1947 in
Wimbledon, Großbrtiannien.
Inhaber des Bankhauses Schwabe & Co.
*li; Liste 36; BAL, PAK; BG: LAB,
OFP-Akten

Schwarz, Ernst
10.6.1882 Berlin -
verschollen, Auschwitz
Knesebeckstr. 77 b. Weinberg,
Charlottenburg
Kurfürstendamm 14, W 50
T: J 1 Bismarck 1859 u. 4649
RA und Notar; seit allgem.
Berufsverbot 1938 als Anwalt
zugelassen (Notariat vorher
entzogen); später als Arbeiter
(Nagler) bei Paul Gelling & Co.,
Holzspezialitäten, Kurfürstendamm 15, dienstverpflichtet.
Datum der Vermögenserklärung: 19.11.1942; deportiert mit
dem 34. Transport (4.3. 1943)
nach Auschwitz, dort verschollen.
*li; BAL, PAK; BG: BAK, GB;
LAB, OFP-Akten; BAP, 15.09
RSA

Schwarz, Fritz
21.2.1891 - k.A.
Wittelsbacherstr. 12, Wilmersdorf
Mittelstr. 118, NW 7
T: A 2 Flora 1165/ 66
RA und Notar; mußte den
Zwangsnamen „Israel" führen;
war nach dem allgem. Berufsverbot 1938 als „Konsulent"
tätig; Emigration nach Großbritannien 1939; Sch. war verhaftet

worden wegen Verteidigung
einer Kommunistin, seine Mutter wurde nach seiner Flucht
ständig verhört.
*li; Br.B.32; Liste 36; Liste d.
Kons., Jan.39; BAL, PAK, PA; BG:
LAB, OFP-Akten; cje

Schwarz, Walter Carl I
10.2.1896 - k.A.
priv.: k.A.
Badensche Str. 54; Schöneberg
Emigration 1939; lebte 1952 in
Großbritannien, London.
*li; Br.B.32; Liste 36; BG: BAL,
PAK; LAB, OFP-Akten

Schwarz, Walter Dr. II
11.2.1906 -
17.8.1988 Zürich
priv./Kanzlei: k.A.
Berufsverbot als Anwalt im
Frühjahr 1933, nachdem er erst
Anfang des Jahres zugelassen
worden war; emigrierte Anfang
1938 nach Palästina; 1940 –44
bei der Royal Air Force in Afrika
eingesetzt; 1944 Anwalt; verfaßte zusammen mit Siegfried
Moses einen Kommentar zum
Einkommensteuerrecht in
Palästina; 1950 bei der Jewish
Agency in München tätig, 1952
Promotion in Heidelberg, 1952
– 67 RA in Berlin, ab 1958 Bearbeiter bzw. Mitarbeiter der Zeitschrift „RzW", 1963 –1981 ihr
Hg. bzw. Mit.Hg.
LAB, *Liste d. nichtzugel.* RA,
25.4.33; BAL, PAK; *Göpp.*,
S.360/61

Schwarzbart, Bernhard
k.A.
priv.: k.A.
Friedrichstr. 190, W 8
Berufsverbot im Frühjahr 1933,
keine weiteren Angaben.
LAB, *Liste d. nichtzugel.* RA,
25.4.33; BAL, PAK

Schwarzer, Hans
k.A.
priv.: k.A.
Spichernstr. 24/25, W 50
Berufsverbot im Frühjahr 1933;
keine weiteren Angaben.

Br.B.32; LAB, *Liste d. nichtzugel.*
RA, 25.4.33; BAL, PAK

Schweitzer, Ernst Emil Dr.
11.5.1891 Breslau - k.A.
priv.: k.A.
Neue Winterfeldtstr. 20, W
Mitglied der Liga für Menschenrechte; im Frühjahr 1933 Berufsverbot; Flucht nach Danzig;
1939 nach Frankreich; keine
weiteren Angaben.
Br.B.32; LAB, *Liste d. nichtzugel.*
RA, 25.4.33; BAL, PAK; *Krach*, S.
436

Schwenk, Felix Dr.
27.10.1879 Grottkau -
31.1.1942 Riga
Kurfürstenstr. 34, W 35, Tiergarten
Potsdamer Str. 27, W 35
T: B 1 Kurfürst 3270
War noch bis mind. 1936 als
Anwalt tätig. Datum der Vermögenserklärung: 5.1.1942; Deportation mit dem 10. Transport
(25.1.1942) nach Riga, dort wenige Tage später umgekommen.
*li; Liste 36; BG: g, BAK, GB;
LAB, OFP-Akten; BAP, 15.09 RSA

Bernhard Schwarzbart

Schwersenz, Manfred Dr.
20.10.1893 Hohensalza - k.A.
Zähringerstr. 19, W/ Nürnberger
Str. 37 b. Cabalcao
Uhlandstr. 45, W

Berufsverbot im Frühjahr 1933; Sch.s Ehefrau galt als nicht-jüdisch, das Paar ließ sich 1935 scheiden. Emigration nach Italien, Bolzano, und Großbritannien, London, vor dem 30.11. 1939.
Br.B.32; LAB, *Liste d. nichtzugel.* RA, 25.4.33; BG: LAB, OFP-Akten; *cjb*

Seegall, Hermann Dr.
16.2.1856 Berlin -
16.7.1937 Berlin
priv.: k.A.
Wilhelmstr. 38, SW 68
T: F 5 Bergmann 2117
RA und Notar; war noch bis mind. 1936 als Anwalt tätig (Notariat vorher entzogen).
li; Liste 36; BG: LAB, OFP-Akten; *cjb*

Seelig, Ernst (Albert Eduard) Dr.
4.2.1871 Leipzig - k.A.
Kurfürstenstr. 43, W 35
Kurfürstenstr. 43, W 35
T: B 2 Lützow 2635
War noch bis mind. 1936 als Anwalt tätig; keine weiteren Angaben.
li; Liste 36; BG: LAB, OFP-Akten; BAP, 15.09 RSA; *cjb*

Seelig, Ludwig Dr.
k.A.
priv.: k.A.
Marburger Str. 17
War im Okt. 1933 weiterhin zugelassen; keine weiteren Angaben.
li

Seelig, Meinhard Dr.
27.6.1895 Wissek - k.A.
priv.: k.A.
Friedrichstr. 209, SW 68
Berufsverbot zum 14.6.1933, weil er nach § 1 Abs.1 d. Ges. v. 7.4.1933 als Jude galt; Emigration nach Großbritannien, London.
Br.B.32; LAB, *Liste d. nichtzugel.* RA, 25.4.33; BAL, PAK; BG: LAB, OFP-Akten

Seelig, Walter Dr.
12.11.1904 Berlin - k.A.
priv.: k.A.
Rosenthaler Str. 44, N 54
Berufsverbot im Frühjahr 1933; Emigration in die USA, New York.
Liste d. nichtzugel. RA, 25.4.33; BAL, PAK; BG: LAB, OFP-Akten

Seelmann, Ernst
13.12.1894 Aachen -
26.1.1945 Buchenwald
Landshuter Str. 35, Schöneberg
Joachimsthaler Str. 21, W 15
T: J 1 Bismarck 1966
RA und Notar; Emigration in die Niederlande am 5.10.1938, aus den Niederlanden deportiert, im KZ Buchenwald umgekommen.
li; Liste 36; BAL, PAK; BG: *g,* LAB, OFP-Akten; *Niederländisches Rotes Kreuz, Archiv*

Segall, Hellmut Dr.
29.3.1899 Königs Wusterhausen - k.A.
Giesebrechtstr. 18, Charlottenburg
Kleiststr. 34, W 62
T: B 4 Bavaria 3232
Emigration nach Großbritannien, London, im September 1936.
li; Liste 36; BAL, PAK; BG: LAB, OFP-Akten

Segall, Julius Dr.
22.3.1886 Berlin - k.A.
Kantstr. 149, Charlottenburg
Friedrichstr. 71, W 8
T: A 2 Flora 3793
RA und Notar; Emigration nach Australien, Sidney.
li; Liste 36; BAL, PAK; BG: LAB, OFP-Akten; BAP, 15.09 RSA

Selbiger, Leo Dr.
18.4.1875 Tuchel - 16.7.1942
Viktoria-Luise-Platz 12 a, W 30
Viktoria-Luise-Platz 12 a, W 30
T: B 5 Barbarossa 3168
RA und Notar; war noch bis mind. 1936 als Anwalt tätig (Notariat vorher entzogen); 1942 im Alter von 67 Jahren

gestorben, in Berlin beigesetzt.
li; Liste 36; BG: BAK, *Kartei schulpfl. Kinder;* LAB, OFP-Akten; *Friedh.W.Sterbereg.*

Seligmann, Leopold
17.4.1880 Werden/Ruhr - k.A.
Fasanenstr. 9, Charlottenburg
Kanzlei: k.A.
Emigration in die USA, Bernanillo, New Mexico.
BG: LAB, OFP-Akten

Seligmann, Martin Dr.
10.7.1900 Berlin - k.A.
Brahmsstr. 19, Wilmersdorf
Potsdamer Str. 32 a, W 35
Vermutlich Emigration, da Vermerk „abgemeldet am 28.2. 1939".
li; Liste 36; BAL; PAK; BG: BAP. 15.09 RSA

Seligsohn, Arnold Dr.
13.9.1854 Samotschin (Posen) - 3.2.1939 Berlin
priv.: k.A.
Knesebeckstr. 45, W 15
T: J 1 Bismarck 1654/55
RA und Notar; war noch bis mind. 1936 als Anwalt tätig (Notariat vorher entzogen); war daneben in versch. gemeinnützigen jüd. Vereinen Mitglied. Spezialist auf dem Gebiet des Gewerblichen Rechtsschutzes und des Patentrechts
li; Liste 36; Göpp., S. 228; BG: LAB, OFP-Akten; *Walk,* S. 340

Seligsohn, Ernst Dr.
4.7.1903 Berlin - k.A.
priv.: k.A.
Knesebeckstr. 45, W 15
Berufsverbot zum 20.6.1933, weil S. nach § 1 Abs.1. d. Ges. v. 7.4.1933 als Jude galt; keine weiteren Angaben.
Br.B.32; LAB, *Liste d. nichtzugel.* RA, 25.4.33; BAL, PAK; PA

Seligsohn, Felix , JR.
19.9.1868 Berlin - 29.7.1942
Schönhauser Allee 22, N 54, Prenzlauer Berg (Altersheim d. Jüd. Gemeinde)
Französische Str. 59, W 8

Beging im Alter von 74 Jahren Selbstmord, vermutl. angesichts der drohenden Deportation.
li; Liste 36; BG: BAK, GB, *Kartei schulpfl. Kinder,* LAB, OFP-Akten; BAP, 15.09 RSA; *Friedh.W.Sterbereg.*

Seligsohn, Franz Dr.
15.9.1880 Berlin - k.A.
Fasanenstr. 30, W 15
Fasanenstr. 30, W 15
T: J 1 Bismarck 5108
RA und Notar; war noch bis zum allgem. Berufsverbot als Anwalt tätig (Notariat vorher entzogen), anschließend als „Konsulent" zugelassen; Emigration nach Chile, Valparaiso, am 8.3.1939; lebte 1950 in London.
li; Liste 36; LAB, *Liste 15.10.33;* BAL, PAK; BG: LAB, OFP-Akten

Seligsohn, Julius Dr.
10.12.1884 Berlin - k.A.
Meinekestr. 22, W 15,
Knesebeckstr. 45, W 15
T: J 1 Bismarck 1654/55
RA und Notar; Sozius von Martin S.; Emigration am 14.4.1938 nach Großbritannien.
li; BAL, PAK; *Liste 36;* BG: LAB, OFP-Akten

Seligsohn, Martin, JR.
k.A.
priv.: k.A.
Knesebeckstr. 45, W 15
T: J 1 Bismarck 1654/55
Sozius von Julius S. ; die anwaltliche Zulassung wurde 1934 gelöscht; Emigration nach Palästina, Tel Aviv.
li; LAB, *Liste d. nichtzugel.* RA, 15.4.33; BG: LAB, OFP-Akten

Seligsohn-Netter, Julius L. Dr.
7.5.1890 Berlin -
28.2.1942 Sachsenhausen
Ilmenauer Str. 11, Wilmersdorf
Oppenstr. 87/97, Adlershof
Hatte am Ersten Weltkrieg teilgenommen, war mit hohen Auszeichnungen geehrt worden; als RA bis Januar 1938 tätig

(Notariat war vorher entzogen worden), dann auf eigenen Wunsch gelöscht; zugleich Mitarbeiter der Reichsvertretung, danach Vollzeit für die Auswandererberatung tätig; im November 1940 verhaftet, im KZ Sachsenhausen inhaftiert, dort einer Lungenentzündung erlegen.
*li; Liste 36; LAB, Liste 15.10.33; Göpp., S. 259; BG: g, BAK, GB; BAK, Kartei schulpfl. Kinder; LAB, OFP-Akten; BAP, 15.09 RSA; GB Sachsenhausen; BAL, PAK, PA; Walk, S. 340

Selowsky, Karl (Richard) Dr.
16.2.1889 Dresden - k.A.
Cicerostr. 554, Wilmersdorf
Behrenstr. 20, W 8
T: A 1 Jäger 7216
RA und Notar; mußte den Zwangsnamen „Israel" führen; war noch bis zum allgem. Berufsverbot als Anwalt zugelassen (Notariat vorher entzogen); anschließend noch als „Konsulent" tätig; Emigration nach Frankreich, Paris, im Mai 1939; lebte 1949 in Freiburg.
*li; Liste 36; LAB, Liste 15.10.33; BAL, PAK, PA; BG: LAB, OFP-Akten; Liste d. Kons., 15.3.39

Selowsky, Kurt
k.A.
priv.: k.A.
Dorotheenstr. 77/78, NW 7
T: W 8 Merkur 2326
Zeitweilig mit Vertretungsverbot belegt, im Okt.1933 wieder zugelassen; am 17.12.1934 wurde die Zulassung endgültig gelöscht; keine weiteren Angaben.
*li; LAB, Liste d. nichtzugel. RA, 25.4.33; LAB, Liste 15.10.33

Selten, Ernst Dr.
25.9.1885 Berlin - k.A.
Kuno-Fischer-Platz 1, Charlottenburg
Friedrichstr. 236, SW 68
T: F 5 Bergmann 39
War noch bis mind. 1936 als Anwalt tätig; deportiert mit dem 16. Transport (26.6.1942)

nach „Osten"; Schicksal ungeklärt.
*li; Liste 36; LAB, Liste 15.10.33; BAL, PAK; BG: BAK, Kartei schulpfl.Kinder; LAB, OFP-Akten; BAP, 15.09 RSA

Selten, Franz Dr.
5.10.1881 Berlin -
11.2.1943 Theresienstadt
Barbarossastr. 52, W 30/ Traunsteiner Str. 10/ Innsbrucker Str. 44, Schöneberg
Schönhauser Allee 6/7, N 54
T: D 2 Weidendamm 8294
RA und Notar; bis zum allgem. Berufsverbot 1938 als Anwalt tätig (Notariat vorher entzogen); anschließend als „Konsulent" zugelassen. Datum der Vermögenserklärung: 12.8.1942; Sammellager Große Hamburger Str. 26; Deportation mit dem 53. Alterstransport (31.8.1942) nach Theresienstadt, dort umgekommen.
*li, Liste 36; Br.B. 32; LAB, Liste 15.10.33; BAL, PAK; BG: g, BAK, GB; LAB, OFP-Akten; BAP, 15.09 RSA; Liste d. Kons., 15.3.39

Selten, Fritz Dr.
k.A.
Mommsenstr. 2, Charlottenburg
Rankestr. 31/32, W 50
T: B 4 Bavaria 1951
War noch bis mind. 1936 als Anwalt tätig (zuletzt in der eigenen Wohnung); keine weiteren Angaben.
*li; Liste 36; LAB, Liste 15.10.33; BG: LAB, OFP-Akten

Senff, Adolph, JR.
27.12.1855 - 11.2.1934 Berlin
Kurfürstendamm 46, Charlottenburg
Französische Str. 57/58, W 8
T: A 1 Jäger 3023
RA und Notar; im Alter von 79 Jahren gestorben, in Berlin beigesetzt.
*li; BG: Friedh.W.Sterbereg.; LAB, Liste 15.10.33

Senff, Werner
22.6.1892 Berlin -
3.7.1943 Auschwitz
priv.: k.A.
Französische Str. 57, W
Berufsverbot im Frühjahr 1933; wurde mit dem 37. Transport (19.4.1943) nach Auschwitz deportiert, dort ermordet.
Br.B.32; LAB, Liste d. nichtzugel. RA, 25.4.33; BAL, PAK; BG: BAK, GB; LAB, OFP-Akten; BAP, 15.09 RSA; cjb

Sieburg, Felix Dr.
2.4.1884 Posen - k.A.
Martin-Luther-Str. 26, Schöneberg
Potsdamer Str. 71, W 57
T: B 7 Pallas 0807
War noch bis mind. 1936 als Anwalt tätig; Emigration nach Großbritannien; lebte1951 in Oxford.
*li; Liste 36; LAB, Liste 15.10.33; BAL, PAK; BG: LAB, OFP-Akten; BAP, 15.09 RSA

Siegel, Siegfried Kurt
12.11.1885 Meiningen - k.A.
Ahornallee 7, Charlottenburg
Prager Platz 6, Wilmersdorf
T: H 6 Emser Platz 1404
Emigration nach Chile, Vina del Mar, am 25.6.1937; lebte 1950 in Vina del Mar.
*li; Liste 36; LAB, Liste 15.10.33; BAL, PAK; BG: LAB, OFP-Akten; cjb

Siegel, Walter Dr.
28.4.1899 Brieg - k.A.
Duisburger Str. 7, Wilmersdorf
Potsdamer Str. 129/130, W 9
T: B 1 Kurfürst 9206
RA und Notar; war noch bis mind. 1936 als Anwalt tätig (Notariat vorher entzogen); Emigration nach Schweden, Malmö, im Mai 1940; lebte 1946 in Stockholm.
*li; Liste 36; LAB, Liste 15.10.33; BAL, PAK; BG: LAB, OFP-Akten; BAP 15.09 RSA

Siegmann, Georg Dr., JR.
21.5.1869 Berlin -
verschollen, Auschwitz

Lützowstr. 77, W 35
Lindenstr. 112, SW 68
T: A 7 Dönhoff 490
War vermutl. bis zum allgem. Berufsverbot 1938 als RA tätig, das Notariat war ihm bereits 1933 entzogen worden. Datum der Vermögenserklärung: 2.7. 1942; deportiert mit dem 23. Alterstransport (16.7.1942) nach Theresienstadt, von dort nach Auschwitz, verschollen.
*li; Liste 36; Br.B.32; LAB, Liste 15.10.33; BG: BAK, GB; BAP, 15.09 RSA, LAB, OFP-Akten

Sieskind, Jacob Dr.
7.2.1872 St.Petersburg - k.A.
Kaiserdamm 10, Charlottenburg

Friedrichstr. 234, SW 68
T: F 5 Bergmann 5051
RA und Notar; nachdem erst
ein Vertretungsverbot ergangen
war, war S. doch wieder ab
Ende April in Prozessen vertretungsberechtigt (bis mind.
1936); Emigration nach Schweden, Stockholm, am 13.2.1940.
LAB, Liste d. nichtzugel. RA,
25.4.33; LAB, Liste 15.10.33;
Korr. Liste der arischen Anw.,
15.10.33; Liste 36; BG:; LAB,
OFP-Akten; BAP, 15.09 RSA

Silber, Erwin Dr.
16.5.1902 Berlin - k.A.
priv.: k.A.
Frankfurter Allee 181, Lichtenberg
Berufsverbot im Frühjahr 1933;
keine weiteren Angaben.
LAB, Liste d. nichtzugel. RA,
25.4.33; BAL, PAK

Silberberg, Rudolf Dr.
5.6.1878 - 23.3.1937
priv.: k.A.
Nürnberger Str. 13, W 50
T: B 4 Bavaria 4087
Starb im Alter von 59 Jahren, in
Berlin beigesetzt.
*li; Liste 36; LAB, Liste 15.10.33;
BG: Friedh.W.Sterbereg.

Silbermann, David Dr., JR.
k.A. - 1.5.1937
priv.: k.A.
Waitzstr. 7, Charlottenburg
T: J 6 Bleibtreu 0210
War noch bis mind. 1936 als
Anwalt tätig.
*li; Liste 36; LAB, Liste 15.10.33

Silbermann, Fritz Dr.
5.5.1895 Berlin - verschollen
Yorckstr. 65, SW 61, Kreuzberg
Kantstr. 8, Charlottenburg
T: C 1 Steinplatz 9959
Nachdem im April 1933 ein Vertretungsverbot ergangen war,
war S. doch wieder ab Ende
April in Prozessen vertretungsberechtigt (bis mind. 1936);
Emigration in die Tschechoslowakei im August 1938, von dort
1942 nach Theresienstadt de-

portiert, verschollen.
*li; LAB, Liste d. nichtzugel. RA,
25.4.33 (Nachtrag); Liste 36; LAB,
Liste 15.10.33; BG: LAB, OFP-
Akten; cje; cjb

Silberstein, Alfred Dr.
7.8.1897 Charlottenburg - k.A.
Schönhauser Allee 144
Burgstr. 29, C 2
T: D 1 Norden 7201
Vertretungsverbot im April
1933, später offensichtlich wieder zugelassen (bis mind.
1938); das Notariat war vorher
entzogen worden; keine weiteren Angaben.
*li; Liste 36; LAB, Liste 15.10.33;
BAL, PAK; BG: BAK, Kartei schulpfl. Kinder

Silberstein, Heinrich
10.12.1878 - 13.10.1936 Berlin
Weidenweg 35, O 34
Weidenweg 35, O 34
T: E 8 Andreas 3278
RA und Notar; starb im Alter
von 67 Jahren.
*li; Liste 36; LAB, Liste 15.10.33

Silberstein, Hermann, JR.
18.7.1867 Neuruppin -
14.1.1942 Lodz
Meierottostr. 4, W 15
Meierottostr. 4, W 15
T: J 2 Oliva 4628
War noch bis 15.1.1938 als
Anwalt tätig; deportiert mit
dem 1. Transport (18.10.1941)
nach Litzmannstadt/Lodz, dort
Anfang 1942 ermordet worden.
*li; Liste 36 (Henry S.); LAB, Liste
15.10.33; BG: BAK, GB; LAB, OFP-
Akten, Lodz-TL 4; BAP, 15.09 RSA

Silberstein, Leopold, JR.
17.8.1870 - 9.1.1934 Berlin
Fasanenstr. 60, W 15
Fasanenstr. 60, W 15
T: J 2 Oliva 232
S. stammte aus einfachen Ver-
hältnissen, hatte sich mit der
Tochter seiner Vermieterin
angefreundet, die ihn 19 Jahre
lang unterstützte, bis er als
Anwalt etabliert war und sie
heiraten konnten. S. wurde mit

Berufsverbot belegt. 1934 wartete er auf einer Bank auf seine
Frau, während sie in ein Geschäft ging. Als sie zurückkam,
war er tot; gestorben im Alter
von 63 Jahren.
*li; LAB, Liste 15.10.33; Ausk. E.
Proskauer; BG: Friedh.W.Sterbereg.

Simon, Albert F.
17.4.1879 Bromberg - Riga
Jüdisches Krankenhaus, Iranische Str. 2, N 65, Wedding
Kanzlei: k.A.
Deportation mit dem 9. Transport (19.1.1942) nach Riga, für
tot erklärt.
BG: BAK, GB; LAB, OFP-Akten

Simon, Alfred Dr.
13.8.1875 Magdeburg -
verschollen, Trawniki
Kluckstr. 27, W 35
Magdeburger Str. 24, W 35
T: B 2 Lützow 2332
RA und Notar; war noch bis
1936 als Anwalt tätig (Notariat
vorher entzogen); Deporation
mit dem 12./13. Transport
(2.4.1949) nach Trawniki; verschollen.
*li; Br.B.32; Liste 36; LAB, Liste
15.10.33; BG: BAK, GB; LAB,
OFP-Akten; BAP, 15.09 RSA

Simon, Erich I Dr.
11.8.1881 Bromberg - k.A.
priv.: k.A.
Königstr. 50, C 2
T: E 1 Berolina 1123/24
War bis mind. 1936 als Anwalt
zugelassen; Emigration nach
Argentinien.
*li; Liste 36; LAB, Liste 15.10.33;
BAL, PAK

Simon, Erich II Max
20.1.1885 Jüstrow - k.A.
priv.: k.A.
Taubenstr. 35, W 8
T: A 2 Flora 5174/75
RA und Notar; war bis mind.
1936 als Anwalt zugelassen
(Notariat vorher entzogen);
Emigration in die USA 1940
(oder 26.3.1941); lebte 1949 in
New York [Eric M. Simon].

*li; Liste 36; LAB, Liste 15.10.33;
BAL, PAK; BG: BAK, Emigr.- u.
Sterbedatei; LAB, OFP-Akten;
BAP, 15.09 RSA

Simon, Fritz Dr.
25.7.1895 Stolp - 1982 Berlin
Auguste-Viktoria-Str. 4
Tauentzienstr. 13, W 50
T: B 4 Bavaria 6154
RA und Notar; war noch nach
1933 als Notar tätig, vermutl.
bis zum Berufsverbot 1935; wie
lange er als RA praktizieren
durfte, ist nicht bekannt. S.
wurde mit seiner Frau Minna,
geb. Zacharias, am 25.8.1942
mot dem 49. Alterstransport
nach Theresienstadt deportiert.
Dort wurde am 8.1.1943 ihr
Sohn Micha geboren. Alle drei
überlebten, kehrten unmittelbar
nach Kriegsende nach Berlin
zurück, vermutl. zunächst in die
alte Wohnung. 1947 emigrierte
die Familie nach New York, wo
die Schwester von Minna S.
lebte. S. kehrte um 1960 nach
Berlin zurück.
*li; LAB, Liste 15.10.33; BAL,
PAK; Ausk. Micha Simon, cj

Simon, Heinrich Veit Dr.
1.8.1883 Berlin -
18.5.1942 Berlin
Heilbronner Str. 13, W 30
Pariser Platz 6, NW 7
T: A 1 Jäger 5497/98
(1939: Viktoriastr. 10, W 35)
Mußte den Zwangsnamen „Israel" führen; die Ehefrau galt als
nicht-jüdisch; S. war noch bis
zum allgem. Berufsbot 1938
als Anwalt tätig, anschließend
als „Konsulent" zugelassen;
keine weiteren Hinweise zum
Tod im Alter von 59 Jahren
(1942); es kann vermutet werden, daß die drohende Deportation hierbei von Einfluß
gewesen ist.
*li; Liste 36; LAB, Liste 15.10.33;
BG: BAK, Kartei schulpfl. Kinder;
LAB, OFP-Akten; BAP, 15.09
RSA; Liste d. Kons., 15.3.39

Simon, Herbert I Dr.
30.4.1897 Berlin - 26.1.1936
priv.: k.A.
Beuthstr. 7, SW 19
T: A 6 Merkur 1907
RA und Notar; Emigration,
lebte 1947 in Kansas City, USA.
*li; Liste 36; LAB, Liste 15.10.33;
BG: OFP-Akte

Simon, Herbert II Dr.
1.1.1881 Bromberg - 26.1.1936
priv.: k.A.
Joachimsthaler Str. 12, W 15
T: J 1 Bismarck 3320
RA und Notar; war bis zu sei-
nem Tod als Anwalt zugelassen
(Notariat entzogen).
*li; LAB, Liste 15.10.33; BAL,
PAK, PA

Simon, Manfred Dr.
4.3.1898 Nürnberg - k.A.
priv.: k.A.
Prenzlauer Str. 26/27, C 25
(später: Eisenzahnstr. 66)
S. war noch 1932 Vorst.-Mitgl.
der RAK. Nach dem Berufsverbot 1938 Zulassung als „Konsulent"; mußte den Zwangsnamen
„Israel" führen; vermutlich emigriert.
*li; Verz.; Liste 36; LAB, Liste
15.10.33; BAL, PAK; BG: BAP
15.09 RSA

Simon, Max Dr.
6.3.1881 Berlin - k.A.
priv.: k.A.
Friedrichstr. 85, W 8
T: A 2 Flora 5251
War noch tätig bis mind. 1936 als
Anwalt tätig; vermutlich 1939
emigriert.
*li; Liste 36; LAB, Liste 15.10.33;
BAL, PAK; BG: BAP 15.09 RSA

Simon, Paul I Dr.
8.2.1876 Culm - k.A.
Tannenbergallee 10-12, Charlot-
tenburg
Königstr. 50, C 2
T: E 1 Berolina 1123/24
Emigration nach Brasilien,
Buenos Aires, am 28.7.1939;
lebte 1946 in Buenos Aires.
Es gab noch zwei weitere

Anwälte in Berlin namens Paul
S., zu denen jedoch keine gesi-
cherten Erkenntnisse ermittelt
werden konnten.
*li; Liste 36; LAB, Liste 15.10.33;
BG: LAB, OFP-Akten; BAP, 15.09
RSA

Simon, Walter
17.10.1882 Schöneberg -
verschollen, Riga
Brauner Weg 28, Friedrichshain
Kantstr. 130, Charlottenburg
T: C 1 Steinplatz 6196
RA und Notar; war noch bis
mind. 1936 als Anwalt tätig
(Notariat vorher entzogen).
Deportation mit dem 9. Trans-
port (19.1.1942) nach Riga, ver-
schollen.
*li; Liste 36; BG: g, BAK, GB;
LAB, OFP-Akten; BAP, 15.09
RSA; cjb; LAB, Liste 15.10.33;
BAL, PAK

Simon, Wilhelm Meno
24.2.1885 Straßburg - k.A.
priv.: k.A.
Brunnenstr. 25, N 54
T: D 4 Humboldt 3025
RA und Notar; war noch bis
2.10.1938 als Anwalt zugelassen
(Notariat vorher entzogen); keine weiteren Angaben. *li; Liste
36; LAB, Liste 15.10.33; BAL,
PAK

Dr. Max Simon

Simoni, Erich Dr.
30.3.1896 Berlin - 18.12.1976
priv.: k.A.
Köpenicker Str. 110, SO 16
T: F 7 Jannowitz 2423
S. betätigte sich als RA (seit
1924) und Notar (seit 1932); er
war vor 1933 Mitglied der SPD. Er
galt als „Mischling", weil er
einen jüdischen Vater hatte.
Aufgrund des Status als „Misch-

ling" durfte er noch weiterpraktizieren, 1944 wurde er jedoch
im Rahmen der „Aktion Mitte"
von der OT zwangsweise als
Bauarbeiter eingesetzt, dann
nach Thüringen in ein Arbeitslager gebracht, wo er sich eine
schwere Erkrankung zuzog. Er
überlebte und wurde nach 1945
wieder als Anwalt und Notar
zugelassen. In dieser Zeit heiratete er seine Frau, da die
Eheschließung vor 1945 nicht
genehmigt worden war. 1949
wurde S. Mitglied des Präsidiums der Berliner Anwaltskammer. Er starb 1976 im Alter von
80 Jahren.
*li; LAB, Liste 15.10.33, Liste
Mischl.36; BG: BAP, 15.09 RSA;
cjb; RAK, PA

Simonsohn, Georg Dr.
k.A.
priv.: k.A.
Keithstr. 21, W 62
Berufsverbot im Frühjahr 1933.

Br.B.32; LAB, Liste d. nichtzugel.
RA, 25.4.33

Simson, Robert von Dr., JR.
k.A.
priv.: k.A.
Pariser Platz 1, W 8
T: A 1 Jäger 7365
RA und Notar; Robert v. S. war
vermutl. Vater und Sozius von
Walther v. S.; er galt als „Mischling", zwei Großeltern als jüdisch, er war evangelischer
Religion, verheiratet; 1941 nicht
mehr im Telefonbuch vermerkt;
keine weiteren Angaben.
*li; LAB, Liste 15.10.33, Liste
Mischl.36

Simson, Walther von Dr.
k.A.
priv.: k.A.
Pariser Platz 1, W 8
T: A 1 Jäger 7365
Vermutl. der Bruder und Sozius
von Werner v. S.; keine weiteren
Angaben.
*li; LAB, Liste 15.10.33

Simson, Werner von
k.A.
priv./Kanzlei: k.A.
War 1933 noch nicht als RA
zugelassen; vermutl. Bruder von
Walther v. S. und Sohn von
Robert v. S.; galt ebenfalls als
„Mischling", wurde deshalb
noch zugelassen und war über
1936 hinaus tätig. Keine weiteren Angaben.
LAB, Liste Mischl.36

**Singalowsky, Aron Dr. jur. et
phil.**
25.1.1889 Lida - 7.10.1956 Paris
Schlüterstr. 65, Charlottenburg
Kanzlei: k.A.
Emigration nach Frankreich,
Paris, 1933; in die Schweiz,
Genf, 1943; in Paris verstorben.
BG: LAB, OFP-Akten; BHdE
1933, Bd.1

Singer, Harry
k.A.
priv.: k.A.

Lützowstr. 83, W 35
Berufsverbot im Frühjahr 1933;
keine weiteren Angaben.
LAB, Liste d. nichtzugel. RA,
25.4.33

Singer, Herbert
6.3.1885 Kreuzburg - k.A.
Reichsstr. 106, Charlottenburg
Taubenstr. 25, W 56/ Friedrichstr. 71
RA und Notar; war bis zum allge-
gem. Berufsverbot 1938 als
Anwalt tätig (Notariat vorher
entzogen); mußte den Zwangsnamen „Israel" führen; war
zuletzt als „Konsulent" zugelassen (ev. bezog er „Fürsorge");
Emigration in die USA, Cleveland,
Ohio, am 1.8.1939.
*li; Liste 36; LAB, Liste 15.10.33;
BAL, PAK; BG: LAB, OFP-Akten;
BAP, 15.09 RSA

Sinsheimer, Hermann Dr.
6.3.1883 Freinsheim -
29.8.1950 London
priv./Kanzlei: k.A.
Emigration nach Großbritanni-
en über Palästina im Herbst
1938.
Vorrangig als Journalist, Regis-
seur, Theater- und Literaturkriti-
ker tätig; 1923-1929 Herausgeber des „Simplicissimus"; 1929-
1933 Chef des Feuilletons des
„Berliner Tageblatts", 1933-1937
unabhängiger Schriftsteller in
Berlin.
BG: Vergangene Tage...; BHdE
1933, Bd. 2,2

Sluzewski, Curt Dr.
9.12.1895 Berlin - k.A.
Lentzeallee 5 a, Zehlendorf
Wallstr. 3, SW 19
T: A 6 Merkur 1800/02
RA und Notar; Emigration nach
Großbritannien, London.
*li; Liste 36; LAB, Liste 15.10.33;
BAL, PAK; BG: LAB, OFP-Akten

Smoschewer, Julius, JR.
7.6.1862 Krotoschin - 29.1.1941
Passauer Str. 2, W 50
Passauer Str. 2, W 50
T: B 4 Bavaria 4109

Keine näheren Angaben.
*li; Liste 36; LAB, Liste 15.10.33;
BG: LAB, OFP-Akten; BAP, 15.09
RSA; Ausk. E. Proskauer

Sobotker, Martin
1899 Berlin - 1977 New York
priv./Kanzlei: k.A.
Vermutl. als angestellter Anwalt
tätig gewesen; ab 1933 nicht
mehr zugelassen; lib. Mitglied
der Repräsentantenvers. der
Jüd. Gemeinde; 1933-39 Direktor des Jugendpflege- und
Jugendwohlfahrtsdezernats der
Jüd. Gemeinde; 1934-37 Leiter
versch. Jugendlager; 1935-39 im
Vorstand des Auswandererlehr-
guts in Groß-Breesen; 1939
Emigration nach Schweden,
dann in die USA, dort 1977 verstorben.
Walk, S. 346

Soelling, Erich
26.11.1882 - k.A.
priv.: k.A.
Grolmanstr. 41, Charlottenburg
RA und Notar, emigrierte nach
Frankreich.
Br.B.32; Wolf, BFS

Sokolowski, Julius Dr.
17.9.1888 Wreschen - k.A.
Dahlmannstr. 28, Charlotten-
burg
Kanzlei: k.A.
Berufsverbot im Frühjahr 1933;
Emigration nach Großbritanni-
en, London, am 25.7.1939.
LAB, Liste d. nichtzugel. RA,
25.4.33; BAL, PAK; BG: BAK,
Kartei schulpfl. Kinder; LAB, OFP-
Akten; BAP, 15.09 RSA

Solon, Friedrich Dr.
17.7.1882 Berlin - k.A.
Wichmannstr. 25, Tiergarten
Memhardstr. 4, C 25
T: E 2 Kupfergraben 1148
S. hatte das Luisenstädtische
Gymnasium besucht und sich
nach dem Studium in einer
Kanzlei in Berlin-Mitte nieder-
gelassen. Nach mehrwöchigem
Vertretungsverbot 1933 im
Anschluß an den Kerrl'schen

Erlaß durfte er, weil er als
Frontkämpfer am Ersten Weltkrieg teilgenommen hatte, wieder praktizieren; in der Folge
der „Nürnberger Gesetze" 1935
verlor er das Notariat und verlegte seine Praxis in seine Wohnung; nach dem generellen
Berufsverbot 1938 als Anwalt
war S. noch als „Konsulent"
zugelassen; angesichts zuneh-
mender Schikanen entschloß er
sich mit seiner Familie 1939 zur
Emigration nach Großbritanni-
en, London. Seine Erinnerungen hat er im Rahmen des
Preisausschreibens der Har-
vard-University, auf Initiative
von Prof. Hartshore, 1939 beschrieben. In diesen Erinnerungen finden sich versch. sehr
persönliche Gedichte, z.B.:
A u s k l a n g.
Trotz der dumpfen, stumpfen
Masse / Und zum Trotz auch
allen Spöttern / Bleibe treu ich
meinen Göttern / Meiner Liebe,
meinem Hasse.
*li; Liste 36; LAB, Liste 15.10.33;
BAL, PAK; LBI, NY, Memoirs F.
Solon, Erinnerungen; BG: Korr.
Alice Bergel

Solon, Kurt Dr.
15.1.1901 Berlin - k.A.
Memhardstr. 4, C 24
Kanzlei: k.A.
Emigration nach Großbritannien.
BG: LAB, OFP-Akten

Sommerfeld, Manfred
26.6.1882 Schneidemühl -
20.4.1942 Lodz
Emser Str. 8, Wilmersdorf/ Wielandstr. 22
Weißenburger Str. 1, NO
Kanzlei vor Okt. 1933 aufgegeben; keine Angaben bis zum
Datum der Vermögenserklärung
am 16.10.1941; Sammellager
Levetzowstr. 7-8; Deportation
mit dem 3. Transport (27.10.
1941) nach Lodz, dort umgekommen.
Br.B.32; BAL, PAK; BG: g, BAK,
GB; LAB, OFP-Akten; Lodz-TL 15,
Berlin III; BAP, 15.09 RSA

Sommerfeld, Max Dr.
9.8.1895 Magdeburg -
verschollen, Auschwitz
Rankestr. 27 a, W 50, Charlottenburg
Kurfürstendamm 200, W 15
Berufsverbot im Frühjahr 1933;
deportiert mit dem 24. Transport (9.12.1942) nach Auschwitz, dort verschollen.
Br.B.32; BAL, PAK; LAB, Liste d.
nichtzugel. RA, 25.4.33; BG: BAK,
GB; LAB, OFP-Akten; BAP, 15.09
RSA

Sommerfeld, Werner Dr.
25.9.1904 Berlin - k.A.
priv.: k.A.
Uhlandstr. 27, W 15
Berufsverbot im Frühjahr 1933.
Br.B.32; LAB, Liste d. nichtzugel.
RA, 25.4.33; BAL, PAK

Sonnenfeld, Kurt Dr.
27.11.1885 Breslau - k.A.
priv.: k.A.
Berliner Str. 19, Pankow
Berufsverbot im Frühjahr 1933;
keine weiteren Angaben.
Br.B.32; BAL, PAK; LAB, Liste d.
nichtzugel. RA, 25.4.33

Speer, Edith geb. Klausner
16.6.1879 Berlin - 28.5.1941
priv./Kanzlei: k.A.
Der Ehemann galt als nicht-
jüdisch; S. starb 1941 im Alter
von 61 Jahren.
BAK, Emigr.- u. Sterbedatei; BAP,
15.09 RSA; Friedh.W.Sterbereg.

Spier, Siegfried Dr.
k.A.
Uhlandstr. 28, W 15
Behrenstr. 67
RA und Notar; Vertretungsver-
bot im Frühjahr 1933, bis mind.
1936 weiterhin zugelassen (No-
tariat entzogen); Emigration in
die USA, New York.
Br.B.32; LAB, Liste d. nichtzugel.
RA, 25.4.33; Liste 36; BG: LAB,
OFP-Akten

Spindel, Hermann
21.10.1902 Hannover - k.A.
priv.: k.A.

Spandauer Str. 27, C 2
Berufsverbot im Frühjahr 1933;
keine weiteren Angaben.
Br.B.32; LAB, Liste d. nichtzugel.
RA, 25.4.33; BAL, PAK

Spiro, Erwin Dr.
1.8.1901 Düsseldorf - k.A.
priv.: k.A.
Hohenstaufenstr. 37, W
Berufsverbot zum 9.6.1933 (vor-
her am Kammergericht zugelas-
sen); Emigration nach Südafrika
im Sept. 1936; lebte 1975 in
Südafrika.
Br.B.32; LAB, Liste d. nichtzugel.
RA, 25.4.33; BAL, PAK; BG:
BHdE 1933, Bd.1

Springer, Kurt Dr.
6.11.1899 Landsberg/W. -
verschollen, Auschwitz
priv.: k.A.
Kantstr. 19, Charlottenburg
Berufsverbot im Frühjahr 1933;
nach Auschwitz deportiert; dort
verschollen.
LAB, Liste d. nichtzugel. RA, 25.4.
33 (Nachtrag); BG: BAK, GB

Sprinz, Wilhelm Dr.
9.9.1877 Hohensalza -
verschollen, „Osten"
Niebuhrstr. 77, Charlottenburg
Frankfurter Allee 31, O 112
T: E 8 Andreas 0160
RA und Notar; war noch bis
mind. 1936 als Anwalt tätig
(Notariat vorher entzogen).
Datum der Vermögenserklä-
rung: 14.9.1942; Deportation
mit dem 22.Transport (26.10.
1942) nach „Osten", verschollen.
*li; Liste 36; LAB, Liste 15.10.33;
BG: BAK, GB; LAB, OFP-Akten;
BAP, 15.09 RSA

Stadthagen, Georg Dr.
10.6.1884 Berlin - k.A.
priv.: k.A.
Brettschneiderstr. 11, Charlottenburg
Kaiserdamm 9, Charlottenburg
T: J 3 Westend 4205
Emigration nach Großbritanni-
en, London, am 1.7.1938, entsprechend wurde die Zulassung
gelöscht.

*li; Liste 36; LAB, Liste 15.10.
33; BAL, PAK; BG: LAB, OFP-
Akten

Stadthagen, Kurt (Philipp) Dr.
24.6.1887 Berlin -
verschollen, Auschwitz
Sybelstr. 54/ Waitzstr. 12, Charlottenburg
Turmstr. 35, NW
T: C 5 Hansa 4854
1933 Notariat verloren, als RA
bis mind. 1936 tätig; zuletzt als
Arbeiter dienstverpflichtet.
Datum der Vermögenserklä-
rung: 28.2.1943, Deportation
mit dem 31. Transport (1.3.1943)
nach Auschwitz, verschollen.
*li; Liste 36; LAB, Liste 15.10.33;
BAL, PAK; BG: g, BAK, GB; BAP,
15.09 RSA; LAB, OFP-Akten

Starke, Arthur Dr.
13.10.1877 - 9.6.1937
Wilhelmstr. 128, SW 68
Friedrichstr. 234, SW 68
T: F 5 Bergmann 2685
(zuletzt in der eigenen Woh-
nung)
Starb im Alter von 59 Jahren, in
Berlin beigesetzt.
*li; Liste 36; LAB, Liste 15.10.33;
BG: Friedh.W.Sterbereg.

Staub, Friedrich Dr.
*11.1.1889 Ratibor - 29.8.1942
Nestorstr. 1, Wilmersdorf
Kurfürstendamm 90, Halensee
T: J 7 Hochmeister 5866
(später in der eigenen Wohnung)
War noch bis zum Berufsverbot
1938 als Anwalt tätig; anschl.
als „Konsulent" zugelassen; beging 1942 vermutlich angesichts
der drohenden Deportation
Selbstmord.
*li; Liste 36; LAB, Liste 15.10.33;
BAL, PAK; Liste d. Kons.,
31.12.38; BG: g, BAK, GB, BAK,
Kartei schulpfl. Kinder; LAB, OFP-
Akten; BAP, 15.09 RSA; cjb;
Friedh.W.Sterbereg.

Stein, Arthur Dr.
24.9.1890 Berlin - k.A.
Derfflinger Str. 8, W 35

Behrenstr. 20, W 8
T: A 1 Jäger 7216
RA und Notar; Emigration nach
Palästina, Tel Aviv, am
31.12.1938.
*li; Liste 36; LAB, Liste 15.10.33;
BG: LAB, OFP-Akten

Stein, Hans Dr.
27.11.1895 - k.A.
priv.: k.A.
Dorotheenstr. 53, NW 7
T: A 1 Jäger 3837
RA und Notar; durfte weiterarbeiten, weil er als „Mischling"
galt (zwei Großeltern als
jüdisch); evangelischer Religion
und Frontkämpfer; keine weiteren Angaben.
*li; LAB, Liste 15.10.33, Liste
Mischl.36; BAL, PAK; PA

Stein, Leon Dr.
20.10.1896 - k.A.
priv.: k.A.
Bleibtreustr. 32, W 15
T: J 1 Bismarck 623/24
RA und Notar; Emigration nach
Argentinien.
*li, Liste 36; LAB, Liste 15.10.33;
BAL, PAK

Stein, Ludwig Dr.
k.A.
priv.: k.A.
Martin-Luther-Str. 113, W 30
T: B 6 Cornelius 5620, 3482
War noch bis Ende 1935 als
Anwalt zugelassen; keine weiteren Angaben.
*li, Liste 36

Stein, Siegbert Dr.
3.9.1892 - k.A.
priv.: k.A.
Schinkelplatz 1/2, W 8
T: A 6 Merkur 565
War noch bis mind. 1936 als
Anwalt tätig.
*li; Liste 36; LAB, Liste 15.10.33;
BAL, PAK

Steinberg, Erich
25.2.1892 - k.A.
Düsseldorfer Str. 41, W 15
Frankfurter Allee 79, O 112
T: E 8 Andreas 1276

Emigration nach Großbritanni-
en, London.
*li; BG: LAB, OFP-Akten; BAL;
PAK

Steinberg, Wilhelm Dr.
k.A.
priv.: k.A.
Tauentzienstr. 8, W 50
Berufsverbot im Frühjahr 1933,
vorher am Kammergericht zugelassen.
LAB, Liste d. nichtzugel. RA,
25.4.33

Steiner, Ludwig, JR.
26.2.1876 - 14.4.1935 Berlin
Hospital der Jüd. Gem., Schul-
str. 78, NO 65, Wedding
Unter den Linden 57/58, NW 7
T: A 2 Flora 5049
Keine näheren Angaben.
*li; LAB, Liste 15.10.33; BG:
Friedh.W.Sterbereg.

Steinfeld, Ernst
k.A.
priv.: k.A.
Hildegardstr. 31, Wilmersdorf
War noch bis mind. 1936 als
Anwalt tätig.
*li; Liste 36

Steinfeld, Kurt (Heinrich) Dr.
22.4.1884 (od.1885) Berlin -
verschollen, Auschwitz
Stromstr. 48, Tiergarten
Uhlandstr. 90, Wilmersdorf
T: H 6 Emser Platz 0638
War im Okt. 1933 weiterhin
zugelassen bis zum allgemeinen Berufsverbot 1938, anschl.
noch als „Konsulent" tätig;
mußte den Zwangsnamen „Israel" führen; war evangelischen
Glaubens. Datum der Vermögenserklärung: 27.8.1942; Sammellager Große Hamburger Str.
26; Deportation mit dem 71.
Alterstransport (4.11.1942) nach
Theresienstadt, von dort nach
Auschwitz, verschollen.
*li; Liste 36; Liste d. Kons.,
31.12.38; BG: g, BAK, GB;
LAB, OFP-Akten; BAP, 15.09
RSA; cjb

Steinfeld, Rudolf Dr.
21.11.1886 Berlin - k.A.
Xantener Str. 10, Wilmersdorf
Dörnbergstr. 1, W 10
T: B 1 Kurfürst 1210
Emigration in die USA (lt. OFP
am 31.1.1939 nach New York
abgemeldet).
*li; Liste 36; BAL; PAK; BG: LAB,
OFP-Akten

Steinhagen Erich Dr.
17.4.1902 Berlin - k.A.
priv.: k.A.
Gertraudenstr. 23, C 19
Berufsverbot im Frühjahr 1933;
keine weiteren Angaben.
Br.B.32; LAB, Liste d. nichtzugel.
RA, 25.4.33; BAL, PAK

Steinitz, Hans, JR.
17.3.1898 Berlin - k.A.
Rheingoldstr. 22, Lichtenberg
Badstr. 35/36, N 20
T: D 6 Wedding 1513
War im Oktober weiterhin zuge-
lassen; keine weiteren Angaben.
Kurt St. war der Bruder von
Hans St.; es finden sich Hinwei-
se, daß es noch einen zweiten
Hans St. gab, der ebenfalls
Anwalt war.
*li; BAL, PAK,PA; BG: LAB,OFP-
Akten; BAP, 15.09 RSA

Steinitz, Hermann Dr.
9.11.1882 Janowitz - k.A.
Augsburger Str. 70, W 50
Kurfürstenstr. 113, W 62
T: B 5 Barbarossa 6076
Emigration in die USA am
18.7.1941.
*li; Liste 36; BG: BAK, Emigr.-
u.Sterbedatei y; LAB, OFP-Akten;
BAP, 15.09 RSA

Steinitz, Kurt Dr.
18.12.1894 - k.A.
Fredericiastr. 5, Charlottenburg
Jägerstr. 10, W
Berufsverbot im Frühjahr 1933;
Bruder von Hans St.; keine wei-
teren Angaben.
Br.B.32; LAB, Liste d. nichtzu-
gel. RA, 25.4.33; BAL, PAK, PA
H. Steinitz; BG: LAB, OFP-
Akten

Steinitz, Max Dr.
23.8.1875 - 21.12.1938
priv.: k.A.
Müllerstr. 177, N 65
T: D 6 Wedding 1452
War noch bis mind. 1936 als
Anwalt tätig.
*li; Liste 36; BG: Friedh.W.Sterbe-
reg.

Steinthal, Ludwig Dr.
16.12.1895 Charlottenburg -
2.2.1948 Berlin
Altlandsberg b. Berlin (bis 1934)
Seit 1924 RA und Notar an Berliner Gerichten, Kanzlei in Altlandsberg bei Berlin. Berufsverbot 1933, anschließend Tätigkeit in der Ärmelblätterfabrik,
deren Mitinhaber er war. Die
Ehefrau galt als nicht-jüdisch;
S. selbst als „Mischling 1. Grades", war evangelischen Glau-

bens. S. überlebte, war aber
schwer lungenkrank. Er wohnte
nach 1945 in der Greifswalder
Str. 33 a und erhielt 1946 die
Wiederzulassung.
BG: cje (Akte); BAL, PAK; BAP,
15.09 RSA; RAK PA

Stern, Arthur Dr.
15.8.1895 Berlin - k.A.
Uhlandstr. 175, W 15
Taubenstr. 35, W 8
T: A 2 Flora 0431
Emigration in die USA im Okto-
ber 1936.

*li; Liste 36; BAL, PAK; BG: LAB,
OFP-Akten

Stern, Erich Dr.
28.5.1896 Berlin - Auschwitz
Mackensenstr. 7, Schöneberg
Jägerstr. 62 a, W 8
T: A 1 Jäger 3894
RA und Notar; war im Okt. 1933
weiter zugelassen; nach Ausch-
witz deportiert, für tot erklärt.
*li; Liste 36; BAL, PAK; BG: BAK,
GB; LAB, OFP-Akten

Stern, Franz Dr.
16.8.1894 - k.A.
Waitzstr. 22, Charlottenburg
Friedrichstr. 64, W 8
T: W 8 Merkur 1791
RA und Notar; war noch bis
mind. 1936 als Anwalt tätig
(Notariat vorher entzogen).
*li; Liste 36; BAL, PAK

Stern, Heinrich I
1.11.1883 Berlin -
8.2.1951 London
priv.: k.A.
Potsdamer Str. 22 b, W 9
T: B 2 Lützow 1802
Anwalt seit 1910 bis mind.
1936; war auch Notar gewesen;
Mitglied des Vorstands der
RAK; Funktionär verschiedener
jüd. Organisationen; 1938 Emigration nach Großbritannien,
London; dort als Kaufmann
tätig.
*li; Liste 36; BAL, PAK; BG:
BHdE 1933, Bd.1; Krach, S. 436;
Göpp., S. 319; Walk, S. 354

Stern, Heinrich II Dr.
17.8.1875 - 5. 11.
priv.: k.A.
Prager Str. 9, W 50
T: B 4 Bavaria 3563
Keine Angaben zum Schicksal.
*li; Liste 36

Stern, Karl
4.3.1887 Montabaur -
1944 Ramat Gan
Martin-Luther-Str. 14, W 30/
Hohenzollernstr. 79, Zwickau
Kanzlei: k.A.
Direktor und Syndikus des

Warenhauses S. Schocken AG;
Emigration nach Palästina am
12.3.1939.
BG: LAB, OFP-Akten; BHdE
1933, Bd.1

Stern, Leo Dr.
6.7.1876 Königshütte -
15.4.1943 Auschwitz
Xantener Str. 2, Wilmersdorf
Kurfürstenstr. 99 a, W 62
T: B 4 Bavaria 0515
Die Ehefrau trat noch 1938 aus
der jüd. Religion aus; S. und
seine Frau wurden „am 3.2.1943
in das KL Auschwitz überführt".
Die Ehefrau wurde am 22.2., S.
am 15.4.1943 ermordet.
*li; Liste 36, BG

Stern, Otto E. Dr.
k.A.
priv.: k.A.
Jägerstr. 10, W 8
Berufsverbot im Frühjahr 1933;
keine weiteren Angaben.
Liste d. nichtzugel. RA, 25.4.33

Stern, Walter Hermann I Dr.
4.1.1888 -
18.4.1940 Sachsenhausen
Gasteiner Str. 33, Wilmersdorf
Berliner Str. 95, Charlottenburg
T: C 4 Wilhelm 5048
RA und Notar; war bis mind.
1936 als Anwalt tätig (Notariat
vorher entzogen). St. ist im
Alter von 52 Jahren im KZ Sach-
senhausen umgekommen.
*li; Liste 36; BAL, PAK; BG: GB
Sachsenhausen; Friedh.W.Sterbereg.;
BAL, PAK

Stern, Walter II Dr.
14.1.1887 - k.A.
Kaiserdamm 83, Charlottenburg
Friedrichstr. 166, W 8
T: A 2 Flora 5062
Keine näheren Angaben.
*li; Liste 36; BAL, PAK

Sternberg, Franz Dr.
17.71883 - k.A.
priv.: k.A.
Berliner Str. 330, Charlottenburg
War noch bis mind. 1936 als

Anwalt tätig.
*li; Liste 36; BAL, PAK

Sternberg, Fritz Dr.
27.7.1886 Berlin - ca. 1959 USA
Lennéstr. 6 a, W 9
Voßstr. 24/25, W 9
T: A 2 Flora 5670
Emigration nach Großbritanni-
en am 30.12.1938; lebte 1942 in
einem Internierungslager in
Australien; ging später über
Buenos Aires in die USA.
*li; Liste 36; BAL, PAK; BG:
BrLHA, OFP-Akten; LAB, OFP-
Akten

Sternberg, Leo Dr.
2.11.1880 Ostrowo -
30.6.1961 Santiago de Chile
Bleibtreustr. 24, Charlottenburg
Kalckreuthstr. 16, W 62
T: B 5 Barbarossa 6008
St. war noch 1932 Vorst.-Mitgl.
der RAK, deren Ehrengerichts
und des Großen Disziplinarhofs
am Kammergericht; er war als
Anwalt bis zum Berufsverbot
1938 zugelassen (Notariat vorher entzogen), anschließend
noch als „Konsulent"; Emigration nach Chile, Santiago, am
31.3.1939; gründete dort eine
Schuhfabrik..
*li;Verz.; Liste 36; BG: LAB, OFP-
Akten; cjrv; Korr. Charlotte
Ermann; Göpp., S. 320; Walk,
S. 356

Sternberg, Max Dr.
19.10.1873 Pasewalk -
verschollen, Theresienstadt
Niebuhrstr. 7, Charlottenburg
An der Spandauer Brücke 9, C 2
T: D 1 Norden 2186
War noch bis mind. 1936 als
Anwalt tätig; mit dem 64. Alterstransport (22.9.1942) nach Theresienstadt deportiert, verschollen.
*li; Liste 36; BG: BAK, GB; LAB,
OFP-Akten; BAP, 15.09 RSA

Stettner, Emil Dr.
31.10.1879 Stuttgart - k.A.
Mommsenstr. 55, Charlottenburg

Reinickendorfer Str. 6, N 65
T: D 6 Wedding 2102
St.s. Ehefrau galt als nicht-
jüdisch; Emigration nach Dänemark am 31.1.1941; St. lebte
1950 in Kopenhagen.
*li; Liste 36; BG: BAK, Emigr.-
u.Sterbedatei; LAB, OFP-Akten;
BAP, 15.09 RSA

Stillschweig, Kurt Dr.
28.7.1905 Berlin -
15.8.1955 Stockholm
priv.: k.A.
Grolmanstr. 30-31, Charlottenburg
Berufsverbot im Frühjahr 1933;
Emigration nach Schweden am
27.8.1939; dort im Alter von 50
Jahren gestorben.
LAB, Liste d. nichtzugel. RA; BAL,
PAK; BG: BHdE 1933, Bd.1; BAP,
15.09 RSA

Stock, Gustav, JR.
23.12.1867 Züllichau - 16.6.1935
priv.: k.A.
Berliner Allee 225, Weißensee
T: E 6 Weißensee 2254
RA und Notar; keine näheren
Angaben.
*li; BG: Friedh.W.Sterbereg.;
BHdE, Bd. 1

Story, Fritz Dr.
30.11.1876 Glogau - k.A.
Ludwigkirchstr. 10, W 15/
Uhlandstr. 162
Potsdamer Str. 78, W 57
T: B 7 Pallas 2549
Emigration nach Großbritanni-
en am 26.6.1939; die Ehefrau
galt als nicht-jüdisch.
*li; Liste 36; LAB, OFP-Akten;
BAP, 15.09 RSA

Stranz, Martin
5.9.1890 Berlin -
15.5.1976 London
Berliner Allee 225/ Tassostr. 21,
Weißensee
Berliner Allee 225, Weißensee
T: E 6 Weißensee 2254
RA vermutl. bis zum Berufsverbot 1938; in der Folge der „November-Aktion" im KZ Sachsenhausen (12.11.-16.12.1938) in-

haftiert; Emigration nach Großbritannien, London, am 6.4.
1939; dort zunächst Monteur;
1953-1979 Rechtsberater der
URO.
*li; Liste 36; BAL, PAK; LAB,
OFP-Akten (Material Gertrude
Stranz); Göpp., S. 320

Straßner, Alfred Dr.
3.4.1896 Charlottenburg
- verschollen, Auschwitz
Kleiststr. 62 oder 32, W
62/Uhlandstr. 1, Charlottenburg
Unter den Linden 66, NW 7
T: A 1 Jäger 1191
War noch bis mind. 1936 als
Anwalt tätig; Deportation mit
dem 43. Transport (28.9.1943)
nach Auschwitz, verschollen.
*li; Liste 36; BAL, PAK; BG: g,
BAK, GB; LAB, OFP-Akten; LAB,
ITS Transportlisten; BAP, 15.09 RSA

Strauss, Hans Dr.
k.A.
priv.: k.A.
Mohrenstr. 50/52, W 8
Berufsverbot im Frühjahr 1933.
LAB, Liste d. nichtzugel. RA,
25.4.33; BAL, PAK

Strauss, Max Dr.
26.4.1888 - k.A.
priv.: k.A.
Kurfürstendamm 47, W 15
Berufsverbot als Anwalt und
Notar im Frühjahr 1933.
Br.B.32; LAB, Liste d. nichtzugel.
RA, 25.4.33; BAL, PAK

Sturmthal, Leopold Dr.
21.6.1891 - k.A.
priv.: k.A.
Lietzenburger Str. 4, W 15
T: J 1 Bismarck 1633
War noch bis mind. 1936 als
Anwalt tätig.
*li; Liste 36; BAL, PAK

Sulzberger, Paul Dr.
18.10.1891 Wiesbaden -
1945 Jerusalem
Landgrafenstr. 18 a, W 62
Landgrafenstr. 18 a, W 62
Nachdem ein Vertretungsverbot
ergangen war, war A. ab Ende

April 1933 wieder in Prozessen
vertretungsberechtigt bis mind.
1936; das Notariat wurde schon
1933 entzogen; Emigration
nach Palästina, Jerusalem, am
4.3.1939.
*li; Br.B.32; Liste 36; BAL, PAK;
BG: LAB, OFP-Akten; BHdE
1933, Bd.1

Süskind, Hans
17.2.1907 Bonn - k.A.
priv./Kanzlei: k.A.
S. wurde 1933 nicht offiziell als
Anwalt weiter zugelassen, er
war jedoch nach eigenen Angaben weiter tätig: „From 1932 I
was substitute of attorneys and
of judges in Berlin, Dresden
and Bonn. From 1932-1937 I
worked in an office of a Berlin
lawyer." Emigration in die USA,
beantragte am 11.10.1940 ein
Stipendium für eine American
Law School beim American
Committee; wurde abgelehnt;
keine weiteren Angaben.
BAL, PAK; NY Publ.Lib.
(Am.Com.) Süskind

Süskind, Siegfried Dr.
23.12.1885 Herborn - k.A.
Matthäikirchplatz 5, W 35
Mauerstr. 53, W 8
T: A 1 Jäger 1191
Emigration nach Großbritanni-
en, London, am 25.4.1938.
*li; Liste 36; BAL, PAK; LAB,
OFP-Akten (Akte Marlis Isay)

Sussmann, Edith Dr.
11.7.1892 Berlin - k.A.
priv.: k.A.
Jenaer Str. 6, Wilmersdorf
T: H 1 Pfalzburg 4045
Berufsverbot im zum 20.6.1933,
weil S. nach § 1 Abs.I d. Ges. v.
7.4.1933 als Jüdin galt; Emigra-
tion nach Brasilien, Buenos
Aires.
Br.B.32; LAB, Liste d. nichtzugel.
RA, 25.4.33; BAL, PAK, PA; BG:
LAB, OFP-Akten

Süßmann, Georg Dr.
14.10.1887 Liegnitz -
14.4.1959 Jerusalem

Mauerstr. 81, W 8
Mauerstr. 81, W 8
T: A 2 Flora 4453
RA und Notar; Emigration nach
Palästina, Jerusalem
*li; BG: LAB, OFP-Akten; BAL,
PAK

Sußmann, Manfred Dr.
23.4.1892 Berlin - k.A.

Spandauer Chaussee 50/56,
Charlottenburg
T: J 9 Heerstr. 1000
War noch bis mind. 1936 als
Anwalt tätig; keine weiteren
Angaben.
*li; Liste 36; BAL, PAK

Dr. Felix Szkolny

Szamotulski, Theodor Dr.
24.12.1876 Pinne -
13.2.1945 Shanghai
Wielandstr. 29, Charlottenburg
Kanzlei: k.A.
RA und Notar; Emigration nach
China, Shanghai, 1940.
BG: BAP, 15.09 RSA; Aufbau
(NY), 03.05.46; Ausk. Chaim
Geron

Szkolny, Felix Dr., JR.
31.8.1870 Berlin - k.A.
Olivaer Pl. 10, W 15
Charlottenstr. 17, SW 68
T: A 7 Dönhoff 1737
Vermutlich Emigration: „abge-
meldet"; keine weiteren Angaben.
Korr. Liste arische Anw., 15.10.33;
Liste 36; BG: BAP, 15.09 RSA

T

Talbot, Kurt Dr.
k.A.
priv.: k.A.
Stresemannstr. 92/102 (Europa-
haus), SW 11
T: A 1 Jäger 5841
Keine weiteren Angaben.
*li

Tarnowski, Georg
31.7.1884 - k.A.
priv.: k.A.
Tauentzienstr. 10, W 50
T: B 4 Bavaria 8904
1933 Zulassung als Notar verloren; war noch bis mind. 1936
als Anwalt tätig.
*li; Br.B.32; Liste 36; BAL, PAK

Tarnowski, Hans Dr.
4.4.1900 - 11.8.1941
priv.: k.A.
Nollendorfplatz 9, W 30
Berufsverbot im Frühjahr 1933
(vorher am Kammergericht
zugelassen); starb im Alter von
41 Jahren.
Br.B.32; LAB, Liste d. nichtzugel.
RA, 25.4.33; BAL, PAK; BG:
BAP, 15.09 RSA, LAB, OFP-
Akten, Friedh.W.Sterbereg.

Tasse, Julius
6.6.1872 Barby -
13.1.1948 Berlin
Motzstr. 72
Boddinstr. 66, Neukölln
T: F 2 Neukölln 0604
Hatte am Ersten Weltkrieg teilgenommen; war als Notar bis
1935, als RA bis 1938 zugelassen. Die Ehefrau galt offensichtlich als nicht-jüdisch; T.
war einer der Inhaftierten der

Rosenstrasse (27.2.- 7.3.), die
aufgrund des Protestes ihrer
nicht-jüdischen Ehefrauen freigelassen wurden. Lebte nach
1945 in Neukölln
*li; Liste 36; BG: LAB, OFP-
Akten; BAP, 15.09 RSA; cje (Akte
T., Else); cjf; RAK PA

Tauber, Ernst Dr.
k.A.
priv.: k.A.
Köthener Str. 28/29, W 9
T: B 2 Lützow 3888
War noch bis mind. 1936 als
Anwalt tätig; keine weiteren
Angaben.
*li; Liste 36

Themal, Ernst
15.1.1888 - k.A.
priv.: k.A.
Meinekestr. 11, W 15
Berufsverbot als RA und Notar
im Frühjahr 1933; vermutl. emi-
griert.
Br.B.32; LAB, Liste d. nichtzugel.
RA, 25.4.33; BAL, PAK, BG:
LAB, OFP-Akten

Themal, Franz (Jakob) Dr.
4. 4.1892 Berlin - k.A.
Knesebeckstr. 67, Charlotten-
burg
Meinekestr. 11, W 15
T: J 1 Bismarck 4601
Emigration nach Uruguay, Mon-
tevideo, am 17.12.1938; (Dr.
Francisco Themal) 1950 in
Buenos Aires wohnhaft.
*li; Liste 36; BAL, PAK; BG: LAB,
OFP-Akten

Tichauer, Theodor (David)
18.2.1891 Berlin -
6.4.1942 Auschwitz
Kantstr. 137, Charlottenburg
Kanzlei: k.A.
Emigration nach Frankreich,
Paris, am 26.7.1933. Deportati-
on mit dem 1. Transport aus
Compiègne (27.3.1942) nach
Auschwitz, dort eine Woche
später umgekommen.
Br.B.32; BAL, PAK; BG: g, Korr.
Eva Tichauer.

Tietz, Hugo Dr.
13.10.1889 Breslau - k.A.
priv.: k.A.
Brunnenstr. 14, Wedding
RA und Notar, gab 1933 seine
Tätigkeit in Berlin auf; wurde
1947 wieder als Anwalt zugelassen, lebte und praktizierte im
Wedding.
BG; RAK, PA *Werthauer*

Tietz, Arthur, JR
k.A.
priv.: k.A.
Kyllmannstr. 10, Lichterfelde
T: G 6 Breitenbach 1967
T. war bis mind. 1936 weiter
zugelassen, er galt als „Mischling" (zwei Großeltern als
jüdisch); evangelischer Religion; keine weiteren Angaben.
li; LAB, *Liste* 15.10.33, *Liste
Mschl.*36

Tiktin, Peter Paul Dr.
10.2.1902 Berlin - k.A.
priv.: k.A.
Werderscher Markt 4 a, W
Vertretungsverbot zum
19.7.1933, später wieder zugelassen (bis mind. 1936); keine
weiteren Angaben.
*Adr.B.*32; LAB, *Liste d. nichtzugel.
RA,* 25.4.33; *Liste* 36; BAL, PAK

Tiktin, Robert Dr.
27.6.1897 Berlin - k.A.
Lietzenburger Str. 39, Wilmersdorf
Französische Str. 57/58, W 8

T: A 2 Flora 3002
RA und Notar; war als Anwalt
bis zum allgem. Berufsverbot
1938 tätig (Notariat vorher entzogen), anschließend als „Konsulent" zugelassen; mußte den
Zwangsnamen „Israel" führen;
Emigration nach Uruguay, Montevideo, am 25.7.1940.
li; Liste d. Kons., 15.3. 39; BAL,
PAK; BG: LAB, OFP-*Akten*; BAP,
15.09 RSA

Tiktin, Willy Dr.
22.5.1877 Petersburg - k.A.
Pariser Str. 19, W 15
Wilhelmstr. 9, SW 48
T: F 5 Bergmann 844
Emigration in die USA, nach
New York, Brooklyn, am
8.3.1939.
li; LAB, *Liste* 15.4. 33; BG: LAB,
OFP-*Akten; cjb*

Timendorfer, Walter
21.5.1897 - k.A.

priv.: k.A.
Wielandstr. 25/26, W 15
T: J 1 Bismarck 644
War noch bis 20.11.1937 als
Anwalt zugelassen; keine weiteren Angaben.
li; Liste 36; LAB, *Liste* 15.10.33;
BAL, PAK

Tovote, Hans-Georg Dr.
12.9.1900 Berlin - 17.4.1971
Kurfürstendamm 186

Maaßenstr. 36, W 62
T: B 1 Kurfürst 1429
T. galt als „Mischling", bedingt
durch diesen Status konnte er
bis in den Krieg hinein praktizieren; es liegen keine Angaben
über etwaige Zangsarbeit vor;
er wurde am 4.7.1945 wieder zur
Anwaltschaft zugelassen.
li; LAB, *Liste* 15.10.33, *Liste
Mschlg.*36; BG: BAP, 15.09 RSA;
Ausk. Dombek nach RAK PA

Traube, Alfred Dr.
1.5.1895 Berlin - k.A.
Sächsische Str. 2, Wilmersdorf
Mauerstr. 53, W 8/
Fasanenstr. 73, W 15
T: A 1 Jäger 4094
RA und Notar; war bis zum
Berufsverbot 1938 als Anwalt
tätig, anschließend als „Konsulent" zugelassen (Notariat 1935
entzogen); mußte den Zwangsnamen „Israel" führen; war im
Rahmen der Verhaftungsaktion
nach dem reichsweiten Pogrom
im November 1938 verhaftet
worden, kam unter der Bedingung frei, eine Erklärung zu
unterschreiben, in der er sich
zur Auswanderung in ein außereuropäisches Land verpflichtete; Emigration in die USA, New
York, am 20.1.1940.
li; Liste 36; LAB, *Liste* 15.10.33;
BAL, PAK, PA; BG: LAB, OFP-
*Akten (Akte Martha Wertheim);
Ausk. A. Wertheim*

Treftz, Arthur, JR.
k.A.
priv.: k.A.
Kyllmannstr. 10, Lichterfelde
T: G 6 Breitenbach 1967
War im Okt. 1933 weiterhin
zugelassen; keine weiteren
Angaben.
li; LAB, *Liste* 15.10.33

Treitel, Erich Dr.
17.5.1892 - k.A.
priv.: k.A.
Tiergartenstr. 12 a/13, W 15
Berufsverbot im Frühjahr 1933;
keine weiteren Angaben.
*Br.B.*32; LAB, *Liste d. nichtzugel.
RA,* 25.4.33; BAL, PAK; *Ausk.* E.
Proskauer,

Treitel, Richard Dr.
27.10.1879 Betsche - k.A.
Giesebrechtstr. 15, Charlottenburg
Flotowstr. 11, NW 87
T: C 9 Tiergarten 9612
Verlor 1933 das Notariat, war
noch bis mind. 1936 als Anwalt
tätig, zuletzt ehrenamtlicher
Mitarbeiter der RV, Bez.Stelle
Berlin; er wurde am 3.6.1943
verhaftet und mit dem 92.
Alterstransport (29.6.1943) nach
Theresienstadt deportiert; er
überlebte.
li; Liste 36; LAB, *Liste* 15.10.33;
BG: LAB, OFP-*Akten*; BAP, 15.09
RSA; *Liste der Theresienstadt-Überlebenden.*

Treitel, Theodor Dr.
3.1.1885 Betsche - 1974 London
priv./Kanzlei: k.A.
RA und Notar; war noch bis
mind. 1936 als Anwalt tätig
(Notariat 1933 entzogen); Emigration nach Großbritannien,
London, 1939.
*li; Br.B.*32; *Liste* 36; LAB, *Liste*
15.10.33; BAL, PAK; BG: LAB,
OFP-*Akten* (KK); BAP, 15.09
RSA; BHd*E* 1933, Bd.2,2

Triebel, Walter Dr.
k.A.
priv.: k.A.
Altonaer Str. 3, NW 87

Berufsverbot im Frühjahr 1933.
Br.B.32; LAB, *Liste d. nichtzugel.*
RA, 25.4.33

Trip, Heinrich
k.A.
Pariser Str. 3, W 15
Fasanenstr. 41, W 15
RA beim Kammergericht; wurde
im Frühjahr 1933 zeitweilig mit
einem Vertretungsverbot belegt,
später wieder zugelassen; keine
weiteren Angaben.
*li; LAB, *Liste d. nichtzugel.* RA,
25.4.33 (*Nachtrag*); BAL, PAK

Tuch, Georg
2.5.1880 - 14.6.1935
Grunewaldstr. 27, Schöneberg
Grunewaldstr. 27, Schöneberg
T: B 6 Cornelius 4361
RA und Notar; im Alter von 55
Jahren verstorben, in Berlin bei-
gesetzt.
*li; LAB, *Liste 15.10.33*; BG:
Friedh.W.Sterbereg.

Türk, Hans Dr.
k.A.
priv.: k.A.
Berliner Str. 158, Charlottenburg
Berufsverbot im Frühjahr 1933,
vorher am Kammergericht zugelassen.
Br.B.32, LAB, *Liste d. nichtzugel.*
RA, 25.4.33; BAL, PAK

Tyndel, Samson Dr.
30.7.1878 Kolomea/Österreich -
k.A.
Uhlandstr. 46,W 15
Kanzlei: k.A.
Datum der Vermögenserklärung:
25.9.1942; Sammellager Levetzowstr. 7-8; Deportation mit
dem 20. Transport (3.10.1942)
nach „Osten", Schicksal ungeklärt.
BG: *g*, BAK, *Kartei schulpfl. Kin-*
der; LAB, OFP-*Akten*; BAP, 15.09
RSA

Ullmann, Friedrich Dr.
16.3.1892 - k.A.
priv.: k.A.
Charlottenstr. 56, W 8
T: A 1 Jäger 2031/A 2 Flora 0654
War bis mind. 1936 weiter zugelassen, weil er als „Mischling"
galt (zwei jüdische Großeltern);
war evangelischen Glaubens;
keine weiteren Angaben.
*li; LAB, *Liste 15.10.33*, *Liste*
Mschl.36; BAL, PAK

Ullstein, Hans
1859 Berlin - 1934/35 Berlin
Bettinastr. 4, Wilmersdorf
Kanzlei: k.A.
Keine Angaben zum Schicksal.
BG: LAB, OFP-*Akten*

Unger, Hugo
k.A.
priv.: k.A.
Chausseestr. 16, N
T: D 1 Norden 3768
War noch bis mind. 1936 als
Anwalt tätig; keine weiteren
Angaben.
*li; *Liste 36*; LAB, *Liste 15.10.33*

Unger, Leopold, JR.
k.A. - 30.9.1938
priv.: k.A.
Dorotheenstr. 27, NW 7
T: A 2 Flora 5939
RA und Notar; war vermutl. bis
zu seinem Tod 1938 als Anwalt
zugelassen; keine näheren
Angaben.
*li; *Liste 36*; BG: LAB, OFP-
Akten; BAP, 15.09 RSA

Ury, Ludwig Dr., JR.
12.6.1870 Berlin - k.A.
Kaiserdamm 24, Charlottenburg
Alexanderplatz 1, C 25
T: E 2 Kupfergraben 0369
Emigration nach Großbritanni-
en, London, am 3.2.1939.
*li; *Liste 36*; LAB, *Liste 15.10.33*;
BG: LAB, OFP-*Akten*

Victor, Hugo
2.12.1874 Berlin - 5.3.1942
Xantener Str. 23, Wilmersdorf
(bis März 1935)
Potsdamer Str.118, W 35
T: B 2 Lützow 5510
RA und Notar; als Anwalt bis
mind. 1936 tätig (Notariat 1933
entzogen); die Ehefrau galt als
nicht-jüdisch; V. starb im Alter
von 67 Jahren, in Berlin beigesetzt.
*li; *Liste 36*; LAB, *Liste 15.10.33*;
BG: BAK, *Kartei schulpfl. Kinder*;
LAB, OFP-*Akten*; BAP, 15.09
RSA; *cje*; *Friedh.W.Sterbereg.*

W

Wachsmann, Oskar Dr.
29.12.1878 Breslau - k.A.
Brandenburgische Str. 16, Wilmersdorf
Friedrichstr. 66, W 8
T: A 1 Jäger 1259
Emigration nach Belgien, Brüssel, am 29.3.1939; lebte dort 1952.
*li; Liste 36; BG: LAB, OFP-Akten; cjb

Wachsner, Ernst Dr.
21.7.1888 Berlin -
verschollen, Auschwitz
Sybelstr. 42/ Sensburger Allee 23, Charlottenburg
Kanzlei: k.A.
Berufsverbot als Anwalt und Notar im Frühjahr 1933; später als Arbeiter dienstverpflichtet. Datum der Vermögenserkärung: 25.6.1943; Sammellager Große Hamburger Str. 26; Deportation mit dem 39. Transport (28.6. 1943) nach Auschwitz, dort verschollen.
Br.B.32; LAB, Liste d. nichtzugel. RA, 25.4.33; BAL, PAK; BG: g, BAK, GB; BAP, 15.09 RSA; LAB, OFP-Akten

Wachsner, Fritz Dr.
9.10.1893 - k.A.
priv.: k.A.
Chausseestr. 95, N 65
Berufsverbot im Frühjahr 1933; keine weiteren Angaben.
LAB, Liste d. nichtzugel. RA, 25.4.33 (Nachtrag); BAL, PAK

Wachsner, Josef Dr.
21.4.1862 - 12.1.1939 Berlin
Starnberger Str. 1, Schöneberg

Motzstr. 53, W 30
T: B 6 Cornelius 3503
Starb im Alter von 76 Jahren, in Berlin beigesetzt.
*li; BG: Friedh.W.Sterbereg.

Wachsner, Lothar
14.6.1894 - k.A.
priv.: k.A.
Innsbrucker Str. 54, Schöneberg
T: G 1 Stephan 0740
RA und Notar; war noch bis mind. 1936 als Anwalt tätig (Notariat vorher entzogen).
*li; Liste 36; BAL, PAK

Wagener, Wilhelm Dr.
15.1.1888 - k.A.
Schlüterstr. 36/ Cramerstr. 15, Charlottenburg
Hardenbergstr. 24, Charlottenburg
Kanzlei und Notariat vor Okt. 1933 aufgegeben. Emigration in die Niederlande, Amsterdam.
Br.B.32; BAL, PAK; BG: LAB, OFP-Akten

Waldeck, Hugo Dr.
21.3.1876 Berlin - k.A.
Lützowufer 5 a, W 35
Lützowufer 5 a, W 35
T: B 2 Lützow 0436
RA und Notar; Notariat 1933 entzogen; Emigration nach Frankreich, Paris, am 1.11.1938.
*li; Liste 36; BG: LAB, OFP-Akten

Dr. Alfred Wallach

Wallach, Alfred Dr.
k.A.
priv.: k.A.
Rankestr. 23, W 50
T: B 4 Bavaria 5062
War noch bis mind. 1936 als Anwalt tätig; keine weiteren Angaben.
*li; Liste 36

Wallbach, Werner Dr.
k.A.
priv.: k.A.
Markgrafenstr. 61, SW 68
Berufsverbot im Frühjahr 1933.
Br.B.32; LAB, Liste d. nichtzugel. RA, 25.4.33; BAL, PAK

Waller, Alfred Dr.
13.9.1881 Köln -
verschollen, Auschwitz
Bleibtreustr. 10/ Mommsenstr. 67/ Landgrafenstr. 12
Landgrafenstr. 12
T: B 6 Cornelius 5522
RA und Notar; evangelischen Glaubens, „Geltungsjude"; war noch bis 1938 als Anwalt tätig (Notariat 1935 entzogen). Datum der Vermögenserklärung: 21.7.1942; Sammellager Große Hamburger Str. 26; mit dem 27. Alterstransport (22.7.1942) nach Theresienstadt deportiert; von dort weiter nach Auschwitz, verschollen.
*li; Liste 36; BAL; PA H. Simon; BG: g, BAK, GB; LAB, OFP-Akten; BAP, 15.09 RSA; cjb;

Walter, Benno Dr.
25.11.1878 Czarnikau -
verschollen, Auschwitz
Levetzowstr. 11 a, NW 87
Zimmerstr. 92/93, SW 68
T: A 1 Jäger 0226
War noch bis mind. 1936 als Anwalt tätig; zuletzt tätig als Helfer bei der JKV, Abt. Fürsorge. Datum der Vermögenserklärung: 24.11.1942; mit dem 23. Transport (19.11.1942) nach Auschwitz deportiert, verschollen.
*li; Liste 36; BG: BAK, GB; BAP, 15.09 RSA; LAB, OFP-Akten

Wallach, Alfred Dr.

Wangemann, Hans Dr.
15.2. 1877 - k.A.
priv.: k.A.
Friedrichstr. 93, NW
RA an den Landgerichten I-III; er emigrierte in die Schweiz.
Br.B.32; Wolf, BFS

Warschauer, Bruno Ernst
3.4.1900 Tremessen - k.A.
Zähringerstr. 29, Wilmersdorf
Kanzlei: k.A.
Keine weiteren Angaben.
BAL, PAK; BG: BAP, 15.09 RSA; LAB, OFP-Akten

Warschauer, Felix Dr.
14.5.1879 Posen -
verschollen, Minsk
Brandenburgische Str. 42, Wilmersdorf
Kurfürstendamm 16, W 50
War noch bis mind. 1936 als Anwalt tätig. Datum der Vermögenserklärung: 10.11.1941; Sammellager Levetzowstr. 7-8; Deportation mit dem 5. Transport (14.11.1941) nach Minsk, dort verschollen.
*li; Liste 36; BG: g, BAK, GB; BAP, 15.09 RSA; LAB, OFP-Akten

Wedell, Siegmund Dr.
17.12.1875 Stargard -
verschollen, Auschwitz
Sybelstr. 57, Charlottenburg
Mommsenstr. 21
T: J 1 Bismarck 113
RA und Notar; war noch bis mind. 1936 als Anwalt tätig (Notariat früher entzogen); arbeitete zuletzt bei Isaakson; mit dem 26.Transport (12.1. 1943) nach Auschwitz deportiert, verschollen.
*li; Liste 36; BG: BAK, GB; LAB, OFP-Akten, ITS-TL; BAP, 15.09 RSA

Wehlau, Ismar Dr.
1.5.1885 - k.A.
priv.: k.A.
Lindenstr. 7, SW 68
T: A 7 Dönhoff 465
Keine Angaben zum Schicksal.
*li; BAL, PAK

Weichmann, Alfred Dr.
5.12.1882 Eichenau - k.A.
Schillerstr. 3, Charlottenburg
Schillerstr. 3, Charlottenburg
T: C 1 Steinplatz 6471
RA und Notar; Emigration nach
Großbritannien, London, am
31.3.1934; |Alfred Wykeman|
lebte 1952 in London.
*li; BG: LAB, OFP-Akten

Weigert, Hans Werner Dr.
28.4.1902 - 18.10.1983 München
Wangenheimstr. 30, Grunewald
Hohenzollernstr. 13, W 10
Berufsverbot im Frühjahr 1933;
1938 in die USA emigriert; lehr-
te dort ab 1939 an versch. Col-
leges und an der Univers. Chicago, 1947-1951 bei der US-
Militärregierung und dem Hoch-
kommissar in Deutschland tätig;
danach Prof. an der Georgetown
Univers. (Pol. Wissensch.).
LAB, Liste d. nichtzugel. RA,
25.4.33; BAL, PAK; BG: LAB,
OFP Akte; Göpp., S. 322

Weigert, Julius B. Dr.
1.3.1885 Berlin - k.A.
priv.: k.A.
Potsdamer Str. 71
T: B 7 Pallas 0807
RA seit 1911, 1924 zum Notar
ernannt, gab dafür seine amerikanische Staatsbürgerschaft
auf; verlor jedoch 1933 die Zulassung als Notar; 1939 Emigration in die USA, beantragte dort
ein Stipendium des Am. Com.
for the Guidance of the Professionel Personnel, wurde abgelehnt.
*li; BAL, PAK; NY Publ. Lib.
(Am.Com.) Weigert

Weil, Bruno Dr.
4.4.1883 Saarlouis -
11.11.1961 New York
priv.: k.A.
Landgrafenstr. 1, W 62
T: B 5 Barbarossa 3776/77
RA und Notar seit 1919, seit
1922 mit Ernest J. Gans assoziiert, Rechtsberater der britischen und französischen Bot-
schaft. Aktiv in der DDP und

Geschäftsführer des CV. Schriftstellerisch tätig (u.a. Buch über
den Dreyfus-Prozeß). 1935 Entlassung als Notar, 1937 Aufgabe
des Anwaltsberufs und Flucht.
1939 Erwerb der argentinischen
Staatsbürgerschaft, Aufenthalt
in New York, kurzfristige Internierung in Frankreich; Flucht in
die USA, später Aufenthalt in
Argentinien, Rückkehr nach
New York.
*li; Liste 36; BAL, PAK; Krach,
S. 437; Göpp., S. 323

Weill, Max Dr.
3.11.1896 Karlsruhe - k.A.
Gustloffstr. 17, Charlottenburg
Kanzlei: k.A.
Emigration nach Großbritanni-
en am 22.4.1939.
BG: LAB, OFP-Akten

Weinberg, (Dan) Hugo Dr.
7.2.1878 Herford -
verschollen, Kowno
Kaiserallee 104, Friedenau
Berliner Allee 241, Weißensee
War noch bis mind. 1936 als
Anwalt tätig; zuletzt als juristischer Hilfsarbeiter tätig. Datum
der Vermögenserklärung:
13.11.1941; Sammellager Levetzowstr. 7-8; Deportation mit
dem 6. Transport (17.11.1941)
nach Kowno, dort verschollen.
*li; Liste 36; BG: g, BAK, GB;
LAB, OFP-Akten; BAP, 15.09
RSA

Weinberg, Fritz Dr.
23.7.1889 (?) - 1943 Palästina
Königstr. 22-24, C 2, Mitte
Königstr. 22-24, C 2, Mitte
Kanzlei und Notariat 1933 auf-
gegeben. Emigration nach
Frankreich, Paris, im April 1933;
1935 nach Palästina.
Br.B.32; BG: LAB, OFP-Akten;
Korr. Lilo Bonwitt; Ausk. E. Pros-
kauer

Weinberg, Herbert
9.5.1901 -
verschollen, Auschwitz
priv.: k.A.
Hasenheide 63, S 59

Berufsverbot im Frühjahr 1933;
wurde mit dem 33. Transport
(3.3.1943) nach Auschwitz
deportiert, dort verschollen.
Br.B.32; LAB, Liste d. nichtzugel.
RA, 25.4.33; BAL, PAK; BG:
BAK, GB; BAP 15.09 RSA; LAB,
OFP-Akten

**Weiskam, Godehard (Ger-
hard) Dr.**
12.12.1879 Berlin - 5.7.1965
Lutherstr. 21, W 62
Lutherstr. 21, W 62
T: B 5 Barbarossa 4097
W. betätigte sich als RA und
Notar, hatte am Ersten Weltkrieg teilgenommen; galt als
„Mischling " (Mutter war Jüdin);
er hatte im März 1933 nach
eigenen Angaben die SPD
gewählt. Aufgrund seines Status als „Mischling" durfte W.
weiterpraktizieren; 1943 meldete ihn, wie auch in anderen Fällen, der Präsident des Kammergerichts dem Arbeitsamt als für
die Anwaltsticht nicht kriegswichtig. W. wurde daraufhin bei
der Teco GmbH eingesetzt,
arbeitete nebenbei noch als
Anwalt; während des Krieges
war W. Luftschutzwart das
Haus, in dem er wohnte. Nach
1945 wurde er wieder als RA
und Notar zugelassen. W. starb
1965 im Alter von 85 Jahren.
*li; BG: BAP. 15.09 RSA;
Tel.B.41; LAB, Liste Mschl.36,
RAK, PA

Weiss, Bernhard Dr.
30.7.1880 Berlin -
29.7.1951 London
priv.: k.A.
Sophie-Charlotte-Platz 1, Charlottenburg
Von 1927-1932 Polizeivizeprä-
sident in Berlin; war ständig von
NS-Vertretern beleidigt und
angepöbelt worden, besonders
von Goebbels (der ihn „Isidor"
nannte); im Frühjahr 1933 mit
Berufsverbot als RA belegt;
emigrierte nach England; wurde
ebenfalls 1933 ausgebürgert;
betätigte sich als Druckerei-Ver-

treter in London.
LAB, Liste d. nichtzugel. RA,
25.4.33; BAL, PAK; Göpp., S. 323

Weißenberg, Curt Dr.
25.4.1892 Berlin -
verschollen, Minsk
Rosenheimer Str. 29 a, Schöneberg
Nettelbeckstr. 7/8, W 62
War noch bis mind. 1936 als
Anwalt tätig. Datum der Vermögenserklärung: 26.10.1941; Sammellager Levetzowstr. 7-8;
Deportation mit dem 5. Transport (14.11.1941) nach Minsk,
dort verschollen.
*li; Liste 36; BAL, PAK; BG: g,
BAK, Kartei schulpfl. Kinder; BAK,
GB; LAB, OFP-Akten; BAP, 15.09
RSA

Weitzenkorn, Leo Dr.
9.2.1898 - k.A.
priv.: k.A.
Gr. Frankfurter Str. 73, NO 18
(später Alexanderstr. 21, C 25)
War bis zum Berufsverbot 1938
als Anwalt tätig, anschließend
als „Konsulent" zugelassen;
keine weiteren Angaben.
*li; Liste 36; Liste d. Kons.,
31.12.38; BAL, PAK

Weltmann, Martin Dr.
6.10.1883 - k.A.
priv.: k.A.
Rosenthaler Str. 26, C 54
T: D 1 Norden 3945
RA und Notar; war noch bis
mind. 1936 als Anwalt tätig
(Notariat 1935 entzogen); keine
weiteren Angaben.
*li; Liste 36; BAL, PAK

Weltzien, Julius von Dr.
19.8.1889 Berlin - 3.11.1955
Prinz-Handjery-Str. 3, Zehlen-
dorf
Freiherr-von-Stein-Str. 14 a,
Schöneberg
T: G 7 Schöneberg 2877
W. hatte am Ersten Weltkrieg
teilgenommen, war mit dem
Eisernen Kreuz I. und II. Klasse
ausgezeichnet worden; er war
evangelischer Religion und

während des Studiums Korpsstudent; in seiner juristischen Laufbahn hatte vor 1933 für verschiedene Firmen gearbeitet, u.a. einer Getreidehandelsgesellschaft; nachdem er 1933 seinen Posten aufgeben mußte, ließ er sich 1934 als Anwalt nieder; dies war nur möglich, weil er als „Mischling II.Grades" galt. Doch die Einnahmesituation gestaltete sich so ungünstig, daß W. 1936 eine Stellung als Syndikus bei der Vereinigung deutscher Eisenofenfabrikanten e.V. annahm; in dieser Funktion ging er nach Kassel, kehrte für den Aufbau einer Zweigstelle 1943 wieder nach Berlin zurück, wo bis 1945 lebte. Nach Ende des Nationalsozialismus bemühte sich W. um die Wiederzulassung als Anwalt, die ihm jedoch, ohne nähere Begründung, versagt wurde. 1948 wurde W. dann doch wieder zugelassen; politisch engagierte sich W. in der neugegründeten CDU. Er starb 1955 im Alter von 66 Jahren.
*li; LAB, Liste Mschl. 36; RAK, PA

Werner, Hans Helmut
20.12.1904 - k.A.
priv.: k.A.
Reinickendorfer Str. 6, N 39
Berufsverbot im Frühjahr 1933 (vorher am Kammergericht zugelassen); wurde mit dem 18. Transport (12.8.1942) aus Frankreich nach Auschwitz deportiert, Schicksal ungeklärt.
LAB, Liste d. nichtzugel. RA, 25.4.33; BAL, PAK; BG: LAB, OFP-Akten; Vormeier: „Deportation aus Frankreich"

Werner, Isidor, JR.
11.10.1871 - 13.9.1939
Altonaer Str. 4, Tiergarten
Nürnberger Str. 24 a, W 50
T: B 4 Bavaria 2140
RA und Notar; starb im Alter von 77 Jahren.
*li; Liste 36; BG: Friedh.W.Sterbereg.

Werner, Ludwig Dr.
22.12.1873 Breslau -
5.12.1942 Theresienstadt
Konstanzer Str. 56, Wilmersdorf
Fasanenstr. 69, W 15
T: J 1 Bismarck 4575
War noch bis mind. 1936 als Anwalt tätig. Datum der Vermögenserklärung: 18.11.1942; mit dem 74. Alterstransport (19.11.1942) nach Theresienstadt deportiert, dort umgekommen.
*li; Liste 36; BG: BAK, GB; LAB, OFP-Akten; BAP, 15.09 RSA

Werthauer, Heinrich Dr.
20.4.1894 - k.A.
priv.: k.A.
Brandenburgische Str. 24, Wilmersdorf
Berufsverbot im Frühjar 1933; keine weiteren Angaben.
LAB, Liste d. nichtzugel. RA, 25.4.33 (Nachtrag); BAL, PAK

Werthauer, Johannes, JR.
1866 Kassel - 1936/37 Paris
priv.: k.A.
Unter den Linden 66, NW 7
W. war ein prominenter Verteidiger und Strafjustizkritiker; Mitglied des Wissenschaftl.-Hum. Kom.; er kehrte Anfang 1933 von einer Reise nach Paris nicht zurück; Entlassung als Notar im August 1933, Ausbürgerung im Oktober 1933; Löschung von der Anwaltsliste; seine Kanzlei soll von Oswald Freisler, dem Bruder Roland Freislers, übernommen worden sein. W. erhielt eine Professur an der Sorbonne, Paris, wo er 1936/37 gestorben ist.
Br.B.32; Krach, S. 437; Göpp., S. 371; Auskunft. H. Bergemann

Werthauer, Kurt Dr.
13.11.1890 Berlin - 24.8.1965
priv.: k.A.
Grolmanstr. 41, Charlottenburg
T: J 1 Bismarck 768
(später Passauer Str. 24, W 50)
RA und Notar; W. hatte als Frontkämpfer am Ersten Weltkrieg teilgenommen und war

mehrfach hochdekoriert; vor 1933 war er Mitglied er DDP gewesen. Nach dem allgem. Berufsverbot als Anwalt 1938 (Notariat vorher entzogen) war W. noch als „Konsulent" zugelassen; mußte den Zwangsnamen „Israel" führen; W.s Ehefrau galt als nicht-jüdisch; W. überlebte und wurde nach 1945 wieder als Anwalt und Notar zugelassen. Er gehörte bis zu seiner Zulassung als Anwalt beim Bundesgerichtshof dem Vorstand der Berliner Anwaltskammer an. Später wurde er in den Vorstand der Kammer der Bundesgerichtshofsanwälte gewählt. W. wurde für seine Verdienste mit dem Großen Bundesverdienstkreuz ausgezeichnet; er starb 1965 im Alter von 74 Jahren.
*li; Liste 36; Liste d. Kons., 15.3.39; BG: LAB, OFP-Akten; cje (Akte); BAP, 15.09 RSA; cjf; Göpp., S. 367; RAK, PA

Wertheim, Bruno
25.10.1883 Berlin - k.A.
Hiddenseer Str. 3, Prenzlauer Berg
Alexanderstr. 24, C 25
T: E 2 Kupfergraben 3660
RA und Notar; war bis mind. 1936 weiter zugelassen, weil er als „Mischling" galt (zwei Großeltern galten als jüdisch); er war evangelischer Religion;

keine weiteren Angaben.
*li; BG: BAP, 15.09 RSA; BAL, PAK

Wertheim, Fritz
28.1.1893 - k.A.
priv.: k.A.
Hewaldstr. 10, Schöneberg
T: G 1 Stephan 4904
War noch bis mind. 1936 als Anwalt tätig.
*li; Liste 36; BAL, PAK

Wertheim, John Dr.
13.12.1884 Rostock - k.A.
Suarezstr. 29, Charlottenburg
Kaiserallee 22, W 15
T: J 2 Oliva 6968/69
War noch bis mind. 1936 als Anwalt tätig; keine weiteren Angaben.
*li; Liste 36; BAL, PAK; BG: LAB, OFP-Akten

Wertheim, Julius
19.3.1886 - k.A.
priv.: k.A.
Jüdenstr. 53, C 2
T: E 2 Kupfergraben 2914/15
RA und Notar; war noch bis mind. 1936 als Anwalt tätig

(Notariat vorher entzogen); keine weiteren Angaben.
*li; Liste 36; BAL, PAK

Wertheimer, Ernst Dr.
9.4.1893 Bruchsal - k.A.
Gustav-Meyer-Str. 8, Zehlendorf
Taubenstr. 35, W 8
Emigration nach Großbritanni-
en, London.
*li; Liste 36; BAL, PAK; BG: LAB,
OFP-Akten; cjb

Wieluner, Fritz Dr.
3.2.1890 Liegnitz -
Mai 1944 Theresienstadt
Landshuter Str. 35/ Stübbenstr. 13, W 30, Schöneberg
Zimmerstr. 21, SW 68
T: A 7 Dönhoff 2534
RA und Notar; war noch bis
mind. 1936 als Anwalt tätig
(Notariat vorher entzogen);
zuletzt als Sachbearbeiter bei
der Reichsvereinigung beschäftigt. Datum der Vermögenserklärung: 10.5.1943; Deportation
mit dem 88. Alterstransport
(18.5.1943) nach Theresienstadt, dort ein Jahr später
umgekommen.
*li; Liste 36; BAL, PAK; BG: g,
BAK, GB; LAB, OFP-Akten (s.a.
Akte W., Martha); BAP, 15.09
RSA

Wiener, Alfred Dr.
5.11.1890 Schneidemühl - k.A.
priv.: k.A.
Oranienburger Str. 16, N 24
RA seit 1918; Notar seit 1928;
zum 30.6.1933 Berufsverbot als
RA und Notar, weil W. als Jude
galt; keine weiteren Angaben.
LAB, Liste d. nichtzugel. RA,
25.4.33; BAL PK

Wiener, August Dr.
24.9.1885 - ca. 1939
priv.: k.A.
Keithstr. 3, W 62
Berufsverbot im Frühjahr 1933;
KZ- Aufenthalt vom 10.11.-20.12.
1938; an den Folgen verstorben.
LAB, Liste d. nichtzugel. RA, 25.4.
33; BAL, PAK; BG: BAP, 15.09
RSA, cje

Wiener, Hans Dr.
16.1.1899 - k.A.
priv.: k.A.

Spichernstr. 19, W 50
Berufsverbot im Frühjahr 1933
(vorher am Kammergericht
zugelassen); emigrierte 1938
nach Schweden, Stockholm.
Br.B.32; LAB, Liste d. nichtzugel.
RA, 25.4.33; BAL, PAK; BG:
BAK, Kartei schulpfl. Kinder; LAB,
OFP-Akten

**Wilk, Gerhard Dr. (später
Gerard)**
k.A.
priv.: k.A.
Leipziger Str. 123 a, W
Wurde 1929 als Anwalt zugelassen, bis zum April 1933 tätig.
Nach dem Reichtagsbrand
hatte er sich für einen verhafteten Anwalt eingesetzt, wobei
ihm von dem zuständigen
Staatsanwalt geraten wurde,
das Mandat aufzugeben und
sich selbst in Sicherheit zu
bringen. Nachdem bekannt
geworden war, daß auch einige
unpolitische Kollegen im
Columbia-Haus „zugeschlagen"
worden waren, ging G. über
Jugoslawien in die USA. Er sollte nie wieder als Anwalt arbeiten, brachte aber seine Verbun-
denheit mit Deutschland in
dem Roman „Mulleken" zum
Ausdruck. W. lebte 1989 in New
York.
Hinweis G. Jungfer; Selbstauskunft
über T. Krach

**Wimpfheimer, Heinrich Prof.
Dr.**
k.A.
priv.: k.A.
Viktoriastr. 8, W 35
T: B 2 Lützow 3909
Keine näheren Angaben.
*li

Windscheid, Werner Dr.
21.2.1903 Essen -
16.1.1976 Berlin
Fasanenstr. 68, W 15
Regentenstr. 14, W
T: B 2 Lützow 5343
W. wurde 1928 als Anwalt zugelassen, er vertrat eine deutsch-
nationale Haltung, gehörte der

evangelischen Kirche an. Galt
als „Mischling", konnte deshalb
weiter praktizieren; übernahm
weiterhin die Vertretung der
Wittkowitzer Eisenwerke und
ihrer zwei Tochtergesellschaften
(Hoffmann La Roche), so daß er
auch nach 1940 Einkünfte über
25.000,- RM p.a. zu verzeichnen
hatte. 1944 wurde ihm die
Zulassung entzogen, er wurde
„auf Veranlassung der Anwaltskammer" vor dem Volksge-
richtshof wegen „Wehrkraftzersetzung und Feindbegünstigung" angeklagt, kam ab
1.8.1944 bis zur Befreiung am
3.5.1945 in Untersuchungshaft
(ab 12.4.1945 in Dreibergen/
Meckl.). 1945 wurde er wieder
als Anwalt und Notar zugelassen.
*li; BAL, PAK; BG: LAB, OFP-
Akten; cje; BAP, 15.09 RSA; RAK,
PA; LAB, Liste Mschl.36

Wise, Richard Dr.
1902 bei Landau - k.A.
priv./Kanzlei: k.A.
Emigration in die USA 1934;
lebte 1972 in Cincinnati, Ohio.
BG: Jewish Immigrants ... in the
U.S.A., Oral History, S. 134

Wisloch, Justus Dr.
k.A.
priv.: k.A.
Dorotheenstr. 79, NW 7
T: A 6 Merkur 3518
RA und Notar; war noch bis
mind. 1936 als Anwalt tätig
(Notariat 1935 entzogen); keine
weiteren Angaben.
*li; Liste 36; LAB, Liste 15.10.33

Witkowski, Richard
13.2.1883 - 22.10.1938
priv.: k.A.
Landshuter Str. 18, W 30
T: B 6 Cornelius 0810
Starb im Alter von 65 Jahren, in
Berlin beigesetzt.
*li; Liste 36; LAB, Liste 15.10.33;
BAL, PAK; BG: Friedh.W.Sterbereg.

Wittenberg, Moritz Dr.
16.8.1890 Rawitsch - k.A.

Kurfürstendamm 216, W 15
Jägerstr. 6, W 8
T: A 1 Jäger 2573
RA und Notar; war bis zum
Berufsverbot als Anwalt tätig
(Notariat 1935 entzogen),
anschließend als „Konsulent"
zugelassen; Emigration nach
Palästina, Tel Aviv.
*li; Liste 36; Liste d. Kons.,
31.12.38; LAB, Liste 15.10.33;
BAL, PAK; BG: LAB, OFP-Akten

Wittenberg, Paul
7.6.1882 Kulmsee - k.A.
Rosenheimer Str. 27, W 30
Oranienburger Str. 38, N 24
T: D 2 Weidendamm 8698
Emigration nach Großbritanni-
en oder Chile im Juni 1939.

*li; Liste 36; LAB, Liste 15.10.33;
BG: LAB, OFP-Akten; BAP. 15.09
RSA

Wittenberg, Victor (Carl)
16.11.1877 Berlin -
Mai 1943 Theresienstadt
Helmstedter Str. 24/Xantener
Str. 16, Wilmersdorf
Charlottenstr. 57, W 8
T: A 1 Jäger 0297
War bis zum Berufsverbot 1938
Anwalt tätig; anschließend als
„Konsulent" zugelassen; Depor-
tation mit dem 68. Alterstrans-
port (28.10.1942) nach The-
resienstadt, dort umgekommen.
*li; Liste 36; LAB, Liste 15.10.33;

BG: *g*, BAK, GB; LAB, OFP-Akten; BAP, 15.09 RSA

Wittgensteiner, Arno Dr.
6.12.1883 Krefeld - k.A.
Podbielskiallee 65, Zehlendorf
Kronenstr. 64, W 8
Emigration über Italien nach
Australien, Sidney.
*li; BAL, PAK; BG: LAB, OFP-Akten

Wittkowki, Richard Dr.
27.8.1877 Berlin - k.A.
Jerusalemer Str. 10, SW 68
Wallstr. 3, C 19
T: W 8 Merkur 1800
W. galt als „Mischling", war
evangelischen Glaubens und
lebte in einer „privilegierten
Mischehe"; praktizierte als An-
walt bis mind. 1936; hat über-
lebt.
*li; LAB, Liste 15.10.33, Liste
Mschl.36; BG: LAB, OFP-Akte;
BAP, 15.09 RSA

Wittkowsky, Paul Dr., JR.
k.A. - 16.10.1934
priv.: k.A.
Von-der-Heyde-Str. 7, W 10
T: B 5 Barbarossa 6494
Keine näheren Angaben.
*li; LAB, Liste 15.10.33

Wohl, Bruno Dr.
24.3.1891 - verschollen, Reval
priv./Kanzlei: k.A.
Berufsverbot im Frühjahr1933;
wurde am 3.10.1942 mit dem
20. Transport nach „Osten"
deportiert, in Reval verschollen.
Br.B.32; LAB, Liste d. nichtzugel.
RA, 25.4.33; BAL, PAK; BG:
BAK, GB, LAB, OFP-Akten, BAP,
15.09 RSA

Wohl, Erich Dr.
4.3.1893 - 16.8.1942 Auschwitz
priv.: k.A.
Linkstr. 18, W 9
Berufsverbot als RA und Notar
im Frühjahr 1933; wurde aus
Pithiviers (Frankreich) mit dem
13. Transport am 31.7.1942
nach Auschwitz deportiert, dort
ein Jahr später ermordet.

Br.B.32; LAB, Liste d. nichtzugel.
RA, 25.4.33; BAL, PAK; BG:
BAK, GB, Vormeier:„Deportation
aus Frankreich"

Wohrizek, Emil Dr.
24.4.1878 Reichenberg -
verschollen, Trawniki
Münchener Str. 21-22, W 30,
Schöneberg
Kanzlei: k.A.
Deportation mit dem 11. Trans-
port (28.3.1942) nach Trawniki,
dort verschollen.
BG: *g*, BAK, GB; LAB, OFP-
Akten; LAB, ITS Transportlisten;
BAP, 15.09 RSA

Wolff, Bernhard
1.9.1886 Berlin -
25.9.1966 Karlsruhe
priv.: k.A.
Pariser Platz 1, W 8
T: A 1 Jäger 7365
RA und Notar; war in der Weimarer Republik Leiter des Steu-
erbüros der Darmstädter Bank
bzw. Chefsyndikus der Darmstädter und der Nationalbank,
Berlin (DANAT-Bank), die einen
tiefen Einbruch in der Weltwirtschaftskrise erlitt. W. ließ sich
im Mai 1932 wieder als Anwalt
nieder; wurde 1933 weiter zugelassen bis zum allgem. Berufsverbot 1938 (Notariat 1935 entzogen). Emigration am 15.12.
1938 nach Großbritannien in
der Folge der reichsweiten Pogromnacht November 1938. In

Großbritannien am Epson Col-
lege tätig; Internierung von Mai
1940 bis März 1941; Rückkehr
nach Deutschland am
26.5.1946; ab 29.5.1946 Leiter
der Rechtsabteilung des Zen-
tralamtes für Wirtschaft in der
brit. Zone, ab 1.4.1947 außerdem beim Verwaltungsamt für
Wirtschaft des amerik. und brit.
Besatzungsgebiets tätig; vom
26..2.1948-20.10.1950 in der
Rechtsabt. der Brit. Kontroll-
kommission; vom 21.10.1950-
6.9.1951 Bundesfinanzrichter,
vom 7.9.1951-31.8.1956 Bundes-
verfassungsrichter (Mitgl. d. 2.
Senats).
*li; Liste 36; LAB, Liste 15.10.33;
BAL, PAK; Göpp., S: 367

Wolff, Erich Dr.
k.A.
priv.: k.A.
Stuttgarter Platz 1, Charlottenburg
Berufsverbot im Frühjahr 1933;
keine weiteren Angaben.
LAB, Liste d. nichtzugel. RA, 25.4.
33

Wolff, Ernst Dr.
20.11.1877 Berlin -
11.1.1959 Tübingen
Böckelweg 9, Zehlendorf
Pariser Platz 1, W 8
T: A 1 Jäger 7365
Seit 1904 Anwalt in Berlin; war
noch 1932 Vorsitzender der RAK
und der Vereinigung der Vor-
stände der Deutschen Anwaltskammern. 1935 Entlassung als
Notar, 1938 Löschung der Zulassung im Rahmen des allgem.
Berufsverbot.; am 16.2.1939
Emigration nach Großbritanni-
en, London. 1948 Rückkehr nach
Deutschland, bis 1950 Präsident des Obersten Gerichtsho-
fes für die brit. Zone, 1952-58
Professor an der Universität
Köln; W. starb im Alter von 81
Jahren.
*li; Liste 36; Verz.; BG: LAB, OFP-
Akten ; Krach, S. 437; Göpp., S:
367/68

Wolff, Ernst Ludwig
19.1.1884 Berlin -
verschollen, Auschwitz
Ludwigkirchstr. 11 a; Wilmersdorf
Charlottenstr. 55, W 8
T: A 2 Flora 5043
RA und Notar; war bis mind.
1936 als Anwalt tätig (Notariat
vorher entzogen); zuletzt in der
Verwaltung der JKV beschäftigt.
Datum der Vermögenserklä-
rung: 26.8.1942; mit dem 73. Alterstransport (6.11.1942) nach
Theresienstadt deportiert, von
dort weiter nach Auschwitz, verschollen.

*li; Liste 36; LAB, Liste 15.10.33;
BG: BAK, GB; LAB, OFP-Akten;
BAP, 15.09 RSA

Wolff, Eugen Dr., JR.
14.10.1856 Berlin -
verschollen, Auschwitz
Pariser Str. 32; W 15
Fasanenstr. 60, W
T: J 2 Oliva 232
RA und Notar; war noch bis
mind. 1936 als Anwalt tätig
(Notariat vorher entzogen).
Datum der Vermögenserklä-
rung: 9.1.1943; mit dem 84.
Alterstransport (29.1.1943) nach
Theresienstadt deportiert, dort
verschollen.
*li; Liste 36; LAB, Liste 15.10.33;
BG: BAK, GB; LAB, OFP-Akten;
BAP, 15.09 RSA

Wolff, Felix Dr.
15.10.1877 Köthe -
5.2.1942 Lodz
Hewaldstr. 6, Schöneberg
Kaiser-Wilhelm-Str. 60, C 2
War noch bis mind. 1936 als
Anwalt tätig. Deportation mit
dem 1. Transport (18.10.1941)
nach Lodz, dort ein Vierteljahr
später umgekommen.
li; Liste 36; LAB, *Liste 15.10.33*;
BG: BAK, GB; LAB, OFP-*Akten*,
Lodz-TL 4, ; BAP, 15.09 RSA; *cjb*

Wolff, Fritz Dr.
19.12.1884 - 13.7.1936 Berlin
Joachimsthaler Str. 13, W 15
Joachimsthaler Str. 13, W 15
T: J 1 Bismarck 5124
Nachdem erst ein Vertretungs-
verbot ergangen war, war W. ab
Ende April wieder in Prozessen
vertretungsberechtigt; er starb
im Alter von 51 Jahren und ist
auf dem Jüdischen Friedhof in
Weißensee beigesetzt.
li; Liste 36; LAB, *Liste 15.10.33*;
BAL, PAK; BG: *Friedh.W.Sterbereg.*

Wolff, Hans (Julius) Dr.
27.8.1902 Berlin - k.A.
Stromstr. 7, Charlottenburg
Rankestr. 22, W 50
War evangelischen Glaubens;
wurde im Frühjahr1933 mit
Berufsverbot belegt; Emigration
nach Panama 1935; in die USA
1939; Rückkehr in die BRD 1952.
LAB, *Liste d. nichtzugel.* RA,
25.4.33; BAL, PAK; BG: LAB,
OFP-*Akten* (KK); BHdE 1933,
Bd.2,2

Wolff, Harri Dr.
k.A.
Potsdamer Str. 138, W 9
Potsdamer Str. 138, W 9
T: B 1 Kurfürst 1301
War noch bis mind. 1936 als
Anwalt tätig; keine näheren
Angaben.
li; Liste 36; LAB, *Liste 15.10.33*;
BG: BAK, *Kartei schulpfl. Kinder*

Wolff, Otto Dr.
27.7.1887 Greifenberg - k.A.
Schlüterstr. 50, Charlottenburg

Sybelstr. 40, Charlottenburg
T: J 7 Hochmeister 6265
War noch bis mind. 1936 als
Anwalt tätig; Sozietät mit dem
Zwillingsbruder Rudolf; zuletzt
als Fabrikarbeiter dienstver-
pflichtet.Datum der Vermögenserklärung 10.7.1942; Deportation mit dem 17. Transport
(11.7.1942) nach Auschwitz,
überlebte und wohnte im
Dezember 1951 in Berlin-Char-
lottenburg.
li; LAB, *Liste 15.10.33*; BAL,
PAK; BG: BAK, GB (*mit dem Vermerk „in Auschwitz verschollen"*);
LAB, OFP-*Akten*; *cje*; BAP, 15.09
RSA

Wolff, Reinhold Dr.
31.1.1899 Grünberg - k.A.
Emser Str. 16, Wilmersdorf
Emser Str. 16, Wilmersdorf
T: H 7 Wilmersdorf 4348
Galt als „Mischling"; Emigration
nach Amerika 1936.
li; LAB, *Liste Mschl.36*; BAL,
PAK; BG: LAB, OFP-*Akten*

Wolff, Rudolf Dr.
27.7.1887 Greifenberg -
verschollen, Auschwitz
Schlüterstr. 50, Charlottenburg
Sybelstr. 40, Charlottenburg
T: J 7 Hochmeister 6265
RA und Notar; war noch bis
mind. 1936 als Anwalt tätig;
Sozietät mit dem Zwillingsbru-
der Otto; zuletzt als Fabrikar-
beiter dienstverpflichtet. Datum
der Vermögenserklärung: 10.7.
1942; Deportation mit dem 17.
Transport (11.7.1942) nach
Auschwitz, dort verschollen.
li; Liste 36; LAB, *Liste 15.10.33*;
BAL, PAK; BG: *g*, BAK, GB; LAB,
OFP-*Akten*; BAP, 15.09 RSA

Wolff, Werner
k.A.
priv.: k.A.
Behrenstr. 49, W 8
Berufsverbot im Frühjahr 1933.
LAB, *Liste d. nichtzugel.* RA,
25.4.33; BAL, PAK

Wolff, Wilhelm
9.2.1885 - k.A.
priv.: k.A.
1932: Mozartstr. 11 a, Lankwitz
1933: Kurfürstendamm 103/104,
Halensee
T: J 7 Hochmeister 0389
War noch bis mind. 1936 als
Anwalt tätig; keine weiteren
Angaben.
li; Br.B.32; *Liste 36*

Wolff, Willy Dr.
21.3.1884 Berlin -
verschollen, Auschwitz
Bleibtreustr. 38-39 b. Segall,
Charlottenburg
Grolmannstr. 30-31, Charlottenburg
T: J 1 Bismarck 73
War noch bis mind. 1936 als
Anwalt tätig; zuletzt als Arbeiter
im Siemens-Wernerwerk dienstverpflichtet. Datum der Vermögenserklärung:: 24.7.1943; Sammellager Große Hamburger Str.
26; Deportation mit dem 40.
Transport (4.8.1943) nach Auschwitz, verschollen.
li; Liste 36; BG: BG: *g*, BAK, GB,
LAB, OFP-*Akten* (*s.a. Akte Bildes-
heim, Ernst*); BAP, 15.09 RSA

Wolffenstein, Emil Dr.
17.10.1875 Dömnitz -
verschollen, Riga
Kurfürstenstr. 43, Tiergarten
Kurfürstendamm 43, W 35
T: B 2 Lützow 3545
War noch bis mind. 1936 als
Anwalt tätig. Datum der Vermö-
genserklärung: 18.12.1941,
Deportation mit dem 8. Trans-
port (13.1.1942) nach Riga, dort
verschollen.
li; Liste 36; LAB, *Liste 15.10.33*;
BG: *g*, BAK, GB; LAB, OFP-
Akten; BAP, 15.09 RSA

Wolffenstein, Siegfried Dr.
5.12.1883 - 22.1.1936
Bayerische Str. 25, Wilmersdorf
Dörnbergstr. 1, W 35
T: B 1 Kurfürst 1210
Starb im Alter von 62 Jahren, in
Berlin beigesetzt.
li; LAB, *Liste 15.10.33*; BAL,

PAK; BG: LAB, OFP-*Akten* (NL);
Friedh.W.Sterbereg.

Wolffram, Ernst
14.3.1878 Königsberg -
verschollen, Riga
Brandenburgische Str. 10, Wilmersdorf
Am Karlsbad 24, W 35
T: B 2 Lützow 3044
RA und Notar; war noch bis
mind. 1936 als Anwalt tätig
(Notariat 1935 entzogen); mit
dem 21. Transport (19.10.1942)
nach Riga deportiert, dort verschollen.
li; Liste 36; LAB, *Liste 15.10.33*;
BG: BAK, GB; BAP, 15.09 RSA;
LAB, OFP-*Akten*

Wollmann, Ernst Dr.
8.10.1891 Berlin -
11.2.1967 Berlin
Baseler Str. 38, Lichterfelde
Köthener Str. 38, W 9
T: B 2 Lützow 2054
W. hatte in Breslau und Freiburg studiert und war 1920 als
Anwalt in Berlin zugelassen
worden. Hatte erst in einem
Anwaltsbüro gearbeitet und war
später zu einer Bank als Justitiar gegangen. 1926 machte er
sich selbständig, wurde kurze
Zeit später auch als Notar zugelassen. W. galt nach den Rassegesetzen der Nationalsozialisten
als „Halbjude", da sein Vater,
obgleich getauft, von jüdischen
Eltern abstammte; W. selbst
war evangelischen Glaubens, die
Ehefrau galt als nicht-jüdisch,
die Ehe als „privilegiert". Im
April 1944 kam die Ehefrau mit
der Tochter und einer Hausan-
gestellten bei einem Bombenangriff ums Leben. W. war
mehrfach zur Gestapo bestellt
worden; zum Dez. 1944 erhielt
er eine erneute Vorladung;
konnte diese auf Januar 1945
verschieben. Als er dort erschien, wurde er auf seine Internierung vorbereitet, völlig unerwartet wurde er jedoch wieder
freigelassen. Seine wehrver-
pflichteten Partner hatten sich

für die Aufrechterhaltung der Kanzlei ausgesprochen, die inzwischen mehrfach ausgebrannt und verlegt worden war. Von 1944 bis Kriegsende praktizierte W. in seiner Wohnung. Er konnte sich rechtzeitig einer Einziehung zum Volkssturm entziehen und überlebte. Er war einer der ersten wieder zugelassenen Rechtsanwälte in Berlin.
*li; LAB, Liste 15.10.33, Liste Mschl.36; BG: BAP, 15.09 RSA; RAK; PA; Ausk. d. Sohnes

Wollstein, Heinz
k.A.
priv.: k.A.
Friedrichstr. 23, SW 48
Berufsverbot im Frühjahr 1933; keine weiteren Angaben.
LAB, Liste d. nichtzugel. RA, 25.4. 33; BAL, PAK

Wolpe, Iwan Dr.
22.1.1898 - k.A.
Xantener Str. 9, Wilmersdorf
Schellingstr. 2, W 9
Bis zum allgem. Berufsverbot 1938 als Anwalt tätig; anschl. als „Konsulent" zugelassen; keine weiteren Angaben.
*li; Liste 36; Liste d. Kons., 31.12.38; LAB, Liste 15.10.33; BAL, PAK; BG: LAB, OFP-Akten; cjb

Wronker, Max , JR.
22.7.1853 - 16.12.1935
Kurfürstendamm 212, W 15
Kurfürstendamm 212, W 15
T: J 1 Bismarck 4965
RA und Notar; 1932 in einer Kanzlei mit (Werner) Kurt W., vermutl. dem Sohn; starb im Alter von 82 Jahren.
*li; LAB, Liste 15.10.33; BG: Friedh.W.Sterbereg.

Wronker, (Werner) Kurt
24.5.1893 - k.A.
priv.: k.A.
Freisinger Str. 13, W 30
1932 in einer Kanzlei mit Max W., vermutlich dem Vater; Berufsverbot im Frühjahr 1933; Emigration nach Großbritannien, London.
Adr.B.32; LAB, Liste d nichtzugel. RA, 25.4.33 (Nachtrag); BG: LAB, OFP-Akten; BAL, PAK

Wrzeszinski, Richard Dr.
17.8.1871 Labischin - 5.2.1940
Rungestr. 15, Mitte
Charlottenstr. 55, W 8
T: A 1 Jäger 5889
W. war noch 1932 Vorst.-Mitgl. der RAK; starb im Alter von 68 Jahren, in Berlin beigesetzt.
*li; Verz.; BG: BAP, 15.09 RSA; Friedh.W.Sterbereg.

Dr. Richard Wrzeszinski

Wulff, Ernst Dr.
4.2.1897 Görlitz - k.A.
Schützenstr. 68, SW 68
Schützenstr. 72, SW 68
T: A 6 Merkur 7157
RA und Notar; Emigration nach Palästina am 2.9.1938.
*li; Liste 36; LAB, Liste 15.10.33; BAL, PAK; BG: LAB, OFP-Akten

Wulff, Paul, JR.
k.A. - 1934
priv.: k.A.
Prinzenstr. 48, SW 19
T: F 7 Jannowitz 2081
War im Okt. 1933 weiter zugelassen; keine weiteren Angaben.
*li

Wunderlich, Georg Dr.
2.2.1883 - k.A.
priv.: k.A.
Linkstr. 13, W 9
T: B 2 Lützow 5395
W. war noch 1932 Vorst.-Mitgl. der RAK; bis März1936 als Anwalt tätig (Notariat 1935 entzogen); keine weiteren Angaben.
*li; Liste 36; Verz.; LAB, Liste 15.10.33

Wunsch, Josef, JR.
6.4.1864 Schubin - 31.10.1942 Theresienstadt
Bleibtreustr. 33, Charlottenburg
Bleibtreustr. 33, W 15
T: J 1 Bismarck 981
RA und Notar; war noch bis mind. 1936 als Anwalt tätig (Notariat vorher entzogen); mit dem 3. Großen Alterstransport (14.9.1942) nach Theresienstadt deportiert, dort umgekommen.
*li; Liste 36; LAB, Liste 15.10.33; BG: BAK, GB; LAB, OFP-Akten, ITS-Tl; BAP, 15.09 RSA

Wurzel, Fritz Isidor Dr.
25.3.1892 Tarnow - k.A.
priv.: k.A.
Taubenstr. 32, W 8
T: A 1 Jäger 5621
War noch bis mind. 1936 als Anwalt tätig; Emigration nach Amerika.
*li; Br.B.32; Liste 36; LAB, Liste 15.10.33

Wurzel, Harold Dr.
19.9.1901 - k.A.
priv.: k.A.
Kurfürstendamm 188/189, W 15
Berufsverbot im Frühjahr 1933; keine weiteren Angaben.
LAB, Liste d. nichtzugel. RA, 25.4.33; BAL, PAK

Wygodzinski, Benno
28.12.1879 Waldenburg - verschollen, Riga
Sybelstr. 58, Charlottenburg
Bismarckstr. 84, Charlottenburg
T: C 1 Steinplatz 7538
War noch bis mind. 1936 als Anwalt tätig; mit dem 18. Transport (15.8.1942) nach Riga deportiert, dort verschollen.
*li; Liste 36; LAB, Liste 15.10.33; BG: BAK, GB; LAB, OFP-Akten; BAP, 15.09 RSA

Z

Zacharias, James
13.8.1890 - k.A.
priv.: k.A.
Wallstr. 76-79, SW 19
RA und Notar; war noch bis
mind. 1936 als Anwalt tätig
(Notariat 1933 entzogen).
Liste 36; BAL, PAK

Zander, Walter Dr.
8.6.1898 - k.A.
Potsdamer Str. 117, W 35
T: B 2 Lützow 1045
War noch bis mind. 1936 als
Anwalt tätig; keine weiteren
Angaben.
*li; Liste 36; LAB, Liste 15.10.33;
BAL, PAK*

Zarinzansky, Kurt Dr.
28.1.1890 Berlin -
11.3.1945 Mauthausen
Ansbacher Str. 10a, W 50
Ansbacher Str. 10a, W 50
T: B 4 Bavaria 4968
RA und Notar; Z. war noch bis
zum allgem. Berufsverbot 1938
als Anwalt tätig (Notariat vorher entzogen); er war katholischer Religion; arbeitete zuletzt
als Testamentsvollstrecker.
Datum der Vermögenserklärung:
1.3.1943; er wurde mit dem 33.
Transport (3.3.1943) nach
Auschwitz deportiert und soll in
den letzten Kriegstagen Mauthausen umgekommen sein.
*li; Liste 36; LAB, Liste 15.10.33;
BAL, PAK, PA; BG: BAK, GB;
LAB, OFP-Akten; BAP, 15.09
RSA; cjb*

Zedner, Hans
4.11.1885 Berlin - k.A.
Teutonenstr. 1, Zehlendorf
Kanzlei: k.A.
Emigration am 1.9.1939; im
Dezember 1938 in Lausanne;
1940 nach London gezogen;
lebte 1952 in London.
BAL, PAK; BG: LAB, OFP-Akten

Zellner, Martin (Uri) Dr.
13.12.1893 Berlin -
13.1.1951 Berlin
priv.: k.A.
Potsdamer Str. 103 a, W 35
T: B 1 Kurfürst 4653/54
Hatte am Ersten Weltkrieg teilgenommen; RA seit 1920, Notar
seit 1930. Mitglied der SPD,
evangelischen Glaubens. 1935
wurde ihm das Notariat entzogen, am 30.11.1938 die Zulassung als Anwalt aufgrund des
Reichsbürgergesetzes wegen
jüdischer Abstammung.
Während er bis 1933 ein Einkommen von 20.000,- RM hatte,
reduzierte sich dieses auf ca.
10.000,- RM bis 1938. Seine
wichtigsten Mandanten vor
dem Berufsverbot waren der
Deutsche Glasschutz-Verein,
Berlin (Syndikus bis 1938), der
Grundbesitzerverein Schönhauser Tor (Syndikus bis 1938)
sowie die Deutsche Auto-Liga,
Berlin (jur. Fachmitglied bis
1933). In der Folge der
reichsweiten Pogromnacht
November 1938 verhaftet; vom
11.11.-16.12.1938 im KZ Sachsenhausen inhaftiert. War anschließend Bauhilfsarbeiter;
lebte in einer „privilegierten
Mischehe". Dem Sohn gelang
1938 die Emigration in die USA.
Z. überlebte, wohnte nach 1945
in Tempelhof und erhielt wieder
die Zulassung als Anwalt.
*li; Liste 36; BAL, PAK; BG: cje
(Akte) und KK; BAP, 15.09 RSA;
cjb; cjf; RAK PA*

Ziegler, Max Dr.
9.3.1889 Breslau -
verschollen, „Osten"
Wiesener Str.33, Tempelhof

Rosenthaler Str. 34/35, N 54
T: D 2 Weidendamm 1575
RA und Notar; war noch bis
mind. 1936 als Anwalt tätig
(Notariat vorher entzogen).
Datum der Vermögenserklä-
rung: 24.10.1942; Deportation
mit dem 22. Transport (26.10.
1942) nach „Osten", verschollen.
*li; Liste 36; BAL, PAK; BG: BAK,
GB; LAB, OFP-Akten; BAP, 15.09
RSA*

Zielenziger, Rudolf Dr.
24.7.1905 - k.A.
priv./Kanzlei: k.A.
Berufsverbot im Frühjahr 1933;
keine weiteren Angaben.
LAB, Liste d. nichtzugel. RA,
25.4.33; BAL, PAK

Zielinski, Gustav Dr.
25.7.1894 - k.A.
priv.: k.A.
Ansbacher Str. 34, W 50
Berufsverbot im Frühjahr 1933;
keine weiteren Angaben.
Br.B.32; LAB, Liste d. nichtzugel.
RA, 25.4.33

Ziffer, Konrad Dr.
15.11.1897 Berlin - k.A.
Cunostr. 49, Schmargendorf
Königstr. 34/336, C 2
T: E 2 Kupfergraben 0796
RA und Notar, war bis zum allgem. Berufsverbot 1938 als
Anwalt tätig (Notariat vorher
entzogen), anschließend als
„Konsulent" zugelassen; Emigration nach Argentinien,
Buenos Aires, am 6.1.1940.
*li; Liste 36; Liste d. Kons.,
31.12.28; BG: BAK, Kartei schulpfl. Kinder; LAB, OFP-Akten; BAP,
15.09 RSA*

Zimmt, Kurt
24.9.1900 - k.A.
priv.: k.A.
Friedrichstr. 23, SW 68
War noch bis mind. 1936 als
Anwalt tätig; keine weiteren
Angaben zum Schicksal.
li; Liste 36; BAL, PAK

Zippert, Hugo
k.A.
Hektorstr. 4, Wilmersdorf
Grünstr. 4, Köpenick
T: F 4 Köpenick 0416
RA und Notar; war noch bis
mind. 1936 als Anwalt tätig
(Notariat vorher entzogen);
keine weiteren Angaben.
*li; Liste 36; BG: BAK, Kartei
schulpfl. Kinder*

Zippert, Siegbert
6.9.1875 - 8.1.1939 Berlin
Prenzlauer Str. 28, Mitte
Prenzlauer Str. 38, C 25
T: E 1 Berolina 0485
War noch bis mind. 1936, wahrscheinlich bis zum allgem.
Berufsverbot 1938 als Anwalt
tätig; starb im Alter von 63 Jahren.
*li; Liste 36; BG: Friedh.W.Sterbe-
reg.*

Zirker, Max Dr.
26.9.1876 Birnbaum - k.A.
Immelmannstr. 45, Schöneberg
Leipziger Str. 110, W 8
T: A 1 Jäger 3448
RA und Notar; Emigration nach
Palästina, Haifa, im Januar
1936.
li; BG: LAB; OFP-Akten

Zolkowitz, Alexander Dr.
5.6.1903 - k.A.
priv./Kanzlei: k.A.
Berufsverbot im Frühjahr 1933;
keine weiteren Angaben.
LAB, Liste d. nichtzugel. RA,
25.4.33; BAL, PAK

Zucker, Ludwig Dr.
2.1.1882 - k.A.
Klopstockstr.9, NW 87
Reinickendorfer Str. 2, N 39
War noch im Okt. 1933 zugelas-
sen; Emigration nach Palästina,
Jerusalem.
li; BG: LAB, OFP-Akten

Zuckermann, Erich (Erwin) Dr.
7.1.1894 Forst - k.A.
Soorstr. 28, Charlottenburg
Kurfürstenstr. 105, W 62
T: B 4 Bavaria 5557/58
RA und Notar; war noch bis
mind. 1936 als Anwalt tätig
(Notariat vorher entzogen);
Emigration nach Bolivien,
Bogota, am 11.8.1938.
*li; Liste 36; BAL, PAK; LAB,
OFP-Akten

Zwirn, Arthur
28.12.1882 Obornik - Auschwitz
Bergstr. 6, Neukölln
Bergstr. 6, Neukölln
T: F 2 Neukölln 2014
War noch bis mind. 1936 als
Anwalt tätig. Datum der Vermögenserklärung: 3.3.1943, Deportation mit dem 34. Transport
(4.3.1943) nach Auschwitz, verschollen.
*li; Liste 36; BG: g, BAK, GB;
LAB, OFP-Akten (s.a. Akte Lachmann, Minna geb. Zwirn); BAP,
15.09 RSA

Anwaltszimmer im Landgericht

Abkürzungen

*li	Verzeichnis der im Bezirk der Anwaltskammer zu Berlin zugelassenen Rechtsanwälte vom 15. 10. 1933 („Nur für Behörden")
Adr.B.32	Berliner Branchenbuch 1932, Rubrik Rechtsanwälte und Notare
Am.Com.	American Committee for the Guidance of the Professional Personnel
Aufbau(N.Y.)	Zeitung der deutschsprachigen Immigranten, New York
Ausk.	Auskunft
BAK	Bundesarchiv Koblenz
BAP	Bundesarchiv Koblenz, Abt. Potsdam, seit 1996 nach Berlin-Lichterfelde verlagert
BAP, 15.09. RSA	Akten des Reichssippenamtes, Bundesarchiv Potsdam (im Bestand des BA Lichterfelde integriert)
BAL	Bundesarchiv Koblenz, Abt. Berlin-Lichterfelde
Ball-Kaduri	Ball-Kaduri, Kurt-Jakob: Das Leben der Juden in Deutschland im Jahre 1933. Ein Zeitbericht. F./M. 1963
BAL, PAK	Personalkartei des Reichsjustizministeriums
BAL, PA	Personalakte des Reichsjustizministeriums (BAL, Zwischenarchiv Dahlwitz-Hoppegarten), Rs 22 Pers
BDM	Bund Deutscher Mädchen
Bendix	Bendix, Reinhard: Von Berlin nach Berkeley, s.o.
BG	Gesamtdatenbank des Berliner Gedenkbuchs erarbeitet vom Zentralinstitut für sozialwissenschaftliche Forschung der FU Berlin, Berlin 1995
BHdE	Biographisches Handbuch der deutschsprachigen Emigration nach 1933, s.o.
Blau, Bruno	Vierzehn Jahre Schrecken und Not, unveröffentl. MS aus dem Jahre 1952, New York (Rechte: YIVO, NY)
BNSDJ	Bund Nationalsozialistischer Deutscher Juristen
Br.B.32	Berliner Adressbuch 1932, Bd. 2; Berlin 1932, Rubrik Rechtsanwälte und Notare
cjb	Centrum Judaicum Berlin
cje	Centrum Judaicum, Magistratskartei
cjrv	Centrum Judaicum, Reichvereinigung der Juden in Deutschland
CV	Centralverein deutscher Staatsbürger jüdischen Glaubens
DAV	Deutscher Anwaltsverein
DJ	Deutsche Justiz (Amtsblatt d. RJM)
Emigr.- u. Sterbedatei	Unterlagen des Gedenkbuchprojektes
Friedh.W.Sterbereg.	Jüdischer Friedhof Weißensee Sterberegister
g	Berliner Gedenkbuch. Hg. von Meyhöfer, Rita/ Schulze-Marmeling, Ulrich/ Sühl, Klaus: Gedenkbuch Berlins der jüdischen Opfer des Nationalsozialismus; hg. vom Zentralinstitut für sozialwissenschaftliche Forschung der FU Berlin, Berlin 1995
GB	Gedenkbuch - Opfer der Verfolgung der Juden unter der nationalsozialistischen Gewaltherrschaft in Deutschland, 1933-1945, hg. vom BAK, 1986
GB Sachsenhausen	Gedenkbuch Sachsenhausen, hg. von der Gedenkstätte Sachsenhausen
Göpp.	Göppinger, Horst: Juristen jüdischer Abstammung im „Dritten Reich". Entrechtung und Verfolgung, s.o.
HJ	Hitlerjugend
IfZ	Institut für Zeitgeschichte
IMT	Internationales Militärtribunal Nürnberg, PS 1816
ITS-Transportlisten	Transportlisten der Gestapo
J.A. Seufferts Archiv	für Entscheidungen der obersten Gerichte in den deutschen Staaten. München/Berlin 1937, Bd. 91
Jewish Immigrants ... in the U.S.A., Oral History	Strauss, Herbert A.: Schriftliche Aufzeichnungen von Interviews mit Jüdischen Einwanderern in die USA
Jg.	Jahrgang
JKV	Jüdische Kultusvereinigung
JMBl.	Justizministerialblatt
JR.	Justizrat
Jüd. Adr.B.	Jüdisches Adressbuch für Gross-Berlin, Ausgabe 1931 (Faks.), Berlin 1994
Jüd. Friedhof Heerstraße	Jüdischer Friedhof Heerstraße
k.A.	keine Angabe
Kartei d. schulpfl. Kinder	Kartei der schulpflichtigen Kinder, BAK
KG	Kammergericht
KJ	Kritische Justiz
KK	Kennkarte
Korr.	Korrektur
Korr. Liste arischen Anw.,15.10.33	Korrektur des vom BNSDJ herausgeg. Verzeichnisses der arischen Anwälte vom 5.10.1933
Krach	Krach, Tilmann: Jüdische Rechtsanwälte..., s. Literaturverz.

LAB   Landesarchiv Berlin
LAB, Liste 15.10.33
             Bearbeitete Liste (vermutlich von Willi Naatz) der
             zugelassenen Anwälte vom Okt. 15.10.1933
LBI   Leo-Baeck-Institute, New York
LG   Landgericht
Liste d. Kons.
             – Liste der Konsulenten, die in verschiedenen
             Fassungen herausgebracht worden ist: für die
             endgültig zugelassenen Konsulenten, Stand
             15.4.1939
             – für die endgültig zugelassenen Konsulenten,
             Stand 15.3.1939
             – für die befristet zugel. Konsulenten, Stand
             31.12.1938 - 31.1.1939
Liste d. nichtzugel. RA, 25.4.33
             Liste der nichtzugelassenen Rechtsanwälte vom
             25.4.1933, LAB, (früherer Bestand Anwaltszimmer
             Amtsgericht Kreuzberg-Tempelhof)
Liste d. nichtzugel. RA, 25.4.33 (Nachtrag)
             Nachtrag zur Liste der nichtzugelassenen Rechts-
             anwälte vom 25. 4. 1933, LAB
Liste der Theresienstadt-Überlebenden
             Unterlagen des Gedenkbuchprojekts
Liste 36   Verzeichnis der jüdischen Rechtsanwälte 26. 2.
             1936; Archiv Jungfer (früherer Bestand Anwalts-
             zimmer Amtsgericht Kreuzberg-Tempelhof)
Liste Mschlg. 36
             Liste der „Mischlinge" vom 26.2.1936 (LAB, Rep.
             68 Acc. 3209, Nr. 66)
Lodz-TL   Eingangsliste des Ghettos Lodz, Unterlagen des
             Gedenkbuchprojektes
Materialien Stadtverordnetenprojekt
             Die Reichstagsabgeordneten der Weimarer Repu-
             blik, Berlin 1932
ME   Memoirs
NL   Nachlaß
NSKK   Nationalsozialistisches Kraftfahr-Korps
NSRB   Nationalsozialistischer Rechtswahrerbund
NY Publ.Lib.
             New York Public Library, Dep. of Rare Books and
             Manuscripts: American Committee for the Gui-
             dance of the Professional Personnel
OFP   Oberfinanzpräsident Berlin
OKH   Oberkommando des Heeres
OSI, Fraenkel-Projekt
             Edition der gesammelten Werke Fraenkels am Ot-
             to-Suhr-Institut der Freien Universität Berlin
OT   Organisation Todt
RA   Rechtsanwalt
RAK   Rechtsanwaltskammer Berlin

RAK, PA   Personenakte der Rechtsanwaltskammer Berlin
             aus den Jahren ab 1945
RAO   Rechtsanwaltsordnung
RjF   Reichsbund jüdischer Frontsoldaten
RJM   Reichsjustizministerium
RSA   Reichssicherheitshauptamt
RV   Reichsvereinigung der Juden in Deutschland
RzW   Rechtsprechung zum Wiedergutmachungsrecht
             (Zeitschrift)
skh   Sammlung Kulka-Hildesheimer
SL   Sammellager
T   Telefon
Tel.B.41   Telefonbuch der Stadt Berlin 1941. 1941 war das
             letzte Jahr, in dem Juden noch einen Telefonan-
             schluß besitzen durften
TL   Transportliste
Trial of A.Eichmann
             Eichmann-Prozess-Dokumentation Vol. VI
URO   United Restitution Office
Verz.   Verzeichnis der arischen Rechtsanwälte für den
             Bezirk des Kammergerichts Berlin, hg. vom Bund
             Nationalsozialistischer Juristen Deutschlands
             (BNJSD)
Verz. Nachtragsliste
             Nachtragsliste (mit Korrekturen) zum Verzeichnis
             der arischen Rechtsanwälte
VO   Verordnung
Vorst.Mitgl.
             Vorstandsmitglied
VZ   Volkszählung 1939
Walk   Walk, Joseph: Kurzbiographien zur Geschichte der
             Juden 1918-1945, s. Literaturverz.
Wissenschaftl. Hum.Kom.
             Wissenschaftlich-Humanitäres Kommittee
Wolf, BFS
             Wolf, Biographische Forschung und Sozialge-
             schichte e.V. (s.Literaturverz.)
Yad Vashem
             Nationale Gedenkstätte des Staates Israel, Yad
             Vashem, Archiv, Benno Cohn Collection

Anmerkungen

1   Richarz, Monika (1982), S. 17. Demnach war die Berliner jüdische Gemeinde die bei weitem größte in ganz Deutschland. Betrachtet man die anderen Großstädte im Deutschen Reich, so folgten die Frankfurter Gemeinde mit 26.158 und die Breslauer mit 20.202 Mitgliedern. Gleichwohl rangierte Berlin mit einem prozentualen Anteil der jüdischen Minderheit an der gesamten Bevölkerung von 3,8% hinter Frankfurt mit einem Anteil von 4,7%. Bei diesen Vergleichen wird vor allem deutlich, wie stark Berlin in der Größe von allen anderen Städten abwich.

2   Strenge (1996), S. 151 ff.

3   Der damalige Ausbildungsgang unterschied sich von dem später festgelegten zweistufigen Ausbildungsgang (Studium bis zum ersten Staatsexamen, Referendariat bis zum zweiten Staatsexamen; nach Bestehen Befähigung zum Richteramt).

4   Strenge, S.155; ergänzend hierzu: Fraenkel, Ernst: Zur Soziologie der Klassenjustiz, Berlin 1927.

5   Wobei regionale Unterschiede, z.B. im Vergleich zu Breslau, wo die regionale Gauleitung eine ungleich stärkere Funktion innehatte, nicht ignoriert werden sollen. In Berlin besaß die Gauleitung, aufgrund des Status der Stadt als Reichshauptstadt, nicht die maßgebliche Stellung. Gleichwohl verstärkten die demographischen Besonderheiten die Sonderstellung. So konnten die zentralen Leitlinien zur Ausgrenzung schon angesichts der Menge integrierter jüdischer Einwohner nicht umgesetzt werden.

6   Ein Teil der Unterlagen der Berliner Rechtsanwaltskammer, die ihren Sitz am Schöneberger Ufer 36 (heute Nr. 67) hatte, ist bei Bombenangriffen 1943 zerstört worden. Vgl. hierzu: Sammelakten OLG Darmstadt, betr. Anwaltskammern, Az. 3171 E 3, Hess. StA Darmstadt G 28 H Nr. 976. Der noch erhalten gebliebene bzw. wieder zusammengestellte Teil wurde kurz vor Kriegsende in eine Kirche ausgelagert. Die Kirche ist in den letzten Kriegstagen abgebrannt.

7   Im biographischen Teil jeweils angeführt: Adress- und Branchenbücher; Listen der Vertretungsverbote vom 25.4.1933 (Archiv Jungfer; unbekannter Provenienz); *li: Liste vom 15.10.1933 („Nur für Behörden"), Brandenburgisches Landeshauptarchiv; Liste 36: eine Liste, die alle als jüdisch geltenden Anwälte aufführte (mit diversen Bearbeitungsvermerken); Landesarchiv Berlin; Liste Mischl.36: eine 1936 erstellte Liste der "Mischlinge" mit genauen Angaben zu ihren Familienverhältnissen, ihrer Religions-

zugehörigkeit und ihrem Einsatz im Ersten Weltkrieg, ebenfalls Landesarchiv Berlin.

8   Hierbei handelte es sich um ein vom Senator für kulturelle Angelegenheiten beuaftragtes Projekt der FU Berlin, dessen Ziel es war, alle in Berlin nach 1933 antisemitisch Verfolgten zu erfassen. Die Namen der Ermordeten wurden in Form des Gedenkbuchs Berlin der jüdischen Opfer des Nationalsozialismus veröffentlicht; Meyhöfer, Rita u.a. (1995). Die Gesamtdatei, die im Rahmen der Recherche an dem Gedenkbuch entstanden ist, umfaßt Angaben zu rund 170.000 Personen, die als Juden definiert und verfolgt worden sind. Diese Datei liegt im Landesarchiv (LAB) und im Centrum Judaicum vor. Die Gesamtdatei wird im folgenden mit BG bezeichnet.

9   Comité des Délégations Juives (1934), S. 302/303.

10   Anordnung Streichers zum 1. April 1933, nach: Comité des Délégations Juives, S. 302/303.

11   Göppinger (1990), S. 58/59.

12   Auch abgedruckt bei Krach (1991), S. 422 ff.

13   s.a. Blau, Bruno (1954), S.18/19.

14   Krach (1991), Tab. 3, S. 416/17, lt. MdRRAK 1938, 26. Diese Zahl soll auf einer privaten Ermittlung eines Mitarbeiters des Justizministerium beruhen und allein den Bereich der Anwaltskammer Berlin umfassen. Als ethnisch begründete Zahl scheint sie das Minimum zu umreißen und wird im folgenden als Ausgangsbasis verwendet. Im Bezirk des Kammergerichts sollen 1879 "nicht-arische" Rechtsanwälte tätig gewesen sein; dabei umfaßte dieser Bezirk nicht nur Berlin, sondern auch die Anwaltskammern Potsdam bzw. die Landgerichtsbezirke Berlin (3), Cottbus, Frankfurt/Oder, Guben, Landsberg/Warthe, Neuruppin, Prenzlau und Potsdam.

15   Krach (1991), Tab. 4, S. 418.

16   So z.B. die Brüder Ball, nachdem ein Bruder einige Tage in einem „wilden" KZ in der General-Pape-Str. festgehalten worden war, siehe zum einen die persönlichen Angaben im biographischen Verzeichnis, zum anderen Schilde u.a. (1996), S. 55-71.

17   Hiervon gibt es zwei Ausnahmen, eine war Adolf Arndt, der als „Nichtarier" aus seinem Richteramt schied und durch verschiedene Umstände noch als Rechtsanwalt zugelassen wurde, weil er als „Mischling" galt. Er war somit Ende 1932 noch nicht zugelassen, galt dennoch in der späteren Entwicklung als „Nichtarier" - mit allen Konsequenzen.

18   Bericht des Vorstandes der Anwaltskammer in Berlin über das Geschäftsjahr 1932, S. 6.

19   s. Fußnote 15.

20   Göppinger (1990), S. 90.

21 Göppinger (1990), Fußnote 169, bezugnehmend auf Güstrow, Dietrich: Tödlicher Alltag, Berlin 1981, S.9: In der Recherche erschwerte dieser Umstand die Ermittlungen erheblich, da z.B. im Branchenbuch auf diese Weise zahlreiche Anwälte nicht aufgeführt waren.

22 Von den deutschen Großstädten wies lediglich Frankfurt a.M. mit 45,3% ebenfalls einen hohen Anteil auf, s. Göppinger (1990), S. 91.

23 Hierzu ausführlich Grab, Walter (1991), S. 9 ff.

24 „Assimilation" ist begrifflich in der Literatur nicht ganz unumstritten, sie wird häufig durch den Begriff der Akkulturation als eine Entwicklungsvorstufe ergänzt. Mit dieser Problematik hat sich eingehend Herbert A. Strauß beschäftigt, aber auch Shulamit Volkov (1983), S. 331-348.

25 Hierzu konnte im wesentlichen auf einen Bestand des Archivs Jungfer zurückgegriffen werden, der bis in die 70er Jahre im Anwaltzimmer des Amtsgerichts Kreuzberg/Tempelhof verwahrt worden war. Eine aufmerksame Mitarbeiterin dieses Anwaltzimmers überließ Herrn Jungfer als Vertreter der Anwaltskammer die insgesamt vier Listen, die teilweise nicht alphabetisch zusammengestellt waren. Nach der Durchführungsvorschrift ist bei den auf die §§ 2-4 rekurrierenden Vertretungsverboten nicht eindeutig auf das Kriterium „nicht-arisch" abzustellen, entsprechendes gilt für die §§ 3-4, wobei die hierauf bezogenen Vertretungsverbote eher auf politischen Gründen beruhen können.

26 Bundesarchiv Koblenz, Bereich Lichterfelde (BAL); diese Kartei umfaßt schätzungsweise 30.000 Karteikarten von früheren Mitarbeitern des Reichsjustizministeriums. Da alle Anwälte während ihrer Ausbildung eine Station in einer staatlichen Dienststelle absolvieren und ihre spätere Niederlassung auch vom Justizministerium zur Kenntnis genommen werden mußte, sind diese Hinweise auf Personalunterlagen hier überliefert. Da die Kartei jedoch nicht vollständig ist, kann sie nur in Teilen als Quelle herangezogen werden.

27 Diese Personalakten sind im Zwischenlager Dahlwitz-Hoppegarten des BAL, unter RS 22 Pers., einzusehen.

28 Obwohl die Gesamtdatenbank auch Berufe miterfaßt hat, war leider nicht bei allen Personen die Angabe Rechtsanwalt oder Jurist vorhanden, so daß für mehr als 600 Namen ein Einzelaufruf vorgenommen werden mußte. Da sich das Schwergewicht des BG zum weiteren Lebensweg der Berliner Juden auf den Zeitraum nach der letzten Volkszählung 1939 konzentriert, frühzeitig emigrierte Personen somit nur selten erfaßt sind, wurde der Abgleich vor allem mit dem in der Liste vom 15.10.1933 erfaßten Personenkreis vorgenommen. Die innerhalb der Daten des BG angegebene Quelle Bundesarchiv Koblenz, Abt. Potsdam (BAP) hat mittlerweile ihren Standort nach Berlin-Lichterfelde verlegt.

29 Wolf, Kerstin und Wolf, Frank: Biographische Forschungen und Sozialgeschichte e.V. (1997).

30 Wobei die Kammer schon in verschiedenen Gedenkveranstaltungen auf dieses Thema eingegangen ist, so u.a. AnwBl I/89, S. 7-14, mit Beiträgen des damaligen Präsidenten der Rechtsanwaltskammer, RA und Notar Jürgen Borck, dem Präsidenten des Kammergerichts, Dr. Diether Dehnicke, und RA Gerhard Jungfer. Letzterer hat daneben auch in anderen Zusammenhängen mehrfach auf Einzelschicksale aufmerksam gemacht.

31 Gall u.a. (München 1995).

32 Göppinger (1990); Gruchmann (1988); Müller, Ingo (1987); Ostler (1971).

33 Klein u.a. (1981); Krach (1991); Marx (1965).

34 Rasehorn (1988); Heinrichs u.a. (1993), hier ist besonders der Beitrag von RA Gerhard Jungfer über Julius Magnus 1867-1944 hervorzuheben. Insgesamt bietet dieser Band aber auch wichtige Darstellungen zur allgemeinen Entwicklung.

35 Badinter (1997); Gros (1996); Knobel (1990), S. 125-126; Klarsfeld (1985).

36 So zu Israel: s. Kühne (1996), H. 45, S. 2966-2970; zu den USA: Mecklenburg u.a. (1991).

37 Auf die Bedeutung der personellen Kontinuitäten bei der strukturellen Entwicklung der Kammer wurde erst kürzlich durch den Beitrag einer Historikerin aufmerksam gemacht, die sich mit der Tätigkeit von Frauen als Juristinnen im Rahmen einer Magisterarbeit auseinandergesetzt hat: s. Hildebrandt, Sandra, dargestellt in einer Artikelreihe im Berliner Anw.Bl. 1997 (S. 271, 374 ff., 434 ff., 514 ff., 574 ff.).

38 Für die Überlassung dreier Alben mit Schreiben und Fotos danke ich Herrn RA Naatz ganz herzlich. Die Fotos sind im biographischen Verzeichnis bei den betreffenden Personen wiedergegeben.

39 Der Kurier, 1.4.1953.

40 Güstrow (1981), S. 12/13.

41 So in Jerusalem, wo noch ein früherer Berliner Anwalt bis September 1997 lebte.

42 Da die Autorin die Zeit selbst nicht erlebt hat, konnten atmosphärische Stimmungen nicht ausreichenden Maße in die Darstellung einbezogen werden. Der unleugbare Vorteil für die Bearbeitung ist die im Angesicht von Auschwitz notwendige Distanz im Umgang mit den Quellen.

43 Soweit vorhanden, sind in der Regel Hinweise zu weiterführender Literatur angegeben.

44 Klemperer (1947).

45 Gespräch Jürgen X., 23.8.1997, Berlin.

46 Telefonat mit Prof. Ernest H. Stiefel, NY, früherer Mannheimer Rechtsanwalt, Adjunct Professor of Law an der New York Law School. Stiefel hat sich mehrfach mit den Schicksalen jüdisch-deutscher Juristen beschäftigt, s. u.a. ders./Mecklenburg, Frank (1991). Stiefel ist ein eigenes Porträt von Otto Sandrock gewidmet in der Festschrift des C.H.Beck Verlages (1988), S. 683-686.

47 Besonders hervorheben möchte ich an dieser Stelle die Bemühungen von RA Thomas T. Achelis, Berlin, Frau Dr. med. Yvonne Arndt, Heidelberg, Herrn B.W. Chodziesner, Australien, Frau Cohn-Lempert, Prof. Coper, beide Berlin, Herrn Peter Galliner, Herrn Rudi Goldsmith, London, Prof. Grenville, Sutton Coldfield, Großbritannien, Frau Anne Halle, Berlin, Frau Gabriele Meyer, Hamburg, Frau Erna Proskauer, Berlin (Rechtsanwältin im Ruhestand) sowie Herrn RA Shimon Ullmann, Tel Aviv.

48 Ball-Kaduri (1963); Bendix (1985); hier berichtet Bendix über das Leben seines Vaters RA Ludwig Bendix. Daneben wurden die im Leo-Baeck-Institute, New York, überlieferten einschlägigen Beiträge zum Preisausschreiben der Harvard- University aus dem Jahre 1940 in die Darstellung einbezogen.

49 Zachor! - Erinnere Dich! Titel einer Studie über Gedächtnis und Geschichtsschreibung von Yerushalmi, Yosef Hayim (1988).

50 Der Tagesspiegel, 26.8.1997, in einem Artikel bezogen auf Alfred Kerr.

51 Wobei die Schwerindustrie und der Kohlebergbau weiterhin ihr Zentrum im Rhein-/ Ruhrgebiet besaßen.

52 Dabei kann offenbleiben, ob Berlin im Vergleich zu anderen europäischen Hauptstädten als Metropole bezeichnet werden kann, zu dieser Diskussion sei auf andere Autoren verwiesen: s. u.a. Alter (1993).

53 Hegemann (1976).

54 Der Sitz wurde per Gesetz am 11.4.1877 festgelegt; 1895 wurde es nach siebenjähriger Bauzeit eingeweiht.

55 Schild (1988), S. 125; der auf eine Äußerung von Emil Julius Gumbel aus dem Jahre 1922 Bezug nimmt; vermutlich in: Die Justiz.

56 In den 60er Jahren hat Emil Julius Gumbel zahlreiche Verfahren ausgewertet: Vom Fememord zur Reichskanzlei. Heidelberg 1962, S. 46.

57 Heiber (1996), S. 111.

58 Friedensburg (1946), S. 253.

59 Ausführlich hierzu: Schild (1988), S. 145 ff.

60 Hannover u.a. (1977), 124 ff. zu Scheidemann; S.112 ff. zu Rathenau; in gewissem Gegensatz in der Bewertung der Strafverfolgung: Sabrow: Der Rathenaumord.(1994) sowie Katalog der Ausstellung „Die Extreme berühren sich" Walther Ratheau 1867-1922, ders., S. 221-235.

61 Heiber (1996), S. 70 ff. und 113.

62 Bosl u.a. (1973).

63 Interview mit dem Sohn eines früheren Anwalts, 1998.

64 Frey (1960).

65 Sling (Schlesinger, Paul) (1969), S. 21 ff.

66 Schild (1988), S. 163-187.

67 Der Schüler Krantz studierte nach dem Abitur Germanistik, Soziologie und Pädagogik und schloß sich kommunistischen Zirkeln an. 1931 veröffentlichte er seinen Roman „Die Mietskaserne"; 1933 verließ er Deutschland und ging nach Frankreich, von dort gelang ihm 1939 noch die Flucht in die USA. Neben seiner journalistischen Tätigkeit für die NBC betätigte er sich von 1949-1963 als Professor für Literatur in Oklahoma und Milwaukee. 1971 kehrte er nach Deutschland zurück, er starb 1983. Nach dem Schülermord-Prozeß hatte er den Namen Ernst Erich Noth angenommen.

68 Eingehende Darstellung dieses Prozesses s. Schild (1988), S. 156-163, sowie Frey (1960), S. 247-268.

69 Frey (1960), S. 352.

70 Frey (1960), S. 381.

71 Siehe das eingehende Porträt Jungfer (1988): Max Alsberg. Verteidigung als ethische Mission; in: Kritische Justiz (1988), S. 141-152.

72 Frey (1960), S. 267; wobei der Tenor nicht eindeutig zu bestimmen ist, schließlich wurde dieses Plädoyer in einem Gerichtssaal gehalten und Alsbergs wissenschaftliche Anerkennung wird ihm sicherlich auch Neid eingetragen haben.

73 Die Liste der Veröffentlichungen ist sehr lang, wichtige Arbeiten waren: Justizirrtum und Wiederaufnahme (1913); Die Untersuchungshaft, Kommentar mit Adolf Lobe (1927); Die Philosophie des Verteidigers (1930); Der Beweisantrag im Strafprozeß (1930).

74 Apfel (1931), 2. Hj., S. 758.

75 Hannover/ Hannover-Drück (1966), S. 186 ff. ausführlich sowie Krach (1991), S. 109 ff.

76 Apfel zitiert nach Krach (1991), S. 110.

77 Die Weltbühne, 1929, 1. Bd., S. 407.

78 Gosewinkel (1991), S. 36 ff.

79 Apfel (1934), S. 166.

80 Gosewinkel (1991), S. 43.

81 Vossische Zeitung, 5. 12. 1930: „George Grosz frei-gesprochen" (Inquit).

82 Grab (1983), S. 189.

83 Toury (1966).

84 Dawidowicz (1979), S. 161.

85 Krach (1991), S. 42.

86 Krach (1991), S. 43.

87 Krach (1991), S. 43/44.

88 Zitiert nach Krach (1991), S. 51.

89 Krach (1991), S. 166.

90 Der Bericht Fritz Balls findet sich in einer Veröffent-lichung seines Bruders Kurt, der ebenfalls Anwalt war und sich später Kurt-Jacob Ball-Kaduri nannte: Das Leben der Juden in Deutschland im Jahre 1933. Ein Zeitbericht. Frankfurt a.M. 1963; zitiert nach Schilde u.a. (1996), S. 56 ff.

91 Zur „Brigade Ehrhardt", die mit der „Organisation Consul" in Verbindung stand, s.o.

92 Hier sind die Informationen Fritz Balls nicht ganz zutreffend. Die Löschung der Zulassung Günther Joachims aus dem Anwaltsverzeichnis ist im Pr.JMBl. 1933, 120 bekanntgemacht, s. Göppinger (1990), Fußnote 70.

93 Krach (1991), S. 136/138 ff.

94 Krach (1991), S. 136.

95 Hierzu ausführlich: Müller (1988), S. 180 ff, hier 189/190.

96 Minuth (1983), S. 214.

97 *1876 - † 1970; nach Kriegsende von einem US-Militärgericht zu lebenslanger Haft verurteilt, 1950 kankheitsbedingt aus der Haft entlassen; s. Hilberg (1982), S. 750, sowie Broszat u.a. (1996), S. 327.

98 Minuth (1983), S. 293.

99 Hanns Kerrl, * 1887 - † 14.12.1941; 1934/35 Preuß. Justizminister; 1935-1941 Reichs- und Preuß. Mini-ster für kirchliche Angelegenheiten.

100 Stockhorst (1985), Wistrich (1983).

101 Hilberg (1982), S. 54.

102 Hilberg (1982), S. 53.

103 Göppinger (1990), Fußnote 23.

104 Göppinger (1990), Fußnote 24.

105 Dieser Aspekt ist in der bisherigen Forschung kaum behandelt worden. Besondere Beachtung schenkt ihm Krach (1991), s. S. 215 ff.

106 Krach (1991), S. 81 unter Bezugnahme auf einen Artikel der Zeitschrift Tempo vom 7.1.1933.

107 Krach (1991), S. 216.

108 Krach (1991), S. 81 unter Bezugnahme auf einen Artikel der BZ am Mittag vom 16.1.1933.

109 GStA Rep. 84a 20155, Bl. 89 ff.

110 Berl.AnwBl 1933, S. 73 f, zitiert nach Krach (1991), S. 221.

111 Göppinger (1990), S. 59, nähere Quellenhinweise s. dort.

112 Blau (1952), S. 19/20; in den nachfolgend wiederge-gebenen Zitaten wurden, anders als im Original, die Umlaute der deutschen Schreibweise entspre-chend angepaßt. Angesichts der schriftlichen Quel-len regen sich Zweifel, ob sich Blau nicht hinsicht-lich des Datums der massenhaften Zulassungsbe-antragung geirrt hat. Es erscheint wahrscheinlicher, daß sich dies erst nach dem 6. April 1933 ereignet hat, denn erst danach waren die Anforderungen, die die einzelnen zu erfüllen hatten, bekanntge-macht worden. Zudem deuten die Quellenhinweise auf den Bilddokumenten (Süddeutscher Verlag) nicht auf den 1. April 1933 hin, da dies ansonsten wahrscheinlich ausdrücklich vermerkt worden wäre.

113 Auf der Grundlage des Erlasses der RJM vom 5. 4. 1933, I 6557.

114 BAL, Zw.L. Dahlwitz-Hoppegarten, Rs 22 Pers, PA 68065, Bl. 10/11 vom 8. 4. 1933.

115 BAL, Zw.L. Dahlwitz-Hoppegarten, Rs 22 Pers, PA 55097, Bl. 5/6 vom 10. 4. 1933.

116 BAL, Zw.L. Dahlwitz-Hoppegarten, Rs 22 Pers, PA 56082, Bl. 11.

117 S. hierzu Krach (1991), S. 205 ff.

118 Minuth (1983), Dok. 93, Pkt. 8, S. 323.

119 Minuth (1983), Fußnote 42.

120 Hubatsch (1966), S. 375 (Dok. 109).

121 Blau (1952), S. 23; ebenfalls: Krach (1991), S. 210, unter Bezugnahme auf eine Äußerung Kerrls vom 6.5.1933.

122 Frankfurter Zeitung, 4.4.1933 (Abend- u. 1. Morgen-blatt), sowie Vossische Zeitung (Morgenausg.), 8.4.1933. Angeblich wollte man sich mit dieser Zahl an dem „prozentualen Anteil an der Bevölkerung" orientieren, was jedoch nicht stimmig gewesen wäre, wie Krach (S. 191) anmerkt, machte doch schon die Mitgliederzahl der Jüdischen Gemeinde 3,8 % aus, was von 3.400 Anwälten eine höhere Zahl zur Folge gehabt hätte. Tatsächlich ist die Zahl 35 fast exakt 1 % von 3.400, so daß Krach berechtig-terweise annimmt, daß es sich um einen schlich-ten, aber bedeutsamen Fehler bei der Angabe der Berechnungsgrundlage handelt.

123 Krach (1991), S. 200 ff.

124 Krach (1991), S. 201/202, mit dem Begriff des „Mit-

machens" nimmt er Bezug auf Oppenhoff, Walter: Erfahrungen eines Kölner Anwalts; in: 100 Jahre Kölner Anwaltverein, Festschrift , hg. von O. Bussenius, M. Hüttemann, G. Schwend, (1987), S. 188.

125 Laut Interview mit seiner Tochter am 4.5.1998, Berlin.

126 Seine Erinnerungen sind mit kommentierenden Erläuterungen des Sohnes von diesem herausgegeben worden: Bendix (1983).

127 Bendix (1983), S. 191.

128 Bendix (1983), S. 192.

129 Bendix (1983), S. 195.

130 Bendix (1983), S. 194.

131 Bendix (1983), S. 193.

132 Hierzu sei die auf feinfühlige, aber auch komplizierte Annäherung des Sohnes in seiner bereits angegebenen Darstellung ganz grundsätzlich verwiesen.

133 BAL, Zw.L. Dahlwitz-Hoppegarten, Rs 22 Pers, 55127.

134 Laut Berliner Gedenkbuchdatei, die sich wiederum auf andere Quellen stützt.

135 Gespräch mit Erna Proskauer, April 1997.

136 Hierzu grundsätzlich Göppinger (1990).

137 Göppinger (1990), S. 56.

138 Nationalsozialismus und Rechtsstaat, in: JW 1934, S. 713.

139 Schmitt, Carl: Staat, Bewegung, Volk, 1933, S. 46; zitiert nach: Müller (1987), S. 80.

140 Doehring (1988), S. 341-349.

141 Doehring (1988), S. 343, 346.

142 Diederichsen (1988), S. 495-510.

143 Göppinger (1990), S. 92.

144 Blau (1952), S. 27/28.

145 Neumann, Siegfried, New York. Es gibt keine näheren Angaben zum Geburtsdatum von Neumann, er erwähnt, daß er Teilnehmer des Ersten Weltkrieges (Kriegsfreiwilliger) und mit dem Eisernen Kreuz I. Klasse ausgezeichnet worden war. 1939 mußte er nach Shanghai flüchten.

146 Neumann, Siegfried, Memoirs, S. 54.

147 Im folgenden als *li abgekürzt.

148 Uhlig (1956), S. 115 ff.; Ladwig-Winters (1997/I), S. 97 ff.

149 Hierzu mag die scharfsinnige Analyse Ernst Fraenkels als Nachweis herangezogen werden, der von dem Entstehen eines „Normen-" und eines „Maßnahmenstaates" spricht, s. Der Doppelstaat (1984 - 1940 im US-amerikanischen Exil entstanden unter dem Titel „The Dual State"). Dieses Werk legt als zeitgenössische Arbeit mit enormer analytischer Präzision die Strukturen und Wirkungsmechanismen des Nationalsozialismus offen.

150 Broszat/ Frei (1996), S. 88 ff.

151 Siehe Mitteilungen über arbeitsrechtliche Entscheidungen in den verschiedenen Ausgaben der C.V. Zeitung.

152 Die Problematik der Ehrengerichtshofverfahren scheint noch einer näheren Untersuchung zu harren.

153 Hierzu Krach (1991), S. 374 ff.

154 LAB, Rep. 68 Acc. 3017, Lenk.

155 LAB, Rep. 68 Acc. 3017, Goldberg.

156 Überliefert in den Erinnerungen Solons im Leo-Baeck- Institute, NY, Memoirs ME 607. Dr. Friedrich Solon * 1882 Berlin - † k.A., da in Großbritannien im Exil.

157 Broszat/ Frei (1996), S. 225.

158 BAL RWM 31.01 P 13862, Dok. 497, Einladung zur Besprechung am 20.8.1935; entsprechend: Hilberg (1982), S. 31/32.

159 Dokumentiert u.a. in der Ausstellung der Deutschen Bibliothek Frankfurt in Zusammenarbeit mit dem Leo-Baeck- Institute, New York: Die jüdische Emigration aus Deutschland.(1985) Katalog, S. 68

160 Hilberg (1982), S. 56 ff.

161 Ihm wurde erst jüngst ein langer Artikel gewidmet mit einer fragwürdigen Gesamtbewertung der Bedeutung Löseners, s. Süddeutsche Zeitung, 27.6.1998.

162 Fraenkel (1984), S. 63.

163 Das Gesetz besitzt, wenn auch in modifizierte Form, noch heute Geltung, s. Schorn, Hubert: Rechtberatungsmißbrauchsgesetz, Darmstadt, Nürnberg 1957.

164 Reifner (1979), S. 33.

165 Krach (1991), S. 336.

166 Göppinger (1990), S. 126/127.

167 Bendix (1985), S. 197 ff.; s. oben.

168 Bendix (1985), S. 203.

169 Göppinger (1991), S. 127.

170 Es gibt keine dezidierte Regelung für Notare aus dem Jahr 1935, doch die 2. VO zum Reichsbürgergesetz vom 20.12.1935 (RGBl. I, 1524), die Näheres zum Ausscheiden jüdischer Beamten aus dem Amt regelte, sowie der Erlaß des RMdInnern vom gleichen Tag (DJ 1936, S. 98) wurden als formale Begründung für das Ausscheiden herangezogen, dabei wurde der Notar nicht als Beamter, sondern als Träger eines öffentlichen Amtes eingestuft; s. hierzu Krach, S. 384 ff.

171 Blau (1952), S. 35.

232

172 In der Reichsnotarordnung vom 13. 2. 1937 (RGBl. I, 191) wurde festgelegt, daß ein Beamter zu entlassen sei, wenn er nicht „deutschen oder artverwandten Blutes ist", den jüdischen Notaren war zu diesem Zeitpunkt die Zulassung bereits entzogen worden.

173 Haase, Berthold, Erinnerungen, LBI, New York, Memoirs.

174 Ostler (1983), S. 55.

175 Bericht des Enkels, Prof. Grenville, Februar 1997, Jerusalem.

176 Bericht des Sohnes, Prof. Coper, September 1997, Berlin.

177 Blau (1952), S. 30.

178 In der Entscheidung des Reichsgerichts vom 27. Juni 1936 wird dies erstmals festgestellt; dokumentiert bei Hofer(1960), S. 287-289, unter Bezug auf J.A. Seufferts Archiv für Entscheidungen der obersten Gerichte in den deutschen Staaten. (1937) S.65 ff. Ernst Fraenkel, auch ein Berliner Anwalt, würdigte diese Entscheidung bereits 1941 in „Der Doppelstaat", S. 126.

179 Broszat u.a.(1996), S. 237.

180 Barkai (1986), S. 126.

181 Göppinger (1990), S. 94/95, Fußnote 186.

182 Göppinger (1990), S. 95, Fußnote 187.

183 Neumann, Siegfried, S. 64.

184 Hilberg (1982), S. 94.

185 Broszat u.a. (1996), S. 251.

186 Ein Teil des Protokolls dieser Konferenz ist überliefert und wurde als Beweismittel bei dem Internationalen Militärtribunal (IMT) in Nürnberg herangezogen; s. IMT PS -1816.

187 Blasius (1991), S. 121-137, hier: 122. Blasius gibt einenumfassenden Quellennachweis über die einschlägige Literatur.

188 Allgemeine Angaben hierzu s. Gruchmann (1988), S. 188/189.

189 Puhlmann hatte 1932 seine Kanzlei am Kaiserplatz (dem heutigen Bundesplatz) 7 in Berlin-Wilmersdorf (lt. Adr.B.32).

190 Jochheim (1993).

191 Mitteilung Erna Proskauer an die Autorin, 3.8.1997.

192 Rumpf (1926), S. 84.

193 Krach (1991), S. 392, 393.

194 Gruchmann (1988), S. 182.

195 Solon, LBI, New York, Memoirs, S. 99/100.

196 LAB, OFP-Akten Günther Wertheim, O 5210 -P II, das letzte hier überlieferte Schreiben stammt vom 4.2.1942.

197 Siehe biographisches Verzeichnis.

198 Genauere Angaben s. biographisches Verzeichnis.

199 Personalakten Dr. Hans Friedberg, RAK Berlin, in denen sich persönliche Angaben für die Zeit vor 1945 finden, die bei der Beantragung der Wiederzulassung nach 1945 gemacht wurden.

200 Krach (1991), S. 432; Meyer (1993).

201 Blau (1952), S. 70.

202 Als AusführungsVO zur 2. VO zur Durchführung des Gesetzes über die Änderung von Familiennamen und Vornamen, vom 17. 8.1938 (RGBl. I, 1044).

203 Zur Problematik des sich schon lange in der Namensgebung widerspiegelnden Antisemitismus s. Bering (1992).

204 Interview mit dem Sohn, Prof. Coper, am 9.9.1997, Berlin.

205 Von den eingenommenen Gebühren waren bis zu 70 % an einen Ausgleichfonds abzuführen; s. Blau (1954), S. 51.

206 Interview Prof. Coper, 9.9.1997.

207 Gemeint ist die verstorbene Ehefrau.

208 Für diese Informationen danke ich Prof. Coper, der mir auch eine Abschrift des Gedichts, das im Original 83 Strophen umfaßt, zur Verfügung gestellt hat.

209 LAB, „Liste Mschlg.36", hierbei handelt es sich um eine mit Stand vom 26.2.1936 erstellte Liste, die alle als Rechtsanwälte tätigen „Mischlinge" erfaßt sowie Angaben zu ihren Großeltern, ihrem Fronteinsatz, ihrer Religion und ihrem Familienstand.

210 Meyhöfer (1996), S. 238.

211 Rürup (1987), S. 114; demnach lag der Entlassung der „Mischlinge" ein Geheimbefehl des Oberkommandos der Wehrmacht zugrunde.

212 Anders sah es für Kinder und Jugendliche aus, die als „Mischlinge" galten, sie wurden stärker diskriminiert als Erwachsene.

213 Gruner (1996), S. 74.

214 Hilberg (1982), S. 294 ff.

215 Hilberg (1982), S. 302.

216 Dieses Amt war der Leiter der untersten Dienststelle des Reichsluftschutzbundes, umgangssprachlich wurde er mit dem „Blockleiter", einer NS-Funktion gleichgesetzt, welches der Überwachung und Kontrolle innerhalb eines Wohnblocks diente. Häufig wurden beide Ämter zugleich bekleidet (Kammer/ Bartsch (1992), S. 38). Wie es sich im vorliegenden Fall verhielt, ist unbekannt. Es wird in den Personalakten lediglich der Begriff „Blockwart" erwähnt.

217 Wistirch (1983), s. Todt.

218 RAK, PA Georg Graul.

219 Auskunft Dr. Y. Arndt; Mai 1998.

220 RAK, PA Scheer.

221 Zur Problematik dieser Begriffe mit näheren Verweisen, s. Berliner Gedenkbuch, S. 1410.

222 Scheffler (1960), S. 93/94.

223 Ein Beispiel einer Vermögenserklärung findet sich in Heinz Knoblochs Buch (1986), S. 193 ff.

224 Alle voranstehenden Angaben beziehen auf die biographischen Angaben, dort die Quellenangaben.

225 Göppinger (1990), S. 239; Walk (1988), S. 39.

226 Hammerschmidt (1996), S. 155.

227 Siehe biographisches Verzeichnis.

228 Schmalhausen (1994).

229 Litten (Ausgabe 1947), S. 13.

230 Litten, (1947) S. 253 ff. Der größte Teil von Littens Nachlaß ist im Bundesarchiv Lichterfelde überliefert.

231 Auskunft Rita Meyhöfer, frühere Mitarbeiterin des Sonderforschungsbereichs Berliner Gedenkbuch, September 1996.

232 Interview mit Erna Proskauer am 10.4.1997, Berlin.

233 Interview mit Prof. John A.S. Grenville, der heute u.a. Leiter der englischen Dependence des Leo-Baeck-Instituts ist, im Februar 1997, Jerusalem.

234 Zu einer differenzierteren Bewertung gelangt Wolf Gruner (1995), S. 229-266, hier: S. 253.

235 RAK, PA, Werner Windscheid.

236 Auskunft Frau Inge Cohn-Lempert, 11.5.1998, Berlin.

237 Hans Globke war ehemals im Reichsinnenministerium für Internationales Recht zuständig und maßgeblich für die Einführung von Zwangsnamen für Juden (1938) verantwortlich, nach 1945 erst Stadtkämmerer in Aachen, dann Ministerialdirigent im Bundeskanzleramt und ab 1953 dort Staatssekretär unter Adenauer; s. Hilberg, S. 53, 740; Auskunft Frau Inge Cohn-Lempert, 11.5.1998, Berlin.

238 RAK, PA, Anita Eisner.

239 Siehe hierzu u.a. Michael Traub (1936).

240 Broszat u.a. (1996)., S. 247, Scheffler, (1960), S. 30.

241 Blau (1952), S. 17.

242 Dieser Generationsaspekt gewinnt in der Literatur zu Fragen der jüdischen Assimilation zunehmend an Beachtung, s. u.a.: Die Extreme berühren sich, hier der Beitrag von Shulamit Volkov: Ich bin ein Deutscher jüdischen Stammes, S. 129-138.

243 Neumann, Siegfried, LBI, New York, Memoirs, S. 82; er selbst ist übrigens am 29.3.1939 nach Shanghai geflüchtet.

244 Diese Konferenz fand in der Zeit vom 6.-15.7.1938 in Evian am Genfer See statt; Deutschland nahm nicht teil. Das Klima der Konferenz war geprägt von einem abweisenden Umgang den jüdischen Organisationen gegenüber; s. Die jüdische Emigration aus Deutschland 1933-1941, (1985), S. 205.

245 Solon, Memoirs, Leo-Baeck-Institute, New York.

246 Unter dem Druck der Nationalsozialisten zustandegekommene Vereinigung aller deutschen Juden, die im Laufe der Zeit diverse Namensumbenennungen erleben sollte; s. u.a. Hilberg (1982), S. 133.

247 Strauß (1980); S. 313 f.; auch S. 320.

248 Eindringlich schildert die Autorin Judith Kerr die Belastung durch die Internierung in: Warten bis der Frieden kommt. Ravensburg 1975.

249 Ladwig-Winters (1997, I), S. 446; hier beantragt einer der früheren Mitinhaber und Geschäftsführer von Hermann Tietz eine Aufenthaltsgenehmigung für die Schweiz und die Niederlande. Es kam für ihn nur ein Land in Frage, „von dem aus man nach Deutschland gucken konnte."

250 Das wiederfuhr auch Bruno Blau, der in Prag verhaftet wurde. Letztendlich überlebte er, weil bei ihm eine schwere Krankheit diagnostiziert wurde und er deshalb in das Jüdische Krankenhaus in Berlin kam.

251 Meyer (1993).

252 Gespräch mit der Tochter Ruth Arons, 18.11.1997, Frankfurt a.M.

253 Ebenfalls Auskunft Ruth Arons.

254 Auskunft Ernest Stiefel, Dezember 1996, New York.

255 New York Public Library, Dep. of Rare Books and Manuscripts; den Hinweis verdanke ich Dr. Frank Mecklenburg vom Leo-Baeck-Institute, New York.

256 Dieses Kriterium wird offenkundig in der Beurteilung von Dr. Julius Meyer (s. Angaben im biographischen Verzeichnis), sein angebliches „Rattengesicht" und „herausgeputztes Äußeres" führt zu einem negativen Gutachten; Meyer wurde abgelehnt.

257 Am. Com. File Werner Meyer.

258 Am. Com. File Fred Levy.

259 1941 unter dem Titel „The Dual State" in New York erschienen; 1949 in deutscher Fassung.

260 Kontrollratsgesetz Nr. 46 vom 25.2.1947.

261 Diesen Eindruck teilt auch der Sohn von Dr. Coper, der von vielen Flüchtlingen berichtet, die in ihrer Heimatstadt nicht mehr heimisch werden konnten. Prof. Coper meint, daß „diesen Leuten das eigene Erleben fehlt." (Interview 9.9. 1997, Berlin)

262 S.a. Davidowicz (1979), S. 161.

263 Am 28.8.1933 zwischen der Jewish Agency und dem

Reichswirtschaftsministerium (RWM) geschlossenes Abkommen zur Regelung der Auswanderervermögen. Es sah vor, daß ein Auswanderungswilliger für RM 50.000,- von einer übergeordneten Organisation, z.B. der Hanotea, ein Haus oder eine Zitruspflanzung erwarb und dann ein Vorzeigegeld in Höhe von RM 15.000,- ausführen durfte. Die Jewish Agency verpflichtete sich, im Gegenzug deutsche Waren im Wert der Einzahlungsbeträge abzunehmen; s. Katalog zur Ausstellung: Die jüdische Emigration, S. 164.

264 Dazu die eindringliche Schilderung von Erna Proskauer (1996), S. 55 ff.

265 Gespräch mit Herrn RA Shimon Ullmann, Jerusalem, Februar 1997.

266 RAK, PA Gottfried Samter.

267 Telefonische Auskunft der Tochter, Dr. Gabriele Meyer, Mai 1998.

268 Grundsätzlich hierzu: Kühne, NJW, S. 2968 ff.

269 Felix Rosenblüth, * 1887 - † 1953; R. ist in der folgenden Auflistung nicht aufgeführt, da er bereits 1931 nach Palästina ging, s. Walk (1988), S. 314.

270 Auskünfte Shimon Ullmann, Februar 1992.

271 Sopade (1980), S. 938-940.

272 Mit diesem Thema haben sich 1997 eine Ausstellung des Jüdischen Museums im Martin-Gropius-Bau und eine Tagung im Haus der Wannsee-Konferenz beschäftigt, bei diesen Gelegenheiten wurden eingehend die Bedingungen des Asyls in Shanghai dargestellt.

273 Mit den Aspekten des Exils in Südamerika hat sich Irmtrud Wojak am Beispiel von Uruguay auseinandergesetzt (1995), H. 11; S. 1009-1031.

274 Alterthum, Willy, LBI, New York, Memoirs.

275 Blasius (1991), S. 121.

276 So z.B. beim Verband Deutscher Waren- und Kaufhäuser e.V., s. Ladwig-Winters (1997,I), S. 116.

277 Die "rassischen" Definitionen bezogen sich auf die Religionszugehörigkeit der Großelterngeneration, waren also nicht am "Blut" orientiert wie in den allgemeinen Grundsätzen immer vertreten: s. Frei, in: Brozat u.a. (1996). S. 124- 137, hier: S. 128.

278 Neumann, LBI, New York, Memoirs, S. 63.

279 Eckert (1993), S. 34-50.

280 Hoven (1990)

281 Gosewinkel (1991), S. 75.

282 Vogel (1995), S. 15-31, S. 27.

283 Arndt (1965), S. 176-196; S. 176.

Literaturverzeichnis

1933- Wege zur Diktatur, Vortragsreihe zur Ausstellung gleichen Titels. Berlin 1983.

ALTER, Peter (Hg.): Im Banne der Metropolen. Berlin und London in den zwanziger Jahren. Göttingen/ Zürich 1993.

APFEL, Alfred: Les dessous de la justice allemande. Paris 1934.

BADINTER, Robert: Un antisémitisme ordinaire. Vichy et les avocats juifs (1940-1944). Fayard, Paris 1997.

BALL-KADURI, Kurt-Jacob: Das Leben der Juden in Deutschland im Jahre 1933. Ein Zeitbericht. Frankfurt a.M. 1963.

BARKAI, Avraham: Vom Boykott zur „Entjudung". Der wirtschaftliche Existenzkampf der Juden im Dritten Reich 1933-1943. Frankfurt a.M. 1986.

BAUMGARTNER, Gabriele/HEBIG, Dieter, (Hg.): Biografisches Handbuch der SBZ und der DDR. Bd. 1 + 2 München 1996/97.

BENDIX, Reinhold: Von Berlin nach Berkeley: Deutsch-jüdische Identitäten. Frf.a.M. 1985.

BERICHT des Vorstandes der Anwaltskammer in Berlin über das Geschäftsjahr 1932; Berlin 1933

BERING, Dietz: Der Name als Stigma. Antisemitismus im Deutschen Alltag 1812-1933. Stuttgart 1992.

BLASIUS, Dirk/ DINER, Dan (Hg.): Zerbrochene Geschichte. Leben und Selbstverständnis der Juden in Deutschland. Frankfurt a.m. 1991.

BLASIUS, Dirk: Zwischen Rechtsvertrauen und Rechtsstörung; in: BLASIUS, Dirk/ DINER, Dan (Hg.): Zerbrochene Geschichte, S. 121-137.

BLAU, Bruno: Das Ausnahmerecht für die Juden in Deutschland 1933-1945. 2. Aufl. Düsseldorf 1954.

BLAU, Bruno: Vierzehn Jahre Not und Schrecken. MS. 120 S. New York 1952, YIVO.

BOSL, Karl/ FRANZ, Günther/ HOFMANN, Hans Hubert: Biographisches Wörterbuch zur Deutschen Geschichte. 2. Aufl. München, 1973; Bd.1.

BROSZAT, Martin/ Frei, Norbert (Hg.): Das Dritte Reich im Überblick. Chronik, Ereignisse, Zusammenhänge. 5. Aufl. München 1996.

BUSSENIUS, O./ HÜTTEMANN, M./ SCHWEND, G: Erfahrungen eines Kölner Anwalts; in: 100 Jahre Kölner Anwaltverein, Festschrift; Köln 1987.

C.H.BECK VERLAG (Hg.): Juristen im Porträt. Verlag und Autoren in 4 Jahrzehnten, zum 225-jährigen Verlagsjubiläum. München 1988.

COMITÉ DES DÉLÉGATIONS JUIVES (Hg.): Das Schwarzbuch. Paris 1934.

DAWIDOWICZ, Lucy: Der Krieg gegen die Juden 1933-1945. München 1979.

DIE EXTREME BERÜHREN SICH. Walther Rathenau 1867-1922. Katalog zur Ausstellung des Deutschen Historischen Museum in Zusammenarbeit mit dem Leo-Baeck-Institute, New York, Berlin 1994.

DIE JÜDISCHE EMIGRATION AUS DEUTSCHLAND. Katalog der Ausstellung der Deutschen Bibliothek Frankfurt in Zusammenarbeit mit dem Leo-Baeck-Institute, New York, Frankfurt a.M. 1985.

DIEDERICHSEN, Uwe: Karl Larenz, in: C.H.Beck Verlag (1988). S. 495-510.

DOEHRING, Karl: Ernst Forsthoff, in: C.H.Beck Verlag (1988). S. 341-350.

EBEL, Friedrich/ RANDELZHOFER, Albrecht (Hg.): Rechtsentwicklungen in Berlin; Berlin, New York 1988.

ECKERT, Joachim/ TENS, Antonia: Hitler und die Juristen. Äußerungen und tatsächliche Politik; in: Recht und Politik 1/1993; S. 34-50.

FRAENKEL, Ernst: Der Doppelstaat (Deutsche Ausgabe der Originalausgabe „The Dual State"), Frankfurt a.M. 1984.

FRAENKEL, Ernst: Zur Soziologie der Klassenjustiz. Berlin 1927.

FREY, Erich: Ich beantrage Freispruch. Hamburg 1960.

FRIEDENSBURG, Ferdinand: Die Weimarer Republik. Berlin 1946.

GALL, Lothar/ FELDMAN, Gerald D./ JAMES, Harold/ HOLTFRETERICH, Carl-Ludwig/ BÜSCHGEN, Hans E.: Die Deutsche Bank: 1870-1995. München 1995.

GÖPPINGER, Horst: Juristen jüdischer Abstammung im „Dritten Reich". Entrechtung und Verfolgung. 2. Auflage München, 1990.

GOSEWINKEL, Dieter: Adolf Arndt. Wiederbegründung des Rechtsstaates aus dem Geist der Sozialdemokratie (1945-1961). Bonn 1991.

GRAB, Walter: Der Deutsche Weg der Judenemanzipation. München 1991.

GRAB, Walter: Reflexionen zum Scheitern der Judenemanzipation in Deutschland; in: 1933- Wege zur Diktatur, Vortragsreihe zur Ausstellung gleichen Titels. Berlin, 1983, S. 179-190.

GROS, D.: Le droit antisémite de Vichy relative aux avocats et aux droits de la défense, en Juger sous Vichy, Le Genre humain, Seuil, Paris 1996.

GRUCHMANN, Lothar: Justiz im Dritten Reich 1933-1940. Anpassung und Unterwerfung in der Ära Gürtner. München 1988.

GRUNER, Wolf: Die Reichshauptstadt und die Verfolgung der Berliner Juden 1933-1945; in: Topographie des Terrors (Hg.): Jüdische Geschichte in Berlin. Essays und Studien. Berlin 1995.

GRUNER, Wolf: Judenverfolgung in Berlin 1933-1945. Eine Chronologie der Behördenmaßnahmen in der Reichshauptstadt. Berlin 1996.

GUMBEL, Emil Julius: Vom Fememord zur Reichskanzlei. Heidelberg 1962.

HAMMERSCHMIDT, Wolfgang: Spurensuche. Zur Geschichte der jüdischen Familie Hammerschmidt in Cottbus. Gießen 1996.

HANNOVER, Heinrich/ HANNOVER/DRÜCK, Elisabeth: Politische Justiz 1918-1933, Hamburg 1977.

HEGEMANN, Werner: Das steinerne Berlin. 2. Aufl. der Ausg. von 1930, Braunschweig 1976.

HEIBER, Helmut: Die Republik von Weimar. 22. Aufl. Nördlingen 1996.

HEINRICHS, Helmut/ FRANZKI, Harald/ SCHMALZ, Klaus/ STOLLEIS, Michael (Hg.): Deutsche Juristen jüdischer Herkunft. München 1993.

HILBERG, Raul: Die Vernichtung der europäischen Juden. Die Gesamtgeschichte des Holocaust. Dt. Ausgabe, Frankfurt .a.M. 1982.

HOFER, Walther (Hg.): Der Nationalsozialismus. Dokumente 1933-1945. Frankfurt a.M. 1960.

HOVEN, Herbert (Hg.): Der unaufhaltsame Selbstmord des Botho Laserstein, Frankfurt a.M.1990

HUBATSCH, Walter: Hindenburg und der Staat. Göttingen 1966.

IMT. Internationales Mititär Tribunal, Nürnberg. PS -1816.

ISAY, Rudolf: Aus meinem Leben. Weinheim 1960.

J.A. SEUFFERTS Archiv für Entscheidungen der obersten Gerichte in den deutschen Staaten. München/Berlin 1937, Bd. 91, S. 65 ff.

JOCHHEIM, Gernot: Frauenprotest in der Rosenstraße. „Gebt uns unsere Männer wieder." Berlin 1993.

JÜDISCHES ADRESSBUCH FÜR GROSS-BERLIN, Ausgabe 1931 (Faks.), Berlin 1994.

JUNGFER, Gerhard: Julius Magnus. Mentor und Mahner der freien Advokatur; in: HEINRICHS u.a.; Deutsche Juristen..., S. 517-530.

JUNGFER, Gerhard: Max Alsberg. Verteidigung als ethische Mission; in: Kritische Justiz (Hg.): Streitbare Juristen. Eine andere Tradition, Baden-Baden 1988.

KAMMER, Hilde/ BARTSCH, Elisabeth: Nationalsozialismus. Begriffe aus der Zeit der Gewaltherrschaft 1933-1945. Reinbek 1992.

KERR, Judith: Warten bis der Frieden kommt. Ravensburg 1975.

KLARSFELD, Serge: Vichy, Auschwitz, le rôle de Vichy dans la solution finale de la question juive en France, Paris, Fayard, t.II, 1985.

KLEIN, Adolf/ RENNEN, Günter (Hg.): Justitia Coloniensis. Landgericht und Amtsgericht Köln erzählen ihre Geschichte(n), Köln 1981.

KLEMPERER, Victor: LTI. Notizbuch eines Philologen. Berlin 1947.

KNOBEL, M.: L' élimination des juristes juifs en Europe à partir de 1933, Cahiers Bernard Lazare, 1990, numéros 125-126.

KNOBLOCH, Heinz: „Meine liebste Mathilde". Das unauffällige Leben der Mathilde Jacob. 2. Aufl. Berlin 1986.

KÖNIG, Stefan: Vom Dienst am Recht. Rechtsanwälte als Strafverteidiger im Nationalsozialismus. Berlin 1987.

KRACH, Tillmann: Jüdische Rechtsanwälte in Preußen. Bedeutung der freien Advokatur und ihre Zerstörung durch den Nationalsozialismus. München 1991.

KRITISCHE JUSTIZ(Hg.): Streitbare Juristen. Eine andere Tradition. Baden-Baden 1988.

LADWIG-WINTERS, Simone I: Wertheim - ein Warenhausunternehmen und seine Eigentümer. Ein Beispiel der Entwicklung der Berliner Warenhäuser bis zur „Arisierung". Münster 1997.

LADWIG-WINTERS, Simone II: Wertheim. Geschichte eines Warenhauses. Berlin 1997.

LITTEN, Irmgard: Eine Mutter kämpft. Rudolstadt vermutl. 1947.

MARX, Alfred: Das Schicksal der jüdischen Juristen in Württemberg und Hohenzollern. 1965, Sonderdruck des Amtsblatts des bad.-württ. Justizministeriums, Die Justiz, 1965.

MECKLENBURG, Frank/ STIEFEL, Ernest: Deutsche Juristen im amerikanischen Exil. Tübingen 1991.

MEYER, Winfried: Unternehmen Sieben. Eine Rettungsaktion für vom Holocaust Bedrohte aus dem Amt Ausland/Abwehr im Oberkommando der Wehrmacht.Frankfurt a.M. 1993.

MEYHÖFER, Rita/ SCHULZE-MARMELING, Ulrich/ SÜHL, Klaus: Gedenkbuch Berlins der jüdischen Opfer des Nationalsozialismus; hg. vom Zentralinstitut für sozialwissenschaftliche Forschung der FU Berlin, Berlin 1995.

MEYHÖFER, Rita: Gäste in Berlin? Jüdisches Schülerleben in der Weimarer Republik und im Nationalsozialismus. Hamburg 1996.

MINUTH, Karl-Heinz: Die Regierung Hitler, Bd.1, Boppard a.Rh. 1983.

MÜLLER, Ingo: Furchtbare Juristen. Die unbewältigte Vergangenheit unserer Justiz. München 1987.

MÜLLER, Ingo: Journalist und Anwalt der Republik; in: Kritische Justiz (1988), S. 180 ff

NEUMANN, Franz: Behemoth. Struktur und Praxis des Nationalsozialismus 1933-1944; Frankfurt a.M. 1993 (im Original 1944 in den USA erschienen).

OSTLER, Fritz: Die deutschen Rechtsanwälte 1871-1971. Essen 1971.

PROSKAUER, Erna: Wege und Umwege. Erinnerungen einer Berliner Rechtsanwältin. Frankfurt a.M. 1996.

RASEHORN, Theo: Der Untergang der deutschen linksbürgerlichen Kultur - beschrieben nach den Lebensläufen jüdischer Juristen. Baden-Baden 1988.

REIFNER, Udo: Rechtsfürsorge und Rechtsbetreuung - Tendenzen in der Entwicklung von Rechtshilfe und Anwaltschaft von 1904-1939. WZB. Vortrag vom 26. 11. 1979.

RICHARZ, Monika: Jüdisches Leben in Deutschland. Selbstzeugnisse zur Sozialgeschichte 1918-1945. Stuttgart 1982.

RÖDER, Werner/ STRAUSS, Herbert A.: Biographisches Handbuch der deutschsprachigen Emigration nach 1933, Bd. I; München, New York, London. Paris 1980.

RUMPF, Max: Anwalt und Anwaltstand. Eine rechtswissenschaftliche und rechtssoziologische Untersuchung; hg. vom Deutschen Anwaltverein, Leipzig 1926.

RÜRUP, Reinhard (Hg.): Topographie des Terrors. Gestapo, SS und Reichssicherheitshauptam auf dem „Prinz-Albrecht-Gelände". Eine Dokumentation. Berlin 1987.

SABROW, Martin: Der Rathenaumord. Rekonstruktion einer Verschwörung gegen die Republik von Weimar. München 1994.

SCHEFFLER, Wolfgang: Judenverfolgung im Dritten Reich 1933-1945. Berlin 1960.

SCHILD, Wolfgang: Berühmte Berliner Kriminalprozesse der Zwanziger Jahre; in: Ebel, Friedrich/ Randelzhofer, Albrecht (Hg.): Rechtsentwicklungen in Berlin; Berlin, New York 1988.

SCHILDE, Kurt/ SCHULTZ, Rolf/ WALLECZECK, Silvia: SA-Gefängnis Papestraße. Spuren und Zeugnisse. Berlin 1996.

SCHMALHAUSEN, Bernd: „Ich bin doch nur ein Maler." Max und Martha Liebermann im ,Dritten Reich'. Hildesheim/ Zürich/ New York 1994.

SCHMITT, Carl: Staat, Bewegung, Volk, 1933.

SCHORN, Hubert: Rechtberatungsmißbrauchsgesetz, Darmstadt, Nürnberg 1957.

SLING (Schlesinger, Paul): Richter und Gerichtete. München 1969.

SOPADE (Hg.): Deutschland-Bericht 1939, erneute Aufl. Nördlingen 1980

STRAUSS, Herbert A.: Jewish Emigration from Germany. Nazi Policies and Jewish Responses (I); in: Yearbook Leo-Baeck-Institute 1980.

STRENGE, Barbara: Juden im Preußischen Justizdienst 1812-1918. Der Zugang zu den juristischen Berufen als Indikator der gesellschaftlichen Emanzipation. München/ New Providence/ London/ Paris 1996.

TERGIT, Gabriele: Blüten der Zwanziger Jahre, Berlin 1984.

TOPOGRAPHIE DES TERRORS (Hg.): Jüdische Geschichte in Berlin. Essays und Studien. Berlin 1995.

TOURY, Jacob: Die politischen Orientierungen der Juden in Deutschland von Jena bis Weimar. Tübingen 1966.

TRAUB, Michael: Die jüdische Auswanderung aus Deutschland. Berlin 1936.

UHLIG, Heinrich: Die Warenhäuser im Dritten Reich. Köln/Opladen 1956.

VOLKOV, Shulamit: Ich bin ein Deutscher jüdischen Stammes; in: Die Extreme berühren sich. Walther Rathenau 1867-1922. Kat. zur Ausstellung im Jahr 1994, hg. vom Deutschen Historischen Museum, Berlin, S. 129-138.

WALK, Joseph: Kurzbiographien zur Geschichte der Juden 1918-1945. München/New York 1988.

WOLF, Kerstin/ WOLF, Frank: Reichsfluchtsteuer und Steuersteckbriefe 1932-1942; hg. von Biographische Forschungen und Sozialgeschichte e.V., Berlin 1997.

YERUSHALMI, Yosef Hayim: Zachor! - Erinnere Dich! Berlin 1988.

Reden, Zeitschriften, Zeitungsartikel

APFEL, Alfred: Alsberg; in: Die Weltbühne 1931, 2. Hj., S. 758

ARNDT, Adolf: Unsere geschichtliche Verantwortung für die Freiheit (Rede zum 30. Jahrestag des Ermächtigungsgesetzes, gehalten am 23.3.1963 in Berlin); in: Geist der Politik. Reden. Berlin 1965, S. 176-196.

BERLINER ANWALTSBLATT 1997, S. 271, 374 ff., 434 ff., 514 ff., 574 ff.

BERLINER ANWALTSBLATT Nr.12/96, Kammerton

DER KURIER, 1.4.1953

DER TAGESSPIEGEL, 26.8.1997

ECKERT, Joachim/ Tens, Antonia, Hitler und die Juristen. Äußerungen und tatsächliche Politik; in: Recht und Politik 1/1993; S. 34-50

FRANKFURTER ZEITUNG, 4.4.1933 (Abend- u. 1. Morgenblatt)

KÜHNE, Gunther: Juristenemigration 1933-1945 und der Beitrag deutscher Emigranten zum Rechtsleben in Israel. NJW 1996, H. 45, S: 2966-2970.

OSTLER, Fritz: Rechtsanwälte in der NS-Zeit. Fakten und Erinnerungen. AnwBl 1983, S. 50-59.

SCHMITT, Carl: Nationalsozialismus und Rechtsstaat, in: JW 1934, S. 713 ff.

SIEDLER,Wolf Jobst: Die ganz einfache Vernünftigkeit; in Der Tagesspiegel, 26. 8. 1997, S. 23.

STOCKHORST, Erich: 5000 Köpfe. Wer war wer im 3. Reich. 2. Aufl., Kiel 1985.

SÜDDEUTSCHE ZEITUNG, 27.6.1998.

VOGEL, Hans-Jochen: Zur Entwicklung des Staats-, Rechts- und Kirchenverständnisses der deutschen Sozialdemokratie nach 1945. Der Beitrag Adolf Arndts zur programmatischen Erneuerung seiner Partei; in: Adolf Arndt zum 90. Geburtstag. Dokumentation, Bonn 1995.

VOLKOV, Shulamit: Jüdische Assimilation und jüdische Eigenart im Deutschen Kaiserreich. Ein Versuch; in: Geschichte und Gesellschaft, 9. Jg. H. 3, 1983, S. 331-348.

VORMEIER, Barbara: Die Deportation deutscher und österreichischer Juden aus Frankreich. Paris 1980

VOSSISCHE ZEITUNG, 5.12.1930: „George Grosz freigesprochen" (Inquit).

VOSSISCHE ZEITUNG (Morgenausg.), 8. 4. 1933.

WISTRICH, Robert: Wer war wer im Dritten Reich? München 1983.

WOJAK, Irmtrud: Deutsch-jüdisches Exil in Uruguay. Einwanderungspolitik, öffentliche Meinung und Antisemitismuserfahrung deutsch-jüdischer Flüchtlinge 1933-1945; in: Zeitschrift für Geschichtswissenschaften 1995, H. 11, S: 1009-1031.

Interviews/ Auskünfte

Auskunft Rita Meyhöfer, frühere Mitarbeiterin des Berliner Gedenkbuchs, September 1996.

Auskunft Biographische Forschung und Sozialgeschichte e.V. (BFS), August 1998.

Gespräch RA Abesser, Berlin 1996.

Gespräch RA Achelis, Berlin 1997.

Gespräch Dr. Y. Arndt; Berlin 1998.

Gespräch Ruth Arons; Frankfurt a.M 1997.

Gespräch Frau Inge Cohn-Lempert; Berlin 1998.

Gespräch Prof. Coper; Berlin 1997.

Gespräch Prof. Grenvile; Jerusalem 1997.

Gespräch Anne Halle; Berlin 1998.

Gespräch Heinz Knobloch, Berlin 1997.

Gespräche Erna Proskauer; Berlin 1997.

Gespräch Herrn RA Shimon Ullmann; Jerusalem 1997.

Gespräch E.W.; Berlin 1998.

Gespräch Jürgen X., 23.8.1997; Berlin.

Sonstige Quellen

Archiv Jungfer, Convolut Listen zur Anwaltschaft 1933-1946

American Committee for the Guidance of Professionel Personnel, Files, Public Library, Rare Books and Manuscripts Department, New York

BAL RWM 31.01 P 13862

Berliner Adressbuch 1932

Berliner Branchenbuch 1932

Branchenteil des Berliner Adressbuchs, 1932

GStA Rep. 84a 20155, Bl. 89 ff.

LAB, Rep. 68 Acc. 3017, Lenk

LAB, Rep. 68 Acc. 3017, Goldberg

LAB, OFP-Akten Günther Wertheim, O 5210 -P II, das hier letzte überlieferte Schreiben stammt vom 4.2.1942

LAB, Gesamtdatei des Berliner Gedenkbuchs

Alterthum, Willy, Collection, Memoirs, Leo-Baeck-Institute Archives, New York

Haase, Berthold, Erinnerungen, Memoirs, Leo-Baeck-Institute Archives, New York

Neumann, Siegfried, Memoirs, ME 468, Leo-Baeck-Institute Archives, New York

Nachlaß Willy Naatz

Rechtsanwaltskammer Berlin, Personalakten (nach 1945)

Solon, Friedrich, Memoirs, ME 607, Leo-Baeck-Institute Archives, New York

Sammelakten OLG Darmstadt, betr. Anwaltskammern, Az. 3171 E 3, Hess. StA Darmstadt G 28 H Nr. 976

Bildnachweis

Album Willy Naatz, Privatbesitz: S. 13, 65, 68 rechts, 69 links

Archiv der Autorin: S. 17, 25, 33, 48, 50, 55

Archiv für Kunst und Geschichte: S. 28

Archiv Pisarek: .S. 108 unten, 112 unten, 156

Bildarchiv Preußischer Kulturbesitz: S. 69 rechts

Bundesarchiv: S. 40, 41

Deutsches Literaturarchiv Marbach: S. 83

Forschungsstelle für Zeitgeschichte Hamburg: S. 29

Landesbildstelle Berlin: S. 35

Privatbesitz Bendix, Berkeley: S. 44

Privatbesitz Cohn-Lempert, Berlin: S. 73

Privatbesitz Coper, Berlin: S. 61

Privatbesitz Goldsmith, London: S. 78

Privatbesitz Hammerschmidt: S. 68

Privatbesitz Meyer, Hamburg: S. 82

Privatbesitz R.W. Müller, Freiburg/Br.: S. 81

Privatbesitz Thaler: S. 74

Rechtsanwaltskammer Berlin: S. 73

Stiftung Akademie der Künste, Berlin: S. 9, 23

Süddeutscher Bilderdienst: S. 27, 38, 39

Ullstein Bilderdienst: S. 18, 21, 32, 34

Alle Portraits im biographischen Verzeichnis (ausgenommen die unter Archiv Pisarek genannten) aus dem Album Naatz und den nach 1945 angelegten Personalakten der RAK. Die Autorin dankt RA Naatz, Berlin, für die Überlassung des Albums.

Danksagung

Das biographische Verzeichnis wäre ohne die Unterstützung zahlreicher Personen und Institutionen nicht zustande gekommen, vor allem die der Berliner Rechtsanwaltskammer, in deren Auftrag die Dokumentation erstellt worden ist. Daneben waren die Informationen von Einzelpersonen zu einzelnen Schicksalen, aber auch zu weiterführenden Quellen eine unschätzbare Hilfe. Besonders herausheben möchte ich die Unterstützung der Rechtsanwälte Dr. Krach, Mainz, Jungfer und Naatz, Berlin. Damit möchte ich meinen Dank an folgende Personen nicht schmälern:

Dr. Burg und Prof. Barkai, Israel; Prof. Stiefel und Prof. Haac, New York; Mr. Friedlaender, New York; Dir. Peter Galliner, London; Prof. Grenville, Großbritannien; Dr. Frank Mecklenburg und Dr. Diane Spielmann, Leo-Baeck-Institute, New York; Rechtsanwalt Shimon Ullmann, Jerusalem; Dr. Yvonne Arndt, Heidelberg; Frau Cohn-Lempert, Berlin; Prof. Dr. Coper, Berlin; Frau Fiedler und Herr Dr. Dettmer, Landesarchiv Berlin; Dr. Gabriele Meyer, Hamburg; Dr. Rita Meyhöfer, Berlin; Dr. Hermann Simon, Centrum Judaicum, Berlin; die Berliner Rechtsanwälte/innen Proskauer, Setsevits, Achelis, Abesser und Lüth; Prof. Rottleuthner, Fachbereich 9, FU Berlin, sowie seine Mitarbeiter und Mitarbeiterinnen; Verein Biographische Forschungen und Sozialgeschichte mit seinen Mitarbeitern Wolf und Friedrich; sowie Ahmed Ahlawalla, Gabriele Dietz, Hans Bergemann, Janet Neiser, Marga Richter und Ralph Sägebarth.

Aufstieg, Blüte und Niedergang einer jüdischen Unternehmerfamilie

Simone Ladwig-Winters
Wertheim
Geschichte eines
Warenhauses
22,5 x 24,5 cm,
160 S., 116 Abb. in
Duotone, geb. SU,
59,90 DM
ISBN 3-930863-31-6

Der Aufstieg der jüdischen Händlerfamilie aus Stralsund zu Besitzern eines führenden Handelsunternehmens endet unter antisemitischen Angriffen und der „Arisierung" im Nationalsozialismus. Das Geschäft der Wertheims am Leipziger Platz war einst das größte Warenhaus Deutschlands und weltberühmt aufgrund seiner prachtvollen Warenpräsentation, seiner Architektur und Innengestaltung: nicht nur eine künstlerisch gestaltete Warenwunderwelt, sondern auch ein Unternehmen, welches das Handelswesen revolutionierte. Die wechselvolle Geschichte der Familie Wertheim und ihres Unternehmens schildert Simone Ladwig-Winters in dem reich bebilderten Band.